KUNSTGESCHICHTE IN FESTSCHRIFTEN

KUNSTGESCHICHTE IN FESTSCHRIFTEN

Allgemeine Bibliographie kunstwissenschaftlicher Abhandlungen in den bis 1960 erschienenen Festschriften

von

PAUL ORTWIN RAVE †

unter Mitarbeit von

BARBARA STEIN

VERLAG GEBR. MANN · BERLIN 1962

GEDRUCKT MIT UNTERSTÜTZUNG
DES BUNDESMINISTER DES INNEREN, BONN

Printed in Germany
Druck: Brüder Hartmann, Berlin

INHALTSVERZEICHNIS

REGISTER

VORWORT

Der Gedanke des vorliegenden Buches entstand gegen Ende des Jahres 1957 bei einem abendlichen Gespräch mit dem befreundeten Verleger Kurt Hartmann, in dessen Verlag Gebr. Mann zu Berlin einige inhaltreiche und schöngedruckte Festschriften erschienen waren oder bald erscheinen sollten. Die Anregung, so gingen die Überlegungen, würde vielleicht nicht allzu schwer zu verwirklichen sein – im Hinblick auf die ganz stattliche Reihe derartiger Bücher in der Kunstbibliothek der Ehemals Staatlichen Museen Berlin. Wir sahen im Geiste ein ansprechend dargebotenes Heft von wenigen Seiten, aber die Beschäftigung mit der Sache zeitigte dann doch etwas anderes.

Schon die weitere Umschau in verschiedenen wissenschaftlichen Büchereien Berlins ergab, daß fast überall, wo man es nur vermutete, den jeweiligen Fachgebieten entsprechend, Borde mit Festschriften standen, bei deren Prüfung sich zeigte, daß manche von ihnen einen oder auch mehrere kunstgeschichtliche Beiträge enthielten. Ging man auf Vollständigkeit aus, mußte man möglichst alle je gedruckten (und womöglich auch die ungedruckten) Festschriften in die Hand zu bekommen versuchen, ihren Inhalt kennen lernen und das für den Zweck Geeignete verzeichnen. Mit Eifer wurden Titel gesammelt, immer noch ganz zuversichtlich, binnen einer angemessenen Frist das Erstrebte beieinander zu haben.

Erlaubte der Aufstellungsort vielfach eine Art Schatzgräberei mit eigenen Händen, so war das bei den größeren Bibliotheken nicht möglich. Hier mußten die Karteien herhalten. Und hier wurde ein wunderbares, unvermutetes Hilfsmittel gefunden, eine in ihrer Anlage und ihrem Umfang wohl einzigartige Zettelei, die in der früheren Königlichen, späteren Preußischen, heutigen Deutschen Staatsbibliothek Unter den Linden entstanden war. Durch Jahrzehnte hindurch hatten sich die Fachkräfte dort dieses Auskunftsmittel für den inneren Betrieb geschaffen, und gepriesen sei die bis heute ununterbrochene Emsigkeit, mit der ein sonst so schwer und in seiner Gänze kaum erfaßbares Sondergebiet des Schrifttums mit vielen Tausenden von Eintragungen nachweisbar geworden ist.

Die Ausbeute aus einem Dutzend Kästen voller Hinweise genügte, um auf den Arbeitstischen wahre Büchergebirge aufzutürmen, die es mit dem Mute der Verzweiflung zu durchsteigen galt. Oftmals fanden die Unternehmungen ihre natürliche Grenze, wenn auf den Bestellzetteln das verhängnisvolle Wort »verlagert« gestempelt war – schließlich in einem Ausmaße, daß es tunlicher erscheinen mußte, wenn statt eines umständlichen Leihverkehrs der Prophet zum Berge ging. Folglich fand die Durchsicht in dem Verlagerungsort Marburg an der Lahn ihre Fortsetzung – und damit war allerdings erst der Anfang gemacht mit dem Durchkämmen auswärtiger Bibliotheken.

Denn abgesehen von dem, was nun aus der Ehemals Preußischen Staatsbibliothek zur Zeit in Marburg in der Westdeutschen Bibliothek aufbewahrt und erreichbar wurde, zeigte sich schon bald, daß auch in den oftmals recht umfangreichen Handbüchereien auswärtiger Institute manches bisher unbekannt Gebliebene zu finden war. Neben den Universitätsbibliotheken erwiesen sich ergiebig namentlich die der kunstgeschichtlichen, archäologischen und verwandten Institute, eine ganze Anzahl davon übrigens zwecks nochmaliger Überprüfung zu wiederholten Malen. Neben Berlin, München, Bonn und Frankfurt, daneben seien Heidelberg, Köln und Hamburg genannt, auch Erlangen und die bedeutende kulturgeschichtliche Büchersammlung des Germanischen National-Museums zu Nürnberg.

Daß nicht nur in Deutschland erschienene Festschriften oder in deutscher Sprache verfaßte Beiträge zu verzeichnen seien, hatte von vorneherein im Plane festgestanden. Der fremdsprachlichen soweit wie immer möglich habhaft zu werden, dienten einige Reisen ins Ausland. In dieser Hinsicht und gerade um ältere, durch gedruckte Hilfsmittel nicht mehr erschlossene Festschriften kennenzulernen, wurden die Studien in Rom und Florenz wichtig, wo in den verschiedensten Bibliotheken mit Erfolg gestöbert werden konnte. Ebenso ertragreich war ein längerer Aufenthalt in London mit seinen unvergleichlichen Bücherschätzen im Warburg Institut und im Britischen Museum. Mit Vergnügen seien auch die Razzien in Zürich, Innsbruck und Straßburg erwähnt.

Unterdessen hatte sich noch ein anderer, erwünschte Titel in Fülle zubringender Strom aufgetan und mit der anfänglichen Einzelgängerei fruchtbar vereinigt. Dabei gibt es, wie bei jeder Geschichte, eine kleine Vorgeschichte, und die hängt mit den ungedruckten Festschriften zusammen. Die Kenntnis von solchen zu erlangen, wurde in der »Kunstchronik« eine dahingehende Anzeige eingerückt. Der Erfolg war nicht erheblich. Aber jemand anders meldete sich: die Diplom-Bibliothekarin am Kunsthistorischen Institut der Universität zu Leipzig, Barbara Stein, die auf Anregung ihres Professors ebenfalls eine derartige Bibliographie als selbständige Arbeit aufzustellen im Begriffe war, wobei die Bestände der an Ort und Stelle erhaltenen Deutschen Bücherei eine wichtige Quelle bildeten. Es lag nahe, beide Beginnen zu vereinen. Neidlos und voller Anerkennung sei hier ausgesprochen, daß das, was die fachlich vorgebildete Mitarbeiterin hinzubrachte, dem nunmehr gemeinsamen Unternehmen zu wesentlichem Vorteil gediehen ist.

Der kurze Rückblick auf das Werden und Wachsen der vorliegenden Titelsammlung hat schon einiges über das erstrebte Ziel und das angewandte Verfahren angedeutet. Dieses und jenes sei noch ein wenig erläutert. In Leipzig war zunächst beabsichtigt, die Kunstgeschichte aus dem gesamten weiten Bereich der Altertumswissenschaften mit einzubeziehen. Das hätte aber den Umfang der Arbeit aufs Doppelte gebracht. So einigte man sich, es den Archäologen zu überlassen, ob sie ihr eigenes Gebiet einmal selber in ähnlicher Weise aufschlüsseln wollen. Zeitlich begonnen werden sollte hier etwa mit der Völkerwanderungszeit, was zugleich die Anfänge der christlichen Kunst in West- und Ostrom, also das frühchristlich-byzantinische Kunstschaffen mit einschloß.

Sogleich, neben der Frage der zeitlichen Begrenzung, stellte sich die des Raumes: soll unser Blick über den Kulturbereich der Mittelmeerländer und über das Abendland hinaus gerichtet werden? Doch wohl ja! Denn vom Koptischen etwa kaum zu trennen war die Welt des Islam, und weiterhin mußte dann auch das Kunstschaffen im vorderen Orient, in Indien, in Ostasien berücksichtigt werden, zweifellos auch das in Indonesien und das im Mittel- und Südamerika, schließlich das aller Naturvölker, was bis in die Verzweigungen der Volkskunst hineinspielt.

Die bei solcher Breite der Themenstellung gewaltig ansteigende Menge der einzeln zu verzeichnenden Beiträge galt es übersichtlich und sinnvoll zu gliedern. Als Gerüst dafür bot sich der Systematische Katalog der Kunstbibliothek an, der sich seit Jahrzehnten bewährt und auch bereits bei Kunsthistorischen Instituten für die Ordnung ihrer Bücher nach Sachgebieten als Vorbild gedient hatte. Der stärkere oder geringere Anfall von Aufsatztiteln hat dann allerdings vielfach eine weitere Aufspaltung oder gegebenenfalls eine größere Zusammenfassung veranlaßt.

Bei den Gruppierungen und Unterteilungen war auch der Gesichtspunkt der Kunstlandschaften maßgeblich, daher sind die kunst- und kulturgeschichtlichen Bedingungen zum Teil mit ihren früheren staatlichen Begrenzungen (wie etwa Alt-Österreich) angenommen. Ziel war stets, ein schnelles Sichzurechtfinden zu erleichtern. Gelegentlich sollen kurze Zusätze, Andeutungen über den Inhalt bei schwerverständlichen Titeln, der Benutzbarkeit zugute kommen.
Dieser gewichtigste Teil der vorliegenden Bibliographie zählt fast sechstausend Titel. In welcher Festschrift nun die einzelnen Beiträge zu finden sind, besagt der jeweils durch den Druck hervorgehobene Name des Festschriftträgers. Derselbe Name in ähnlicher Weise durch den Druck hervorgehoben, findet sich als Leitwort in dem vorangehenden ersten Teil des Buches, dem alphabetischen Verzeichnis der Festschriften. Um aber Verwechslungen beim Aufsuchen zu vermeiden, muß beachtet werden, daß nicht wenige Gelehrte mehrere Festschriften erhalten haben. Diese wurden dann durch Hinzufügen der Jahreszahl durch römisch I oder II oder ähnlich gekennzeichnet, wie bei dem gleichen Familiennamen die Vornamen hinzugesetzt sind. Zum Beispiel: Friedländer, Max – Friedländer, Max J. 1927 – Friedländer, Max J. 1942 – Friedländer, Max J. 1957 – Friedländer, Walter.
Jede der alphabetisch aufgeführten Festschriften wird mit vollem Namen genannt, gemäß ihrer Titelseite. Nur der Wortlaut slawischer oder sonst nicht geläufiger Fremdsprachen ist gelegentlich gekürzt wiedergegeben und durch Übersetzung oder Umschrift verdeutlicht worden. Was den sogenannten bibliographischen Block betrifft, so wurde ihm wohl Rechnung getragen, sogar mit Hinweis, ob ein Schriftenverzeichnis des betreffenden Gelehrten vorhanden, ob sein Bildnis beigefügt war, wieviele und von wem geschaffen. Doch mögen strenge Beurteiler hier ein Auge zudrücken, wenn hin und wieder die Aufnahme eines Festschriftentitels im Anfangsstadium dieser Arbeit geschah und sich nicht ganz vorschriftsmäßig darbieten sollte. Hauptsache, der Standort einer gesuchten Abhandlung wird hinlänglich festgehalten. Und dies gilt in besonderem Maße für die berüchtigten und gefürchteten »Versteckten Festschriften«, also alle jene, die als Hefte, als Jahrgänge, so auch als Beiblätter oder Sonderbände von Zeitschriften erschienen sind. Denn diese sich so leicht Verbergenden bilden einen dunklen und jeden Bibliographen beunruhigenden Punkt: weiß doch der Himmel, was ihm da alles entgangen sein mag! Oder hätte man aus Furcht vor Lücken, das Ganze lieber bleiben lassen sollen?
Von den vielen, vielen eingesehenen Festschriften haben sich schließlich immerhin eintausendundzweihundert als kunstgeschichtshaltig erwiesen, was sagen will, sie enthalten wenn nicht mehrere, so doch wenigstens einen Aufsatz kunstgeschichtlichen Belanges. Denn bei der Durchsicht und Prüfung wurden Jubiläumsschriften natürlich aus allen Wissensgebieten herangezogen, nicht nur die rein kunstgeschichtlichen, das wäre einfach gewesen. Es liegt auf der Hand, daß bei den Archäologen für unseren Zweck viel Kunstgeschichtliches zu erwarten war wie bei den Historikern aller Schattierungen, so nicht wenig bei den Theologen, den Philosophen und Philologen und manches auch bei den Rechtsgelehrten, den Ärzten, den Volkswirten und wo sonst ein Mann der Wissenschaft durch das Freundschaftszeichen eines Beitrages vonseiten eines Kunstforschers geehrt und erfreut werden sollte.
Bei so viel persönlicher Verbundenheit ist es recht und billig, daß die Namen der Freunde und Schüler genannt werden: man liest sie, durch Schrägdruck gekennzeichnet, jeweils zum Schluß der Festschriftentitel – freilich nur jene, die Belangvolles für die Kunstgeschichte oder eines ihrer Randgebiete gebracht haben und also im systematischen Teil mit ihrem Beitrag verzeichnet sind. Beachtet man, wer wen ehrt, wer wen mit einem schriftstellerisch-wissenschaftlichen Angebinde hat beglücken wollen, welche Schar sich zusammenfand, ein Verdienst zu rühmen, so werden Schulzusammenhänge, Querverbindungen, Wechselbeziehungen, Freundschaftskreise

deutlich, ja ein Stück lebendiger Gelehrtengeschichte offenbart sich. Und hier ist der Punkt, ein Wort zu sagen über den Sinn und das Wesen von Festschriften allgemein.
Manche Leute vom Fach, geplagte Bibliothekare zumal, beklagen gelegentlich, daß es die Gattung überhaupt gibt, die für das Unterbringen, Einordnen, Aufsuchen und Wiederfinden manche Schwierigkeiten bereite. Man solle, so heißt es etwas sauertöpfisch, die Jugend verwarnen, in Zukunft hier mitzutun, man solle die Gelder besser verwenden, und derartige Vorhaben seien höchstens im Rahmen von Serien oder Zeitschriften zu billigen. Nun, kann man denn, wenn sie einem auch lästig fallen sollten, gegen Weihnachtspakete sein und sie abschaffen wollen? Und weiter: erlauchte Geister wie Theodor Mommsen haben von Festschriften als einer verwerflichen Einrichtung, von einem Unfug und ähnlich gesprochen, sich aber dann doch nicht versagt. Immer wieder hört man seitens der Beiträgler stöhnen und schelten, Grund und Zweck dreist in Abrede stellen: vertane Liebesmüh. Gewiß, wer etwas beizusteuern in guter Absicht aufgefordert, einen Aufsatz vielleicht halb widerwillig ohne Aussicht auf Entgelt hergibt, der in einer Zeitschrift hat womöglich nicht erscheinen können, und ihn dann in den Bücherschränken oder Magazinregalen auf ewige Zeiten mißmutig verschwunden wähnt – ein solcher sollte von vorneherein sich besser gar nicht darauf einlassen. Wer aber die Bitte zur Mitarbeit als einen echten Anruf vernimmt, der mag darüber nachsinnen, wie er dem verehrten Lehrer, dem Meister, dem Freunde eine Gabe widmet, die sie beide herzlicher verbinde. Der Anruf weckt sein wissenschaftliches Forschen, er beginnt zu grübeln in einer ganz bestimmten Richtung, und der Zwang, gut vor dem zu Ehrenden, ebenbürtig in der zu erwartenden Runde zu bestehen, spornt seinen Ehrgeiz. Mancher vorzügliche Gedanke wäre ohne dies gar nicht gefaßt, manch ausgezeichnete Arbeit gar nicht geschrieben worden. Jede gutgelungene Festschrift ist eine kleine Akademie, die trotz unserer entgötterten Zeit von einem platonischen Hauch geheimnisvoll gestreift wurde. Die knappste Formel dafür prägte eine schwedische Huldigung: amici amico.
Man soll die Feste feiern wie sie fallen. Es gibt, glücklicherweise, auch andere Möglichkeiten. Aber hier handelt es sich nur um die eine Form, von der die Rede ist und die sich zu einer würdigen Sonderart des Festefeierns unserer Gegenwart entwickelt hat. Sehen wir hier ab von den älteren italienischen Nozze, jenem merkwürdigen Brauch, daß dem Vater der Braut von dessen gelehrten Freunden etwas Gedrucktes gewidmet wurde, so dürften die ersten Festschriften in unserem Sinne nach der Mitte des vorigen Jahrhunderts in Übung gekommen sein, als begeisterte junge Altphilologen ihrem sokratisch greisen Schulhaupt zum hohen Jubiläum eine Sammlung eigener, mitunter lateinisch abgefaßter Abhandlungen darboten. Anselm Feuerbachs damals mehrfach gestaltete Idee von Platons Gastmahl ist die schönste Verklärung jener humanistischen Symposien.
Mit beträchtlichem Gepränge setzt dann die Kunstgeschichte ein, 1877 – eine frühere Festschrift auf unserem Gebiet gibt es anscheinend nicht –, mit einem Triplice Omaggio für Papst Pius IX. Zeitlich die nächsten sind dann nach einem Abstand von acht Jahren – so selten wurden anfänglich die Anlässe für Jubiläumsschriften genommen – 1885 die Festgaben kunsthistorischen Gepräges für den holländischen Museumsdirektor Conrat Leemans sowie für den Bonner Ordinarius Anton Springer. Aus solch raren Keimen oder Setzlingen wuchs innerhalb zweier Menschenalter ein dichter Hain von schier verwunderlichem Ausmaß, die Baumkronen voller Früchte. Inwieweit die Ernte nun sauer oder süß geraten ist, nahrhaft, schal oder mager oder auch wohl recht trocken – das vermag und braucht ein pures Verzeichnis wie dieses nicht zu verraten. Immerhin verbürgt ein gediegenes Stammhaus auch hier die besseren Marken.
Denn aufgenommen in die Sammlung mußte platterdings natürlich alles werden, was sich fand, doch Vollständigkeit zu erreichen, wird wohl stets ein Traum bleiben. Die Tücken der Versteck-

ten Schrifttumskunde sind allbekannt. Jahrgangsweise und Heft für Heft wurden in- und ausländische Bücheranzeiger ausgeforscht. Man tat sein bestes. Aber gerade zuletzt schwoll die Flut. Mit dem Erscheinungsjahr 1960 sollte die Begrenzung gesetzt sein, und die kunstgeschichtshaltigen Festschriften dieses Jahrganges 1960 sind auch im ersten Teil des Buches genannt, haben aber nicht mehr alle im Einzelnen verzettelt werden können, was die paar Mal, wo es vorkommt, vermerkt ist: »Nicht im Systematischen Teil«. Mit einem gewissen Stolz sei aber darauf hingewiesen, daß ein so bedeutendes und gelehrtes Sammelwerk wie das für Erwin Panofsky in seinem vollen Umfang berücksichtigt worden ist, da das erste in Zürich ausgedruckte Exemplar durch die Güte des Herausgebers in Princeton noch gegen Ende 1960 in Berlin hat vorgelegt werden können.

Menschliche Verbundenheit, Dankbarkeit, Verehrung, die so vielfach in Festschriften Niederschlag fanden, bilden auch hier einen wesentlichen Leitgedanken: Persönlichkeiten sollten auftreten. Nicht sollten Sachen und Dinge wie Gebäude und Anstalten, Verbände und Gesellschaften namhaft gemacht werden, obgleich auch sie ihre Jubiläen haben können, und sogar sehr hohe. Der hundert- und der tausendjährigen Gründungsfeiern und der mannigfachsten Denkwürdigkeiten dieser Art sind unzählige, und die aus solchen Anlässen herausgegebenen Festschriften unübersehbar. Sie betreffen durchweg auch nur das seines runden Alters wegen Beschriebene oder Bejubelte, sind mithin Sachbücher und als jeweils zu einer Sache gehörig biblio-graphisch oder -thekarisch unschwer zu erfassen. Dennoch haben wir uns gestattet, einigen Ausnahmen Raum zu geben: wenn etwa bei Viertel-, Halb- oder Einjahrhundertfeiern von Museen, Bibliotheken, Kunstvereinen und ähnlichen Einrichtungen stattlichere Sammelwerke erschienen sind, deren kunstgeschichtlicher Inhalt eine größere Spannweite aufweist. Auch erschien es bei einer Bücherkunde nicht abwegig, mehrere Festbücher zu Gutenberg-Feiern einzureihen, während sonst die säkularen Memorienschriften und Gedächtnisse großer Toten nicht beachtet wurden, wohl aber die für einen jüngst Verstorbenen unmittelbar als eine Ehrung seitens des überlebenden Freundeskreises gedachten Sammelwerke.

Menschliche Teilnahme, Lenkung und vielfältiger Zuspruch haben dazu beigetragen, in meiner Arbeit nicht nachzulassen. Aller Helfer namentlich zu gedenken ist unmöglich. Aber Gedanken und Dank richten sich besonders auf einige der über den bibliographischen Ausgrabungsstätten und Fundorten schwebenden guten Geister und Hausgötter. So dürfen Hugo Buchthal und Otto Kurz angerufen werden, die unermüdlich im Warburg Institut und im Britischen Museum an den Regalen entlang führten, die Bandkataloge durchforschten, tagelang Arme voll Bücher anbrachten. Von fern her nahm Richard Ettinghausen in Washington teil und sandte unablässig wertvolle Funde vorzüglich aus dem asiatischen und fernöstlichen Bereich. Anderweit erwies Millard Meiß in Princeton sich hilfreich. Aufklärend standen gelehrte Bibliotheksräte zur Seite, so die in der Orientalischen Abteilung der Staatsbibliothek zu München, Wilhelm Witte, der Slawist an der westdeutschen Bibliothek zu Marburg wie sein Prinzipal Martin Cremer und seine Mitarbeiter, nicht minder die mit Eifer Herzutragenden am Marburger Kunsthistorischen Institut. Die Anregungen von Heinz Ladendorf wurden gern aufgenommen. In Nürnberg halfen Stephan Waetzoldt, in München Ludwig H. Heydenreich und Otto Lehmann-Brockhaus, in Florenz Emmanuele Casamassima an der Biblioteca Nazionale Centrale und an unserem Institut dort der Stab um Ulrich Middeldorf, in Rom an der Hertziana der Urbibliothekarius Ludwig Schudt und bei den Archäologen Hans Riemann und Gerda Bruns. Eigentlich nicht nötig zu sagen, daß am meisten und immer wieder Auskunft erteilt und Hilfe gewährt wurde in Berlin bei den wissenschaftlich bewanderten Freunden und Fachkräften. Hochgeschätzten Rat gaben Hans Kauffmann und Wieland Schmidt mit seinem Mitarbeiterkreis, für die islamischen Sachen

Ernst Kühnel und Kurt Erdmann, für die Ost-Asiatica Roger Goepper, für das Ibero-Amerikanische Gerdt Kutscher, für die Vor- und Frühgeschichte und die Altertumskunde Otto Friedrich Gandert und Hans Bernhard Jessen. Heinz Brauer und Günter Arnolds wiesen uneigennützig auf manches hin. Peter Krieger, Johannes Meuser und Alice Möller-Giemsa halfen bei der ordnenden Durchsicht letzter Hand des von Barbara Stein mit Umsicht angelegten und mit steter Beharrlichkeit ausgebauten Systematischen Kataloges. Alice Möller-Giemsa hat die unentbehrlichen Register mit großer Sorgfalt erarbeitet.

Besonderer Dank gilt auch Hans Kauffmann, Ernst Holzinger und Wolfgang Schöne für ihre Unterstützung. Der Bundesminister des Inneren förderte die Veröffentlichung der Arbeit. Mit Freude und Genugtuung darf schließlich betont werden, daß der Verleger Kurt Hartmann den Gedanken, der anfangs so leicht zu verwirklichen erschienen war, unentwegt durch alle Engen und Klippen geleitet und zu Ende geführt hat.

Quod felix bonum faustumque sit!

Berlin, Pfingsten 1961

Paul Ortwin Rave

ERSTER TEIL

VERZEICHNIS DER FESTSCHRIFTEN

ÅBERG — Kulturhistoriska Studier. Tillägnade Nils Åberg 24. 7. 1938. Stockholm: Generalstabens litografiska Anstalts Förlag 1938. 245 S. m. Abb. Bildnis *C. R. af Ugglas G. Wertin H. Widéen*

ABRAMIC — Antidoton Michaeli Abramić Septuagenario oblatum a collegis et amicis. Vol. 1. A Spalatti 1954–1957. 290 S., 42 Taf. Bildnis; Bibliogr. = Vjesnik za Arheologiju i Historiju Dalmatinsku (Bulletin d'archéologie et d'histoire dalmate), Split 56–59: 1954–57 [Résumés in französ. Spr.] *E. Bormann A. Deroko O. Doppelfeld E. Dyggve F. Fremersdorf A. Grabar St. Gunjača A. Horvat L. Katić I. Petricioli F. Stelé*

ACCURTI — Miscellanea Bibliografica in memoria di Don Tommaso Accurti.— Roma: Ediz. di „Storia e Letteratura" 1947. 220 S. *L. Donati*

ADAM — Vitae et veritati. Festgabe für Karl Adam (zum 80. Geburtst. 20. 10. 1956). — Düsseldorf: Patmos-Verl. (1956). 203 S. *K. A. Fink*

ADLER — Studien zur Musikgeschichte. Festschrift für Guido Adler zum 75. Geburtst. — Wien: Universal-Edition 1930. 224 S. Bildnis; Bibliogr. *G. Cesari*

ADY — Italian Renaissance Studies. A tribute to the late Cecilia M. Ady. Ed. by E. F. Jacob. — London: Faber & Faber 1960. 507 S. Bildnis. *Nicht im systematischen Teil*

ÄYRÄPÄÄ — Aarne Äyräpää ... 50 Vuotta [Aarne Äyräpää zum 50. Geburtst. am 21. 10. 1937]. 127 S. 11 S. Referate in dt. Spr. = Suomen Museo Bd 44: 1937 *I. Kronqvist J. Leppäaho*

ÄYRÄPÄÄ 1957 — Studia neolithica in honorem Aarne Äyräpää. (Tämän niteen toimitti: C. F. Meinander.) — Helsinki, Helsingfors: (Suomen Muinaismuistoyhdistys) 1957. 296 S. = Suomen Muinaismuistoyhdistyksen Aaikakauskirja. Finska Fornminnesföreningens Tidskrift. 58. *R. Indekro H. Moora*

AHLMANN — Tymbos für Wilhelm Ahlmann. Ein Gedenkbuch. Hrsg. v. s. Freunden. — Berlin: de Gruyter 1951. 326 S. Bildnisse *H. Kauffmann*

ALBRICH — Festschrift zum 70. Geburtstage Carl Albrichs. — Nagyszeben (Hermannstadt): Krafft 1906. 169 S. Bildnis *M. Csaki*

ALMGREN — Studier tillägnade Oscar Almgren 9. 11. 1919. — Stockholm: A. B. Svenska teknologföreningens Förlag 1919. 304 S. *N. Åberg T. J. Arne A. Hackman S. Lundquist M. Olsson J. Sandström G. M. Silfverstolpe S. Wallin*

ALT — Geschichte und Altes Testament. Aufsätze von W. F. Albright u. a., Albrecht Alt zum 70. Geburtst. dargebr. — Tübingen: Mohr 1953. 223 S. Bildnis; Bibliogr. = Beiträge zur histor. Theologie, 16. *K. Elliger K. Galling*

ALTANER — Historisches Jahrbuch. Im Auftr. d. Görres-Ges. hrsg. v. Johannes Spörl. Jg 77 (Berthold Altaner ... zur Erinnerung an s. 70. Geburtst.) — München, Freiburg: Alber 1958. XX, 600 S. Bildnis; Bibliogr. *Th. Schieffer*

ANDERSEN — Festskrift til Vilhelm Andersen ... Halvjerdsaars Fødselsdag den 16. 10. 1934. — København: Gyldendal 1934. 392 S. Bildnis; Bibliogr. *M. Borup*

ANDERSSON — Studier och uppsatser tillägnade Otto Andersson på hans femtioårsdag den 27. 4. 1929. Red.: K. R. V. Wikmann u. S. Andersson. — Åbo 1929. X, 214 S. 1 Taf. *M. Hofrén*

ANDRAE — Koldewey-Gesellschaft. Vereinigung f. baugeschichtl. Forschung e. V. Von ihren Gründern, ihrer Geschichte u. ihren Zielen. Festschrift zum 80. Geburtst. (18. 2. 1955) von Ernst Walter Andrae. — Karlsruhe 1955: Braun. 47 S. m. Abb. Bildnis; *Persönl. Würdigung u. vier Selbstbiographien. Bibliographien: W. Andrae U. Hölscher O. Reuther A. v. Gerkan K. Gruber. Beiträge nicht einzeln angeführt*

ANDREAS, FRIEDRICH CARL — Festschrift Friedrich Carl Andreas zur Vollendung des 70. Lebensjahres am 16. 4. 1916, dargebr. v. Freunden u. Schülern. — Leipzig: Harrassowitz 1916. 142 S. 2 Taf. Bibliogr. *S. Larsen*

ANDREAS, WILLY — Staat und Geist im neueren Europa. Festschrift für Willy Andreas zum 60. Geburtst. 1944. Ungedruckt, im Besitz des Jubilars. *R. Benz K. Griewank E. Preetorius*

ANDREE-EYSN — Festschrift für Marie Andree-Eysn. Beiträge zur Volks- und Völkerkunde. Hrsg. ... v. Joseph Maria Ritz. — München: Seyfried (1928). 142 S. m. Abb. 1 Taf. *R. Berliner Ch. Frank F. Fuhse R. Kriß J. Leisching G. Loesche W. Pessler J. M. Ritz*

ANDRIEU — Mélanges en l'honneur de Monseigneur Michel Andrieu. — Strasbourg: Palais Universitaire 1956. 503 S. Bildnis, Bibliogr. = Revue des sciences religieuses, Vol. hors série. *M. Anfray Y. Bequignon C. Cecchelli F. Darsy J. Lassus P. E. Schramm M. Simon C. Vogel*

ANTI — Anthemon. Scritti di archaeologia e di antichità classiche in onore di Carlo Anti. — Firenze: Sansoni 1955. 378 S. m. Abb. u. Taf. *S. Bettini*

ANTZ — Überlieferung und Neubeginn. (Ehrengabe f. Joseph Antz zum 77. Geburtstag.) Probleme d. Lehrerbildg u. Bildg nach 10 Jahren d. Aufbaus. Hrsg. v. Oskar Hammelsbeck. — Ratingen bei Düsseldorf: Henn (1957). 304 S. Bildnis. Bibliogr. *J. Giesen*

APPEL — Festschrift für Karl Appel zu s. 70. Geburtst. am 17. 5. 1927. — Halle: Niemeyer 1927. IV, 677 S. 2 Kt. Bildnis = Zeitschr. f. romanische Philologie, Bd 47: 1927 *Ph. A. Becker*

ARANGIO-RUIZ — Studi in onore di Vincenzo Arangio-Ruiz nel 45 anno del suo insegnamento. 1–4. — Napoli: Jorene (1953). XXVI, 519 S., VI, 536 S.; IV, 519 S.; VI, 610 S. Bildnis; Bibliogr. *C. W. Westrup*

ARMANNI — Scritti vari dedicati a Mario Armanni in occasione del suo sessantesimo compleanno. — Milano: Hoepli 1938. 269 S. Bildnis *T. de Marinis*

ARNDT — Festschrift Paul Arndt zu seinem 60. Geburtst. dargebr. v. s. Münchner Freunden. — München: Bruckmann 1925. 147 S. zahlr. Abb. *G. Lippold F. Rapp*

ARNOLD — Festschrift der Arbeitsgemeinschaft für Forschung des Landes Nordrhein-Westfalen. Zu Ehren d. Herrn Min.-Präs. Karl Arnold, anläßl. d. fünfjährigen Bestehens d. Arbeitsgemeinschaft f. Forschung am 4. 5. 1955. — Köln-Opladen: Westdt. Verl. 1955. XII, 680 S. m. Abb. *R. Alewyn H. v. Einem J. Kroll F. Schalk G. Schreiber*

ARNOULD — Mélanges de Littérature, Philologie et Histoire offerts à Louis Arnould. — Poitiers: Société Française 1934. 341 S. Bildnis; Bibliogr. *E. Ginot*

ARTIGAS — Homenaje a Miguel Artigas. Estudios de Investigación. — Santander 1931–1932. = Boletin de la Biblioteca Menéndez y Pelayo, No. extraordinario, Vol. 1.2. Bildnis; Bibliogr. *F. Gonzáles Camino y Aguirra E. Ortiz de la Torre E. Sánchez Reyes B. Taracena*

ASPELIN — Den Finsk-ugriska fornkunskapens grundläggare Johann Reinhold Aspelin ... 70 år 1. 8. 1912. 305 S. m. Abb. = Zeitschrift der Finnischen Altertumsgesellschaft, Bd 26: 1912. *J. Rinne*

AUBIN 1950 — Geschichtliche Landeskunde und Universalgeschichte. Festgabe für Hermann Aubin zum 23. 12. 1950. o. O. 283 S. *H. Schlenger*

AUBIN I — Festgabe Hermann Aubin zum 65. Geburtstag. — Bonn: Röhrscheid (1951). 532 S. m. Abb. u. Kt.-Skizzen, 1 Bl. Abb. = Rheinische Vierteljahrsblätter 15/16: 1950/51 *E. Ennen H. Jankuhn F. Oelmann W. Zimmermann*

AUBIN 1956 — Syntagma Friburgense. Historische Studien, Hermann Aubin dargebracht zum 70. Geburtstag am 23. 12. 1955. — Lindau, Konstanz: Thorbecke (1956). 359 S. 3 Taf. = Schriften d. Kopernikuskreises. Bd 1. Bildnis *F. Metz*

BABINGER — Serta Monacensia. Franz Babinger zum 15. 1. 1951 als Festgruß dargebr. Hrsg. v. Hans Joachim Kissling u. Alois Schmaus. — Leiden: Brill 1952. 244 S. 10 Taf. Bildnis; Bibliogr. *H. J. Kissling H. Striedl*

BACH — Festschrift Adolf Bach. — Bonn: Röhrscheid 1956. 436 S. = Rheinische Vierteljahresblätter Jg. 21: 1956 Tl 2. *W. Zimmermann*

BACHELARD — Hommage à Gaston Bachelard. Études de philosophie et d'histoire des sciences par Georges Bouligand, G. Canguilhem u. a. — Paris: Presses Universitaires de France 1957. 216 S. Bildnis *R. Taton*

BÄCHLER — Corona amicorum. Emil Bächler zum 80. Geburtstag 10. 2. 1948. — St. Gallen: Tschudi 1948. 225 S. m. Abb. u. Taf. = Berichte d. St. Gallischen Naturwissenschaftl. Ges. Bd 72: 1945–1947. Bildnis; Bibliogr. *W. Kaegi R. Zürcher*

BÄUMER — Vom Gestern zum Morgen. Eine Gabe für Gertrud Bäumer [zum 60. Geburtst. 12. 9. 1933]. — Berlin: Bott 1933. 231 S. *W. Riezler*

BAEUMKER 1913 — Festgabe zum 60. Geburtstag Clemens Baeumker. — Münster: Aschendorff 1913. 491 S. Bildnis = Beiträge zur Geschichte der Philosophie des Mittelalters, Supplementbd. *E. Lutz*

BAEUMKER 1923 — Festgabe Clemens Baeumker zum 70. Geburtstag (16. 9. 1923). — Münster: Aschendorff 1923. VIII, 269 S. = Beiträge zur Gesch. d. Philosophie d. Mittelalters. Texte u. Untersuchungen. Suppl. Bd 2. *A. Dyroff*

BALSIGER — Hermann Balsiger zum 60. Geburtstage 24. 9. 1936. 155 S. Bildnis = Jahrbuch vom Zürichsee 1936. *L. Birchler R. Henggeler L. Weiß*

BALZER — Księga Pamiątkowa ku czci Oswalda Balzera (Festschrift zu Ehren Oswald Balzers). Bd 1. 2. — Lwów (Lemberg) 1925. *F. Bostel M. Gębarowicz W. Semkowicz Wł. Stroner St. Tomkowicz*

BARDON — Homenaje a Cesar Moran Bardon O.S.A. — Salamanca: Universidad 1953. 521 S. = Zephyros IV. *J. Amades A. Castillo de Lucas*

BARTH — Antwort. Karl Barth zum 70. Geburtstag am 10. 5. 1956. — Zollikon-Zürich: Evang. Verl. 1956. 963 S. Bildnis; Bibliogr. *J. J. Stamm W. Vischer*

BARTOLD — Vasily Vladimirovitch Bartold. Turkestanskie drużja učeniki i počitateli. — Taschkent 1927. 555 S. Bildnis; Bibliogr. *Ch. D. Dosmuchamedow W. D. Gorodeckii M. E. Masson W. A. Schischkin P. P. Swanow I. H. Umniakoff L. A. Zimin*

BASEL — Öffentliche Kunstsammlung Basel. Festschrift zur Eröffnung des Kunstmuseums. — Basel 1936. *H. Aulmann D. Burckhardt-Werthemann O. Fischer P. Ganz H. Koegler M. Pfister-Burkhalter W. Ueberwasser H. Wölfflin*

BASEL HIST. MUS. — Festbuch zur Eröffnung des Historischen Museums Basel. 1894. 257 S. *D. Burckhardt Heinrich Alfred Schmid E. A. Stückelberg R. Wackernagel H. Wölfflin*

BASEL STAATSARCH. — Festschrift des Staatsarchivs Basel-Stadt 1899–1949 zum 50. Jahrestag des Bezugs des Archivgebäudes an der Martinsgasse. — Basel: Helbing & Lichtenhan 1949. 114 S. 14 Taf. *A. Bruckner* *R. Riggenbach* *W. R. Staehelin*

BASTIAN I — Festschrift für Adolf Bastian zu seinem 70. Geburtstage 26. 6. 1896. — Berlin: Reimer 1896. 630 S. *A. Grünwedel* *W. Joest* *F. Kollmann* *F. v. Luschan* *F. W. K. Müller* *Müller-Beeck* *E. Seler* *A. Voß* *K. Weule*

BASTIAN II — Ethnographische Beiträge. Adolf Bastian zu s. 70. Geburtstage 26. 6. 1896. — Leiden 1896. 85 S. = Internationales Archiv für Ethnographie, Suppl. zu Bd 9: 1893 *J. D. E. Schmeltz*

BATTAGLIA — Scritti in onore di Giuseppe Battaglia. — Faenza: Seminario Vescovile 1957. 317 S. Bildnis *A. Savioli*

BAUCH — Festschrift Kurt Bauch. Kunstgeschichtl. Beiträge zum 25. Nov. 1957 (60. Geburtst.). (Hrsg. v. Berthold Hackelsberger, Georg Himmelheber [u.] Michael Meier.) — [München, Berlin]: Deutscher Kunstverl. (1957). 267 S. mit Abb. Bildnis; Bibliogr. *H. v. Einem* *M. Huggler* *H. Jantzen* *H. Kauffmann* *H. Keller* *K. Martin* *U. Middeldorf* *L. Münz* *W. Noack* *W. Paatz* *G. Frh. v. Preuschen* *W. Schöne* *W. Ueberwasser* *W. R. Valentiner* *H. Wentzel* *F. Graf Wolff Metternich*

BAUDISSIN — Abhandlungen zur semitischen Religionskunde und Sprachwissenschaft. Wolf Wilhelm Grafen von Baudissin zum 26. 9. 1917. — Gießen: Töpelmann 1918. 436 S. Bibliogr. *E. v. Dobschütz*

BAUM — Neue Beiträge zur Archäologie und Kunstgeschichte Schwabens. Hrsg. v. d. Ges. zur Förderung d. Württ. Landesmuseums. Julius Baum zum 70. Geburtstag am 9. 4. 1952 gewidmet. — Stuttgart: Kohlhammer 1952. 246 S. 32 Bl. Abb. Bibliogr. *G. S. Graf Adelmann v. Adelmannsfelden* *H. Buchheit* *W. Clasen* *H. Decker-Hauff* *E. Endrich* *H. Fegers* *W. Fleischhauer* *D. Frey* *A. Herrmann* *H. Hildebrandt* *H. Koepf* *N. Lieb* *K. Martin* *H. Th. Musper* *E. Nau* *K. Oettinger* *A. Rieth* *Ch. Altgraf zu Salm* *A. Schahl* *M. Schefold* *Alfred A. Schmid* *Richard Schmidt* *K. Schumm* *W. F. Volbach* *A. Walzer* *G. Weise* *H. Wentzel*

BAUMSTARK — Antonio Baumstark Sexagenario Amici Discipuli. 1932. 346 S. Bildnis = Oriens Christianus, Serie III, Bd 7. *Johann Georg Herzog zu Sachsen* *Th. Michels O. S. B.* *J. Sauer* *F. Taeschner*

BECHTEREW — Festschrift für Woldemar Bechterew zum 40. Jahre seiner Lehrtätigkeit (1885–1925). — Leningrad: Psychoneurolog. Akademi 1926. 716 S. Bildnis *H. Goldblat*

BECKER, ANTON — Festschrift zum 70. Geburtstage Anton Beckers. Hrsg. v. Ver. f. Landeskunde u. Heimatschutz v. Niederösterreich u. Wien. Geleitet v. Karl Lechner. — Wien 1938. VIII, 328 S. 15 Taf. 5 Textabb. 1 Faks. 1 Kt. Bildnis = Jahrb. f. Landeskunde v. Nieder-Österreich N. F. 27: 1938 *R. K. Donin* *F. Halmer* *A. Klaar* *H. Pemmer* *E. Siegris*

BECKER, ANTON 1958 — Jahrbuch für Landeskunde von Niederösterreich. Geleitet v. Karl Lechner. N. F. 32. 1955/56. [Gedächtnisschrift Anton Becker.] Mit 21 Bildtaf., 23 Plänen u. 3 Kt. — Wien: Verein f. Landeskunde v. Niederösterreich u. Wien 1958. X, 375 S. *G. Aurenhammer* *R. K. Donin* *M. Girardi* *A. Klaar* *A. Schachinger* *Leopold Schmidt*

BECKER, C. H. — Weltpolitische Bildungsarbeit an Preußischen Hochschulen. Festschrift aus Anlaß d. 50. Geburtstages d. preuß. Ministers f. Wissenschaft, Kunst u. Volksbildung Prof. Dr. C(arl) H(einrich) Becker. — Berlin: Hobbing 1926. X, 190 S. Bildnis *H. H. Schaeder*

BEHAGEL — Germanische Philologie. Ergebnisse u. Aufgaben. Festgabe Otto Behagel zum 80. Geburtstag 3. 5. 1934. Hrsg. v. A. Goetze, W. Horn, Fr. Maurer. — Heidelberg: Winter 1934. VIII, 573 S. = Germanische Bibliothek Abt. 1, R. 1, Bd 19. Bildnis; Bibliogr. *R. Helm* *L. Meixner*

BEHN — Leipziger Beiträge zur Vor- und Frühgeschichte. Festschrift zum 70. Geburtstag v. Prof. Dr. Friedrich Behn, Leipzig. — Leipzig: Barth 1955. VI, 167 S. 166 Abb. u. 12 Kt. im Text u. auf 38 Taf. = Forschungen zur Vor- u. Frühgeschichte, 1. Bildnis *H. Küas H. Menz*

BELOCH — Saggi di storia antica e di archeologia a Giulio Beloch nel XXX anno dell'insegn. nell'Ateneo Romano ... — Roma: Loescher 1910. VIII, 370 S. m. Abb. Bildnis *G. Colosanti*

BELOW — Aus Politik und Geschichte. Gedächtnisschrift für Georg von Below. — Berlin: Dt. Verl. Ges. f. Pol. u. Gesch. 1928. 362 S. Bildnis; Bibliogr. *J. Ahlhaus H. Bächtold*

BELTZ — Festgabe für Robert Beltz zum 85. Geburtstage 14. 3. 1939. = Heimatbund Mecklenburg Jg 34, März 1939. *B. Hallmann*

BELVEDERI — Miscellanea Giulio Belvederi. — Città del Vaticano 1954–55. IV, 584 S. 107 Abb. = Collezione „Amici delle Catacombe", Bd 23. *G. Agnello P. B. Bagatti D. Balboni M. Borda G. Bovini M. Cagiano de Azevedo C. Carletti M. G. Carli C. Cecchelli F. W. Deichmann U. M. Fasola A. Ferrua E. Josi M. Mazzotti E. Speier F. Tolotti L. Voelkl*

BENEDIKT — Festschrift für Heinrich Benedikt überreicht zum 70. Geburtstag (30. 12. 1956). Hrsg. v. Hugo Hantsch u. Alexander Novotny. — Wien: Notring d. wissenschaftlichen Verbände Österreichs 1957. 244 S. Bildnis *W. M. Plöchl*

BENNDORF — Festschrift für Otto Benndorf zu seinem 60. Geburtstage, gewidm. v. Schülern, Freunden u. Fachgenossen (Redakteur: Karl Masner). — Wien: Hölder 1898. 320 S. zahlr. Abb. u. Taf. Bildnis *H. Thode*

BENZ — Gegenwart im Geiste. Festschrift für Richard Benz. Hrsg. v. Walther Bulst u. Arthur v. Schneider. — Hamburg: Wegner in Gemeinsch. m.: Piper, München; Diederichs, Düsseldorf; Reclam, Stuttgart: 1954. 142 S. Bibliogr. *A. v. Schneider*

BEREND — Festgabe für Eduard Berend zum 75. Geburtstag am 5. Dezember 1958. (Hrsg. im Auftr. d. Dt. Akad. d. Wiss. zu Berlin u. d. Dt. Schillergesellschaft Marbach a.N./Stuttgart v. Hans Werner Seiffert u. Bernhard Zeller.) — Weimar: Böhlau 1959. XI, 479 S. Bildnis; Bibliogr. *W. Rehm*

BERLIÈRE — Hommage à Dom Ursmer Berlière. Recueil publié par le Comité Directeur de l'institut historique belge de Rome. — Bruxelles: Lamatin 1931. 262 S. Bildnis *A. Grunzweig M. Vaes*

BERLIN — Zur Geschichte der Königlichen Museen in Berlin. Festschrift zur Feier ihres 50jährigen Bestehens am 3. 8. 1880. — Berlin 1880. 176 S. *Zwölf Beiträge über Geschichte der Museen und die einzelnen Abteilungen. Nicht einzeln angeführt*

BERLINER — Festschrift zum 70. Geburtstage A[braham] Berliner's 10. 5. 1903. — Frankfurt a. M.: Kauffmann 1903. 376, 130 S. Bildnis; Bibliogr. *S. Krauss*

BERTAUX — Mélanges Bertaux. Recueil de travaux dédié à la mémoire d'Émile Bertaux. — Paris: Boccard 1924. 348 S. *J. Alazard M. Aubert J. Cain P. Clamorgan E. Dacier Comte P. Durrieu Enlart H. Focillon C. Gamba L. Gillet L. Hautecoeur L. Hourticq P. Jamot A. Joubin R. Koechlin Lamperez y Romea E. Mâle P. Marcel L. Réau Salomon Reinach Théodore Reinach S. Rocheblave R. Schneider H. Stein P. Toesca E. Tormo L. Venturi P. Vitry*

BEUTLER — Weltbewohner und Weimaraner. Ernst Beutler zugedacht 1960. Hrsg. von Benno Reifenberg u. Emil Staiger. — Zürich u. Stuttgart: Artemis-Verl. (1960). 358 S. Bildnis *Nicht im systematischen Teil*

BEZOLD, FRIEDRICH v. — Festgabe, Friedrich von Bezold dargebr. zum 70. Geburtstag v. s. Schülern, Kollegen u. Freunden. — Bonn, Leipzig: Schroeder 1921. 346 S. *A. Schulte*

BEZOLD, GUSTAV v. — Festschrift für Gustav v. Bezold zu seinem 70. Geburtstag (17. 7. 1918) dargebr. vom Germanischen Museum. — Nürnberg: Germ. Mus. 1918. 243 S. m. Abb. = Mitt. a. d. German. Nationalmus., Jg 1918/1919. Bildnis nach Gemälde v. Georg Kellner *Th. Hampe H. Pleßner Fritz Traugott Schulz W. Stengel*

BEZZENBERGER — Festschrift Adalbert Bezzenberger zum 14. 4. 1921 dargebr. v. s. Freunden u. Schülern. — Göttingen: Vandenhoeck & Ruprecht 1921. 172 S. m. 41 Abb., 10 Taf. Bildnis *O. Almgren R. Dethlefsen A. Götze F. E. Peiser H. Schmidt*

BICK — Die Oesterreichische Nationalbibliothek. Festschrift hrsg. zum 25jährigen Dienstjubiläum des Generaldirektors ... Josef Bick von Josef Stummvoll u. a. — Wien: Bauer 1948. 683 S. *O. Benesch O. Brechler K. Garzarolli-Thurnlackh F. Hadamowsky H. Hochenegg H. Pauer H. Piesch A. Stix R. Teichl E. Trenkler*

BICKEL — Ernst Bickel zum 26. 11. 1946. — Düsseldorf: Schwann 1948. 455 S. 72 Taf. = Bonner Jahrbücher des Rhein. Landesmuseums in Bonn, 148: 1948 *K. Böhner*

BIDEZ u. CUMONT — Hommages à Joseph Bidez et à Franz Cumont. — Bruxelles: Latomus 1949. X, 392 S. Taf. = Collection Latomus, 2. Bildnisse *W. Deonna P.-M. Duval G. Faider-Feytmans H.-I. Marrou M. Renard*

BIDLO — Z dějin Východni Evropy a Slovanstva. Sborník věnovaný Jaroslavu Bidlovi profesoru Karlovy University k šedesátým narozeninám. (Aus der Geschichte Osteuropas und des Slaventums. Eine Sammelschrift, dem Professor an der Karls-Universität Jaroslav Bidlo zum 60. Geburtst. gewidmet.) Hrsg. v. Miloš Weingart, Josef Dobiáš, Milada Paulová. — Prag 1928. XV, 512 S. Bildnis; Bibliogr. [Résumés in dt. u. französ. Sprache S. 452–506] *N. Beljaev N. Okouneff J. Ptaśnik*

BIEHLE — Festschrift Johannes Biehle zum 60. Geburtstag. — Leipzig: Kistner & Siegel 1930. 107 S. Bildnis; Bibliogr. *P. Mies Erich H. Müller*

BIEREYE — Festschrift für Johannes Biereye zum 70. Geburtstage am 10. 6. 1930. — Erfurt: Villaret in Komm. 1930. 155 S. m. Abb. = Mitteilungen des Vereins f. d. Geschichte u. Altertumskunde v. Erfurt, H. 46. Bildnis; Bibliogr. *M. Bolle R. Huth*

BINZ — Festschrift Gustav Binz, Oberbibliothekar der Öffentl. Bibliothek d. Universität Basel zum 70. Geburtstag am 16. 1. 1935 v. Freunden u. Fachgenossen dargebr. — Basel: Schwabe 1935. 322 S. m. Abb. 1 Taf. *Ph. Schmidt*

BLINKENBERG — Acta archaeologica, 13. Christiano Blinkenberg octogenario (15. 2. 1943) hoc volumen dedicatum. — København: Munksgaard 1942. 382 S. m. Abb. 1 Taf. Bildnis *C. Nordenfalk*

BLOCH — Festschrift Ernst Bloch zum 70. Geburtstag. Hrsg. v. R. O. Gropp. — Berlin: Dt. Verl. d. Wiss. 1955. 308 S. Bildnis; Bibliogr. *A. Cornu G. Lúkacs*

BLÜMNER — Festgabe Hugo Blümner überreicht zum 9. 8. 1914 von Freunden und Schülern. — Zürich 1914. 541 S. *C. Brun Ch. Hülsen S. Weber P. Weizsäcker*

BOAS — Anthropological Papers. Written in honour of Franz Boas. — New York: Stechert 1906. 559 S. Bildnis *F. Heger F. Hirth W. H. Holmes B. Laufer Ch. W. Mead G. H. Pepper E. Seler C. Wissler*

BOBRINSKIJ — Sbornik archeologicěsk statej podnesenyj Grafn A. A. Bobrinskomu ... (Sammlung von archäologischen Aufsätzen für den Grafen A. A. Bobrinskij am Tage seiner 25jähr. Präsidentschaft bei d. Kaiserl. Archäol. Kommission 1886–1911.) — St. Petersburg 1911. 276 S. m. Textabb. u. 34 Taf. *A. K. Markov D. V. Milěev P. P. Pokryškin K. K. Romanov N. I. Veselovskij*

BOCKWITZ — Buch und Papier. Buchkundliche u. papiergeschichtl. Arbeiten. Hans H. Bockwitz zum 65. Geburtstage dargebr. Hrsg.: Horst Kunze. — Leipzig: Harrassowitz 1949. 164 S. *E. J. Labarre A. Luther A. Renker J. Schubert C. Wehmer*

BODE 1915 — Forschungen aus den Königlichen Museen zu Berlin. Wilhelm v. Bode zum 70. Geburtstage. — Berlin: Grote 1915. IV, 212 S., zahlr. Abb. u. Taf. = Jahrb. d. Kgl. Preuß. Kunstsammlungen 17: 1916, H. 1/2. Bildnis *O. v. Falke M. J. Friedländer A. Grünwedel P. Jessen F. v. Luschan J. Menadier E. Plietzsch K. Regling F. Schottmüller E. Seler Th. Wiegand O. Wulff*

BODE 1926 — Hauptwerke aus den Staatlichen Museen zu Berlin. Wilhelm v. Bode zu Ehren (zum 80. Geburtst.) hrsg. v. d. Abteilungsleitern. — Berlin: Grote 1926. 54 S. 50 Taf. 15 *Berichte über die einzelnen Abteilungen; nicht einzeln angeführt*

BØGH — Kunst og haandverk. Nordiske studier Johan Bøgh 1848 — 27. 5. — 1918. — Kristiania 1918. 232 S. *B. Salin*

BÖHRINGER 1948 — Dank an Robert Böhringer. — Stuttgart: Württ. Landesbibl. 1948. 88 S. *D. Seckel*

BOEHRINGER 1957 — Robert Boehringer. Eine Freundesgabe (z. 70. Geburtst. 30. 7. 1954). (Die Hrsg. bes. Erich Boehringer u. Wilhelm Hoffmann. 5 Taf.) — Tübingen: Mohr 1957. 772 S. m. Abb. Bildnis; Bibliogr. *Erich Boehringer F. W. Deichmann Wilhelm Hoffmann K. J. Partsch G. Gräfin Schwerin W. Stein M. Stettler A. Zschokke*

BÖMER — Westfälische Studien. Beiträge zur Geschichte der Wissenschaft, Kunst u. Literatur in Westfalen. Alois Bömer zum 60. Geburtstag (31. 7. 1928) gewidmet. Hrsg.: Hermann Degering, Walter Menn. — Leipzig: Hiersemann 1928. VI, 312 S. Bildnis *A. Boeckler H. Degering M. Geisberg M. J. Husung R. Juchhoff K. Löffler K. Ohly H. Schöne H. Wegener H. Zimmermann*

BOËTHIUS — Festskrift tillägnad Axel Boëthius den 18. 7. 1949 av Svensk-Italienska Föreningen ... (Red.: Ingvar Bergström, S. Hallberg u. a.) — Göteborg 1949: Elander. 176 S. Abb. Bibliogr. *G. Aspelin I. Bergström K. Hanell J. A. Hedvall A. L. Romdahl A. Westholm*

BOHNENBERGER — Beiträge zur Geschichte, Literatur und Sprachkunde vornehmlich Württembergs. Hrsg. v. Hans Bihl. Festgabe für Karl Bohnenberger, Tübingen, zum 75. Geburtstag 26. 8. 1938. Dargebr. v. Freunden, Kollegen u. Schülern. — Tübingen: Mohr 1938. VI, 384 S. Bildnis; Bibliogr. *O. Weinreich*

BOLINDER — Bilder och minnen. (Tillägnade T[age] W[ilhelm] Th[eodor] Bolinder av forna lärjungar.) — Lund 1907. 120 S. 6 Taf. Bildnis *N. Jönsson*

BOLLERT 1936 — Festschrift Martin Bollert zum 60. Geburtstage. Hrsg.: Hermann Neubert. — Dresden: Jess 1936. 278 S. m. Abb. u. Taf. *H. G. Ermisch O. Glauning E. Kästner*

BOLLERT 1956 — Festschrift Martin Bollert zum 80. Geburtstag am 11. 10. 1956 dargebr. v. Freunden u. Mitarbeitern. — Dresden 1956. 107 S. *Ch. Boden E. Jammers M. Kremer I. Schunke*

BONELLI — Scritti in onore di Luigi Bonelli. — Roma 1940. 315 S. = Annali. Publicazioni dell'istituto univers. orient. di Napoli, Nuova Serie, Vol. I. *F. Babinger F. Taeschner*

BONNEROT — Mélanges d'histoire littéraire et de bibliographie offerts à Jean Bonnerot. — Paris: Nizet 1954. 551 S. *P. Marot*

BONILLA — Estudios eruditos in memoriam de Adolfo Bonilla y San Martín (1875–1926). Bd 1.2. — Madrid: Ratés 1927–1930. Bd 2: 755 S. Bildnis *F. de P. Amat F. de Figueiredo H. Kehrer*

BONWETSCH — Theologische Festschrift für G. Nathanael Bonwetsch zu seinem 70. Geburtstage (17. 2. 1918). — Leipzig: Deichert 1918. 154 S. Bibliogr. *J. Meyer (Göttingen)*

BORMANN — Festheft der Wiener Studien zum 60. Geburtstage Prof. Dr. Eugen Bormanns, überreicht v. d. Redakteuren E. Hauler u. H. v. Arnim. — Wien: Gerold 1902. 368 S. m. 22 Abb., 6 Taf. = Wiener Studien, Jg 24: 1902, H. 2. *P. v. Bieńkowski J. Strzygowski*

BOSCH — Beiträge zur Kulturgeschichte. Festschrift für Reinhold Bosch zu seinem 60. Geburtstag. — Aarau: Sauerländer 1947. 222 S. Bildnis; Bibliogr. *P. Bouffard*

BOSSET — Mélanges d'archéologie, d'histoire et d'histoire de l'art offerts à Louis Bosset, Archéologue Cantonal Vaudois à l'occasion de son 70e anniversaire. — Lausanne: Rouge 1950. 208 S. m. Abb. Bildnis *L. Blondel R. Bosch P. Bouffard W. Deonna Otto Schmidt*

BRACKMANN — Festschrift Albert Brackmann (z. 60. Geburtstag 24. 6. 1931), dargebr. v. Freunden, Kollegen u. Schülern. Hrsg. v. Leo Santifaller. — Weimar: Böhlau 1931. 602 S. *W. Dersch W. Erben E. Kessel*

BRANTING — Hjalmar Branting tillägnas denna skrift från vänner och medarbetare den 23/11 1920. — Stockholm 1920. 122 S. Bildnis; Bibliogr. = Tiden. Årg. 12: 1920 (5–6) *G. Paulsson*

BRAUN — Sborník k šedesátým narozeninám E. W. Brauna. Festschrift zum 60. Geburtstage von E. W. Braun. Hrsg. unt. Redakt. v. K. Černohorský. — Augsburg: Filser 1931. 251 S. m. Abb. = Anzeiger des Landesmuseums in Troppau, Bd 2: 1930. 1 Bildn. nach Gemälde v. Gebauer. Bibliogr. *R. Ameseder O. Benesch K. Černohorský E. Dostál F. Dworschak A. Feulner K. Garzarolli-Thurnlackh A. Gnirs Ch. Gündel G. Habich E. Hintze R. Hönigschmid Friedrich H. Hofmann V. Karger F. Kieslinger K. Koetschau W. Kudlich K. Kühn H. Kux J. Meder J. Opitz G. E. Pazaurek B. Rackham M. Sauerlandt Robert Schmidt S. Sochor M. Steif W. Suida H. Trenkwald*

BREDIUS — Feest-Bundel, Abraham Bredius aangeboden d. 18. 4. 1915. Bd 1.2. — Amsterdam: Binger 1915. 315 S. 105 Taf. Bibliogr. *N. Beets C. W. Bruinvis J. W. Enschedé H. E. van Gelder J. Goekoop-De Jongh C. J. Gonnet C. Hofstede de Groot J. Hartog C. G. 't Hooft G. J. Hoogewerff N. G. van Huffel A. O. van Kerkwijk J. O. Kronig F. Lugt W. Martin A. W. M. Mensing E. Neurdenburg J. A. F. Orbaan J. C. Overvoorde J. C. E. Peelen B. W. F. van Riemsdijk D. F. Scheurleer F. Schmidt-Degener J. Six J. F. M. Sterck J. Veth A. W. Weissmann D. S. van Zuiden*

BREYSIG — Geist und Gesellschaft. Kurt Breysig zu seinem 60. Geburtstag. Bd 1–3. — Breslau: Marcus 1927–1928. Bildnis; Bibliogr. Bd 1. Geschichtsphilosophie u. Soziologie, Bd 2. Geschichte u. Gesellschaft, Bd 3. Vom Denken über Geschichte. *F. Böhme*

van der BRIELE — Ausfahrt und Landung. Festgabe f. Wolfgang van der Briele zum 65. Geburtstag am 16. Mai 1959. Hrsg. v. d. Stadtbibliothek Wuppertal. — Wuppertal: Born 1960. 156 S. m. Abb. Bildnis; Bibliogr. *K. Eckert A. H. Fink H. Wille*
Nicht im systematischen Teil

BRINKMANN — Mitteilungen des Beuthener Geschichts- und Museumsvereins. Im Auftr. d. Vereins u. d. Beuthener Heimatarchivs hrsg. v. Alfons Perlick (als Ms. gedr.) H. 17/18. 1956/57. (Prof. Dr. Matthias Brinkmann zum 75. Geburtstag.) — Dortmund: (Ostdeutsche Forschungsstelle im Lande Nordrhein-Westfalen) 1956. 139 S. mehr. Bl. Abb. Bildnis; Bibliogr. *N. Dolezich*

BRODBECK-SANDREUTER — Festschrift für Jaques Brodbeck-Sandreuter zu seinem 60. Geburtstag. — Basel 1942. 450 S. Bildnis *J. A. Häfliger F. Husner A. Pfister*

BRODY — Geist und Werk. Aus d. Werkstatt unserer Autoren. Zum 75. Geburtstag v. Dr. Daniel Brody. — Zürich: Rhein-Verl. (1958). VIII, 309 S. *H. Read*

BROWN — Essays and Studies in Honour of Carleton Brown. — New York: University Press 1940. 336 S. Bildnis; Bibliogr. *E. v. Erhardt-Siebold*

BROWNE — A Volume of Oriental Studies. Presented to Edward G. Browne on his 60th Birthday 7. 2. 1922. — Cambridge: University Press 1922. 499 S. Bildnis *E. Herzfeld*

BRUNEL — Recueil de Travaux offert à M. Clovis Brunel, Membre de l'Institut, Directeur honoraire de l'Ecole des Chartres, par ses amis, collègues et élèves. T. 1.2. — Paris 1955. 593 u. 702 S. Bildnis; Bibliogr. *M.-Th. d'Alverny M. Aubert J. Babelon A. Bossuat A. de Boüard F. Boucher M. Duchein S. Duparc-Quioc R. Gandilhon P. Héliot J. de La Monneraye J. de Pange P. Pradel M. Thibout*

BRUNNER, KARL — Studies in English language and literature. Presented to Prof. Dr. Karl Brunner on the occasion of his 70th birthday. Ed. by Siegfried Korninger. — Wien, Stuttgart: Braumüller (1957). X, 290 S. = Wiener Beiträge zur englischen Philologie. Bd 65. Bildnis; Bibliogr. *H. H. Kühnelt*

BRUNŠMID — Serta Brunsmidiana. Commentationes oblatae Josepho Brunšmid septuagenario a discipulis et amicis a. d. IV. id. febr. 1928. — Zagrebiae 1928. XV, 276 S. m. Abb. u. Taf. = Vjesnik Hrv. Archeol. Društva. N.S. 15. [Beiträge in slawischen Sprachen] *L. Karaman V. Petrovič F. Stelé*

BRUSIN — Studi Aquileiesi offerti il 7 ottobre 1953 a Giovanni Brusin nel suo 70. compleanno. — Aquileia: Assoc. naz. per Aquileia 1953. XXV, 456 S. Abb. Taf. Bildnis; Bibliogr. *S. Bettini C. Cecchelli E. Dyggve R. Egger G. Fiocco G. Fogolari H. P. L'Orange G. Marchetti F. Miltner S. Stucchi*

BUCHENAU — Heinrich Buchenau am 20. 4. 1922 60 Jahre alt. — München: Weizinger 1922. 56 S. *L. Frede*

BUCHHEIT — Beiträge zur schwäbischen und bayerischen Kunstgeschichte. Hans Buchheit zum 60. Geburtstag. — München: Knorr & Hirth 1939. 182 S. = Münchener Jahrb. d. bild. Kunst N. F. 13: 1938/39 (1/3) *M. Bernhart W. Boll E. Buchner K. Feuchtmayr W. Fleischhauer K. Gröber F. Haeberlein H. Karlinger C. Koch H. Kohlhaussen H. Kreisel O. Lenz N. Lieb G. Lill C. Th. Müller A. v. Reitzenstein H. Rupé W. M. Schmid R. Schmidt A. Walzer O. Weigmann H. R. Weihrauch*

BÜCHI — Festschrift Albert Büchi [zum] 60. Geburtstag 1. 6. 1924. — Freiburg (Schweiz): St. Paulus Druckerei 1924. 176 S. Bildnis; Bibliogr. *G. Cahannes*

BÜDINGER — Festgaben zu Ehren Max Büdingers von seinen Freunden und Schülern. Dem Forscher und Lehrer zum siebzigsten Geburtstag gewidmet. — Innsbruck 1898. 469 S. *A. Riegl F. Wickhoff*

BÜLOW — Festgabe für Friedrich Bülow zum 70. Geburtstag. Hrsg. v. Otto Stammer u. Karl C[hristian] Thalheim. — Berlin: Duncker & Humblot (1960). 428 S. Bildnis; Bibliogr. *J. Jahn*

BULIC — Strena Buliciana. Commentationes gratulatoriae Francisco Bulić ob XV vitae lustra feliciter peracta oblatae a discipulis et amicis a. d. IV. non. oct. 1921. — Zagrebiae, Aspalathi 1924: Zaklada tisk. XL, 735 S. *E. Becker Ch. Diehl R. Egger L. Karaman J. Mantuani R. Netzhammer P. Orsi V. R. Petković J. Sauer Victor Schultze F. Stelé J. Strzygowski M. M. Vasić J. Zeiller*

BULLE — Würzburger Festgabe Heinrich Bulle dargebr. zum 70. Geburtstag 11. 12. 1937. (Hrsg.: Reinhard Herbig.) — Stuttgart: Kohlhammer 1938. 207 S. = Würzburger Studien zur Altertumswissenschaft 13. Bildnis *R. Herbig E. Kieser J. Martin*

BURKHARDT — Freundesgaben für Carl August Hugo Burkhardt zum 70. Geburtstag 6. 7. 1900. — Weimar: Böhlau 1900. 212 S. Bibliogr. *G. Weisstein*

BYVANCK I — Viro clarissimo Alexandro Guilelmo Byvanck ... — Bussum: Dishoeck 1954. XI, 336 S. m. Abb. u. Taf. Bildnis; Bibliogr. = Nederlands Kunsthistorisch Jaarboek, Bd. 5. *R. Bianchi Bandinelli G. J. Hoogewerff O. Kurz F. Lyna K. Weitzmann*

BYVANCK II — Varia Historica. Aangeboden aan A[lexander] W[illem] Byvanck ter Gelegenheid van zijn zeventigst Verjaardag door te historische Kring te Leiden. — Assen: Gorcum 1954. 285 S. Bildnis *W. R. Juynboll A. A. Kampman*

CALDERINI u. PARIBENI — Studi in onore di Aristide Calderini e Roberto Paribeni. Vol. 1–3. — Milano-Varese: Ceschina 1956. Bildnis in Bd 1. Vol. 3.: Studi di Archeologia e di Storia dell'Arte antica. 888 S. m. Abb. *G. Agnello E. Arslan A. Balil G. Bovini E. Dyggve C. Gerra N. Lambroglia P. Paschini F. Reggiori M. M. Roberti M. Salmi E. Tea E. Villa*

CAMPANINI — Studi di storia, di letteratura e d'arte in onore di Naborre Campanini. — Reggio-Emilia 1921. 342 S. Bildnis *C. Fano O. Siliprandi A. Venturi*

CAPART — Annuaire de l'Institut de Philologie et d'histoire orientale, Tome 3: 1935. Volume offert à Jean Capart. — Bruxelles 1935. 684 S. *J. D. Stefanescu*

CAROSSA — Buch des Dankes für Hans Carossa. Den 15. Dezember 1928. — Leipzig: Insel-Verl. 194 S. *L. Curtius*

CARTELLIERI — Festschrift Alexander Cartellieri zum 60. Geburtstage (19. 6. 1927) dargebr. v. Freunden u. Schülern. — Weimar: Böhlau 1927. VIII, 180 S. 1 Taf. Bildnis *A. Tille*

CASEL — Vom christlichen Mysterium. Gesammelte Arbeiten zum Gedächtnis von Odo Casel O.S.B. Hrsg. v. Anton Mayer. — Düsseldorf: Patmos-Verl. 1951. 392 S. *P. Hendrix A. Loehr O.S.B. Anton L. Mayer*

CASO — Homenaje al Alfonso Caso. — (Churubusco,) México, (D. F.: Nuevo Mundo) 1951. 455 S. m. Abb. Bildnis *A. V. Caleti B. Dahlgren E. Davalos Hurtado W. Krickeberg A. Ruz Lhuillier M. Maldonado-Koerdell C. R. Margain J. A. Mason Fr. de la Maza Ed. Noguera J. García Payón H. de Terra*

CASSIRER — Philosophy and History. Essays presented to Ernst Cassirer. — Oxford: Clarendon 1936. 360 S. Bibliogr. *E. Panofsky F. Saxl*

CASTIGLIONI — Studi in onore di Carlo Castiglioni, prefetto dell'Ambrosiana. — Milano: Giuffrè 1957. XVI, 904 S. 40 Taf. Bildnis. *E. Arslan G. C. Bascapè G. P. Bognetti P. Borella A. Ciceri G. Fubini A. Marazza M. M. Roberti V. Negri da Oleggio G. Nicodemi A. Paradi E. S. Barelli E. Tea F. Wittgens*

CASTLE — Festschrift für Eduard Castle zum achtzigsten Geburtstag gewidmet von seinen Freunden und Schülern. Hrsg.: Gesellschaft für Wiener Theaterforschung und Wiener Goethe-Verein. — Wien 1955. 233 S. 21 Abb. *G. Bohnenblust H. Leitmeier*

CASTRÉN — Festskrift tillägnad Gunnar Castrén den 27. 12. 1938. — Helsingfors 1938. 426 S. Bildnis = Svenska Litteratursällskapet i Finland, Nr. 271. *C. A. Nordman*

CEDERSCHIÖLD — Svenska studier tillägnade Gustaf Cederschiöld den 25 juni 1914 (65. Geburtst.) utgivna genom Svenska modersmålslärareföreningens arbetsutskott. — Lund 1914. X, 483 S. Bildnis; Bibliogr. *L. Larsson*

CENIVAL — s.: D. Lopes et P. de Cenival

CERIANI — Miscellanea Ceriani. Raccolta di scritti originale per onorare la memoria di Mr. Antonio Maria Ceriani, prefetto della Biblioteca Ambrosiana ... — Milano: Hoepli 1910. 810 S. 70 Abb. 6 Taf. *L. Beltrami A. de Marchi A. Muñoz*

CHATELAIN — Mélanges offerts à M. Émile Chatelain ... par ses élèves et ses amis. — Paris: H. Champion 1910. XVI, 668 S. Taf. Bildnis *Comte P. Durrieu F. Ehrle S. J. E. Monaci V. Mortet*

CHIODI — Aspetti, problemi, realizzazioni di Milano. Raccolta di scritti in onore di Cesare Chiodi. — Milano: Giuffrè 1957. 587 S. Bildnis *Beiträge über meist städtebauliche Fragen der neueren Entwicklung Mailands, auch der Museen.* *L. Grassi*

CIACERI — Studi di antichità classica offerti a Emanuele Ciaceri al termine del suo insegnamento universitario. — Genova: Soc. anon. ed. D. Alighieri 1940. 315 S. Bildnis *A. Omodeo*

CIAN — A Vittorio Cian i suoi scolari dell'Università di Pisa (1900–1908). — Pisa: F. Mariotti 1909. VIII, 291 S. Bildnis *G. Dolci*

CLAES — Gedenkboek Frans Claes. Museum "De Gulden Spoor" te Antwerpen. — Antwerpen 1932. 276 S. *J. de Beer*

CLARK — Fasciculus Joanni Willis Clark dicatus. — Cantabrigiae typis academicis impressus 1909. Bildnis; Bibliogr. *A. J. C. Allen* *S. Colvin* *L. Cust*

CLEMEN 1926 — Festschrift zum 60. Geburtstag von Paul Clemen 31. 10. 1926. — Bonn: Cohen 1926. 512 S. Bildnis. Auszug in Zeitschr. d. rhein. Vereins f. Denkmalpflege, Jg 19, H. 2. 136 S. *A. Baumstark* *E. Bertram* *Fr. W. Frh. v. Bissing* *J. Braun* *J. Busley* *Carl Clemen* *Otto Clemen* *W. Cohen* *W. W. S. Cook* *S. Curmann* *E. R. Curtius* *E. T. De Wald* *A. Dyroff* *K. K. Eberlein* *K. Francke* *H. v. d. Gabelentz* *H. Glück* *A. Goldschmidt* *M. L. Gothein* *C. Gurlitt* *R. Hamann* *E. Hensler* *E. E. Huyssen* *Prinz Johann Georg, Herzog zu Sachsen* *L. Justi* *R. Kautzsch* *A. Kingsley Porter* *R. Klapheck* *W. Köhler* *K. Koetschau* *E. Landsberg* *F. Lübbecke* *E. Lüthgen* *C. R. Morey* *W. Neuß* *J. Ponten* *P. O. Rave* *H. Reiners* *M. Rosenberg* *J. Sauer* *P. Schubring* *L. Seligmann* *W. Steinhausen* *E. Steinmann* *J. Strzygowski* *W. Suida* *G. Swarzenski* *H. Tietze* *G. Graf Vitzthum* *A. Weese* *W. Worringer*

CLEMEN 1936 — Paul Clemen zum 31. 10. 1936. — Düsseldorf: Schwann 1936. VII, 268 S. = Rheinischer Verein f. Denkmalpflege u. Heimatschutz, 29: 1936 (1) *H. Keuth* *W. Kisky* *R. Klapheck* *S. Loeschcke* *F. Graf Wolff Metternich*

CLEMEN 1946 — Paul Clemen, Gedenkblatt zu seinem 80. Geburtstage am 31. 10. 1946 — Euskirchen: Volksblatt-Verl. 1946. 28 S. Bildnis *H. Kisky* *H. Neu* *J. Schaeben*

CODERA — Homenaje a D. Francisco Codera en su jubilación del profesorado ... — Zaragoza: M. Escar 1904. XXXVIII, 656 S. m. Taf. Bildnis; Bibliogr. *M. Gómez-Moreno*

COLLIJN — Bok- och biblioteks-historiska Studier, tillägnade Isak Collijn på hans 50-årsdag (17. 7. 1925). — Uppsala: Almqvist & Wiksell 1925. XVIII, 516 S. m. Faks. u. zahlr. Taf. Bildnis; Bibliogr. S. 1–45. *A. B. Carlsson* *K. Haebler* *M. J. Husung* *S. Larsen* *H. Loubier* *W. Munthe* *A. Nelson* *J. Rudbeck* *Adolf Schmidt* *W. Soderhjelm* *E. Voulliéme* *O. Wieselgren*

CONRAD-MARTIUS — Philosophisches Jahrbuch der Görres-Gesellschaft. (Hrsg.: Aloys Wenzl, Alois Dempf) Jg. 66. 1957. (Festschr. f. Hedwig Conrad-Martius.) — Freiburg, München: Alber (in Komm.) 1958. 444 S. Bibliogr. *L. Dittmann* *F. Kaufmann* *H. Sedlmayr*

COOMARASWAMY — Art and Thought. Issued in honour of Ananda K. Coomaraswamy on the occasion of his 70th birthday. Ed. by K. Bharatha iyer. — London: Luzac 1947. 259 S. Bildnis *V. S. Agrawala* *L. Benoist* *N. Brown* *Titus Burckhardt* *S. Cammann* *A. Gleizes* *H. Goetz* *S. E. Lee* *J. de Marquette* *A. Messinesi* *M. Pallis* *J. M. Plumer* *B. Rowland jr.* *A. Salmony* *M. Schapiro* *E. Schroeder* *F. Schuon* *C. Schuster* *G. Tucci* *F. Waterbury*

CORNELL — Studier tillägnade Henrik Cornell på 60-årsdagen. Red.: Martin Olsson, Oscar Reutersward u. a. — Stockholm 1950: Nordisk Rotogravyr. 271 S. m. Abb. *A. E. Brinckmann* *A. Bugge* *W. Drost* *H. R. Hahnloser* *St. Karling* *E. Lambert* *P. Nørlund* *G. Paulsson* *L.-I. Ringbom* *J. Roosval* *H. Wentzel*

COURTOY — Études d'histoire et d'archéologie namuroises, dédiées à Ferdinand Courtoy. Bd 1.2. — Gembloux (Belgique): Duculot 1952. XXIV, 1035 S. Bildnis = Publ. extraord. Soc. archéol. Namur. *F. Baix H. Bievelet J. Bolsee Comte J. de Borchgrave d'Altena A. Boutemy J. Bovesse S. Brigode R. Chambon Ch. de Clercq A. Dasnoy H. Demeuldre A. Dupont P. Fierens J. Helbig M. Hoc C. Lambot A. Lanotte J. Lavalleye J. Roland M. Thibaut-de Maisières F. Twiesselmann J. Yernaux*

COUTURE — Mélanges Léonce Couture. Etudes d'histoire méridionale dédiées à la mémoire de Léonce Couture (1832–1902). — Toulouse: Ed. Privat 1902. 360 S. Bildnis; Bibliogr. *J. de Larondès-Lafigère E. Privat u. D. Cau-Durban*

CRAWFORD — Aspects of Archaeology in Britain and Beyond. Essays presented to O. G. S. Crawford. Ed. by W. C. Grimes. — London: Edwards 1951. XVII, 386 S. m. Abb., Taf. Kt. Bildnis *J. K. St. Joseph W. D. Simpson*

CRECELIUS — Festgabe für Wilhelm Crecelius zur Feier seiner 25jährigen Lehrtätigkeit in Elberfeld. — Elberfeld: Lucas 1881. 297 S. *G. Eckerts*

CRESCINI — Miscellanea di studi critici in onore di Vincenzo Crescini. — Cividale: Stagni 1927. 610 S. *A. Serena*

CROCE — Cinquant' anni di vita intellettuale italiana 1896–1946. Scritti in onore di Benedetto Croce per il suo ottantesimo anniversario. A cura di C. Antoni e R. Mattioli. Bd. 1.2. — Napoli 1950. Bd 2: 453 S. *L. Venturi*

CRUM — Coptic Studies in Honour of Walter Ewing Crum. — Boston 1950. XI, 572 S. 36 Taf. Abb. Bildnis; Bibliogr. = Bulletin of the Byzantine Institute II. *G. Brett A. Frolow A. F. Kendrick G. Michailidès U. Monneret de Villart R. Pfister E. Riefstahl Th. Whittemore (2 Aufss.)*

CUMONT — *s.*: Bidez u. Cumont 1949

CURTIUS — Freundesgabe für Ernst Robert Curtius zum 14. April 1956 [† 19. IV. 56]. — Bern: Francke (1956). 234 S., Bildnis; Bibliogr. *Herbert Koch*

CURTIUS, LUDWIG 1937 — Corolla. Ludwig Curtius zum 60. Geburtstag dargebracht. — Stuttgart: Kohlhammer 1937. 224 S. XV S. 72 Taf. *O. Brendel L. Klages E. Preetorius B. Schweitzer*

CURTIUS, LUDWIG 1937 Erg. — Corolla. Ludwig Curtius zum 60. Geburtstag. [Ergänzungsband mit Beiträgen solcher Autoren, die 1937 in Deutschland nicht gedruckt werden durften.] — New York, Februar 1937. *F. Rapp*

CURTIUS, LUDWIG 1955–56 — Mitteilungen des Deutschen Archaeologischen Instituts. Bullettino dell' Istituto archaeologico germanico. Roemische Abt. Bd 60/61. 1953/54. 62. 1955. Beiträge zum Gedächtnis an Ludwig Curtius. — Heidelberg: Kerle (1955/56). Bildnis *R. Bianchi-Bandinelli G. Kaschnitz-Weinberg H. Wentzel*

CYŽEVŚKYJ — Festschrift für Dmytro Cyževśkyj zum 60. Geburtstag am 23. 3. 1954. — Berlin, Wiesbaden: Harrassowitz 1954. 306 S. Bildnis *W. von Sas-Zaloziesky*

DAHLBERG — Miscellanea bibliographica, 5. (Ragnar Dahlberg A. D. 1947 septuagenario dedicatum). — Helsinki 1947. VIII, 360 S. m. Abb., 1 Taf. = Helsingin Yliopiston Kirjaston Julkaisuja. Helsingfors Universitetsbiblioteks Skrifter. Publications of the University Library at Helsinki, 20. Bibliogr. *E. v. Kraemer S. Orell H. E. Pipping*

DARMSTAEDTER 1922 — Aus der Handschriften-Abteilung der Preußischen Staatsbibliothek. Abhandlungen u. Nachbildungen v. Autographen. Ludwig Darmstaedter zum 75. Geburtstag dargebr. v. Hermann Degering, Karl Christ u. Julius Schuster. — Berlin: Breslauer 1922. 208 S. m. Abb. u. Taf. Bildnis *H. Degering*

DARMSTAEDTER 1926 — Ludwig Darmstaedter ... zu seinem 80. Geburtstage am 9. 8. 1926. — Frankfurt: Gg-Speyer-Haus 1926. 67 S. Bildnis *5 Beiträge persönlicher Würdigung, davon einzeln angeführt: L. Schnorr v. Carolsfeld J. Schuster*

DEGERING — Mittelalterliche Handschriften. Paläographische, kunsthistorische, literarische und bibliotheksgeschichtl. Untersuchungen. Festgabe zum 60. Geburtstage v. Hermann Degering. (Hrsg. v. Alois Bömer u. Joachim Kirchner.) — Leipzig: Hiersemann 1926. VI, 327 S. 17 Taf. Bildnis *A. Boeckler A. Bömer I. Collijn M. J. Husung J. Kirchner W. Köhler H. Lietzmann J. Schuster K. Strecker H. Wegener*

DEIMEL — Miscellanea Orientalia dedicata Antonio Deimel annos LXX complenti. — Roma 1935. 349 S. = Analecta Orientalia, 12. *W. Andrae*

DEL MEDICO STAFFETTI — Raccolta di scritti storici in onore del Conte Carlo Del Medico Staffetti. — Pescia: Benedetti 1942. 213 S. Bildnis *P. Ferrari G. Micheli A. Scarzella*

DEONNA — Hommages à Waldemar Deonna. — Bruxelles 1957. 539 S. 69 Taf. = Collection Latomus, Vol. 28. *H. Bardon R. Jullian P. Lambrechts A. Roes*

DERENBOURG — Mélanges Hartwig Derenbourg (1844–1908). — Paris: Leroux 1909. 466 S. Bildnis; Bibliogr. *M. Dieulafoy H. Dreyfuss M. Sobernheim*

DESSOIR — 3. Kongreß für Aesthetik und allgemeine Kunstwissenschaft Halle 7.–9. 6. 1927. Bericht i. A. des Ortsausschusses hrsg. v. Wolfgang Liepe. Max Dessoir zum 60. Geburtstag. — Stuttgart: Enke 1927. VI, 294 S. Bildnis; Bibliogr. *F. Adama van Scheltema E. Cassirer M. Dessoir W. Drost P. Frankl P. Menzer G. Rodenwaldt R. Thurnwald E. Utitz W. Weber Th. Ziehen*

DIEHL, CHARLES — Études sur l'histoire et sur l'art de Byzance. Mélanges Charles Diehl. Vol. 1. Histoire. Vol. 2. Art. — Paris: Leroux 1930. XXX, 308 S. 247 S. 20 Taf. Bibliogr. *L. Brêhier B. Filov A. Grabar I. Grabar P. Henry N. Jorga G. de Jerphanion F. Macler G. Millet N. Okunev V. R. Petković A. Protič J. Puig i Cadafalch G. A. Sotiriou I. D. Stefanescu J. Strzygowski O. Tafrali M. Vasić*

DIEHL, WILHELM — Wilhelm-Diehl-Festschrift. Darmstadt, Hist. Verein für Hessen 1941. XXIII, 486 S. m. Abb. = Beitr. zur Hessischen Kirchengeschichte 12: 1941 *K. Frölich G. Haupt L. Kraft H. Schlosser H. Walbe A. Zeller*

DIELS — Münchener Beiträge zur Slawenkunde. Festgabe für Paul Diels (z. 40jähr. Dozententätigkeit u. z. 70. Geburtstag 28. 12. 1952), hrsg. v. Erwin Koschmieder u. Alois Schmaus. — München: Isar-Verl. 1953. 329 S. m. Abb. = Veröff. d. Osteuropa-Inst. München, Bildnis; Bibliogr. *Ph. Schweinfurth*

DIENEMANN — Max Dienemann zum 60. Geburtstag vom Vorstand der israelitischen Religionsgemeinde Offenbach am Main. — Frankfurt a. M.: Kauffmann 1935. 102 S. *B. Italiener*

DIETSCHI — Dem Freunde und Förderer heimatlicher Kunst, Geschichte und Kultur ... Hugo Dietschi ... zum 85. Geburtstag ... 10. 9. 1949. — Olten: Mus.-Kommission 1949. XVI, 183 S. 11 Taf. Bildnis; Bibliogr. *A. Guldimann W. Kamber G. Wyß*

DOBENECKER — Beiträge zur thüringischen und sächsischen Geschichte. Festschrift für Otto Dobenecker zum 70. Geburtstag am 2. 4. 1929. — Jena: Fischer 1929. 554 S. 7 Taf. *E. Anemüller C. G. Brandis A. Tille P. Weber*

DÖLGER, FRANZ — Byzantinische Zeitschrift. Bd 44: 1951, H. 1/2. (Festschrift Franz Dölger zum 60. Geburtstage gewidmet. Hrsg. v. Johannes M. Hoeck.) — München: Beck 1951. XIV, 577 S. 7 Taf. 2 Abb. Bildnis; Bibliogr. *T. Bertelè L. H. Grondijs A. M. Schneider*

DÖLGER, FRANZ JOSEPH — Pisciculi. Studien zur Religion und Kultur des Altertums. Franz Joseph Dölger zum 60. Geburtstage dargeboten v. Freunden, Verehrern u. Schülern

Hrsg.: Theodor Klauser u. Adolf Rücker. — Münster i. W.: Aschendorff 1939. 350 S. 8 Taf. = Antike u. Christentum, Erg.-Bd 1. Bildnis; Bibliogr. *A. Alföldi S. Eitrem J. P. Kirsch J. Quasten P. Stygger E. Weigand*

DÖRPFELD — Wilhelm Dörpfeld. Festschrift zum 80. Geburtstag (26. 12. 1933). Hrsg. v. d. Koldewey-Gesellschaft (Red.: G. Martiny). — Berlin: Verl. f. Kunstwiss. 1933. 83 S. m. Abb. 5 Taf. Bildnis *H. Hörmann*

DOLD — Colligere fragmenta. Festschrift Alban Dold zum 70. Geburtstag am 7. 7. 1952. Hrsg. v. B. Fischer u. V. Fiala. — Beuron: Beuroner Kunstverl. 1952. XX, 295 S. 3 Taf. = Texte u. Arbeiten, hrsg. durch die Erzabtei Beuron, Abt. 1, Beih. 2. Bildnis; Bibliogr. *J. Eschweiler L. K. Mohlberg*

DONIN — Hofrat Dr. Richard Kurt Donin zum 60. Geburtstag. — Wien 1941. S. 90–178. [Umschlagtit.] = Unsere Heimat. 14, 5/6. Bibliogr. *A. R. Franz H. Göhler*

DONNER - von RICHTER — Einzelforschungen über Kunst- und Altertumsgegenstände zu Frankfurt am Main. Hrsg. vom Städt. Histor. Museum. Otto Donner-von Richter als Festgabe zum 80. Geburtst. am 10. 5. 1908 überreicht. — Frankfurt a. M. 1908. 179 S. m. Abb. u. Taf. *F. Bothe J. Cahn A. Freimann C. Gebhardt Heuer J. Hülsen R. Jung O. Lauffer E. Padjera E. Sarnow G. Swarzenski Ch. L. Thomas Georg Wolff*

DOPSCH — Wirtschaft und Kultur. Festschrift zum 70. Geburtstag von Alphons Dopsch. — Baden b. Wien, Leipzig: Rohrer 1938. X, 696 S. *O. v. Halecki O. Lauffer*

DORNSEIFF — Festschrift Franz Dornseiff zum 65. Geburtstag. Hrsg. v. Horst Kusch. — Leipzig: Bibliogr. Inst. 1953. 384 S., Abb. Bildnis; Bibliogr. *J. Irmscher*

DRESDEN — 100 Jahre Sächsischer Kunstverein. Jubiläums-Festschrift. Der Große Garten, Bd 2. Hrsg. v. Erich Haenel. — Dresden: Limpert 1928. 196 S. m. Abb. *9 Beiträge zur Gesch. d. Kunstvereins. Die übrigen Beiträge einzeln angeführt. F. Fichtner K. Grossmann C. Gurlitt E. Haenel M. Lehrs Paul Ferdinand Schmidt B. Schroeder P. Schubring*

DRINOV — Počest'. Sbornik statej po slavjanověděniju, posvjaščennych professoru Marinu Stepanoviču Drinovu ego učenikami i počitateljami. (Ehrengabe. Slg v. Aufsätzen zur Slawenkunde, Prof. Marin Stepanovič Drinov v. s. Schülern ... gewidm.) — Charkov 1908. XXIV, 304, 83 S. Bildnis; Bibliogr. = Sbornik istoriko-filologičeskago obščestva, sostvjaščago pri Imperatorskom Char'kovskom universitetě (Sammelbd. d. hist.-philol. Ges. a. d. kaiserl. Univ. Charkov), 15. *E. Rědin*

DRYGALSKI — Freie Wege vergleichender Erdkunde. Erich von Drygalski zum 60. Geburtstage am 9. 2. 1925 gewidmet von seinen Schülern. — München, Berlin: Oldenbourg 1925. VIII, 386 S. 9 Taf. 2 Kt. Bildnis; Bibliogr. *N. Creutzburg O. Maull*

DUBNOW — Festschrift zu Simon Dubnows 70. Geburtstage (2. Tischri 5691). Hrsg.: Ismar Elbogen, Josef Meisl, Mark Wischnitzer. — Berlin: Jüdischer Verl. 1930. 196 S. *R. Wischnitzer-Bernstein*

DUDA — Festschrift für Herbert W. Duda zu seinem 60. Geburtstag. = Wiener Zeitschrift für die Kunde des Morgenlandes. Bd 56: 1960. *S. Balic F. Taeschner*

DUFOURCQ — Mélanges Albert Dufourcq. Études d'histoire réligieuse. — Paris: Plon 1932. XXIII, 316 S. *R. Cusacq*

DUNKMANN — Probleme deutscher Soziologie. Gedächtnisgabe für Karl Dunkmann. Hrsg. v. Heinz Sauermann. — Berlin: Junker & Dünnhaupt 1933. 127 S. Aus: Archiv f. angewandte Soziologie, Bd 5, H. 3/4. Bibliogr. *A. Vierkandt*

DUPONT — Artibus Asiae, Vol. XIX (3/4). Special Number Dedicated to the Memory of Pierre Dupont. — Ascona 1956. 381 S. Bildnis *23 Aufsätze, meist zur indischen und ostasiatischen Kunst (nicht einzeln angeführt)*

DURRER — Aus Geschichte und Kunst. 32 Aufsätze Robert Durrer zur Vollendung seines 60. Lebensjahres dargeboten. — Stans: Matt 1928. 594 S. 39 Taf. Bildnis = (Die Abhandlgn mit Ausnahme d. Nrn 1, 31, 32 bilden den Inhalt von „Geschichtsfreund" 82: 1927 u. 83: 1928) *L. Birchler K. Frei-Kundert I. Futterer P. Ganz E. A. Gessler J. A. Häfliger P. Hartmann P. Hilber W. Hugelshofer P. M. Krieg H. Meyer-Rahn J. Troxler P. X. Weber E. Wymann*

DUSSAUD — Mélanges Syriens offerts à René Dussaud. Bd 1. 2. — Paris: Geuthner 1939. 1000 S. m. Abb. Bildnis *A. Sakisian*

EBRARD — Festgabe für Friedrich Clemens Ebrard zur Vollendung seines 70. Lebensjahres am 26. 6. 1920., gewidm. v. s. Freunden. — Frankfurt a. M.: Baer 1920. 210 S. 5 Taf. 1 Textabb. *B. Müller H. Weizsäcker J. Ziehen*

ECHEGARAY — Homenaje a D. Carmelo de Echegaray. Miscelánea de estudios referentes al País Vasco ... — San Sebastian: Imprenta de la Diputación de Guipúzcoa 1928. XIV, 688 S. Bildnis; Bibliogr. *M. Cerezal*

ECKERT — Festschrift zu Ehren ... Prof. Dr. Christian Eckert anläßl. d. Vollendung s. 75. Lebensjahres. Kultur und Wirtschaft im Rheinischen Raum. Hrsg. v. Anton Felix Napp-Zinn u. Michel Oppenheim. — Mainz: Selbstverl. d. Stadt 1949. 321 S. m. Taf. Bildnis *F. Arens G. Behrens H. Biehn W. Bornheim gen. Schilling W. Diepenbach F. Gerke J. Haubrich E. Jungkenn Th. Würtenberger*

EDER — Festschrift, Karl Eder zum siebzigsten Geburtstag. Hrsg. v. Helmut J. Mezler-Andelberg. — Innsbruck: Universitätsverl. Wagner 1959. 441 S. Bildnis; Bibliogr. *W. Sas-Zaloziecky G. Schreiber*

EDHEM — Halil Edhem Hâtira Kitabi, Cilt: 1 (In memoriam Halil Edhem, vol. I). — Ankara 1947. Bildnis; Bibliogr. = Türk Tarih Kurumu Basimevi, Seri VII, No. 5 *H. Edhem A. Gabriel E. Kühnel E. Littmann T. Ozgüç Th. Whittemore*

EGGER, HERMANN — Hermann Egger. Festschrift zum 60. Geburtstag am 7. 12. 1933. — Graz: Leykam 1933. 111 S. 6 Bl. Abb. Bibliogr. *E. Andorfer E. Coudenhove-Erthal K. Ginhart H. Hammer Ch. Hülsen J. Mandl J. Meder R. Meeraus J. v. Schlosser G. Wolfbauer*

EGGER, RUDOLF 1942 — Aus dem römischen und germanischen Kärnten. Festschrift für Rudolf Egger zum 60. Geburtstag (11. 4. 1942) gewidmet vom Geschichtsverein für Kärnten. — Klagenfurt: Leon 1942. 511 S. m. Abb. 1 Taf. 3 Kt. Bildnis (Erweitert aus: Carinthia I, 131/132) *K. Dinklage K. Ginhart F. X. Kohla O. Moser*

EGGER, RUDOLF 1952 — Beiträge zur älteren europäischen Kulturgeschichte. Festschrift für Rudolf Egger (zum 70. Geburtstag). Schriftleitg: Gotbert Moro. Bd 1–3. — Klagenfurt: Geschichtsverein f. Kärnten 1952–1954. *G. Brusin E. Dyggve F. Fremersdorf W. Frodl K. Ginhart P. Glazema G. Graber B. Grimschitz E. Hamböck J. Klemenc H. Menhardt R. Milesi K. E. Newole K. Oettinger S. Radojčić Alfred A. Schmid F. Stelé G. Trathnigg*

EHARD — Festschrift zum 70. Geburtstag (10. 11. 1957) von Hans Ehard. Hrsg. v. Hanns Seidel. — München: Pflaum in Komm. [1958]. 249 S. Bildnis *Otto Meyer*

EHEBERG — Eheberg-Festgabe. Beiträge zur Wirtschaftsgeschichte und Sozialtheorie. Carl Theodor von Eheberg zum 70. Geburtstag. — Leipzig, Erlangen: Deichert 1925. 161 S. *G. Aubin*

EHRENBERG — Festschrift der Leipziger Juristenfakultät für Dr. Viktor Ehrenberg zum 30. 3. 1926. — Leipzig: Weicher 1927. 395 S. = Leipziger rechtswissenschaftl. Studien, H. 21 [a] *P. Rehme*

EHRHARD — Beiträge zur Geschichte des christlichen Altertums und der byzantinischen Literatur. Festgabe Albert Ehrhard zum 60. Geburtstag (14. 3. 1922) dargebr. v. Freunden, Schülern u. Verehrern, hrsg. v. Albert Michael Königer. — Bonn, Leipzig: Schroeder 1922. VIII, 501 S. *W. Rothes*

EHRISMANN — Vom Werden des deutschen Geistes. Festgabe Gustav Ehrismann zum 8. 10. 1925. — Berlin: de Gruyter 1925. 260 S. *E. Gülzow*

EHRLE — Miscellanea Francesco Ehrle. Scritti di storia e paleografia ... in occasione dell'ottantesimo natalizio dell'E. M. Cardinale Francesco Ehrle. Vol 1–5. — Roma: Biblioteca Apostolica Vaticana 1924. Bildnis; Bibliogr. *Th. Ashby Colombe H. Egger D. Frey A. Haseloff G. Mollat J. Sauer E. Steinmann*

EHRLICH — Festschrift, Bruno Ehrlich zum 70. Geburtstag dargebracht. Hrsg. v. H. Bauer, W. Neugebauer u. W. Radig. — Elbing: Elbinger Altertumsgesellsch. 1938. XIV, 325 S. 47 Taf. Bildnis = Elbinger Jahrbuch, 15. *H. Abs D. Bohnsack O.-F. Gandert B. Nerman H. Neugebauer H. Schmauch B. Schmid M. Schmiedehelm L. Schulze*

EICHMANN — Festschrift Eduard Eichmann zum 70. Geburtstag. Dargebr. v. s. Freunden u. Schülern in Verbindg mit Wilhelm Laforet, hrsg. v. Martin Grabmann u. Karl Hofmann. — Paderborn: Schöningh 1940. VII, 687 S. Bildnis; Bibliogr. *M. Buchner*

EITEL — Aus westfälischer Geschichte. Festgabe für Anton Eitel zur Vollendung seines 65. Lebensjahres 25. 7. 1947. — Münster: Regensberg 1947. 160 S. Bildnis *H. Börsting W. Stüwer*

EITREM — Serta Eitremiana. Opuscula Philologica S[amson] Eitrem Septuagenario XXVIII. Dec. MCMXLII oblata. — Oslo: Brøgger 1942. 208 S. Bildnis *O. Kolsrud H. P. L'Orange*

EKHOLM — Studier tillägnade Gunnar Ekholm 13. 3. 1934. — Göteborg: Elander 1934. 303 S. Bildnis *I. Atterman G. Holmgren A. Karlén*

EMLER — Kapitoly knihovědné a knihovnické Janu Emleru k šedesátce (Einige Kapitel aus der Buch- u. Bibliothekswissenschaft, Jan Emler zum 60. Geburtstag dargebracht). Redigovali (unter d. Redaktion von) Josef Bečka, Flora Kleinschnitzova, Jan Thon. — Praha 1938. 166 S. Bildnis; Bibliogr. = Slovanská knihověda (Slawische Bücherkunde) *S. M. Sawicka*

ENSSLIN — Historia. Zeitschr. f. alte Geschichte. 4: 1944, H. 2/3. (Wilhelm Ensslin ... zum 70. Geburtstag am 9. 12. 1955 ... gewidmet.) — Wiesbaden: Steiner 1955. S. 131–370. 3 Taf. *A. Alföldi*

ERDMANN — Minnesskrift af forna lärjungar tillägnad professor Axel Erdmann på hans sjuttioårsdag den 6. 2. 1913. — Uppsala, Stockholm: Almqvist 1913. 346 S. *O. A. Danielsson*

ERNST — Hortulus amicorum. Fritz Ernst zum sechzigsten Geburtstag. — Zürich: Fretz & Wasmuth 1949. 210 S. *G. Jedlicka W. Kaegi*

ERNST LUDWIG v. HESSEN — Festschrift zum 25jährigen Regierungsjubiläum des Großherzogs Ernst Ludwig v. Hessen und bei Rhein. — Leipzig: Wolff 1917. 175 S. m. Abb. *F. Back W. Glässing G. Habich B. Hoetger P. T. Kessler E. Körner August L. Mayer Paul F. Schmidt H. Uhde-Bernays*

ERNSTBERGER — Festgabe, Anton Ernstberger dargebracht zum 60. Geburtstag am 22. 11. 1954. Schriftleitg: Heinz Löwe. — Kallmünz-Opf.: Lassleben 1954. VII, 302 S. m. Abb., mehr. Taf. Bildnis = Jahrbuch f. fränkische Landesforschg, 14. *K. Hauck K. Oettinger*

van der ESSEN — Miscellanea Historica in honorem Leonis van der Essen (Léon Van der Essen). Bd 1. 2. — Louvain 1947. 1065 S. 74 Taf. 24 Abb. = Université de Louvain, Recueil de Travaux. Bildnisse; Bibliogr. *G.-H. Dumont A. Fliche L. Halkin J. E. Jansen S. Roisin, I. E. J. E. Sabbe W. Sangers J.-M. de Smet J. Verbesselt* d'ESTER — Beiträge zur Zeitungswissenschaft. Festgabe für Karl d'Ester. Zum 70. Geburtstage von s. Freunden u. Schülern. — Marburg 1951: Univ. Buchdr. Koch. 203 S. Bildnis *K. Vaessen*

EVANS — Essays in Medieval Life and Thought. Presented in Honour of Austin Patterson Evans. — New York: Columbia University 1955. 258 S. Bildnis *K. M. Setton*

FABRE — Mélanges Paul Fabre. Études d'histoire du moyen-âge. — Paris: Picard 1902. XXXVI, 498 S. Abb. u. Taf. *E. Bertaux C. Enlart*

FABRICIUS, ERNST — Stephaniskos. Ernst Fabricius zum 6. 9. 1927. — Freiburg i. B. 1927: Himmer. 61 S. *H. Jantzen*

FABRICIUS, KNUD — Til Knud Fabricius. 13. 8. 1945. — København: Busck 1945. 270 S. Bildnis *G. Boesen*

FAHLBUSCH u. van KEMPEN — Göttinger Jahrbuch. 1954. (Festgabe für Otto Fahlbusch und Wilhelm van Kempen.) — Göttingen: H. Reise 1954. 101 S., mehr. Taf. Bildnisse; Bibliogr. *A. Ritter*

FAHRENFORT — De Wereld der Mensen. Social-wetenschappelijke Opstellen aangeboden aan J. J. Fahrenfort. — Groningen: Wolters 1955. 395 S. Bildnis; Bibliogr. *R. A. M. Bergman*

FAIRCHILD — Studies in Honour of A. H. R. Fairchild. — Columbia: University of Missouri 1946. 191 S. Bildnis; Bibliogr. = The University of Missouri Studies, Vol. 21, Nr. 1. *H. E. Rollins*

FALLETTI — Studi di storia e di critica dedicati a Pio Carlo Falletti. — Bologna: Zanichelli 1915. 612 S. Bildnis *M. C. Beretta A. Foratti G. Lipparini L. Sighinolfi*

FAUCHER — France méridionale et Pays ibériques. Mélanges Géographiques offerts en hommage á Daniel Faucher. Vol. 1. 2. — Toulouse: Ed. toulousaines de l'ingénieur 1948/49. 694 S. Bildnis; Bibliogr. *J. Caput G. Leblanc*

FAULHABER 1936 — Erntegarben. Gesammelt u. dargeboten ... zur Feier des 25jährigen Bischofjubiläums des Kardinals Michael Faulhaber. Hrsg. v. Michael Hartig. — München: Erzb. Ordinariat 1936. 321 S. Bildnis *M. Hartig*

FAULHABER 1949 I — Episcopus. Studien über das Bischofsamt. Michael Kardinal von Faulhaber zum 80. Geburtstag dargebr. v. d. theolog. Fak. d. Univ. München. — Regensburg: Pustet 1949. 363 S. Bildnis *A. W. Ziegler*

FAULHABER 1949 II — Festschrift Kardinal [Michael] Faulhaber zum 80. Geburtstag dargebracht vom Professorenkollegium der philosophisch-theologischen Hochschule Freising. — München: Pfeiffer (1949). 274 S. *A. Elsen*

FEBVRE — Hommage à Lucien Febvre. Éventail de l'histoire vivante offert par l'amitié d'historiens, linguistes, géographes, économistes, sociologues, ethnologues. Vol. 1. 2. — Paris: Colin 1953. Bildnis; Bibliogr. *A. Chastel P. Francastel E. Lambert Y. Renouard A. Tenenti*

FECHTER — Dank und Erkenntnis. Paul Fechter zum 75. Geburtstag am 14. 9. 1955 ... Hrsg. v. Joachim Günther. — Gütersloh: Bertelsmann 1955. 135 S., 3 Taf. *O. Bartning J. Molzahn B. E. Werner*

FEDERICI — Scritti di paleografia e diplomatica in onore di Vincenzo Federici. — Firenze: Olschki 1944. 381 S. 34 Taf. *A. Zazo*

FEHR — Kunst und Recht. Festgabe für Hans Fehr. — Karlsruhe: Müller 1948. 235 S. = Arbeiten zur Rechtssoziologie und Rechtsgeschichte, Bd 1. *K. S. Bader O. Gönnenwein Th. Würtenberger*

FEHRLE — Brauch und Sinnbild. Eugen Fehrle zum 60. Geburtstag gewidmet v. seinen Schülern u. Freunden. Hrsg. v. F. Herrmann u. W. Treutlein. — Karlsruhe: Südwestdt.

Druck- u. Verl. Ges. 1940. 291 S. 50 Taf. Bildnis; Bibliogr. *R. Corso* *F. Herrmann* *O. Lauffer* *A.-M. Link* *F. Pfister* *M. Riffel* *G. Stuhlfauth*

FELLER — Festgabe seinem Präsidenten ... Richard Feller zum 70. Geburtstag dargeboten vom Historischen Verein des Kantons Bern, 8. 12. 1947. 424 S. = Archiv d. Histor. Vereins d. Kantons Bern, Bd 39, H. 2. *H. Strahm*

FERRARI — Miscellanea di scritti di bibliografia ed erudizione in memoria di Luigi Ferrari. — Firenze: Olschki 1952. 534 S. *L. Donati*

FESTIN — Jämtsländska Studier. Festskrift till Eric Festin 12. 12. 1928. — Östersund, Uppsala 1928. 420 S. = Hembygdas Tidskrift: Fornvådaren II. 2/3. *S. Höglin* *E. Widén*

FETT — Norsk Kunstforskning i det tyvende århundre. (Festskrift till Harry Fett. 8. 9. 1945.) Redigerat av Arne Nygård-Nilssen u. a. — (Oslo:) Cammermeyer 1945. 410 S. m. Taf. Bibliogr. *A. Bugge* *B. Hougen* *Th. Kielland u. E. S. Engelstad* *R. Kloster* *Th. Krohn-Hansen u. R. Hauglid* *E. Lexow u. B. A. Frimannslund* *L. Østby* *S. Willoch*

FICKER — Forschungen zur Kirchengeschichte und zur christlichen Kunst. (Johannes Ficker am 12. 11. 1931 als Festgabe zu seinem 70. Geburtstage v. Freunden u. Schülern dargebracht. Hrsg. v. Walter Elliger.) — Leipzig: Dieterich 1931. 253 S., Bildbeilage m. 26 Taf. *E. v. Dobschütz* *W. Elliger* *H. Freydank* *H. Kehrer* *Th. Knolle* *R. Koch* *W. Köhler* *K. Michel* *J. Reil* *O. Thulin*

FIEDLER — German Studies presented to H. G[eorg] Fiedler M. V. O. ... in his 75. Birthday 28. 4. 1937. — Oxford: Clarendon Pr. 1938. 507 S. *G. C. Houston*

FINKE — Abhandlungen aus dem Gebiete der mittleren und neueren Geschichte und ihrer Hilfswissenschaften. Eine Festgabe zum 70. Geburtstag Geh. Rat Prof. Dr. Heinrich Finke gewidmet v. Schülern u. Verehrern des In- und Auslandes. — Münster: Aschendorff 1925. XI, 517 S. Bildnis = Vorreformationsgeschichtl. Forschungen, Suppl.-Bd *B. Katterbach* *J. Puig i Cadafalch* *J. Rest*

FINKE 1935 I — Heinrich Finke zum 13. 6. 1935 [80. Geburtstag] 128 S. = Archiv f. Kulturgeschichte, Bd 26: 1935, H. 1. *A. Schulte*

FINKE 1935 II — Heinrich Finke zum 80. Geburtstag 13. 6. 1935. — Köln: Bachem = Historisches Jahrbuch ... der Görres-Gesellschaft, Bd 55: 1935, H. 2/3. *A. Schulte*

FISCHER, KUNO — Die Philosophie im Beginn des 20. Jahrhunderts. Festschrift für Kuno Fischer ... Hrsg. v. W. Windelband. 2., verb. u. um das Kapitel Naturphilosophie erw. Aufl., 2. Abdruck. — Heidelberg: Winter 1923. IX, 554 S. *K. Groos*

FISCHER, WILHELM — Festschrift Wilhelm Fischer zum 70. Geburtstag überreicht im Mozartjahr 1956. Hrsg.: Hans Zingerle. — Innsbruck: Selbstverl. d. Sprachwiss. Seminars d. Univ. Innsbruck 1956. 177 S. m. zahlr. Notenbeispielen, 3 Taf. Bildnis = Innsbrucker Beiträge zur Kulturwissenschaft, So.-H. 3. *O. E. Deutsch* *R. Haas*

FISCHNALER — Festschrift zu Ehren Konrad Fischnalers (zum 70. Geburtstag 10. 12. 1925). — Innsbruck: Wagner 1927. VI, 222 S. m. Taf. Bildnis; Bibliogr. = Schlern-Schriften. Veröffentlichungen zur Landeskunde von Südtirol, Bd 12. *J. Garber* *H. Hammer* *H. Hörtnagl* *K. Moeser* *J. Weingartner* *H. Wopfner*

FLICHE — Études médiévales offertes à M. le Doyen Augustin Fliche, de l'Institut par ses amis, ses anciens élèves, ses collègues et publiées par les soins de la Faculté des Lettres de Montpellier. — Montpellier: Faculté des Lettres 1952. XI, 230 S. Bildnis = Coll. de la Fac. des Lettres de l'Univ. de Montpellier, 3. *J. Claparède* *M. Durliat*

FLORENZ — Festgabe der Deutschen Gesellschaft für Natur- und Völkerkunde Ostasiens zum 70. Geburtstage von Karl Florenz am 10. 1. 1935. — Leipzig: Harrassowitz in Komm. 1935.

111 S. Bibliogr. = Mitt. d. Dt. Ges. f. Natur- u. Völkerkde Ostasiens, Tokyo, Bd 25, Tl B. *F. M. Trautz*

FOCILLON — Mélanges Henri Focillon. — New York: Wildenstein 1949. 430 S. Bildnis = Gazette des Beaux-Arts, 6th Series, Vol. 26, 86th year: 1944. *O. Benesch K. J. Conant W. G. Constable W. W. S. Cook G. H. Hamilton Ph. Hofer F. Kimball G. Kubler S. McKnight Crosby U. A. Middeldorf A. Mongan S. Der Nersessian E. Panofsky J. Roosval J. J. Rorimer C. Schaefer Ch. Seymour jr. J. J. Seznec H. Tietze E. Tietze-Conrat L. Venturi E. Wind*

FOCK — Aus Wissenschaft und Antiquariat. Festschrift zum 50jährigen Bestehen der Buchhandlung Gustav Fock. — Leipzig 1929. 391 S. *E. Steinmann K. Sudhoff*

FÖRSTEMANN — Historische Untersuchungen. Ernst Förstemann zum 50. Doctorjubiläum gewidmet von der Historischen Gesellschaft zu Dresden. — Leipzig: Teubner 1894. 142 S. *W. Lippert*

FÖRSTER — Mouseion. Studien aus Kunst u. Geschichte für Otto H. Förster (anläßlich d. 65. Geburtstages am 13. Nov. 1959. Hrsg. von Heinz Ladendorf u. Horst Vey). — Köln: Du Mont Schauberg (1960). 417 S. 58 Fig. 4 Farbtaf. 288 Abb. Bildnis; Bibliogr.
Nicht im systematischen Teil

FORKE — Sinica-Sonderausgabe 1937. Alfred Forke zu seinem 70. Geburtstag. Hrsg. v. Fr. Jäger u. E. Rousselle. — Frankfurt: China-Institut d. Universität 1937. 110 S. Bildnis
E. Boerschmann

FORRER — Bulletin de la société pour la conservation des monuments historiques d'Alsace, Série 2, Vol. 26. Strasbourg 1926. 192 S. Bildnis; Bibliogr. = Robert Forrer à l'occasion de son 60e anniversaire. *J. E. Gérock F. Juenger*

FORSTREUTER — Preussenland und Deutscher Orden. Festschrift f. Kurt Forstreuter zur Vollendung s. 60. Lebensjahres dargebr. v. s. Freunden. — Würzburg: Holzner 1958. VII; 381 S. = Ostdeutsche Beiträge aus d. Göttinger Arbeitskreis. Bd 9 = Der Göttinger Arbeitskreis. Veröffentlichung Nr. 184. Bibliogr. *W. Hubatsch E. Keyser*

FOUGÈRES — Travaux des étudiants du groupe d'histoire de l'art de la Faculté des Lettres de Paris. Année 1927/1928. Dédié à la mémoire de Gustav Fougères. — Paris: Inst. d'art et d'archéologie 1928. 207 S. *M. Allemand J. Baltrusaitis J. Bazaine J. Daridan L. Gal D. Goldschmidt J.-J. Gruber F. Henry E. Jeannez-Audra D. Octobre J. Seligmann S. Seligmann W. Serrant Ch.-J. Sterling*

FRAENGER — Zwischen Kunstgeschichte und Volkskunde. Festschr. f. Wilhelm Fraenger (zum 70. Geburtst. 5. 6. 1960). Hrsg. vom Inst. f. dt. Volkskunde durch Reinhard Peesch. — Berlin: Akademie-Verl. 1960. 238 S. mit Abb. 43 Taf. = Dt. Akad. d. Wiss. zu Berlin. Veröffentlichungen d. Instituts f. deutsche Volkskunde. Bd 27. Bibliogr. *Nicht im systemat. Teil*

FRANCISCI — Studi in onore di Pietro de Francisci. Vol. 1–4. — Milano: A. Giuffrè 1956. XXXI, 582 S., 607; 615; 732 S. Bildnis; Bibliogr. *A. Ehrhardt*

FRANK — Heimatbild und Heimatforschung. Festgabe für Christian Frank zum 60. Geburtstag. — München: Kösel & Pustet 1927. 210 S. *G. Hager F. Hefele A. Mitterwieser L. Riedmüller J. M. Ritz*

FRANK, ISTVAN — Mélanges de linguistique et de littérature romanes à la mémoire d'István Frank. Offerts par ses anciens maîtres ... — [Saarbrücken]: Universität d. Saarlandes 1957. 695 S., 1 Titelb. = Annales Universitatis Saraviensis 6. Bildnis; Bibliogr. *E. Li Gotti*

FRANKE — Festschrift für Otto Franke zum 70. Geburtstage. — Frankfurt a. M.: China-Institut 1933. = Sinica, Jg 8, H. 5/6. *Th. Bröring E. Rousselle W. Speiser*

FREIMANN — Festschrift Jakob Freimann zum 70. Geburtstag, gewidmet von der jüdischen Gemeinde zu Berlin. — Berlin 1937. 200, 196 S. Bildnis; Bibliogr. *I. Löw*

FREY 1943 — Kunstgeschichtliche Studien (Dagobert Frey zum 23. 4. 1943 von seinen Kollegen, Mitarbeitern und Schülern). Hrsg. v. Hans Tintelnot. — Breslau: Gauverl. 1943. 355 S., mehr. Bl. Abb. Bildnis; Bibliogr. *K. H. Clasen J. Fleischer K. Ginhart G. Grundmann E. Hempel F. v. Juraschek H. Kauffmann O. Kletzl R. Probst L. Santifaller Otto Schmitt H. Tintelnot W. Tunk G. Weise*

FREY 1953 — Festschrift für Dagobert Frey. = Zeitschrift f. Ostforschung 2/3: 1953/54. — (Mit eingelegtem Widmungsblatt.) *Nicht im systemat. Teil*

FREY 1954 — Wiener Jahrbuch für Kunstgeschichte Bd 16 (20): 1954. (Dagobert Frey zum 70. Geburtstag). — Wien, München: Schroll 1954. 211 S. 149 Abb. *O. Demus J. Fleischer H. G. Franz Walter Frodl Eva Frodl-Kraft E. Hainisch E. Heinzle Th. Hoppe H. Tintelnot*

FRIBERG — Studier tillägnade Algot Friberg den 2 september 1925 (75. Geburtst.) [Umschlagtit.]. — Stockholm 1925. S. 113–225. Bildnis. [Entspricht Rig, Bd 8: 1925 S. 113–225] *N. E. Hammarstedt G. Johansson S. Lindqvist A. Löfgren T. O. Nordberg*

FRIEDLAENDER, MAX — Festgabe zum 70. Geburtstage Max Friedlaenders. — Leipzig: Peters 1922. 78 S. Bildnis; Bibliogr. = Jahrb. d. Musikbibliothek Peters, Jg 28, Tl 2. *4 gedruckte Beiträge, Verzeichnis v. 33 ungedruckten Beiträgen H. Mersmann*

FRIEDLÄNDER, MAX J. 1927 — Festschrift für Max J. Friedländer. Zum 60. Geburtstage. — Leipzig: Seemann 1927. 351 S., zahlr. Abb. Bildnis *B. Berenson, E. Bock A. Bredius E. Buchner C. Dodgson G. Falck M. Geisberg G. Glück A. M. Hind C. Hofstede de Groot Ch. Holmes G. Hulin de Loo H. Kauffmann P. Kristeller F. Lugt S. Meller Carl Neumann E. Panofsky G. Pauli A. L. Romdahl E. Schilling H. Schneider A. Stix H. Tietze W. R. Valentiner F. Winkler*

FRIEDLÄNDER, MAX J. 1942 — Aan Max J. Friedländer, 1867 (5. 6.)–1942, aangeboden door enkele vrienden en bewonderaars van zijn werk. — 's-Gravenhage 1942. 119 S., 22 Abb. Bibliogr. 1927–1942 *N. Beets V. Bloch J. W. Frederiks J. G. van Gelder H. Gerson A. Heppner G. Hulin de Loo C. Veth A. B. de Vries H. van de Waal A. Welcker*

FRIEDLÄNDER, MAX J. 1957 — Max J. Friedländer ter ere van zijn negentigste verjaardag 5. 6. 1957. — [Amsterdam] 1957. 56 S. Bibliogr. *6 Beiträge persönlicher Würdigung; nicht einzeln angeführt*

FRIEDLÄNDER, WALTER — Festschrift für Walter Friedländer zum 60. Geburtstag am 10. 3. 1933. 658 Bl. [Maschinenschr.] *C. G. Argan K. Badt O. Becker K. Bauch F. Baumgart H. Breuer L. Burchard W. Cohn I. Fraenckel D. Frey W. Gramberg E. Grassi A. Heimann P. Jamot F. Kriegbaum J. Lanyi R. Longhi Hanna Mayer M.-L. Mez W. Noack L. Noack-Heuck E. Panofsky A. Pauli N. Pevsner G. Pudelko L. Pulvermacher F. Saxl A. Scharf L. Schürenberg J. Seznec W. Stechow E. Sudeck Georg Swarzenski Hanns Swarzenski J. Wilde E. Wind R. Wittkower*

FRIEDRICH — Sborník prací věnovaných prof. dru Gustavu Friedrichovi k šedesátým narozeninám (Sammlung von Arbeiten, Gustav Friedrich zum 60. Geburtstag gewidmet). 1871–1931. — Prag 1931. 474 S. Bildnis; Bibliogr. *K. Guth*

FRIEDRICH, GROSSHERZOG v. BADEN 1892 — Festgabe zum Jubiläum der vierzigjährigen Regierung des Großherzogs Friedrich von Baden. — Karlsruhe 1892. 374 S. *Entwicklung der Techn. Hochsch. Karlsruhe 1825–1892 u. 15 Abhandlgn J. Durm W. Lübke M. Rosenberg A. Weinbrenner*

FRIEDRICH, GROSSHERZOG v. BADEN 1902 — Festschrift der Albrecht Ludwigs-Universität in Freiburg zum 50jährigen Regierungsjubiläum S. Kgl. H. des Großherzogs Friedrich [von Baden]. — Freiburg 1902. 299 S. *F. X. Kraus*

FRIEDRICH, GROSSHERZOG v. BADEN 1917 — Festgabe der Badischen Historischen Kommission S. Kgl. H. Großherzog Friedrich II. zum 7. 7. 1917. — Karlsruhe 1917. 229 S. *K. Obser*

FRIEND — Late Classical and Medieval Studies in Honor of Albert Mathias Friend jr. (27. 2. 1954). Ed. by Kurt Weitzmann. — Princeton N/J: Univ. Press 1955. XIV, 405 S. m. Abb., 71 S. Abb. Bildnis *A. Alföldi H. Buchthal O. Demus S. Der Nersessian E. T. De Wald R. Ettinghausen G. H. Forsyth jr. W. H. Forsyth A. Grabar R. B. Green R. H. Kantorowicz E. Kitzinger G. La Piana H. P. L'Orange J. R. Martin D. E. Miner E. Panofsky G. Rowley H. Swarzenski P. A. Underwood K. Weitzmann*

FRINGS — Rheinische Vierteljahrsblätter 17: 1952, H. 1/2 u. 3/4. (Festschrift Theodor Frings zum 65. Geburtstag 23. 7. 1951, Tl 1. 2.) — Bonn: Röhrscheid 1952. Bildnis *H. Aubin E. Ennen W. Zimmermann*

FRÖLICH — Frölich-Festschrift. Karl Frölich zur Vollendung des 75. Lebensjahres am 14. 4. 1952. — Goslar: Gesch.- u. Heimatschutzverein 1952. 171 S., 4 Taf. Bildnis; Bibliogr.. = Beiträge zur Gesch. d. Stadt Goslar, H. 13. *K. G. Bruchmann W. Jesse H. Spier F. Stolberg Th. Tappen u. H.-G. Uhl O. Thielemann*

FU SSU-NIEN — Kuo-li chung-yang yen-chiu yüan li-chih yü-yen yen-chiu so ch-k'an (Bulletin of the Institute of the History and Philology, Academia Sinica). — Taipei, Taiwan, China. Vol. 23 (1951) Parts 1. 2. Presented in memorial of Director Fu Ssu-nien. *Kao Chü-hsün Li Lin-ts'un Ling Shun-sheng Shih Chang-ju T'an Tan-chün Tung Tso-pin*

FUCHS — Festgabe für Alois Fuchs zum 70. Geburtstage am 19. 6. 1947. Hrsg. v. Dr. Wilhelm Tack. Beiträge zur Kunstgeschichte u. Denkmalpflege, zur Geschichte, Heimat- u. Volkskunde. — Paderborn: Schöningh 1950. XV, 533 S. m. 56 Abb., 10 Abb. a. Taf. Bildnis; Bibliogr. *H. Eickel F. Focke H. Giesau W. Greischel A. Hadelt K. Honselmann J. Kessels R. Kömstedt J. Kollwitz P. Michels F. Mühlen W. Neuß W. Rave Th. Rensing H. Schauerte W. Tack H. Thümmler M. Wackernagel*

FÜRSTENBERG 1933 — Festschrift zum 70. Geburtstag Seiner Durchlaucht des Fürsten Max Egon zu Fürstenberg. — Donaueschingen 1933: Meder. 374 S. m. Abb. u. Kt.-Skizzen, einige Taf. = Schriften d. Vereins f. Gesch. u. Naturgesch. der Baar u. d. angrenz. Landesteile in Donaueschingen, 19. *E. Johne P. Revellio G. Tumbült*

FÜRSTENBERG 1956 — Festschrift zum 60. Geburtstag Seiner Durchlaucht des Prinzen Max Egon zu Fürstenberg. — (Donaueschingen: Verein f. Geschichte u. Naturgeschichte d. Baar u. d. angrenzenden Landesteile 1956.) 275 S. mehr. Taf. = Schriften d. Vereins f. Geschichte u. Naturgeschichte d. Baar u. d. angrenzenden Landesteile in Donaueschingen. H. 24. 1956. Bildnis *J. Holler E. Huber F. Kirchheimer W. Noack E. L. Noack-Heuck Ch. Altgraf zu Salm*

GALANTE — Solemne Praeconium Januario Asprenati Galante ab amicis quinquagesimo recurrente anno ab inito eius sacerdotio tributum. — Napoli 1921. 168 S. *D. Mallardo J. Schuster O. S. B.*

GALBIATI — Miscellanea Giovanni Galbiati. Vol. 1–3. Milano: Hoepli 1951. Bildnis = Fontes Ambrosiani, 25/27. *F. W. Frh. v. Bissing S. Ferri R. Guilland J. J. Hatt R. Henggeler J. Leroy E. Möller A. R. Natale M. Salmi*

GALLATI — Festgabe zum 70. Geburtstag von Frieda Gallati. — Glarus: Baeschlin 1946. 263 S. Bibliogr. *D. F. Rittmeyer*

GALLO — Miscellanea di scritti vari in memoria di Alfonso Gallo. (Pubblica sotto gli auspici della direzione generale delle accademie e biblioteche [u. a.].) — Firenze: Olschki 1956. VIII, 711 S. XLII Taf. Bildnis; Bibliogr. *G. Aliprandi E. Apolloni R. Blaas F. Bonasera L. Bravi M. G. Castellano Lanzara G. Cecchini L. Donati E. Fioroni Santoro A. Fischer*

GAMONEDA — Homenaje a Don Francisco Gamoneda. — México: Imprenta Universitaria 1946. 582 S. Bildnis; Bibliogr. *E. A. Cervantes D. S. García*

GAMPER — Südtirol, Land europäischer Bewährung. Kanonikus Michael Gamper zum 70. Geburtstag. — Innsbruck: Wagner 1955. 360 S. Bildnis = Schlern-Schriften, 140. *H. Decker K. Ilg*

GAMPER, HANS — Festschrift, Landesrat Professor Dr. Hans Gamper. Hrsg. v. Dr. Franz Grass. Bd 2. — Innsbruck: Universitätsverl. Wagner 1959. VI, 352 S. mehr. Bl. Abb. Bildnis *N. Grass B. Gritsch H. Hochenegg H. Lahrkamp G. Schreiber*

GANDERT — Gandert-Festschrift, zum 60. Geburtstag von Otto-Friedrich Gandert am 8. August 1958. Hrsg. von Adriaan von Müller und Wolfram Nagel. — Berlin-Lichterfelde: Lehmann 1959. 179 S. 47 Taf. Abb. Ktn. Bildnis = Berliner Beiträge zur Vor- und Frühgeschichte ... Bd 2. *H. B. Jessen W. La Baume A. v. Müller W. Nagel W. Schulz*

GANTNER — Formositas Romanica. Beiträge zur Erforschung der romanischen Kunst. Joseph Gantner zugeeignet [zum 60. Geburtstag]. — Frauenfeld: Huber 1958. 197 S. *J. Baltrušaitis L. Birchler L. Blondel E. Dyggve O. Homburger E. Lehmann G. Paulsson J. A. Schmoll gen. Eisenwerth*

GARBE — Aus Indiens Kultur. Festgabe Richard von Garbe zu seinem 70. Geburtstag. — Erlangen: Palm & Encke 1927. 184 S. *L. Scherman*

GASTER — Occident and Orient. In Honour of ... M[oses] Gaster's 80th Birthday. Gaster Anniversary Volume. — London: Taylor 1936. 570 S. Bildnis; Bibliogr. *E. N. Adler M. Grunwald I. Löw R. Wischnitzer-Bernstein*

GAUCHAT — Festschrift Louis Gauchat. — Aarau: Sauerländer 1926. Bildnis *M. Fehr R. W. Huber*

GEBER — Till Hugo Geber den 30 augusti 1913. (60. Geburtst.) (Red.: Nils Geber). — Stockholm 1913. VIII, 234 S. *G. Nordensvan*

GEFFCKEN — Natalicium. Johannes Geffcken zum 70. Geburtstag 2. 5. 1931 gewidmet. Beiträge zur klass. Altertumskunde v. Rudolf Helm u. a. — Heidelberg: Winter 1931. 187 S. *G. v. Lücken*

GEIGER, LUDWIG — Beiträge zur Literatur- und Theatergeschichte. Ludwig Geiger zum 70. Geburtstag 5. 6. 1918 als Festgabe dargebracht. Redaktor: Heinrich Stümcke. — Berlin: Behr 1918. XVI, 486 S. Bibliogr. *L. Fränkel*

GEIGER, WILHELM — Studia Indo-Iranica. Ehrengabe für Wilhelm Geiger zur Vollendung des 75. Lebensjahres 1856–1931 (21. 7.). Hrsg. v. Walter Wüst. — Leipzig: Harrassowitz 1931. XII, 327 S. 5 Abb. 2 Schrifttaf. Bildnis *Th. Dombart*

GEISBERG — Westfalen. Hefte f. Geschichte, Kunst u. Volkskunde. Bd 20: 1935, H. 3. (Max Geisberg ... zum 60. Geburtstage, 9. 10. 1935). — Münster: Aschendorff 1935. Bibliogr. *C. Dodgson M. Lippe R. Nissen W. Rave Th. Rensing H. Röttinger Rudolf Schulze*

van GELDER — Feestbundel ter Gelegenheid van zijn 70. Verjaardag aangeboden aan H. E. van Gelder 16 Februari 1946. XXXII, 34 S. m. 3 Taf. *7 Beiträge zu van Gelders Wirksamkeit. Nicht einzeln angeführt*

GEMMINGEN-HORNBERG — Festschrift zum 70. Geburtstag für Adolph Freiherr von Gemmingen-Hornberg am 8. September 1956. Hrsg. v. Dr. Karl Diel. — Frankfurt a. M.: Dr. Kramer 1957. 72 S. Bildnis *W. Hotz Otto Müller*

GERAMB — Volk und Heimat. Festschrift für Viktor von Geramb. Hrsg. v. Hanns Koren u. Leopold Kretzenbacher. — Graz: Pustet 1949. 320 S. 10 Abb. 12 Taf. Bildnis *E. Burgstaller E. Hubatschek K. Ilg A. Klaar G. Koch H. Koren R. Kriß O. Moser J. Ringler*

GEREVICH I — Emlékkönyv Gerevich Tibor születésének hatvanadik fordulójára. (Festschrift Tibor Gerevich zum 60. Geburtstag.) — Budapest: Franklin-Társ. 1942. 303 S. 226 Abb. Bildnis; Bibliogr. *K. Alcsuti L. Balás-Piry I. Berkovits J. Bíró I. Csabai M. Csánky M. Csernyánszky D. Dercsényi I. Genthon László Gerevich K. Heincz L. Huszár Z. Kádár J. Kalmár J. Kopp S. Mihalik E. Molnár L. Pálinkás A. Péter D. Radocsay P. Voit*

GEREVICH II — Tiberio Gerevich Sexagenario. — Budapest 1942. 361 S. m. Abb. 59 Taf. Bildnis = Archaeologiai Értesitö, Series 3, Vol. 3. *G. Gosztonyi*

GERKE — Collationes ex historia artium Friderico Gerke sexagesimum annum agenti die XV° m. Novembris anni MCMLX a discipulis Moguntinis grato animo oblatae. (Hrsg. v. Regine Dölling u. Hans H. Hofstätter.) — Mainz: (Kunstgesch. Inst. d. Univ.) 1960. 195 S. [Maschinenschr., hektograph.] *R. Bellm H. Belting R. Dölling H. W. Embers H. A. Halbey H.-L. Hempel E. Holm H.-J. Imiela W. Jung H. Reber O. Schindler*

GEYSER — Philosophia perennis. Abhandlungen zu ihrer Vergangenheit und Gegenwart. Hrsg. v. Fritz-Joachim v. Rintelen. Festgabe Josef Geyser zum 60. Geburtstag. Bd 1. 2. — Regensburg: Habbel 1930. Bildnis; Bibliogr. *E. De Bruyne*

de GHELLINCK — Mélanges Joseph de Ghellinck S. J. Bd 1. 2. — Gembloux: Duculot 1951. Bildnis; Bibliogr. = Museum Lessianum — Section Historique, Nr. 13 u. 14. *Paul Lehmann*

van GIFFEN — Een kwart eeuw Oudheikundig Bodemonderzoek (Ein viertel Jahrhundert altertumsforschende Bodenuntersuchung) in Nederland. Gedenkboek A. E. van Giffen. Onder red. van N. E. van Gelder, P. Glazema, G. A. Bontekoe. — Meppel: Boom 1947. IV, 607 S. m. Abb. u. Kt. Bildnis *W. C. Braat P. Glazema N. Ottema J. G. N. Renaud*

GILDERSLEEVE — Studies in Honour of Basil L. Gildersleeve. — Baltimore: Hopkins 1902. 517 S. Bildnis *J. W. Basore*

GILLIARD — Mélanges d'histoire et de littérature offerts à Charles Gilliard à l'occasion de son 65. Anniversaire. — Lausanne: Rouge 1954. 717 S. Bildnis; Bibliogr. *E. Bach F.-Th. Dubois A. Roulin*

GIUSSANI — Munera in onore di Antonio Giussani. — Milano: Hoepli 1944. XXXII, 358 S. Taf. *A. Andina C. Baroni C. Bassi G. P. Bognetti A. de Capitani d'Arzago U. Cavallari G. Chierici F. Frigerio B. Nogara F. Reggiori G. Rocco*

GLAUNING — Otto Glauning zum 60. Geburtstag. Festgabe aus Wissenschaft und Bibliothek. Hrsg.: Heinrich Schreiber. Bd 1. 2. — Leipzig: Hadl 1936–1938. Bildnis; Bibliogr. *M. Bollert M. v. Hase M. J. Husung E. Jammers E. Kyriss R. Oehme W. Schmieder K. Schottenloher H. Schreiber I. Schunke*

GODET — Mélanges offerts à Marcel Godet, directeur de la Bibliothèque nationale suisse à Berne à l'occasion de son soixantième anniversaire. — Neuchatel 1937: Attinger. XIV, 216 S. Bildnis *W. J. Meyer A. Vincent*

GOESSLER 1932 — Württembergische Vergangenheit. Festschrift des Württ. Geschichts- und Altertumsvereins ... seinem Vorstand ... Peter Goeßler ... zum 60. Geburtstag. — Stuttgart: Kohlhammer 1932. 397 S. m. Abb. *J. Baum H. Buchheit M. Ernst E. Fiechter W. Fleischhauer H. Klaiber M. Vögelen H. Weizsäcker*

GOESSLER — Festschrift für Peter Goessler (zum 80. Geburtstag 17. 5. 1952). Tübinger Beiträge zur Vor- und Frühgeschichte. — Stuttgart: Kohlhammer 1954. 221 S. m. Abb. Bildnis *S. Schiek G. Wein*

GOETZ 1927 — Kultur- und Universalgeschichte. Walter Goetz zu seinem 60. Geburtstag dargebracht v. Fachgenossen, Freunden u. Schülern. — Leipzig, Berlin: Teubner 1927. 567 S. *F. Blaschke K. Brandi H. Herbst R. Kötzschke J. Prochno S. H. Steinberg G. Steinhausen*

GOETZ 1948 — Lebenskräfte in der abendländischen Geistesgeschichte. Dank- u. Erinnerungsgabe an Walter Goetz, zum 80. Geburtst. am 11. 11. 1947 dargebracht. Hrsg. Wolfgang Stammler. — Marburg/Lahn 1948. 358 S. *H. Keller*

GOETZINGER — Aus der Praxis schweizerischer Gerichte und Verwaltungsbehörden. Festgabe zum 70. Geburtstag von Fritz Goetzinger. — Basel: Helbing & Lichtenhahn 1935. 310 S. = Basler Studien zur Rechtswissenschaft, 10. *J. Wackernagel*

GOLDMAN — The Aegean and the Near East. Studies presented to Hetty Goldman on the occasion of her 75. birthday. — New York: Augustin 1956. 322 S. 43 Taf. Bildnis; Bibliogr. *R. W. Ehrich C. H. E. Haspels G. C. Miles*

GOLDSCHMIDT 1923 — Festschrift für Adolph Goldschmidt. Zum 60. Geburtstag am 15. 1. 1923. — Leipzig: Seemann 1923. 148 S. 26 Taf. Bibliographie u. Dissertationen *L. Baldaß E. F. Bange V. Dirksen K. K. Eberlein A. Feigel E. Gall O. Homburger H. Jantzen H. Kauffmann Burkhard Meier W. Noack E. Panofsky P. Post J. Roosval G. Swarzenski H. Wichmann A. Wolters K. Zoege von Manteuffel*

GOLDSCHMIDT 1935 — Das Siebente Jahrzehnt [Umschlagtit.]. Adolph Goldschmidt zu seinem 70. Geburtstag am 15. 1. 1935 dargebr. v. allen s. Schülern, die in den Jahren 1922 bis 1933 bei ihm gehört u. promoviert haben. — Berlin: Würfel 1935. 174 S. m. Abb., 33 Taf. Bibliogr. u. Verz. d. Diss. seit 1923 *F. Baumgart A. Boeckler O. A. Erich G. Gombosi O. Großmann A. Heppner H. Huth F. Kriegbaum W. Krönig Erich A. Meyer U. Middeldorf A. Neumeyer R. Nissen K. Oettinger W. Paatz G. Pudelko L. Reidemeister F. Rumpf H. Schlunk H.-U. v. Schoenebeck L. Schudt Kazuhiko Sano K. E. Simon H. Swarzenski R. Verres M. Wegner K. Weitzmann J. Weitzmann-Fiedler D. Westphal R. Wittkower*

GOMPERZ — Festschrift, Theodor Gomperz dargebracht zum 70. Geburtstage am 29. 3. 1902 von Schülern, Freunden, Collegen. — Wien: Hölder 1902. IV, 499 S. Bildnis *A. Trost F. Wickhoff*

GORODCOV — Trudi sekeii archeologii (Werke der archäologischen Abteilung) Basilios Alekseevič Gorodcov. — Moskau 1928. 574 S. 32 Taf. Bildnis; Bibliogr. *Beiträge in russ., Inhaltsverz. auch in französ. Spr. N. J. Brunow A. N. Greč P. B. Jurgenson A. I. Nekrasov L. P. Semenov A. A. Sidorov H. V. Židkov*

GOTHEIN — Bilder und Studien aus drei Jahrtausenden. Eberhard Gothein zum 70. Geburtstag als Festgabe dargebracht. Hrsg.: Edgar Salin. — München, Leipzig: Duncker & Humblot 1923. 274 S. *P. Clemen*

GRABER — Aus Kärntens Volksüberlieferung. — Klagenfurt: Landesmuseum f. Kärnten 1957. 176 S. mit Abb., 1 Titelb. = Kärntner Museumsschriften. 17. Georg Graber gewidmet zum 75. Geburtstag. *F. Koschier*

GRAF — Miscellanea di studi critici edita in onore di Arturo Graf. — Bergamo 1903. 850 S. Bildnis *A. Farinelli*

GRAHAM — Medieval Studies presented to Rose Graham. — Oxford: University Press 1950. 250 S. Bildnis; Bibliogr. *K. J. Conant C. Jenkins*

GRAPE — Donum Grapeanum. Festskrift tillägnad Anders Grape på sextiofemårsdagen den 7. 3. 1945. — Uppsala: Almqvist 1945. 640 S. Bildnis *N. Gobom*

GRAT — Mélanges dédiés à la mémoire de Felix Grat. Bd 1. 2. — Paris: 1946–1949. 422, 474 S. Bildnis *M. Th. d'Alverny M. François P. Lavedan (2 Aufss.) F. Lehoux P. Marot*

GRAUERT — Festgabe Hermann Grauert zur Vollendung des 60. Lebensjahres am 7. 9. 1910 gewidmet v. s. Schülern. Hrsg. v. Max Jansen. — Freiburg i. B.: Herder 1910. VIII, 407 S. Bildnis *G. Lill G. Schrötter*

GRAUL — Richard Graul zum 80. Geburtstage ... von der Gesellschaft der Freunde des Kunstgewerbe-Museums zu Leipzig am 24. 6. 1942. Verzeichnis seiner Schriften. 32 S. *Biographische Beiträge v. W. Pinder, R. Schmidt u. H. Wichmann. Nicht einzeln angeführt*

GREENE — Studies in Art and Literature for Belle da Costa Greene. Ed. by Dorothy Miner. — Princeton, N. J.: Princeton Univ. Pr. 1954. XVIII, 502 S. 366 Abb. Bildnis *B. Berenson A. Boeckler S. C. Chew W. W. S. Cook R. Ettinghausen S. Der Nersessian G. H. Hamilton A. M. Hind W. M. Ivins, jr. G. L. Keynes M. Lawrence L. H. Loomis R. Sh. Loomis A. H. Mayor M. Meiss E. G. Millar C. R. Morey E. Panofsky Th. Petersen A. Priest J. Roosval J. J. Rorimer D. Rosen M. C. Ross M. Schapiro P. W. Skehan F. Stampfle Georg Swarzenski Hanns Swarzenski Sir H. Thomas E. Card. Tisserant K. Weitzmann Th. Whittemore*

GRÉGOIRE — Pagkarpeia. Mélanges Henri Grégoire. Bd 1–4. — Bruxelles 1949–1953. Bd 2 (1950): 731 S. Bildnis = Annuaire de l'Institut de Philologie et d'Histoire orientales et slaves *St. Pelikanidis G. A. Sotariou Th. Whittemore A. Xyngopoulos*

de GREGORI — Studi di bibliografia e di argomento romano in memoriam di Luigi de Gregori. — Roma: Palombi 1949. 418 S. Bildnis *C. Garinei-Canori P. S. Leicht V. Mariani L. Moricca E. Re*

GREMPLER — Festschrift zum 70. Geburtstage ... Wilhelm Grempler, 26. 1. 1896. = Schlesiens Vorzeit in Bild und Schrift, Zs. d. Ver. f. d. Mus. schles. Altertümer, Bd 6, H. 4, S. 215–275. *C. Buchwald E. v. Czihak-Königsberg M. Semrau*

GRIFFITH — Studies presented to F[rancis] Ll[ewellyn] Griffith. — London: Egypt Exploration Society 1932. 495 S. Bildnis; Bibliogr. *Th. Whittemore*

GROEBER — Beiträge zur romanischen Philologie. Festgabe für Gustav Gröber. — Halle a. S.: Niemeyer 1899. 540 S. *K. Vossler*

GRÜNHAGEN — Silesiaca. Festschrift des Vereins für Geschichte und Alterthum Schlesiens zum 70. Geburtstage seines Präses Colmar Grünhagen. — Breslau: Morgenstern 1898. 416 S. *F. Friedensburg*

GRUN — Festgabe der Göttinger Genealogisch-Heraldischen Gesellschaft. Dem Gründer u. Vorsitzenden d. Ges. ... Paul Arnold Grun zur Vollendung s. 75. Lebensjahres am 30. 6. 1947. — Göttingen 1947. 12 S. *H. Reise*

GUARDINI — Christliche Verwirklichung. Romano Guardini zum 50. Geburtstag. — Rothenfels: Burgverl. 1935. 330 S. Bildnis; Bibliogr. *J. Bernhart Ph. Funk R. Grosche H. Karlinger F. Neumeyer R. Schwarz*

GÜNTHER — Festschrift, Carl Günther. (Hrsg.: Ernst Müller, Max Müller, Vreni Baumann zu s. Rücktritt als Direktor des Kantonalen Lehrerseminars Basel-Stadt 28. 3. 1956). — (Basel: Kantonales Lehrerseminar 1956.) 294 S. mit eingekl. Abb. Bildnis *W. Raeber*

GUGITZ — Kultur und Volk. Beiträge zur Volkskunde aus Österreich, Bayern und der Schweiz. Festschrift für Gustav Gugitz zum 80. Geburtstag. Hrsg. v. Leopold Schmidt. — Wien: Österr. Mus. f. Volkskunde; Horn: Berger in Komm. 1954. IX, 423 S. XXXII S. Bildnis = Veröff. d. Österr. Museums f. Volkskunde, Bd 5. *T. Gebhard H. Grünn L. Kretzenbacher F. Leskoschek A. Mais O. Moser E. Rath L. Rettenbeck Erwin Richter G. Ritz J. M. Ritz*

GUIFFREY — Mélanges offerts à Jules Guiffrey. — Paris 1916. (Taf.-Anh.: 1919.) 145, 350 S. Textabb. 19 Taf. 2 Bildnisse; Bibliogr. = Archives de l'art français. Nouv. période, T. 8: 1916

M. Aubert G. Brière H. Clouzot P. Cornu F. Courboin E. Dacier Comte P. Durrieu P. Fromageot M. Furcy-Raynaud L.-A. Hustin J. Laran H. Lemonnier G. Macon H. Marcel P. Marcel H. Martin A. Michel E. Moreau-Nélaton P. de Nolhac P. Ratouis de Limay S. Rocheblave G. Schéfer H. Stein A. Tuetey G. Vauthier P. Vitry

GUNKEL — Eucharisterion. Studien zur Religion u. Literatur des AT u. NT. H. Gunkel zum 60. Geburtstag (23. 5. 1922) dargebr. Hrsg. v. H. Schmidt. Bd 1. 2. — Göttingen: Vandenhoeck & Ruprecht 1923. Bibliogr. *Hans Schmidt*

GUSTAF ADOLF 1932 — Arkeologiska studier tillägnade H. K. H. Kronprins Gustaf Adolf. Utgivna av Svenska Fornminnesforeningen. Huvudred.: Bengt Thordeman. — Stockholm: Norstedt (1932). 398 S. *O. Almgren S. Curmann M. Olsson*

GUSTAF VI ADOLF 1952 — Arkeologiska Forskningar och Fynd. Studier utg. med anledning av H. M. Konung Gustaf VI Adolfs Sjuttioårsdag 11. 11. 1952. — Stockholm: Svenska Arkeol. Samfundet 1952. 463 S. m. Abb. u. Taf. Bildnis *A. Geijer B. Gyllensvärd O. Källström M. Olsson Monica Rydbeck Otto Rydbeck N. Sundquist B. Thordeman*

GUTENBERG 1925 — Gutenberg-Festschrift zur Feier des 25jährigen Bestehens des Gutenberg-Museums in Mainz. Hrsg. v. A. Ruppel. — Mainz: Gutenberg-Ges. 1925. 448 S. 46 Taf. *L. Baer G. Fritz P. Krasnopolski E. Neeb R. Oehler E. Preetorius (2 Aufss.) J. Rodenberg K. Schottenloher J. v. Végh*

GUTENBERG 1940 — Gutenberg-Jahrbuch, Jg 1940. Festschrift zur Fünfhundertjahrfeier der Erfindung der Buchdruckkunst. — Leipzig: Harrassowitz 1940. 520 S. m. Abb. *E. Bethe F. H. Ehmcke F. Eichler E. v. Frisch M.-J. Husung C. G. Marchesini R. Meldau Th. Musper Leopold Schmidt Alfredo Servolini Luigi Servolini (2 Aufss.) V. Sičynśkyi E. Tóth*

GUTENBERG 1950 — Gutenberg-Jahrbuch, Jg 25: 1950. Festschrift zum 50jährigen Bestehen des Gutenberg-Museums in Mainz. — Mainz: Gutenberg-Museum 1950. 464 S. 260 Abb. *M. Audin K. d'Ester H. Gollob A. Kolb M. Lanckorońska A. Meiner R. Meldau H. Th. Musper A. Nocentini L. Raimondo I. Schunke L. Servolini A. Windisch*

GUTTMANN — Festschrift zum 70. Geburtstage Jakob Guttmanns. — Leipzig: Fock 1915. XV, 283 S. Bibliogr. = Schriften, hrsg. v. d. Gesellsch. z. Förderung d. Wissenschaft d. Judentums *M. Sobernheim u. E. Mittwoch*

HABERLANDT — Festschrift für Michael Haberlandt zum 30jähr. Bestand der Zeitschrift für österreichische Volkskunde. — Wien: Verein f. Volkskunde 1925. 116 S. m. 8 Abb., 7 Taf., 2 Kt., 9 Planskizzen. Bildnis *A. Haberlandt J. Leisching M. Schmidl J. Strzygowski N. Zegga*

HABICH — Georg Habich zum 60. Geburtstag. — München: Kress & Hornung 1928. 122 S. m. Abb., 20 Taf. *A. Bechtold R. Berliner M. Bernhart J. Cahn S. Drey F. Dworschak O. Gessert P. Grotemayer Th. Hampe G. F. Hill E. Kris A. v. Loehr A. Neuhaus A. Noß M. Sauerlandt W. Schwinkowski H. Stöcklein*

HACKMAN — Excavationes et Studia. Opuscula in honorem Alfred Hackman 14. 1. 1934. — Helsinki 1934. 305 S. = Suomen Muinaismuistoy Aikakanskirja = Finska Fornminnesföreningens Tidskrift, Bd 40. *H. Arbman H. Donner I. Kronqvist H. Moora B. Nerman A. M. Tallgren*

HAEBLER — Wiegendrucke und Handschriften. Festgabe Konrad Haebler zum 60. Geburtstag dargebr. v. I. Collijn u. a. Hrsg. v. E. v. Rath. — Leipzig: Hiersemann 1919. X, 206 S. m. 16 Abb., 26 Taf. Bildnis; Bibliogr. *I. Collijn Adolf Schmidt P. Schwenke*

HÄMEL — Gedächtnisschrift für Adalbert Hämel 1885–1952. Hrsg. v. Roman. Seminar d. Univ. München. — Würzburg: Triltsch 1953. 278 S. Bildnis *J. Dünninger*

HAFF — Festschrift Karl Haff zum 70. Geburtstag dargebracht. — Innsbruck: Wagner 1950. 415 S. *K. Bußmann*

HAGEDORN — Festgabe zum 21. 7. 1905 Anton Hagedorn. — Hamburg, Leipzig: Voss 1906. 133 S. *W. Becker H. Nirrnheim*

HAHN, EDUARD — Festschrift Eduard Hahn zum 60. Geburtstag dargebracht. — Stuttgart: Strecker & Schröder 1917. XI, 368 S. m. 16 Abb., 1 Kt. Bildnis; Bibliogr. = Studien u. Forschungen zur Menschen- u. Völkerkunde, H. 14. *K. Brunner H. Mötefindt*

HAHN, OTTO — Festschrift für Otto Hahn zum 8. März 1954. Bd 1. 2. — (Göttingen: Max-Planck-Gesellschaft zur Förderung d. Wissenschaften 1954.) 388; 327 Bl. mit Abb. in getr. Pag., mehr. Taf. Bildnis *L. Bruhns F. Graf Wolff Metternich*

HAHR — Konstvetenskapliga studier och essayer tillägnade August Hahr på 50 årsdagen. — Stockholm 1928. 151 S. m. Taf. *E. E. Areen H. Cornell M. Hofrén R. Hoppe I. H. Ingvar R. Josephson A. Julius E. Langenskjöld W. Nisser G. Paulsson G. M. Silfverstolpe Å. Stavenow B. Thordeman E. E. Uggla C. R. af Ugglas*

HALLER — Das Reich. Idee und Gestalt. Festschrift für Johannes Haller zu s. 75. Geburtstag. Hrsg. v. Heinrich Dannenbauer u. Fritz Ernst. — Stuttgart: Cotta 1940. IX, 347 S. 3 Abb. Bildnis *E. Kornemann*

HALPHEN — Mélanges d'histoire du moyen âge dédiés à la mémoire de Louis Halphen. — Paris: Presses Universitaires de France 1951. 713 S. *R. Crozet P. Deschamps P. Francastel J. Hubert M. Roques L. Thorndike*

HAMANN 1939 — Festschrift Richard Hamann zum 60. Geburtstag 29. 5. 1939 überreicht von seinen Schülern. — Burg: Hopfer 1939. 177 S. 48 Taf. Bildnis *G. André G. Bahlsen H. Deckert H.-G. Gadamer A. Kippenberger H. Kramm W. Kramm R. Neuhaus E. Pfeil A. Rohde F. Prinz zu Sayn-Wittgenstein O. Schürer H.-A. v. Stockhausen B. v. Tieschowitz K. H. Usener E. v. Watzdorf*

HAMANN 1944 — Marburger Jahrbuch für Kunstwissenschaft, Bd 13: 1944. (Richard Hamann zum 60. Geburtstag am 29. 5. 1939 gewidmet u. zu s. 65. Geburtstag 1944 veröff.) — Marburg: Verl. d. Kunstgesch. Seminars 1944. 286 S. m. Abb. Bibliogr. (Forts. in Marb. Jb. 14: 1949, 234) *K. Albiker F. Baumgart H. Beenken K. H. Clasen E. Dinkler G. Kaschnitz-Weinberg R. Kautzsch O. Kletzl G. v. Merhart H. Möbius Johanna Müller A. Schlegel G. Stuhlfauth E. Wechssler*

HAMANN 1949 — Beiträge zu einer Festschrift zu Richard Hamanns 70. Geburtstag am 29. 5. 1949. — Kunstgeschichtl. Seminar Marburg/L. (nicht veröffentlicht) *H. Auener W. Clasen H. Deckert H. Doerr M. Gouron W. van Kempen H. Möbius I. Rössler A. L. Romdahl K. H. Usener P. Volkelt*

HAMANN 1954 — Beiträge zu einer Festschrift zu Richard Hamanns 75. Geburtstag am 29. 5. 1954. — Kunstgeschichtl. Seminar Marburg/L. (nicht veröffentlicht) *G. André G. Bahlsen D. Grossmann V. Jensh-Sussmann (2 Aufss.) A. Klapheck-Strümpell O. Koseleff-Gordon F. Prinz Sayn-Wittgenstein A. Schlegel E. O. Graf zu Solms-Laubach W. F. Sumowski R. Wankmüller-Freyh A. Wenzel M. Wenzel-Albrecht K. Wilhelm-Kästner H. Wingler-Prinz*

HAMMARSTEDT — Etnologiska Studier tillägnade Nils Edvard Hammarstedt 3. 3. 1921. — Stockholm: Föreningen för Svensk Kulturhistoria 1921. 245 S. Bildnis; Bibliogr. *O. Andersson*

HAMMER — Festschrift zu Ehren Heinrich Hammers. (70. Geburtst. 10. 3. 1943.) — Innsbruck: Wagner 1947. 276 S. = Veröffentlichungen des Museum Ferdinandeum, Bd 20/25, Jg 1940/45. *W. Frodl J. Gritsch E. Hanfstaengl H. Hochenegg M. v. Klebelsberg R. v. Klebelsberg F. Leonhard E. v. Lutterotti-Haniel K. Moeser Theodor Müller J. Ringler K. Schadelbauer O. Stolz O. Graf Trapp J. Weingartner H. v. Wieser*

HAMPE — Festschrift zum 60. Geburtstag von Theodor Hampe. Schriftltg: Fr. Trg. Schulz. — Nürnberg: Germ. Nationalmus. 1926. 176 S. m. 74 Abb. = Anzeiger des Germ. Nationalmus. 1924/25. *F. Bock W. Fries A. Gümbel A. Neuhaus E. Reicke L. Rothenfelder E. H. Zimmermann*

von HANDEL-MAZZETTI — Enrica von Handel-Mazzetti. Festschrift zur 75-Jahrfeier der großen Dichterin Oberösterreichs. — Linz 1946. 164 S. *Justus Schmidt*

HAHNLOSER — Festschrift Hans R. Hahnloser zum 60. Geburtstag 1959. Herausg. v. Ellen J. Beer, Paul Hofer, Luc Mojon. — Basel/Stuttgart: Birkhäuser 1961. 441 S. m. 251 Abb. *Nicht im systematischen Teil*

HANSEN — Festskrift til Museumsforstander Hans Peter Hansen, på 70-årsdagen 2. 10. 1949. — København: Rosenkilde og Baggers Forl. 1949. 406 S. Bildnis; Bibliogr. *Poul Andersen Ellen Andersen S. Skov*

HANSSEN — Festgabe für Georg Hanssen zum 31. 5. 1889. — Tübingen: Laupp 1889. 320 S. *F. Frensdorff*

HARNACK II — Festgabe von Fachgenossen und Freunden A[dolf] von Harnack zum 70. Geburtstag dargebracht. — Tübingen: Mohr 1921. IV, 406 S. Bildnis *H. Greßmann*

HARNACK III — 15 Jahre Kgl. Staatsbibliothek. Dem scheidenden Generaldirektor Adolf v. Harnack zum 31. 3. 1921 überreicht. — Berlin: Preuß. Staatsbibl. 1921. VI, 285 S. m. Abb. u. Taf. *E. Crous H. Degering*

HARNACK, THEODOSIUS — Festschrift zur Feier des 70. Geburtstages ihres Vaters Theodosius Harnack am 3. 1. 1887. Veröffentlicht von Adolf, Axel, Erich und Otto Harnack. — Dresden: Teubner 1887. 54 S. *4 Beiträge der Söhne. Adolf Harnack*

HARTMANN — Documenta Islamica Inedita. Ricardo Hartmann viro de studiis islamicis meritissimo sacrum. — Berlin: Akademie-Verl. 1952. 277 S. *F. Babinger E. Kühnel*

HASELOFF 1936 — Beiträge aus der ungedruckten Festschrift zum 60. Geburtstage von Arthur Haseloff, Kiel, enthalten in: Richard Haupt als Festgabe zu seinem 90. Geburtstage am 6. 10. 1936 dargebracht. — Heide i. H.: Boyens = Nordelbingen. Beiträge zur Heimatforschung in Schleswig-Holstein, Hamburg u. Lübeck. Bd 12: 1936. *L. Martius J. Roosval F. Sarre E. Schlee*

HASELOFF — Arthur Haseloff zum 80. Geburtstage am 28. 11. 1952. 163 S. m. Abb. = Nordelbingen Bd 20: 1952 *O. Andrup R. Bülck F. Fuglsang Günther Haseloff P. Hirschfeld A. Kamphausen O. Klose L. Martius Wolfgang J. Müller E. Redlefson E. Schlee Harry Schmidt J. Heinrich Schmidt R. Sedlmaier W. Stephan*

HAUCK — Geschichtliche Studien für Albert Hauck zum 70. Geburtstag, dargebr. v. Freunden, Schülern, Fachgenossen u. dem Mitarbeiterkreise der Realenzyklopädie f. protestant. Theologie u. Kirche. — Leipzig: Hinrichs 1916. XII, 352 S. *H. Jordan H. Preuß V. Schultze*

HAUPT — Festgabe für Prof. D. Dr. Richard Haupt, Provinzialkonservator der Provinz Schleswig-Holstein ... zu seinem 75. Geburtstage 6. 10. 1921, dargebr. v. s. Freunden. — Kiel: Mühlau 1922. 278 S. Bildnis; Bibliogr. *J. Biernatzki F. Gundlach F. Hähnsen W. Jensen V. Pauls Harry Schmidt*

HAUPT 1936 — Richard Haupt als Festgabe zu seinem 90. Geburtstage am 6. 10. 1936 dargebracht. — Heide i. H.: Boyens. 482 S. m. Abb. Bildnis = Nordelbingen. Beiträge zur Heimatforschung in Schleswig-Holstein, Hamburg u. Lübeck, Bd 12: 1936 *A. Haseloff W. Johnsen H. Lütjohann L. Martius Th. Riewerts J. Roosval F. Sarre H. Schadendorff E. Schlee J. Warncke*

HAUPTMANN 1922 — Festschrift zum 60. Geburtstag Gerhart Hauptmanns. Hrsg. v. Felix Hollaender. — Berlin: Mosse 1922. 16 S. Persönl. Würdigungen u. Abb. *M. Osborn*

HAUPTMANN 1942 — Gerhart Hauptmann zum 80. Geburtstag am 15. 11. 1942. — Breslau: Schlesien-Verl. 1942. 167 S. Bildnisse *G. Barthel* *Ch. Krumbhermer*

HAUSENSTEIN 1932 — Die Gabe. Dichtungen u. Aufsätze von Hans Carossa, Bruno Frank, Adolf Feulner u. a. (Wilhelm Hausenstein zum 50. Geburtstag zugeeignet). — München: Knorr & Hirth (1932). 107 S., mehr. Taf. *A. Feulner* *E. Preetorius* *H. Rose* *E. Rosenthal* *H. Uhde-Bernays* *H. Wilm*

HAUSENSTEIN 1952 — Festgabe für Wilhelm Hausenstein. Zum 70. Geburtstag 17. 6. 1952. (Hrsg. v. Wilhelm Emanuel Süskind.) — München: Alber 1952. 278 S., mehr. Bl. Abb. u. Taf. Bildnis; Bibliogr. *H. Eckstein* *G. Jedlicka* *F. Nemitz* *M. Picard* *E. Preetorius* *Reinhold Schneider*

HAUST — Mélanges de linguistique romane offerts à Jean Haust. — Liège: Impr. de l'Académie 1939. 439 S., Bildnis; Bibliogr. *Gustave Cohen*

HAUVETTE — Mélanges de philologie, d'histoire et de littérature offerts à Henri Hauvette. — Paris: Presses françaises 1934. XXXIX, 845 S. Bildnis; Bibliogr. *P. H. Michel*

HAVET — Mélanges Julien Havet. Recueil de travaux d'érudition dédiés à la mémoire de Julien Havet (1853–1893). — Paris: Leroux 1895. 780 S. Bildnis *P. Durrieu* *E. Molinier*

HAYM — Philosophische Abhandlungen. Dem Andenken Rudolf Haym's gewidmet. — Halle: Niemeyer 1902. 560 S. *Th. Lipps*

HEAD — Corolla Numismatica. Numismatic Essays in honour of Barclay V. Head. — Oxford: University Press 1906. 386 S. 18 Taf. Bildnis *H. Gaebler*

HECKER — Vimariensia für Max Hecker. Überreicht zum 60. Geburtstag. — Weimar: Böhlau 1930. 75 S. 4 Taf. Bildnis *W. Deetjen* *E. Scheidemantel* *A. Tille* *H. Wahl*

HEDIN — Hyllningsskrift tillägnad Sven Hedin på hans 70-årsdag den 19. 2. 1935. — Stockholm 1935. XVI, 668 S. m. Taf. Bildnis = Geografiska Annaler, Årg. 17: 1935 *T. J. Arne* *E. F. Gautier* *E. J. Lindgreen* *G. Montell* *O. Sirén* *G. Wegener*

van HEEK — De Liemers [Landschaft zw. Waal u. Yssel]. Gedenkboek Dr. J. H. van Heek. Opgedragen aan J. H. van Heek bij zijn tachtigste verjaardag 20. 10. 1953. — Didam: Leonards (1953). 368 S. m. Abb. *J. J. F. W. van Agt* *J. Belonje* *P. R. A. Bouvy* *J. Düffel* *H. Hoppenbrouwers O.S.B.* *J. Leeuwenberg* *R. van Luttervelt* *A. J. M. van Nispen tot Pannerden* *H. L. Prenen* *A. P. van Schilfgaarde* *A. P. van Schilfgaarde u. W. Zondervan* *A. Sipman* *E. Terhorst-Hüffer* *J. J. M. Timmers*

HEIDEGGER — Martin Heidegger's Einfluß auf die Wissenschaften. Aus Anlaß seines 60. Geburtstages verfaßt ... — Bern: Francke 1949. 174 S. *K. Bauch*

HEILER — In Deo Omnia Unum. Eine Sammlung von Aufsätzen Friedrich Heiler zum 50. Geburtstage dargebracht. Hrsg. v. Ch. M. Schröder. — München: Reinhardt 1942. IV, 399 S. Bibliogr. = Eine Heilige Kirche, Jg 23, Sonderausg. *E. Hempel*

HEILFRON — Festschrift für Eduard Heilfron zum 70. Geburtstage 30. 7. 1930 dargebr. v. Freunden u. Verehrern. — Berlin: Spaeth & Linde 1930. 197 S. *A. Elster*

HEIMANN — Festgabe ... Friedrich Carl Heimann zur Vollendung des 70. Lebensjahres. — Köln 1922. 200 S. = Jahrbuch des Kölnischen Geschichtsvereins, Jg 5: 1922 *J. Krudewig* *H. G. Lempertz* *H. Vogts*

HEINZEL — Abhandlungen zur germanischen Philologie. Festgabe für Richard Heinzel. — Halle: Niemeyer 1898. 534 S. *R. Meringer* *J. Seemüller*

HEISE — Eine Gabe der Freunde für Carl Georg Heise zum 28. 6. 1950 (60. Geburtst.). Hrsg. v. Erich Meyer. — Berlin: Gebr. Mann 1950. 252 S. m. Abb. im Text, 7 Taf. *F. Ahlers-*

Hestermann K. Bauch H. Deckert V. A. Dirksen O. Goetz H. A. Gräbke L. Grote R. Guardini H. Holtorf Ch.-A. Isermeyer H. Keller Erich Meyer A. Neumeyer W. Paatz P. O. Rave L. Reidemeister K. Scheffler W. Schöne

HEISENBERG — Festgabe August Heisenberg zum 60. Geburtstag gewidmet. Hrsg. v. Franz Dölger. — Leipzig, Berlin: Teubner 1929/30. XI, 681, XVI S. = Byzantinische Zeitschrift, Bd 30. *M. Alpatov T. W. Arnold A. W. Byvanck N. Brunov B. Filov G. de Jerphanion K. Kumaniecki K. Miatev W. Molé A. K. Orlandos J. Puig i Cadafalch Ph. Schweinfurth G. A. Soteriu P. Thomsen E. Weigand O. Wulff H. Židkov*

HELBIG — Strena Helbigiana sexagenario obtulerunt amici a. d. 4. non. febr. a. 1898. — Leipzig: Teubner 1900. 346 S. zahlr. Abb. Bildnis *W. Amelung H. Hertz L. Pollak J. Strzygowski*

HELD — Festschrift für Hans Ludwig Held. Eine Gabe der Freundschaft und des Dankes. Zum 65. Geburtstag dargebr. 1. 8. 1950. Hrsg. v. Andreas Bauer. — München: Alber 1950. 167 S. m. Abb., mehr. Taf. Bildnis *W. Hausenstein (2 Aufss.) E. Preetorius*

HELLER — Jubilee Volume in honour of Bernhard Heller on the occasion of his 70. Birthday. — Budapest 1941. 326, 132 S. Bildnis; Bibliogr. *E. Munkacsi E. Naményi*

HELMER — Festschrift zur 25jähr. Abtfeier Sr. Gnaden des hochw. Herrn Prälaten Dr. Gilbert Johann Helmer 27. 10. 1925. — Marienbad 1925. VII, 423 S. = Beiträge zur Geschichte des Stiftes Tepl, Bd 2. *B. Brandl B. Graßl M. Nentwich R. Totzauer*

HEMPEL — Festschrift, Eberhard Hempel zum 70. Geburtstag (30. 7. 1956). — (Dresden: Technische Hochschule [19]57.) 116 S. m. Abb. [Umschlagt.] Separatabdruck aus: Wissenschaftliche Zeitschrift d. Technischen Hochschule. Jg. 6 (1956/57) H. 1–3. Bibliogr. *S. Asche W. Hentschel W. Krönert R. Matthaes P. Schlopsnies H.-E. Scholze O. Schubert*

HENNING — Märkischer Wandergruß. Beiträge zur Landesgeschichte für Martin Henning. — Berlin: Landesgeschichtl. Vereinigung 1951. 39 S. *E. Faden A. Ludewig*

HEPDING — Volkskundliche Ernte, Hugo Hepding dargebracht am 7. 9. 1938 von seinen Freunden. — Giessen: Kindt 1938. 273 S. Bibliogr. = Giessener Beiträge zur dt. Philologie, H. 60. *K. Frölich W. Stammler*

HERBERTZ — Festgabe für Richard Herbertz zur Feier seines 60. Geburtstages. — Bern: Benteli 1940. 68 S. *H. Mahlberg R. Roetschi*

HERRMANN, MAX — Festgabe der Gesellschaft f. Deutsche Literatur zum 70. Geburtstage ihres Vorsitzenden Max Herrmann. — Berlin 1935: Beltz. 68 S. *J. Petersen A. Reimann*

HERRMANN, WALTHER — Bergbau und Bergleute. Neue Beiträge zur Geschichte des Bergbaus und der Geologie. (Walther Herrmann zum 70. Geburtst. dargebr.) — Berlin: Akademie-Verl. 1955. 293 S. m. Abb. Bildnis = Freiberger Forschungshefte, Kultur u. Technik, D 11. *F. Brendel K.-E. Fritzsch F. Hofmann Paul Müller*

HERTLING — Festschrift Georg v. Hertling zum 70. Geburtstage am 31. 8. 1913 dargebr. v. d. Görres-Gesellschaft ... — München: Kösel 1913. VII, 633 S. Bildnis *P. M. Baumgarten A. Dürrwächter E. Eichmann J. P. Kirsch A. Knoepfler K. Muth G. Schnürer A. de Waal J. Wilpert*

HERZFELD — Zur Geschichte und Problematik der Demokratie. Festgabe f. Hans Herzfeld, Prof. an d. Freien Univ. Berlin, anläßl. s. 65. Geburtstages am 22. Juni 1957. (Hrsg. v. Wilhelm Berges u. Carl Hinrichs.) — Berlin: Duncker & Humblot (1958). 693 S. Bildnis *H. Junecke*

HERZFELD, ERNST — Archaeologica Orientala. In memoriam Ernst Herzfeld. Ed.: George C. Miles. — New York: Augustin 1952. 280 S. Bildnis *M. Bahrami M. van Berchem W. W. S. Cook M. S. Dimand R. Ettinghausen B. Farès H. W. Glidden E. Kühnel G. C. Miles K. Weitzmann*

HESSELMAN — Nomina Germanica. Hyllningsskrift till Bengt Ivar Hesselman den 21. 12. 1935. — Uppsala: Lindequist 1935. 433 S. Bildnis; Bibliogr. *H. Jungner*

HEUSSI — Karl Heussi zum 75. Geburtstage 16. 6. 1952. Ungedruckte Handschrift bei Prof. D. Dr. Heussi. — Jena. Ferner als Sonderdruck erschienen: *H. Jursch Gotthard Neumann*

HEYDRICH — Völkerkundliche Forschungen. Martin Heydrich zum 70. Geburtstag überreicht von Freunden u. Schülern. Hrsg. von W. Fröhlich. — Köln: Brill in Komm. 1960. XIX, 557 S. m. Abb. 46 Taf. Bildnis. = Ethnologica. N. F. Bd 2. *Nicht im system. Teil*

von der HEYDT — Eduard von der Heydt zum 70. Geburtstag = Schriften des Museums Rietberg Zürich, Nr. 2, September 1952. *5 Beiträge über den Sammler u. allg. über das Sammeln, 4 über ostasiatische Kunst, 3 über neuere Kunst (A. Hentzen), einen Ausstellungsplan (C. G. Heise) und Museumsarbeit heute (L. Reidemeister). Nicht einzeln angeführt*

HIERSEMANN — Werden und Wirken. Ein Festgruß, Karl W. Hiersemann zugesandt am 3. 9. 1924 zum 70. Geburtstag und 40jähr. Bestehen seiner Firma. Hrsg.: Martin Breslauer u. Kurt Koehler. — Leipzig: Koehler 1924. 419 S. 50 Taf. Bildnis *I. Collijn H. v. d. Gabelentz W. Giesecke K. Haebler M. J. Husung G. Leidinger H. Loubier O. Pelka M. A. Pfeiffer E. v. Rath J. Rodenberg Adolf Schmidt A. Schramm P. Schubring I. Schwarz L. Volkmann*

HILDEBRAND — Arnoldum Hildebrandum annum aetatis octagesimum fortiter ineuntem hoc quantulocumque libello salutant pro salute eius pia vota facientes collegae, amici, discipuli. (Festgruß f. Arnold Hildebrand zum 8. 7. 1959. [Hrsg. v.] Heinz Ladendorf [u.] Maria Zimmermann.) — Coloniae ad Rhenum [Köln-Lindenthal: Kunsthistorisches Seminar] 1959. 65 Bl. mit eingekl. Abb. [Maschinenschr. vervielf.] Bildnis; Bibliogr. *H. Jacobi H. Ladendorf*

HIRN I — Festskrift tillägnad Yrjö Hirn den 7. 12. 1930 (60. Geburtstag). — Helsingfors: Schildt 1930. 467 S. Bildnis *T. Borenius K. S. Laurila J. V. Lehtonen K. K. Meinander*

HIRN II — Juhlakirja Yrjö Hirnin kunsikymmen vuotispäiväksi 7. 12. 1930 (Festschrift für Yrjö Hirn zum 60. Geburtstag). — Helsinki 1930. 291 S. Bildnis *K. S. Laurila K. K. Meinander*

HIRSCH — Mitt. d. Österr. Instituts f. Geschichtsforschung. Unter Mitarb. anderer red. v. W. Bauer u. O. Brunner. Erg.-Bd 14. (Hans Hirsch dargebr. als Festgabe zu seinem 60. Geburtstag v. s. Kollegen, Mitarbeitern u. Schülern.) — Innsbruck: Wagner 1939. 528 S. 14 Taf. Bildnis *H. Goetting K. Oettinger J. v. Schlosser H. Sedlmayr*

HIRT — Germanen und Indogermanen. Volkstum, Sprache, Heimat, Kultur. Festschrift für Herman Hirt. Hrsg. v. Helmut Arntz. Bd 1: Kulturhistorie u. Anthropologie, Bd 2: Sprachwissenschaft. — Heidelberg: Winter 1936. XV, 436; VI, 623 S. Bildnis *J. Strzygowski*

HIRTH I — Festschrift für Friedrich Hirth zu seinem 75. Geburtstag 16. 4. 1920. — Berlin: Osterheld 1920. VI, 402 S. m. Abb. u. Taf. Bibliogr. = Ostasiatische Zeitschr., Bd 8. *O. Fischer E. Krebs F. Sarre L. Schermann E. Sieg E. Zimmermann*

HIRTH II — Asia major. Introductory Volume. Hirth Anniversary Volume. (Friedrich Hirth zu seinem 75. Geburtstage.) — London: Probsthain 1920. LXXXIII, 705 S. 1 Kt. Bildnis; Bibliogr. *J. C. Ferguson Agnes E. Meyer Z. v. Takács A. Waley*

HITTI — The World of Islam. Studies in honour of Philip K. Hitti, ed. James Kritzeck and R. Bayly Winder. — London: Macmillan 1959. *O. Grabar*

HØEG — Mélanges Carsten Høeg. — Copenhague 1956. 196 S. = Classica et Mediaevalia. Revue Danoise de Philologie et d'Histoire, Vol. 17. *V. Lasareff*

HÖRTNAGL — Festschrift für Hans Hörtnagl (zum 70. Geburtstag 9. 2. 1934). — Innsbruck 1934. S. 49–171. Bildnis = Tiroler Heimatblätter, Jahrg. 12: 1934, H. 2/3. *H. Hammer H. Hochenegg V. Oberhammer J. Ringler H. Schuler O. Graf Trapp J. Weingartner*

HOFER — Festgabe an Carl Hofer zum 70. Geburtstag. Begonnen v. Adolf Behne †, hrsg. v. Gerhard Strauss gemeinsam mit Heinrich Ehmsen u. a. — Potsdam: Stichnote 1948. 60 S. m. Abb. u. Faks. (250 numerierte Exx.) *A. Behne* *R. Hamann* *K. Scheffler* *G. Strauss* *E. Wüsten*

HOFFILLER — Serta Hoffilleriana. Hoffillerov Zbornik. Commentationes gratulatorias Victori Hoffiller sexagenario obtulerunt collegae amici discipuli ad XI Kal. Mar. 1937. — Zagrebiae 1940. IX, 552 S. m. Abb. 47 Taf. = Vjesnik Hrvatskoga Archeol. Društva, N. S. 18/21 (1937/40). In slowen. Sprache. *C. Fiscović* *S. France* *Artur Schneider*

HOFFMANN — Festschrift zum 70. Geburtstage David Hoffmann's. — Berlin: Lamm 1914. Bibliogr. *J. Cohn*

HOFFMANN-KRAYER — Festschrift für Eduard Hoffmann-Krayer. = Schweizerisches Archiv für Volkskunde, Jg 20: 1916. 540 S. *B. Ginet-Pilsudzki* *Th. Delachaux* *L. Rüttimeyer*

HOFMANNSTHAL — Eranos. Hugo von Hofmannsthal zum 1. 2. 1924. — München: Bremer Presse 1923. XXXV, 159 S. *K. Burdach*

HOFMEISTER 1955 — Festschrift Adolf Hofmeister zum 70. Geburtstage am 9. 8. 1953 dargebr. v. s. Schülern, Freunden u. Fachgenossen. Hrsg. v. Ursula Scheil. — Halle/S.: Niemeyer 1955. XVI, 342 S. Bildnis; Bibliogr. *D. Kausche* *F. v. Lorentz* *U. Scheil* *P. E. Schramm* *E. E. Stengel* *K. Wessel*

HOFMEISTER 1957 — Baltische Studien. Hrsg. v. d. Ges. f. pommersche Geschichte, Altertumskde u. Kunst. (Schriftl.: Prof. Dr. Erwin Assmann.) N. F. Bd 44. — Hamburg: v. d. Ropp 1957. 166 S. mit Abb., 4 Bl. Abb., Adolf Hofmeister zum Gedächtnis. Bildnis *H. Th. Flemming* *H. Hinz* *Roderich Schmidt* *N. Zaske*

HOLLEAUX — Mélanges Holleaux. Recueil de mémoires concernant l'antiquité grecque offert à Maurice Holleaux en souvenir de ses années de direction à l'école française d'Athènes (1904–1912). — Paris: Picard 1913. 315 S. *G. Leroux*

HOLMSTRÖM — Festskrift tillegnad doktor Leonard Holmström på hans sextioårsdag (29.10. 1900) utgifven af Hvilans elevförbund. — Lund 1900. VI, 197 S. Bildnis *E. Ingers*

HOLTZMANN — Kritische Beiträge zur Geschichte des Mittelalters. Festschrift für Robert Holtzmann zum 60. Geburtstag. — Berlin: Ebering 1933. 251 S. Bildnis = Historische Studien, H. 238 *M. Klante*

HOMMA — Festgabe zum 60. Geburtstag von Josef Karl Homma. Eisenstadt 1951. 89 S. Bildnis = Burgenländische Forschungen, Sonderh. *A. Ratz*

HOMMEL — Orientalistische Studien. Fritz Hommel zum 60. Geburtstag am 31. 7. 1914 gewidmet von Freunden, Kollegen u. Schülern. Bd 1. 2. — Leipzig: Hinrichs 1917/1918. Bildnis = Mitt. d. Vorderasiat. Gesellsch. 21. 22: 1917/17. *F. Bork* *Th. Dombart* *F. Heiler* *K. v. Spieß*

HOPF — Festschrift Valentin Hopf zum 80. Geburtstag 27. 1. 1933. — Jena: Frommann 1933. XVI, 242 S. 10 Taf. Bildnis *W. Füßlein* *M. Riem-Baumbach* *M. Riemschneider-Hoerner*

HORKHEIMER — Sociologica. Aufsätze, Max Horkheimer zum 60. Geburtstag gewidmet. — (Frankfurt a. M.): Europäische Verl.Anst. (1955). 470 S. = Frankfurter Beiträge zur Soziologie. Bd 1. *A. Hauser*

HORODISCH — Amor librorum. Bibliographic and other essays. A tribute to Abraham Horodisch on his 60th birthday. — Amsterdam: Erasmus Antiquariaat 1958. XVII, 304 S. 161 Textabb., 79 Abb. auf 36 Taf. Bibliogr. *G. Arnolds* *K. G. Boon* *E. Kyriss* *H. Lehmann-Haupt u. N. Petteway* *E. Morpurgo* *J. M. Prange* *C. E. Tanfani* *D. G. Veth* *P. Vorms* *W. Wegner*

HORTIS — Miscellanea di studi in onore di Attilio Hortis. — Trieste: G. Caprin 1910. Vol. 1. 2. Bildnis; Bibliogr. *G. Gerola*

HOWALD — Eumusia. Festgabe für Ernst Howald zum 60. Geburtstag am 20. 4. 1947. — Zürich: Rentsch 1947. 207 S. *G. Jedlicka*

HROZNY — Symbolae ad studia Orientis pertinentes Frederico Hrozný dedicatae. — Praha 1949/1950. Bildnis; Bibliogr. = Archiv Orientalni, Vol. XVII. XVIII (5 Teile) *W. Andrae*

HU SHIH — Kuo-li chung-yang yen-chiu yüan li-chih yü-yen yen-chiu so chi-k an (Bulletin of the Institute of the History and Philology, Academia Sinica). Taipei, Taiwan, China. Vol. 28 (1956). Studies presented to Dr. Hu Shih on his 65th birthday. Part 1. 2. (1957). Selected bibliographies: Part 2. *Chang Ping-ch üan Kao Ch ü-hsun Li Chi Li Shu-hua H. Maspero Shih Chang-ju A. Waley*

HUBER — Festgabe für Max Huber zum 60. Geburtstag 28. 12. 1914. — Zürich: Schulthess 1934. 373 S. Bildnis *P. Ganz*

HUGELMANN — Festschrift für Karl Gottfried Hugelmann zum 80. Geburtstag am 26. September 1959. Dargebracht v. Freunden, Kollegen u. Schülern. Hrsg. v. Wilhelm Wegener. Bd 1. 2. — Aalen: Scientia-Verl. 1959. 4 Taf., 1 Abb. Bildnis; Bibliogr. *P. E. Schramm*

HUGUET — Mélanges de Philologie et d'Histoire littéraire offerts à Edmond Huguet. — Paris: André 1940. 488 S. Bildnis; Bibliogr. *L. Refort*

HULIN de LOO — Mélanges [Georges] Hulin de Loo. — Bruxelles, Paris: Librairie Nationale d'art et d'histoire 1931. IX, 355 S. 47 Taf. Bildnis *J. Agapito y Revilla C. Aru L. Baldass R. van Bastelaer P. Bautier O. Benesch A. Bertini Calosso L. Burchard Alan Burroughs Bryson Burroughs A. W. Byvanck Sir M. Conway E. De Bruyn A. J. J. Delen L. Demonts Jos. Destrée Jules Destrée L. Dimier C. Dodgson J. Duverger J. de Figueiredo O. H. Förster M. J. Friedländer J. Gessler G. Glück A. Goffin J. Guiffrey G. J. Hoogewerff P. Jamot D. A. Iniguez A. Laes L. Lebeer P. Lefèvre F. Lugt F. Lyna J. Maquet-Tombu F. de Mély E. Michel A. E. Popham L. van Puyvelde S. Reinach S. de Ricci D. Roggen P. Rolland L. Serra M. Vaes W. Vogelsang J. Vuyk F. Winkler*

HULTIN 1925 — Miscellanea bibliographica. 1. — Bibliotekarien Arvid Hultin tillägnas denna skrift på hans sjuttioårsdag den 3. 8. 1925. — Helsingfors 1925. 142 S. = Helsingin Yliopiston Kirjaston Julkaisuja Helsingfors Universitetsbiblioteks Skrifter, 8. *R. Dahlberg*

HUSSERL — Festschrift Edmund Husserl zum 70. Geburtstag gewidmet. — Halle/S.: Niemeyer 1929. 370 S. = Jahrb. f. Philosophie u. phänomenologische Forschung 1929, Erg.-Bd. *O. Becker H. Conrad-Martius F. Kaufmann*

HUSSERL 1940 — Philosophical Essays in memory of Edmund Husserl. — Cambridge/Mass.: Harvard-Univ. 1940. 332 S. Bildnis *F. Kaufmann*

JABERG — Festschrift Karl Jaberg zugeeignet zur Feier seines 60. Geburtstages und zur Vollendung des 60. Semesters s. akad. Lehramtes. — Halle/S.: Niemeyer 1937. 520 S. *W. Hering*

JACOB — Festschrift Georg Jacob zum 70. Geburtstage 26. 5. 1932 gewidmet von Freunden u. Schülern. Hrsg. v. Th. Menzel. — Leipzig: Harrossowitz 1932. VIII, 381 S. 10 Taf. Bildnis; Bibliogr. *K. Wulzinger*

JACOB, MAX — Festgabe, Max Jacob zum 70. Geburtstag. Puppenspieler, Mensch, Narr, Weiser. Für d. Freundeskreis d. Hohnsteiner Puppenspiele hrsg. v. (Reg.R. Dr.) Herbert Just. — Kassel, Basel: Bärenreiter-Verl. (1958). XXXI, 177 S. mehr. Bl. Abb. *L. Krafft*

JACOB-FRIESEN — Urgeschichtsstudien beiderseits der Niederelbe. K. H. Jacob-Friesen gewidmet. Hrsg. G. Schwantes. — Hildesheim: Lax 1939. 377 S. m. Abb. 3 Taf. = Darstellungen aus Niedersachsens Urgesch. 4. Bildnis *H. Gummel W. Haarnagel O. Uenze*

JACOBSEN — Runer og Rids. Festskrift til Lis Jacobsen 29. 1. 1952. — Kopenhagen: Rosenkilde & Bagger 1952. 206 S. Bildnisse; Bibliogr. *C. A. Christensen S. B. J. Jansson*

JAGIČ — Jagič-Festschrift. Zbornik u slavu Vatroslava Jagića. — Berlin 1908. 725 S. Bildnis; Bibliogr. *E. Kałużniacki*

JAHN, JOHANNES — Festschrift, Johannes Jahn zum 22. November 1957. (65. Geburtst.) (Hrsg. vom Kunsthistor. Inst. d. Karl-Marx-Univ. Leipzig.) — Leipzig: Seemann (1958). 438 S. m. 76 Abb. im Text u. 200 Abb. auf Taf. Bibliogr. *R. G. Baier H. Baier-Schröcke S. Baumann F. Behn H. Bethe R. Böhme R. Dölling W. Drost K. Finsterbusch F. Funke H.-C. von der Gabelentz W. Götz A. Hanisch S. Heiland I. Hiller E. Höllinger E. Hütter K.-H. Janda Hans-Joachim Krause B. Krause-Becker H. Küas H. Ladendorf Edgar Lehmann E.-H. Lemper H. Maedebach H. Magirius A. Mayer-Meintschel H. Menz G. Mildenberger F. Möbius H.-J. Mrusek M. Mund E. Neubert R. Oertel M. Prause P. Roland-Krahl Werner Schmidt I. Schröder Werner Schultze B. Stein H. Weißgärber K. Wessel H. Wichmann J. Widmann*

JAHN, MARTIN — Strena praehistorica. Festgabe zum 60. Geburtstag von Martin Jahn. Hrsg. im Namen seiner Schüler von Klaus Schwarz. Mit 86 Abb., 17 Taf. u. 6 Kartenanlagen. Zugl. gewidm. der Tagung für Vorgesch. Halle/Saale 1948 anläßl. des 125jährigen Bestehens d. Landesmus. — Halle: Niemeyer 1948, 253 S. 86 Abb. 17 Taf. 6 Kt. Bildnis *Ch. Pescheck R. Schindler*

JAMISON — Studies in Italian Medieval History presented to E. M. Jamison. Edited by Philip Grierson and John Ward Perkins. — London: Brit. School at Rome 1956. Bibliogr. = Papers of the British School at Rome, Vol. 24 (New Series, Vol. 11. 1956) *T. S. R. Boase S. F. Bridges u. J. W. Perkins H. Buchthal D. Bullough J. Mazzoleni M. Reeves*

JAN — Festschrift der Friedrich Schiller-Universität. Eduard von Jan zur Feier seines 70. Geburtstages. = Wissenschaftliche Zeitschrift der Friedrich Schiller-Universität Jena, Jg. 1955/56. Gesellschafts- und sprachwissenschaftliche Reihe, H. 2–3, Bildnis *A. Buck*

JANTZEN — Festschrift für Hans Jantzen. (Hrsg. v. Kurt Bauch.) — Berlin: Gebr. Mann 1951. 187 S. m. Abb., mehr. Taf. Bildnis *H. Beenken A. Boeckler E. Buschor H. v. Einem D. Frey R. Hamann sen. H. Kauffmann H. Keller E. Langlotz Theodor Müller W. Noack W. Rave Otto Schmitt H. Sedlmayr W. Ueberwasser W. Vöge*

JANTZEN 1951, SCHÜLERFESTSCHR. — Schüler-Festschrift Jantzen. Hans Jantzen zu seinem 70. Geburtstag 24. 4. 1951 gewidmet von seinen Schülern. Bd 1–4. Ungedruckt. Je 1 Ex. im Kunsthist. Seminar d. Universität Freiburg/Br. u. im Kunsthist. Seminar d. Universität München. *W. Artelt K. Bauch F. Bellmann G. Bergsträßer H. Beseler H. Böllhoff P. von Bomhard B. Bushart W. Cohn H. M. Frhr von Erffa H. Ernst I. Feldhaus M. Gosebruch R. Hamann-MacLean E. Herzog Wolfbernhard Hoffmann E. von Lutterotti-Haniel W. Messerer J. W. von Moltke L. Moser Günther Neumann L. Noack-Heuck L. Oehler R. Oertel R. Otto G. Poensgen H. Roosen-Runge C. Schellenberg A. von Schneider L. Schürenberg H. Soehner E. Steingräber P. Strieder H. Thelen J. Graf Waldburg W. Wegner H. R. Weihrauch L. von Wilckens G. Woeckel*

Zu JANTZEN — (Beiträge aus der unveröffentlichten Festschrift der Schüler.) Hiervon abgedr. in: Das Münster, Zeitschr. f. christl. Kunst u. Kunstwissenschaft, Jahr 4: 1951 H. 9/10: *I. Feldhaus L. Moser L. Noack-Heuck A. v. Schneider L. Schürenberg P. Strieder G. Woeckel*

JASPERS — Offener Horizont. Festschrift für Karl Jaspers zum 70. Geburtstag 23. 2. 1953. — München: Piper 1953. 463 S. Bildnis; Bibliogr. *E. Beutler G. Nebel E. Preetorius*

JECHT — Oberlausitzer Beiträge. Festschrift für Richard Jecht (zum 80. Geburtstag am 4. 9. 1938). I. A. d. Oberlaus. Ges. d. Wiss. zu Görlitz, hrsg. v. Friedrich Pietsch. — Görlitz: Starke in Komm. 1938. 248 S. 4 Bl. Abb. 2 Taf. Bildnis *S. Asche W. v. Boetticher H. A. Schultz*

JERPHANION — Miscellanea Guillaume de Jerphanion. I. Roma: Pont. Inst. orient. stud. 1947. 696 S. m. Abb. Bildnis; Bibliogr. = Orientalia Christiana Periodica, Vol. 13. *C. Cecchelli M. David C. Dalbanne P. Deschamps R. Dussaud A. Grabar G. Marçais G. Millet J. Puig i Cadafalch W. F. Volbach J. Zvěřina*

IHMELS — Das Erbe Martin Luthers und die gegenwärtige theologische Forschung. Ludwig Ihmels zum 70. Geburtstage 29. 6. 1928 dargebracht. Hrsg. v. R. Jelke. — Leipzig: Dörffling & Franke 1928. 463 S. Bildnis *E. Strasser*

IMESCH — Festschrift zum 75. Geburtstag von Dionys Imesch. Ihrem Präsidenten in Verehrung und Dankbarkeit gewidmet vom Geschichtsforsch. Verein v. Oberwallis. — Oberwallis: Geschichtsforsch. Ver. 1943. S. 327–506 m. Abb. 3 Taf. Bildnis; Bibliogr. = Blätter aus der Walliser Geschichte, Bd 9, Jg 4. *A. Carlen*

JOHANN GEORG v. SACHSEN — Ehrengabe deutscher Wissenschaft. Dargeboten (dem Prinzen Johann Georg Herzog zu Sachsen zum 50. Geburtstage) von katholischen Gelehrten. Hrsg. v. F. Feßler. Abt. 2: Kunst. — Freiburg 1920. Mit 34 Abb. u. 7 Taf. *A. Baumstark A. Hadelt E. Hensler P. Karge C. M. Kaufmann F. Kaufmann E. Klein J. Kreitmaier K. Muth W. Neuß J. Neuwirth L. Frh. v. Pastor A. Rücker J. Sauer J. Wilpert R. B. Witte*

JOHNSON — Studies in Roman Economic and Social History in Honour of Allan Chester Johnson. Ed. by P. R. Coleman-Nerton. Princeton 1951. 373 S. *A. Alföldi*

IORGA 1931 — Inchinare Lui Nicolae Iorga ... (Festschrift für Nicolai Iorga zu seinem 60. Geburtstage.) — Clui (Klausenburg): Editura Institutului de Istorie Universala 1931. 440 S. Bildnis; Bibliogr. Alle Beiträge in rumän. Sprache. *G. Bals St. M. Bals V. N. Draghiceanu N. Ghika-Budeşti V. Grecu C. Petranu S. Reli H. Teodoru V. Vataşianu*

IORGA — Mélanges offerts à M. Nicolas Iorga par ses amis de France et des pays de langue française. — Paris: Gamber 1933. LXXIX, 955 S. Abb. Taf. *M. Aubert H. Focillon*

JOSEPHSON — Vision och Gestalt. Studier Tillägnade Ragnar Josephson. — Stockholm: Natur och Kultur 1958. 361 S., zahlreiche Abb. *J. Andersen A. Beijer M. Bodelsen A. Borelius H. Gullberg O. Holmberg S. Karling S. Lilja M. Liljegrer S. W. Lundberg S. Mörner L.-J. Ringborn A. Rolfsen M. Rydbeck N. G. Sanblad S. Sandström K. E. Steneberg B. Thordeman K. Wilhelm*

ISAY — Beiträge zum Recht am gewerblichen und geistigen Eigentum des In- und Auslandes. Hrsg. v. Maximilian Mintz. (Hermann Isay zum 60. Geburtstag.) — Berlin: Vahlen 1933. XI, 248 S. Bibliogr. *R. Mettetal*

JUDEICH — Festschrift Walter Judeich zum 70. Geburtstag. Überreicht von Jenaer Freunden. — Weimar: Böhlau 1929. 290 S. *Friedrich Schneider*

JUGIE — Mélanges Martin Jugie. — Paris 1953. 300 S. Bildnis; Bibliogr. = Revue des études byzantines, Bd 11. *E. Dalleggio d'Alessio R. J. Loenertz*

JUNG 1935 — Die kulturelle Bedeutung der komplexen Psychologie. Festschrift zum 60. Geburtstag von C. G. Jung. — Berlin: Springer 1935. 625 S. Bildnisse; Bibliogr. *H. H. Baumann*

JUNG — Studien zur analytischen Psychologie C. G. Jungs. (Festschrift zum 80. Geburtstag v. C. G. Jung. Hrsg. vom C.-G.-Jung-Institut, Zürich.) Bd 1. 2. — Zürich: Rascher 1955. 1. Beiträge aus Theorie u. Praxis; 2. Beiträge zur Kulturgeschichte. *K. Binswanger G. P. Zacharias*

JUNGMANN — Die Messe in der Glaubensverkündigung. Kerygmatische Fragen. P. Josef Andreas Jungmann S. J. zu seinem 60. Geburtstag am 16. 11. 1949. — Freiburg: Herder 1950. 2. Aufl. 1953. 395 S. 7 Taf. Bibliogr. *P. Th. Bogler O. S. B.*

JUNKER — Mitteilungen des Deutschen Archäologischen Instituts. Abteilung Kairo. Bd 15. 16. Festschrift zum 80. Geburtstag (30. 11. 1957) von Hermann Junker. T. 1. 2. — Wiesbaden: Harrassowitz 1957/1958. *M. Kramer*

JUSTI — Forschungen und Berichte. Staatl. Museen zu Berlin. Bd 1. (Ludwig Justi zum 14. 3. 1956.) — Berlin: Akademie-Verl. 1957. 152 S. Bildnis; Bibliogr. *H.-W. Grohn M. Klar E. Kühnel H. Maedebach V.-M. Ruthenberg A. Suhle W. Timm K. Wessel*

KAEGI — Festgabe Adolf Kaegi von Schülern und Freunden dargebr. zum 30. 9. 1919. — Frauenfeld: Huber 1919. 243 S. *O. Waser*

KAEHLER — Schicksalswege deutscher Vergangenheit. Beiträge zur geschichtl. Deutung der letzten 150 Jahre, hrsg. v. W. Hubatsch. Festschrift für Siegfried A. Kaehler. — Düsseldorf: Droste-Verl. 1950. 487 S. Bildnis; Bibliogr. *Th. Schieder W. Treue*

KAFTAN — Festgabe für Julius Kaftan zu seinem 70. Geburtstage 30. 9. 1918. — Tübingen: Mohr 1920. VII, 435 S. Bildnis *C. Clemen*

KAHLE — Studien zur Geschichte und Kultur des Nahen und Fernen Ostens. Paul Kahle zum 60. Geburtstag überr. v. Freunden u. Schülern a. d. Kreise d. Orientalischen Seminars d. Univ. Bonn. Hrsg. v. W. Heffening u. W. Kirfel. — Leiden: Brill 1935. VIII, 231 S. Bildnis; Bibliogr. *W. Kirfel K. Levy K. Röder*

KALF — Feestbundel voor Jan Kalf. — Leiden 1939. 136 S. Bildnisse; Bibliogr. = Oudheidkundig Jaarboek 8: 1939/40. *E. Neurdenburg M. D. Ozinga J. Slagter E. H. Ter Kuile (2 Aufss.)*

KALLEN — Aus Mittelalter und Neuzeit. Gerhard Kallen zum 70. Geburtstag (6. 5. 1954) dargebracht v. Kollegen, Freunden u. Schülern. Hrsg. Josef Engel u. Hans Martin Klinkenberg. — Bonn: Hanstein 1957. VIII, 395 S. 8 S. Abb. Bildnis; Bibliogr. *W. Bader A. Klein R. Kömstedt Th. Schieder W. Zimmermann*

KARL ALEXANDER, GROSSHERZOG — Zum 24. Juni 1898. S. Kgl. H. dem Großherzog Karl Alexander [von Sachsen-Weimar] dargebracht. — [Weimar 1898.] 74 S. 11 Taf. Bildnis *P. v. Bojanowski H. Burkhardt C. Ruland*

KARLGREN — Studia serica Bernhard Karlgren dedicata. Sinological Studies dedicated to Bernhard Karlgren on his 70. birthday 5. 10. 1959. Edenda curaverunt Søren Egerod et Else Glahn. — Copenhagen: Munksgaard (1959). VIII, 282 S. m. Abb. Bildnis *M. Boyer*

KATTENBUSCH — Studien und Kritiken zur Theologie. Eine Festgabe Ferdinand Kattenbusch zum 3. 10. 1931 dargebr. v. d. Theol. Fak. d. Univ. Halle-Wittenberg. — Gotha: Klotz 1931. 370 S. = Theolog. Studien u. Kritiken, Jg 1931, Bd 103, H. 2/3. *O. Eißfeldt J. Ficker K. Galling*

KAUFFMANN — Kunstgeschichtliche Studien für Hans Kauffmann. (Zum 60. Geburtstag am 30. März 1956 überreicht v. Freunden u. Schülern. Hrsg. v. Wolfgang Braunfels.) — Berlin: Mann (1956). 274 S. Abb. Bibliogr. *G. Bandmann K. Bauch W. Braunfels H. v. Einem D. Frey E. Gall A. Grabar L. H. Heydenreich H. Keller H. Keutner E. Kühnel Erich Meyer U. Middeldorf Sigrid u. Theodor Müller W. Paatz P. O. Rave R. Salvini E. Schilling H. Schnitzler H. Sedlmayr H. Siebenhüner H. Wentzel*

KAUFMANN — Gedenkbuch zur Erinnerung an David Kaufmann. — Breslau: Schottlaender 1900. 682, 112 S. Bibliogr. *A. Wolf*

KAZAROV — Serta Kazaroviana. Commentationes gratulatoriae Gabrielo Kazarov Septuagenario oblatae. Pars altera. — Sardicae (Sofia) 1955. = Academia litt. Bulgarica, Instit. Archaeol., Ephemerides Vol. 19. *K. Mijatev*

KEES — Mitteilungen des Deutschen Archäologischen Instituts, Abteilung Kairo. Bd 14. — Wiesbaden: Harrassowitz 1956. Festschrift zum 70. Geburtstag v. Prof. Dr. Hermann Kees (21. 12. 1956). 79 Text- u. 29 Tafelabb. 213 S. *G. Lanczkowski*

KEHR — Papsttum und Kaisertum. Forschungen zur politischen Geschichte und Geisteskultur des Mittelalters. Paul Kehr zum 65. Geburtstag. — München 1926. 707 S. Bildnis *A. Brackmann Fedor Schneider*

KEKULÉ — Bonner Studien. Aufsätze aus der Altertumswissenschaft, Reinhard Kekulé zur Erinnerung an seine Lehrtätigkeit in Bonn gewidmet v. s. Schülern. — Berlin: Spemann 1890. 260 S. m. Abb. 12 Taf. *H. Ulmann*

KELEMEN — Emlékkönyv Kelemen Lajos születésének nyolcvanadik évfordulójára. (Kolozsvár 1957. Szerkesztette Bodor András.) — Bukarest: Tudományos Könyvkiadó (1957). 699 S. mit Abb. [Festschrift zum 80. Geburtstag v. Lajos Kelemen]. = A Bolyai Tudományegyetem Kiadványai. Bildnis; Bibliogr. *L. Bágyuj J. Balogh J. Bielz J. Dani L. Darko L. Debreczeni G. Entz J. Herepei K. Horedt Z. Jakó J. Nagy M. B. Nagy J. K. Sebestyén T. A. Szabó K. Szász*

KELLE — Untersuchungen und Quellen zur germanischen und romanischen Philologie, Johann von Kelle zu seinem 80. Geburtstage dargebracht. Tl 1. 2. — Prag: Hellmann 1908. 630 u. 345 S. = Prager Deutsche Studien, H. 8 u. 9. *E. Castle*

KEMPEN — s.: FAHLBUSCH und van Kempen.

KEPPLER — Festschrift Paul Wilhelm von Keppler. 25 Jahre Bischof, 50 Jahre Priester. — Stuttgart: Kepplerhaus 1925. 200 S. m. Taf. Bildnis *13 Beiträge persönlicher Würdigung, davon nur angeführt: Sauer*

KERSCHENSTEINER — Jugendführer und Jugendprobleme. Festschrift zu Georg Kerschensteiners 70. Geburtstag. In Verb. mit Karl Götze u. a. hrsg. v. Aloys Fischer u. Eduard Spranger. — Leipzig, Berlin: Teubner 1924. VIII, 332 S. Bildnis *L. Pallat*

KIEPERT — Beiträge zur Alten Geschichte und Geographie. Festschrift für Heinrich Kiepert. — Berlin: Reimer 1898. 355 S. 2 Bildnisse *K. Kretschmer*

KINGSLEY PORTER — Medieval Studies in memory of A. Kingsley Porter. Ed. by Wilhelm R. W. Koehler. Vol. 1. 2. — Cambridge/Mass.: Harvard Univ. Pr. 1939. XXIX, VI, 728 S. m. Abb. = Harvard-Radcliffe fine arts ser. Bibliogr. *E. W. Anthony M. Aubert M. Avery J. Baum H. Beenken B. Bischoff u. W. Koehler L. Bréhier A. W. Clapham K. J. Conant W. W. S. Cook F. B. Deknatel E. T. De Wald H. Focillon P. Frankl A. M. Friend jr. A. Goldschmidt R. Hamann O. Homburger G. G. King Ch. L. Kuhn R. Sh. Loomis R. A. S. Macalister U. Monneret de Villard C. R. Morey Ch. Niver R. Offner Ch. Oursel E. Panofsky Ch. R. Post J. Puig i Cadafalch J. Roosval M. Ch. Ross M. Schapiro E. I. Seaver J. Strzygowski W. M. Whitehill*

KINZL — Geographische Forschungen. Festschr. zum 60. Geburtstag v. Hans Kinzl. Dargebr. v. Kollegen, Schülern u. d. Verlag. Besorgt v. Herbert Paschinger. — Innsbruck: Universitätsverl. Wagner 1958. 325 S. 64 Abb. 28 Kt. = Schlern-Schriften. 190. Bildnis *F. Huttenlocher*

KIPPENBERG — Navigare necesse est. Eine Festgabe für Anton Kippenberg zum 22. 5. 1924. — Leipzig: Inselverl. 1924. 275 S. 12 Taf. *C. Glaser*

KIRSCH — Alla venerata Memoria di Mons. Gio. Pietro Kirsch. — Città del Vaticano 1941. Bildnis; Bibliogr. = Rivista di Archaeologia Cristiana, Anno 18, Numeri 1 e 2. *G. Anichini L. Grassi P. Ortmayr B. Pesci*

KISCH — Festschrift Guido Kisch. Rechtshistorische Forschungen. Anläßl. d. 60. Geburtstages dargebr. v. Freunden, Kollegen u. Schülern. — Stuttgart: Kohlhammer 1955. 322 S. 4 Taf. Bildnis *L. Th. Maes J. Mazard*

KISSER — s.: STUMMVOLL, Kisser, Trenkler.

KITTEL — Alttestamentliche Studien. Rudolf Kittel zum 60. Geburtstag dargebr. v. A. Alt u. a. — Leipzig: Hinrichs 1913. 142 S. = Beiträge zur Wissenschaft vom Alten Testament, H. 13. *E. Sellin*

KITTREDGE — Anniversary Papers by Colleagues and Pupils of George Lyman Kittredge, Presented on the Completion of his Twenty-Fifth Year of Teaching in Harvard University ... — Boston, London: Ginn 1913. VII, 462 S. Abb. Taf. *K. Francke*

KLAGES 1932 — Die Wissenschaft am Scheidewege von Leben und Geist. Festschrift für Ludwig Klages zum 60. Geburtstage 10. 12. 1932. Hrsg. v. H. Prinzhorn. — Leipzig: Barth 1932. 252 S. Bildnis *O. Fischer W. Pinder P. Schmitthenner*

KLAGES 1947 — Ludwig Klages. Erforscher und Künder des Lebens. Festschrift zum 75. Geburtstage des Philosophen am 10. 12. 1947. Hrsg. v. Herbert Hönel. — Linz a. d. D.: Österr. Verl. 269 S. *E. v. Niederhöffer*

KLEBELSBERG 1949 — Festschrift zu Ehren Prof. Dr. R. v. Klebelsberg's. — Innsbruck: Wagner 1949. 655 S. m. Abb., mehr. Taf. = Veröff. des Museum Ferdinandeum in Innsbruck, Bd 26/29 Jg 1946/49. *J. Gritsch F. Huter Martha Klebelsberg O. Lutterotti V. Oberhammer J. Ringler K. Toldt O. Graf Trapp H. Waschgler J. Weingartner H. Wieser*

KLEBELSBERG 1956 — Beiträge zur Landeskunde Tirols. Klebelsberg-Festschrift. (Für Raimund von Klebelsberg zu Thumburg anläßl. d. Vollendg d. 70. Lebensj. [14. 12. 1956].) — Innsbruck: Universitätsverl. Wagner 1956. 249 S., mehr. Bl. Abb., Bildnis = Schlern-Schriften 150. *H. Bachmann N. Grass H. Hochenegg O. R. v. Lutterotti J. Ringler O. Graf Trapp*

KLEINERT — Philotesia. Paul Kleinert zum 70. Geburtstag. — Berlin: Trowitzsch 1907. 415 S. *K. Holl*

KLIEMANN — das werck der bucher. Von der Wirksamkeit des Buches in Vergangenheit und Gegenwart. Eine Festschrift für Horst Kliemann. Zu s. 60. Geburtstag hrsg. v. F. Hodeige. — Freiburg: Rombach 1956. 359 S. Bildnis; Bibliogr. *H. W. Eppelsheimer K. Köster H. Rössler G. K. Schauer S. Taubert*

KLUMBERG — Volkstum und Forschung. Festschrift der Baltischen Monatshefte und der Rigaischen Zeitschrift für Rechtswissenschaft für Wilhelm Klumberg. Dargebr. v. Professoren u. Dozenten d. Hochschule. — Riga: „Plates“ 1936. 134 S. *V. Grüner W. Mannsfeld*

KNITTEL — Werke und Wege. Eine Festschrift für Dr. Eberhard Knittel zum 60. Geburtstag. Dargebracht von Freunden und Mitarbeitern. — Karlsruhe: G. Braun, 1959. 183 S. Bildnis; Abb. *U. Gertz O. Kraemer L. Moser R. Pfaff-Giesberg G. Poensgen A. v. Schneider A. Tschira*

KNÖPFLER 1907 — Festgabe Alois Knöpfler zur Vollendung des 60. Lebensjahres. — München 1907. 348 S. = Veröffentlichungen aus dem Kirchenhistorischen Seminar München, Reihe 3, Nr. 1. *J. Hürbin*

KNÖPFLER 1917 — Festgabe Alois Knöpfler zur Vollendung des 70. Lebensjahres. Hrsg. v. H. Gietl u. Gg. Pfeilschifter. — Freiburg: Herder 1917. 415 S. Bildnis *J. B. Aufhauser J. Dorn D. Stöckerl*

KOCH — Bausteine, Festschrift Max Koch zum 70. Geburtstag dargebr. u. in Verbindg mit Carl Appel u. a. hrsg. v. Ernst Boehlich u. Hans Heckel. — Breslau: Preuß & Jünger 1926. 334 S. *H. Heckel. W. Steller*

KOCK, AXEL — Studier tillägnade Axel Kock. — Lund: Gleerup 1929. 575 S. *W. H. Vogt*

KOCK, ERNST ALBIN — Studia Germanica tillägnade Ernst Albin Kock den 6. 12. 1934. — Lund: Gleerup 1934. 462 S. 7 Kt. Bildnis = Lunder germanistische Forschungen, 1. *E. Moltke*

KOCZIRZ — Festschrift Adolf Koczirz zum 60. Geburtstage. Hrsg. v. Robert Haas u. Josef Zuth. — Wien: Strache 1930. 56 S. Bildnis *R. Lach*

KÖBERLE — Die Leibhaftigkeit des Wortes. Theol. u. seelsorgerl. Studien u. Beiträge als Festgabe f. Adolf Köberle zum 60. Geburtstag. In Zusammenarb. mit ... hrsg. v. Otto Michel u. Ulrich Mann. — Hamburg: Furche-Verl. (1958). 516 S. Bildnis Bibliogr. *W. Stählin*

KÖLN, UNIV. — Concordia decennalis. Deutsche Italienforschungen. Festschrift der Universität Köln zum 10jährigen Bestehen des deutsch-italienischen Kulturinstituts Petrarcahaus 1941. — Köln: Pick 1941. 321 S. m. Taf. *A. Güttich H. Kauffmann*

KÖMSTEDT — Rudolf Kömstedt zum 65. Geburtstag von Kollegen und Schülern. = Das Münster, Zeitschr. f. christl. Kunst u. Kunstwissenschaft. Jahr 5: 1952, H. 9/10. S. 237–298 m. Abb. *E. Buchner A. Daig E. Eichhorn A. Gottron H. E. Kubach W. Neuß H. Paulus H. Sedlmayr H. Stafsky*

KÖSTER — Studien zur Literaturgeschichte. Albert Köster zum 7. 11. 1912 überreicht. — Leipzig: Insel-Verl. 1912. 265 S. *F. Ulbrich*

KOETSCHAU — Karl Koetschau von seinen Freunden und Verehrern zum 60. Geburtstag am 27. 3. 1928. Beiträge zur Kunst-, Kultur- u. Literaturgeschichte. — Düsseldorf: Verl. d. Kunstver. f. d. Rheinlande u. Westfalen 1928. VIII, 221 S. Bibliogr. *P. Clemen W. Cohen K. K. Eberlein F. Fremersdorf F. Fries E. Haenel P. Horn H. W. Hupp L. Kaemmerer R. Kautzsch W. Kruse B. Lasch O. Lauffer K. Lohmeyer G. Pauli B. Pick H. Posse M. Sauerlandt M. Schuette Th. Volbehr K. Woermann*

KÖTZSCHKE 1927 — Deutsche Siedlungsforschungen. Rudolf Kötzschke zum 60. Geburtstage. — Leipzig: Teubner 1927. 297 S. *H. Gröger*

KÖTZSCHKE 1937 — Von Land und Kultur, Beiträge zur Geschichte des mitteldeutschen Ostens. Zum 70. Geburtstag Rudolf Kötzschkes hrsg. v. Werner Emmerich. — Leipzig: Bibliogr. Inst. 1937. 254 S. Bildnis; Bibliogr. *W. Schlesinger Werner Schultze*

KONDAKOV — Sbornik statej, posvjaščennych pamjati N. P. Kondakova (Nikodim Pavlovič Kondakov). Archeologija, istorija iskusstva, visantinověděnie. = Recueil d'études, dédiées à la mémoire de N. P. Kondakov. Archéologie, Histoire de l'art. Etudes byzantines. — Praga: Seminarium Kondakovianum 1926. Bildnis; Bibliogr. *N. M. Běljaev N. T. Běljaev J. Cibulka O. M. Dalton F. Fettich N. Iorga A. P. Kalitinskij A. Muñoz A. Protitch J. Puig i Cadafalch G. Sotériou S. A. Žebelev*

KORRODI — Freundesgabe für Eduard Korrodi zum 60. Geburtstag. — Zürich: Fretz & Wasmuth 1945. 288 S. *A. Carlen E. Poeschel*

KORUM — Festschrift zum 25jährigen Bischofsjubiläum: Michael Felix Korum. — Trier 1906. 572 S. m. Taf. *J. Marx*

KOSCHAKER — Festschrift Paul Koschaker. Bd 1–3. — Weimar: Böhlau 1939. 452 S. Bildnis = Bd 3: Rechtsgeschichte des Mittelalters *C. Frh. v. Schwerin*

KOSCHMIEDER — Südost-Institut, München. Festschrift für Erwin Koschmieder. — München: Oldenbourg 1958. 232 S. mit Abb., 6 Taf. Bildnis; Bibliogr. = Aus: Südost-Forschungen. Bd 17/1 Bibliogr. *D. Medaković*

KOSSINNA 1918 — Mannus. Zeitschr. f. Vorgeschichte. Bd 10: 1918, H. 1/2. Festschrift, Gustaf Kossinna zum 60. Geburtst. (28. 9. 1918) gewidmet. (Redakt.: Hans Hahne u. Georg Wilke.) — Leipzig, Würzburg: Kabitzsch 1918. XIII, 157 S. m. Abb. Bildnis; Bibliogr. *M. M. Lienau H. Mötefindt M. Näbe F. E. Peiser G. Wilke*

KOSSINNA 1928 — Festgabe für den 70jährigen Gustaf Kossinna von Freunden und Schülern. (Geleitw.: Hans Hahne.) — Leipzig: Kabitzsch 1928. 402 S. m. Abb., 2 Taf., 4 Bildnisse =

Mannus, Ergänzungsbd 6. *N. Åberg O.-F. Gandert A. Götze F. Holter E. Jung H. Kühn C. Rademacher Walter Schmid Walther Schulz*

KOSSINNA 1932 — Gustav Kossinna zum Gedächtnis. 584 S. Bildnis = Mannus, Zeitschrift für Vorgeschichte, Bd 24: 1932 *H. Krüger J. Strzygowski*

KOSTRZEWSKI — Kostrzewski Number. Dedication to Józef Kostrzewski. — Tokio: December 1955. Bildnis; Bibliogr. = Palaeologia, Vol. 4, No. 3/4. *A. Kollantz T. Sulimirski B. Tsunoda*

KRAFT — Monumentum Bambergense. Festgabe für Benedikt Kraft, hrsg. v. ... Hermann Nottarp. — München: Kösel 1955. 674 S. = Bamberger Abhandlungen u. Forschungen, Bd 3. *G. Höhl P. Stöcklein W. Tunk*

KRALIK — Festschrift für Dietrich Kralik, dargebracht von Freunden, Kollegen und Schülern. — Horn, N.Ö.: Berger 1954. 290 S. *H. Rupprich*

KREBS — Länderkundliche Forschung. Festschrift zur Vollendung des 60. Lebensjahres, Norbert Krebs dargebr. v. s. Schülern, Mitarbeitern, Freunden u. dem Verlag u. hrsg. v. Herbert Louis, Wolfgang Panzer. — Stuttgart: Engelhorn 1936. 368 S. Bildnis *H. Slanar*

KRETZSCHMAR, HELLMUT — Forschungen aus mitteldeutschen Archiven. Zum 60. Geburtstag von Hellmut Kretzschmar. — Berlin: Rütten & Loening 1953. 432 S. 7 Taf. Bildnis = Schriftenreihe d. Staatl. Archivverwaltung, 3. *H. Gröger Ernst Müller*

KRETZSCHMAR, HERMANN — Festschrift Hermann Kretzschmar zum 70. Geburtstage überreicht v. Kollegen, Schülern u. Freunden. — Leipzig: Peters 1918. VI, 184 S. *E. Bernoulli M. Seiffert C. Thiel*

KRICKEBERG — Walter Krickeberg zu seinem 70. Geburtstag am 27. Juni 1955 gewidmet. — Berlin: Reimer 1955. 274 S. = Baessler-Archiv. N. F. Bd 3., H. 1. *Nicht im systemat. Teil*

KRIEG — W K Festschrift für Walter Krieg zum 50. Geburtstag am 28. 11. 1951. (Zusammenstellg: Michael Otto Krieg mit Unterstützung: Hans Günter Hauffe.) — Wien: Krieg-Verl. 1951. 105 S. (mehrspaltig) m. Abb. = Das Antiquariat, Jg 7, Nr. 21/24. *H. Ankwicz-Kleehoven W. Fraenger H.-L. Gumbert E. Kyriss F. W. Reichenbach-Illing H. Röttinger M. Sander K. v. Spiess F. Unterkircher K. A. Ziegler*

KRISHNASWAMI AIYANGAR — Dr. S. Krishnaswami Aiyangar. Commemoration Volume on his sixty-sixth birthday 15. 4. 1936. — University of Madras 1936. 500 S. Bildnis *P. K. Acharya B. V. Narayanaswamy Naidu M. D. Raghavan*

KRISTENSEN — Troldesagn og dunkel tale. Fra den gamle skattegravers omraader. Festskrift til Ewald Tang Kristensen 31. 12. 1917. 259 S. Bildnis; Bibliogr. = Danmarks Folkeminder, 17. *J. W. S. Johnsson*

KROEBER — Essays in Anthropology presented to Alfred L. Kroeber in celebration of his sixtieth birthday 11. 6. 1936. — Berkeley: Calif. Press 1936. 433 S. Bildnis *L. M. O'Neale H. J. Smith*

KROLL — Symbola Coloniensia Josepho Kroll sexagenario a. d. VI. Id. Nov. a. 1949 oblata. — Köln: Pick 1949. 171 S. *F. Schalk*

KROLLMANN — Christian Krollmann zum 70. Geburtstag. — Königsberg 1936. 349 S. = Altpreußische Forschungen, Jg 13. *E. Keyser*

KRONER — Festschrift zum 70. Geburtstage des Oberkirchenrats Dr. Kroner, hrsg. v. Württemb. Rabbiner-Verein. — Breslau: Fleischmann 1917. 236 S. *M. Brann H. Kroner*

KRÜGER — Homenaje a Fritz Krüger. Bd 1. 2. — Mendoza (Argentina): Universidad Nacional de Cuyo 1952–1954. Bd 2: 690 S. Bildnis; Bibliogr. *H. Hopfner B. Schier R. Wildhaber*

KÜGLER — Beiträge zur Geschichte Berlins. Hermann Kügler zum 50. Geburtstage dargebr. v. einigen Freunden aus dem Verein f. d. Geschichte Berlins. Hrsg. v. Felix Hasselberg u. Hans Winter. — Berlin: Winter 1939. 104 S. *K. Brockerhoff E. Faden*

KÜHNEL — Aus der Welt der islamischen Kunst. Festschrift für Ernst Kühnel zum 75. Geburtstag am 26. 10. 1957. (Hrsg. v. Richard Ettinghausen.) — Berlin: Gebr. Mann (1959). 404 S. Bibliogr. *F. Babinger L. Bellinger K. A. C. Creswell M. S. Dimand W. Eilers K. Erdmann R. Ettinghausen B. Farès H. G. Franz F. Gabrieli A. Geijer A. Grabar B. Gray A. Grohmann E. J. Grube W. Hartner Erich Meyer M. Mostafa K. Otto-Dorn R. Pinder-Wilson J. A. Pope B. W. Robinson Heinrich Schmidt D. G. Shepherd u. W. B. Henning S. Walzer K. Weitzmann A. G. Wenley*

KUHN — Aufsätze zur Kultur- und Sprachgeschichte vornehmlich des Orients. Ernst Kuhn zum 70. Geburtstage am 7. 2. 1916 gewidm. v. Freunden u. Schülern. — Breslau: Marcus 1916. XXV, 523 S. Bildnis; Bibliogr. *W. Foy W. Geiger F. Hommel E. H. Mueller L. u. Ch. Scherman L. v. Schroeder*

KUHNERT — Von Büchern und Bibliotheken. Dem Ersten Direktor d. Preuß. Staats-Bibliothek Geh.-Rat Dr. phil. Ernst Kuhnert als Abschiedsgabe dargebracht v. s. Freunden u. Mitarbeitern. Hrsg. v. Gustav Abt. — Berlin: Struppe & Winckler 1928. 332 S., mehr. Taf. *J. Bauer F. Milkau J. Wolf*

KULAKOVSKIJ — Serta Borysthenica. Sbornik ... (Sammelband zu Ehren des emer. Prof. d. Kaiserl. Hl. Vladimir-Universität Julian Andreevič Kulakovskij) Kiev 1911. 388 S. *A. Loboda G. G. Pavluckij*

KURTH, GODEFROID — Mélanges Godefroid Kurth. Recueil de Mémoires relatives à l'Histoire, à la Philologie et à l'Archéologie. Bd 1. 2. — Université de Liège 1908. Bd 2: Mémoires litteraires, philologiques et archéologiques: 460 S. *H. Fierens-Gevaert*

KURTH, WILLY — Festschrift Willy Kurth zum 75. Geburtstage am 21. 11. 1956. [Ungedruckt. Aufbewahrt in der Bibliothek der Verwaltung der Staatl. Schlösser und Gärten in Potsdam-Sanssouci.] *G. Eckardt H. W. Grohn H. Günther H. Ladendorf J. Meintzschel Josef Müller E. Schmidt Werner Schmidt U. Schönrock W. Sumowski K. Wessel*

KUZSINSZKY — Laureae Aquincenses Memoriae Valentini Kuzsinszky dicatae. Bd 1. 2. — Budapest, Leipzig: Bd 1: 1938; Bd 2: 1951. Bd 2: 346 S. Bildnis *E. Dyggve*

LA BAUME — Documenta archaeologica. Wolfgang La Baume dedicata. 8. 2. 1955. Hrsg. v. Otto Kleemann. — Bonn: Röhrscheid 1956. 143 S. m. Abb., 33 Taf. Bildnis; Bibliogr. = Rheinische Forschungen zur Vorgeschichte, 5. *D. Bohnsack H. Kühn P. Paulsen*

LABEK — Minulostí Plzně a plzeňska. (Sv. 1.) Ladislavu Lábkovi k sedmdesátým pátým narozeninám. [Die Vergangenheit Pilsens u. seines Kreises. Ladislav Labek zum 75. Geburtstag.] — Plzni: Krajské Nakladatelství 1958. 255 S., 12 Taf. Bibliogr. *O. J. Blažíček J. Homolka Z. Hornof P. Preiss Z. Wirth*

LAGERBORG — Eros och Eris. Kulturessäer tillägnade Rolf Lagerborg. — Stockholm: Bokförlaget Natur och Kultur 1944. 347 S. Bildnis *S. Dahlström*

LAGRELIUS — Bildreproduktionen i Sverige från början av nittonde århundradet. Studier tillägnade Axel Lagrelius på sextioårsdagen. (Red.: Gunnar Andersson, Sune Ambrosiani, Torsten Odelstierna, Ake Wickman.) — Stockholm 1923. XII, 169 S. Bildnis *S. Ambrosiani G. Andersson*

LAKE — Quantulacumque. Studies presented to Kirsopp Lake. Ed. by R. P. Casey u. a. — London: Christophers 1937. 367 S. *L. H. Vincent O. P.*

LAMMERT — Rastloses Schaffen. Festschrift für Friedrich Lammert (zum 60. Geburtstag u. 25jähr. Jubiläum als Direktor). — Stuttgart: Kohlhammer 1954. 156 S. Bibliogr. *H. Eberhardt E. Heinsius*

LAMPRECHT — Studium Lipsiense. Ehrengabe Karl Lamprecht dargebr. aus Anlaß d. Eröffnung d. Kgl. Sächs. Instituts f. Kultur- u. Universalgeschichte bei der Universität Leipzig von Schülern aus der Zeit seiner Leipziger Wirksamkeit. — Berlin: Weidmann 1909. VI, 409 S. *M. Kemmerich*

LAMPROS — Eis mnemen Spyridonos Lamprou ... (Zum Gedenken an Spyridonos Lampros.) Athen 1935. 613 S. Bildnis *S. Eitrem G. de Jerphanion J. Puig i Cadafalch G. A. Soteriou J. D. Stefanescu J. Strzygowski A. Wace E. Weigand*

LANDERSDORFER — Passauer Studien. Festschrift für Bischof Simon Konrad Landersdorfer OSB zum 50. Jahrestag seiner Priesterweihe. — Passau: Verl. Passavia 1953. 315 S. Bildnis; Bibliogr. *F. X. Eggersdorfer*

LANGLOTZ — Charites. Studien zur Altertumswissenschaft. Hrsg. v. Konrad Schauenburg (für Ernst Langlotz). — Bonn: Athenäum-Verl. 1957. 278 S. 36 Taf. *L. P. Karusu*

LAUFFER — Volkskunde-Arbeit. Zielsetzung und Gehalte. Hrsg. v. E. Bargheer u. H. Freudenthal. — (Otto Lauffer zum 60. Geburtstage.) — Berlin, Leipzig: De Gruyter 1934. VI, 310 S. 31 Abb. Bildnis; Bibliogr. *F. Fuhse A. Haberlandt A. Helbok W. Jesse F. Krüger M. Orend F. Pfister B. Schier A. Spamer*

LAUTENSACH — Hermann Lautensach-Festschrift. — Stuttgart: Geographisches Institut d. T[echnischen] H[ochschule] Stuttgart 1957. 418 S. mit Abb. 10 Taf. = Stuttgarter geographische Studien. Bd 69. Bildnis; Bibliogr. *K.-H. Schröder*

LAVEDAN — Urbanisme et Architecture. Études écrites et publiées en l'honneur de Pierre Lavedan. — Paris: Laurens 1954. 379 S. m. Abb. 20 Taf. Bibliogr. *J. Ache J. Adhémar R. Auzelle J. Baltrusaitis J. Bony F. Boyer A. Chastel S. Colomb S. Damiron C. M. Della Paolera B. Dorival P. Francastel G. Gaillard P. George J. Greber L. Grodecki P. Guinard L. Hautecoeur J. Hugueney E. Lambert G. Le Bras A. Ledent P. Lelièvre H. Lemaitre St. Lorentz V. Lorenzen B. Lossky Y. Metman P. Moisy G. Morisset F.-G. Pariset G. Poisson L. van Puyvelde L. Réau R. Rey M. Sorre E. Souriau S. Steinmann-Brodtbeck Ch. de Tolnay P. Verdier*

LAW — B. C. Law Volume. Bd 1. 2. — Poona 1946. Bd 2: 473 S. *T. N. Ramachandran*

LECHNER — Festschrift zum 60. Geburtstag von Karl Lechner. — Wien 1957. 110 S. = Jahrbuch für Landeskunde von Niederösterreich. N. F. Bd 33. *F. Eheim*

LEEDS — Dark-Age Britain. Studies presented to Edward Thurlow Leeds [1877–1955]. — London: Methuen 1956. 270 S. Bildnis; Bibliogr. *R. L. S. Bruce-Milford Sir Cyril Fox F. Henry E. M. Jope*

LEEMANS — Etudes archaeologiques, linguistiques et historiques dédiés à Conrad Leemans [50 Jahre Direktor der Archäol. Museen der Niederlande]. — Leiden 1885. 353 S. *F. W. van Eedon H. Schaafhausen V. de Stuers C. Vosmaer*

LEEUW — Pro regno – pro sanctuario. Een Bundel Studies ... by de 60. verjaardag van Gerard van der Leeuw. — Nijkerk: Callenbach 1950. 638 S. Bildnis; Bibliogr. *B. J. Engelbrecht*

LEFRANC — Mélanges offerts à Abel Lefranc ... — Paris: Droz 1936. 506 S. *H. Clouzot*

LEHMANN, HANS — Festgabe zum 70. Geburtstag von Hans Lehmann. — Zürich 1931. 202 S. = Anzeiger für Schweizerische Altertumskunde, N. F. Bd 33: 1931 H. 1/2. *K. Frei E. Gerber E. A. Geßler*

LEHMANN, OTTO I — Beiträge zur deutschen Volkskunde. Otto Lehmann zum 70. Geburtstage. — Berlin: de Gruyter 1935. 152 S. Bildnis *F. Fuhse A. Kamphausen H. Schlenger*

LEHMANN, OTTO II — Festschrift Otto Lehmann zum 70. Geburtstag am 1. 11. 1935. — Altona: Lorenzen 1935. 178 S. = Altonaische Zeitschrift, Bd 4. *R. Haupt H. Schwindrazheim*

LEHMANN, PAUL — Liber Floridus. Mittellateinische Studien. Paul Lehmann zum 65. Geburtstag am 13. 7. 1949. — Erzabtei S. Ottilien 1950. 384 S. *A. Auer O.S.B.*

LEHMANN, RUDOLF 1958 — Heimatkunde und Landesgeschichte. Zum 65. Geburtstag v. Rudolf Lehmann. Hrsg. Friedrich Beck. — Weimar: Böhlau 1958. XV, 315 S. 4 Bl. Abb. = Veröffentlichungen des Brandenburgischen Landeshauptarchivs. Bd 2. Bildnis; Bibliogr. *M. Reuther*

LEHMANN-HAUPT 1921 — Festschrift zu C. F. Lehmann-Haupts 60. Geburtstage. Hrsg. v. K. Regling u. H. Reich. — Wien, Leipzig 1921. Mit 13 Abb. u. 3 Taf. = Janus, Arbeiten zur alten u. byzant. Gesch., H. 1. *E. Herzfeld R. Schätzler M. Sobernheim*

LEIDINGER — Festschrift für Georg Leidinger zum 60. Geburtstag am 30. 12. 1930. Hrsg.: Albert Hartmann. — München: Schmidt 1930. XVI, 324 S., zahlr. Taf. Bildnis; Bibliogr. *F. Behrend F. Bock M. Bollert Th. Dombart F. Eichler E. v. Frisch M. J. Husung O. Leuze G. Leyh A. Mitterwieser Max Müller E. Rosenthal R. Schmidbauer R. Sillib A. Stange*

LEIPZIG — Kunst und ihre Sammlung in Leipzig. Festschrift zum 100jährigen Jubiläum des Leipziger Kunstvereins und Museums der bildenden Künste. Hrsg. v. Werner Teupser. — Leipzig: Breitkopf & Härtel 1937. 136 S. Abb. *Johannes Hofmann Georg Wilhelm Schulz W. Teupser L. Volkmann*

LEITZMANN — Festschrift für Albert Leitzmann (zum 3. 8. 1937, dem 70. Geburtstag). Hrsg. v. Ernst Vincent u. Karl Wesle. — Jena: Frommann 1937. = Jenaer germanistische Forschungen, So.-Bd 2. *H. Frh. v. Maltzahn*

LELAND — Studies in the History of Culture. The Disciplines of the Humanities. ... Presented to Waldo Gifford Leland. — Menasha, Wisconsin 1942. 331 S. Bildnis *R. G. Adams*

LEMCKE — Festschrift zum 25jährigen Jubiläum [von] ... Hugo Lemcke als Vorsitzenden der Gesellschaft für Pommersche Geschichte und Altertumskunde, Stettin. — Stettin 1898. 275 S. m. Taf. *J. Lessing P. van Nießen Th. Pyl G. Stephani*

LEMONNIER — Mélanges offerts à Henry Lemonnier par la Société de l'histoire de l'art français. — Paris: Champion 1913. 563 S. Bildnis = Archives de l'art français, Nouv. Pér., Tom. 7: 1913 *É. Bertaux A. Blum G. Brière L. Deshairs H. Focillon A. Fontaine P. Fromageot Jean Guiffrey Jules Guiffrey L. Hautecoeur R. Jean R. Koechlin J. Laran J. Locquin G. Macon E. Mâle C. de Mandach Henry Marcel Pierre Marcel J.-J. Marquet de Vasselot H. Martin R. Michel C.-G. Picavet P. Ratouis de Limay G. Rouchès A. Roux Ch. Saunier R. Schneider H. Stein M. Tourneux A. Tuetey P. Vitry*

LENHART — Aus Dom und Diözese Mainz. Festgabe, Prof. Georg Lenhart, Domkapitular, zur Vollendung des 70. Lebensjahres gewidmet (8. 2. 1939). — Mainz 1939: Schmidt & Co. 246 S. m. Abb. Bildnis *F. V. Arens G. M. Bayer A. Ph. Brück J. Como A. Feigel J. Hattemer P. Metz E. Neeb J. Sartorius O. Schmitt A. Schuchert*

LEO XIII., PAPST — Al Sommo Pontifice Leone XIII omaggio jubilare della Biblioteca Vaticana. — Roma: Tipogr. poliglotta d. S. C. Propag. Fide 1888. Atlas *E. Stevenson C. Stornaiolo*

LEONROD — Eichstätts Kunst. Festschrift zum goldenen Priesterjubiläum des Bischofs ... Franz Leopold Freiherrn von Leonrod. — München: Ges. f. christl. Kunst 1901. 122 S. *11 Beiträge über die Bauten und Kunstwerke in Eichstätt von Fr. X. Herb (2), Felix Mader (4), Sebastian Mutzl, Joseph Schlecht (2), Fr. X. Thurnhofer (2). Nicht einzeln angeführt*

LEUNENSCHLOSS — Festschrift zum 65. Geburtstag von Otto Leunenschloß 2. 12. 1948. — Hannover 1948. Rotaprintdruck E. Hunold, Braunschweig. 144 S. *L. Vossnack*

LEVI DELLA VIDA — Studi Orientalistici in Onore di Giorgio Levi della Vida. Bd 1. 2. — Roma 1956. 508 u. 624 S. Bildnis = Pubblicazioni dell'Istituto per L'Oriente, Nr. 52. *L. Donati R. Ettinghausen D. S. Rice*

LEWALD — Festschrift der Biblioteca Hertziana in Rom für Theodor Lewald. — Leipzig 1930. *E. Steinmann*

LEXA — Diatribae quas amici collegae discipuli Francisco Lexa 75 annos nato DDD. Ed. Z. Zaba. Bd 1. 2. — Praha 1952. Bd 1: 336 S. Bildnis; Bibliogr. = Archiv Orientalni, Vol. 20, Nr. 1/2 u. Nr. 3/4. *P. Poucha M. Vilimková*

LEYH 1937 — Festschrift Georg Leyh. Aufsätze zum Bibliothekswesen u. zur Forschungsgeschichte, dargebr. zum 60. Geburtstage am 6. 6. 1937 v. Freunden u. Fachgenossen. — Leipzig: Harrassowitz 1937. XXVI, 427 S. 21 Taf. Bildnis; Bibliogr. *R. Buttmann K. Christ I. Collijn F. Eichler Th. Frey Th. W. Koch*

LEYH 1950 — Aus der Welt des Buches. Festgabe zum 70. Geburtstag (6. 6. 1947) v. Georg Leyh. Dargebr. v. Freunden u. Fachgenossen. — Leipzig: Harrassowitz 1950. 287 S. mehr. Bl. Abb. Bibliogr. (Berichtszeit 1937–50) = Beihefte zum Zentralbl. f. Bibliothekswesen, 75. *E. Ackerknecht W. Boeck E. Kyriss W. Menn R. Oehme*

LIBERTINI — Istituto di archeologia dell' Università di Catania. Scritti in onore di Guido Libertini. — Firenze: Olschki 1958. 156 S. Abb. u. Taf. *G. Agnello S. L. Agnello*

LICHTENBERGER — Mélanges Henri Lichtenberger. Hommage de ses élèves et ses amis, Juin 1934. Goethe et son temps, Wagner et son temps, l'Allemagne contemporaine. — Paris: Stock 1934. 446 S. *H. Gillot J. Rouge G. Varenne*

LIEBERMANN, FELIX — Texte und Forschungen zur englischen Kulturgeschichte. Festgabe für Felix Liebermann zum 20. 7. 1921. — Halle: Niemeyer 1921. 369 S. 2 Taf. Bildnis *A. Goldschmidt*

LIENAU — Michael Martin Lienau zum 70. Geburtstag 11. 1. 1927 gewidmet von seinem Freundeskreis. — Frankfurt a. O. 1927: Vogel & Neuber. 70 S. Taf. Bildnis *H. Berger-Schaefer H. Hutloff W. Jung A. Kickton u. H. Berger-Schaefer H. Meyer-Jungclaussen B. M. Nissen H. Roedel K. Strauß*

LILIENCRON — Festschrift zum 90. Geburtstage ... Rochus Freiherr von Liliencron. Überreicht von Vertretern deutscher Musikwissenschaft. — Leipzig: Breitkopf & Härtel 1910. 463 S. Bildnis *E. Buhle*

LILJEQVIST — Studier tillägnade Efraim Liljeqvist den 24. 9. 1930. Bd 1. 2. — Lund 1930. Bildnis; Bibliogr. *V. Kuhr*

LINOSSIER — Études d'Orientalisme. Publiées par le Musée Guimet à la mémoire de Raymonde Linossier. Bd 1. 2. — Paris: Leroux 1932. 562 S. 70 Taf. Bildnis *G. Coedès A. K. Coomaraswamy S. Elisseev L. Finot A. Foucher V. Goloubew R. Grousset R. Linossier R. Peister J. Przyluski O. Siren P. Stern J. Ph. Vogel*

LIPPS — Münchener Philosophische Abhandlungen. Theodor Lipps zu seinem 60. Geburtstag. — Leipzig: Barth 1911. 316 S. *A. Fischer*

LITZMANN — Festschrift für Berthold Litzmann zum 60. Geburtstage 18. 4. 1917. Im Auftr. d. Literarhist. Gesellsch. Bonn, hrsg. v. Carl Enders. — Bonn: Cohen 1920. V, 518 S. *E. Sulger-Gebing*

LOEHR — Festgabe für August Loehr. Zum 70. Geburtstag gewidmet von seinen Kollegen, Mitarbeitern und Schülern. — Graz, Köln: Böhlau 1952. 334 S. m. Abb. = Mitt. d. Inst. f. österr. Geschichtsforschg, 60 (1/3) *A. Ernst H. Fichtenau H. Fillitz H. Kramer I. Zibermayr*

LÖW — Festschrift Immanuel Löw zum 80. Geburtstage. — Breslau: Marcus 1934. 256 S. Bildnis; Bibliogr. = Monatsschr. f. Gesch. u. Wiss. d. Judentums, Jg 78, So.-H. *S. Jávorka*

LOHMEYER, ERNST — In Memoriam Ernst Lohmeyer. Hrsg. v. Werner Schmauch. — Stuttgart: Evangel. Verlagswerk 1951. 376 S. Bildnis; Bibliogr. *H. Lohmeyer*

LOHMEYER — Festschrift für Karl Lohmeyer. Hrsg. v. Karl Schwingel. — Saarbrücken: West-Ost-Verl. 1954. 294 S. Abb. Bildnis; Bibliogr. *W. Boll H. Derwein P. Du Colombier M. H. v. Freeden W. Gunzert W. Hannig H. Haug D. Heinz (2 Aufss.) H. Hiegel W. W. Hoffmann K. Hoppstädter (2 Aufss.) J. Keller H. Keuth M. Klewitz J. Koenen E. Kramer H. Lützeler K. Martin W. v. Matthiessen H.-H. Möller F. A. Pietzsch G. Poensgen J. M. Ritz R. Saam E. Schilling Hans Klaus Schmitt J. A. Schmoll gen. Eisenwerth K. Schwingel P. Volkelt F. Walter K. Zimmermann*

LOPES u. CENIVAL — Mélanges d'études luso-marocains dédiés à la mémoire de D. Lopes et P. de Cenival. — Lisbon 1945. *H. Terrasse*

LORTZ — Festgabe Joseph Lortz. Hrsg. v. Erwin Iserloh u. Peter Manns. 1. 2. — Baden-Baden: Grimm 1958. 1. Reformation, Schicksal u. Auftrag. XXIII, 586 S. 2. Glaube u. Geschichte. VIII, 590 S. Bibliogr. Bd 2. *K. Esser, O.F.M.*

LOT — Mélanges d'histoire du moyen-âge. Offerts à Ferdinand Lot par ses amis et ses élèves. — Paris: Champion 1925. XLI, 770 S. Abb. u. Taf. Bildnis *P. Deschamps L. H. Labande*

LOUBIER — Buch und Bucheinband. Aufsätze und graphische Blätter zum 60. Geburtstage von Hans Loubier. — Leipzig: Hiersemann 1923. XII, 212 S. m. Abb. Bildnis (n. Zeichng v. Emil Orlik) Bibliogr. *P. Adam R. Bernoulli G. A. E. Bogeng M. Bollert E. Crous H. Degering F. Eichler H. Endres J. Ficker E. Gratzl E. Hannover A. Hulshof M. J. Husung Frh. J. Rudbeck Adolf Schmidt Christel Schmidt (2 Aufss.) J. Zeitler*

LUCCHESI — Studi Riminesi e bibliografici in onore di Carlo Lucchesi. — Faenza: Lega 1952. 258 S. Bildnis; Bibliogr. *L. Donati D. Fava L. Michelini Tocci Gino Ravaioli Carla Ravaioli*

LÜTHI — Festschrift Karl J. Lüthi. = Schweizerisches Gutenberg-Museum. Zeitschr. f. Buchdruck-, Bibliophilie- u. Pressegeschichte 1936 (3) 145–232 S. m. Abb. Bildnis; Bibliogr. *A. Schmid*

LUITPOLD v. BAYERN 1901 — Festschrift ... dem Prinzregenten Luitpold von Bayern zum 80. Geburtstag dargebr. v. d. Universität Erlangen. Bd 1–4. — Erlangen, Leipzig: Deichert 1901. 1. Theolog. Fak.; 2. Jurist. Fak.; 3. Medizin. Fak.; 4. 1. 2. Philos. Fak. *F. Haack W. Lotz*

LUITPOLD v. BAYERN 1911 — Festschrift der Rundschau für den deutschen Juristenstand — Das Recht — zum 90. Geburtstage u. zum 25jährigen Regierungsjubiläum ... d. Prinzregenten Luitpold von Bayern (12. 3. 1911). — Hannover, Leipzig: Helwing (1911). 230 Sp. Bildnis *G. Blumentritt G. Kahr*

LUMBROSO — Raccolte di scritti in onore di Giacomo Lumbroso (1844–1925). Milano: „Aegyptus" 1925. 538 S. Bildnis *U. Monneret de Villard*

LUSCHIN-EBENGREUTH — Arnold Luschin-Ebengreuth zum 90. Geburtstag (26. 8. 1931). — Graz 1931. 314 S. = Zeitschrift des Histor. Vereins für Steiermark. Jg 26. *H. Egger*

LUZIO — Ad Alessandro Luzio gli archivi di stato italiani. Miscellanea di studi storici. Bd 1. 2. — Firenze: Monnier 1933. 430 u. 442 S. Bildnisse; Bibliogr. *N. G. Guastella G. Papaianni*

LYKA — Müvészettörténeti tanulmányok (Kunstgeschichtl. Studien) Lyka Károly 85. születesnapjara (Károly Lyka zum 85. Geburtstag). — Budapest: Kepzömüvészeti alap kiadóvállalat 1954. 703 S. m. zahlr. Abb. = A magyar müvészettörténeti munka. Közösseg évkönyve 1953.

(Die ungarische kunstgeschichtl. Arbeitsgemeinschaft. Jahrbuch 1953.) Bibliogr. 1944–1953: *M. Agghàzy N. Aradi L. Benyi I. Berkovits B. Biró P Bodnár L. Boreczky V. H. Boros J. Csemegi K. Dávid Z. Farkas L. Gerevich E. Sz. Lajta V. Lányi D. Radocsay E. Révhelyi Z. Soltész G. Soós P. D. Szemzö M. H. Takács L. Végvári E. Ybl A. Zádor G. S. Zakariás*

MADL — Sborník vydaný kruhem přátel k sedmesátinám Karla B. Mádla na den 15. srpna 1929 (Sammelband ... zum 70. Geburtstag von Karel B. Mádl am 15. 8. 1929). Bibliogr. *V. Birnbaum J. Cibulka J. Květ A. Matějček V. V. Štech O. Stefan F. Táborský Z. Wirth F. Zákavec*

MAEDGE — Technik – Wirtschaft – Kultur. Carl-Max Maedge zum 70. Geburtstag. — Düsseldorf: Triltsch 1954. 101 S. Bildnis *P. Mennicken*

MAHLER — Emlékkönyv Mahler Ede ... Dissertationes in honorem Eduardi Mahler ... nominatae natali die octogesimo ... conscriptae et editae. — Budapestini 1937. 512, 35 S. Bildnis; Bibliogr. *A. Graf Z. de Takács I. Waldapfel*

MAINZ — Festschrift des Römisch-Germanischen Zentralmuseums in Mainz zur Feier seines hundertjährigen Bestehens 1952. Bd 1–3. — Mainz 1952. 73; 108 u. 200 S. m. Abb. *Ch. Albrecht Erich Schmidt W. F. Volbach*

MALLARDO — Studi in onore di Domenico Mallardo. — Napoli: Fiorentino 1957. 209 S. Bildnis *F. Strozzullo*

MANARESI — Studi di Paleografia, Diplomatica, Storia e Araldica in onore di Cesare Manaresi. — Milano: Giuffrè 1954. XXIV, 368 S. 33 Taf. *G. Bascapè A. Bruckner A. Codazzi L. Donati*

MANFRONI — Scritti Storici in onore di Camillo Manfroni nel XL Anno di insegnamento. — Padova: Draghi 1925. Bildnis; Bibliogr. *A. Ferriguto A. Foratti G. Lorenzetti A. Moschetti L. Rizzoli*

MANNO — Miscellanea di studi storici in onore di Antonio Manno. — Vol. 1. 2. — Milano, Roma, Torino: Bocca 1912. *J. Du Teil R. A. Marini*

MARANGONI — Studi in onore di Matteo Marangoni. — Pisa, Firenze: Vallecchi 1957. 332 S. 175 Abb. auf Taf. = Studi di storia dell'arte, Vol. 8. *R. Barsotti L. Becherucci F. Bellonzi S. Bettini U. Bicchi S. Bottari C. Brandi I. Cardellini G. A. Dell'Acqua G. N. Fasola G. Fiocco F. Gamba C. Gnudi E. Luporini L. Magagnato G. Marchiori M. Monteverdi O. Morisani R. Mormone G. Nannicini Canale L. Neagle Tampieri G. Paccagnini R. Paoli R. Papini M. Pittaluga G. Raimondi F. Russoli C. Savonuzzi A. Semenzato M. Severini R. Tolaini D. Ventola L. Vitali F. Wittgens*

MARÇAIS, GEORGES — Mélanges d'histoire et d'archéologie de l'occident musulman. Tome II: Hommage à Georges Marçais. — Alger: Imprimerie officielle du Gouvernement Général de l'Algérie 1957. 195 S. *I. S. Allouche J. David-Weill G. Deverdun L. Golvin E. Lambert J. Meunié R. Ricard u. Ch. de La Veronne H. Terrasse L. Torres Balbas S.-M. Zbiss*

MARÇAIS — Mélanges offerts à William Marçais, par l'Institut d'études islamiques de l'Université de Paris. — Paris: Edition Maisonneuve 1950. 330 S. *E. Lambert G. Marçais H. Terrasse*

MARR 1928/29 — Mystectvoznavstvo. Zbirnyk prysvjačujet'sja akademikovi Mykoli Jakovyču Marrovi z nagody 40-rič. joho naukovoliteraturno dijal'nosty. Char'kio 1928–1929. (Kunstkenntnis. Sammelband, gewidmet dem Mitglied der Akademie Nikola Jakovic Marr zur 40-Jahrfeier s. wissensch.-literarischen Tätigkeit 1888–1928.) — Charkov 1928–1929. [Inhaltsverz. in russ. u. ukrain. Spr. mit französ. Übers.] *E. Berčenko K. Berladina D. Gordeev T. Ivanovskaja M. Lejter E. Nikolskaja O. Stepanova S. Taranušenko M. Vjazmitina*

MARR 1933 — Iz istorii dokapitalističeskich formacij ... (Recueil d'études historiques sur les formations de la société précapitaliste. En l'honneur de N[ikolaj] J[akovlevic] Marr.) — Moskau, Leningrad 1933. 680 S. Bildnis *A. Maculevic V. I. Ravdonikas F. I. Šmit N. N. Voronin*

MARTIN — Feestbundel voor W(ilhelm) Martin. 1907–(23. October) 1932. — Leiden: Brill (1932). 51 S. *A. W. Byvanck J. J. de Gelder J. K. van der Haagen G. J. Hoogewerff R. Juynboll E. H. Korevaar-Hesseling R. van Marle M. D. Ozinga H. Schneider E. H. Ter Kuile*

MARTINENCHE — Hommage à Ernst Martinenche. Etudes hispaniques et américaines à l'occasion de son jubilé universitaire. — Paris: d'Astrey o. J. [1939] 537 S. Bildnis *P. Guinard*

MARTROYE — Société Nationale des Antiquaires de France. Mélanges en hommage à la mémoire de François Martroye. — Paris 1940. 394 S. m. Abb. u. 23 Taf. *M. Aubert F. Deshonlières A. Dieudonné L. Dimier J. Formigé R. Grand G. Huard R. Lantier Ph. Lauer J. J. Marquet de Vasselot L.-M. Michon G. Millet L. Mirot B. de Montesquiou-Fezensac L. Réau Ch. Samaran J. Vallery-Radot*

MASARYK — Festschrift Th. G. Masaryk zum 80. Geburtstag 7. 3. 1930. Tl 1. — Bonn: Cohen 1930. VII, 269 S. Bildnis = Der russische Gedanke, Erg.-Bd. *B. Jakowenko*

MATĚJČEK — Cestami umění. Sbornik praci k poctě šedesátých narzozenin Antonina Matejcka. (Les voies de l'art. Mélanges offerts à Antonín Matejcek à l'occasion du soixantième anniversaire de sa naissance.) — Prag: Melantrich 1949. 284 S. 126 Abb. Bildnis. Zusammenfassgn in französ. Spr. hinter dem Titelblatt. Bibliogr. *O. J. Blažiček J. Böhm J. Cibulka V. Denkstein A. Kutal J. Květ D. Libal A. Liška J. Loriš F. Matouš J. Myslivec Antonín Novotný Vladimir Novotný J. Pavelka J. Pečírka J. Pešina E. Poche V. Richter R. Rouček V. V. Štech O. Stefan R. Vacková V. Volavka H. Volavková V. Wagner Z. Wirth*

MATTHIESSEN — Festskrift til Hugo Matthiessen den 19. December 1941. Udgivet af Selskabet for dansk Kulturhistorie. — København: Gyldendal 1941. 236 S. Bildnis; Bibliogr. [= Kulturminder 3: 1941–42] *Ch. Elling Ch. A. Jensen*

MAYER, Ernst — Festschrift Ernst Mayer (Würzburg) zum 70. Geburtstag. — Weimar: Böhlau 1932. 202 S. *F. Beyerle*

MAYER, MATTHIAS — Beiträge zur Heimatkunde des nordöstlichen Tirol. Festschrift zum 70. Geburtstag Matthias Mayer's. — Innsbruck: Wagner 1954. 273 S. 14 Taf. Bildnis; Bibliogr. = Schlern-Schriften, 138. *H. Bachmann A. Dörrer E. Egg L. Franz J. Gritsch K. Ilg Leopold Schmidt G. Schreiber J. Weingartner*

MAYER, THEODOR — Aus Verfassungs- und Landesgeschichte. Festschrift zum 70. Geburtstag v. Theodor Mayer, dargebr. v. s. Freunden u. Schülern. Hrsg.: Heinrich Büttner, Otto Feger, Bruno Meyer. Bd 1. 2. — Lindau, Konstanz: Thorbecke 1954/55. Bildnis. 1. Zur allgemeinen u. Verfassungsgeschichte. 2. Geschichtl. Landesforschg, Wirtschaftsgesch., Hilfswissenschaften. *H. Büttner L. Clemm W. Schlesinger J. Werner*

MAYER, THEODOR 1953 — Prager Festgabe für Theodor Mayer (zum 70. Geburtstag). Hrsg. v. Rudolf Schreiber. — Salzburg: O. Müller 1953. 290 S. Bildnis. *Gustav Pirchan*

MAZON — Mélanges André Mazon. — Paris 1951. 338 S. Bibliogr. = Revue des études slaves, Bd 27: 1951. *A. Grabar L. Réau*

MAZZONI — Miscellanea di Studi Critici pubblicati in onore di Guido Mazzoni. Bd 1. 2. — Firenze: Tipografia Galileiana 1907. 502 u. 486 S. *E. Solmi*

MEHLISS — Zum 70. Geburtstage des Professors Ernst Mehliss in Eisleben. — Eisleben: Schneider 1914. Bildnis. *E. Rein*

MEIER, JOHN — Volkskundliche Gaben. John Meier zum 70. Geburtstage dargebr. — Berlin, Leipzig: De Gruyter 1934. 314 S. 45 Taf. Bildnis; Bibliogr. *O. Lauffer Otto Lehmann J. M. Ritz*

MEIER-GRAEFE — Julius Meier-Graefe. Widmungen zu seinem 60. Geburtstag am 10. 6. 1927. — München 1927. 167 S. Bildnis; Bibliogr. *Persönl. Würdigungen des Jubilars; nicht einzeln angeführt*

MEINECKE 1922 — Deutscher Staat und deutsche Parteien. Beiträge zur deutschen Partei- und Ideengeschichte. Friedrich Meinecke zum 60. Geburtstag. — München 1922. 384 S. *H. Bächtold*

MEINECKE 1952 — Das Hauptstadtproblem in der Geschichte. Festgabe zum 90. Geburtstag Friedrich Meineckes. Gewidm. vom Friedrich-Meinecke-Institut an der Freien Universität Berlin. — Tübingen: Niemeyer 1952. X, 308 S. Bildnis = Jahrb. f. Gesch. d. dt. Ostens, 1. *C. Hinrichs E. Redslob*

MEISINGER — Beiträge zur Volkskunde. Festgabe für Othmar Meisinger zum 60. Geburtstag am 29. 11. 1932, dargebr. vom Altherrnverband d. philol.-hist. Verbindung Cimbria in Heidelberg. — Bühle: Konkordia 1932. 71 S. Bibliogr. = So.-Dr. aus Oberdt. Zeitschr. f. Volkskunde, Jahrg. 7. *E. Fehrle*

MEISNER — Archivar und Historiker. Studien zur Archiv- und Geschichtswissenschaft. Zum 65. Geburtstag von H(einrich) O(tto) Meisner. — Berlin: Rütten & Loening 1956. 572 S. 15 Taf. Bildnis; Bibliogr. = Schriftenreihe d. Staatl. Archivverwaltung, 7. *A. v. Brand H. Lötzke*

MEISSNER — Altorientalische Studien, Bruno Meißner zum 60. Geburtstag am 25. 4. 1928 gewidmet. Bd 1. 2. — Leipzig: Pfeiffer 1928 und Harrassowitz 1929. Bildnis = Mitt. d. altorientalischen Gesellschaft, Bd 4, H. 1 u. 2. *P. Rost*

MÉLIDA y ALINARI — José Ramón Mélida y Alinari Dedicatoria, Homenaje. Vol 1. 2. — Madrid 1934. 407 u. 447 S. Bildnis; Bibliogr. = Annuario del Cuerpo Facultativo da Archiveros, Bibliotecarios y Arqueólogos 1934. *H. Alcaldo del Río J. Amorós F. G. Ayuso R. Del Arco C. M. Del Rivero J. de Entrambasaguas y Peña E. C. Ferrari J. Ferrandis F. Iñiguez J. M. Lacarra E. Páez R. de Serga-Pinto E. R. de Torres H. Zeiss*

MELLE — Festschrift der Hamburgischen Universität ihrem Ehrenrektor, Herrn Bürgermeister Werner von Melle, Präsident der Hamburgischen Wissenschaftlichen Stiftung, zum 80. Geburtstag am 18. 10. 1933 dargebracht. — Hamburg 1933. 253 S. *O. Lauffer*

MENÉNDEZ y PELAYO — Homenaje a M. Menéndez y Pelayo en el año vigésimo de su profesorado. Estudios de erudición española. Bd 1. 2. — Madrid 1899. Bd 2: 946 S. Bildnis *J. Gestoso y Pérez A. Paz y Melia*

MENÉNDEZ PIDAL 1925 — Homenaje ofrecido a [Ramón] Menéndez Pidal. Miscelanéa de estudios linguisticos, literarios e historicos. Bd 1–3. — Madrid: Hernando 1925. Bd 3: 696 S. Suppl.: Bibliografia, 1931. *F. J. Sánchez Cantón E. Tormo*

MENÉNDEZ PIDAL 1953 — Estudios dedicados a (Ramón) Menéndez Pidal. T. 4. — Madrid 1953. 644 S. *M. de Lozoya*

MENTZ — Zeitschrift des Vereins für Thüringische Geschichte u. Altertumskunde. NF 34: 1940. Festgabe für Georg Mentz (zum 70. Geburtstag 31. 3. 1940). — Jena: Gustav Fischer 1940. XII, 414 S. m. Taf. Bildnis; Bibliogr. *W. Huschke Gotthard Neumann F. Schneider*

MERCATI, ANGELO — Studi storici in memoria di Angelo Mercati. — Milano: Giuffrè 1956. 403 S. Bildnis = Fontes Ambrosiani, 30. *G. C. Bascapè A. Ciceri G. Nicodemi*

MERCATI, GIOVANNI — Miscellanea Giovanni Mercati. Bd 1–6. — Città del Vaticano: Biblioteca Apostolica Vaticana 1946. = Studi e Testi, Nr. 121–126. *L. Donati G. Jerphanion*

V. Leroquais T. de Marinis G. Mazzini U. Monneret de Villard P. Paschini I. Schuster C. Wehmer

MERCATI, SILVIO GIUSEPPE — Silloge bizantina in onore di Silvio Giuseppe Mercati.— Roma 1957. 426 S. Bildnis = Studi bizantini e neoellenici, Vol. 9. *G. Agnello G. A. Sotiriu*

MERHARD von BERNEGG — Gero Merhard von Bernegg [ursprünglich Festgabe zum 60. Geburtstag am 17. 10. 1946]. Bildnis = Praehistorische Zeitschrift, Bd 34/35, Hälfte 1. 2. 1949/50. *R. Hamann J. Werner*

MERINGER — Festband, Rudolf Meringer gewidmet (zum 70. Geburtstag). — Heidelberg: Winter 1929. = Wörter und Sachen, Festband 12. *M. Lohss*

MERKLE — Festschrift Sebastian Merkle zu seinem 60. Geburtstage gewidm. v. Schülern u. Freunden. Hrsg. unt. Mitwirkg v. Johannes Hehn u. Fritz Tillmann v. Wilhelm Schellberg. — Düsseldorf: Schwann 1922. 395 S. Bildnis *E. Eichmann J. Hehn C. M. Kaufmann W. Schellberg E. Weigand*

MERLIER — Mélanges Octave et Melpo Merlier à l'occasion du 25e anniversaire de leur arrivée en Grèce. Bd 1–3. — Athènes 1956–1957. Bd 3: 486 S. u. Taf. = Collection de l'Institut Français d'Athènes, 94. *A. Chatzenikolaon A. K. Orlandos G. Sepheres*

MERSMANN — Musikerkenntnis und Musikerziehung. Dankesgaben f. Hans Mersmann zu s. 65. Geburtstag. Hrsg. v. Walter Wiora. — Kassel, Basel: Bärenreiter-Verl. 1957. 223 S. Abb. Bildnis; Bibliogr. *Nicht im systematischen Teil*

MEULI — Heimat und Humanität. Festschrift für Karl Meuli zum 60. Geburtstag. — Basel: Krebs 1951. 291 S. *E. Baumann P. Zinsli*

MEVISSEN — Beiträge zur Geschichte vornehmlich Kölns und der Rheinlande. Zum 80. Geburtstag Gustav von Mevissen's dargebracht von dem Archiv der Stadt Köln. — Köln: Dumont-Schauberg 1895. 406 S. *H. Kelleter*

de MEYER, ALBERT — Miscellanea Historica in honorem Alberti de Meyer. — Louvain 1946. 1362 S. Bildnis; Bibliogr. = Université de Louvain. Recueil de travaux, Sér. 3, 22, Vol. 1. 2. *F. Baudouin R. Lemaire R. Maere M. Meertens*

MEYER, ERICH — Festschrift für Erich Meyer zum 60. Geburtstag 29. Oktober 1957. Studien zu Werken in den Sammlungen des Museums für Kunst und Gewerbe, Hamburg und zur Hamburger Kunstgeschichte. Hrsg. v. Werner Gramberg, Carl Georg Heise u. Lieselotte Möller in Verbindung mit Peter Wilhelm Meister und Hans Wentzel. Hamburg: Hauswedell 1959. 335 S. m. Abb. *A. Andersson H. Bethe E. W. Braun R. J. Charleston K. Dingelstedt K. Erdmann M. Feddersen W. Fleischhauer A. Geijer W. Gramberg G. Grundmann H. R. Hahnloser C. G. Heise A. Hentzen C. Hernmarck L. H. Heydenreich O. Homburger G. F. Koch E. Kühnel H. Ladendorf P. W. Meister E. von Mercklin L. Möller Theodor Müller F. Mütherich M. Oppenheim P. Pieper F. Rademacher M. Rydbeck E. Schlee H. Schnitzler W. Stengel B. Thomas P. Verlet H. Wentzel H. R. Weyrauch E. Zahle*

MEYER, HANS — Koloniale Studien. Hans Meyer zum 70. Geburtstage am 22. 3. 1928. Dargebr. v. s. Freunden, Verehrern u. Schülern. Hrsg.: Karl H. Dietzel, Hans Rudolphi. — Berlin: Reimer 1928. XVI, 341 S. 17 Taf. Bildnis; Bibliogr. *O. Schmieder*

MEYER, PETER — Peter Meyer zum 80. Geburtstag. — Münstereifel: Selbstverl. d. Gymnasiums 1933. 80 S. Bildnis; Bibliogr. *J. Gotzen*

MEYER von KNONAU — Festgabe für Gerold Meyer von Knonau zur 70. Geburtstagsfeier am 5. 8. 1913, gewidm. v. Freunden u. Verehrern. — Zürich: Verl. d. Antiquar. Gesellsch. 1913. XV, 501 S. Bildnis *C. Brun J. R. Rahn*

MICHAËLIS de VASCONCELLOS — Miscelânea de Estudos em honra Carolina Michaëlis de Vasconcellos. — Coimbra 1933. 1156 S. Bildnis = Revista da Universidade de Coimbra, Vol. 11: 1933. *P. Bohigas i Balaguer* *A. Pessoa*

MILETIČ — Sbornik v čest na profesor L. Miletič po slučaj na 25-godišnata mu knišovna dejnost 1886–1911. Ot učeenicite mu. (Sammelschrift zu Ehren von Professor L. Miletic zum 25jährigen Jubiläum seiner literarischen Tätigkeit, 1886–1911. Von seinen Schülern.) – Sofia 1912. 415 S. Bildnis; Bibliogr. *St. L. Kostov*

MILKAU — Aufsätze, Fritz Milkau gewidmet. (Nachträgl. zum 60. Geburtstag 28. 9. 1919.) Hrsg. v. Georg Leyh. — Leipzig: Hiersemann 1921. VIII, 378 S. *H. Degering* *F. Eichler* *O. Glauning* *E Jacobs* *J. Luther* *W. Molsdorf* *P. Pescheck* *E. Voulliéme*

MINDE-POUET — Alere flammam. Georg Minde-Pouet zum 50. Geburtstage gewidmet von den wiss. Beamten der Deutschen Bücherei, Otto Erich Ebert u. a. — Leipzig: Gesellsch. d. Freunde d. Deutschen Bücherei 1921. 169 S. Bildnis *J. Rodenberg* *R. Wolff*

MINNS — Minns Volume. Ellis H. Minns XVII ante Cal. Augustas MCMXXXIV Sexagenario. — Helsinki 1934. 410 S. Bildnis = Eurasia Septentrionalis Antiqua, 9. *A. Alföldi* *F. Balodis* *N. Cleve* *N. Fettich* *T. D. Kendrich* *A. Salmony* *A. A. Zakkarov*

MISTRORIGO — Studi in onore di Federico M. Mistrorigo. Edit. Aristide Dani. — Vicenza 1958. *E. Arslan* *F. Barbieri* *S. Bettini* *R. Cevese* *L. Coletti* *C. Semenzato* *G. Zorzi*

MODIN — Festskrift till Erik Modin på hans 75-Årsdag 16. 8. 1937. 240 S. Bildnis = Hembygdas Tidskrift. Fornvardaren 6 (1937–1938) *E. Festin* *E. Gronberg*

MÖLLENBERG — Zur Geschichte und Kultur des Elb-Saale-Raumes. Festschrift für Walter Möllenberg. Hrsg. v. Otto Korn. — Burg: Hopfer 1939. VIII, 296 S. 17 Taf. 1 Pl. Bildnis; Bibliogr. *C. Becker* *A. Diestelkamp* *H. Giesau* *F. Kampe* *O. Korn*

MOELLER — Mélanges d'Histoire offerts à Charles Moeller. — Louvain 1914. 702 S. Bildnis = Université de Louvain, Recueil de Travaux p.p. les Membres de la Conf. d'Hist., Bd 40. *A. van Hove* *R. Lemaire* *A. Maere*

MOGK — Festschrift Eugen Mogk zum 70. Geburtstag 19. 7. 1924. — Halle/S.: Niemeyer 1924. XLVIII, 652 S. 2 Taf. Bildnis; Bibliogr. *O. v. Friesen*

MOHLBERG — Miscellanea liturgica in honorem L. Cuniberti Mohlberg. Vol 1. 2. — Roma: Ediz. Liturgiche 1948/49. Bildnis = Bibliotheca „Ephemerides liturgicae", 22 u. 23. *L. De Bruyne* *A. Dold* *E. Kirschbaum* *E. Peterson* *P. Radó* *A. A. Schmid* *D. W. H. Schwarz* *J. B. Villiger*

MONOD — Etudes d'histoire du moyen-âge dédiées à Gabriel Monod. 14. 11. 1896. — Paris: Cerf 1896. XIV, 463 S. Bildnis *C. Julian* *E. Molinier* *B. Prost*

MONTELIUS 1903 — Studier tillägnade Oscar Montelius 1903 af lärjungar. Hrsg.: Bernhard Salin, Oscar Almgren ... — Stockholm: P. A. Norstedt 1903. 211 S. *G. Gustafson* *G. J. Karlin* *A. Nilsson* *F. Nordin*

MONTELIUS 1913 — Opuscula archaeologica Oscari Montelio septuagenario dicata 9. 9. 1913. — Holmiae: Haeggstroem 1913. 451 S. Bildnis *H. Appelgren-Kivalo* *T. J. Arne* *A. Schetelig*

MONTICOLO — Scritti storici in memoria di Giovanni Monticolo. — Venezia: Ferrari 1922. 350 S. Bildnis; Bibliogr. *A. da Mosto*

MORAWSKI — Charisteria. Casimiro de Morawski septuagenario oblata. — Cracoviae (Lipsiae Hiersemann) 1922. Latein. u. poln. Tl. Poln. Tl: 161 S. *L. A. Birkenmajer*

MOSSÉ — Mélanges de Linguistique et de Philologie. Fernand Mossé in memoriam. — Paris: Didier 1957. 500 S. *C. L. Wrenn*

MÜLLER, Gregor — Festgabe zum diamantenen Priesterjubiläum 8. 4. 1926 ... P. Gregor Müller, O. Cist., des hochverdienten Begründers u. Schriftleiters der Cisterzienser Chronik. In dankb. Verehrg gewidm. von den Mehrerauer Mitbrüdern. — Bregenz 1926: Ruß. 126 S. *B. Grießer*

v. MÜLLER, KARL ALEXANDER — Staat und Volkstum. Neue Studien zur bairischen und deutschen Geschichte und Volkskunde. Karl Alexander von Müller als Festgabe am 20. 12. 1932. — Diessen: Huber 1933. 366 S. *J. Köstler*

MÜLLER, KARL OTTO — Festschrift Karl Otto Müller zur Vollendung des 70. Lebensjahres. — Stuttgart 1954. 381 S. Bildnis; Bibliogr. = Zeitschrift für Württembergische Landesgeschichte, Jg 13: 1954. *W. Fleischhauer K. Hecht A. Kasper W. Schwarz*

MUNCKER 1916 — Abhandlungen zur deutschen Literaturgeschichte. Franz Muncker zum 60. Geburtstage (4. 12. 1915) dargebr. v. Mitgliedern d. Gesellsch. Münchener Germanisten. — München: Beck 1916. 264 S. *F. von der Leyen E. Petzet E. Sulger-Gebing*

MUNCKER 1926 — Die Ernte. Abhandlungen zur Literaturwissenschaft. Franz Muncker zu seinem 70. Geburtstage. Hrsg. v. Fritz Strich u. Hans Heinrich Borcherdt. — Halle/S.: Niemeyer 1926. V, 413 S. Bildnis *H. H. Borcherdt A. Kutscher*

MUNTHE — Overbibliotekar Wilhelm Munthe på Femtioårsdagen 20. 10. 1933 fra Fagfeller og Venner. — Oslo: Grøndahl 1933. 502 S. m. Abb. Bildnis; Bibliogr. *C. Björkbom G. Leyh A. Snead Macdonald*

MUTH — Wiederbegegnung von Kirche und Kultur in Deutschland. Eine Gabe für Karl Muth. — München: Kösel & Pustet 1927. 395 S. Bildnis; Bibliogr. *R. Grosche*

MYRES — Papers presented to John L. Myres in honour of his 70th birthday. — London: Macmillan 1940. X, 286 S. 30 Taf. Bildnis = Annual of the British School at Athens, Nr. 37, Session 1936–37. *A. W. Brøgger E. H. Minns*

NABHOLZ 1934 — Festschrift Hans Nabholz (überreicht zum 60. Geburtstage am 12. 6. 1934 v. Freunden, Kollegen u. Schülern). — Zürich: Leemann 1934. XIV, 341 S. Bildnis *K. Obser*

NABHOLZ 1944 — Festgabe Hans Nabholz zum 70. Geburtstag. — Aarau: Sauerländer 1944. XX, 195 S. Bildnis; Bibliogr. *H. Erb*

NÄGELE — Württembergische Studien. Festschrift zum 70. Geburtstag von Prof. Eugen Nägele. Hrsg.: P. Goeßler. — Stuttgart: Silberburg 1926. 252 S. 28 Abb. Bildnis *V. Ernst E. R. Fiechter Richard Schmidt*

NEEB — Beiträge zur Kunst und Geschichte des Mainzer Lebensraumes. Festschrift für Ernst Neeb (75. Geburtstag). — Mainz 1936: Druckerei Lehrlingshaus. 238 S. Bildnis *W. Boll H. Burkard E. Coudenhove-Erthal W. Diepenbach A. Feigel R. Hamann E. Jung R. Kautzsch F. Kutsch K. Lohmeyer P. Meißner A. Ruppel Otto Schmitt W. Schnellenkamp H. Schrohe K. Usinger R. A. Zichner*

NEFF — Beiträge zur Geschichte der Mennoniten. Festgabe für Christian Neff zum 70. Geburtstag. — Weierhof: Mennonitischer Geschichtsverein 1938. 95 S. Bibliogr. = Schriftenreihe des Mennonitischen Geschichtsvereins, 1. *E. Crous*

NEUBURGER 1928 — Internationale Beiträge zur Geschichte der Medizin. Festschrift Max Neuburger gewidmet zum 60. Geburtstag 8. 12. 1928. — Wien 1928. 333 S. Bildnis; Bibliogr. *G. Martinotti*

NEUBURGER 1948 — Festschrift zum 80. Geburtstag Max Neuburger's. — Wien 1948. 491 S. Bildnis = Wiener Beiträge zur Geschichte d. Medizin, Bd 2. *J. A. Häfliger*

NEUPERT — Bunte Bilder aus der Vergangenheit des Vogtlandes und seiner Kreisstadt Plauen. Alwin Neupert zum 70. Geburtstage, 19. 3. 1911. — Plauen 1911. Bildnis *J. Vogel*

NEUSS — Festgabe für Wilhelm Neuß zur Vollendung seines 65. Lebensjahres. Dargeboten von Eduard Hegel. — Köln: Pick 1947. 304 S. m. Abb. = Colonia sacra, 1. = [Gürzenichbände]. Bildnis *E. Hegel P. Heusgen J. Hoster K. Koch W. Weyres*

NEUSS — Zur Geschichte und Kunst im Erzbistum Köln. Festschrift für Wilhelm Neuss. Hrsg. von Robert Haaß und Joseph Hoster. Düsseldorf: Schwann (1960). 438 S. Bildnis; Bibliogr. = Studien zur Kölner Kirchengeschichte. Bd 5. *Nicht im systematischen Teil*

NEUWIRTH — Festschrift Joseph Neuwirth zu seinem 70. Geburtstage 5. 6. 1925. — Wien 1925. Bildnis = Monatsblatt d. Vereins für Geschichte d. Stadt Wien, Bd 2 (der ganzen Reihe 14. Bd), Jg 7 (42): 1925 H. 6/8. *K. Bielohlawek D. Frey H. M. Gollob F. Kieslinger A. Trost H. Voltelini*

NICOLE — Mélanges Nicole. Recueil de mémoires de philologie classique et d'archéologie offerts à Jules Nicole, professeur à l'université de Genève à l'occasion du 30. anniversaire de son professorat. — Genève: Kündig 1905. 671 S. m. zahlr. Taf. *E. Löwy*

NIEDERLE — Niederluv sborník (Festschrift für L. Niederle). — Redig. v. J. Schránil. — Prag 1925. 348 S. = Obzor praehistorický (Prähistorische Rundschau) Jahrg. 4. *V. Birnbaum*

NIKANDER — Kulturhistoria och Folklivsforskning. Festskrift tillägnad Gabriel Nikander 21. 5. 1934 (50. Geburtstag). Åbo 1934. 203 S. Bildnis; Bibliogr. = Budkavlen. Organ för Brages Sektion för Folklivsforskning och Institutet för Nordisk Etnologi vid Åbo Akademi, Årg. 13: 1934 Nr. 2. *S. Andersson K. Vilkuna*

NIRRNHEIM — Hamburger geschichtliche Beiträge. Hans Nirrnheim zum 70. Geburtstage am 29. 7. 1935. — Hamburg: Boysen 1935. 244 S. Bibliogr. *G. Bolland K. D. Möller H. Reincke*

NOACK — Studien zur Kunst des Oberrheins. Festschr. f. Werner Noack. — Konstanz: Thorbecke; Freiburg: Rombach (1958). 175 S. mit Abb., 3 farb. Taf. Bildnis; Bibliogr. *K. Bauch L. Ehret L. Fischel H. Gombert O. Homburger A. Legner K. Martin Michael Meier I. und R. Oertel W. Paatz G. Poensgen H. Reinhardt Ch. Altgraf zu Salm Georg Schmidt I. Schroth E. Schulze-Battmann A. Stange W. Ueberwasser F. Wielandt J. L. Wohleb E. Zimmermann*

NOGARA — Scritti in onore di Bartolomeo Nogara. Raccolti in occasione del suo LXX anno. Pref.: Roberto Paribeni. — Città del Vaticano 1937: Tipogr. del Senato. XIII, 542 S. 76 Taf. Bildnis nach Plakette v. G. Galli; Bibliogr. *C. Cecchelli G. P. Kirsch E. Mâle A. Muñoz G. M. A. Richter A. Rumpf E. Strong P. Toesca A. W. van Buren J. Wilpert*

NOLDE — Festschrift für Emil Nolde anläßlich seines 60. Geburtstages (Vorw.: Rudolf Probst). — Dresden: Verl. Neue Kunst Fides 1927. 42 S. 35 Taf. *Enth. Ausst.-Kat. Dresden 1927 und persönliche Würdigungen Noldes, u. a. von Kurt Breysig Otto Fischer Ernst Gosebruch G. F. Hartlaub Paul Klee Max Sauerlandt Paul Ferd. Schmidt (einzeln nicht angeführt)*

NORDMANN — Corolla archaeologica in honorem C. A. Nordmann. — Helsinki 1952. 289 S. Bildnis *A. Bugge M. Hirn L. Petterson R. Pylkkänen L.-I. Ringbom A. Tulse B. Thordeman K. Vilkuna*

NOVAK — K dějinám československým v období humanismu. Sborník prací věnovaných Janu Bedřichu Novákovi k šedesátým narozeninám 1872–1932 (Zur tschechoslovakischen Geschichte in der Zeit des Humanismus. Sammlung von Arbeiten, Jan Bedřich Novák zum 60. Geburtstag, 1872–1932). Redigiert v. Bedřich Jensovský u. Bedřich Mendl. — Praha 1932. 512 S. Bibliogr. = Časopisu archivni školy (Zeitschrift der Archivschule), Sonderheft *A. Friedl*

OBERHUMMER — Beiträge zur historischen Geographie, Kulturgeographie, Ethnographie und Kartographie, vornehmlich des Orients. Eugen Oberhummer zur Vollendung seines

70. Lebensjahres am 29. 3. 1929. Hrsg. v. Hans Mžik. — Leipzig, Wien: Deuticke 1929. 202 S. *K. Ausserer*

OCHS — Beiträge zur Sprachwissenschaft und Volkskunde. Festschrift für Ernst Ochs zum 60. Geburtstag (27. 8. 1948). Hrsg. v. Karl Friedrich Müller. — Lahr: Schauenburg 1951. 397 S. Bildnis; Bibliogr. *K. Bachmann F. Schlager*

OERI — Festschrift Albert Oeri zum 21. 9. 1945. — Basel: Basler Berichtshaus 1945. 373 S. Bildnis *A. im Hof*

OIKONOMOS — Eis mnemen Georgiou P. Oikonomou. — En Athenais 1955. 303 S. Bildnis = Archaiologike Ephemeris 1953–1954. *A. Apostolake G. A. Soteriou A. Xyggopoulos*

OKKONEN — Onni Okkoselle ... (Onni Okkonen ... 60-årsdagen 20. 8. 1946.) — Porvoo, Helsinki 1945/1946. 340 S. Bildnis = Kalevalaseuran vuosikirja, 25/26. *S. Lindqvist*

OLSCHKI — Collectanea variae doctrinae. Leoni S. Olschki bibliopolae Florentino sexagenario obtulerunt Ludwig Bertalot u. a. — Monachii: J. Rosenthal 1921. 281 S. *W. Bombe V. Goldschmidt G. Gronau Ch. Hülsen R. Sillib*

OLSSON — Festskrift till Martin Olsson den 30 april 1936. — Stockholm 1936. 302 S. m. Abb. *S. Ambrosiani C. Björkbom A. Boeckström H. Cornell M. Hofrén S. Karling M. Lagerquist A. Lindblom S. Lindqvist E. Lundberg T. Mårtensson G. A. Nilsson J. Roosval O. Rydbeck G. Selling I. Wadén S. Wallin F. Wernstedt u. E. Lundberg*

OPPENHEIM — Aus fünf Jahrtausenden morgenländischer Kultur. Festschrift Max Freiherrn von Oppenheim zum 70. Geburtstage gewidm. v. Freunden u. Mitarbeitern. Hrsg.: E. F. Weidner. — Berlin: Weidner 1933. 215 S. m. Abb. Bildnis = Archiv f. Orientforschung, Beibd 1. *S. Guyer F. Hommel E. Kühnel B. Meissner D. Opitz C. Prüfer F. Sarre E. Unger A. Ungnad*

OPPENHEIMER — Wirtschaft und Gesellschaft. Festschrift für Franz Oppenheimer zu seinem 60. Geburtstag. — Frankfurt a. M.: Frankf. Soc. Druckerei 1924. 484 S. *F. Schneider*

ORBELIS — Festschrift für den Akademiker Josef Orbelis, früheren Direktor der Eremitage, 1960 [russisch]. *Nicht im systematischen Teil*

ORLOV — Sbornik statej k sorokaletiju učenoj dejatel'nosti akademika A. S. Orlova (Sammlung von Aufsätzen zum 40jährigen Jubiläum der wissenschaftlichen Tätigkeit des Akademie-Mitgliedes A. S. Orlov). — Leningrad: Akademija Nauk SSSR. Institut russkoj literatury (Akad. d. Wissenschaften der UdSSR. Institut f. russ. Literatur) 1934. 594 S. Bildnis; Bibliogr. *A. V. Arcichovskij*

ORSI 1921 — Miscellanea di studi sicelioti ed italioti in onore di Paolo Orsi. Pubblicazione della Società di storia patria per la Sicilia orientale. — Catania: Giannotta 1921. V, 432 S. *G. Cultrera G. Gerola*

ORSI 1935 — Paolo Orsi (1859–1935). A cura dell'Archivio storico per la Calabria e la Lucania. — Roma 1935. 488 S. m. 22 Taf. *G. Agnello B. Cappelli*

ORTIZ — Miscelánea de estudios dedicados á Fernando Ortiz por sus discipulos, colegas y amigos con ocasión de cumplirse sesenta años de la publicación de su primer impreso en Menorca en 1895. Vol. 1–3. — La Habana: (Ucar) 1955–1957. 1. 1955. 638 S. m. Abb., Bildnis. 2. 1956. S. 643–1315 m. Abb., Bildnis. 3. 1957. S. 1319–1621 m. Abb., Bildnis; Bibliogr. S. 1593–1621. *R. E. Alegría A. Caso A. Coester G. Díaz Plaja Fr. Diez de Medina J. L. Franco C.*

ORZECHOWICZ 1916 — Księga pamiątkowa ku czci Bolesława Orzechowicza (Festschrift zu Ehren von Boleslaw Orzechowicz). Bd 1. 2. — Lwów (Lemberg) 1916. Tow. dla Popierania Nauki (Verein zur Fördrg. d. poln. Wissenschaft) *Z. Batowski M. Gumowski L. Piniński Wł. Podlacha*

ORZECHOWICZ 1924 — Boleslaw Orzechowicz, Ehrendoktor der Rechte der Jan Kasimir-Universität. — Lwow 1924. 44 S. m. Abb. u. 36 Taf. *Persönliche Würdigungen des Jubilars u. Beschreibung seiner Sammlungen. Nicht einzeln angeführt*

OTTENTHAL — Festschrift zu Ehren Emil von Ottenthals. — Innsbruck: Wagner 1925. XVI, 496 S. Abb. Taf. Bildnis; Bibliogr. = Schlern-Schriften. Veröff. zur Landeskunde v. Südtirol, 9. *F. Dworschak C. Fischnaler H. Hammer A. Helbok A. Loehr O. Smital H. Voltelini J. Weingartner H. Wopfner*

OTTO, ERNST — Beiträge zur Einheit von Bildung und Sprache im geistigen Sein. Festschrift zum 80. Geburtstag v. Ernst Otto. Hrsg. v. Gerhard Haselbach u. Günter Hartmann. — Berlin: de Gruyter 1957. 445 S. Bildnis; Bibliogr. *O. F. Bollnow L. Landgrebe*

OTTO, RUDOLF — Rudolf Otto-Ehrung. Hrsg. v. Heinrich Frick. Bd 1–3. — Berlin: Töpelmann 1940. = Aus der Welt der Religion, NF H. 1–3 (auch als selbst. Sammelband im Buchhandel) *K. Helm*

OVERBECK — Festschrift für Johannes Overbeck. Aufsätze seiner Schüler zur Feier seines 40jährigen Professoren-Jubiläums dargebracht. — Leipzig: Engelmann 1893. 206 S. m. 29 Abb. u. 6 Taf. *K. Lange Alfred Meyer*

OXÉ — Festschrift für August Oxé zum 75. Geburtstag 23. 7. 1938. [Hrsg. v. H. v. Petrikovits u. A. Steeger.] — Darmstadt: Wittich 1938. VIII, 281 S. 24 Bl. Abb. Bibliogr. *P. T. Keßler F. Rademacher J. Werner H. Zeiß*

PANOFSKY — Miscellanea Erwin Panofsky. (Zur Erinnerung an e. Reihe v. Gastvorlesgn, die Prof. P. im Sommer 1954 in Brüssel hielt.) — Bruxelles: Ed. de la Conaissance 1955. 229 S. m. zahlr. Abb. im Text u. auf Taf., 2 Falttaf. Bildnis = Bulletin des Musées Royaux des Beaux-Arts 4: 1955 (1–3, mars–sept.) *K. G. Boon P. Coremans M. Davies L. M. J. Delaissé J. Desneux J. Dupont J. Duverger E. Haverkamp Begemann J. Lavalleye L. Lebeer J. Lejeune F. Lyna Ch. Sterling S. Sulzberger N. Verhaegen*

PANOFSKY 1960 — De artibus Opuscula XL. Essays in Honor of Erwin Panofsky. Ed. by Millard Meiss. Vol. 1. 2. — Zürich: Buehler Buchdr. 1960 (New York: Univ. Pr. 1961). 1. XXI, 539 S. 2. V, 177 S. Abb. *J. Bier H. Bober H. Buchthal S. C. Chew W. W. S. Cook J. Coolidge P. Coremans C. Eisler R. Ettinghausen L. D. Ettlinger G. H. Forsyth, jr. P. Frankl W. Friedlaender R. B. Green L. Grodecki W. S. Heckscher J. S. Held L. H. Heydenreich Ph. Hofer E. Holzinger H. W. Janson E. H. Kantorowicz A. Katzenellenbogen R. Krautheimer G. B. Ladner M. Lawrence R. W. Lee M. Muraro C. Nordenfalk F. Nordström O. Pächt J. Rosenberg W. Stechow H. Swarzenski J. G. van Gelder G. von der Osten K. Weitzmann E. Wind R. Wittkower Fr. Wormald*

PANZER 1930 — Deutschkundliches. Friedrich Panzer zum 60. Geburtstag. — Heidelberg: Winter 1930. 191 S. *H. Schrade*

PANZER 1950 — Studien zur deutschen Philologie des Mittelalters. Friedrich Panzer zum 80. Geburtstag am 4. 9. 1950 dargebr. Hrsg. v. Richard Kienast. — Heidelberg: Winter 1950. 172 S. Bibliogr. *Wieland Schmidt W. Stammler W. Wolf*

PAOLI — Studi in onore di Ugo Enrico Paoli. — Firenze: Le Monnier 1956. XIX, 782 S. XII S. Abb. = Pubblicazioni della università degli studi di Firenze. Facoltà di lettere e filosofia. Serie 4, vol. 1. Bildnis; Bibliogr. *R. Bianchi-Bandinelli*

PAPPENHEIM — Festschrift für Max Pappenheim zum 50. Jahrestage seiner Doktorpromotion dargebr. v. d. Rechts- u. Staatswiss. Fakultät d. Univ. Kiel. — Breslau: Hirt 1931. VIII, 592 S. Bildnis; Bibliogr. = Veröffentlichungen der Schleswig-Holsteinischen Universitäts-Gesellschaft, Nr. 32. *F. Rörig*

PARIBENI — s.: CALDERINI u. Paribeni.

PÂRVAN — In memoria lui Vasile Pârvan. Volum publicat de Asociatica Academică „Vasile Pârvan" a fostilor membri ai Scoalei Române diu Roma. — Bucuresti 1934. 326 S. m. Abb. *H. Focillon M. Holban G. Oprescu*

PAULS — Aus Schleswig-Holsteins Geschichte und Gegenwart. Eine Aufsatzsammlung als Festschrift für Volquart Pauls. Zum 65. Geburtstag dargebr. v. s. Freunden. Hrsg. v. Fritz Hähnsen, Alfred Kamphausen, Harry Schmidt. — Neumünster: Wachholtz 1950. 411 S. Abb. Bildnis; Bibliogr. *F. Fuglsang W. Johnsen A. Haseloff A. Kamphausen L. Martius F. Pauly E. Sauermann E. Schlee*

PAVLOVIČ — Naučna Sesija ... Wissenschaftliche Sitzung ... Nikolai Pavlovič 22. 5. 1952. — Sofia: Bulgarske Akademija na Naukite 1953. 106 S. *4 persönl. Beiträge für den Maler u.: M. Tzontcheva*

PEDERSEN — Studia Orientalia Joanni Pedersen Septuagenario. — Hauniae [Kopenhagen]: Munksgaard 1953. 391 S. Bildnis *E. Dyggve*

PEETERS — Mélanges Paul Peeters. T. 1. 2. — Bruxelles 1949/1950. 508 u. 500 S. = Analecta Bollandiana, Tome 57. 58. *M. Andrieu J. Doresse G. de Tervarent J. Vives*

PEKAŘ — Od pravěku k dnešku. Sborník prací z dějin československých. K šedesátým narozeninám Josefa Pekaře vydal Historický Klub. (Von der Urzeit bis zur Gegenwart. Eine Sammlung von Beiträgen zur Geschichte der Tschechoslovakei. Zum 60. Geburtst. v. Josef Pekař hrsg. vom Historischen Klub.) Bd 1. 2. — Prag 1930. 464 u. 616 S. Bildnisse *V. Birnbaum A. Matějček J. Schranil*

PELZER — Mélanges Auguste Pelzer. Études d'Histoire littéraire et doctrinale de la Scolastique médiévales ... de son 70. anniversaire. — Louvain 1947. Bildnis; Bibliogr. = Université de Louvain, Recueil de travaux, Sér. 3, 26. *L. Thorndike*

PESSLER — Neues Archiv für Niedersachsen. Jahrg. 1950, H. 15. (Festschrift Wilhelm Pessler zum 70. Geburtstag 21. 3. 1950.) — Bremen-Horn: Dorn 1950. 165 S. Bildnis; Bibliogr. *G. Eitzen A. Genrich E. Grohne W. Haarnagel G. Körner W. Wickop*

PETIT — Mémorial Louis Petit. Mélanges d'histoire et d'archéologie byzantines. — Bucarest: Inst. Franç. d'études byz. 1948. 426 S. Bildnis; Bibliogr. = Archives de l'Orient Chrétien, 1. *A. Frolow R. Janin G. Millet*

de PETRA — Sumbolae litterariae in honorem Iulii de Petra dederunt amici, collegae, discipuli. — Napoli: Pierro 1911. 336 S. Bildnis *S. E. Mariotti*

PETRICONI — Der Vergleich. Literatur- und sprachwissenschaftliche Interpretationen. Festgabe für Hellmuth Petriconi. Hrsg. v. Rudolf Großmann, Walter Pabst, Edmund Schramm. — Hamburg: Cram, de Gruyter & Co. 1955. 228 S. = Hamburger romanistische Studien, Reihe A, Bd 42. Gleichzeitig: Reihe B, Bd 25. *H. Hatzfeld*

PETROVICS — Petrovics Elek Emlékkönyv. Hommage à Alexis Petrovics. (Festschrift für Alexis Petrovics zu s. 20jährigen Direktor-Jubiläum am Ungar. Museum d. Schönen Künste, Budapest.) — Budapest 1934. 241 S. 147 Abb. Bildnis *J. Balogh G. Gombosi Edith Hoffmann S. Meller A. Péter A. Pigler D. Rózsaffy G. Szentiványi Z. Takács J. Wilde Graf I. Zichy*

PETZ — Festschrift für Gideon Petz. — Budapest 1933. 235 S. = Arbeiten zur Deutschen Philologie, Bd 40. *J. v. Pukanszky-Kádár*

PETZSCH — Gedächtnisschrift für Wilhelm Petzsch von seinen Freunden u. Schülern. — Greifswald 1940. 201 S. m. Abb., 3 Taf. Bildnis; Bibliogr. = Mitt. a. d. Vorgeschichtl. Semin. d. Univ. Greifswald, 11/12. = Schriften d. Gesellsch. v. Freunden u. Förderern d. Univ. Greifswald *R. Schindler*

PEUCKERT — Festschrift für Will-Erich Peuckert. Zum 60. Geburtstag dargebr. v. Freunden u. Schülern. Hrsg. v. Helmut Dölker. — Berlin, Bielefeld, München: Schmidt 1955. IX, 164 S. Bildnis; Bibliogr. *S. Erixon D. Narr P. E. Schramm L. Weiser-Aall*

PFANNENSTILL — Studier tillägnade Magnus Pfannenstill den 10 januari 1923 (75. Geburtst.). — Lund 1923. XV, 590 S. Bildnis *O. Rydbeck*

PHILIPPI — Aus Vergangenheit und Gegenwart. Festgabe Friedrich Philippi zum 14. 7. 1923 gewidmet von s. Schülern, Amtsgenossen u. Freunden, Alois Bömer ... u. a. — Münster: Regensberg 1923. 159 S. Bildnis *F. Cramer M. Geisberg*

PHILIPPSON — Festschrift für Alfred Philippson zu seinem 65. Geburtstage (1. 1. 1930) dargebr. v. Schülern u. Freunden. Redakt.-Aussch.: Karl Heck, Heinrich Müller-Miny, Otto Quelle. — Leipzig: Teubner 1930. 191 S. m. Abb. 7 Taf. Bildnis; Bibliogr. *H. Müller-Miny K. Olbricht*

PICARD — Mélanges d'archéologie et d'histoire offerts à Charles Picard à l'occasion de son 65e anniversaire. T. 1. 2. — Paris: Presses Univers. de France 1949. Bd 1: XLIV, 479 S. *M. Aubert W. Deonna*

PICOT — Mélanges offerts à Émile Picot par ses amis et ses élèves ... Tome 1. 2. — Paris: Morgand 1913. 558 u. 648 S. m. Abb. u. Taf. *H. Cordier F. de Mály A. Moschetti F. Novati S. de Ricci*

PINDER — Festschrift Wilhelm Pinder zum 60. Geburtstag (25. 6. 1938) überreicht v. Freunden u. Schülern. — Leipzig: Seemann 1938. 444 S. m. 170 Abb. *W. Groß Th. Hetzer L. H. Heydenreich H. Keller W. Körte Theodor Müller W. Niemeyer K. Reißmann A. Frh. v. Reitzenstein H. R. Rosemann W. Graf v. Rothkirch H. Rudolph Otto Schmitt H. Sedlmayr W. Vöge A. Walzer H. Weigert*

PININSKI — Księga pamiątkowa ku czci Leona Pininskiego (Festschrift zu Ehren von Leon Pininski). — Lwów (Lemberg) 1936. Bd 1. 2. *Z. Batowski H. Blumówna A. Bochnak M. Gębarowicz Wl. Kozicki K. Lanckorónska T. Mańkowski M. Walicki*

PIPPING — Hyllningsskrift till Rolf Pipping 1. 6. 1949. — Åbo: Akademi 1949. 358 S. Bildnis = Acta Academiae Humaniora, 18. *L.-I. Ringbom W. Wolf*

PIRCHEGGER 1935 — Blätter für Heimatkunde. Hrsg. vom Historischen Verein für Steiermark. Jg 13, H. 4 u. 5. Hans Pirchegger zum 60. Geburtstage (30. 8. 1935). — Graz 1935. S. 49–112. Bildnis *E. Andorfer H. Egger F. Klabinus E. Reis*

PIRCHEGGER 1955 — Beiträge zur Geschichte und Volkskunde Steiermarks und Kärntens. Hans Pirchegger zum 80. Geburtstage dargebracht (30. 8. 1955). — Graz: Histor. Verein f. Steiermark 1955. XV, 310 S. Abb. Bildnis = Zeitschr. d. Histor. Vereins f. Steiermark, Jahrg. 46. *E. Andorfer H. Appelt L. Kretzenbacher O. Pickl*

PIRENNE — Mélanges d'histoire offerts à Henri Pirenne par ses anciens élèves et ses amis à l'occasion de sa 40e année d'enseignement à l'Université de Gand, 1886–1926. Vol. 1. 2. — Bruxelles: Vromant 1926. zus. 678 S. *H. Grégoire G. Hulin de Loo V. Tourneur*

PITTARD — Mélanges Pittard. Offerts au Eugène Pittard par ses collègues et ses amis en l'honneur de son 90e anniversaire 5. 6. 1957. — Génève: Slatkine 1957. *M. Aubert*

PIUS IX. — Triplice omaggio alla Santità di Papa Pio IX nel suo giubileo episcopale offerto dalle tre romane accademie: Pontificia di Archeologia, Insegne delle belle arti denominata di S. Luca, Pontificia de'nuovi Lincei. — Roma: Tipogr. d. Pace 1877. 83 S. 40 Taf. *Berichte über die Verwahrung von Inschriften, Wiederherstellungen von Bauten u. Kunstdenkmälern u. Aufträge an Künstler durch den Papst. (Inhalt S. 77–83.) Nicht einzeln angeführt*

PIUS XII. — Studiosi e artisti italiani a Sua Santità Pio XII ... per il XXV anniversario della consecrazione episcopale ... — Città del Vaticano 1943. 417 S. Bildnis *A. Bertini Calosso B. Biagetti A. Carletti C. Cechelli L. Marangoni A. Muñoz*

PLATONOV — Sbornik statej po russkoj istorii posvjaščennych S. F. Platonovu (Sammlung von Aufsätzen zur russischen Geschichte, gewidmet S. F. Platonov.) — Petersburg 1922. 459 S. Bildnis; Bibliogr. *N. Čečulin*

PLESSNER — Wesen und Wirklichkeit des Menschen. Festschr. f. Helmuth Plessner. Hrsg. v. Klaus Ziegler. — Göttingen: Vandenhoeck & Ruprecht (1957). 403 S. Bildnis; Bibliogr. *F. J. J. Buytendijk J. König B. Snell*

PLISCHKE — Von fremden Völkern und Kulturen. Beiträge zur Völkerkunde, Hans Plischke zum 65. Geburtstage gewidmet v. s. Kollegen u. Freunden, Schülern u. Mitarb. Hrsg. v. Werner Lang, Walter Nippold, Günter Spannaus. — Düsseldorf: Droste-Verl. 1955. 284 S. m. Abb., 5 Bl. Abb. Bildnis *H. Damm P. Germann H. Hartmann A. Lehmann J. C. Notebaart W.-E. Peuckert*

POPE — Studies in French Language and Mediaeval Literature, presented to Prof. Mildred K. Pope by pupils, colleagues and friends. — Manchester: University Press 1939. XIV, 429 S. 4 Abb. Taf. = Publications of the Univ. of Manchester, 168. *R. H. Wilenski*

POULSEN — Arkaeologiske og kunsthistoriske Afhandlinger tilegnede Frederik Poulsen 7. 3. 1941. Red.: E. Dyggve, O. Koefoed-Petersen. — København: Gyldendalske Boghandel 1941. 127 S. m. Taf. *O. Jørgensen H. Rostrup V. Thorlacius-Ussing*

PRAG — Symbolae Pragenses. Festgabe der Deutschen Gesellschaft für Altertumskunde in Prag. — Wien 1893. 222 S. *J. Neuwirth*

PREETORIUS — Im Umkreis der Kunst. Eine Festschrift für Emil Preetorius zum 70. Geburtstag am 21. 6. 1953. Hrsg. v. Fritz Hollwich. — Wiesbaden: Insel-Verl. 1953. 310 S. m. Abb., mehr. Taf. *L. Bachhofer A. Dempf W. Hausenstein O. Hederer E. Kahler E. Kornmann H. Lang R. Oboussier Th. Regau F.-J. v. Rintelen C. Westpfahl V. Zuckerkandl*

PREUSCHEN — Studia palaeometallurgica. In honorem Ernesti Preuschen. — Wien: Deuticke 1958. 155 S. mit Abb., mehr. Bl. = Archiv f. ur- u. frühgeschichtliche Bergbauforschung. Nr. 12 = Archaeologica Austriaca. Beih. 3. *Leopold Schmidt*

PUIG i CADAFALCH — Miscellània Puig i Cadafalch. Recull d'estudis d'arquelogia, d'història de l'art i d'història, oferts a Josep Puig i Cadafalch per la Societat Catalana d'Estudis Històrics (z. 80. Geburtstag am 17. 10. 1947). Vol. 1. — Barcelona: Institut d'estudis catalans 1947–1951. Bd 1: XXIV, 387 S. m. Abb., 39 Taf. Bildnis; Bibliogr. *M. Aubert P. Batlle i Huguet M. Batllori G. M. Bertini J. J. A. Bertrand J. Carreras i Artau W. W. S. Cook P. Deschamps A. Duran i Sanpere R. Filangieri di Candida A. Fliche J. Mercader J. Miracle E. Moreu-Rey J. L. H. Muller W. Neuß C. R. Post M. Ribas i Bertran J. Rubió J. Subias i Galter M. Trens R. Violant i Simorra E. Serra i Ràfols*

PUTNAM — Putnam Anniversary Volume. Anthropological Essays presented to Frederic Ward Putnam in honour of his seventieth birthday, April 16, 1909. — New York: Stechert 1909. 627 S. Bildnis *J. W. Fewkes A. L. Kroeber Ch. W. Mead M. H. Saville A. M. Tozzer*

van PUYVELDE — Miscellanea Leo van Puyvelde. Publié sous les auspices d'un comité presidé par Georges Theunis. — Bruxelles: Ed. de la Connaissance 1949. 381 S. m. Abb. Bibliogr. *J. Alazard M. Aubert A. J. Barnouw S. Bergmans Th. Bodkin Comte J. de Borchgrave d'Altena G. Brière J. L. Broeckx A. Burroughs G. van Camp J. Cassou J. Cibulka G. Cohen R. Cogniat C. H. Collins Baker W. G. Constable J. Courcelle-Ladmirant M. Crick-Kuntziger M. Davies A. J. J. Delen G. H. Edgell P. Fierens M. Friedländer G. Galbiati J. Gessler L. Gielly E. Greindl W. Heil*

J. S. Held G. J. Hoogewerff C. J. Hudig G. Huisman S. C. Kaines Smith T. Kamenskaya L. Keil A. Laes P. Lavedan L. Lebeer Pl. O. P. Lefèvre F. Lyna M. Manneback H. Marceau M. de Marchi W. Martin A. Matějček F. J. Mather O. Melot W. M. Milliken L. Ninane H. Nowe L. Réau E. P. Richardson A. L. Romdahl F. J. Sanchez Canton R. dos Santos A. Sjöblom S. Speth-Holterhoff L. Tatarkiewicz G. de Tervarent M. Thibaut de Maisières Y. Thiery Ch. de Tolnay F. Vercauteren R. Wittkower

PYRITZ — Festgruß für Hans Pyritz zum 15. 9. 1955 aus dem Kreise der Hamburger Kollegen und Mitarbeiter. — Heidelberg: Winter 1955. 80 S. = Euphorion, F. 3, Bd 49: 1955, So.-H. *W. Lange H. Nicolai P. Raabe*

QUESADA — Festschrift zum 75. Geburtstage Ernesto Quesadas. — Berlin 1933. Bildnis; Bibliogr. = Ibero-Amerikanisches Archiv, Jg 7: 1933, H. 2. S. 93–259. *L. Deiters de Quesada-Spiez M. Uhle*

QVIGSTAD — Festskrift til Rektor J. Qvigstad. 1853 4. April 1928. — Oslo 1928. 376 S. Bildnis; Bibliogr. = Tromsø Museums Skrifter, Vol. 2. *A. W. Brøgger*

RADAKOVIC — Philosophie der Toleranz. Festschrift zum 65. Geburtstag v. Konstantin Radakovic. Überr. v. Mitarb. u. Schülern. — Graz: Leykam (1959). 88 S. Bibliogr. *R. Haller*

RADBRUCH — Beiträge zur Kultur- und Rechtsphilosophie. Gustav Radbruch ... zum 70. Geburtstag. — Heidelberg: Rausch 1948. 290 S. Bildnis; Bibliogr. *A. Grisebach*

RADERMACHER — Festgabe für Prof. Ludwig Radermacher. — Wien: Höfel 1937. 212 S. m. Abb. = Wiener Studien, 55: 1937 (1/2) *M. Schuster*

RAMMING — Ostasiatische Studien. Hrsg. v. I[nge]-L[ore] Kluge. (Martin Ramming zum 70. Geburtstag gewidmet.) — Berlin: Akademie-Verl. 1959. VIII, 248 S. 47 Abb. Bildnis = Dt. Akademie d. Wiss. zu Berlin, Institut f. Orientforschung, Veröff. Nr. 48. *H. Franke W. Fuchs K. Meissner*

RAS — Festschrift für Max Ras. Zum 60. Geburtstage 4. 6. 1949. — Basel: E. Koenig. Bildnis *Zum Abschnitt „Kunst" 5 kleine Beiträge von Peter Zschokke, Georg Schmidt, Adolf Postmann, Linus Birchler, Albert Baur. Nicht einzeln angeführt*

RATZEL — Zu Friedrich Ratzel's Gedächtnis. Geplant als Festschrift zum 60. Geburtstage, nun als Grabspende dargebracht. — Leipzig: Seele 1904. 471 S. Bildnis *R. Buschick*

RAVE — Westfalen. Bd 29: 1951 H. 2/3. (Wilhelm Rave widmen Herausgeber und Schriftleiter ... diese Festgabe zur Vollendung seines 65. Lebensjahres.) *H. Eickel R. Fritz A. Fuchs O. Gaul H. Hesse-Frielinghaus F. Mühlberg F. Mühlen P. Pieper Th. Rensing W. Schulte H. Schwartz H. Seiler W. Tack H. Thümmler M. Wackernagel H. Zink*

READ — Essays in honour of Conyers Read. Ed. by Norton Downs. — Chicago: Univ. of Chicago Press 1953. XXII, 304 S. *G. Haines*

REATZ — Festschrift für August Reatz zu seinem 60. Geburtstag (24. 2. 1949). Hrsg. v. Ludwig Lenhart, August Schuchert, Leo Just. — Mainz: Verl. d. Bischöfl. Stuhls 1949. 416 S. m. Abb. u. Plänen = Jahrb. f. d. Bistum Mainz, Bd 4: 1949 *A. Gessner K. Gruber H. Leitermann J. Sartorius*

RECHE — Kultur und Rasse. Otto Reche zum 60. Geburtstag. Hrsg. v. M. Hesch u. G. Spannaus. — München, Berlin: J. F. Lehmann 1939. 428 S. Bildnis *H. Damm P. Germann*

REDENBACHER — Aus der Arbeit des Bibliothekars. Aufsätze u. Abh., Fritz Redenbacher zum 60. Geburtstag dargebr. Unter Mitarb. v. Hannelore Petz-Gebauer hrsg. v. Bernhard Sinogowitz. — Erlangen: Universitäts-Bibliothek 1960. 207 S., mehr. Bl. Abb. = Schriften d. Universitäts-Bibliothek Erlangen. 4. Bildnis. *Nicht im systematischen Teil*

REDLICH — Festschrift zu Ehren Oswald Redlichs. — Innsbruck: Wagner 1928. XX, 632 S. mehr. Taf., 1 Kt. = Veröffentlichungen des Museum Ferdinandeum in Innsbruck, Jahrg. 1928, H. 8. *J. Garber H. Hammer J. Kraft K. Moeser*

REDSLOB — Edwin Redslob zum 70. Geburtstag. Eine Festgabe. (Hrsg. v. Georg Rohde, Ottfried Neubecker u. a.) — Berlin: Blaschker 1955. 402 S. m. Abb. Bildnis; Bibliogr. *G. Allinger F. Anzelewsky R. Belling E. Berckenhagen H. Cürlis C. F. Friedrich H. Funk G. Henniger H. Junecke H. Knudsen E. Kühnel G. Lindemann W. Loeschke E. Marx O. Neubecker Gretl Neumann A. Neumeyer H. Nickel K. Oettinger W. Prinz P. O. Rave E. Roters W. Sasse Wieland Schmidt H. Schröter G. Schwanbeck F. Winkler*

REHMKE 1923 — Wissen und Denken. Festschrift zu Johannes Rehmkes 75. Geburtstag am 1. 2. 1923. Hrsg. v. Johannes Erich Heyde. — Leipzig: Meiner 1923. 196 S. Bildnis = Grundwissenschaft. Philos. Zeitschr. der Johannes-Rehmke-Gesellsch. 4: 1923 (1/2) *K. Gassen F. Weinhandl W. Wieckberg*

REHMKE 1928 — Festschrift Johannes Rehmke zum 80. Geburtstage 1. 2. 1928, dargebr. v. Fachgenossen, Freunden u. Schülern. Hrsg. v. Johannes Erich Heyde. — Leipzig: Meiner 1928. 415 S. Bildnis = Grundwissenschaft, 8: 1928 (1–3) *H. Hegenwald*

REIN 1935 — Festschrift Berthold Rein zum 75. Geburtstag (17. 12. 1935). Forschungen zur schwarzburgischen Geschichte. Hrsg. v. Willy Flach. — Jena: Frommann 1935. XIV, 206 S. 3 Taf. Bildnis *E. Anemüller H. Jacobi*

REIN 1940 — Berthold Rein als Ehrengabe zum 80. Geburtstag. Vorträge v. Mitgliedern d. Vereins f. Rudolstädter Gesch. u. Heimatschutz aus dem Kriegswinter 1939/40. Hrsg. v. F. Lundgreen. — Rudolstadt: Mitzlaff 1940. 113 S. *F. Lundgreen*

REINCKE — Festschrift zum 70. Geburtstag Heinrich Reinckes am 21. 4. 1951. — Hamburg: Christians 1951. 415 S. Bibliogr. = Zeitschrift des Vereins für Hamburgische Geschichte, Bd 41: 1951 *C. Schellenberg*

REINCKE-BLOCH — Festschrift für Hermann Reincke-Bloch zu seinem 60. Geburtstage (15. 8. 1927) überr. v. s. Schülern. — Breslau: Trewendt & Granier 1927. 168 S. *H. Beltz*

REINECKE 1950 — Reinecke-Festschrift zum 75. Geburtstag von Paul Reinecke am 25. 9. 1947. Hrsg. v. G. Behrens u. J. Werner. — Mainz: Schneider 1950. VII, 180 S. 43 Taf. Bildnis *H. Bott F. Sprater J. Werner H. Zeiß*

REINHARDT — Varia Variorum. Festgabe für Karl Reinhardt, dargebr. v. Freunden u. Schülern zum 14. 2. 1951. — Münster, Köln: Böhlau 1952. VIII, 282 S. 2 Taf. *E. H. Kantorowicz*

RENAUDET — Mélanges Augustin Renaudet. Genève: Droz 1952. 373 S. = Bibliothèque d'Humanisme et Renaissance, Tome 14. *A. Chastel A. Renaudet G. Weise*

RENIER — Scritti Varii di Erudizione e di Critica in onore di Rodolfo Renier. — Torino: Bocca 1912. 1153 S. 20 Taf. Bildnis; Bibliogr. *A. Baudi di Verme V. Cian B. Croce A. Della Torre A. Farinelli P. Fedele G. Gentile E. Solmi P. Toesca A. Venturi*

RENSING — Westfalen, Hefte f. Geschichte, Kunst u. Volkskunde. Bd 37: 1959, H. 1–3. (Festgabe für Theodor Rensing ... zur Vollendung s. 65. Lebensjahres.) — Münster: Aschendorff 1959. 308 S. 210 Abb. *H. Busen H. Claussen H. Eichler R. Fritz A. Fuchs H. Grundmann H. Hesse-Frielinghaus K. Honselmann D. Kluge Ruth Meyer F. Mühlen J. Prinz R. Reuter K. Schmidt-Thomsen H. Schwartz A. Stange W. Tack H. Thümmler H. Wentzel R. Wesenberg Th. Wieschebrink D. Wildeman*

REYNOLDS — Elizabethan Studies and other essays in honour of George F. Reynolds. — Boulder/Colorado 1945. X, 387 S. Bildnis; Bibliogr. *P. Toynbee A. Venturi*

RICCI — In Memoria di Corrado Ricci. — Roma: R. Istituto d'Archeol. e Storia dell'arte 1935. 259 S. Bildnis; Bibliogr. *Enth. einen ungedruckten Aufsatz v. C. Ricci u. eine Reihe Würdigungen seiner Persönlichkeit. Nicht einzeln angeführt*

RICHEL — Frankfurter Beiträge. Arthur Richel gewidmet (aus Anl. s. Ausscheidens a. d. Frankfurter Stadtbibliothek). — Frankfurt a. M.: Hauserpresse 1933. 80 S. m. Abb. Bibliogr. *K. F. Bauer A. Freimann K. Nothnagel G. Schönberger Th. Schwisow*

RICHTER, GREGOR — Festschrift für ... Gregor Richter zum 60. Geburtstag. 96 S. Bildnis = Fuldaer Geschichtsblätter, Jg 27: 1934 *E. Kramer J. Vonderau G. Willms*

RICHTER, JOHANNES — Bildungstheorie und Unterrichtspraxis. Festschrift für Johannes Richter. Hrsg. vom Pädagog. Institut Leipzig. — Langensalza: Beltz 1933. 134 S. Bildnis *F. Pelz H. Wippler*

RIEHL — Festschrift für Alois Riehl. Von Freunden u. Schülern zu s. 70. Geburtstag dargebracht. — Halle/S.: Niemeyer 1914. 522 S. *J. Eichner F. Kuntze*

RIEMERSCHMID — Wir fingen einfach an. Arbeiten und Aufsätze von Freunden u. Schülern um Richard Riemerschmid. Zu dessen 85. Geburtstag ges. u. hrsg. v. Heinz Thiersch. — München: Pflaum 1953. 127 S. m. Abb. Bildnis *Meist kurze Huldigungen für den Jubilar, auch Auszüge a. s. Schriften. F. Ahlers-Hestermann K. Hager P. Niemeyer E. Preetorius G. Mendelssohn R. Riemerschmid (2 Aufss.)*

RIFF — Art populaire de France. Recueil d'études à M. Adolphe Riff pour son 70e anniversaire. — Strasbourg: Editions Européa 1960. 134 S. 115 Abb. *Nicht im systematischen Teil*

RITTER — Festschrift für Gerhard Ritter zu seinem 60. Geburtstag. Hrsg. v. Richard Nürnberger. Tübingen: Mohr 1950. 450 S. Bildnis *W. Kaegi*

RITZ — Festschrift für J[oseph] M[aria] Ritz. Hrsg. v. Torsten Gebhard und Hans Moser. — Regensburg: Habbel 1951. 200 S. = Bayerisches Jahrbuch für Volkskunde, 1951. *J. Blau A. Dörrer J. Dünninger T. Gebhard V. v. Geramb I. Gierl J. Hanika Th. Heck A. Karasek-Langer R. Kriß H. O. Münsterer G. Ritz Ch. Rubi G. Schierghofer Leopold Schmidt O. v. Zaborsky*

RIVET — Miscellanea Paul Rivet octogenario dicata. 1. 2. Méxiko (Editorial Cultura 1958/59). 1. (1958.) LXII, 707 S. m. z. T. farb. Abb., Bildnis. 2. (1959.) 903 S. m. Abb. = XXXI Congreso Internacional de Americanistas. Universidad Nacional Autónoma de Méxiko, 1958. *D. M. Brugge C. A. Burland A. Caso C. Evans J. Alcina Franch G. Gjessing R. d'Harcourt R. Heine-Geldern W. Krickeberg G. Kubler H. Lehmann A. Ruz Lhuillier J. A. Mason B. J. Meggers E. Mengin G. Mostny H. B. Nicholson S. Elías Ortiz G. J. Quimby G. Reichel-Dolmatoff C. Schuster L. E. Valcárcel*

RIVET, HOMENAJE — Homenaje al Profesor Paul Rivet. — Bogatá: ABC 1958. 335 S. 10 Taf. Bibliogr. *L. Duque Gomez G. Reichel-Dolmatoff E. Silva Celis*

ROBERT — Aus der Anomia. Archaeolog. Beiträge Carl Robert zur Erinnerung an Berlin dargebracht. — Berlin: Weidmann 1890. 214 S. 3 Taf. *P. Jessen*

ROBINSON — Studies presented to David Moore Robinson on his seventienth birthday. Vol. 1., ed. by G. E. Mylonas. Vol. 2., ed. by G. E. Mylonas and D. Raymond. — Saint Louis, Missouri: Washington University 1951–1953. LIX, 876 S. m. Abb., 111 Taf. u. XX, 1336, 98 Taf. *A. v. Gerkan H. P. L'Orange*

RÖRIG — Städtewesen und Bürgertum als geschichtliche Kräfte. Gedächtnisschrift für Fritz Rörig. Hrsg. v. A. v. Brandt u. W. Koppe. — Lübeck: Schmidt-Römhild 1953. 560 S. *H. H. Hennings P. Johansen K. Kumlien H. Rothert H. Schwartz S. H. Steinberg F. Timme W. Unverzagt*

ROGGE — Geschiedkundige Opstellen uitgegeven ter eere van Hendrik Cornelis Rogge. — Leiden 1902. 320 S. *C. Hofstede de Groot*

ROGGEN — Miscellanea Prof. Dr. D[omien] Roggen. — Antwerpen: De Sikkel 1957. 304 S. m. Abb. Bildnis; Bibliogr. *J. Ainaud de Lasarte D. Angulo J. M. de Azcarate L. Blondel H. Bober G. Brom H. David M. Davies J. G. van Gelder P. Gras J. Gudiol S. J. Gudlaugsson J. S. Held G. J. Hoogewerff G. Isarlo R. Jullian W. Krönig O. Kurz M. Lorente Th. MacGreevey B. Nicolson Ch. Oursel P. Pradel P. Quarré L. Reis-Santos F. J. Sanchez Canton A. Stange P. T. A. Swillens H. Voss F. Winkler*

ROM — Römische Forschungen der Bibliotheca Hertziana Band XVI. Miscellanea Bibliothecae Hertzianae zu Ehren von Leo Bruhns †, Franz Graf Wolff Metternich, Ludwig Schudt. — Wien: Schroll 1961. 520 S. m. 385 Abb. *Nicht im systematischen Teil*

van RONKEL — Birgkisan Budi [Gabe für den Verstand]. Een Bundel opstellen aan Philippus Samuel van Ronkel op zijn tachtigste Verjaardag 1. 8. 1950. — Leiden: Sijthoff 1950. 356 S. Bildnis; Bibliogr. *H. T. Damsté*

ROOSVAL — Johnny Roosval den 29 augusti 1929. Amici amico. — Stockholm 1929. 150 S. [Vortitel:] Konsthistoriska studier, tillägnade J. R. den 29. 8. 1929. = Studier från Zornska Inst. för Nordisk och jämförande Konsthistoria vid Stockholms Högskola, 6. *M. Aubert G. Boëthius H. Cornell A. Goldschmidt H. Kjellin A. Kingsley Porter A. Lindblom E. Lundberg K. K. Meinander A. L. Romdahl O. Rydbeck E. I. Seaver B. Thordeman C. R. af Ugglas*

ROQUES — Mélanges de linguistique et de litterature romanes offerts à Mario Roques. Bd 1. 2. — Baden, Paris: M. Didier 1950–1953. Bildnis; Bibliogr. 1. 1950. 279 S. 2. 1953. 324 S. *Eugen Lerch*

ROSELLINI — Scritti dedicati alle memoria di Ippolito Rosellini nel primo centenario della morte (4. 6. 1943). A cura dell'Università di Firenze. — Firenze 1945. 206 S. *S. Donadoni R. Paribeni M. Salmi*

ROSEMANN — Schüler-Festschrift zum 50. Geburtstag von Prof. Dr. Heinz Rudolf Rosemann, Ordinarius f. Kunstgeschichte an der Georg August-Universität zu Göttingen. — Göttingen, Kunstgeschichtl. Seminar 1950. [Maschinenschr. Im Besitz v. Professor Rosemann.] *D. Großmann E. Guldan B. Hedergott E.-G. Heinemann H. Jedding H. Klettke W. Frh. v. Löhneysen H. Meyer-Bruck H.-G. Sperlich D. Unckenbold P. Vogt L. v. Weiher H. Wille M. Wundram*

ROSEMANN 1960 — Beiträge zur Kunstgeschichte. Eine Festgabe für Heinz Rudolf Rosemann zum 9. Okt. 1960. (Hrsg. von Ernst Guldan.) — (München:) Deutscher Kunstverl. (1960.) 361 S. m. Abb. 1 Farbtaf. Diss. Verz. S. 360/361. *Nicht im systematischen Katalog*

ROSS — A Volume of Indian and Iranian Studies. Presented to E. Denison Ross 6. 6. 1939. — Bombay: Karratak (1939). 410 S. Bildnis; Bibliogr. *M. R. Majmudar H. D. Sankalia*

de ROSSI — Giovanni Battista de Rossi, eine biogr. Skizze v. P. M. Baumgarten. — Köln: Bachem 1892. 116 S. Innentitel: „Festschrift ..." *Enthält nur persönl. Würdigungen. Nicht einzeln angeführt*

de ROSSI 1892 I — Mélanges G. B. de Rossi. Recueil de travaux publiés par l'École française de Rome en l'honneur de M. le commandeur Giovanni Battista de Rossi. — Paris: Thorin; Rome: Spithöver 1892. VIII, 391 S. 5 Taf. = Mélanges d'archéologie et d'histoire publiés par l'Éc. Franç. de Rome, T. 12, Suppl. *P. Durrieu A. Geffroy St. Gsell A. Pératé*

de ROSSI 1892 II — Archäologische Ehrengabe der Römischen Quartalsschrift zu de Rossi's 70. Geburtstage. Hrsg. v. A. de Waal. — Roma: Tipografia Sociale 1892. 424 S. m. Abb. 15 Taf. *Armellini Batiffol Cozza-Luzi De Waal Ebner Ehrhard Endres P. Germano*

P. Grisar Jelić Kirsch Kraus Marucchi Scagliosi Stevenson Strzygowski Swoboda Wilpert

de ROSSI 1923/1924 — Memorie. Miscellanea Giovanni Battista de Rossi. Roma 1923/1924. 272 u. 194 S. m. Abb. u. Taf. = Atti della Pontificia Accademia Romana di Archeologia. Memorie Vol. 1, Parte 1–2. *T. Ashby L. Duchesne C. Huelsen R. Lanciani G. Lugli Giovanni Mercati Silvio Giuseppe Mercati O. Marucchi P. Monceaux P. Orsi G. Wilpert*

ROTHACKER — Konkrete Vernunft. Festschr. f. Erich Rothacker. Hrsg. v. Gerhard Funke. — Bonn: Bouvier 1958. 444 S. Bildnis; Bibliogr. *O. Becker D. Frey A. Gehlen H. Lützeler H. Pleßner*

RUBIO i LLUCH — Homenatge a Antonio Rubió i Lluch. Miscellània d'estudis literaris, històrics i lingüístics. Vol. 1–3. — Barcelona 1937. 666; 566 u. 725 S. m. Abb. Taf. Facsim. *A. M. Albareda P. Batlle i Huguet W. Giese W. Neuß J. Puig i Cadafalch P. Pujol i Tibau X. de Salas P. Sanahuja P. E. Schramm M. Trens*

RUBOW — Festskrift til Paul V. Rubow. 1896. 9. Januar 1956. — København: Gyldendal 1956. 415 S. Bildnis; Bibliogr. *Ch. Elling O. Friis S. M. Kristensen T. Krogh*

RUDBECK — Bibliografiska studier tillägnade friherre Johannes Rudbeck på hans fentioårsdag den 7 mars 1917. (Red.: Gustaf Rudbeck.) — Stockholm 1917. II, 92 S. Bildnis; Bibliogr. *E. Hannover P. Hierta H. Loubier V. Madsen G. Rudbeck A. Sjögren*

RUDBERG — Serta Rudbergiana. Gunnario Rudberg ... — Osloae: Brøgger 1931. 87 S. Bildnis *H. P. L'Orange*

RUDLER — The French Mind. Studies in honour of Gustave Rudler. — Oxford: Clarendon 1952. 360 S. Bildnis; Bibliogr. *E. Starkie*

RÜSTOW — Wirtschaft und Kultursystem. (Alexander Rüstow zum 70. Geburtstag.) Hrsg. v. Gottfried Eisermann. — Erlenbach-Zürich, Stuttgart: Rentsch 1955. 330 S. *Peter Meyer A. Weber*

RUMPF — Festschrift Andreas Rumpf. Zum 60. Geburtstag dargebr. v. Freunden u. Schülern, Köln, im Dez. 1950. (Hrsg.: Tobias Dohrn.) — Krefeld: Scherpe 1952. 167 S. m. 12 Abb. 32 Taf. Bibliogr. *J. D. Beazley A. E. Raubitschek*

RUPPEL — Fünfhundert Jahre Mainzer Buchdruck. Festgabe zum 70. Geburtstag von Aloys Ruppel (21. 6. 1952). Bearb. v. Josef Benzing u. Helmut Presser. — Mainz 1952. 317 S. m. 98 Taf. Bildnis *Große Überblicke über Druckgeschichte. Nicht einzeln angeführt*

RUPPRECHT, KRONPRINZ v. BAYERN 1914 — Festschrift des Münchener Altertums-Vereins zur Erinnerung an das 50jährige Jubiläum. Gewidmet Kronprinz Rupprecht von Bayern. — München: Stobbe 1914. 180 S. m. Abb. u. Taf. *H. Buchheit G. v. Dadelsen (2 Aufss.) A. Feulner Ph. M. Halm G. Lill August L. Mayer M. W. Schmid F. X. Weizinger*

RUPPRECHT, KRONPRINZ v. BAYERN 1953 — Festgabe für S. Kgl. Hoheit Kronprinz Rupprecht von Bayern (zum 80. Geburtst. ... 1949 bestimmt). Hrsg.: W. Goetz. — München-Pasing: Verl. Bayer. Heimatforschg 1953. 325 S. m. Abb. Bildnis *O. Bock v. Wülfingen E. Buchner E. J. Luin Karl Alexander v. Müller H. Rheinfelder H. Uhde-Bernays*

RUUTHIN — Juhlajulkaisu J. W. Ruuthin 70-vuotispäiväksi 12. 5. 1924. — Helsinki 1924. 381 S. = Historiallinen arkisto, 32. *K. K. Meinander*

RYDBECK — Från stenålder till rokoko. Studier tillägnade Otto Rydbeck den 25 augusti 1937. (Von der Steinzeit bis zum Rokoko. Studien Otto Rydbeck gewidmet am 25. 8. 1937.) — Lund 1937. IX, 391 S. *G. Ekholm R. Josephson O. Källström E. Lundberg M. Mackeprang P. Nørlund A. L. Romdahl C. R. af Ugglas*

SACHAU — Festschrift Eduard Sachau zum 70. Geburtstage. — Berlin 1915. *M. van Berchem*

SAHLIN — En bergsbok. Några studier över svensk bergshantering tillägnade Carl Sahlin 15/12 1921 (60. Geburtst.). (Red.: Kristoffer Huldt, Herman Sundholm, Alf Grabe, Sune Ambrosiani.) — Stockholm 1921. XVI, 289 S. Bildnis; Bibliogr. *M. Olsson*

SALIN — Studier tillägnade Bernhard Salin på sextio-årsdagen den 14 januari 1921 [Umschlagtit.]. (Red.: Gustaf Upmark, Visen Lewin.) — Stockholm 1920. VI, 236 S. Bildnis = Fataburen. Årg. 1921. *G. W. Fleetwood S. Wallin*

SALINAS — Miscellanea di archeologia, storia e filologia dedicata al Antonino Salinas nel XL anniversario del suo insegnamento accademio. — Palermo: Virzè 1907. XV, 428 S. 4 Taf. *C. Malranga G. di Marzo W. Rolfs G.-B. Siragusa*

SALIS — Festgabe für Arnold von Salis zu seinem 70. Geburtstag am 29. 7. 1951. — Basel: Schwabe 1951. S. 111–305 m. Abb. u. Taf. — So.-Dr. aus: Museum Helveticum Vol. 8: 1951, Fasc. 2/3, *A. Alföldi W. Andreas H. Möbius F. Staehelin M. Stettler C. Weickert*

SALTER — Oxford Essays in Medieval History. Presented to Herbert Edward Salter. — Oxford: Clarendon 1934. 264 S. Bildnis *E. M. Jamison J. N. L. Myres*

SANDBERGER — Festschrift zum 50. Geburtstag. Adolf Sandberger überreicht von seinen Schülern. — München: Zierfuss 1918. IV, 295 S. *G. F. Schmidt B. A. Wallner*

SANTA-OLALA — Homenaje a Julio Martinez Santa-Olala. Bd 1–3. — Madrid 1946–1948. = Actas y memorias de la Sociedad Española de Antropologia, Etnografia y Prehistoria, Bd 21–23. *I. Del Pan S. R. Giménez E. R. de Torres*

SANTE — Von archivarischer Kunst und Verantwortung. Festgabe f. G. W. Sante. — [Siegburg/Rhld: F. Schmitt] 1956. Sp. 281–326. [Umschlagt.] = Aus: Der Archivar. Jg. 9. [1956,] H. 4. [Okt.] *O. Renkhoff u. K. E. Demandt*

SAPORI — Studi in onore di Armando Sapori. — Milano: Istituto editorale cisalpino 1957. Bd 1. 2. Bildnis *Zur europäischen Handels- u. Wirtschaftsgeschichte des letzten Jahrtausends. Aufsätze nicht einzeln angeführt*

SARRE — Beiträge zur Kunst des Islams. Festschrift für Friedrich Sarre zur Vollendung seines 60. Lebensjahres. Hrsg. v. Ernst Kühnel. — Leipzig: Klinkhardt & Biermann. = Jahrb. d. Asiatischen Kunst 2: 1925, Tl 2. S. 101–216, zahlr. Abb. *F. Babinger E. Cohn-Wiener E. Diez S. Flury H. C. Gallois H. Glück H. Goetz E. Kühnel Leo A. Mayer A. U. Pope O. Reuther R. M. Riefstahl A. Sakisian H. Stöcklein J. Strzygowski F. Taeschner*

SARTON — Studies and Essays in the History of Science and Learning offered in Homage to George Sarton on the Occasion of his Sixtieth Birthday 31. 8. 1944. — New York: Schuman 1944. 597 S. Bildnis *B. Dibner*

SARUP — Sarupa-Bharati or The Homage of Indology Being the Dr. Lakshman Sarup Memorial Volume. Hoshiarpur (India) 1954. 400 S. = Visveshvaranand Indological Papers Series, 27. *H. Goetz*

SAS-ZALOZIECKY — Festschrift, W. Sas-Zaloziecky zum 60. Geburtstag. (Hrsg. v. Dr. Gertrude Gsodam.) — Graz: Akademische Druck- u. Verl. Anst. 1956. 212 S. mit Abb., LXVIII S. Abb., Bildnis; Bibliogr. *E. Andorfer S. Bettini E. Coudenhove E. Dyggve W. Felicetti-Liebenfels R. Feuchtmüller G. B. Fowler K. Garzarolli-Thurnlackh H. Gerstinger G. Gsodam E. Hempel V. Laurent E. Lucchesi-Palli O. R. Lutterotti Th. Michels A. Morassi O. Reicher H. Reuther D. Rice-Talbot H. Riehl St. Runciman W. Suida F. Valjavec P. Verzone H. Wiesflecker P. L. Zovatto*

SAXL 1937/38 — (... Selection of essays written in honour of Fritz Saxl by his friends in London and presented to him in manuscript form on the completion of his 25th year at the Warburg

Institute.) = Journal of the Warburg Institute, Vol. 1: 1937/38, Nr. 4. S. 263–371. Taf. 35–61. *G. Bing A. Blunt G. Clutton E. Harris A. Heimann U. Hoff E. Kitzinger Ch. Mitchell J. Seznec E. Wind R. Wittkower F. Wormald*

SAXL — Fritz Saxl. 1890–1948. A Volume of Memorial Essays from his friends in England, edited by D. J. Gordon. — London, Edinburgh usw.: Nelson 1957. XI, 369 S. 39 Taf. Bildnis *A. F. Blunt D. J. Gordon H. Liebeschütz H. D. Molesworth O. Pächt Ch. Singer A. Watson G. Webb J. Wilde F. Wormald*

SCHADE — Festschrift zum siebzigsten Geburtstage Oskar Schade dargebracht. — Königsberg i. Pr.: Hartung 1896. 415 S. *B. Brill*

SCHÄFER, DIETRICH — Forschungen und Versuche zur Geschichte des Mittelalters und der Neuzeit. Festschrift Dietrich Schäfer zum 70. Geburtstag dargebr. v. s. Schülern. — Jena: Fischer 1915. VIII, 838 S. 3 Taf. Bildnis *H. Heineken F. Kern*

SCHAEFFER — Festschrift zum 70. Geburtstage von Moritz Schaeffer zum 21. 5. 1927. — Berlin: Philo-Verl. 1927. 273 S. Bildnis *R. Wischnitzer-Bernstein*

SCHAUINSLAND — Festschrift zum 70. Geburtstage 30. 5. 1927 und 40jährigen Dienstjubiläum 31. 5. 1927 des Herrn Professor Dr. H. H. Schauinsland, Dir. d. Städt. Museums f. Natur-, Völker- u. Handelskunde zu Bremen. — Bremen: Heilig & Bartels 1927. 90 S. Bildnis *G. Kappe A. Lonke J. Weissenborn*

SCHEDE 1943 — Martin Schede, Präsident des Archäol. Instituts des Deutschen Reiches zum 60. Geburtstag am 20. 10. 1943 in Verehrung gewidmet vom Röm. Institut. — München: Bruckmann 1943. 265 S. m. Abb., 20 Taf. = Mitteilungen d. Dt. Archäol. Instituts, Röm. Abt., Bd 58. *F. W. Deichmann M. Stettler*

SCHEDE 1950 — Kleinasien und Byzanz. Gesamm. Aufsätze zur Altertumskunde u. Kunstgeschichte [Martin Schede zum Gedächtnis gewidmet. Im Ms zum 60. Geburtst. am 20. 10. 1943 überreicht]. — Berlin: de Gruyter 1950. IV, 161 S. 67 Taf. = Istanbuler Forschungen, 17. *K. Otto-Dorn G. Rodenwaldt A. M. Schneider*

SCHEEL — Festschrift für Otto Scheel. Beiträge zur deutschen und nordischen Geschichte. Hrsg.: Harald Thurau. — (Schleswig: Ibbeken 1952.) 359 S. Bildnis *E. Schlee*

SCHELL — Festschrift für Otto Schell zum 70. Geburtstag 14. 3. 1928. Mit Unterstützg d. Bergischen Geschichtsvereins hrsg. v. Wolfgang van der Briele. — Elberfeld: Martini & Grüttefien 1928. 76 S. 2 Taf. Bildnis *W. van der Briele F. Fries A. Kuemmel W. de Weerth*

SCHERING — Festschrift Arnold Schering zum 60. Geburtstag. — Berlin: Glas 1937. 274 S. Bildnis; Bibliogr. *W. Gurlitt*

SCHIEDERMAIR 1956 — Studien zur Musikgeschichte des Rheinlandes. Festschrift zum 80. Geburtstag v. Ludwig Schiedermair. In Verbindung mit d. Arbeitsgemeinschaft f. rhein. Musikgeschichte u. d. Verein Beethovenhaus, Bonn, hrsg. v. Willi Kahl, Heinrich Lemacher u. Joseph Schmidt-Görg. — Köln: Volk 1956. VIII, 155 S. 2 Taf. = Beiträge zur rheinischen Musikgeschichte. H. 20. Bibliogr. *W. Engelhardt W. Reindell*

SCHIFFERER — Festgabe Anton Schifferer zum 60. Geburtstag dargebr. v. d. Schleswig-Holsteinisch. Univ.-Gesellsch. u. der Baltischen Kommission zu Kiel. — Breslau: Hirth 1931. VIII, 275 S. 21 Abb. 20 Taf. Bildnis = Veröff. d. Schlesw.-Holstein. Univ.-Gesellschaft, 37. *A. Haseloff O. Lehmann*

SCHIPA — Studi di storia napoletana in onore di Michelangelo Schipa ... — Napoli: I. T. E. A. 1926. XXI, 740 S. Bildnis; Bibliogr. *F. Abignente*

SCHLAGINHAUFEN — Festgabe zum 70. Geburtstag (8. 11. 1949) von Otto Schlaginhaufen. (Redakt.: Alfred Ernst.) — Zürich: Orell Füssli 1949. 615 S. m. Abb. Bildnis; Bibliogr. =

Archiv der Julius Klaus-Stiftung f. Vererbungsforschg, Sozialanthropologie u. Rassenhygiene, Bd 24: 1949. *A. Steinmann*

SCHLECHT — Beiträge zur Geschichte der Renaissance und Reformation. Joseph Schlecht am 16. 1. 1917 als Festgabe zum 60. Geburtstag dargebr. v. C. Baeumker u. a. Hrsg. v. L. Fischer. — München: Datterer 1917. XXI, 426 S. Bildnis *E. Freys M. Grabmann G. Hager J. P. Kirsch K. Schottenloher B. Sepp E. A. Stückelberg*

SCHLESINGER — Tradition und neue Wirklichkeit der Universität. Festschrift für Erich Schlesinger zu seinem 75. Geburtstage. Bildnis = Wissenschaftl. Zeitschrift der Universität Rostock, Jg 5: 1955/56, So.-H. *C. Meltz*

SCHLOSSER 1926 — Jahrbuch der Kunsthistorischen Sammlungen in Wien. NF 1. Hrsg. v. Leo Planiscig. (Julius Schlosser anläßl. s. Scheidens a. d. Verbande d. Instituts gewidmet.) — Wien: Schroll 1926. XII, 268 S. m. Abb., 32 Taf. *L. Baldaß J. Bankó O. Benesch F. Dworschak G. Fiocco G. Glück E. Kris L. Planiscig (2 Aufss.) A. Weixlgärtner*

SCHLOSSER 1927 — Festschrift für Julius Schlosser zum 60. Geburtstag. Hrsg. v. A. Weixlgärtner u. Leo Planiscig. — Zürich usw.: Amalthea-Verl. 1927. 288 S. 54 Taf. Bildnis; Bibliogr. *L. Baldaß J. Bankó E. H. Buschbeck H. Egger G. Glück A. Groß H. J. Hermann Ch. Huelsen E. Kris B. Kurth A. Morassi E. Panofsky L. Planiscig K. Rathe C. Sachs F. Saxl E. Steinmann K. M. Swoboda J. J. Tikkanen K. Vossler A. Weixlgärtner*

SCHLUMBERGER — Mélanges offerts à M. Gustave Schlumberger à l'occasion du quatre-vingtième anniversaire de sa naissance (17. 10. 1924). T. 1. 2. — Paris: Geuthner 1924. Zus. XXI, 578 S., 41 Taf., 100 Abb. im Text. Bildnis; Bibliogr. 1. Histoire du bas-empire, de l'empire Byzantin et de l'orient latin. – Philologie Byzantine. 2. Numismatique et sigillographie archéolog. *A. Blanchet L. Bréhier W.-H. Buckler P. Collinet O. M. Dalton Comte P. Durrieu R. Dussaud J. Ébersolt C. Enlart R. Fage J. Gay C. Huart E. Jeanselme G. de Jerphanion A. Kingsley Porter N. Kondakov Comte A. de Laborde É. Michon J. J. Marquet de Vasselot J. de Morgan H. Omont P. Orsi M. Prou M. Roy O. Tafrali*

SCHMARSOW — Kunstwissenschaftliche Beiträge, August Schmarsow gewidmet zum 50. Semester s. akad. Lehrtätigkeit v. Heinr. Weizsäcker u. a. Vorr.: Rudolf Kautzsch, Oskar Wulff, Paul Schubring. — Leipzig: Hiersemann 1907. VII, 179 S. m. Abb. u. 12 Taf. = Kunstgeschichtl. Monographien, Beih. 1. *R. Kautzsch W. Niemeyer W. Pinder James v. Schmidt P. Schubring M. Semrau K. Simon G. Graf Vitzthum A. Warburg H. Weizsäcker O. Wulff*

SCHMAUS — Theologie in Geschichte und Gegenwart. Michael Schmaus zum 60. Geburtstag. Dargebracht v. s. Freunden u. Schülern. Hrsg. v. Johann Auer u. Hermann Volk. — München: Zink 1957. XXX, 956 S. Bildnis; Bibliogr. *R. Bauerreiß*

SCHMID, HEINRICH FELIX — Studien zur älteren Geschichte Osteuropas. (Festschr. f. Heinrich Felix Schmid.) Red. v. Günther Stökl. T. 1. — Graz, Köln: Böhlau 1956. 202 S. 3 Taf. = Wiener Archiv f. Geschichte d. Slawentums u. Osteuropas. Bd 2. Bildnis *J. Žontar*

SCHMIDT, P. W. — Festschrift – Publication d'hommage, offerte au P. W. (Pater Wilhelm) Schmidt (zum 60. Geburtst. 16. 2. 1928). 76 sprachwiss., ethnologische, religionswiss., prähistorische u. a. Studien. Hrsg.: W. Koppers. — Wien 1928: Mechitharisten-Congregations-Buchdruckerei. XXIX, 977 S. 158 Abb. 41 Taf. 2 Kt. Bildnis; Bibliogr. *Comte Bégouen u. H. Breuil H. Breuil V. Christian E. M. v. Hornbostel G. Klameth Pater Damian Kreichgauer O. Spies*

SCHMIDT-OTT — Aus 50 Jahren deutscher Wissenschaft. Die Entwicklung ihrer Fachgebiete in Einzeldarstellungen. Hrsg. v. Gustav Abb. Sr. Exz. Herrn Staatsminister ... Friedrich

Schmidt-Ott zur Feier seines 70. Geburtstages im Namen d. deutsch. Wissenschaft überreicht. — Berlin: de Gruyter 1930. XI, 496 S. Bildnis *A. Goldschmidt F. Schumacher*

SCHMITT — Form und Inhalt. Kunstgeschichtliche Studien Otto Schmitt zum 60. Geburtstag am 13. 12. 1950 dargebr. v. s. Freunden. (Hrsg.: Hans Wentzel.) — Stuttgart: Kohlhammer (1950). 351 S. m. Abb. Bibliogr. *F. Balke K. Bauch J. Baum H. Fegers W. Fleischhauer E. Gall O. Goetz H. Haug L. Hell Th. Heuss H. Hildebrandt O. Homburger H. Kauffmann R. Kautzsch F. Martini Theodor Müller H. Th. Musper E. Schilling R. Schilling R. Schnellbach G. Swarzenski H. Swarzenski W. F. Volbach H. Wentzel (2 Aufss.) A. Wolters K. Ziegler*

SCHMITZ-KALLENBERG — Festgabe für Ludwig Schmitz-Kallenberg zum 10. Juni 1927. — Münster: Regensberg 1927. 147 S. Bildnis; Bibliogr. *J. Bauermann F. Flaskamp*

SCHMOLLER — Festschrift zu Gustav Schmoller's 70. Geburtstag. Beiträge zur brandenburgischen und preußischen Geschichte. Hrsg. vom Verein f. Gesch. d. Mark Brandenburg. — Leipzig: Duncker & Humblot 1908. VIII, 493 S. *F. Arnheim*

SCHNABEL — Historisches Jahrbuch. Im Auftr. d. Görres-Gesellschaft hrsg. v. Johannes Spörl. — München, Freiburg: Alber. Jahrg. 75: 1955, gewidmet Franz Schnabel in dankbarer Verehrung und Verbundenheit. — *H. J. Hüffer W. Kaegi H. Sedlmayr E. W. Zeeden*

SCHNEIDER 1906 — Studien aus Kunst und Geschichte. Friedrich Schneider zum 70. Geburtstage gewidmet v. s. Freunden u. Verehrern. Vorr.: Joseph Sauer. — Freiburg: Herder 1906. XXVII, 584 S. 43 Taf. Bildnis (nach Radierg v. Peter Halm); Bibliogr. *L. Baer J. Baum M. J. Binder W. Bode A. Börckel K. Booß J. Cahn J. Durm C. Eckert J. A. Endres H. Finke M. Furey-Raynaud F. Geiges J. Graus A. Hagelstange Ph. M. Halm O. Hupp P. Kaufmann R. Kautzsch P. A. Kirsch J. B. Kißling A. Klassert E. Kranzbühler K. Lange F. F. Leitschuh J. Lessing A. Lichtwark L. Lindenschmitt E. Neeb Carl Neumann F. Rieffel J. Sauer F. Seesselberg M. Spahn J. Springer E. Steinmann J. Strzygowski E. A. Stückelberg G. Swarzenski H. Weizsäcker*

SCHNEIDER, FRIEDRICH 1958 — Forschungen zur thüringischen Landesgeschichte. (Friedrich Schneider zum 70. Geburtstag am 14. Okt. 1957.) — Weimar: Böhlau 1958. VIII, 522 S. mehr. Bl. Abb., Taf. u. Kt.Skizzen, 10 Stammtaf. = Veröffentlichungen d. Thüringischen Landeshauptarchivs, Weimar. Bd. 1. Bildnis; Bibliogr. *R. Diezel F. Facius J. Ch. Roselt*

SCHNÜRER — Studien aus dem Gebiete von Kirche und Kultur. Festschrift Gustav Schnürer zum 70. Geburtstag gewidmet. — Paderborn: Schöningh 1930. 293 S. m. Abb., einige Taf. Bibliogr. *M. Besson G. Castella E. Spieß*

SCHNÜTGEN — Alexander Schnütgen zum 70. Geburtstag 1. 7. 1953. — Düsseldorf 1953. 361 S. Bildnis = Annalen des Historischen Vereins für den Niederrhein, H. 153/154. *M. Braubach E. Klusen H. Mosler J. Torsy*

SCHOEPPERLE LOOMIS — Medieval Studies in memory of Gertrude Schoepperle Loomis. — Paris: Libr. Honoré Champion. New York: Columb. Univ. Pr. 1927. XV, 535 S. Bildnis; Bibliogr. *R. Sh. Loomis J. Vendryes*

SCHORNBAUM — Festgabe aus Anlaß des 75. Geburtstages von D. R. Karl Schornbaum, Archivdirektor i. R. ... am 7. 3. 1950. Hrsg. i. A. d. Arbeitsgemeinsch. Landeskirchl. Archivare, d. Landeskirchl. Archives Nürnberg u. d. Vereins f. Bayer. Kirchengesch. v. Heinrich Gürsching. — Neustadt a. d. Aisch: Ph. C. W. Schmidt 1950. 159 S. Bibliogr. *J. Bischoff*

SCHOTTENLOHER — Festgabe der Bayerischen Staatsbibliothek für Karl Schottenloher. — München: Zink 1953. 58 S. 12 Taf. *F. Geldner*

SCHRADE — Das Werk des Künstlers. Studien zur Ikonographie und Formgeschichte. Hubert Schrade zum 60. Geburtstag dargebr. von Kollegen und Schülern. — Stuttgart: Kohlhammer (1960). 366 S. m. Abb. Bibliogr. *Nicht im systematischen Teil*

SCHRAMM — Nunquam retrorsum. Beiträge zur Schrift- u. Buchkunde als Ehrengabe für Herrn Prof. Dr. Albert Schramm anläßl. s. 50. Geburtstages am 5. 8. 1930, hrsg. v. Rudolf Stöwesand. — Wolfenbüttel: Heckner 1930. 120 S. Bildnis; Bibliogr. *H. Herbst H. Hommel K. Löffler H. Schreiber J. Schubert*

SCHRAMM, PERCY — Deutsche Königspfalzen. Festgabe Percy E. Schramm zum 14. 10. 1959 [zum 65. Geburtstage]. Ungedruckt im Besitz des Jubilars. *Nicht im systematischen Teil*

SCHREIBER 1932 — Volkstum und Kulturpolitik. Eine Sammlung v. Aufsätzen, gewidm. Georg Schreiber zum 50. Geburtstage. Hrsg. v. Heinrich Konen u. Johann Peter Steffes. — Köln: Gilde-Verl. 1932. XI, 620 S. Bibliogr. *O. Fischer (Basel) B. Kleinschmidt Otto Lehmann K. Meisen W. Neuß A. Schulte E. Wohlhaupter W. v. Zalozieckyi*

SCHREIBER 1953 — Zwischen Wissenschaft und Politik. Festschrift für Georg Schreiber zum 70. Geburtstag 5. 1. 1952. — München, Freiburg 1953. XXIV, 632 S. Bildnis; Bibliogr. = Historisches Jahrbuch. Im Auftr. d. Görres-Gesellsch., hrsg. v. Johannes Spörl. Bd 72: 1953 *A. Fuchs A. K. Huber J. Oswald H. Schauerte H. Tüchle J. Vincke F. Graf Wolff Metternich*

SCHRÖDER, FRANZ ROLF — Festschrift für Franz Rolf Schröder. Zu s. 65. Geburtstage Sept. 1958. Hrsg. v. Wolfdietrich Rasch. — Heidelberg: C. Winter Univ. Verl. 1959. 259 S. Bibliogr. *O. Höfler*

SCHRÖDER — Werke und Tage. Festschrift für Rudolf Alexander Schröder zum 60. Geburtstage am 26. 1. 1938. Hrsg. v. Ernst L. Hauswedell u. Kurt Ihlenfeld. — Berlin: Eckart. Hamburg: Hauswedell 1938. 167 S. 1 Abb. *K. Buchheim*

SCHROHE — Festschrift für Heinrich Schrohe. Anläßl. s. 70. Geburtst. als festl. Gabe. (Vortit.: Stadt u. Stift. Beiträge zur Mainzer Geschichte.) — Mainz 1934: Mainzer Presse. 144 S. 12 Taf. Bildnis *H. Burkard R. Dertsch A. Feigel E. Neeb Hermann Schmitt Otto Schmitt*

SCHUBRING, PAUL — Italienische Studien. Paul Schubring zum 60. Geburtstag gewidmet. — Leipzig: Hiersemann 1929. 190 S. 79 Abb. Bildnis *T. Borenius P. Clemen A. Dorner O. Fischel G. Gronau V. C. Habicht E. Haenel A. F. Heine K. Simon W. Stechow G. Graf Vitzthum O. Wulff*

SCHUBRING, WALTHER — Beiträge zur indischen Philologie und Altertumskunde. Walther Schubring zum 70. Geburtstag dargebr. v. d. dt. Indologie. — Hamburg: Cram, de Gruyter & Co. 1951. 217 S. Bildnis; Bibliogr. = Alt- u. neu-indische Studien, 7. *O. Hansen*

SCHUCHHARDT — Studien zur Vor- und Frühgeschichte. Carl Schuchhardt zum 80. Geburtstag dargebr. — Berlin: de Gruyter 1940. 110 S. m. Abb., 26 Taf. Bildnis *W. A. v. Jenny W. Unverzagt*

SCHÜCK — Studier tillägnade Henrik Schück på hans 50-årsdag den 2. 11. 1905 af vänner och lärjungar. — Stockholm: Geber 1905. VIII, 300 S. *A. Hahr J. Kruse O. Levertin A. Romdahl J. Roosval*

SCHÜTZ — Festschrift Julius Franz Schütz. Unter Mitwirkg d. Steiermärk. Landesbibliothek hrsg. u. red. v. Berthold Sutter. — Graz, Köln: Böhlau 1954. XVI, 493 S., mehr. Taf. *E. Andorfer J. Badalić L. Bokh M. Curčin G. Laurin O. Reicher H. Riehl*

SCHULTE, ALOYS — Historische Aufsätze, Aloys Schulte zum 70. Geburtstag (2. 8. 1927) gewidmet v. Schülern u. Freunden. — Düsseldorf: Schwann 1927. 336 S. Bildnis; Bibliogr. *H. Aubin W. Levison J. Strieder*

SCHULTE, KARL JOSEPH — Scientia Sacra. Theologische Festgabe zugeeignet Karl Joseph Kardinal Schulte, Erzbischof von Köln zum 25. Jahrestage der Bischofsweihe 19. 3. 1935. — Köln: Bachem u. Düsseldorf: Schwann 1935. 370 S. *A. Kalsbach*

SCHULTZ — Beiträge zur Geistes- und Kulturgeschichte der Oberrheinlande. Franz Schultz zum 60. Geburtstag gewidmet. Hrsg. v. Hermann Gumbel. — Frankfurt a. M.: Diesterweg 1938. VIII, 244 S. Bildnis; Bibliogr. = Schriften des Wiss. Institutes der Elsaß-Lothringer im Reich an der Universität Frankfurt, NF 18. *J. Petersen A. Spamer*

SCHULTZE, JOHANNES — Festgabe für Johannes Schultze zum 75. Geburtstag. 344 S. = Jahrbuch für die Geschichte Mittel- und Ostdeutschlands. Bd 5: 1956. *Berthold Schulze*

SCHULTZE, VICTOR 1921 — Victor Schultze, dem unermüdlichen Forscher und anregenden Lehrer zum 70. Geburtstage (13. 12. 1921). — Berlin 1921. = Byzantinisch-Neugriechische Jahrbücher, Bd 2: 1921, Doppelh. 3/4. *H. Achelis E. Becker J. Ficker R. Günther Ch. Huelsen C. M. Kaufmann J. Sauer H. Stocks G. Stuhlfauth O. Wulff*

SCHULTZE, VICTOR I — Von der Antike zum Christentum. Untersuchungen als Festgabe für Victor Schultze zum 80. Geburtstag am 13. 12. 1931 dargebr. von Greifswalder Kollegen. — Stettin: Fischer & Schmidt 1931. 213 S. Taf. Bibliogr. *H. W. Beyer G. Dalman E. Frhr. von der Goltz J. Jeremias J. Keil H. Laag Otto Schmitt*

SCHULTZE, VICTOR II — Geschichtsblätter für Waldeck und Pyrmont, Bd 29/30. (Festschrift zum 80. Geburtstag ... Victor Schultze 13. 12. 1931.) — Mengeringhausen 1931: Rauch. 148 S. m. Abb. Bildnis; Bibliogr. *Fuldner Tassilo Hoffmann Koch Bathildis, Fürstin zu Waldeck u. Pyrmont*

SCHUMACHER 1930 — Schumacher-Festschrift. Zum 70. Geburtstag Karl Schumachers, 14. 10. 1930, hrsg. v. d. Direktion d. Röm.-Germ. Zentral-Museums in Mainz. — Mainz: Wilckens 1930. VI, 373 S. 48 Taf. 187 Textabb. Bildnis *J. Baum F. Fremersdorf P. Th. Kessler H. Kühn W. F. Volbach*

SCHUMANN — Festschrift zum 70. Geburtstag des Herrn Oberkirchenrat, Superintendent u. Pfarrers an St. Thomae zu Leipzig D. theol. Heinrich Schumann am 5. 6. 1945. Überreicht v. d. Ges. f. Kirchengeschichte Leipzigs u. Umgebg. — Leipzig: Ges. f. Kirchengesch. Leipzigs u. Umgebg 1945. 134 S. [Maschinenschr., hektograph.] *E. Lauch*

SCHWANTES — Festschrift für Gustav Schwantes zum 65. Geburtstag (18. 9. 1946). Dargebr. v. s. Schülern u. Freunden. Hrsg. v. Karl Kersten. — Neumünster: Wachholtz 1951. VII, 233 S. m. Abb., mehr. Taf., Bildnis *G. Haseloff H. Jankuhn K. Langenheim K. Schlabow R. v. Uslar J. Werner*

SCHWARBER — Festschrift Karl Schwarber. Beiträge zur schweizerischen Bibliotheks-, Buch- u. Gelehrtengeschichte. Zum 60. Geburtstag am 22. 11. 1949 dargebracht. — Basel: Schwabe 1949. 315 S. 1 Facs. Bildnis *L. Altermatt M. Burckhardt F. Husner Ch. Vischer*

SCHWARZ — Festschrift Adolf Schwarz zum 70. Geburtstag 15. 7. 1916 gewidm. v. Freunden u. Schülern. Unt. Mitwirkg v. V. Aptowitzer, hrsg. v. Samuel Krauss. — Berlin: Löwit 1917. IV, 577, 54 S. Bibliogr. *D. Simonsen*

SCHWEITZER — Neue Beiträge zur klassischen Altertumswissenschaft. Festschrift zum 60. Geburtstag v. Bernhard Schweitzer. Hrsg. v. Reinhard Lullies. — Stuttgart: Kohlhammer (1954). 419 S. 91 Taf. Bibliogr. *L. Curtius C. v. Lorck W. Schadewaldt J. Vogt*

SCHWEIZER — Otto Ernst Schweizer und seine Schule. Die Schüler zum 60. Geburtstag ihres Meisters. — Offenburg/Bad.: Burda 1950. 80 S. *Würdigg d. Architekten O. E. Schweizer u. 8 Kurzreferate üb. Diplomarbeiten s. Schülerkreises. Einzeln nicht angeführt*

SCHWENKE — Beiträge zum Bibliotheks- und Buchwesen. Paul Schwenke zum 20. 3. 1913 gewidmet. (Hrsg. v. Adalbert Hortzschansky.) — Berlin: Breslauer 1913. 288 S. Bildnis; Bibliogr. *R. Ehwald F. Eichler K. Haebler J. Loubier H. Pick K. Schottenloher*

SCHWENKEL — Festschrift für Hans Schwenkel zum 70. Geburtstag. Hrsg. v. Konrad Buchwald, Oswald Rathfelder, Walter Zimmermann. — Ludwigsburg: (Landesstelle f. Naturschutz

u. Landschaftspflege Baden-Württemberg 1956). 660 S. mit Abb. = Veröffentlichungen d. Landesstelle f. Naturschutz u. Landschaftspflege Baden-Württemberg u. d. württembergischen Bezirksstellen in Stuttgart u. Tübingen. 1956, H. 24. Bibliogr. Bildet zugleich H. 2 d. 111. Jg. 1956 d. Jahreshefte d. Vereins f. Vaterländische Naturkunde in Württemberg. *M. Oberer E. Stoll*

SCHYBERGSON — Historiska uppsatser tillegnade Magnus Gottfrid Schybergson på hans sextioårsdag den 26 november 1911. — Helsingfors 1911. X, 242 S. 9 Taf. = Skrifter utg. av Svenska litteratursällskapet i Finland, 100. *K. K. Meinander*

SEDLMAIER — (Richard Sedlmaier zum 10. Aug. 1960, dem 70. Geburtstag, gewidmet.) Heide in Holstein: — Boyens 1960. 313 S. m. Abb., Sedlmaier-Bibliogr. = Nordelbingen. 28/29. *Nicht im systematischen Teil*

SEDLMAYR — Aufsätze zur Prinzipienlehre und Kunstgeschichte. Festschrift zum 60. Geburtstag von Hans Sedlmayr am 18. 1. 1956. — München: Kunsthistorisches Seminar der Universität. Ungedruckt. *E. Bachmann H. Bauer S. Benker E. Doberer G. Egger E. Gasselseder E. Hubala W. Mersmann W. Messerer M. Rassem H. Schade F. Unterkircher*

SEEBERG — Reinhold-Seeberg-Festschrift. Hrsg. v. Wilhelm Koepp. Bd 1. 2. — Leipzig: Deichert 1929. 1. Zur Theorie d. Christentums. XII, 342 S. 2. Zur Praxis d. Christentums. IV, 342 S. *G. Stuhlfauth*

SEELIGER — Festgabe Gerhard Seeliger zum 60. Geburtstage, dargebr. v. Rudolf Bemmann u. a. — Leipzig: Dieterich 1920. 240 S. *W. Gerlach E. Gritzner F. Kaphahn*

SEGER 1934 — Altschlesien, Jahrg. 5: 1934. Festschrift zum 70. Geburtstag von Hans Seger. (Gewidmet vom Schles. Altertumsverein Breslau.) — Breslau: Schles. Altertumsverein 1934. 393 S. 83 Taf. Bildnis *G. Ekholm P. Goeßler P. Habel H. Kohlhaußen Wolfgang Krause O. Kunkel W. Matthes O. Menghin B. Nerman W. Petzsch G. Raschke B. Frhr. v. Richthofen G. Sage G. Schwantes*

SEGER 1939 — Altschlesien, Jg 8: 1939. (Hans Seger zum 75. Geburtstage.) — Breslau: Schles. Altertumsverein 1939. 224 S. 32 Taf. Bildnis *F. Fremersdorf F. v. Heydebrand u. d. Lasa K. Hucke F. Hufnagel O. Kleemann K. Langenheim W. Nowothning Ch. Pescheck F. Pfützenreiter*

SEIFFERT — Musik und Bild. Festschrift Max Seiffert zum 70. Geburtstag. In Verbindg. m. Fachgenossen, Freunden u. Schülern, hrsg. v. H. Besseler. — Kassel: Bärenreiter 1938. 160 S. 39 Taf. Bildnis; Bibliogr. *H. Besseler F. Blume W. Ehmann K. G. Fellerer G. Frotscher H. Miesner H. J. Moser J. Müller-Blattau G. Pietzsch E. Schenk M. Schneider G. Schünemann R. Steglich K. Taut W. Vetter*

SELER — Festschrift Eduard Seler dargebr. zum 70. Geburtstag (5. 12. 1919) v. Freunden, Schülern u. Verehrern. Hrsg. v. Walter Lehmann. — Stuttgart: Strecker & Schröder 1922. VI, 654 S. m. 62 Abb., 15 Taf., 2 Kt. Bildnis; Bibliogr. *E. P. Dieseldorff E. Hahn W. v. Hoerschelmann P. W. Schmidt C. Seler-Sachs Therese Prinzessin v. Bayern F. Weber F. v. Wieser*

SELIGMAN — Essays Presented to C[harles] G[abriel] Seligman. — London: Trubner 1934. 385 S. Bildnis *H. Balfour*

SELLIN — Sellin-Festschrift. Beiträge zur Religionsgeschichte und Archäologie Palästinas. Ernst Sellin zum 60. Geburtstage dargebracht. (Hrsg.: Anton Jirku.) — Leipzig: Deichert 1927. 156 S. Bildnis *H. Greßmann*

SEPPELT — Festschrift zum 70. Geburtstage Franz Xaver Seppelt gewidmet. — Hildesheim: Lax 1952. 290 S. Bildnis = Archiv für schlesische Kirchengeschichte, Bd 10. *J. Gottschalk J. Hettwer W. Walter*

SIBER — Festschrift der Leipziger Juristenfakultät für Heinrich Siber zum 10. 4. 1940. Bd 1. — Leipzig: Weicher 1941. V, 325 S. = Leipziger rechtswissenschaftl. Studien, 124. *R. Oeschey*

SICKEL — Theodor von Sickel zum fünfzigjährigen Doktor-Jubiläum 1850–1900 gewidmet. — Innsbruck 1901. VI, 883 S. Bildnis = Mitt. d. Inst. f. österr. Geschichtsforschung, Erg.-Bd 6. *M. Dvořák J. v. Schlosser F. Wickhoff H. Zimmermann*

SIEBERT — Von deutscher Art. (Dem Präsidenten der Deutschen Akademie Ludwig Siebert zum 65. Geburtstag gewidm. Hrsg. v. Gustav Fochler-Hauke.) — (München: Selbstverl. d. Dt. Akademie 1939.) 129 S. 6 Abb. Bildnis (v. E. R. Kühn, Essen) *H. R. Rosemann*

SIEBS 1922 — Beiträge zur Deutschkunde. Festschrift Theodor Siebs zum 60. Geburtstage dargebr. v. s. Schülern unt. Mitwirkg v. Helmut de Boor u. a. — Emden 1922: Davids. 152 S. *J. Klapper*

SIEBS 1932 — Festschrift Theodor Siebs zum 70. Geburtstag 26. 8. 1932. Hrsg. v. Walther Steller. — Breslau: Marcus 1933. XVI, 489 S. Bildnis; Bibliogr. = Germanistische Abhandlungen, 67. *A. Haberlandt G. Neckel*

SIEVERS 1896 — Philologische Studien. Festgabe für Eduard Sievers zum 1. 10. 1896 [25-jährige Lehrtätigkeit]. — Halle/S.: Niemeyer 1896. 441 S. *R. Kautzsch*

SIEVERS 1925 — Germanica. Eduard Sievers zum 75. Geburtstag am 25. 11. 1925. — Halle/S.: Niemeyer 1925. X, 727 S. 25 Abb. Bildnis *F. Braun H. Lindroth E. Mogk J. Schwietering*

ŠIMAK — Přátelé československých starozitností svému učiteli (Die Freunde des tschechoslovakischen Altertums ihrem Lehrer). K. šedesátinám univ. prof. Dra. J. V. Šimáka (zum 60. Geburtst. v. J. V. Šimák). — V Praze 1930. X, 258 S. Bildnis; Bibliogr. = Příloha Časopisu Společnosti přátel starozitností čsl. v Praze (Beilage zur Zeitschr. d. Ges. d. Freunde d. tschechoslov. Altertums in Prag) Jahrg. 38 (2–3). *Z. Wirth*

SIMEONI — Studi storici in memoria di Luigi Simeoni, pubblicati dalla deputazione di storia patria per le provincie di Romagna. Bd 1. 2. — Bologna 1953. Bd 2: 273 S. Bildnis *C. Gnudi A. Mambelli G. Zucchini*

SIMONSEN — Festkrift i anledning af Prof. David Simonsens 70-aarige fødselsdag. — Kopenhagen 1923: Hertz. 400, 55 S. Bibliogr. *E. N. Adler H. O. Lange*

SINGER, CHARLES — Science Medicine and History. Essays on the Evolution of scientific thought and medical practice written in honour of Charles Singer. Bd 1. 2. — London, New York, Toronto: Oxford Univ. Press 1953. Bd 1: 563 S. Bildnis *A. Arber F. J. Cole A. Cortesão*

SINGER, SAMUEL — Festgabe Samuel Singer überreicht zum 12. 7. 1930 v. Freunden u. Schülern. Hrsg. v. Harry Maync. — Tübingen: Mohr 1930. 217 S. 1 Taf. Bildnis; Bibliogr. *A. Tumarkin*

ŠISIC — Šišićev Zborník (Mélanges Sisic). Zbornik naućnih sadova Ferdi Šišiću ... (Recueil de travaux scientifiques dédié à Ferdo Šisić à l'occasion de son 60e anniversaire par ses amis, ses admirateurs et ses élèves). Hrsg. v. Grza Novak. — Zagreb 1929. 679 S. *81 Beiträge zur Geschichte und Kulturgeschichte Kroatiens und Serbiens, davon 3 zur mittelalterlichen Kunstgeschichte. Nicht einzeln angeführt*

SMEND — Gottesdienstliche Fragen der Gegenwart. Festschrift zu Julius Smends 70. Geburtstag. In Verbindg m. P. Gennrich, K. Glebe u. a. hrsg. v. Johannes Plath. — Gütersloh: Bertelsmann 1927. 144 S. Bildnis *P. Graff R. Hupfeld*

SÖDERBERG — Vängåvan till Hjalmar Söderbergs 50-årsdag den 2 juli 1919. (Red.: Carl G. Laurin.) — Stockholm 1919. IV, 163 S. Bildnis *T. Hedberg*

SÖLCH — Geographische Studien. Festschrift zur Vollendung des 65. Lebensjahres von Johann Sölch. — Wien: Geogr. Gesellschaft 1951. 224 S. Bildnis *J. Matznotter E. Neef*

SOHM — Festgabe für Rudolf Sohm, dargebracht zum goldenen Doktorjubiläum (8. 7. 1914) v. Freunden, Schülern u. Verehrern. — München: Duncker & Humblot 1914. 427 S. *A. B. Schmidt A. Schultze*

SOMMERLAD — Quellen, Untersuchungen u. Darstellungen zur Geschichte von Halle u. Wettin. Theo Sommerlad zur Vollendung des 70. Lebensjahres gewidmet v. einem Kreise v. Mitgliedern d. Geschichtsver. zum 7. Febr. 1939 (Hrsg. B. Weißenborn). — Halle: Gebauer-Schwetschke 1939. VII, 220 S. m. Abb. 4 Taf. Ersch. auch als: Thür. Sächs. Zs. f. Gesch. u. Kunst, Bd 26. *P. Grimm C. Plathner Walter Schulz B. Weißenborn*

SPAMER — Beiträge zur sprachlichen Volksüberlieferung. (Freundesgruß an den siebzigjährigen Adolf Spamer.) — Berlin: Akademie-Verl. 1953. 296 S. Bildnis; Bibliogr. = Akad. d. Wiss. Berlin, Veröff. d. Komm. d. Volkskde, 2. *W. Fraenger O. Lauffer J. M. Ritz B. Schier*

SPANN — Die Ganzheit in Philosophie und Wissenschaft. Othmar Spann zum 70. Geburtstag. Hrsg. v. Walter Heinrich. — Wien: Braumüller 1950. XII, 361 S. *G. Egger H. Riehl W. Troll*

SPEISER — Südseestudien. Etudes sur l'Océanie. South Seas Studies. Gedenkschrift zur Erinnerung an Felix Speiser. Hrsg. vom Museum f. Völkerkunde Basel. — Basel 1951. 422 S. 26 Taf. Bildnis *L. Adam B. Blackwood A. Bühler G. Höltker G. H. R. von Königswald H. Lavachery M. u. G. Lobsiger-Dellenbach P. Wirz*

SPINDLER — Festgabe für Max Spindler. — München: Beck 1955. VIII, 522 S. = Zeitschr. f. Bayerische Landesgeschichte, 18: 1955. *H. Gebhart Anton Mayer J. M. Ritz H. Schreibmüller J. Spörl A. Weitnauer*

SPITZER — Zeitschrift für Ästhetik und allgemeine Kunstwissenschaft 18: 1924/25, H. 1. Zugleich Festschrift zum 70. Geburtstag von Hugo Spitzer. — Stuttgart: Enke 1924. 128 S. *A. Schmarsow W. Schmied-Kowarzik E. Utitz J. Volkelt*

SPOERRI — Überlieferung und Gestaltung. Festgabe für Theophil Spoerri zum 60. Geburtstag am 10. 6. 1950. — Zürich: Speer-Verl. 1950. 206 S. *G. Jedlicka*

SPRANGER — Erziehung zur Menschlichkeit. Die Bildg im Umbruch d. Zeit. Festschr. f. Eduard Spranger zum 75. Geburtstag, 27. Juni 1957. (Hrsg. v. H[ans] Walter Bähr, Theodor Litt [u. a.].) — Tübingen: Niemeyer 1957. VIII, 638 S. *H. W. Bähr O. Kokoschka M. Picard W. Weischedel*

SPRINGER — Gesammelte Studien zur Kunstgeschichte. Eine Festgabe zum 4. 5. 1885 für Anton Springer. — Leipzig: Seemann 1885. 266 S. 13 Abb. *H. Brockhaus A. Dürr F. v. Duhn J. Ficker K. Lange J. Lessing A. Lichtwark R. Muther J. Oeri M. Rade J. R. Rahn Th. Schreiber W. v. Seidlitz Jaro Springer H. Wallau*

SPRINGER 1885 II — Straßburger Festgruß an Anton Springer zum 4. 5. 1885. — Berlin, Stuttgart: Spemann 1885. 43 S. m. Abb. *H. Janitschek A. Michaelis*

SPROCKHOFF — Jahrbuch des Römisch-Germanischen Zentralmuseums, Mainz. Jg 2. 3. 1955. 1956. (Festschrift für Ernst Sprockhoff zum 60. Geburtstag. T. 1. 2. Hrsg. v. Hans Jürgen Eggers u. Joachim Werner.) — Mainz: Römisch-Germanisches Zentralmuseum 1955. 1956. Bildnis; Bibliogr. *G. Haseloff H. Menzel W. Neugebauer E. Šturms J. Werner*

SPROEMBERG — Vom Mittelalter zur Neuzeit. Zum 65. Geburtstag v. Heinrich Sproemberg. Hrsg. v. Hellmut Kretzschmar. — Berlin: Rütten & Loening (1956). 439 S. mit Kt.Skizzen, 1 gef. Bl. = Forschungen zur mittelalterlichen Geschichte. Bd 1. Bildnis; Bibliogr. *W. Flach B. Töpfer*

SRBIK — Gesamtdeutsche Vergangenheit. Festgabe für Heinrich Ritter von Srbik zum 60. Geburtstag am 10. 11. 1938. — München 1938. 414 S. *H. Sedlmayr*

STÄHELIN, FELIX — Basler Zeitschrift für Geschichte und Altertumskunde. Bd 42: 1943. (Felix Stähelin zum 70. Geburtstag 29. 12. 1943.) — Basel: Verl. d. Histor. u. Antiquar. Gesellsch. 1943. 294, XXIV S. m. Abb. Bibliogr. S. 271–294. *P. Buxtorf W. Kaegi E. Major P. Roth O. Tschumi*

STÄHELIN, WILHELM — Kosmos und Ekklesia. Festschrift für Wilhelm Stähelin zu seinem 70. Geburtstag 24. 9. 1953. Hrsg. v. Heinz-Dietrich Wendland. — Kassel: Stauda 1953. 280 S. Bildnis *W. Krönig G. Langmaack H. Schumann*

STAMMLER, RUDOLF — Festgabe für Rudolf Stammler zum 70. Geburtstag am 19. 2. 1926. Hrsg. v. Edgar Tatarin-Tarnheyden. — Berlin: De Gruyter 1926. X, 548 S. m. 2 Taf. Bildnis *H. Fehr*

STAMMLER, WOLFGANG — Festschrift für Wolfgang Stammler. Zu s. 65. Geburtstag dargebracht v. Freunden u. Schülern. — (Berlin, Bielefeld): E. Schmidt (1953). 218 S. Bildnis; Bibliogr. *A. Dold J. Dünninger E. Hartl*

STEEGER — Festschrift für Albert Steeger. 1951. 160 S. 27 Taf. Bildnis; Bibliogr. = Niederrheinisches Jahrbuch, Bd 3: 1951. *W. Bader W. Bremen F. Gorissen A. Heller A. Langhaus K. Rembert J. H. Schmidt P. Wember*

STEENSTRUP — Festskrift til Johs. C. H. R. Steenstrup paa Halvfjerdsaars-Dagen. — København: Erslev 1915. 262 S. *V. Lorenzen H. Matthiessen*

STEFANO — Studi medievali in onore di Antonino de Stefano. — Palermo: Società siciliana per la storia patria (1956). XXIV, 585 S. Bildnis; Bibliogr. *F. Bartolini St. Battari*

STEIN, FRITZ — Festschrift Fritz Stein zum 60. Geburtstag überr. v. Fachgenossen, Freunden u. Schülern. Hrsg. v. Hans Hoffmann u. Franz Rühlmann. — Braunschweig: Litolff 1939. 213 S. 7 Taf. Bildnis; Bibliogr. *F. Mahling*

STEIN, LUDWIG — Festgabe für Ludwig Stein zum 70. Geburtstag. — Berlin: Heymann 1929. 320 S. Bildnis = Archiv für Philosophie u. Philologie, Bd 33. *A. Dyroff W. Kinkel*

STEINACKER — Festgabe dargebracht Harold Steinacker zur Vollendung des 80. Lebensjahres 26. 5. 1955. Redaktion: Hellmuth Rößler. — München: Oldenbourg 1955. 342 S. Bildnis; Bibliogr. *H. Ammann F. Hampl F. Miltner*

STEINHAUSEN — Archiv für Kulturgeschichte. Bd XVII: 1926, H. 1. 128 S. Georg Steinhausen zum 60. Geburtstag (2. 6. 1926). *F. Kern Carl Neumann*

STEINHAUSEN, JOSEF — Josef Steinhausen zum 70. Geburtstag. — Trierer Zeitschrift, hrsg. v. Rhein. Landesmuseum Trier, 24.–26. Jg. 1956–58. Bildnis; Bibliogr. 309 S. 47 Taf. *J. M. Greber E. Zahn*

STEINWENTER — Festschrift Artur Steinwenter. Zum 70. Geburtstag. — Graz, Köln: Böhlau 1958. 165 S. 1 Taf. = Grazer rechts- u. staatswissenschaftliche Studien. Bd 3. *H. Fischer*

STENGEL — Festschrift Edmund E. Stengel zum 70. Geburtstag am 24. 12. 1949 dargebr. v. Freunden, Fachgenossen u. Schülern. Redakt.: Erika Kunz. — Münster, Köln: Böhlau 1952. XVI, 592 S. m. Abb., mehr. Taf. Bildnis *A. Lhotsky O. Renkhoff*

STICKER — Historische Studien und Skizzen zur Natur- und Heilwissenschaft. Festgabe Georg Sticker zum 70. Geburtstag. — Berlin: Springer 1930. 152 S. Bildnis; Bibliogr. *H. Lossen*

STOHR — Aus Kirche – Kunst – Leben. Albert Stohr zur Vollendg d. 12. Lustrums seines Lebens am 13. 11. 1950 als wissenschaftl. Festgabe zugeeignet. — Mainz: Verl. d. Bischöfl. Stuhls 1950. XI, 602 S. Bildnis; Bibliogr. = Jahrb. f. d. Bistum Mainz 5: 1950. *F. Arens A. B. Gottron F. Orsós A. Ruppel E. Schramm A. Schuchert Th. Würtenberger*

STOHR 1960 — Universitas. Dienst an Wahrheit u. Leben. Festschrift f. Bischof Dr. Albert Stohr. Im Auftr. d. kath.-theol. Fak. d. Johannes Gutenberg-Universität, Mainz hrsg. v. Ludwig Lenhart. Bd 1. 2. — Mainz: Matthias-Grünewald-Verl. (1960). XXIII, 492 S., mehr. Taf.: X, 484 S., mehr. Taf. *Nicht im systematischen Teil*

STOLLREITHER — Festschrift Eugen Stollreither zum 75. Geburtstage gewidmet von Fachgenossen, Schülern, Freunden. Hrsg. v. Fritz Redenbacher. — Erlangen: Univ.-Bibl. 1950. XII, 403 S. 34 Taf. Bildnis *J. Bischoff A. Dold F. Geldner E. Kistner E. Lutze W. Menn F. Redenbacher A. Ruppel Helmut H. Schmid R. Schmidbauer E. Schmidt-Herrling I. Schreibmüller G. Schuhmann E. G. Troche G. Wirth*

STOLZ — Festschrift zu Ehren Hofrat Prof. Dr. Otto Stolz'. — Innsbruck: Wagner 1951. VIII, 727 S. Bildnis = Veröff. d. Museum Ferdinandeum in Innsbruck 31: 1951 *S. Beyschlag E. Egg W. Fischer K. Th. Hoeniger O. v. Lutterotti J. Ringler O. Graf Trapp H. v. Wieser H. Wopfner*

STOROŽENKO — Pod Snamemem Nauki [Unter dem Banner der Wissenschaft]. Festschrift für Nikolai J. Storoženko. — Moskau: Wassiljew 1902. 740 S. Bildnis *P. S. Kogan*

STRATTON — Vistas in Astronomy in two volumes, dedicated to F. J. M. Stratton. — London, New York: Pergamon Press 1955. Bd 1: 776 S. Bildnis *W. Hartner*

STRECKER — Corona Quernea. Festgabe, Karl Strecker zum 80. Geburtstag dargebr. — Leipzig: Hiersemann 1941 (Neudr. 1952). X, 428 S. 4 Taf. Bildnis = Schriften d. Reichsinst. f. ältere dt. Geschichtskunde (Monumenta Germaniae historica), 6. *N. Fickermann*

STREITBERG — Streitberg-Festgabe. Hrsg. von der Direktion der vereinigten sprachwissenschaftl. Institute an der Universität Leipzig. (Wilhelm Streitberg zum 60. Geburtstag 23. 2. 1924.) — Leipzig: Markert & Petters 1924. XV, 441 S. Bildnis *M. Olsen H. F. Schmid*

STRUCK — Bernhardt Struck zum 65. Geburtstage am 28. 8. 1953. Beiträge zur Anthropologie und Ethnologie. — Jena 1953. 185 S. Bildnis = Wissenschaftl. Zeitschrift d. Friedrich Schiller-Universität Jena, Jg 3: 1953/54. *K. Günther*

STRZEMCHA — Festgabe zum 80. Geburtstage Paul Strzemchas gewidmet vom dankbaren Verein, Schülern und Verehrern. — Brünn 1924: Winiker. 191 S. Bildnis = Zeitschr. d. Deutschen Vereins für die Geschichte Mährens u. Schlesiens, 26: 1924, H. 4. *A. Hawranek J. Leisching J. Matzura K. Schirmeisen E. Soffé*

STRZYGOWSKI 1923 — Studien zur Kunst des Ostens. Josef Strzygowski zum 60. Geburtstage von seinen Freunden und Schülern. (Hrsg. v. Heinr. Glück.) — Wien, Hellerau: Avalun-Verl. 1923. 257 S. 30 Taf. m. 126 Abb. *T. W. Arnold N. A. Bees L. Binyon F. Bulić H. C. Butler E. Diez B. Filow G. Gerola H. Glück W. de Grüneisen Halil Edhem Bey F. W. Halle L. Jelić A. F. Kendrick F. J. Mather jr. P. Orsi W. Petkowic C. Petranu St. Poglayen-Neuwall A. Romdahl J. Roosval A. Salmony F. Sarre J. Sauer J. Shapley G. Supka B. Thordeman K. With*

STRZYGOWSKI 1932 I — Josef Strzygowski-Festschrift. Zum 70. Geburtstag dargebr. v. seinen Schülern. — Klagenfurt: Kollitsch 1932. 200 S. 32 Taf. Bildnis; Verz. d. an der Lehrkanzel Strzygowski in Graz u. Wien gearb. u. in Arb. befindl. Diss. S. 196–200. = Beiträge zur vergleich. Kunstforschung, 10. *M. Aga-Oglu O. Aleksandrowicz-Schwanenfeld L. Bier K. Blauensteiner W. Born A. Bruck M. Capra O. Demus O. E. Deutsch M. S. Dimand R. K. Donin F. Eckhardt M. Eisler F. Fried O. v. Gatterer K. Ginhart H. Glück R. Graf V. Griessmaier F. Grossmann K. Haberler E. Hahn K. Hareiter L. Holtei St. Kramrisch E. Kriechbaum G. A. Künstler V. Künstler-Zednik S. Lang A. Macku Gottfried Richard Müller F. Novotny K. Ortner C. Petranu F. Plutzar O. Rainer O. Raschauer A. Reichel A. Salmony R. v. Schroedel-Baillou L. Speneder H. Spiegel K. Spieß A. Spitzmüller M. Stiaßny R. S. Stites V. Vatasianu E. Wellesz D. Wild R. Wolfram H. Zaloscer*

STRZYGOWSKI 1932 II — Schaffen und Schauen. Mitteilungsbl. f. Kunst u. Bildungspflege in der Wojewodschaft Schlesien. Jahrg. 8: 1932 (7/8, März/April). (So.-Nr. Josef Strzygowski 70 Jahre.) Redig. v. A. Karasek-Langer. — Kattowitz: Verband deutscher Volksbüchereien 1932. 48 S. Bildnis *Auswahlverz. v. Schriften Strzygowskis zum Thema Kunst und Schule S. 26. K. Ginhart V. Grießmeier u. F. Novotny L. Holtei A. Karasek-Langer P. Sock J. Strzygowski*

STRZYGOWSKI 1932 III — Wiener Beiträge zur Kunst und Kulturgeschichte Asiens. Josef Strzygowski zum 70. Geburtstage gewidmet. — Wien 1932. 96 S. Bildnis = Verein d. Freunde asiatischer Kunst u. Kultur in Wien, Jahrbuch Bd 7: 1931/32. *6 Beiträge „Studien zur Kunst der Hanzeit" von A. Slawik, K. Blauensteiner, V. Griessmaier (2), F. Novotny, H. Spiegel. [Nicht einzeln angeführt.]*

STUHLFAUTH — Festschrift des Christlich-archäologischen Instituts der Friedrich Wilhelms-Universität zu Berlin (zum 70. Geburtstag von [Georg] Stuhlfauth am 17. 3. 1939). — Berlin 1939. 253 S. = Zeitschrift für Kirchengeschichte, Bd 59. *E. Dyggve F. Gerke M. Hadzidakis G. László J.-St. Pelikanidis*

STUMMVOLL / KISSER / TRENKLER — Festschrift für Josef Stummvoll, Alois Kisser, Ernst Trenkler zum 50. Geburtstage. — Wien 1952. 94 S. Drei Bildnisse = Das Antiquariat, Halbmonatsschrift, Jg 8: 1952, Nr. 13–18 (Juli–Sept.). *G. Egger S. Freiberg H. Menhardt H. Pauer B. Thomas*

STUMPF — Festschrift Carl Stumpf zum 75. Geburtstag. — Berlin: Springer 1923. 350 S. = Psychologische Forschung, Bd 4. *G. J. v. Allesch H. Rupp M. Wertheimer*

STUTTGART — Festschrift zur Feier des 50jährigen Bestehens der K. Altertümersammlung in Stuttgart 1912. — Stuttgart. 145 S. m. Abb. u. Taf. *M. Bach J. Baum H. Christ E. Gradmann H. Klaiber B. Pfeiffer*

STUTZ I — Kirchenrechtliche Abhandlungen. H. 117 u. 118. Festschrift Ulrich Stutz zum 70. Geburtstag (5. 5. 1938) dargebr. — Stuttgart: Enke 1938. X, 510 Abb. Bildnis *H. Nottarp S. Reicke*

STUTZ II — Festschrift Ulrich Stutz zum 70. Geburtstag. Germanistische Abteilung. — Weimar: Böhlau 1938. 807 S. Bildnis *F. Beyerle K. Frölich A. Largiadèr*

SUCHIER — Forschungen zur romanischen Philologie. Festgabe für Hermann Suchier. — Halle a. S.: Niemeyer 1900. 646 u. XXXVI S. *B. Wiese*

SUDHOFF 1913 — Festschrift zur Feier seines 60jährigen Geburtstages am 26. 11. 1913 Karl Sudhoff gewidmet v. Freunden, Verehrern u. Schülern. Redigiert v. R. J. Schaefer. — Leipzig: Vogel 1913. XII, 438 S. m. 4 Abb., 1 Taf. Bildnis; Bibliogr. = Archiv f. d. Gesch. d. Naturwissenschaft u. d. Technik, Bd 6. *E. Holländer*

SUDHOFF 1924 — Essays on the history of medicine represented to Karl Sudhoff on the occasion of his 70. Birthday 26. 11. 1923. — London, Zürich 1924. 418 S. Bildnis; Bibliogr. *A. Castiglioni W. G. Spencer E. C. Streeter u. Ch. Singer*

SUDHOFF 1928 — Karl Sudhoff zum 75. Geburtstag am 26. 11. 1928. — Leipzig 1929. 448 S. = Archiv für Geschichte der Mathematik, der Naturwissenschaften und der Technik, Bd 11: 1929. *J. Schuster E. Stenger*

SUIDA — Studies in the History of Art Dedicated to William E. Suida on his eightieth Birthday. Published for the Samuel H. Kress Foundation. — London: Phaidon Press 1959. 402 S. Bildnis; Bibliogr. *E. Arslan P. M. Bardi O. Benesch E. Berti Toesca F. Bologna M. Bonzi A. M. Brizio G. V. Castelnovi W. W. S. Cook P. B. Cott C. C. Cunningham E. Du Gué Trapier G. Fiocco G. Frabetti H. Friedmann N. Gabrielli K. Garzarolli-Thurnlackh A. Ghidiglia Quintavalle V. Gilardoni C. Gnudi A. Griseri L. Grote J. Gudiol W. Heil M. Labò R. L. Manning C. Marcenaro F. Mazzini A. Morassi L. Mortari M. Muraro*

R. Offner R. Pallucchini J. G. Phillips J. Pope-Hennessy J. J. Rorimer P. Rotondi W. Sas-Zaloziecky H. Schwarz F. R. Shapley C. Sterling B. Suida Manning P. Toesca P. Torriti P. A. Underwood W. R. Valentiner V. Viale H. Voss E. Winternitz P. Zampetti F. Zeri

SUPINO — Miscellanea di storia dell'arte in onore di Igino Benvenuto Supino a cura della Rivista d'arte. — Florenz: Olschki 1933. VIII, 606 S. 263 Abb. *P. d'Ancona W. Arslan C. Aru G. Ballardini A. Briganti H. Brockhaus R. Buscaroli P. Campetti G. Castelfranco G. Chierici L. Coletti A. Colasanti F. Filippini G. Fiocco P. Fontana A. Foratti C. Gamba G. Gerola O. H. Giglioli G. Giovannoni G. Gronau F. Hermanin G. F. Hill E. Lavagnino G. Lorenzetti E. Lovarini E. Lusini M. Marangoni S. Morpurgo V. Moschini R. Papini G. Poggi U. Procacci F. Rossi M. Salmi F. Schottmüller L. Serra A. Sorbelli N. Tarchiani G. Zucchini*

SWARZENSKI — Beiträge für Georg Swarzenski zum 11. Januar 1951 (75. Geburtstag). Auf Veranlassg u. m. Vorw. v. Oswald Goetz. — Berlin: Gebr. Mann in Gemeinsch. m. H. Regnery, Chicago 1951. 269 S. m. Abb. Bildnis; Bibliogr. *G. Ballardini B. Berenson R. Berliner E. Beutler W. G. Constable W. W. S. Cook L. Fischel A. Flinsch F. Hartt E. Holzinger H. Huth H. Jantzen E. Langlotz W. Mannowsky C. Nordenfalk E. Panofsky L. van Puyvelde B. Reifenberg K. Reinhardt J. Roosval J. Rosenberg M. C. Ross u. B. Laourdas H. P. Rossiter E. Schilling Otto Schmitt G. Schoenberger M. Schuette E. Graf zu Solms-Laubach W. Stechow H. Tietze P. Toesca A. Wolters F. Wormald*

SWOBODA — Festschrift Karl M. Swoboda zum 28. 1. 1959. — Wien, Wiesbaden: Rohrer 1959. 322 S. 77 Abb. 2 Taf. *M. Aubert E. Bachmann O. Benesch E. H. Buschbeck J. Cibulka O. Demus E. Dyggve F. Eichler J. Gantner F. Glück H. R. Hahnloser G. Künstler O. R. v. Lutterotti A. Macku A. Morassi F. Novotny O. Pächt J. Pesina N. Rasmo J. Q. van Regteren Altena G. Schmidt F. Stelè R. Wagner-Rieger K. Weitzmann*

SYDOW — Donum Natalicium Oscari von Sydow oblatum. — Göteborg 1933. 257 S. = Göteborgs Högskolas Årsskrift 39: 1933, 2. *A. L. Romdahl*

SYLWAN — Studier tillägnade Otto Sylwan på sextio-årsdagen den 22 augusti 1924 (från lärjungar och medlemmar av Föreningen för litteratur och konsthistoria vid Göteborgs högskola). — Göteborg 1924. VIII, 287 S. Bildnis. *A. L. Romdahl*

SZILASI — Beiträge zur Philosophie und Wissenschaft. Wilhelm Szilasi zum 70. Geburtstag, hrsg. von Helmut Höfling. — München: Francke 1960. *K. Bauch*

TALLGREN — Strena Archaeologica A. M. Tallgren 8. 2. 1945 sexagenario dedicata. — Helsinki 1945. 276 S. Bildnis = Suomen ... = Finska Fornminnesföreningens Tidskrift, Bd 45. *G. Arwidsson N. Fettich C. A. Nordman*

TANTZEN — Oldenburger Jahrbuch. (Hrsg. v. Staatsarchivdir. Dr. Hermann Lübbing [u.] Museumsdir. Dr. Wolfgang Hartung.) Bd 57. (Festgabe zum 70. Geburtstag v. Landesminister a. D. Richard Tantzen.) — Oldenburg [Oldenb.]: Oldenburger Landesverein f. Geschichte, Natur- u. Heimatkunde 1958. XII, 161, 163 S. m. Abb. *J. U. Folkers*

TATARINOFF — Festschrift Eugen Tatarinoff (überreicht zum 70. Geburtstag 13. 7. 1938 vom Histor. Verein d. Kantons Solothurn u. v. d. Schweizerischen Gesellsch. f. Urgeschichte. Redig. v. Stephan Pinösch). — Solothurn 1938: Vogt-Schild. 188 S. m. Abb. Bildnis; Bibliogr. *B. Amiet H. Zeiss*

TEICHMÜLLER — Ruppiner Beiträge. Literarisches, Volkskundliches, Geschichtliches. Festgabe für Wilhelm Teichmüller (zum 70. Geburtstag 19. 8. 1940. Erarb. u. zsgest. v. K. H. Lampe). — Neuruppin, Märkische Zeitg 1940. 118 S. m. Abb. *F. Fontane Max Neumann E. Weisker*

TELSCHOW — Aus der deutschen Forschung der letzten Dezennien. Ernst Telschow zum 65. Geburtstag 31. 10. 1954. — Stuttgart: Thieme 1956. 528 S. *H. Reusch Graf F. Wolff Metternich*

TERMER — Amerikanistische Miszellen. (Festband Franz Termer ... gewidm. ... zur Vollendg d. 65. Lebensjahres. Hrsg. ... vom Hamburgischen Museum f. Völkerkunde u. Vorgeschichte. Schriftl.: Wilhelm Bierhenke [u. a.].) — Hamburg: Appel in Komm. 1959. 202 S. mit Abb. = Mitteilungen aus d. Museum f. Völkerkunde in Hamburg. 25. Bildnis. *R. Carrión Cachot de Girard H. v. Winning*

TEUTSCH 1922 — Beiträge zur Geschichte der evangelischen Kirche A. B. in Siebenbürgen. Bischof Friedrich Teutsch, dem Meister sächsischer Volks- u. Kirchengeschichte, zum 70. Geburtstage am 16. 9. 1922. — Hermannstadt: Michaelis in Komm. 1922. 354 S. *V. Roth*

TEUTSCH 1931 — Festschrift D. Dr. Friedrich Teutsch zu seinem 25jährigen Bischofs-Jubiläum gewidmet vom Ausschuß des Vereins f. siebenbürgische Landeskunde. — Hermannstadt: Honterus-Buchdr. u. Verl. Anst. 1931. 221 S. 6 Taf. *V. Roth R. Schuller*

THIERBACH — Beiträge zur Geschichte der Handfeuerwaffen. Festschrift zum 80. Geburtstag von Moritz Thierbach. — Dresden: Baensch 1905. 348 S. m. Abb. u. Taf. *O. Baarmann R. Forrer E. Haenel K. Koetschau*

THOMAS — A Volume of Eastern and Indian Studies Presented to F. W. Thomas, 2. 3. 1939. — Bombay: Karnatak (1939). 318 S. Bildnis; Bibliogr. *S. K. Aiyangar H. Marchal L. Scherman*

THOMPSON — Medieval and Historiographical Essays in Honour of James Westfall Thompson. — Chicago, Illinois: The University Press 1938. 499 S. Bildnis; Bibliogr. *G. Drinkwater F. J. Tschan*

THOMSEN — Festgabe für Wilhelm Thomsen. Bd 1. 2. — Helsingfors, Leipzig 1911–13. VIII, 320 u. IV, 480 S. 3 Taf. = Finnisch-ugrische Forschungen, XII, 1. 2. *H. Appelgren-Kivalo*

THURNWALD — Beiträge zur Gesellungs- und Völkerwissenschaft. Richard Thurnwald zu seinem 80. Geburtstag gewidmet. — Berlin: Gebr. Mann 1950. 476 S. m. Abb. u. Kt.-Skizzen, 4 Bl. Abb. Bildnis; Bibliogr. *A. L. Kroeber G. Kutscher R. Müller-Freienfels W. Muensterberger P. Wirz*

TIEMANN — Libris et litteris. Festschr. f. Hermann Tiemann zum 60. Geburtstag am 9. Juli 1959. (Hrsg. v. Christian Voigt u. Erich Zimmermann.) — Hamburg: Maximilian-Gesellschaft ([Auslfg: Dr. Hauswedell] 1959). 360 S. mit eingekl. Abb. Bildnis; Bibliogr. *G. Alexander R. Juchhoff W. M. Luther H. Petriconi F. Redenbacher*

TIETZE — Essays in honor of Hans Tietze 1880–1954. Directed by Ernst Gombrich, Julius S. Held, Otto Kurz. Published by the Gazette des Beaux-Arts. — New York: Wildenstein 1958. VIII, 466 S. Bildnis (Bronzeplastik v. Georg Ehrlich) Bibliogr. [31 Aufss. wurden in den Jahren 1952–1957 in der Gazette des Beaux-Arts veröffentlicht.] *Z. Ameisenowa W. Ames E. Arslan L. Baldass O. Benesch M. N. Benisovich R. Berliner J. Bier E. H. Buschbeck O. Demus W. Deonna P. Fierens G. Fiocco L. Frohlich-Bume C. Gilbert E. H. Gombrich F. Hartt J. S. Held A. Katzenellenbogen E. Kaufmann P. Kelemen F. Kimball O. Loewi C. Nordenfalk R. Palucchini F.-G. Pariset A. E. Popham A. L. Romdahl M. C. Ross M. Schapiro E. Schilling J. Scholz H. Schwarz E. Tietze-Conrat E. Trenkler W. R. Valentiner M. Weinberger A. Wolfe*

TILLE, ARMIN — Festschrift Armin Tille zum 60. Geburtstag überreicht von Freunden und Mitarbeitern. — Weimar: Böhlau 1930. 300 S. Bildnis *W. Tröge*

TILLE, VACLAV — Mélanges publiés en l'honneur de Václav Tille à l'occasion de son 60e anniversaire par Jiři Polívka, Jan Frček, Jiři Jeźek et Jiři Horák. Sbornik Praci venovanýck

Professoru dru Václavu Tillovi k šedesátým narozeninám 1867–1927. — Prag: „Orbis“ 1927. 271 S. Bildnis *A. Meillet*

TILLMANN 1934 — Das Bild vom Menschen. Beiträge zur theologischen und philosophischen Anthropologie. Fritz Tillmann zum 60. Geburtstag (1. 11. 1934). — Düsseldorf: Schwann 1934. 250 S. Bildnis *H. Lützeler*

TILLMANN 1950 — Aus Theologie und Philosophie. Festschrift für Fritz Tillmann zu seinem 75. Geburtstag (1. 11. 1949). — Düsseldorf: Patmos Verl. 1950. 615 S. Bildnis *Th. Fischer H. Lützeler*

TING — Kuo li chung-yang yen-chiu yüan yüan-k‘an (Annals of the Academia Sinica) Taipei, Taiwan, China. No. 3 (December 1956). Presented in memorial of the twentieth anniversary of late Secretary-Veneral V. K. Ting's death. Part I. Biography. Part II. Dissertations. Part III. Selected writings of V. K. Ting. *Chang Ping-ch‘üan*

TKALČIČ — Tkalčičev Zbornik ... Festschrift gewidmet zum 70. Geburtstag für Vladimir Tkalčič. — Zagreb 1955. Bd 1. 222 S. Bildnis *E. Cevc L. Dobronič K. Firinger R. M. Grujič B. Lossky J. Mal I. Petricioli M. Stahuljak F. Stelè*

TOESCA — Proporzioni. Studi di storia dell'arte a cura di Roberto Longhi. 3: 1950. Omaggio a Pietro Toesca. — Firenze: Sansoni 1950. XV, 230 S. 245 Taf. Bibliogr. *W. Arslan F. Bologna G. Briganti G. Castelfranco R. Causa P. Cellini A. Chastel G. Chierici A. Corbara B. Degenhart G. A. Dell'Acqua G. Fiocco N. Gabrielli C. Gnudi L. Grassi H. D. Gronau R. Jullian E. Kitzinger R. Longhi G. Mariacher V. Mariani G. Matthiae B. Nogara R. Pallucchini G. Panazza J. Pope-Hennessy Ph. Pouncey A. O. Quintavalle A. Quintavalle Ghidiglia G. Suida F. Zeri*

TOMKOWICZ — Pamięci Stanisława Tomkowicza w hołdzie pośmiertnym. = Prace i materjały sprawozdawcze sekcji historji sztuki (Recueil de Travaux et Comptes Rendus de la Section d'Histoire de l'Art de la Société Polonaise d'Amis des Sciences à Wilno/Pologne) Tom II 1935. [Mit Résumés in französ. Spr.] *P. Bohdziewicz M. Brensztejn J. Hoppen J. Iwaszkiewicz M. Morelowski (4 Aufss.) C. Osieczkowska (2 Aufss.) St. Narebski H. S. Chan Szapszal*

TRAEGER — Festschrift für Ludwig Traeger zum 70. Geburtstage am 10. 6. 1926. Überreicht v. d. Jurist. Fakultät d. Univ. Marburg. — Berlin: Stilke 1926. 328 S. *W. Merk*

TRAPP — Beiträge zur Kunstgeschichte Tirols. (Festschrift für Oswald Graf Trapp anläßlich d. Vollendung d. 60. Lebensjahres dargebr. ... Besorgt von Johanna Gritsch.) — Innsbruck: Wagner 1959. 163 S. 48 Taf. Bildnis; Bibliogr. = Schlern-Schriften. 208. *Nicht im systematischen Teil*

TRENKLER — s.: STUMMVOLL, Kisser, Trenkler.

TRIER — Festschrift für Jost Trier zu seinem 60. Geburtstag am 15. 12. 1954, hrsg. v. Benno v. Wiese u. Karl Heinz Borck. — Meisenheim/Glan: Hain 1954. 518 S. Bildnis; Bibliogr. *J. Schepers*

TSCHIRCH — Festschrift für Alexander Tschirch zu seinem 70. Geburtstage am 17. 10. 1926, gewidmet v. Freunden u. Schülern. — Leipzig: Tauchnitz 1926. XI, 447 S. m. zahlr. Abb. u. Taf. *F. Hommel L. Kroeber*

TSCHUMI — Festschrift für Otto Tschumi zum 22. 11. 1948. Hrsg. v. Otto Schlaginhaufen u. a. — Frauenfeld: Huber (1948). 165 S. m. Taf. u. Abb. Bildnis; Bibliogr. *A. Alföldi R. Laur-Belast*

TSOUNTAS — Epitymbion Chrestou Tsounta (Festschrift für Christos Tsountas.) — Athen 1941. S. 319–688. Bildnis = Archeion tou Thrakikou Laographikon kai glossikou Thesaurou. Epimetron St. tomou (Beibd zu Bd 6). *R. M. Dawkins A. K. Orlandos*

TYLOR — Anthropological Essays presented to Edward Burnett Tylor in honour of his 75th Birthday 2. 10. 1907. — Oxford: Clarendon 1907. 416 S. Bildnis *A. Thomson*

UBALDI — Studi dedicati alla memoria di Paolo Ubaldi. — Milano 1937. 483 S. Bildnis = Pubblicazioni della Università Cattolica del Sacro Cuore, Serie 5, Bd 16. *J. P. Kirsch*

UHLIG — Festschrift für Carl Uhlig. Zum 60. Geburtstag von s. Freunden u. Schülern dargebr. Schriftleitg: Friedrich Seebass. — Oehringen: Rau 1932. 345 S. m. Abb. u. Kt. Bildnis *F. Huttenlocher*

UNVERZAGT — Frühe Burgen und Städte. Beiträge zur Burgen- und Stadtkernforschung. Wilhelm Unverzagt zum 60. Geburtstag dargebr. am 21. 5. 1952. — Berlin: Akad.-Verl. 1954. 223 S. 26 Taf. u. 67 Abb. im Text = Dt. Akad. d. Wiss. zu Berlin, Schriften d. Sektion f. Vor- u. Frühgeschichte, Bd 2. *G. Behm-Blancke O. F. Gandert P. Grimm H. Jankuhn K. H. Marschalleck G. Mildenberger W. Neugebauer G. Neumann E. Nickel W. Radig E. Reinbacher H. Rempel A. Suhle*

UPMARK — Från Nordiska museets samlingar. Bilder och studier tillägnade Gustaf Upmark på hans femtioårsdag den 13 mars 1925. — Stockholm 1925. XII, 69 S. *S. Ambrosiani A. Baeckström R. Bergström G. Cederblom R. Cederström S. Erixon G. W. Fleetwood S. T. Kjellberg E. Klein Anna Lewin Visen Lewin N. Lithberg A. Rudbeck S. Wallin E. v. Walterstorff*

USHER — Architects and Craftsmen in History. Festschrift für Abbott Payson Usher. — Erlangen: Mohr 1956. 172 S. *13 volkswirtschaftliche Beiträge*

USPENSKIJ 1930 — L'Art byzantin chez les Slaves. Les Balkans. Premier Recueil dédié à la mémoire de Théodore Uspenskij. — Paris: Geuthner 1930. XV, 503 S. m. Abb., LII Taf. = Orient et Byzance. Etudes d'art médieval, T. IV. *G. Bals N. Bêljaev G. Bošković A. Derocco B. Filov A. Grabar P. Henry G. de Jerphanion J. Ivanov A. Kalitinskij F. Macler K. Mijatev G. Millet A. L. Okuney G. Ostrogorskij V. R. Petković P. Popović A. Protić M. Rostovcev I. D. Stefánescu J. Strzygowski Z. Tatić N. Toll M. M. Vasić I. Velkov G. Vernadskij Bibliographie de l'art byzantin*

USPENSKIJ 1932 — L'Art byzantin chez les Slaves. L'ancienne Russie, les Slaves catholiques. Deuxième Recueil dédié à la mémoire de Théodore Uspenskij. — Paris: Geuthner 1932. XLVIII, 535 S. m. Abb., LXII Taf. = Orient et Byzance. Etudes d'art médieval, T. V. *M. Abramić D. Ajnalov M. Alpatov Ch. Amiranachvili L. Bréhier N. Brunov Ch. Chytil A. Friedl E. Georgievskij-Družinin N. A. Il'in N. Izmajlov L. Karaman M. K. Karger J. Květ R. P. D. Lathoud L. Maculévič N. Malickij G. Millet W. Molè A. I. Nekrasov L. Réau K. K. Romanov Fr. Stelé A. N. Svirin N. P. Syčev M. Tichanov-Klimenko Th. Whittemore O. Wulff H. Židkov*

UVAROVA — Sbornik Statej v čest grafini Praskov'i Sergěevny Uvarovoj (Sammlung von Aufsätzen zu Ehren von Gräfin Praskovja Sergeevna Uvarova). 1885–1915. — Moskau 1916. 405 S. m. Abb., 24 Taf. *A. I. Anisimov N. E. Bondarenko G. K. Bugoslavskij S. I. Čižov J. V. Gotje V. G. Ljaskoronskij N. P. Lichačev N. E. Makarenko I. P. Maškov A. Nikanor A. V. Orešnikov V. K. Šilejko J. I. Smirnov I. J. Stelleckij B. A. Turaev M. E. Voronec u. V. Voronov*

VAIHINGER — Die Philosophie des Als Ob und das Leben. Festschrift zu Hans Vaihingers 80. Geburtstag, hrsg. v. A. Seidel. — Berlin: Reuther & Reichard 1932. VII, 247 S. Bildnis *H. Cornelius P. Desderi E. Fuchs K. Groos A. Nyman*

VANCSA 1926 — Festschrift zum 60. Geburtstage von Max Vancsa. — Wien: Verein f. Landeskunde ... 1926. 136 S. m. Abb., 7 Taf. = Jahrb. f. Landeskde u. Heimatschutz v. Niederösterreich u. Wien. NF Jg 20, Tl 1. *R. K. Donin G. Schlesinger*

VANCSA 1936 — Jahrbuch für Landeskunde von Niederösterreich, geleitet v. Karl Lechner. NF Jahrg. 26: 1936 (Max Vancsa zum 70. Geburtstag). — Wien: Verein f. Landeskde u. Heimatschutz v. Niederösterreich u. Wien 1936. 252 S. 12 Taf. 11 Textabb. 1 Kt. 1 Stammbaum *R. K. Donin A. Haberlandt A. Weißenhofer*

VANCSA 1948–1953 — Gedächtnisschrift [als Festschr. zum 80. Geb. 16. 10. 1946 vorbereitet] Max Vancsa. Bd 1. 2. — Wien 1948 u. 1953. 439 u. 262 S. Bildnis = Jahrbuch für Landeskunde von Niederösterreich, NF 29 u. 30. *W. Hanns A. Klaar L. Krebs A. Weißenhofer*

VASILIEV — Dumbarton Oaks Papers, Nos 9 and 10. This Volume is Dedicated to the Memory of Alexander Alexandrevich Vasiliev 1867–1953. — Cambridge, Mass.: Harvard Univ. 1956. 316 S. Bildnis; Bibliogr. *E. H. Kantorowicz P. A. Underwood*

van de VELDE — Gedenkboek Henry van de Velde (by den 70. verjaardag). — Gent 1933. Bildnisse; Bibliogr. = Kunst, Maandblad, Jaargang 4: 1933, Nr. 10–11–12. *Persönliche Beiträge, nicht einzeln angeführt*

VENTURI — Scritti di storia dell'arte in onore di Lionello Venturi. Vol. 1. 2. — Roma: Luca 1956. 458 u. 358 S. Bibliogr. *U. Apollonio G. C. Argan R. Assunto E. Battisti G. Bazin O. Benesch B. Berenson A. Bertini C. Brandi S. Branzi A. M. Brizio P. Bucarelli M. Calvesi J. Cassou W. G. Constable P. Courthion B. Degenhart G. N. Fasola P. Fierens G. Fiocco P. Francastel G. de Francovich N. Gabrielli A. Galvano C. Gilbert C. Gnudi H. L. C. Jaffé F. Kimball M. Labò J. López-Rey Th. MacGreevy L. Mallè C. Maltese A. Marabottini G. Marchiori G. Mariacher V. Martinelli E. Newton G. Pacchioni R. Palluchini G. Perocco M. Pittaluga N. Ponente U. Procacci L. van Puyvelde E. Rosenthal L. Salerno M. Salmi R. Salvini M. Schapiro Ch. de Tolnay W. R. Valentiner*

VERGA — Miscellanea di studi lombardi in onore di Ettore Verga. — Milano: Castello Sforzesco 1931. 392 S. Bildnis. *G. Bilancioni C. Horst G. Nicodemi B. Nogara M. Salmi W. Suida*

VERMEYLEN — Gedenkboek aangeboden an August Vermeylen ter gelegenheid van zijn zestigsten verjaarsdag 12. 5. 1932. — Brügge 1932. 560 S. m. Taf. *A. W. Byvanck F. Desonay M. Devigne L. van der Essen G. Glück A. Laes J. Muls D. Roggen G. Soulier W. Vogelsang*

VERSHOFEN — Festgabe für Wilhelm Vershofen. — Nürnberg (Druck Leipzig: Spamer) 1937. 109 S. Bildnis. *K. H. Krengel*

VIANEY — Mélanges de philologie, d'histoire et de littérature offerts à Joseph Vianey. — Paris: Les Presses Françaises 1934. 513 S. Bildnis; Bibliogr. *E. Bouvier u. E. Dupuy L. Gillet R. Lebègue Ch. Terrin*

VIERKANDT — Gegenwartsprobleme der Soziologie. Alfred Vierkandt zum 80. Geburtstag. Hrsg. v. G. Eisermann. — Potsdam: Athenaion 1949. 285 S. Bildnis. *E. Rothacker*

VILLINGER — Psychiatrie und Gesellschaft. Ergebnisse u. Probleme d. Sozialpsychiatrie. (Werner Villinger zum 70. Geburtstag.) Hrsg. v. H[elmut] Ehrhardt, D[etlev] Ploog, H. Stutte. — Bern, Stuttgart: Huber (1958). 320 S. *K. Conrad*

VOGELSANG — In Memoriam Willem Vogelsang. — Bussum 1955. 214 S. Bildnis = Nederlands Kunsthistorisch Jaarbook, 6. *D. H. G. Bolten A. W. Byvanck Th. M. Duyvené de Wit-Klinkhamer J. G. van Gelder G. J. Hoogewerff M. E. Houtzager B. Jansen C. H. de Jonge G. Knuttel S. H. Levie J. Q. van Regteren-Altena F. van Thienen A. B. de Vries*

VOGUÉ — Florilegium ou recueil de travaux d'érudition dédiés à Melchior de Vogué à l'occasion du 80. anniversaire de sa naissance 18. 10. 1909. — Paris: Impr. Nat. 1909. 628 S. Bildnis; Bibliogr. *Comte P. Durrieu C. Enlart M. J. Euting M. V. Scheil G. Schlumberger*

VOLGIN — Iz istorii social'no-političeskich idej. Sbornik statej k semidesjatipjatiletiju Akademika Vjačeslava Petroviča Volgina. (Aus der Geschichte der sozial-politischen Ideen. Sammelband von Aufsätzen zum 75. Geburtstag des Mitgliedes der Akademie Vjačeslav Petrovič Volgin.) — Moskva 1955. *V. N. Lazarev*

VOLKELT 1918 — Festschrift Johannes Volkelt zum 70. Geburtstag dargebr. v. Paul Barth u. a. — München: Beck 1918. VII, 428 S. Bildnis; Bibliogr. *E. Bergmann W. Wundt*

VOLKELT 1926 — Zwischen Philosophie und Kunst. Johannes Volkelt zum 100. Lehrsemester. Eine Sammelschrift v. F. Bülow u. a. Hrsg. v. Willy Schuster. — Leipzig: Pfeiffer 1926. 133 S. 4 Taf. *W. Pinder W. Schingnitz*

VOLKMANN — Archiv für Buchgewerbe und Gebrauchsgraphik, Jahrg. 63: 1926, H. 1. Sonderheft, Ludwig Volkmann gewidm. zum 25jähr. Jubiläum als 1. Vorsteher des Deutschen Buchgewerbevereins. — Leipzig: Dt. Buchgewerbeverein 1926. 152 S. m. Abb. Bildnis; Bibliogr. *O. Glauning R. Kautzsch G. Leidinger W. Pinder J. Rodenberg J. Zeitler*

VOLKMER — Festschrift für Dr. Franz Volkmer's 75. Geburtstag. — Habelschwerdt 1921. 130 S. Bibliogr. = Glatzer Heimatschriften, Bd 5. *F. Sauermann*

VOLLMER, BERNHARD — Düsseldorfer Jahrbuch. Beiträge zur Geschichte d. Niederrheins. Im Auftr. d. Düsseldorfer Geschichtsvereins hrsg. v. Wilhelm Classen. Bd 48. (1956.) Festgabe Bernhard Vollmer. — Düsseldorf: Lintz 1956. 467 S. mehr. Bl. Abb. u. Taf. Bildnis. *U. Kultermann F. W. Oediger H. Peters*

VOLLMER, HANS (theol.) 1941 — Festschrift Hans Vollmer zu seinem 70. Geburtstage am 9. 2. 1941. — Potsdam: Akad. Verl. Ges. Athenaion 1941. VIII, 379 S. 67 Abb. Bildnis; Bibliogr. = Bibel u. dt. Kultur. Veröff. d. Dt. Bibel-Archivs in Hamburg, 11. = Materialien zur Bibelgesch. u. religiös. Volkskunde d. Mittelalters, NF 15. *K. Beckey H. Busch (2 Aufss.) K. Hüseler*

VOLLMER, HANS (hist. art.) 1957 — Festschrift Hans Vollmer (Aus Anlaß seiner 50jährigen Tätigkeit als Mitarbeiter u. Herausgeber des Thieme-Becker, hrsg. v. Magdalena George). — Leipzig: Seemann 1957. VII, 293 S. m. Abb. Bildnis; Bibliogr. *H. Alsvik J. Baum M. Bodelsen K. Feuchtmayr H.-C. v. d. Gabelentz (2 Aufss.) G. Glück J. Jahn H. Ladendorf G. Oprescu J. Ringler H. Scherf L. Servolini (2 Aufss.) V. Šleev F. Stelè E. Trautscholdt H. Wichmann*

VOLTELINI — Festschrift Hans v. Voltelini zum 70. Geburtstage, 31. 7. 1932 gewidmet vom Museum Ferdinandeum. — Innsbruck: Wagner 1932. XII, 301 S. = Veröffentlichungen des Museum Ferdinandeum in Innsbruck. Jahrg. 1932, H. 12. *I. Mader*

VON DER MÜHLL — Phyllobolia für Peter Von der Mühll zum 60. Geburtstag am 1. 8. 1945. Von O. Gigon, K. Meuli, W. Theiler, F. Wehrli u. B. Wyss. — Basel: Schwabe 1946. 288 S. Bildnis. *K. Meuli*

VORETZSCH — Philologische Studien aus dem romanisch-germanischen Kulturkreise. K. Voretzsch zum 60. Geburtstag. Hrsg. v. B. Schädel u. W. Mulertt. — Halle/S.: Niemeyer 1927. *F. Krüger*

VORSTIUS — Bibliothek – Bibliothekar – Bibliothekswissenschaft. Festschrift Joris Vorstius zum 60. Geburtstag dargebracht. Hrsg. v. Heinrich Roloff. — Leipzig: Harrassowitz 1954. VII, 440 S. 11 Abb. Bildnis; Bibliogr. *P. Geissler F. Redenbacher I. Schunke*

VOSSLER 1922 — Idealistische Neuphilologie. Festschrift für Karl Vossler zum 6. 9. 1922. Hrsg. v. Victor Klemperer u. Eugen Lerch. — Heidelberg: Winter 1922. XIII, 288 S. Bibliogr. = Sammlung romanischer Elementar- u. Handbücher, R. V, Untersuchgn u. Text, Bd 5. *B. Croce H. Hatzfeld*

VOSSLER 1932 — Festgabe zum 60. Geburtstage Karl Vosslers am 6. 9. 1932. Überreicht v. Münchner Romanisten. — München: Huber 1932. 205 S. Bildnis; Bibliogr. = Münchener Romanistische Arbeiten, 1. *L. Pfandl H. Rheinfelder*

VULPIUS — Festschrift für Wolfgang Vulpius zu seinem 60. Geburtstag am 27. November 1957. — Weimar: Nationale Forschungs- u. Gedenkstätten d. klassischen deutschen Literatur ([19]57). 103 S. Bibliogr. *K.-H. Hahn A. Jericke*

de WAAL 1897 — Festschrift zum elfhundertjährigen Jubiläum des deutschen Campo Santo in Rom. Dem derzeitigen Rector Monsignore [Anton] de Waal gewidmet von Mitgliedern und Freunden des Collegiums. — Freiburg: Herder 1897. 307 S. 2 Taf. 12 Abb. *P.B. Albers O.S.B. J. A. Endres u. A. Ebner H. Grisar S.J. J. P. Kirsch*

de WAAL — Konstantin der Große und seine Zeit. Gesammelte Studien. Festgabe zum Konstantins-Jubiläum 1913 u. zum goldenen Priesterjubiläum von A. de Waal. In Verbindg m. Freunden des deutschen Campo Santo in Rom, hrsg. v. F. J. Dölger. — Freiburg i. B.: Herder 1913. XI, 447 S. 22 Taf. = Röm. Quartalschrift, XIX., Suppl. *A. Baumstark E. Becker Johann Georg Herzog zu Sachsen J. P. Kirsch J. Leufkens O. Marucchi M. Schwarz H. Swoboda J. Strzygowski J. Wilpert F. Witte*

WACE — Papers presented to Alan Wace to commemorate fifty years of work in archaeology. — London 1951. VII, 252 S. 25 Taf. Bildnis = The Annual of the British School at Athens, No. 46: 1951. *D. T. Rice*

WACH — Festschrift für Adolf Wach. Bd 1–3. — Leipzig: Meiner 1913. *Ernst Mayer*

WACKERNAGEL, HANS GEORG — Festgabe für Hans Georg Wackernagel zum 60. Geburtstag 24. 7. 1955. — Basel: Schweizerische Gesellschaft für Volkskunde 1955. 122 S. *H. F. Haefele A. Reinle*

WACKERNAGEL 1955 — Studien zur Kunstform. Von Werner Hager, Max Imdahl und Günther Fiensch. (Martin Wackernagel in herzlicher Verehrung zugeeignet.) — Münster, Köln: Böhlau 1955. 121 S. 22 Abb. auf Taf. = Münstersche Forschungen, 9. *G. Fiensch W. Hager M. Imdahl*

WACKERNAGEL 1958 — Festschrift, Martin Wackernagel zum 75. Geburtstag. (Hrsg. vom kunstgeschichtl. Seminar d. Univ. Münster.) — Köln, Graz: Böhlau 1958. VIII, 216 S. 32 Bl. Abb. Bildnis; Bibliogr. *G. Fiensch A. Fuchs W. Hager A. Henze M. Imdahl U. Middeldorf W. Paatz P. Pieper W. Rave H. Rosenau H. Seiler H. Thümmler M. Wegner R. Wilhelm-Kästner*

WAETZOLDT — Deutschland–Italien. Beiträge zu den Kulturbeziehungen zwischen Norden und Süden. Festschrift für Wilhelm Waetzoldt zu seinem 60. Geburtstage 21. 2. 1940. Hrsg. vom Kunstgeschichtl. Institut der Martin Luther-Univ. Halle-Wittenberg. Schriftleiter: Horst Keller. — Berlin: Grote 1941. XLVIII, 359 S. 105 Abb. 1 Taf. Bildnis; Bibliogr. *G. J. von Allesch F. Baumgart O. H. v. Bockelberg H. Börger F.-K. Danneel H. v. Einem K. Gerstenberg R. Hamann H. Koch K. A. Laux C. E. v. Liphart-Rathshoff H. Lossow P. O. Rave E. Ruhmer Robert Schmidt F. Schreiber E. Waldmann G. Weise*

WAGENFELD — Volkstum und Heimat. Karl Wagenfeld zum 60. Geburtstag vom Westfälischen Heimatbunde. — Münster: Aschendorff 1929. 356 S. Bildnis; Bibliogr. *A. Clarenbach W. Rave M. Wackernagel G. Wolf*

WAHLE, ERNST — Ur- und Frühgeschichte als historische Wissenschaft. Festschrift zum 60. Geburtstage von Ernst Wahle. Hrsg. v. Horst Kirchner. — Heidelberg: Winter 1950. VIII, 355 S. 12 Taf. Bibliogr. *P. Goessler R. Herbig U. Kahrstedt K.W. Kaiser H. Kirchner F. Tischler O. Tschumi*

WAHLE, JULIUS — Funde und Forschungen. Eine Festgabe für Julius Wahle zum 15. 2. 1921. Dargebr. v. Werner Deetjen u. a. — Leipzig: Insel-Verl. 1921. V, 226 S. *W. v. Oettingen*

WAITZ — Historische Aufsätze. Dem Andenken an Georg Waitz gewidmet. — Hannover: Hahn 1886. 703 S. *O. Holder-Egger R. Schröder*

WALDERDORFF — Festgabe zum 90. Geburtstage des Grafen Hugo von Walderdorff. 198 S. = Verhandlungen des Historischen Vereines von Oberpfalz und Regensburg. Bd 68: 1918. *H. Wagner*

WALLAU — Heinrich Wallau, dem Meister zum 60. Geburtstag ... dargeboten von der Hofdruckerei Philipp von Zabern, Mainz, 17. 7. 1912. 80 S. *E. Neeb*

WALLIN — Gustavianskt Studier kring den gustavianska tidens kulturhistoria, tillägnade Sigurd Wallin på hans femtioårsdag. (Studien zur Kulturgeschichte der Zeit Gustav III. von Schweden. Festschrift zum 50. Geburtstag von Sigurd Wallin [1. 1. 1932].) — Stockholm 1932. 200 S. 32 Taf. Bildnis. *S. Ambrosiani E. Andrén K. Antell A. Baeckström R. Cederström B. Cnattingius H. Cornell S. Drakenberg W. Enblom S. Erixon G. W. Fleetwood G. Gustafsson B. Hellner M. Hofrén T. Lenk A. Lewin N. Lithberg T. Mårtensson G. Munthe G. Nikander G. Selling Å. Stavenow S. Svensson B. Wester*

WALTHER — Leopoldina. Berichte d. Kaiserl. Leopoldinischen Dt. Akad. d. Naturforscher zu Halle. Bd 6. Festschrift für Johannes Walther z. 70. Geburtstage (20. 7. 1930). Hrsg. v. Joh. Weigelt. — Leipzig: Quelle & Meyer 1930. VIII, 668 S. m. Abb. u. Kt., Bildnis. *Günther Schmid*

WALZEL — Vom Geiste neuer Literaturforschung. Festschrift für Oskar Walzel. Hrsg. v. Julius Wahle u. Victor Klemperer. — Potsdam: Akad. Verl. Ges. Athenaion 1924. 232 S. Bildnis (Lithogr. v. Ferdinand Dorsch). *Ch. Bühler J. Körner W. Worringer*

WAMPACH — Festschrift Camille Wampach. 628 S. Bildnis = Rheinische Vierteljahrsblätter, Jg 19: 1954, H. 1/2 u. 3/4. *M. Braubach K. Hoppstädter Aloys Schmidt K. Zimmermann*

WARTENWEILER — Gespräch und Begegnung. Gabe d. Freunde zum 70. Geburtstag v. Fritz Wartenweiler. Hrsg. v. d. „Freunden schweizerischer Volksbildungsheime" zum 20. Aug. 1959. — Zürich: Rotapfel-Verl. (1959). 281 S. Bildnis; Bibliogr. *M. Huggler*

WEBER 1929 — Soziologische Studien zur Politik, Wirtschaft und Kultur der Gegenwart, Alfred Weber (zum 60. Geburtst.) gewidmet. — Potsdam: Protte 1929. 305 S. Bildnis. *E. Preetorius*

WEBER 1948 — Synopsis. (Festgabe für) Alfred Weber. 30. 7. 1868 – 30. 7. 1948. (Hrsg. v. Edgar Salin.) — Heidelberg: Schneider 1948. 788 S., mehr. Abb. *F. Lion*

WECHSSLER — Philologisch-philosophische Studien. Festschrift für Eduard Wechssler zum 19. 10. 1929. — Jena: Gronau 1929. 404 S. Bildnis; Bibliogr. = Berliner Beiträge zur romanischen Philologie, 1. *E. R. Curtius W. Giese R. Hamann R. Menéndez Pidal W. Mulertt H. Schwarz*

van de WEERD — Miscellanea Philologica Historica et Archaeologica in honorem Huberti van De Weerd. — Bruxelles: de Meester 1948. XVII, 594 S. Abb. Karten. Bildnis; Bibliogr. = L'Antiquité Classique, 17. *R. Lantier J. N. L. Myres*

WEHBERG — Rechtsfragen der internationalen Organisation. Festschrift für Hans Wehberg zu s. 70. Geburtstag. Hrsg. v. Walter Schätzel u. Hans-Jürgen Schlochauer. — Frankfurt a. M.: Klostermann (1956). 408 S. Bildnis; Bibliogr. *H. Kraus*

WEHRMANN — Festschrift des Rügisch-Pommerschen Geschichtsvereins Martin Wehrmann zum 70. Geburtstage. — Greifswald: Bamberg 1931. 280 S. = Pommersche Jahrbücher, 26: 1931. *J. Deutsch A. Hofmeister H. Ziegler*

WEICKERT — Festschrift für Carl Weickert (zum 70. Geburtstage. Hrsg. v. Gerda Bruns). — Berlin: Gebr. Mann 1955. 158 S. m. Abb. *E. Buschor*

WEIGAND — Wächter und Hüter. Festschrift f. Hermann J. Weigand z. 17. November 1957. Ed. by Curt von Faber du Faur, Konstantin Reichardt and Heinz Bluhm. — New Haven, Conn.: The Department of Germanic Languages, Yale University 1957. 176 S. Bildnis; Bibliogr. *H. Henel*

WEINGARTNER — Beiträge zur Kunstgeschichte Tirols. Festschrift zum 70. Geburtstag (10. 2. 1955) Josef Weingartners. — Innsbruck: Wagner 1955. XV, 204 S. 174 S. Abb. Bildnis; Bibliogr. = Schlern-Schriften, 139. *E. Egg W. Frodl N. Grass J. Gritsch H. Hochenegg G. Innerebner F. Kollreider L. Luchner O. R. v. Lutterotti H. v. Mackowitz A. Maurer K. Moeser Theodor Müller J. Ringler E. V. Strohmer O. Graf Trapp F. Unterkircher H. Waschgler*

WEINGARTNER II — Beiträge zur Innsbrucker Kirchengeschichte zum 70. Geburtstag Josef Weingartner's. — Innsbruck 1954. 64 S. = Veröffentl. a. d. Stadtarchiv Innsbruck, Nr. 8. *K. Schadelbauer*

WEINHOLD — Festschrift zur 50jährigen Doktorjubelfeier Karl Weinhold's am 14. 1. 1896. — Straßburg: Trübner 1896. 170 S. *R. Schröder*

WEISSENHOFER — Festschrift, Anselm Weißenhofer zu seinem 70. Geburtstage (19. 8. 1953) gewidmet von s. Freunden u. Verehrern. Hrsg. v. d. Architekten- u. Baumeistervereinigung „Wiener Bauhütte". Schriftl.: H. Gollob. — Wien: Gerold 1954. VII, 163 S., mehr. Taf. Bildnis. *M. Dietrich R. K. Donin L. Hoffmann F. Kieslinger K. Lechner F. Loidl L. u. H. Krizek M. Reitstätter-Bolldorf R. Rieger W. Sass-Zalosiecky R. Till F. Walliser*

WEIXLGÄRTNER — Arpad Weixlgärtner zum 85. Geburtstag gewidmet. — Wien: Schroll. 226 S. m. Abb. = Jahrbuch der Kunsthistorischen Sammlungen in Wien. Band 53 (NF Bd 17): 1957. *L. Baldass O. Benesch H. Fillitz O. Gamber E. Neumann K. Oettinger*

WEIZSÄCKER — Theologische Abhandlungen. Carl von Weizsäcker zu seinem 70. Geburtstage 11. 12. 1892. — Freiburg i. B.: Mohr 1892. 352 S. *A. Jülicher H. Usener*

WELLER — Asiatica. Festschrift Friedrich Weller zum 65. Geburtstag gewidm. v. s. Freunden, Kollegen u. Schülern. Hrsg. v. Johannes Schubert u. Ulrich Schneider. — Leipzig: Harrassowitz 1954. XIX, 902 S. m. Kartenbeil. Bildnis; Bibliogr. *H. Franke W. Fuchs R. Hauschild*

WELLHAUSEN — Studien zur semitischen Philologie und Religionsgeschichte Julius Wellhausen zum 70. Geburtstag am 17. 5. 1914 gewidm. v. Freunden u. Schülern u. in ihrem Auftr. hrsg. v. Karl Marti. — Gießen: Töpelmann 1914. VII, 388 S. Bildnis; Bibliogr. = Zeitschr. f. d. Alttestamentliche Wissensch., Beih. 27. 1914. *J. Meinhold C. Steuernagel*

WELTI — Festschrift Friedrich Emil Welti (zum 80. Geburtstag 15. 6. 1937. Redig. v. H. Ammann). — Aarau: Sauerländer 1937. 452 S. Bildnis; Bibliogr. *E. Flückiger*

WENGER — Festschrift für Leopold Wenger zu seinem 70. Geburtstage (4. 9. 1944). Dargebr. v. Freunden, Fachgenossen u. Schülern. Bd 1. 2. — München: Beck 1944/1945. Bildnis = Münchener Beiträge zur Papyrusforschung u. antiken Rechtsgeschichte, 34. 35. *P. Rasi*

WENINGER — Festschrift zum 70. Geburtstag von Prof. Dr. Josef Weninger. — Wien: Deuticke 1956. 300 S. m. Abb. Bildnis = Archaeologica Austriaca, 19/20. *A. Haberlandt M. Hell A. Mais Leopold Schmidt*

WESTERMANN — Afrikanistische Studien. Hrsg. v. Johannes Lukas. Diedrich Westermann zum 80. Geburtstage gewidmet. — Berlin: Akad.-Verl. 1955. VIII, 416 S. 63 Abb. 2 Taf. Bildnis = Veröff. d. Inst. f. Orientforschg d. Dt. Akad. d. Wiss. zu Berlin, 26. *H. Baumann V. L. Grottanelli D. J. Wölfel*

WEULE — In Memoriam Karl Weule. Hrsg. v. O. Reche. — Leipzig: Voigtländer 1929. 437 S. Bildnis. *P. Germann K. Th. Preuß Johannes Richter*

WICHTERMANN — Miscellanea Suinfurtensia historica. 3. Herrn Oberbürgermstr Georg Wichtermann zum 50. Geburtstag [26. Jan. 1959]. — Schweinfurt: Historischer Verein; Stadtarchiv 1959. VIII, 224 S. 8 S. Abb. = Veröffentlichungen d. Historischen Vereins u. d. Stadtarchivs Schweinfurt. Sonderreihe, H. 3. *Otto Meyer E. Stahlschmidt*

WICKHOFF — Beiträge zur Kunstgeschichte. Franz Wickhoff gewidmet von einem Kreise von Freunden und Schülern. (Vorrede: Alois Riegl.) — Wien: Schroll 1903. 182 S. 7 Taf. 52 Textabb. *F. Dörnhöffer M. Dvořák H. Egger O. v. Falke K. Giehlew G. Glück G. Gronau H. J. Hermann W. Kallab C. List A. Riegl J. v. Schlosser F. v. Schubert-Soldern H. Swoboda A. Trost A. Weixlgärtner*

WIEBALCK — Festschrift Robert Wiebalck zu seinem 80. Geburtstage v. Heimatbund der Männer vom Morgenstern. — Bremerhaven 1954. 82 S. *Th. A. Schröter*

WIEN, NATIONALBIBL. — Festschrift der Nationalbibliothek in Wien. Hrsg. zur Feier des 200jährigen Bestehens des Gebäudes. — Wien 1926: Österr. Staatsdruckerei. 870 S. 45 Abb. 34 Taf. *W. Beetz J. Bick M. Dreger H. Egger G. Glück J. Gregor F. M. Haberditzl J. Mantuani K. Rathe H. Röttinger A. Weixlgärtner*

WIEN, PHILOL.-VERSAMMLG — Xenia Austriaca. Festschrift der österreichischen Mittelschulen zur 42. Versammlung deutscher Philologen in Wien. Abt. 1–8. — Wien 1893. Abt. 4: Geschichte u. Kunstgeschichte. *F. Hann J. Neuwirth*

WIEN, STAATSARCHIV — Festschrift zur Feier des zweihundertjährigen Bestandes des Haus-, Hof- und Staatsarchivs. Bd 1. 2. — Wien 1949. = Mitteilungen des Österreichischen Staatsarchivs [in Wien], hrsg. v. Leo Santifaller, Ergänzungsbd. *H. Egger W. Luger D. W. H. Schwarz J. Weingartner*

WIESE — Soziologische Forschung in unserer Zeit. Ein Sammelwerk, Leopold von Wiese zum 75. Geburtstag, hrsg. v. Karl Gustav Specht. — Köln, Opladen: Westdt. Verl. 1951. 352 S. *W. Brepohl*

WILHELMINA — Officieel Gedenkboek 1938. Uitgegeven ter Gelegenheid van het veertigjarig Regeeringsjubileum van H. M. Koningin Wilhelmina der Nederlanden ... op 6. 9. 1938. — Amsterdam: Holkema 1938. 841 S. Bildnisse. *G. Knuttel J. G. Wattjes*

WILMANNS — Beiträge zur Bücherkunde und Philologie. August Wilmanns zum 25. 3. 1903 gewidmet. — Leipzig: Harrassowitz 1903. 551 S. *K. G. Brandis H. Doege J. Luther P. Otto R. Weil*

WILMOTTE — Mélanges de Philologie romane et d'Histoire littéraire offerts à Maurice Wilmotte. Bd 1. 2. — Paris 1910. 916 S. *A. Marignan*

WINDISCH — Festschrift Ernst Windisch zum 70. Geburtstage am 4. 9. 1914 dargebr. v. Freunden u. Schülern. — Leipzig: Harrassowitz 1914. VIII, 380 S. Bibliogr. *W. Foy A. A. Macdonell*

WINKLER — Festschrift Friedrich Winkler (zum 5. 3. 1958 [70. Geburtst.]. Hrsg. v. Hans Möhle). — Berlin: Gebr. Mann 1959. 364 S. 246 Abb. Bibliogr. *F. Anzelewsky G. Arnolds L. Behling O. Benesch E. Buchner W. Cohn B. Degenhart R. Grosse S. J. Gudlaugsson P. Halm E. Hempel W. Hentschel C. Koch H. Kohlhaussen P. Metz Erich Meyer H. Möhle C. Müller Hofstede R. Oertel K. Oettinger K. T. Parker E. Plietzsch A. E. Popham P. O. Rave E. Redslob J. Qu. van Regteren Altena D. Roggen J. Rosenberg E. Schilling Wieland Schmidt W. Schöne J. B. Shaw E. Trautscholdt W. R. Valentiner H. Wentzel P. Wescher*

WIRTH — ,,Umeni", Zdeňku Wirthovi k šedesátinám. (Festschrift der Zs. ,,Die Kunst" zu Zdenek Wirth's 60. Geburtst. [In tschech. Spr.]) — Prag 1938. 282 S. *J. Cadík K. Cernohorský J. Cibulka V. Denkstein E. Dostál A. Friedl K. Guth R. Hönigschmid P. Janák A. Kutal*

J. Květ L. Lábek A. Matějček J. Mathon F. Matouš V. u. D. Menclovi J. Morávek K. Novotný V. Novotný J. Opitz O. Poche J. Polák V. Richter B. Slánský S. Sochor V. V. Štech O. Stefan H. u. V. Volavkovi

WOELFFLIN, EDUARD — Commentationes Woelfflinianae. Eduardo Woelfflino natalicia sexagesima ... — Leipzig: Teubner 1891. 410 S. Bildnis. *K. Sittl*

WÖLFFLIN 1924 — Festschrift Heinrich Wölfflin. Beiträge zur Kunst- und Geistesgeschichte. Zum 21. 6. 1924 (60. Geburtst.) überreicht v. Freunden u. Schülern. — München: Schmidt 1924. 312 S. 123 Abb. Bildnis (Bronzebüste v. Edwin Scharff). *H. Beenken E. Beling E. Buchner P. Frankl O. Hagen M. Hauttmann E. Hempel H. Kehrer H. Kiener August L. Mayer H. Rose A. Stange F. Strich F. Studniczka G. Swarzenski M. Weinberger*

WÖLFFLIN 1935 — Festschrift Heinrich Wölfflin zum siebzigsten Geburtstage. — Dresden: Jess 1935. 180 S. 47 Abb. *O. H. Förster D. Frey E. Jaensch H. Jantzen R. Kömstedt W. Pinder A. Stange K. Vossler*

WÖLFFLIN 1944 — Concinnitas. Beiträge zum Problem des Klassischen. Heinrich Wölfflin zum 80. Geburtstag am 21. 6. 1944 zugeeignet. — Basel: Schwabe 1944. 231 S. m. Abb., 3 Bl. Abb. 1 Taf. Bildnis (Zeichng v. H. Hubacher). *Carl J. Burckhardt E. Fiechter J. Gantner A. Janner A. v. Salis A. Speiser*

WOHLTMANN — Festschrift für Hans Wohltmann zur Vollendung des 70. Lebensjahres am 8. 12. 1954. Bildnis = Stader Jahrbuch 1954. = Stader Archiv NF Heft 44. *P. Krause E. v. Lehe B. Wirtgen*

WOLF — Musikwissenschaftliche Beiträge. Festschrift für Joh. Wolf zu seinem 60. Geburtstag (17. 4. 1929). Hrsg. v. W. Lott, H. Osthoff u. W. Wolfheim. — Berlin: Breslauer 1929. 221 S. m. Notenbeisp. u. Taf. Bildnis; Bibliogr. *F. Mahling*

WOLFF — Georg Wolff zu seinem 80. Geburtstag, 29. 8. 1925. — Frankfurt a. M. 1925. 290 S. Bildnis = Archiv für Frankfurts Geschichte und Kunst, Folge 4, Bd 1. *A. Schlegel*

WOLFRAM — Festschrift zu Ehren des 70. Geburtstages von Georg Wolfram mit Beiträgen seiner Freunde und Fachgenossen. — Frankfurt a. M.: Elsaß-Lothringen-Institut 1929. XVI, 452 S. Abb. Taf. Bildnis; Bibliogr. = Elsass-Lothringisches Jahrbuch, 8. *J. Ernst-Weis E. Polaczek Otto Schmitt*

WOLTERS — Münchner Jahrbuch der bildenden Kunst. NF 5: 1928, H. 3. (Festschrift, Paul Wolters zum 70. Geburtstag 1. 9. 1928.) 165 S. m. zahlr. Abb. (Auch separat.) *E. v. d. Bercken R. Berliner G. Habich A. Heisenberg W. Pinder L. Scherman H. Stoecklein O. Weigmann H. Wölfflin*

WOPFNER 1947/48 — Festschrift zu Ehren Hermann Wopfners. Tl 1. 2. — Innsbruck, Innrain: Wagner 1947/48. = Schlern-Schriften, 52. 53. 1. Beiträge zur Geschichte u. Heimatkunde Tirols. 1947. 2. Beiträge zur Volkskunde Tirols. 1948. *A. Egger A. Haberlandt J. Ringler L. Santifaller S. Sterner-Rainer O. Graf Trapp H. v. Wieser*

WOPFNER 1956 — Tiroler Heimat. Jahrbuch f. Geschichte u. Volkskunde. Mit Unterstützg d. Kulturabt. u. d. Archivs d. Landesregierg f. Tirol, hrsg. v. Hermann Wopfner u. Franz Huter. Bd 19. 1955. — Innsbruck, Wien: Tyrolia-Verl. (1956). 176 S. mit Abb., 3 Taf. Festgabe f. Hermann Wopfner. (Z. 80. Geb.) T. 1. Geschichte. Bibliogr. (1946–1955). *H. Hochenegg*

WORRINGER — Neue Beiträge deutscher Forschung. Wilhelm Worringer zum 60. Geburtstag. Hrsg. v. Erich Fidder. — Königsberg/Pr.: Kanter-Verl. 1943. 235 S. 90 Abb. *H. Beenken K.-H. Clasen P. Clemen E. R. Curtius W. Drost O. Förster R. Hamann P. O. Rave W. Waetzoldt*

WOSSIDLO — Volkskundliche Beiträge. Richard Wossidlo am 26. 1. 1939 zum Dank dargebr. v. Freunden u. Verehrern u. dem Verlag. — Neumünster, Wachholtz 1939. VII, 188 S. *B. Claussen J. U. Folkers J. Gosselck O. Lauffer*

WOSTRY — Heimat und Volk. Forschungsbeiträge zur sudetendeutschen Geschichte. Festschrift für W. Wostry zum 60. Geburtstag. Hrsg. v. A. Ernstberger. — Brünn: Rohrer 1937. 602 S. *W. Kudlich W. Thurnwald K. Vorbach*

WRANGEL — Studier i Konstvetenskap tillägnade Ewert Wrangel av yngre lärjungar. — Lund 1958. 240 S. Bildnis. *William Anderson Harald Andersson R. Blomqvist A. J. T. Borelius F. Holmér W. Karlson B. A. Mattisson U. Otterstedt K. E. Steneberg*

WREDE — Festskrift tillägnad R. A. Wrede den 16. 7. 1931 av Åbo Akademi. = Acta Academiae Aboensis Humaniora, Bd 7: 1931. *L.-I. Ringbom*

WUTTE — Beiträge zur Geschichte und Kulturgeschichte Kärntens. Festgabe für Martin Wutte zum 60. Geburtstag. — Klagenfurt: Geschichtsverein f. Kärnten 1936. 257 S. 4 Abb. 5 Taf. 1 Stammtaf. Bildnis = Archiv f. vaterländ. Geschichte u. Topographie, Jahrg. 24/25: 1936. *O. Demus F. Dworschak u. Th. Raschl R. Egger K. Ginhart B. Grimschitz H. P. Henriquez H. Menhardt J. Schmid*

WYMANN — Festgabe zum 75. Geburtstag von Eduard Wymann, Juni 1944. Tl 1. 2. — Altdorf: Huber. Bildnis; Bibliogr. = Neujahrsblatt Uri 37, NF 1: 1946. *N. Curti D. F. Rittmeyer H. Lehmann Karl Meyer*

YUEN REN-CHAO — Kuo-li chung-yang yen-chiu yüan li-chih yü-yen yen-chiu so chi-k'an (Bulletin of the Institute of the History and Philology, Academia Sinica). — Taipei, Taiwan, China. Vol. 29 (November 1957). Parts 1. 2. Studies presented to Yuen Ren-chao on his 65th birthday. Selected bibliogr.: Part 2. *Chang Ping-ch'üan Kao Ch'ü-hsün Li Chi Shih Chang-ju Tung Tso-pin*

ZAHN — Leopold Zahn zum 70. Geburtstag. Baden-Baden & Krefeld: Agis-Verl. (1960). 28 S. m. Abb. Bildnis. *Nicht im systematischen Katalog*

ZEKI — 60. dogum yili münasebetiyle Zeki Velidi Togan'a armagan. Symbolae in honorem Z. V. Togan. — Istanbul 1954/1955. *M. Mostafa*

ZELLER — Philosophische Aufsätze, Eduard Zeller zu seinem fünfzigjährigen Doctor-Jubiläum gewidmet. — Leipzig: Fues 1887. 482 S. *Fr. Vischer*

ZIBERMAYR — Festschrift Ignaz Zibermayr (zum 75. Geburtstag 2. 6. 1953). Schriftleitg: Erich Trinks. — Graz, Köln: Böhlau in Komm. 1954. 436 S., mehr. Taf. = Mitteilungen des Oberösterreichischen Landesarchivs, Bd 3. *H. Awecker J. Hollnsteiner K. Holter O. Wutzel*

ZIEGLER — Convivium. Beiträge zur Altertumswissenschaft. Konrat Ziegler, dem Lehrer und Freunde, integro vitae scelerisque puro, zum 70. Geburtstag (12. 1. 1954). — Stuttgart: Druckenmüller 1954. 187 S. 4 Taf. Bildnis. *L. Wickert*

ZILLIACUS — Florilegium amicitiae till Emil Zilliacus 1. 11. 1953. — Helsingfors, Stockholm: Geber 1953. 219 S. Bildnis. *H. Cornell M. Hirn C. A. Nordman G. Stenius*

ZIMMERMANN 1914 — Festgabe für Paul Zimmermann zur Vollendung seines 60. Lebensjahres von Freunden, Verehrern u. Mitarbeitern. — Wolfenbüttel: Zwissler 1914. 318 S. 75 Abb. = Quellen u. Forschungen zur Braunschweigischen Geschichte, 6. *M. v. Bahrfeldt W. Bode R. Bohlmann E. Flechsig P. Höfer Paul Jonas Meier Ch. Scherer K. Steinacker E. H. Zimmermann*

ZIMMERMANN 1924 — Festgabe ... Paul Zimmermann anläßl. d. Vollendung seines 70. Lebensjahres. — Wolfenbüttel 1924. = Braunschweigisches Magazin, Sonder-Nr., 26. 2. 1924. *Paul Jonas Meier K. Steincker*

ZLARTARSKI — Sbornik v čest na Vasil N. Zlartarski ... (Festschrift zu Ehren von V. N. Zlartarski zum 30jährigen Jubiläum seiner Forschungs- und Lehrtätigkeit). — Sofia 1925. 573 S. *B. Filov A. Grabar N. L. Okunev A. Protič*

ZOBELTITZ — Von Büchern und Menschen. Festschrift Fedor von Zobeltitz zum 5. 10. 1927 überreicht von der Gesellschaft der Bibliophilen. Hrsg. v. Conrad Höfer. — Weimar: Gesellsch. d. Bibliophilen 1927. 377 S. Bildnis (Radierg v. H. A. Müller). *C. Höfer F. Hohmeyer G. Kirstein H. Loubier R. Payer von Thurn Friedrich Schulze M. Sondheim W. v. Zur Westen*

ZUCCHINI — Strenna Storica Bolognese (Annosettimo) dedicata a Guido Zucchini. — Bologna 1957. 386 S. Bildnis. *V. Alce M. Fanti G. Gennari L. Lipparini A. Raule G. Rivani*

ZÜRICH — Festgabe auf die Eröffnung des Schweizerischen Landesmuseums in Zürich am 25. 6. 1898. — Zürich 1898. 234 S. m. Abb. u. Taf. *J. R. Rahn H. Zeller-Werdmüller J. Zemp*

ZWEITER TEIL

AUFGLIEDERUNG DER BEITRÄGE NACH SACHGEBIETEN

SYSTEMATISCHER TEIL

L. KÜNSTLERISCHE GESTALTUNG

M. ANDERE WISSENSCHAFTSZWEIGE IN BEZIEHUNG ZUR KUNSTGESCHICHTE

N. WECHSELWIRKUNGEN DER KÜNSTE

A. KUNSTLEHRE UND KUNSTPFLEGE

I. PHILOSOPHIE UND AESTHETIK

1 *R. Bianchi-Bandinelli:* Osservazioni storico-artistiche a un passo del 'Sofista' platonico. PAOLI 81–95. 1 Abb. im Text u. Taf. 6. 7.

2 *A. Dyroff:* Zur allgemeinen Kunstlehre des hl. Thomas. BAEUMKER 1923, 197–219.

3 *A. Dyroff:* Entwicklung und Wert der Aesthetik bei Thomas von Aquino. STEIN, LUDWIG 157–215.

4 *E. Lutz:* Die Aesthetik Bonaventuras, nach den Quellen. BAEUMKER 1913, 195–216.

5 *J. v. Schlosser:* Randglossen zu einer Stelle Montaignes. WICKHOFF 172 ff.

6 *H. Pleßner:* Zur Geschichtsphilosophie der bildenden Kunst seit Renaissance und Reformation. BEZOLD, GUSTAV v., 157–185.

7 *H.-G. Gadamer:* Zu Kants Begründung der Ästhetik und dem Sinn der Kunst. HAMANN 1939, 31–39.

8 *F. Kuntze:* Versuch über die Probleme der „Kritik der Urteilskraft" in einem System des transzendentalen Realismus. RIEHL 104–165.

9 *G. Aspelin:* Italiensk filosofi och svenskt tankeliv. BOËTHIUS 9–14. (Zusammenfassg in italien. Spr.) [A. Herrlin., E. O. Burman., A. Nyman., H. Larsson., N. Svanberg., F. Leander.]

10 *K. Groos:* Das Bild vom „Strome der Zeit". VAIHINGER 48–56. [Verdeutlichungsfiktionen in der Philosophie.]

11 *H. Cornelius:* Wissenschaftliche und künstlerische Naturerkenntnis. VAIHINGER 74–81.

12 *A. Gehlen:* Über Kultur, Natur und Natürlichkeit. ROTHACKER 113–123.

13 *G. Nordensvan:* Naivitet i konsten. Ett par exempel. GEBER 119–126.

14 *F. Kaufmann:* Von der weißen und der schwarzen Magie der Kunst. CONRAD-MARTIUS 331–338.

15 *F. Bellonzi:* Arte e natura nel sentire del nostro tempo. MARANGONI 309–321.

16 *Th. Regau:* Traum, Zeit und Kunst. PREETORIUS 194–217.

17 *B. Jakowenko:* Die Philosophie in ihrem Verhältnisse zu den anderen Hauptgebieten der Kultur. MASARYK 125–150.

18 *K. Bauch:* Die Kunstgeschichte und die heutige Philosophie. HEIDEGGER.

19 *H. Riehl:* Die Bedeutung des ganzheitlichen Denkens für die Kunstgeschichte. SPANN 270–278.

20 *L. Dittmann:* Zum Thema Ontologie und Kunstwissenschaft. CONRAD-MARTIUS 338–346.

21 *K. Badt:* Die Idee der Welt und des Selbst als fundamentale Wesenheiten bildender Kunst. FRIEDLÄNDER, WALTER 1 ff.

22 *W. Schingnitz:* Kontemplation als Wurzel von Philosophie und Kunst. VOLKELT 1926, 109–124.

23 *F. Kaufmann:* Art and Phenomenology. HUSSERL 1940, 187–202.

24 *J. de Marquette:* From art to spirituality. COOMARASWAMY 23–30.

25 *E. Grassi:* Dell' apparire e dell' essere. FRIEDLÄNDER, WALTER, 29 ff.

26 *L. Klages:* Bachofen als Erneuerer des symbolischen Denkens. CURTIUS, LUDWIG, 1937, 177–179.

27 *E. Cassirer:* Das Symbolproblem und seine Stellung im System der Philosophie. DESSOIR 191–208. (Mitberichte, Aussprache u. Schlußwort dazu: 208–218.)

28 *Fr. Vischer:* Das Symbol. ZELLER 151–193.

29 *W. Drost:* Form als Symbol. DESSOIR 254–267. (Mitberichte 267–275.)

30 *Th. Ziehen:* Rhythmus in allgemein philosophischer Betrachtung. DESSOIR 83–94. (Mitberichte, Aussprache u. Schlußwort dazu: 94–104.)

31 *M. Picard:* Bild und Pseudobild. SPRANGER 1957 I, 103–108.

32 *W. Weischedel:* Abschied vom Bild. SPRANGER 1957 I, 615–627.

33 *K. Bauch:* Imago. SZILASI 9–28, 2 Abb. [Begriffsgeschichtl. Untersuchung über Wortbedeutung von der Antike bis zum Mittelalter.]

34 *J. J. Stamm:* Die Imago-Lehre von Karl Barth und die alttestamentliche Wissenschaft. BARTH 84–98.

35 *H. Rupp:* Über optische Analyse. STUMPF 263–300, 25 Abb. [Psychologie.]

36 *E. Jaensch:* Über das künstlerische Erleben der Welt. WÖLFFLIN 1935, 68–95. [Unt. d. Gesichtspunkt d. psycholog. Anthropologie.]

37 *M. Wertheimer:* Untersuchungen zur Lehre von der Gestalt. STUMPF 301–350, 56 Abb. [Psychologie.]

38 *R. Haller:* Zur Frage: „Was ist ein Kunstwerk?" RADAKOVIC 21–30.

39 *D. Frey:* Zur Deutung des Kunstwerks. ROTHACKER 377–394.

40 *D. Frey:* Der Realitätscharakter des Kunstwerkes. WÖLFFLIN 1935, 30–67, 1 Abb.

41 *G. Egger:* Die geschichtliche Stellung des Kunstwerks. SPANN 217–236, 2 Abb.

42 *K. Blauensteiner:* Die Beziehung gegenständlicher Bindungen zur Stilbildung. STRZYGOWSKI 1932 I, 17–20.

43 *P. Frankl:* Die Rolle der Ästhetik in der Methode der Geisteswissenschaften. DESSOIR 41–55.

44 *K. Groos:* Ästhetik. FISCHER, KUNO, 487–528.

45 *G. Lúkacs:* Das ästhetische Problem des Besonderen in der Aufklärung und bei Goethe. BLOCH 201–228.

46 *A. Fischer:* Ästhetik und Kunstwissenschaft. LIPPS 100–124.

47 *K. Gassen:* Der Ansatz der Leistungswissenschaften. REHMKE 1923, 93–107.

48 *H. Hegenwald:* Kultur. REHMKE 1928, 119–143.

49 *V. Christian:* Sprach- und Kulturpsychologisches. SCHMIDT, P. W., 193–204.

50 *R. Roetschi:* Einleitende Gedanken zu einer Ästhetik als allgemeiner Physiognomik. HERBERTZ 44–51.

51 *Th. Lipps:* Von der Form der ästhetischen Apperception. HAYM 365–406.

52 *O. Becker:* Die Bedeutung des Klassischen für die philosophische Aesthetik. FRIEDLÄNDER, WALTER, 58 ff.

53 *J. König:* Die Natur der ästhetischen Wirkung. PLESSNER 283–332.

54 *J. Volkelt:* Zur Psychologie des ästhetischen Genießens. 1. Die Gesamtqualität der ästhetischen Lust. 2. Das Schauen des Urschönen. SPITZER 1–16.

55 *W. Schmied-Kowarzik:* Die Kunstform in den tektonischen Künsten. SPITZER 71–82.

56 *G. Nebel:* Das Ereignis des Schönen. JASPERS 403–414.

57 *C. Vosmaer:* L'Esthétique et le beau. LEEMANS.

58 *W. Troll:* Das Problem des Schönen. SPANN.

59 *O. Becker:* Von der Hinfälligkeit des Schönen und der Abenteuerlichkeit des Künstlers. Eine ontologische Untersuchung im ästhetischen Phänomenbereich. HUSSERL 27–52.

60 *O. Becker:* Von der Abenteuerlichkeit des Künstlers und der vorsichtigen Verwegenheit des Philosophen. ROTHACKER 25–38.

61 *E. Utitz:* Zum Schaffen des Künstlers. SPITZER 59–70.

62 *E. H. Kantorowicz:* The Sovereignty of the Artist. A Note on Legal Maxims and Renaissance Theories of Art. PANOFSKY 1960, 267–279. [Kunsttheorie-Renaissance.]

63 *H. Tietze:* Earliest and latest Works of great artists. FOCILLON 273–284, 9 Abb.

64 *W. Wieckberg:* Die künstlerische Konzeption. REHMKE 1923, 160–168.

65 *O. Holmberg:* Tre Streck på papperet. JOSEPHSON 328–340.

66 *F. Schuon:* Concerning forms in art. COOMARASWAMY 5–13.

67 *E. De Bruyne:* Du rôle de l'intelligence dans l'activité esthétique. GEYSER 1049–1059.

68 *F. Orsós:* Problematik der Kunst. STOHR 507–516.

69 *V. Zuckerkandl:* Zur Problematik des künstlerischen Denkens. PREETORIUS 298–306.

70 *F. Kaufmann:* Die Bedeutung der künstlerischen Stimmung. HUSSERL 191–223.

71 *J. Cassou:* Ethique et création artistique. PUYVELDE 360 ff.

72 *K. Albiker:* Form und Inhalt im Kunstwerk. HAMANN 1944, 1–5.

73 *J. Cassou:* Généalogie des formes et réalité des oeuvres. VENTURI Vol. 2, 297 ff.

74 *O. Rainer:* Die motorischen Wurzeln der Form. STRZYGOWSKI 1932 I, 133–137, Abb. 76–80.

75 *G. J. von Allesch:* Über künstlerischen Wert. STUMPF 29–32.

76 *E. H. Buschbeck:* Bemerkungen zum Problem der Qualität. SWOBODA.

77 *O. Loewi:* A scientist's tribute to Art. TIETZE 389–392.

78 *F. J. J. Buytendijk:* Der Geschmack. PLESSNER 42–57.

79 *R. Hamann:* Die Kategorie der Stofflichkeit in der bildenden Kunst. WORRINGER 143–150.

80 *K. Scheffler:* Kunst als Sprache. HOFER 43–48.

81 *R. Assunto:* Presenza e rappresentazione. VENTURI Vol. 2, 301 ff.

82 *H. Stafsky:* Ein Beitrag zur Ästhetik des Barock: Balthasar Gracians „Handorakel". KÖMSTEDT 282–286.

83 *G. Weisstein:* Drei Briefe von Carl Philipp Moritz an Herder. BURKHARDT 169–179. [1780, 1787, 1789.]

II. KUNSTFORSCHUNG

Allgemein

84 *L. Venturi:* Gli studi di storia dell' arte medioevali e moderna. Croce 14 S.

85 *A. Goldschmidt:* Kunstgeschichte. Schmidt-Ott 192–197. [Entwicklg. u. Hilfsmittel 1880–1930.]

86 *P. Hilber:* Begriffsprobleme der neueren Kunstgeschichte und Kunstwissenschaft. Eine Studie. Durrer 566–581. [Abh. Nr. 31.]

87 *E. Guldan:* Betrachtungen über die Kunstwissenschaft der Gegenwart. Standpunkt und Ausblick 1950. Rosemann 263–295.

88 *T. Burckhardt:* Principles and methods of traditional art. Coomaraswamy 17–22.

89 *M. Dessoir:* Kunstgeschichte und Kunstsystematik. Dessoir 27–38.

90 *L. Seligmann:* Gedanken zur Kunstforschung. Clemen 1926, 24–30.

91 *J. Strzygowski:* Die Forschung über bildende Kunst. Clemen 1926, 84–89.

92 *V. V. Štech:* Smysl a metoda dějin výtvarného umení. (Sinn und Methode der Geschichte der bildenden Kunst.) Wirth 153 ff.

93 *A. H. Fink:* Historischer Versuch zur Theorie der Kunstkritik. van der Briele 75–91.

94 *Ch. Bühler:* Der Erlebnisbegriff in der modernen Kunstwissenschaft. Walzel 195–209.

95 *F. Eckhardt:* Die erzieherischen Aufgaben der Kunstwissenschaft. Strzygowski 1932 I, 47–49.

96 *G. Bahlsen:* Grenze der Kunstwissenschaft. Hamann 1939, 12–22.

97 *J. Eichner:* Das Problem des Gegebenen in der Kunstgeschichte. Riehl 166–219.

98 *G. Brom:* Humanisten en Romanisten. Roggen 47 ff.

99 *F. Seesselberg:* Einiges über die Forschungsmethoden in der kirchlichen Kunst. Schneider 1906, 29–34.

100 *H. Küas:* Ein Beitrag zur Grabungsmethodik. Jahn, Johannes 83–88. Fig. 14 u. Abb. 40–43.

101 *E. Lerch:* L'étymologie de bâtir. Roques Bd 1, S. 185–202.

102 *E. Lambert:* Les diverses méthodes d'étude des grands monuments du moyen-âge. Febvre Bd 1, 65–70.

103 *F. Weinhandl:* Die Methode der Gestaltanalyse. Rehmke 1923, 72–92.

104 *R. Taton:* L'influence des techniques graphiques sur le développement de la géometrie. Bachelard 93–101.

105 *P. Glazema:* Het onderzoek van middeleeuwse Kerken met de spade. van Giffen 389–425, 15 Abb.

106 *H. Ladendorf:* Das Allgemeine Lexikon der bildenden Künstler Thieme-Becker-Vollmer. Vollmer, Hans (hist. art.), 1–16.

107 *J. Jahn:* Der Thieme-Becker, ein Werkzeug der Kunstwissenschaft. Vollmer, Hans (hist. art.), 19–22.

108 *H. Wichmann:* Erinnerungen an die Anfänge des Thieme-Becker-Lexikons. Vollmer, Hans (hist. art.), 17–18.

109 *J. Ringler:* Tirols Beitrag zum Thieme-Becker. Vollmer, Hans (hist. art.), 25–36.

110 *G. Oprescu:* Die rumänische Kunstwissenschaft zum Thieme-Becker. Vollmer, Hans (hist. art.), 23–24.

111 *F. Stelé:* Künstlerbiographie in Jugoslawien. Vollmer, Hans (hist. art.), 37–43.

112 *Th. Krohn-Hansen u. R. Hauglid:* Stilhistorie og Farveforskning. Fett 241 ff. [Norwegen. Kunstforschung 20. Jh.]

113 *E. Lexow u. B. A. Frimannslund:* Billedkunst. Fett 155 ff. [Norwegen. Kunstforschung 20. Jh.]

114 *L. Østby:* Verker av blandet innhold. Fett 307 ff. [Norwegen. Kunstforschung 20. Jh.]

115 *S. Willoch:* Fremmed Kunst. Fett 265 ff. [Norwegen. Kunstforschung 20. Jh.]

116 *J. Strzygowski:* Die Stellung des Balkans in der Kunstforschung. Bulic.

117 *J. Andersson:* Renässansen och nittiotalet. Josephson 228–241.

Einzelne Forscher

15.-18. Jahrhundert

118 *H. Degering:* Theophilus presbiter, qui et Rugerus. Bömer 248–262, 1 Taf. [Wiener Theoph.-Hs.]

119 *J. Neuwirth:* Zur Kritik der Kunstnachrichten des Geschichtsschreibers Franz von Prag. Prag.

120 *K. Vossler:* Benvenuto Cellini's Stil in seiner Vita. Versuch einer psychologischen Stilbetrachtung. Groeber 414–451.

121 *L. Venturi:* Pietro Aretino e Giorgio Vasari. Bertaux.

122 *U. Procacci:* Il Vasari e la conservazione degli affreschi della cappella Brancacci al Carmine e della Trinità in S. Maria Novella. Venturi Vol. 1, 211 ff.

123 *M. Vaes:* Le séjour de Carel van Mander en Italie (1573–1577). BERLIÈRE 213–244.

124 *Th. Schreiber:* Über die Kunsttraktate des Giulio Mancini. SPRINGER 1885 I, 103–110.

125 *L. Salerno:* Giulio Mancini e le "Cose di Siena". VENTURI Vol. 2, 9–17. [Biograph v. Caravaggio.]

126 *G. Rouchès:* Un érudit bolonais au XVIIe siècle. Carlo-Cesare Malvasia (1616—1693). LEMONNIER 210–223.

127 *W. Luger:* Joachim von Sandrart und seine Beziehungen zum Kloster Lambach. WIEN, Staatsarchiv, Bd 2, 4 Taf.

128 *R. Longhi:* Un ignoto corrispondente del Lanzi sulla Galleria di Pommersfelden. (Scherzo 1922.) TOESCA 216–230.

129 *G. Pacchioni:* Il Lanzi e le "Scuole Pittoriche". VENTURI Vol. 2, 267 ff.

18.-19. JAHRHUNDERT

Lessing, Winckelmann

130 *B. Brill:* Ein Beitrag zur Kritik von Lessings Laokoon. SCHADE 27–34.

131 *W. Kinkel:* Lessings Lehre vom fruchtbaren Moment, historisch und systematisch. STEIN, LUDWIG 259–280.

132 *E. Bergmann:* Das Leben und die Wunder Johann Winckelmanns. VOLKELT 1918, 229 bis 264.

133 *M. Bollert:* J. J. Winckelmann als Bibliothekar des Grafen Bünau. LEIDINGER 19–24.

134 *H. Degering:* Eine Berufung an die Königliche Bibliothek im Jahre 1765/66 nach Briefen und Akten der Preußischen Staatsbibliothek. Ein Beitr. zur Lebensgesch. Lessings u. Winckelmanns. DARMSTAEDTER 1–54. [Aufsicht üb. d. Kunstkammer.]

135 *M. Bollert:* Joh. Joach. Winckelmann und Joh. Mich. Francke. GLAUNING Bd 1, 11–17.

136 *Werner Schultze:* „Ehrwürdig als Mensch, unerreicht als Bibliothekar!" Johann Michael Francke — Freund Winckelmanns? JAHN, JOHANNES 287–292, Abb. 160, 161.

137 *W. Schadewaldt:* Winckelmann als Exzerptor und Selbstdarsteller. Mit Beiträgen v. W. Rehm. SCHWEITZER 391–409, Taf. 89, 90.

138 *C. Becker:* Wege der Freundschaft zwischen Halberstadt und Magdeburg 1740–1760. MÖLLENBERG 283–296, 4 Taf. [Bildnisse aus dem Gleimhaus zu Halberstadt, u. a. Winckelmanns.]

139 *K. S. Laurila:* En föregangåre till den moderna konstforskningen. HIRN I 271–288. [E. B. de Condillac, geb. 1715.]

140 *K. S. Laurila:* Eräs uudenaikaisen ... (Über einen Vorgänger der modernen Kunstforschung.) HIRN II 118–134. [E. B. de Condillac, geb. 1715.]

Goethe

141 *K. Muth:* Zu Goethes Ansichten über bildende Kunst. JOHANN GEORG V. SACHSEN 401–410.

142 *Th. Volbehr:* Der „Zwiespalt" in Goethes Kunstanschauungen. KOETSCHAU 184–187.

143 *W. Hausenstein:* Goethe und die Macht der Kunst. PREETORIUS 100–109.

144 *F.-J. v. Rintelen:* Goethes Naturverständnis. PREETORIUS 218–245.

145 *H. Nicolai:* Lucifer Goethe. 2 unveröff. Briefe über Goethes „Winckelmann". PYRITZ 31–36. [Perthes. Gräfin Luise Stolberg.]

146 *L. Landgrebe:* Die Geschichte in Goethes Weltbild. OTTO, ERNST 371–384.

147 *L. Piniński:* Sądy Goethego o sztuce włoskiej (Urteile Goethes über italienische Kunst). ORZECHOWICZ 1916.

148 *W. Andreas:* Goethes römische Briefe an Herzog Carl August. SALIS 279–289.

149 *W. v. Oettingen:* Über Goethes Kunstsammlungen. WAHLE, JULIUS 72–78.

150 *G. Schmid:* Goethe und die Nova Acta der Leopoldinisch-Carolinisch Deutschen Akademie der Naturforscher. WALTHER 15–61. [Zeichngn. u. Kupferstiche zu Goethes naturwiss. Arbeiten.]

151 *R. Paoli:* Testimonianze antigoethiane. MARANGONI 43–45.

152 *E. Reicke:* Goethe in Nürnberg. HAMPE 125–131.

153 *B. Brandl:* Goethes Aufenthalt in Böhmen. HELMER 281–318.

154 *R. Wolff:* Goethes Tod und die „Weimarer Kunstfreunde". MINDE-POUET 149–168.

155 *W. Rehm:* Rumohrs Geist der Kochkunst und der Geist der Goethezeit. BEREND 210–234.

156 *J. Rouge:* Wackenroder et la genèse de l'esthétique romantique. LICHTENBERGER 185 bis 203.

157 *E. Gülzow:* Wackenroder und Pommern. EHRISMANN.

158 *K. Grossmann:* Johann Gottlob v. Quandt. DRESDEN, Kunstverein, 134–146, 1 Abb., 1 Faksim.

159 *P. S. Kogan:* Filosof „Krasiwoy Zisny" Dzon Ruskin. STOROZENKO 232–242. [Der Philosoph des „Schönen Lebens" John Ruskin.]

160 *H. Koch:* Johann Jakob Bachofens Romerlebnis. CURTIUS 183–189.

161 *K. A. v. Müller:* Zwei Münchener Doktordiplome. RUPPRECHT V. BAYERN 1953, 180–193. [U. a. Langbehn.]

162 *B. M. Nissen:* Lienau und Langbehn. LIENAU 45–48.

163 *A. v. Schneider:* Ein Bericht des Galerie-Direktors Frommel an den Großherzog Leopold v. Baden aus Neapel im Jahre 1884. KNITTEL 46–49. [Pompeji.]

Burckhardt

164 *W. Kaegi:* Die Idee der Vergänglichkeit in der Jugendgeschichte Jacob Burckhardts. STÄHELIN 209–243, 5 Abb.

165 *W. Kaegi:* Aus Jacob Burckhardts erster Berliner Zeit. BÄCHLER 177–186.

166 *M. Burckhardt:* Jacob Burckhardt in Rom. Prolegomena zur Biographie seiner italienischen Wanderjahre unt. Verwendg unbekannter Zeitungsberichte Burckhardts. SCHWARBER 81 bis 98.

167 *H. Mahlberg:* Krisis und geschichtliche Kontinuität bei J. Burckhardt. Ein Beitr. zu seiner Humanität. HERBERTZ 52–57.

168 *Th. Schieder:* Die historischen Krisen im Geschichtsdenken Jakob Burckhardts. KAEHLER 421–454.

169 *H. Bächtold:* Die Entstehung von Jacob Burckhardts „Weltgeschichtlichen Betrachtungen". BELOW 280–294.

170 *E. W. Zeeden:* Reformation und Gegenreformation in Jacob Burckhardts Historischen Fragmenten. SCHNABEL 747–758.

171 *W. Kaegi:* Die Vorträge Jacob Burckhardts über „Die Zeit Friedrichs des Großen". SCHNABEL 520–531.

172 *H. Bächtold:* Jakob Burckhardt und das öffentliche Wesen seiner Zeit. MEINECKE 1922, 97–134.

173 *Th. Schieder:* Jacob Burckhardt und die Rheinlande. KALLEN 279–296.

174 *C. Neumann:* Zu Jacob Burckhardts Gedichten. STEINHAUSEN 50–60.

175 *W. Greischel:* Jakob Burckhardt als Kunstbetrachter. FUCHS 249–273.

176 *J. Gantner:* Jacob Burckhardts Urteil über Rembrandt und seine Konzeption des Klassischen. WÖLFFLIN 1944, 83–114.

177 *E. Petzet:* Paul Heyse und Jakob Burckhardt. MUNCKER 1916, 190–207.

178 *W. Kaegi:* Burckhardt und Droysen. RITTER 342–352.

179 *F. Staehelin:* Burckhardt und Dilthey. SALIS 299–304.

180 *G. Bohnenblust:* Jacob Burckhardt und Carl Spitteler. CASTLE.

181 *W. Kaegi:* Burckhardt bei Bettina. ERNST.

182 *V. v. Geramb:* Wilhelm Heinrich Riehl als Universitätsprofessor in München (1854 bis 1897). Ausschnitte aus einer noch unveröffentlichten Riehl-Biographie. RITZ 26–31.

20. JAHRHUNDERT

183 *A. v. Schneider:* Richard Benz und die deutsche Kunstgeschichte. BENZ 49–58.

184 *H. Neu:* Paul Clemen, Träger und Bewahrer rheinischer Kultur. CLEMEN 1946, 3–14.

185 *H. Kisky:* Für Paul Clemen: Ein Wort des Dankes aus den Reihen der Jugend. CLEMEN 1946, 15–22.

186 *F. Glück:* Briefe von Franz Wickhoff und Max Dvorak an Gustav Glück. SWOBODA.

187 *J. Weingartner:* Kunstgeschichte. Ein Gedenkblatt. HAMMER 1–16. [Autobiographisch. Seine Lehrer. Dvorak u. a.]

188 *H. Hiegel:* La compréhension européenne dans la collection des légendes et contes de M. Lohmeyer sur les pays sarrois. LOHMEYER 274–276. [Karl Lohmeyer.]

189 *H. Lang:* Das Gefühl für Qualität. Preetorius als Kunstdenker. PREETORIUS 178–183.

190 *G. Allinger:* Heimat und Landschaft in Edwin Redslobs Schaffen. REDSLOB 188–199, 4 Abb.

191 *C. G. Heise:* Ars una. Zum Gedächtnis Max Sauerlandts. MEYER, ERICH.

192 *H. Schmitt:* Heinrich Schrohe, der Schulmann und Forscher. SCHROHE 7–17.

193 *H. Kohlhaußen:* Hans Seger als Museumsmann. SEGER 1934, 5–12, Taf. 1–4. [Zugl. Gesch. d. Schles. Museums f. Kunstgewerbe u. Altertümer, Breslau. Im Anh.: üb. e. Zinnkanne der Löwenberger Tuchknappen v. 1523 in ob. Mus.]

194 *A. Karasek-Langer:* Josef Strzygowski. Ein Lebensbild. STRZYGOWSKI 1932 II, 36–46.

195 *K. Ginhart:* Josef Strzygowski als Kunstforscher. STRZYGOWSKI 1932 II, 18–23.

196 *L. Holtei:* Strzygowski als Lehrer. STRZYGOWSKI 1932 II, 23–26. Mit Verz. d. einschläg. Schriften Strzygowskis.

197 *P. Sock:* Das Wachstum der Kunstschau Josef Strzygowski's. STRZYGOWSKI 1932 II, 13–17.

198 *A. Bruck:* Volksbildung, Kunsterziehung und Heimatmuseum. Die volksbildnerische Bedeutung von Strzygowskis Methode der Kunstbetrachtung. STRZYGOWSKI 1932 I, 23–27.

199 *C. Petranu:* Die siebenbürgische Kunstgeschichte und die Forschungen J. Strzygowskis. STRZYGOWSKI 1932 I, 126–131.

199a *O. Benesch:* Karl Maria Swobodas Stellung in der Wiener kunsthistorischen Schule. SWOBODA 1959, 5–6.

199b *O. Demus:* Karl Maria Swoboda als Forscher. SWOBODA 1959, 7–11.

199c *G. Schmidt und R. Wagner-Rieger:* Karl Maria Swoboda als Lehrer. SWOBODA 1959, 12–16.

200 *B. Reifenberg:* Der Sinn für Qualität. SWARZENSKI 254–260. [Über Georg Swarzenskis Wirken in Frankfurt.]

201 *E. H. Buschbeck:* Hans Tietze and his reorganization of the Vienna Museums. TIETZE 373–375.

202 *A. Janner:* Il Castiglione e l'Ariosto a sostegno di Enrico Wölfflin. WÖLFFLIN 1944, 115–136.

203 *M. Stettler:* Besuche im Sihlgarten. Erinnerung an Heinrich Wölfflin. BOEHRINGER 1957, 655–664, 2 Abb.

204 *Ch. Oursel:* A. Kingsley Porter et la Bourgogne. KINGSLEY PORTER 323 ff.

205 *F. Twiesselmann:* Notice sur l'œuvre archéologique d'Edouard-François Dupont. COURTOY Bd 1, 17–30, 3 Bildnisse. Bibliographie. [1841–1911.]

206 *J. J. A. Bertrand:* Un grand comparatiste. PUIG I CADAFALCH Bd 1, 155–161. [J. Puig i Cadafalch.]

207 *S. Rocheblave:* Louis de Fourcaud a l'École des Beaux-Arts. BERTAUX. [Kunstgelehrter, Hauptzeit 1893–1914.]

208 *F. Schalk:* Benedetto Croce (1866–1952) in memoriam. ARNOLD 157–176.

209 *S. Sochor:* K šedesátce ředitele dra E. W. Brauna jako konservátora (Dr. E. W. Braun als Konservator der Staatlichen Denkmalpflege). BRAUN 5–7.

210 Persönliche Würdigungen für Karel B.Mádl von Z. Wirth, J. Pěcírka, M. Švabinsky, J. Štenc. MADL 8–48.

211 *K. Hanell:* Axel Boëthius och Svenska institutet i Rom. BOËTHIUS 49–52. Mit Zusammenfassg in italien. Spr.

FORSCHUNGSSTÄTTEN
MUSEEN UND SAMMLUNGEN
AUSSTELLUNGEN

FORSCHUNSSTÄTTEN

212 *K. Burdach:* Die deutschen wissenschaftlichen Akademien und der schöpferische nationale Geist. HOFMANNSTHAL 29–60.

213 *F. Fontane:* Theodor Fontanes „Akademiezeit". Nach ungedr. Briefen, Konzepten u. Dokumenten. TEICHMÜLLER 2–14. [F. als Erster Sekretär d. Akad. d. Künste Berlin 1876.]

214 *W. van Kempen:* Die Pflege der Kunstgeschichte an der Georg-August-Universität zu Göttingen. HAMANN 1949. [Gedr. in: Mitt. d. Universitätsbundes Göttingen, 27: 1951.]

215 *V. Griessmeier u. F. Novotny:* Das 1. kunsthistorische Institut der Wiener Universität. Eine Schöpfung Josef Strzygowskis. STRZYGOWSKI 1932 II, 46–48.

216 *F. W. Deichmann:* Goethe und das Instituto di corrispondenza archeologica. BOEHRINGER 1957, 177–191.

217 *K. Dávid:* A Magyar Művészettörténeti Munkaközösség harmadik esztendéje (das 3. Jahr der Ungarischen Kunstgeschichtlichen Arbeitsgemeinschaft). LYKA 675–681.

MUSEEN UND SAMMLUNGEN

218 *G. Faider-Feytmans:* Μουσεῖον-Musée. BIDEZ U. CUMONT 97–106. [Begriff d. Museums v. d. Antike b. z. Gegenwart.]

219 *A. Jericke:* Goethes Gedanken über museale Sammlungen. VULPIUS 71–83.

220 *R. Berliner:* Zur älteren Geschichte der allgemeinen Museumslehre in Deutschland. WOLTERS 117–142, 1 Abb. [Samuel von Quiccheberg 1565. — Joh. Georg Krünitz 1791.]

221 *A. Dempf:* Das Museum und die Geistesgeschichte. PREETORIUS 71–77.

222 *H. Pauer:* Ein Staatsarchiv der Bildenden Künste. BICK.

223 *H. Huth:* Museum and Gallery. SWARZENSKI 238–245, 1 Abb.

224 *G. Pauli:* Über die Anordnung einer Gemäldegalerie. KOETSCHAU 176–183, 4 Abb.

225 *C. Björkbom:* Om ordnandet av grafiska porträttsamlingar. MUNTHE 20–22. [Katalogisierungs-Prinzipien].

226 *H. Tietze:* The European Art Museum. SWARZENSKI 246–249.

227 *R. Cogniat:* Du rôle des musées dans la conception de la peinture moderne. PUYVELDE 350 ff.

228 *G. Wolfbauer:* Die Aufgaben der deutschen Museen in der Gegenwart. EGGER, HERMANN 84 ff.

229 *J. Schuster:* Geschichte und Idee des naturwissenschaftlichen Museums, Vortrag. SUDHOFF 1928, 178–190, 5 Abb. [Auch Wunderkammern.]

230 *G. Gustafsson:* Några ord om museer för fornsaker. (Einige Worte über Altertums-Museen.) MONTELIUS 1903, 82–88.

231 *O. Brechler:* Handschriftensammlungen als Kunstsammlungen. BICK.

232 *G. Schlesinger:* Lehrmuseum und Heimaterziehung. VANCSA 1926, 3–31.

233 *G. Schierghofer:* Arx Fidei. RITZ 15–17. [Aus d. Gesch. bayerischer Heimatmuseen. Zugl. Huldigung f. Dr. Ritz.]

234 *F. Prinz zu Sayn-Wittgenstein:* Bayerische Heimatmuseen. HAMANN 1954.

235 *J. Gosselck:* Das Heimatmuseum im niederdeutschen Sprachraum. (Mit bes. Berücks. d. Warnemünder Verhältnisse.) WOSSIDLO 129–132.

236 *A. Weitnauer:* Heimatvereine und Landesgeschichte. SPINDLER 513–522.

Deutschland

237 *G. Poensgen:* Zu einigen Neuerwerbungen des Churpfälzischen Museums in Heidelberg. KNITTEL 164–170.

238 *G. Poensgen:* Das Kurpfälzische Museum nach dem letzten Kriege. LOHMEYER 1–9, 8 Abb. [Heidelberg. 1945–53.]

239 *M. Rosenberg:* Die Kunstkammer im Großh. Residenzschlosse zu Karlsruhe. FRIEDRICH, Großherzog v. Baden, 1892, 291–310, m. Abb. u. 6 Taf.

240 *F. Back:* Die Entwicklung der Kunstsammlungen des Großherzogl. Landesmuseums. ERNST LUDWIG V. HESSEN 49–62, m. Abb. [Darmstadt.]

241 *E. Beutler:* Das Frankfurter Goethemuseum. JASPERS 381–392.

242 *G. Swarzenski:* Der Weinkeller im Städel'schen Kunstinstitut. FRIEDLÄNDER, WALTER, 303 ff.

243 *J. Vonderau:* Die Neuaufstellung der Bestände im Städt. Museum zu Fulda. RICHTER, GREGOR 5–14, 3 Abb.

243a *L. v. Weiher:* Die Bildwerke in der Kunstsammlung der Universität Göttingen. ROSEMANN 156–172.

244 *B. Weißenborn:* Der Thüringisch-Sächsische Verein für Erforschung des vaterländischen Altertums und Erhaltung seiner Denkmale (Thür.-Sächs. Geschichtsverein, gegr. 3. 10. 1819 auf der Burg Saaleck). SOMMERLAD 154–220.

245 *K.-H. Hahn:* Zur Geschichte des Goethe- und Schiller-Archivs. VULPIUS 37–51.

246 *M. Riem-Baumbach:* Die Heimatschatzkammern im Franziskanerkloster zu Saalfeld. HOPF 1–18.

247 *H.-C. v. d. Gabelentz:* Felix Becker und die Sammlung italienischer Malerei der Vor- und Früh-Renaissance im Staatlichen Lindenau-Museum zu Altenburg. VOLLMER, HANS (hist. art.), 87–96, 4 Taf. Faks.

248 *J. Hofmann:* Die Leipziger Stadtbibliothek als Kunstkammer. Die Anfänge des städtischen Kunstsammelns in Leipzig. LEIPZIG, Kunstverein, 47–62, 4 Abb.

249 *W. Teupser:* 100 Jahre Kunstverein und Museum. LEIPZIG, Kunstverein, 1–46, 10 Abb. [Leipzig. 1837–1937.]

250 *M. Kremer:* Blick in das Buchmuseum der Sächsischen Landesbibliothek 1956. BOLLERT 1956, 52–56. [Dresden.]

251 *Ch. Boden:* Das Buchmuseum in den Semper-Räumen des Japanischen Palais. BOLLERT 1956, 46–51. [Dresden. Ausstellgn. u. Veranstaltgn.]

252 *H. Hutloff:* Die vorgeschichtliche Sammlung im Lienaumuseum. LIENAU 26–28. [Frankfurt/Oder.]

253 *H. Roedel:* Die Sammlungen im Lienaumuseum. LIENAU 20–24, m. Abb. [Frankfurt a. d. Oder. Vorgesch., Heimatgesch.]

254 *G. Körner:* Von den Lüneburgischen Raritätenkabinetten. PESSLER 29–35.

255 *P. O. Rave:* Die Sammlung des Konsuls Wagener als Kern der National-Galerie. HEISE 202–212, 1 Abb.

256 *H. Trenkwald:* Das Troppauer Landesmuseum. BRAUN 1–4.

257 *H. Abs:* Die Anfänge des Städt. Museums in Elbing. EHRLICH 294–315.

Europa

258 *K. Obser:* Schweizerische Kunstsammlungen um 1760. Nach Berichten von J. Fr. Reiffenstein mitgeteilt. NABHOLZ 1934, 237 bis 250.

259 *J. R. Rahn:* Erinnerungen an die Antiquarische Gesellschaft in Zürich; aus hinterlassenen Aufzeichnungen. MEYER VON KNONAU 485–501, 1 Abb.

260 *O. Fischer:* Geschichte der Öffentlichen Kunstsammlung [Basel]. BASEL, Kunstmus., 7 ff.

261 *A. Stix:* Pariser Briefe des Adam Bartsch aus dem Jahre 1784. FRIEDLÄNDER, MAX J., 1927, 312–351. [Erwerbg. v. Rembrandt-Kupferstichen a. d. Slg. Peters/Paris für Wien.]

262 *J. Leisching:* Das Salzburger-Volkskunde-Museum. HABERLANDT 94–98.

263 *O. Reicher:* Prolegomena zur Anwendung harmonikaler Prinzipien in Museen. Zur Neuaufstellg. d. Museums f. Kulturgesch. u. Kunstgew. am Steiermärkischen Landesmus. Joanneum. SCHÜTZ 179–194.

264 *R. Totzauer:* Entstehungsgeschichte der Stift Tepler geologischen Goethe-Sammlung. HELMER 259–279.

265 *P. Lelièvre:* La formation du Museum. LAVEDAN 213–220. [Louvre.]

266 *P. de Nolhac:* Les peintures du château de Versailles en 1788. GUIFFREY 271–280. [Veröff. d. Verz. v. Du Rameau.]

267 *P. Verlet:* Chapeaurouge et les collections royales françaises. MEYER, ERICH.

268 *G. Bazin:* Le salon de 1830 à 1900. VENTURI Vol. 2; 117 ff.

269 Sammlung Polignac. Abschrift des Kataloges von 1742. [Mitgeteilt durch Heinz Ladendorf.] KURTH, WILLY.

270 *A. Fliche:* La Collection Didelot au Musée de sculpture comparé de la Faculté de lettres à Montpellier. VAN DER ESSEN 65–80, 4 Abb.

271 *F. Krüger:* Volkskundliches aus der Provence: Das Museum Frederi Mistrals. VORETZSCH 285–348, 7 Abb., 1 Figurentaf.

272 *G. Nicodemi:* L' accademia ... (fondata dal Card. Fed. Borromeo). CASTIGLIONI 651–696.

273 *Graf F. Wolff Metternich:* Die Forschungsarbeiten der Biblioteca Hertziana in Vergangenheit und Zukunft. TELSCHOW.

274 *C. Petranu:* Rumäniens siebenbürgische Museen. STRZYGOWSKI 1923, 185–196.

AUSSTELLUNGEN

275 *O. Schindler:* Die neuen Aufgaben der Kunstausstellungen in der pluralistischen Gesellschaft. GERKE 186–195.

276 *P. O. Rave:* Jahrhundertwende und Jahrhundertausstellung. Ein Kapitel a. d. Gesch. d. National-Galerie. REDSLOB 161–168, 1 Taf. (Bildn. Tschudi).

277 *J. Haubrich:* Die Sonderbund-Ausstellung 1912 und die Galerie der Neuzeit des Wallraf-Richartz-Museums in Köln. ECKERT 171–177.

278 *A. Trost:* Der älteste Wiener Kunstausstellungskatalog. NEUWIRTH 99–103. [Von 1774.]

ERHALTUNG UND WIEDERHERSTELLUNG

279 *P. Habel:* Wandalismus, eine Ehrenrettung. SEGER 1934, 389–393. [Etymologie d. Wortes. Kunstzerstörungen.]

280 *W. Treue:* Kulturwerte in Krisenzeiten. Betrachtungen über Krieg, Kunst, Wirtschaft u. Gesellschaft in Westeuropa 1600–1830. KAEHLER 43–78.

281 *Ch. Frank:* Zur Kenntnis und zum Schutz der Kleindenkmale. ANDREE-EYSN 93–97, 5 Abb. [Volkskunde.]

282 *O. Müller:* Fränkisch-Crumbach als Bergungsort für Kunstwerke. GEMMINGEN-HORNBERG 34–38.

283 *H. Hartmann:* Einige Bemerkungen über die Betreuung verpackter Völkerkundesammlungen. PLISCHKE 19–25. [Erfahrgn. a. d. Kunstgutlager Celle, u. a. Musealhygiene, Schädlingsbekämpfg.]

284 *B. Berenson:* Decline and Recovery in the Figure Arts. GREENE 25–29.

285 *G. Huisman:* La protection des musées de France pendant la guerre. PUYVELDE 345 ff.

286 *H. Aulmann:* Die technischen Methoden der Gemäldeuntersuchung im Museum. BASEL, Kunstmus., 266–280.

287 *A. Flinsch:* Möglichkeiten und Gefahren der Restaurierung von alten Gemälden. SWARZENSKI 250–253.

288 *R. Blaas:* Cellon und Pergamin in der Archivalienrestaurierung. GALLO 187–197.

289 *A. V. Caleti:* Murales prehispánicos, copia, restauración y conservación. CASO 421–426.

290 *E. Bertram:* Adalbert Stifter als Bewahrer alter Kunst. CLEMEN 1926, 31–43. [U. a. St.-Wolfgang-Altar Kefermarkt. Stadtpfarrk. Steyr.

291 *B. Biagetti:* I papi per la conservazione del patrimonio artistico. PIUS XII., Papst, 293–295.

292 *K. Kühn:* Sgraffitosicherung. Ein Fall praktischer Denkmalpflege. BRAUN 99–102, 2 Abb. [Prachatitz im Böhmerwald. Wandmalereien an Wohnhäusern um 1600. Restaurierung 1929.]

293 *A. Muñoz:* Il papato salvatore dell'arte nel medioevo. PIUS XII., Papst, 286–288.

294 *A. Ciceri:* Rigenerazione di documenti carbonizzati. CASTIGLIONI 301–310, 2 Abb.

295 *E. Tea:* La mostra dei quadri restaurati all' Ambrosiana (Ottobre 1956). CASTIGLIONI 441–448.

296 *M. Muraro:* Sulle vie del Cavalcaselle restaurando affreschi. SUIDA 129–143, 25 Abb.

297 *G. Szentiványi:* Szerelmey Miklós (Nikolaus Szerelmey). PETROVICS 109–122. Zusammenfassg. in dt. Spr. S. 217–220. [1803 Györ bis 1875 Budapest. Maler, Lithograph, Erfinder. Verfahren, Steine zu imprägnieren. Konservierung v. Westminster Palace u. St. Paulski. London.]

298 *P. A. Underwood:* ... Restoration of the Frescoes in the Kariye Camii at Istanbul ... 1952–1954. VASILIEV 253–290, 45 Abb.

299 *S. Curman:* Wiederherstellung mittelalterlicher Kalkmalereien in der Kirche zu Ed in Schweden. CLEMEN 1926, 386–400, 10 Abb. [Ende 15. Jh. Wiederherstellg. 1918.]

300 *B. Thordeman:* En teaterdirektör som hyrkorestaurator. JOSEPHSON 317–323.

KUNSTERZIEHUNG

301 *P. Menzer:* Kunst und Erziehung. Dessoir 38–41.

302 *E. Preetorius:* Kunstkrise und Kunsterziehung. JASPERS 415–419.

303 *L. Gielly:* L'enseignement de l'histoire de l'art. PUYVELDE 363 ff.

304 *F. Plutzar:* Volksbildung und Kunsterziehung. STRZYGOWSKI 1932 I, 131–133. [Bes. Österreich.]

305 *M. Huggler:* Kunst und Erwachsenenbildung. WARTENWEILER 58–63.

306 *R. Bellm:* Warum musische Erziehung. GERKE 181–185.

307 *K. Hareiter:* Bildende Kunst und Schüler. STRZYGOWSKI 1932 I, 85–88.

308 *J. Giesen:* Moderne Malerei und Volksschule. ANTZ 267–279.

309 *A. Klapheck-Strümpell:* Für und wider den Dilettanten. Ein „dilettantischer" Versuch. HAMANN 1954.

310 *L. Pallat:* Kunsterziehung durch Zeichnen und Handarbeit. KERSCHENSTEINER 135–158.

311 *F. Pelz:* Ein Beispiel zur Formerarbeitung im Zeichenunterricht der Volksschule. RICHTER, JOHANNES, 143–151, 4 Abb., 1 Taf.

312 *H. Wippler:* Farbiges Material als Mitgestalter. RICHTER, JOHANNES, 152–160, 2 Taf.

313 *F. Arnheim:* Freiherr Benedikt Skytta (1614–1683), der Urheber des Planes einer brandenburgischen „Universal-Universität der Völker, Wissenschaften und Künste". SCHMOLLER 65–99. [1667.]

314 *R. Riemerschmid:* Gutachten vom Mai 1933. RIEMERSCHMID 57–60. [Üb. e. Staatsschule d. bildenden Künste.]

315 *Ch. Rubi:* Kulturpflege im Kanton Bern. RITZ 22–25. [Kerbschnitzkurse u. a. Werkunterricht.]

316 *H. Stein:* La Société des Beaux-Arts de Montpellier (1779–1787). LEMONNIER 365–403.

317 *A. Scarzella:* La Regia Accademia di Belle Arti e le sue origini. DEL MEDICO STAFFETTI 201–204. [In Carrara.]

KUNSTSAMMLER UND -HÄNDLER

318 *M. Sondheim:* Vespasiano da Bisticci. Ein Florentiner Handschriftenhändler des 15. Jh. ZOBELTITZ 288–325. [Auch üb. and. Kunstkenner d. Zeit.]

319 *J. Deutsch:* Die Bibliothek Herzog Philipps I. von Pommern. WEHRMANN 1–45. [1515–1560.]

320 *Th. Frey:* Nicolaus Ochsenbach, der kunstliebende und -sammelnde Schloßhauptmann auf Hohentübingen (1562–1626). Ein Streifzug durch s. u. seiner Familie handschriftl. Nachlaß. LEYH 1937, 407–427, Taf. 16–21. [Mit kolor. Stadtansichten.]

321 *P. Ratouis de Limay:* Un collectionneur rouennais au XVIIIe siècle. Le président Robert de Saint-Victor. LEMONNIER 422–439.

322 *P. Marcel:* La collection de dessins de Gabriel Lemonnier au Musée de Rouen. LEMONNIER 467–495.

323 *P. Ratouis de Limay:* Un inventaire de la collection de l'amateur orléanais Aignan-Thomas Desfriches. GUIFFREY 261–270. [Verz. v. 1774.]

324 *A. Tuetey:* Inventaire des laques anciennes et des objets de curiosité de Marie-Antoinette, confiés à Daguerre et Lignereux, marchands bijoutiers, le 10 octobre 1789. GUIFFREY 286–319.

325 *R. Payer von Thurn:* Ein kaiserlicher Bibliophile. ZOBELTITZ 64–97. [Franz I. v. Österreich.]

326 *E. v. Kraemer:* En bibliofiliens storman. Antoine-René de Voyer d'Argenson, markis av Paulmy. DAHLBERG 1947, 182–196. [1787.]

327 *K.-H. Janda:* Daniel Chodowiecki als Sammler. JAHN, JOHANNES, 293–298, Abb. 162–164.

328 *G. W. Schulz:* Gottfried Winckler und seine Sammlungen. LEIPZIG, Kunstverein, 63–102, 14 Abb. [Leipzig, 1731–1795.]

329 *W. Schellberg:* Sulpiz u. Melchior Boisserée als Kunstsammler. MERKLE 282–299.

330 *Ad. Schmidt:* Baron Hüpsch in Köln als Inkunabelsammler und -händler. HAEBLER 45–63.

331 *H. Finke:* Alexander von Humboldt an W. v. Schadow über die Rambouxsche Sammlung. SCHNEIDER 1906, 495–499. [Brief v. 28. 3. 1839.]

332 *M. J. Husung:* Joseph Niesert. Aus dem Leben eines gelehrten westfälischen Büchersammlers. BÖMER 119–124, 1 Taf. [1766–1841. Auch Kunstslr.]

333 *E. Weisker:* Landrat Graf Friedrich von Zieten als Freund und Sammler vaterländischer Altertümer. TEICHMÜLLER 92–103. [Kreismuseum Neuruppin.]

334 *F. Kampe:* Die Sammlungen der Industriellen-Familie Adam in Staßfurt. MÖLLENBERG 166–197, 7 Taf.

335 *E. Trautscholdt:* Zur Geschichte des Leipziger Sammelwesens. VOLLMER, HANS (hist. art.), 217–252, 26 Abb. [Etwa 1750–1850.]

336 *L. Volkmann:* Hermann Härtel als Kunstfreund und Künstler. LEIPZIG, Kunstverein, 103–136, 18 Abb.

337 *E. Bodnár:* A magyar mügyüjtés történetéböl. Fruchter Lajos gyüjteménye. (Aus der Geschichte der ungarischen Kunstsammlung. Die Sammlung des Ludwig Fruchter.) LYKA 633–674, 12 Abb.

338 *W. Munthe:* Norske boksamlere i eldre tid. COLLIJN 249–263, 4 Abb. [13.–18. Jh.]

339 *S. Drey:* Kunstwissenschaft und Kunsthandel. HABICH 93–94.

KENNERSCHAFT UND KRITIK

340 *R. Oboussier:* Von Kunst und Kunsterkennen. PREETORIUS 187–193.

341 *G. Glück:* Kunstverständnis und Kunstgenuß. VOLLMER, HANS (hist. art.), 253–255.

342 *E. Kornmann:* Eine Anmerkung über Kunstverständnis. PREETORIUS 173–177.

343 *E. Preetorius:* Vom Urteilen über Kunst. ANDREAS, WILLY, 8 S. [Gedr. in: Preetorius, Gedanken zur Kunst. 4. Aufl. 1947, S. 167–176.]

344 *F. Ahlers-Hestermann:* Das Urteilen über zeitgenössische Kunst. Ein Versuch. HEISE 11–17.

345 *H. Jantzen:* Wert und Wertung des Kunstwerks. BAUCH 9–20.

346 *E. Preetorius:* Das Problem der Qualität. WEBER 1929, 299–303.

346a *E. H. Buschbeck:* Bemerkungen zum Problem der Qualität. SWOBODA 1959, 39–54.

347 *A. Knoepfler:* Der angebliche Kunsthaß der ersten Christen. HERTLING 41–48.

348 *P. Courthion:* De la critique d'art. VENTURI Vol. 2; 261 ff.

349 *Th. MacGreevy:* Art, criticism and science. VENTURI Vol. 2; 285 ff.

350 *E. Newton:* The uses of analogy in art criticism. VENTURI Vol. 2; 291 ff.

351 *N. Ponente:* Fonti per una storia della critica romantica. VENTURI Vol. 2; 273 ff.

352 *S. Ferri:* Binomi obbligati nella critica d'arte degli antichi. GALBIATI Bd 1, 151–158.

353 *A. B. de Vries:* Negentiende eeuwse kunstcritiek en 17. eeuwse schilderkunst. VOGELSANG 157–168.

354 *S. Heiland:* La Balance des Peintres. JAHN, JOHANNES, 237–245. [Roger de Piles: Cours de peinture par principes, 1708. Wertungstabelle. Zur Gesch. d. Kunstkritik.]

355 *M. Tourneux:* Un projet de journal de critique d'art en 1759. LEMONNIER 321–326.

356 *J. Locquin:* La lutte des critiques d'art contre les portraitistes au XVIIIe siècle. LEMONNIER 309–320.

357 *F. Redenbacher:* Die Buchmalerei des frühen Mittelalters im Urteil der deutschen Romantik. STOLLREITHER 203–217. [Kugler, Waagen, Schnaase.]

358 *F. de Figueiredo:* Do gothico e das cathedraes na litteratura portuguesa: apotamentos criticos. BONILLA 583–599. [Zur Romantik.]

359 *L. Refort:* Michelet critique d'art. HUGUET 477–485.

360 *J. V. Lehtonen:* Teori och praktik i Theophile Gautiers Émaux et camées. HIRN I 289–304.

361 *O. Sirén:* Su Tung-P'o as an Art Critic. HEDIN 434–445. [1036–1101.]

362 *A. Waley:* On the Criticism, Collection, Purchase and Handling of Pictures. HIRTH, FRIEDRICH II, 417–420. [China. 7. u. 8. Jh.]

SOZIOLOGIE DES KÜNSTLERS UND DER KUNST

363 *A. Hauser:* Ziele und Grenzen der Soziologie der Kunst. HORKHEIMER 387–398.

364 *E. Rothacker:* Bausteine zur Kultursoziologie. VIERKANDT 79–100.

365 *O. Fischer (Basel):* Kunst und Politik. Eine Studie zum Verhältnis von Künstler und Staatsmann. SCHREIBER 1932, 118–124.

366 *H. Riehl:* Kunst und Gesellschaft. SCHÜTZ 195–207.

367 *P. Meyer:* Die Kunst und ihr Publikum. RÜSTOW 255–266.

368 *A. Weber:* Über die moderne Kunst und ihr Publikum. RÜSTOW 323–328.

369 *B. Schweitzer:* Zum antiken Künstlerbild. CURTIUS, LUDWIG, 1937, 35–44, Taf. 2, 3.

370 *O. Lauffer:* Meisterzeichen und Beschau. KOETSCHAU 39–51. [Anonymität, Autorname u. erbetene Fürbitte auf Kunstwerken des MA.]

371 *G. Paulsson:* Samhällsform och konstkultur. BRANTING 55–58.

372 *H. Heckel:* Das Bild des Künstlers im neueren deutschen Roman. Eine Skizze. KOCH 1–28.

373 *H. Keller:* Kunstgeschichte und Milieutheorie. HEISE 31–54.

374 *E. Tea:* I committenti d'arte a Ravenna nel V e VI secolo. CALDERINI u. PARIBENI Bd 3; 747–751.

375 *J. Jahn:* Die Stellung des Künstlers im Mittelalter. BÜLOW 151–168.

376 *F. J. Tschan:* Bernward of Hildesheim. THOMPSON 322–343.

377 *Entz, Géza:* Müvészek és mesterek az erdélyi gótikában (die Künstler im Zeitalter der siebenbürgischen Gotik). KELEMEN 249–264.

378 *J. Marx:* Nikolaus von Cues und seine Stiftungen zu Cues und Deventer. KORUM, 9 Abb.

379 *P. Paschini:* Il mecenatismo artistico del patriarca Giovanni Grimani. CALDERINI u. PARIBENI Bd 3; 851–862.

380 *J. A. Endres:* Abt Ambrosius Mairhofer von St. Emmeram in seinem Verhältnis zur Kunst. SCHNEIDER 1906, 237–248, 2 Taf. [1530–1583. Glockenturm v. St. Emmeram, Regensburg. Illum. Musikcodex s. Hand.]

381 *L. Beltrami:* Il sentimento dell' arte nel Cardinale Federico Borromeo. CERIANI.

382 *E. Pfeil:* Die biologischen und soziologischen Grundlagen der Kunstgeschichte erörtert am Beispiel der holländischen Kunst des 17. Jahrhunderts. HAMANN 1939, 94–105.

383 *H. K. Schmitt:* Theobert d'Hame, Abt zu Tholey (1730–1759). LOHMEYER 252–259, 1 Abb. [Kunstförderer, Bauherr.]

384 *H. Uhde-Bernays:* Kunstliebe im Haus Wittelsbach. Aus e. unveröff. Buch „Die Bildnisse der Wittelsbacher". RUPPRECHT, Kronpr. v. Bayern, 1953, 255–259.

385 *H. Egger:* Philipp von Stosch und die für seinen „Atlas" beschäftigten Künstler. WIEN, Nationalbibl., 5 Textabb. u. 2 Taf.

386 *J. S. Held:* Artis pictoriae amator. An Antwerp art patron and his collection. TIETZE 317–348, 14 Abb. [Cornelis van der Geest.] [Zuerst veröff. in Gazette des Beaux-Arts 1957, Jul./Aug., Nr. 1062/1063.]

387 *W. Enblom:* Gustaf Mauritz Armfelt och Frescati. WALLIN 136 ff.

388 *F. Schneider:* Großherzog Carl Alexander in Rom (1852). Nach s. eigenen Aufzeichnungen. JUDEICH 271–290.

389 *K. Griewank:* Kaiser Wilhelm I. und Bismarck in ihrer Haltung zu staatlichen Kulturaufgaben. ANDREAS, WILLY, 22 S. [Gedr. in: Archiv f. Kulturgeschichte Nr. 34, 1952, S. 288–307 u. d. T.: Wissenschaft u. Kunst in d. Politik Kaiser Wilhelms I. u. Bismarcks.]

390 *Sauer:* Bischof von Keppler und die Kunst. KEPPLER v., 55–83.

391 *P. F. Schmidt:* Die Künstlerkolonie zu Darmstadt 1899–1914. ERNST LUDWIG V. HESSEN 65–86, m. Abb.

392 *R. B. Witte:* Ehret eure deutschen Meister! JOHANN GEORG V. SACHSEN 411–429. [Kirche u. zeitgenöss. Kunst.]

393 *J. Molzahn:* Von der Aufgabe und dem Ziel des zeitgenössischen Künstlers. FECHTER 119–123.

B. KUNSTGESCHICHTE UND DENKMÄLER

I. STILE UND EPOCHEN

ALLGEMEIN

394 *H. Focillon:* Sur la notion de style. PARVAN.

395 *J. Roosval:* Periodeneinteilung der Kunstgeschichte. STRZYGOWSKI 1923, 227–240.

396 *G. Rodenwaldt:* Wandel und Wert kunstgeschichtlicher Perioden. DESSOIR 55–60.

397 *W. Pinder:* Kunstgeschichte nach Generationen. VOLKELT 1926, 1–16.

398 *H. Glück:* Hauptwerke der Weltkunst. STRZYGOWSKI 1932 I, 66–69. [Abgekürztes Vortragskonzept a. d. Nachlaß d. Verf.]

399 *F. Kern:* Kulturenfolge. STEINHAUSEN 2–19.

400 *B. Snell:* Bemerkungen zu Theorien des Stils. PLESSNER 333–339.

401 *V. V. Štech:* Rozsah a obsah pojmu sloh (Envergure et signification du mot style). MATEJCEK 9–16.

402 *C. F. Friedrich:* Der Stil als Ordnungsprinzip geschichtlicher Deutung. REDSLOB 214–223. [Bes. Barock.]

Antike, Vorchristliche Kunst, Byzanz

403 *K. Sittl:* Archaismus. Woelfflin, Eduard, 401–408.

404 *B.-E. Tsunoda:* The problem on the ending of the Ancient World. Kostrzewski 296–318.

405 *G. Kaschnitz-Weinberg:* Über den Begriff des Mittelmeerischen in der vorchristlichen Kunst. Hamann 1944, 23–68, 43 Abb.

406 *H. Jordan:* Gibt es eine alt,,christliche" Kunst? Hauck 311–325.

407 *H. W. Beyer:* Die Eigenart der christlichen Kunst im Rahmen der Spätantike. Schultze, Victor I, 67–81, 6 Abb.

408 *F. Gerke:* Ideengeschichte der ältesten christlichen Kunst. Stuhlfauth 1–102.

409 *O. Wulff:* Ein Rückblick auf die Entwicklung der altchristlichen Kunst. Schultze, Victor 1921, Tl 2., 344–378.

410 *Rice, D. Talbot:* On "seeing" byzantine art. Sas-Zaloziecky 144 ff.

411 *W. Sas-Zaloziecky:* Einheit und Aufspaltung im geschichtlichen Bereich der okzidentalen und byzantinischen Kunst. Eder 245–257, 5 Abb.

412 *R. Dussaud:* Réflexions sur l'art byzantin. Jerphanion 143–148.

Mittelalter

413 *E. Lüthgen:* Antike und Mittelalter. Clemen 1926, 218–240.

414 *R. Hamann:* Mittelalter und Antike. Wechssler 53–62.

415 *F. Miltner:* Die Grenzmarke zwischen Antike und Mittelalter. Steinacker 21–34.

416 *H. Beenken:* Die Mittelstellung der mittelalterlichen Kunst zwischen Antike und Renaissance. Kingsley Porter 47 ff.

417 *J. v. Schlosser:* Zur Genesis der mittelalterlichen Kunstanschauung. Sickel 760–791.

418 *J. v. Schlosser:* Über einige geschichtliche Voraussetzungen der mittelalterlichen Kunstsprache. Egger, Hermann, 13 ff.

419 *E. Buschor:* Das Jahrtausend der Engel. Jantzen 19–25. [Vorrang überzeitl. Geschehnisse in der Kunst etwa 300–1400.]

420 *J. Strzygowski:* Das Irreführende am Begriffe ,,Mittelalter". Kingsley Porter 3 ff.

421 *H. Appelgren-Kivalo:* Om den s. k. karolingiska stilens ursprung. Montelius 1913, 365–374, 21 kl. Abb.

422 *H. Liebeschütz:* Theodulf of Orleans and the Problem of the Carolingian Renaissance. Saxl 77–92.

423 *H. Jantzen:* Ottonische Kunst. Wölfflin 1935, 96–110, 7 Abb.

424 *G. Wolff:* Über den Zusammenhang römischer und frühmittelalterlicher Kultur im Mainlande. Donner-von-Richter, 1 Plan.

425 *R. Kömstedt:* Zur Anwendung des Stilbegriffes ,,Renaissance" auf frühmittelalterliche Kunst. Kallen 317–325.

426 *J. Roosval:* Protorenaissance at the End of the 12th Century. Swarzenski 39–44. [Einfl. sizilian. Mosaiken auf Plastik, Wand- und Buchmalerei.]

427 *W. Drost:* Umbruch der Spätromantik und des Spätbarocks. Jahn, Johannes, 69–72.

428 *M. Schapiro:* On the aesthetic attitude in romanesque art. Coomaraswamy 130–150.

429 *N. Fettich:* Zum Problem des ungarischen Stils II. Minns 308–322, 1 Abb. u. 4 Taf.

430 *P. Frankl:* Der Beginn der Gotik und das allgemeine Problem des Stilbeginnes. Wölfflin 1924, 107–125, 2 Abb.

431 *W. Worringer:* Byzantinismus und Gotik. Eine stilgeschichtl. Anregung. Clemen 1926. 329–334.

432 *W. Worringer:* Zur Frage der gotischen Monumentalität. Walzel 211–223.

433 *J. Strzygowski:* Die Voraussetzungen der ,,Gotik" in Volkskunde und Vorgeschichte. Kossinna 1932, 383–399, 8 Abb.

434 *K. Koetschau:* Goethe und die Gotik. Clemen 1926, 460–465.

435 *H. Cornell:* Italien och konsten norr om Alperna under den gotiska tiden. Ett försök till gemensam periodindelning. Olsson 119–142, 15 Abb.

436 *G. Weise:* ,,Spätgotik" als Stilbezeichnung im Bereich der Musikgeschichte. Frey 1943, 315–344.

Renaissance, Barock

437 *G. Weise:* Die spätgotische Stilströmung in der Kunst der italienischen Renaissance. Renaudet 99–116.

438 *F. Blaschke:* Stendhals Begriff der Renaissance. Goetz 1927, 201–212.

439 *V. N. Lazarev:* Problema vozrozdenija v osveščenii renessansnych pisatelej i ,,prosvetitelej" (das Problem der ,,Wiedergeburt" im Lichte der Autoren der Renaissance und der Aufklärungsperiode). Volgin 130–140.

440 *G. J. Hoogewerff:* Manierisme. Vogelsang 133–142, 3 Abb.

441 *G. N. Fasola:* Storiografia del manierismo. Venturi Vol. 1; 429 ff.

442 *W. Pinder:* Zur Physiognomik des Manierismus. KLAGES 1932, 148–156.

443 *W. Messerer:* Zur Physiognomik des 15. und 16. Jahrhunderts. JANTZEN 1951, Schülerfestschr., Bd 2.

444 *E. Morpurgo:* La prudenza del seicento. HORODISCH 1958, 93 ff., 2 Taf.

445 *R. Alewyn:* Das weltliche Fest des Barock. Versuch einer Morphologie. ARNOLD 1–22.

446 *H. Sedlmayr:* Die politische Bedeutung des deutschen Barocks. (Der „Reichsstil".) SRBIK, v., 1 Abb. [Abb.: Fischer v. Erlachs erster Entwurf f. Schönbrunn.]

447 *H. Hatzfeld (a. d. Engl. übertr. v. J. W. Kleinstück):* Der Barock vom Standpunkt des Literarhistorikers aus betrachtet. PETRICONI 11–21.

448 *J. Hürbin:* Barock und Rokoko in der Schweiz. KNÖPFLER 1907, 94–125.

449 *F. Baudouin:* Rococoproblemen. MEYER, ALBERT DE, 1146–1163.

450 *F. Valjavec:* Die Kunst im Zeitalter der Aufklärung. SAS-ZALOZIECKY 169 ff.

451 *A. Cornu:* Der französische Klassizismus in seinen Beziehungen zur Entwicklung Frankreichs im 17. u. 18. Jahrhundert. BLOCH 51–70.

452 *O. Levertin:* Den franska klassicitetens konstlära. SCHÜCK.

453 *F. Kimball:* The beginnings of the Style Pompadour 1751–1759. TIETZE 243–250, 3 Abb. [Zuerst veröff. in Gazette des Beaux-Arts 1954, Jul./Aug. Nro. 1026–1027.]

454 *K. Bauch:* Klassik, Klassizität, Klassizismus. FRIEDLÄNDER, WALTER, 78 ff.

455 *C. J. Burckhardt:* Zum Begriff des Klassischen in Frankreich und in der deutschen Humanität. WÖLFFLIN 1944, 11–33.

456 *H. Kiener:* Die klassizistische Form im 19. Jahrhundert. WÖLFFLIN 1924, 291–308, 11 Abb.

457 *H. Clouzot:* Le style Renaissance en France au XIXe siècle. LEFRANC.

19. und 20. Jahrhundert

458 *A. Tumarkin:* Die Überwindung der Mimesislehre in der Kunsttheorie des 18. Jh. Zur Vorgeschichte der Romantik. SINGER 40–55.

459 *F. Strich:* Die Romantik als europäische Bewegung. WÖLFFLIN 1924, 47–61. [DICHTKUNST.]

460 *J. Leisching:* Die Romantik in Mähren. STRZEMCHA 38–42.

461 *O. F. Bollnow:* Der „Nachsommer" und der Bildungsgedanke des Biedermeier. OTTO, ERNST, 14–33. [Stifter. Auch Kunstauffassung.]

462 *H. Sedlmayr:* Die Grenzen der Stilgeschichte und die Kunst des 19. Jahrhunderts. SCHNABEL 394–404.

463 *H. Rostrup:* Impressionist-Problemer. POULSEN.

464 *S. Møller Kristensen:* Oppositionen mod naturalismen omkring første verdenkrig. RUBOW 309–321.

465 *F. Ahlers-Hestermann:* Wie das Buch „Stilwende" entstand. RIEMERSCHMID 53–54.

466 *H. Menz:* Vorgeschichtliche und moderne Kunst. BEHN 159–164.

467 *E. Utitz:* Der neue Realismus. DESSOIR 66–79.

468 *G. Strauss:* Dokumente zur „Entarteten Kunst". HOFER 53–60.

469 *M. Picard:* Die Atomisierung in der modernen Kunst. HAUSENSTEIN 1952, 188–193.

470 *C. Westpfahl:* Die Stunde der gegenstandslosen Kunst. PREETORIUS 288–297.

471 *K. Conrad:* Das vierte Zeitalter und die moderne Kunst. Betrachtung zur Entwicklungspsychologie unserer Epoche. VILLINGER 102–113. [Zu Sedlmayr, Verlust der Mitte.]

472 *O. Kokoschka:* Die Kunst unserer Tage und die Anschauungswelt. SPRANGER 1957 I, 63–67.

473 *A. Galvano:* Le poetiche del simbolismo e l'origine dell' astrattismo figurativo. VENTURI Vol. 2, 185 ff.

474 *E. Rosenthal:* Reflections on the condition of Modern Art and Thought. VENTURI Vol. 2, 97 ff.

475 *B. E. Werner:* Die Flora der Kunst. Festrede zum Jahrestag der mitteleuropäischen Akademie Anno 2000. FECHTER 127–129.

II. KUNSTGESCHICHTE UND DENKMÄLER NACH LÄNDERN UND ORTEN

Europa

476 *A. Gleizes:* Active tradition of the east and west. COOMARASWAMY 244–251.

477 *E. Wüsten:* Das Nationale in der Kunst. HOFER 33–40.

478 *J. Strzygowski:* Warum kann für den vergleichenden Kunstforscher nur der hohe Norden Europas als Ausgangspunkt der Indogermanen in Frage kommen? HIRT Bd 1, 155–175.

479 *J. Strzygowski:* Zur Mittlerrolle Osteuropas in der Bildenden Kunst Nord- und Westeuropas. USPENSKIJ 66–71.

480 *J. Strzygowski:* Die Bedeutung der Gründung Konstantinopels für die Entwicklung der christlichen Kunst. DE WAAL I, 363–376, Taf. 20–22.

481 *A. Weese:* Typenwanderung und Typenschöpfung. CLEMEN 1926, 90–93, 1 Taf. [Malerei Turkestans u. Europa. Ergebnisse d. Preuß. Turfan-Expeditionen.]

482 *T. Borenius:* Italiensk konst i England genom tiderna. HIRN I 45–57.

483 *J. A. F. Orbaan:* Italie en de Nederlanden. BREDIUS 201 ff., 18 Abb.

484 *W. Stein:* Die drei Florentiner. BOEHRINGER 1957, 635–653, 7 Abb. [Memling u. Rodin.]

DEUTSCHLAND

485 *A. Behne:* Verlangt die deutsche Kunst einen eigenen Maßstab? HOFER 23–30.

486 *J. Strzygowski:* Vom Wesen deutscher Kunst. STRZYGOWSKI 1932 II, 1–13.

487 *H. R. Rosemann:* Deutsches Bilden und Bauen. SIEBERT 25–34.

488 *H. Aubin:* Gemeinsam Erstrebtes. Umrisse eines Rechenschaftsberichtes. FRINGS 1952, Bd 2, 305–331. [Kulturmorphologische Betrachtungsweise deutscher Landschaften.]

489 *W. Schmidt:* Formprinzipien deutscher Kunst im Mittelalter. PANZER 153–160.

490 *H. Deckert:* Deutsche Kunst von der Mitte des 14. bis zum Ende des 15. Jahrhunderts. HAMANN 1949.

Süd-Deutschland

491 *H. Rheinfelder:* Was ein Engländer 1687 in München gesehen hat. RUPPRECHT V. BAYERN 1953, 215–233.

492 *H. Rose:* München und das Englische. HAUSENSTEIN 1932, 66–78.

493 *L. Riedmüller:* Die Reichsstadt Kaufbeuren als Künstlerstadt. FRANK 157–163.

494 *Th. Hampe:* Allgäuer Studien zur Kunst und Kultur der Renaissance. — I. Der Kaufbeurer Patrizier Jörg Hörmann u. s. Beziehungen zu Kunst u. Künstlern. II. Zur Genealogie der Künstlerfamilie Kels. III. Der Kaufbeurer Bildschnitzer Jörg Lederer u. seine Werke. Anh. I–VII. Archivalien. BEZOLD, GUSTAV V., 3–105, 13 Textabb., 11 Taf.

495 Elf Beiträge über die Bauten und Kunstwerke in Eichstätt von *Fr. X. Herb* (2), *Felix Mader* (4), *Sebastian Mutzl*, *Joseph Schlecht* (2), Fr. X. *Thurnhofer* (2). LEONROD.

496 *Ebner:* Die ältesten Denkmale des Christentums in Regensburg. DE ROSSI, 1892 II, 154 ff.

497 *A. Schulte:* Regensburg und seine Eigenart in der deutschen Geschichte. SCHREIBER 1932, 201–207.

498 *W. Hausenstein:* Neuburg an der Donau. HELD 33–35.

499 *H. Buchheit:* Wiedergewonnenes württembergisches Kunstgut. GOESSLER 1932, 6 Abb.

500 *J. Baum:* Die württembergische Kunst im Zeitalter Eberhards im Barte. STUTTGART, 10 Abb. u. 3 Taf.

501 *H. Klaiber:* Archivalische Beiträge zur Geschichte der Goldschmiedekunst, Malerei und Bildhauerei in der württembergischen Herzogszeit. GOESSLER 1932.

502 *W. Schwarz:* ... Benediktinerabtei Ellwangen. MÜLLER, KARL OTTO, 38–44.

503 *Th. Heuss:* Schwäbisch-Hall. SCHMITT 165–170, 1 Abb.

504 *W. Noack:* „Weicher Stil“ am Oberrhein. Stand u. Aufgaben der Forschung. JANTZEN 110–116, 6 Abb.

505 *W. Zimmermann:* Kunstgeographische Grenzen im Mittelrheingebiet. FRINGS 1952, Bd 1, 89–119, 10 Kt.

506 *S. Loeschcke:* Frühchristliche Denkmäler aus Trier. CLEMEN 1936, 91–145, 52 Abb.

507 *A. L. Mayer:* Die Darmstädter Kunst der letzten 25 Jahre außerhalb der Kolonie. ERNST LUDWIG V. HESSEN 89–96, m. Abb.

508 *F. Bothe:* Beiträge zur Frankfurter Kunstgeschichte des 17. Jahrhunderts. DONNER-VON-RICHTER.

509 *Heuer:* Die Frankfurter Kunst und Goethe. DONNER-VON-RICHTER, 1 Abb.

510 *R. Jung:* Stiftungen Jakobs zu Schwann . . zu Frankfurter Kirchen 1473–1480. DONNER-VON-RICHTER.

511 *A. Frh. v. Reitzenstein:* „Fränkische Kunstgeschichte.“ PINDER 65–80. [Auch zum Problem landschaftlicher Kunstgesch. an sich.]

Nord-Deutschland

512 *M. Bolle:* Die Kirche der Wüstung Neuseß. BIEREYE 33–58, 3 Taf.

513 *F. Lundgreen:* Was sagen uns die Jahreszahlen an alten Gebäuden von Rudolstadt? REIN, BERTHOLD, 1940, 42–51.

514 *W. Zimmermann:* Zur Grenze des niederrheinischen zum westfälischen Kunstraum. AUBIN I 465–494, 11 Kt. [Verbreitungskarten üb. architekton. u. ausstattungsmäß. Besonderheiten. Kunstgeographie.]

515 *W. Rave:* Kunstgeschichtliche Beziehungen zwischen der Twente und dem Münsterland. GEISBERG 116–123.

516 *M. Wackernagel:* Westfälischer Stammescharakter in der mittelalterlichen Kunst Westfalens. WAGENFELD 216–224.

517 *P. Michels:* Paderborner Künstlerfamilien des 18. Jahrhunderts. FUCHS 217–235.

518 *W. de Weerth:* Zur Geschichte und Kultur des Wuppertals 1480 bis 1580. SCHELL 19–35.

519 *A. Kamphausen:* Schleswig-Holstein, kunstgeographisch betrachtet. PAULS 1–17.

520 *F. Gundlach:* Ein Inventar der Nikolaikirche in Kiel aus dem Jahre 1509. HAUPT 4–18.

521 *W. J. Müller:* Kunstwerke im Schloß Glücksburg. HASELOFF 63–72, 4 Abb.

522 *Th. Pyl:* Kunst und Künstler in Greifswald, ein Beitrag zur pommerschen Kunstgeschichte. LEMCKE.

523 *A. Hofmeister:* Zur Geschichte des Grauen Klosters in Greifswald. WEHRMANN 169–174.

524 *G. Grundmann:* Die Richtungsänderung in der schlesischen Kunst des 18. Jahrhunderts. FREY 1943, 78–105, 26 Abb.

525 *N. Dolezich:* Schöpferische Kräfte auf dem Gebiet der bildenden Künste im Beuthen-Tarnowitzer Lande. BRINKMANN 72–78, 14 Abb.

526 *W. Levison:* Zur Geschichte des Klosters Tholey. SCHULTE, ALOYS, 62–81.

527 *A. Rohde:* 500 Jahre Deutsche Kunst in Ostpreußen. HAMANN 1939, 106–116, Taf. 23–27.

SCHWEIZ, ÖSTERREICH

528 *R. Henggeler:* Einsiedeln und die Lombardei. GALBIATI Bd 3, 353–362.

529 *D. Burckhardt-Werthemann:* Kunstgeschichtliche Basler Sagen und ihr Kern. BASEL, Kunstmus., 119 ff.

530 *R. Wackernagel:* Geschichte des Barfüßer-Klosters zu Basel. BASEL, Hist. Mus., 159–257, 1 Taf.

531 *R. Laur-Belast:* Betrachtungen über das alamannische Gräberfeld am Bernerring in Basel. TSCHUMI 112–125, 10 Abb. [6. Jh.]

532 *L. Birchler:* Drei Kapellen am obern Zürichsee. BALSIGER 111–116, 2 Abb.

533 *R. Henggeler:* Die Kirchen der Ufnau. BALSIGER 104–110.

534 *A. Guldimann:* Über die mittelalterlichen St. Martinskirchen von Olten und Lostorf. DIETSCHI 74–81, 2 Abb.

535 *A. Carlen:* Barock im Walliser Dorf. KORRODI 95–100.

536 *K. Oettinger:* Die Schwaben in Österreich: zum Ortsstilbegriff. BAUM 147–154.

537 *A. Dörrer:* Erl. Arbeit und Brauch. MAYER, MATTHIAS, 95–135, 9 Abb. [Tiroler Grenzdorf. Passionsspiele.]

538 *K. Schadelbauer:* Quellen über Innsbrukker Künstler des 16. Jahrhunderts. HAMMER 159–174.

539 *H. Hammer:* Die St. Johanneskirche in Matrei am Brenner und ihre Meister. REDLICH 73–90, 8 Abb.

540 *J. Weingartner:* Unter dem Gantkofel. KLEBELSBERG 1949, 207–219. [Baudenkmäler im Etschtal.]

541 *F. Huter:* Zur Baugeschichte der Pfarrkirche von Mareit bei Sterzing. KLEBELSBERG 1949, 431–440, 1 Taf.

542 *R. Meeraus:* Der Baumeister von Schloß Eggenberg bei Graz. EGGER, HERMANN, 69 ff., 1 Abb.

543 *J. Köstler:* Der Ausdruck deutschen Schicksals im Antlitz Salzburgs. Versuch einer kulturgeschichtlichen Zusammenschau. MÜLLER, KARL ALEXANDER v., 152–166, 11 Abb.

544 *I. Zibermayr:* St. Wolfgang und die Johanneskirche am Abersee. LOEHR.

545 *A. Ratz:* Gefährdete, unbekannte und verlorene Bau- und Kunstdenkmäler des südlichen Burgenlandes aus dem Mittelalter. HOMMA 24–36.

FRANKREICH, ENGLAND

546 *A. Goldschmidt:* English influence on medieval art of the continent. KINGSLEY, PORTER, 709 ff.

547 *H. Sedlmayr:* Vermutungen und Fragen zur Bestimmung der altfranzösischen Kunst. PINDER 9–27.

548 *A. Buck:* Das französische Kulturbewußtsein im 12. Jahrhundert. JAN 249–251.

549 *H. Ammann:* Die französische Südostwanderung im Rahmen der mittelalterlichen französischen Wanderungen. STEINACKER 259–281.

550 *R. Lantier:* Un cimetière du IVe siècle au „Mont Augé" (Vert-La-Gravelle, Marne). WEERD, VAN DE, 373–401, 12 Taf.

551 *E. Privat* u. *D. Cau-Durban:* L'art français en Navarre sous Charles le Noble (1361–1425). COUTURE 245–256.

552 *Ch. Oursel:* A propos d'une précieuse source documentaire dijonnaise. Les notes du journal de Louis-Benigne Baudot [1765–1844] sous la révolution, Chartreuse de Dijon. ROGGEN 205–211.

553 *A. Joubin:* Quelques œuvres d'art à la Faculté de médecine de Montpellier. BERTAUX, 2 Abb.

554 *A. F. Blunt:* The Précieux and French Art. SAXL 326–338, 8 Taf.

ITALIEN

555 *N. Iorga:* Rapports italo-orientaux dans l'art du Moyen Age. DIEHL, CHARLES, Vol. 2, 59 ff., 4 Abb.

556 *O. Demus:* Kunstgeschichtliche Wechselbeziehungen im italienisch-kärntnerischen Grenzgebiet während der Gotik. WUTTE 180–190.

557 *G. Soulier:* Sur les milieux orientaux en Toscane au moyen âge. VERMEYLEN, 3 Abb.

558 *G. Agnello:* La Sicilia sotteranea cristiana e la Sicilia bizantina. ORSI 1935.

559 *B. Cappelli:* L'arte medioevale in Calabria. ORSI 1935, 1 Taf.

560 *A. Kingsley Porter:* Wreckage from a tour in Apulia. SCHLUMBERGER Bd. 2, 408–415, Taf. 19–22 u. Abb. 72–80. [Bronzetüren v. Monte S. Angelo. Fresken v. Carpignano, Madonna delle Grazie.]

561 *P. Mennicken:* Italien ohne Renaissance. MAEDGE 1–8. [Ein Reisebericht.]

562 *H. Stein:* Un voyage du Primatice en Italie (1562). BERTAUX.

563 *E. Steinmann:* Michelangelo im Spiegel seiner Zeit. LEWALD.

564 *E. Wymann:* Die Aufzeichnungen des Stadtpfarrers Sebastian Werro v. Freiburg über die klassischen Altertümer von Rom im Jahre 1581. DURRER 514–533, 3 Abb.

565 *A. Bertini Calosso:* Roma e l'arte del Cinquecento e del Seicento. PIUS XII., Papst, 291–292.

566 *C. Cecchelli:* La più antica chiesa di S. Tommaso d'Aquino in Roma. ANDRIEU 83–94, 1 Abb.

567 *L. H. Heydenreich:* Marc Aurel und Regisole. MEYER, ERICH, 146–159, 14 Abb. [Schicksal und künstlerische Auswirkung des Reiterbildes in Pavia.]

568 *J. Strzygowski:* Villa Lante. Ein Ausblick in die Kunst der Renaissance. HELBIG 299–306, 2 Abb.

569 *B. Nogara:* La vocazione artistica dell'antica diocesi e provincia di Como. GIUSSANI 207–216. [Bedeutung und Berufung der Comasken.]

570 *P. Ferrari:* Noterelle storiche Pontremolesi. DEL MEDICO STAFFETTI 59–80, 6 Abb.

571 *R. Barsotti:* Gli antichi inventari delle cattedrale di Pisa. MARANGONI 104–128.

572 *M. Fanti:* Intorno alle mura e alle torri di Bologna. ZUCCHINI 147–171, 3 Abb., 1 Plan.

573 *A. Foratti:* Note sul castello di Ferrara. MANFRONI 121–134.

574 *L. Marangoni:* Un recento ritrovamento nella basilica di San Marco a Venezia. PIUS XII. 307–309, 2 Abb.

575 *I. Genthon:* Az olaszországi magyar emlékek leltárához (zum Verzeichnis der ungarischen Denkmäler in Italien). GEREVICH I 241–247, Abb. 193–196.

HOLLAND, BELGIEN

576 *J. Ainaud de Lasarte:* La Flandre et l'indumentaire Hispano-Mauresque. ROGGEN 1 ff.

577 *J. Belonje:* De Wildt bij Hendringen. VAN HEEK, 178–193, 7 Abb. [Wasserschloß.]

578 *E. Terhorst-Hüffer:* Streiflicht über den Eltenberg. VAN HEEK, 141–145, 1 Abb.

579 *A. P. van Schilfgaarde:* Het Necrologium van Elten. VAN HEEK, 68–71, 2 Abb. [15./16. Jh.]

580 *A. Sipman:* De torenmolen te Zeddam. VAN HEEK, 155–177, 4 Abb.

581 *C. W. Bruinvis:* Het huis "het Moriaanshooft" te Alkmaar en zijne bewoners. BREDIUS 8 ff., 13 Abb.

582 *Comte J. de Borchgrave d'Altena:* Des décors d'intérieurs aux XVIIe et XVIIIe siècles en Belgique. PUYVELDE 335 ff., 4 Abb.

583 *S. Brigode:* L'église de Gerpinnes. Archéologie. COURTOY Bd. 1, 211–218, 2 Taf., 1 Abb. [Belgien, Namurois. Drei Bauabschn. Romanik bis 18. Jh.]

584 *J. Roland:* L'église de Gerpinnes. Histoire. COURTOY Bd. 1, 199–209, 3 Taf. [Auch Baugesch.]

585 *A. Maere:* L'église Sainte-Waudru à Herenthals. MOELLER 626–639, 5 Abb.

SPANIEN, PORTUGAL

586 *W. Neuß:* Probleme der Kunstgeschichte Spaniens. Zu: Ars Hispaniae. Historia universal del arte hispánico, VI. Por W. W. S. Cook y J. Gudiol Ricart. Madrid 1950. KÖMSTEDT 286–297.

587 *R. Menéndez Pidal:* España, eslabón entre cristiandad e islam. WECHSSLER 111–114.

588 *A. Fliche:* L'influence de la croisade française en Espagne sur les destinées du premier art roman. PUIG I CADAFALCH Bd 1, 119–125.

589 *M. de Lozoya:* Algunos temas novelescos en el arte hispánico. MENÉNDEZ PIDAL 569–577.

590 *M. Gómez-Moreno:* Arte cristiano entre los moros de Granada. CODERA 259–270.

591 *J. Gestoso y Pérez:* Las industrias artisticas antiguas en Sevilla. (Apuntes para el prólogo de un libro.) MENÉNDEZ Y PELAYO Bd 2, 363–384.

592 *W. M. Whitehill:* Changes in the study of spanish romanesque art. KINGSLEY PORTER 257 ff.

593 *E. Wechssler:* Das Prinzip der geistigen Ordnung in der kastilianischen Literatur und Kunst. HAMANN 1944, 69–84.

594 *F. de P. Amat:* El Abrojo. BONILLA 236–247, 9 Abb. [Kloster bei Valladolid.]

595 *H. Terrasse:* Notes sur les contacts artistiques entre le Maroc et le Portugal du XVe au XVIIe siècle. LOPES u. CENIVAL 401–417.

596 *M. Cerezal:* Iglesia de Santa María de Portugalete. ECHEGARAY 301–340.

OSTEUROPA

597 Bibliographie de l'art byzantin. *A. Grabar* et *K. Mijatev:* Bulgarie. *G. Millet, E. Popović-Ibrovac* et *M. Kašanin:* Serbie. *P. Henry* et *I. D. Stefănescu:* Roumanie. USPENSKIJ 417 ff.

598 Drei Beiträge zur mittelalterlichen Kunstgeschichte Kroatiens und Serbiens. ŠISIC.

599 *L. H. Grondijs:* Beschreibung und Datierung kirchlicher Kunstwerke im byzantinoslavischen Bereiche. DÖLGER, FRANZ, 185–197.

600 *N. L. Okunev:* Nĕkotoryja česty ... (Einige Züge östlicher Einflüsse in der mittelalterlichen Kunst der Südslawen). ZLARTARSKI.

601 *J. Strzygowski:* Spalato, ein Markstein der romanischen Kunst bei ihrem Übergange vom Orient nach dem Abendlande. SCHNEIDER 1906, 323–336, 6 Abb.

602 *F. Stelè:* L'Art en Slovénie et le Byzantinisme. USPENSKIJ 1932, 381–393, 12 Abb., Taf. LV–LVI.

603 *L. Karaman:* Notes sur l'art byzantin et les Slaves catholiques de la Dalmatie. USPENSKIJ 1932, 332–380, 31 Abb., Taf. L–LIV.

604 *S. Balic:* Osmanische Bauten in Bosnien. DUDA 1–8.

605 *B. Filov:* Der Ursprung der altbulgarischen Kunst. HEISENBERG 523–528.

606 *B. Filov:* Premier empire bulgare, architecture et sculpture: Les palais vieux-bulgares et les palais sassanides. USPENSKIJ 80–86.

607 *M. Tzontcheva:* L'art bulgare à l'époque de la Renaissance et des luttes pour l'indépendence nationale. (In bulgar. Spr. m. Résumé in französ. Spr.) PAVLOVIC, 29 Abb.

608 *V. Roth:* Zum Problem der siebenbürgisch-deutschen Kunstgeschichte. TEUTSCH 1931, 227–257, 6 Taf.

609 *N. Ghika-Budeşti:* Inrâurivile reciproce ... [Gegens. Beeinflussung d. Baukunst i. d. Wallachei u. i. Siebenbürgen.] JORGA 1931, 175–188, 10 Abb.

610 *V. Roth:* Die kirchlichen Baudenkmäler des Unterwaldes. TEUTSCH 1922, 290–323. [Siebenbürgen.]

611 *Z. Kádár:* Pannonia keresztény emlékeinek kapcsolatai az ókor és a középkor triumfális müvészetéhez. (Die Beziehungen der christlichen Denkmäler Pannoniens zu der Triumphalkunst der Antike und des Mittelalters.) GEREVICH I 1–15, Abb. 1–10.

612 *L. Debreczeni:* Az 1953. Évi kolozsvári müemlék-összefrás építéstörténeti eredményei. (Die im Jahre 1953 vorgenommene Bestandsaufnahme der kunsthistorischen Monumente in Klausenburg und ihre baugeschichtlichen Ergebnisse.) KELEMEN 219–248.

613 *K. Szász:* Adatok a nagybányai képírók, kö- és fafaragók történetéhez. (Beiträge zur Geschichte der Maler, Steinmetzen u. Holzschnitzer von Frauenstadt.) KELEMEN 566–576. [Siebenbürgen. Archivalien 16.–19. Jh.]

614 *Z. Wirth:* Umelĕcká topografie Československé republiky. (Die Kunsttopographie der Tschechoslovakischen Republik.) ŠIMAK 234 bis 237.

615 *J. Neuwirth:* Künstlerische Beziehungen Nordböhmens zum anstoßenden deutschen Nachbargebiete. JOHANN GEORG V. SACHSEN 445–453.

616 *P. P. Pokryškin:* Blagovĕščenskaja cerkov v Suprasl'skom monastyrĕ. (Die Verkündigungskirche im Kloster Suprasl.) BOBRINSKIJ 222–237.

617 *St. Tomkowicz:* Dwa zenskie klasztory w Krakowie, niegdyś rezydencja świecka. (Zwei Schwestern-Klöster in Krakau, ehemals weltliche Residenz.) BALZER.

618 *K. Firinger:* Likovna umjetnost u Osijeku u XVIII. i početkom XIX. stoljeća (Zusammenfassung). Die bildende Kunst in Osijek im XVIII. und am Anfang des XIX. Jahrhunderts. TKALCIC 133 ff.

619 *G. Millet:* Étude sur les églises de Rascie. USPENSKIJ 147–194.

620 *L. Karaman:* Die Kapelle S. Michael bei Ston. BRUNSMID, m. Abb.

621 *M. M. Vasić:* Prkva sv. Krsta u Ninu. (Die Heiligkreuz-Kirche in Nin.) BULIC, 4 Abb.

622 *F. Bulić:* Das Kirchlein Sv. Petar in Priko bei Omis (Almissa). STRZYGOWSKI 1923, 136 bis 146, 5 Abb. auf Taf.

623 *F. Braun:* Rußland und die Deutschen in alter Zeit. SIEVERS 678–727. [Spuren westeurop. Kunstübung an russ. Kirchenbauten.]

624 *G. K. Bugoslavskij:* Kievskij voevoda Adam Kisel i vystroennaja im v s. Niskenićach, Vlad.-Volyn. Uěsda, Cerkov (Der Kiewer Heerführer Adam Kisel und die von ihm erbaute Kirche im Dorfe Nizkeniči, Kreis Vladimir-Volyn). UVAROVA 232 ff., 3 Abb.

625 *N. N. Voronin:* Rostovskij „kreml". (Der Kreml von Rostov.) MARR 1933, 655–680, m. Abb.

626 *T. Sulimirski:* Skythian Notes. KOSTRZEWSKI 280–284.

627 *J. Sauer:* Die christlichen Denkmäler im Gotewgebiet der Krim. BAUMSTARK 188–202, 11 Abb.

628 *N. E. Makarenko:* Drevnějšij pamjatnik iskusstva Perejaslavskago Knjazestva. (Ein sehr altes Kunstdenkmal des Fürstentums Perejaslavl.) UVAROVA 373 ff., 19 Abb., 3 Taf.

629 *I. P. Maškov:* Voskresenskij sobor v Volokolamsk. (Die Auferstehungskathedrale in Volokolamsk.) UVAROVA 295 ff., 16 Abb., 2 Taf.

630 *F. Matouš:* Webrovy oltáře a kazatelna v Netolicích. (Die Altartafeln und die Kanzel in Netolic.) WIRTH 171 ff.

631 *S. Taranušenko:* Mistecvo slobozanščini XVII–XVIII v. v. (L'art de l'Ukraïne de la Slobojanchina du 17 et 18 siecles). MARR 1–9, Taf. 1–36.

632 *C. Enlart:* L'ancien monastère des Franciscains, à Nicosie de Chypre. VOGUÉ 215–230, 6 Abb.

SKANDINAVIEN

633 *S. Lundquist:* Den svenska folkvandringsstilens uppkomsten. ALMGREN 65–80, 22 Abb.

634 *M. Hofrén:* Österbottningar i Norrland. Gamla konstnärliga förbindelser över Bottenhavet. ANDERSSON 34–43.

635 *P. Nørlund:* Nationalt og internationalt i vor romanske kunst. Nogle bemerkninger. CORNELL 113 ff., 4 Abb.

636 *O. Rydbeck:* Lundagård. GUSTAF VI ADOLF, 215–228, 10 Abb.

637 *G. Wertin:* Några drag ur Skå kyrkas byggnadshistoria. ÅBERG 212–219, 4 Abb.

638 *M. Olsson:* Äldsta Vasaättens grav i Riddarholmskyrkan. ALMGREN 124–136, 9 Abb.

639 *S. Wallin:* Sävstaholm i romantik och barock. OLSSON 290–302, 11 Abb.

640 *K. K. Meinander:* 1600-talets konst i Finland. (Die Kunst in Finnland während des 17. Jahrhunderts.) RUUTHIN 8–24.

641 *I. Kronqvist:* Hollolan kirkko ja sen rakennus-historiallinen merkitys. (Die Kirche von Hollola und ihre baugeschichtliche Bedeutung.) ÄYRÄPÄÄ 67–89, 18 Abb.

642 *L.-J. Ringbom:* Sankt Henriks Gravkyrka i Nousis. NORDMANN 222–234, 6 Abb.

643 *M. Bodelsen:* Foreign artists in Denmark. VOLLMER, HANS (hist. art.), 45–86, 5 Taf. Mit Anh. (Verzeichn.): Foreign artists in Denmark included in Weilbachs Kunstnerleksikon. 63–68. [U. a. Bernt Notke, Hans Brüggemann, C. D. Friedrich, Ph. O. Runge, P. Gauguin.]

644 *B. Hallmann:* Zwei Wikingerfunde aus Mecklenburg. BELTZ 155–159, 2 Abb.

C. VORSTUFEN UND PRIMITIVE KUNST

I VOR- UND FRÜHZEIT

ALLGEMEIN

645 *R. Hamann:* Kunstgeschichte und Urgeschichte. MERHARD VON BERNEGG Bd 2, 3–11.

646 *H. Read:* The prehistoric Artist. BRODY 225–243. Zusammenfassg in dt. Spr. 306–309.

647 *J. Böhm:* Pravěké umeni (L'art préhistorique). MATEJCEK 27–30.

648 *W. La Baume:* Der Ur in der Darstellung der steinzeitlichen Kunst. GANDERT 78–88, Taf. 7.

649 *W. Nagel:* Frühe Tierwelt in Südwestasien. GANDERT (I) 106–118, Taf. 9–14, 23–27. [M. Runsty, Belgien.]

MALEREI

650 *G. A. Künstler:* Ein spätpaläolithischer Darstellungstypus und der Versuch seiner Deutung. STRZYGOWSKI 1932 I, 102–105, Abb. 53–56. [Tierzeichnungen auf Felsen. Limeuil, Petersfels.]

651 *S. Schick:* Das Hallstattgrab von Vilsingen. Zur Chronologie der späthallstattzeitlichen Fürstengräber in Südwestdeutschland. GOESSLER 150–167, 7 Abb. u. Taf. 22–25.

651a *C. L. Wrenn:* Sutton Hoo and Beowulf. MOSSÉ.

651b *G. Haseloff:* Zu den Darstellungen auf der Börse von Sutton Hoo. HASELOFF 9–20. 10 Abb. [bei Ipswich, um 650–670.]

652 *Comte Bégouen* et *H. Breuil:* Les ours déguises de la caverne des Trois Frères (Ariège). SCHMIDT, P. W., 777–780, 3 Abb.

653 *H. Breuil:* Les Roches Peintes schématiques d'Helechal (Badajoz) Estremadure. SCHMIDT, P. W., 781–799, 10 Abb.

654 *L. Holtei:* Nord und Süd im Paläolithikum. STRZYGOWSKI 1932 I, 89–94, Abb. 57. [Felsmalereien. Franko-kantabrischer u. ostspanischer paläolith. Kunstkreis.]

KLEINKUNST, PLASTIK, RITZZEICHNUNGEN

655 *D. Bohnsack:* Bernsteinanhänger aus einer Paläolithfundschicht bei Nordstemmen/Kr. Alfeld. GANDERT 19 ff., 1 Abb., 2 Taf.

656 *G. Mildenberger:* Zur Schnurkeramischen Ornamentik. JAHN, JOHANNES, 7–11, Fig. 1 u. Abb. 1–5.

657 *H. Moora:* Eine steinzeitliche Schlangenfigur aus der Gegend von Narva. ÄYRÄPÄÄ 1957, 225–232, 2 Abb. [Aus Elchgeweih.]

658 *O.-F. Gandert:* Neue Schmuckschilde der frühen Bronzezeit. EHRLICH 45–51, 1 Abb., 2 Taf.

659 *G. Bierbaum:* Goldfunde aus der ältesten Bronzezeit in Sachsen. SEGER 1934, 124–131, 5 Abb.

660 *B. Nerman:* Ein bronzezeitlicher Vogeltutulus aus Schweden. EHRLICH 52–53, 1 Taf.

661 *O. Menghin:* Ursprung und Entwicklung der germanischen Goldgefäße des Bronzezeitalters. SEGER 1934, 179–193, 2 Abb. u. Taf. 32. [Kritik an Schuchhardt. Ausgangspunkt Irland.]

662 *Ch. Pescheck:* Späthallstättische Kulturströmungen im Ostalpenraum. JAHN, MARTIN, 153–182, 10 Textabb., Taf. 8–11 u. Kt. 6.

663 *P. Goeßler:* Ein Schmuckstück der frühen Latènezeit. SEGER 1934, 205–208, 1 Abb. [Schmuckscheibe v. Königsheim (Spaichingen).]

664 *A. v. Müller:* Zur Datierung und Verbreitung der kaiserzeitlichen Schmucknadeln mit Berlockkopf. GANDERT 98 ff., 2 Taf.

665 *W. Schulz:* Eine Silberfibel der spätrömischen Zeit von Leuna, Kr. Merseburg. KOSSINNA 1928, 146–150, 12 Abb.

666 *R. Schindler:* Ein Beitrag zur Frage des römischen und nordostgermanischen Bernsteingewerbes. PETZSCH 154–164, 3 Abb., 2 Kt.

667 *A. Romdahl:* Vendel und Byzanz. Byzantinisch-orientalische Einflüsse in einem schwedischen Grabfund der Völkerwanderungszeit. STRZYGOWSKI 1923, 217–226, 12 Abb. auf Taf.

668 *H. Zeiß:* Ein Fibelfund aus Krefeld-Gellep als Zeugnis für den Rheinweg im frühen Mittelalter. OXÉ 251–255.

669 *W. Schulz:* Mittelalterlicher Gesichtsmaskenschmuck. GANDERT 148 ff., 2 Taf.

670 *G. v. Merhart:* Drei Krieger. HAMANN 1944, 6–11, 3 Abb. [Vorgeschichtl. Statuetten aus alpinen Fundorten.]

671 *G. Trathnigg:* Merowingische Sarkophagplatten. EGGER, RUDOLF, 1952, Bd. 2, 322–329, 5 Abb. [Aus Poitiers, St. Jean. Sinnbild des Dreistufenbaumes.]

672 *E. Šturms:* Die neolithische Plastik im nordischen Kulturkreis. SPROCKHOFF Tl. 1, 21–26, 2 Taf. [Tierfiguren.]

672a *O. Almgren:* Ein schwedischer Festbrauch und eine schwedische Felsenzeichnung. BEZZENBERGER 1–4. 2 Taf. [ca. 800–1000 vor Chr.]

673 *C. Rademacher:* Ein Knochen mit Tierzeichnung aus dem Rheinland. KOSSINNA 1928, 168–175, 10 Abb.

674 *W. Neugebauer:* Eine figürliche Knochenritzung vom Burgwall Alt Lübeck. SPROCKHOFF Tl 2, 164–167, 2 Abb. u. Taf. 13. [Aus spätslaw. Zeit, um 1100.]

II. NATURVÖLKER

ALLGEMEIN

676 *H. Lützeler:* Die Auffassung der Kunst bei den Naturvölkern. ROTHACKER 125–130.

677 *C. Wissler:* A psycho-physical element in primitive art. BOAS 189–192.

678 *W. Wundt:* Die Zeichnungen des Kindes und die zeichnende Kunst der Naturvölker. VOLKELT 1918, 1–24.

AFRIKA

679 *R. A. M. Bergman:* De sociale functie der rotstekeningen. FAHRENFORT 77–87, 17 Abb. [Negerzeichnungen.]

680 *H. D. Molesworth:* Painting in Ethiopia: a Reflection of Medieval Practice. SAXL 359–369.

681 *E. F. Gautier:* Anciennes voies du commerce transsaharien. HEDIN 550–562, 5 Abb. [Felsbilder.]

682 *P. Germann:* Hand und Elefantenrüssel in Westafrika. RECHE 290–297, 11 Abb. [Bildwerke aus Benin u. a.]

683 *V. L. Grottanelli:* A Lost African Metropolis. WESTERMANN 231–242, 3 Abb. [Shungwaya, O.-Afr.]

684 *P. Karge:* Durch die Libysche Wüste zur Großen Oase. JOHANN GEORG V. SACHSEN 283–321, 10 Abb.

Amerika

685 *P. W. Schmidt:* Die Altstämme Nordamerikas. Seler 471–502.

686 *B. Kleinschmidt:* Kulturarbeit unter den nomadenhaften Indianern in Arizona (Nordamerika). Ein Beitr. zur Volkskunde d. dt.-amerik. Franziskanermission. Schreiber 1932, 567–578.

687 *A. L. Kroeber:* The archaeology of California. Putnam 1–42.

688 *H. Lehmann:* Un Bâton de cerémonie du XVIIe siècle. Rivet 2, 1959, 297–304, 6 Abb.

689 *A. M. Tozzer:* Notes on religious Ceremonials of the Navaho. Putnam 299–343, 6 Farbtaf. [Indianer, abstrakte Darstellungen.]

690 *G. Gjessing:* Petroglyphs and pictographs in the Coast Salishan Area of Canada. Rivet 1, 1958, 257–275, 13 Abb.

691 *H. J. Smith:* The Man Petroglyph near Prince Rupert or the Man who fell from Heaven. Kroeber 308–312, 2 Taf. [Canada.]

692 *G. I. Quimby:* Silver Ornaments and the Indians. Rivet 1, 1958, 317–337, 2 Abb.

693 *W. H. Holmes:* Decorative Art of the aborigines of Northern America. Boas 179–188.

694 *F. Kollmann:* Flöten und Pfeifen aus Altmexiko. Bastian I 569–574, 15 Abb.

Südsee

695 *H. Damm:* Keule von den Banks-Inseln oder Götterstab der Maori? Plischke 215–221, 5 Abb. [Leipzig, Völkerkde-Mus.]

696 *P. Wirz:* Der Ersatz für die Kopfjägerei und die Trophäenimitation. Unt. bes. Berücks. der vom Verf. auf Neuguinea und Sabirut (Mentawei) gesammelten Objekte. Thurnwald 411–434, 15 Abb.

697 *B. Blackwood:* Some Arts and Industries of the Bosmun, New Guinea. Speiser 266–288, 10 Abb. u. 2 Taf.

698 *P. Wirz:* Steinmörser, Steingeräte und die Heilige Steinschale der Ménembi (Neuguinea). Speiser 289–303, 17 Abb., 1 Taf.

699 *H. Damm:* Zeremonialschemel vom Sepik (Kaiser-Wilhelms-Land). Reche 274–289, 17 Abb., 1 Kt.

700 *F. v. Luschan:* Das Wurfholz in Neu-Holland und in Oceanien. Bastian I 131–155, 12 Abb. u. 3 Taf.

701 *L. Adam:* The Bark Peintings of Groote Eylandt (Gulfe of Carpentaria) in Melbourne. Speiser 162–188, 8 Abb., 2 Taf.

702 *A. Bühler:* Bemerkungen zur Kulturgeschichte Sumbas. Speiser 51–75, 4 Taf.

703 *G. Höltker:* Die Steinvögel in Melanesien. Speiser 235–265, 2 Taf.

704 *H. Lavachery:* Stèles et Pierres-Levées à l'Ile de Pâques. Speiser 413–422, 3 Taf.

705 *K. Günther:* Zur Frage der Typologie der großen Steinbilder auf der Osterinsel. Struck 81–108, 15 Abb.

706 *Marguerite et Georges Lobsiger-Dellenbach:* Dessins réalistes et motifs symboliques gravés sur le bambous de Nouvelle-Calédonie. Speiser 318–330, 6 Abb.

III. Volks- und Bauernkunst

Allgemein

707 *O. Lauffer:* Wesen und Wirken der Volkskunst. Mit bes. Rücksicht auf die Schachtelmalerei. Wossidlo 138–150.

708 *O. Lehmann:* Die Volkskunst in der Internationalität. Schreiber 1932, 100–117.

709 *E. Fehrle:* Zur Volkskunst. Meisinger 8–17, 3 Abb.

710 *A. Kamphausen:* Volkskundliches und Volkskunstforschung zur Unterbauung neuer kunstgeschichtlicher Betrachtung. Lehmann, Otto I., 78–88.

711 *H. Glück:* Beharrung und Entwicklung, Volkskunst und Persönlichkeit. Strzygowski 1923, 177–181.

712 *E. v. Niederhöffer:* Ist die Volkskunst bildlos? Eine kunstpsychologische Studie. Klages 1947.

713 *R. Wolfram:* Gesunkenes Kulturgut und gehobenes Primitivgut. Strzygowski 1932 I, 185–189. [Hans Naumann, John Meier.]

Einzelgebiete, Spielzeug

714 *Otto Lauffer:* Geister im Bann. Meier, John, 104–120, 7 Taf.

715 *A. Groß:* Ritterlich Spielzeug. Schlosser 1927, 209–214, Abb. 82–93.

716 *W. Schulz:* Mittelalterlicher Gesichtsmaskenschmuck. Gandert 148–151, Taf. 16 u. 29.

717 *P. Germann:* Afrikanische Puppen. Weule 123–148, 8 Taf.

718 *H. v. Wieser:* Drucke auf Raupengespinsten. Stolz 691–697, 5 Abb. auf Taf. 44–47.

719 *J. Blau:* Zur Geschichte der Hinterglasmalerei. Ritz 161–163, 1 Abb.

720 *O. Lauffer:* Der Weihnachtsbaum und sein Ursprung aus dem volkstümlichen Geisterglauben der Mittwinterzeit. Melle 224–253.

721 *R. Violant i Simorra:* Ritus i cerimónies de construcció. Puig i Cadafalch Bd 1, 173–183.

[Bauopfer, Richtfest usw. Volksbräuche Gegenwart.]

722 *J. Warncke:* In Lübeck aufgedeckte Bauopfer. HAUPT 1936, 362–375, 6 Abb.

723 *O. v. Zaborsky:* Ländliche Werke der Technik. RITZ 167–172, 3 Zeichngn.

724 *A. Egger:* Schalensteine, eine volkskundl. Studie. WOPFNER 1947/48, Bd 2, 57–68. [Einschürfungen.]

Deutschland

725 *J. C. Roselt:* Inventar der Puppenstadt „Mon Plaisir" im Schloßmuseum zu Arnstadt. Ein Beitr. zur Erschließung d. materiellen Kultur des 18. Jh. in Thüringen. SCHNEIDER, FRIEDRICH, 1958, 328–386, 8 Taf.

726 *F. Fuhse:* Braunschweiger Bauernschmuck. ANDREE-EYSN 125–135, 6 Abb.

727 *W.-E. Peuckert:* Der Schodüvelstein. PLISCHKE 129–141. [Hildesheim, Schauteufelstein. Maskenumzüge.]

728 *R. Egger:* Die Felsinschriften der Plöckenalpe. WUTTE 15–22, 2 Abb.

729 *F. Hofmann:* Die drei Kreuze auf dem alten Kalvarienberge zwischen Freiberg und Brand. HERRMANN, WALTHER, 273–279, 6 Abb.

730 *K. Langenheim:* Gedanken über die west- und ostpreußischen Bildsteine. SCHWANTES 230–233.

731 *A. Helbok:* Die volksgeschichtliche Bedeutung des alten Ausbreitungsfeldes der germanischen Steinsetzung in Südwestdeutschland. LAUFFER 64–82.

732 *J. Oswald:* Bayerische Heimatbewegung und -forschung zwischen den zwei Weltkriegen. SCHREIBER 1953, 604–614 (Beiträge u. Berichte). [Institute u. Veröff.]

733 *W. Steller:* Das Wiegenband. Ein Beitr. zur sudetendeutschen Volkskunde. KOCH 323 bis 334.

Österreich, Schweiz und andere Länder

734 *K. Toldt:* Über die Tiroler Spinnweben- bzw. Raupengespinst-Bilder. KLEBELSBERG 1949, 167–206, 21 Abb. [Über die Natur des Malgrundes.]

735 *E. Richter:* Kasimir Brunner, ein Tiroler als Kistlermeister und Votivtafelmaler in Bayern. GUGITZ 361–368, 1 Abb. [1787–1842.]

736 *A. Haberlandt:* Zu einigen volkstümlichen Felsritzungen in den österreichischen Alpen. WENINGER 239–249, 7 Abb. [15.–17. Jh.]

737 *E. Burgstaller:* Maskenschnitzereien an oberösterreichischen Bauernhäusern. GERAMB 127–131, 1 Taf.

738 *A. Dörrer:* Beispiele landschaftlicher Maskentypen. RITZ 108–112, 2 Abb. [Bes. Tirol.]

739 *L. Kretzenbacher:* Zur Frühgeschichte der Masken in der Steiermark. PIRCHEGGER 235 bis 260, 1 Abb.

740 *E. Hubatschek:* Zur bäuerlichen Arbeits- und Gerätekunde des inneren Stubaitales. GERAMB 99–112, 2 Abb., 3 Taf.

741 *J. Ringler:* Tiroler Bauernmöbel. Die Brandenberger Gruppe. GERAMB 113–126, 3 Abb., 4 Taf.

742 *A. Reinle:* Volkskundliches in den Luzerner Kunstdenkmälern. WACKERNAGEL, HANS GEORG, 93–102.

743 *L. Rüttimeyer:* Über einige anschauliche Gerätschaften und Gebräuche im Kanton Wallis ... HOFFMANN-KRAYER 283–372, 57 Abb. u. viele Taf. [Marken u. a.]

744 *J. R. Rahn:* Über Flachschnitzereien in der Schweiz. ZÜRICH, 64 Abb. u. 2 Taf.

745 *H. Meyer-Rahn:* Zwei luzernische Hinterglasbilder und deren Vorlagen. DURRER 457 bis 465, 2 Taf.

746 *A. Raule:* I tabernacoli delle nostre vie. ZUCCHINI 191–219, 20 Abb. [Heiligenbilder in den Straßen.]

747 *P. Voit:* Adatok a magyar festöasztalosok munkásságának bibliográfiájához (Belege zur Bibliographie der Tätigkeit der ungarischen Schreinmaler). GEREVICH I 111–138, Abb. 92–103.

747a *R. Kloster:* Folkekunst. FETT 47 ff. [Norwegen. Kunstforschung 20. Jh.]

D. HOCHKULTUREN AUSSER EUROPA

I. ORIENT UND KOPTISCHES

748 *M. Aubert:* La transformation de l'art chrétien en Orient du IVe au VIe siècle. MARTROYE.

749 *J. Ebersolt:* Sculptures de l'Orient latin aux musées de Constantinople. SCHLUMBERGER Bd 2, 432–435, Abb. 81–84. [14. Jh.]

750 *H. C. Butler:* Nabataean temple plans and the plans of Syrian churches. STRZYGOWSKI 1923, 9–16, 10 Abb. im Text, 1 Abb. auf Taf.

751 *J. Strzygowski:* Les vestiges d'art chrétien primitif près de l'église arménienne de Diarbékir et leur décoration irano-nordique. DIEHL, CHARLES, Vol. 2, 197 ff., 5 Abb.

752 *F. Macler:* Raboula — Mlqê. Diehl, Charles, Vol. 2, 81 ff., 23 Abb.

753 *R. Dussaud:* Fragments d'architrave provenant de Sidon (Musée du Louvre). Schlumberger Bd 2, 359–362, Abb. 57, 58 u. Taf. 14. [Ornamentale Skulptur. Christl. u. byzantin. Einflüsse in Syrien.]

754 *E. Cardinal Tisserant:* Some Aspects of the Orient on the Eve of its Evangelization. Greene 30–36.

755 *B. Krause-Becker:* Figürliche und ornamentale Zeichnungen auf koptischen Ostraka um 600. Jahn, Johannes, 33–39, Abb. 11–22.

756 *J. Doresse:* Monastères coptes aux environs d'Armant en Thébaide. Peeters Bd 1, 327–349, 4 Abb.

757 *E. Riefstahl:* A Coptic Roundel in the Brooklyn Museum. Crum 531–540, 2 Abb., 2 Taf.

758 *C. M. Kaufmann:* Ikon mit der Darstellung eines Menaswunders aus der altkoptischen Kirche von Dêr Mâri Mîna in Kairo. Johann Georg v. Sachsen 323–327, 2 Abb.

759 *A. Rücker:* Über Altartafeln im koptischen und den übrigen Riten des Orients. Johann Georg v. Sachsen 209–221, 9 Abb.

II. ISLAM

Allgemein

760 *E. Kühnel:* Türkische und islamische Kunst. Edhem 201–209.

761 *E. Diez:* Orientalische Gotik. Strzygowski 1923, 168–176, 1 Abb. im Text. [Beziehungen Islam–Abendland.]

762 *F. Taeschner:* Der Anteil der Christen und der Muslime an der islamischen Kunst. Baumstark 251–269.

763 *T. J. Arne:* La steppe turcomane et ses antiquités. Hedin 28–43, 6 Abb., 2 Taf.

764 *R. Linossier:* L'Iconographie de la „Descente d'Amida". Linossier Bd 1, 99–129.

765 *F. Babinger:* Eine Verfügung des Paläologen Châss Murâd Pâsâ von 876 h. (1471/72). Hartmann 197–210, 2 Taf., 4 Abb.

766 *H. Dreyfuß:* Une institution Béhaïe: Le Machreqoul-Azkâr d'Achgâbâd. Derenbourg 414–423.

767 *M. Mostafa:* Neuerwerbungen des Museums für Islamische Kunst in Kairo. Kühnel 89–92, 7 Abb. [Glasampel; Teppich.]

768 *M. Vjaźmitina:* Islamśki zbirki Charkivśkogo Chudozńo-Istorijanogo Museju (bronsa, keramika, derevo). (Collection des objets de l'art musulman au Musée des Beaux Arts de Charkoff (bronze, céramique, bois). Marr 129–145, Taf. 70–73.

769 *H. S. Ch. Szapszal:* Wyolrajenia ... (Images persanes des saints musulmans et chrétiens, — influences catholiques internationales et venues de la Pologne aux XVI–XVII siècle.) Tomkowicz 131–192, 21 Taf.

770 *G. Marçais:* Remarques sur la position des entrées latérales dans les Mosquées d'Orient et d'occident. Jerphanion 572–587, 9 Abb.

Baukunst

Nordafrika

771 *S. Flury:* Ein Stuckmihrab des IV. (X.) Jahrhunderts. Sarre 106–110, 6 Abb. [Kopie in Kairo, arab. Museum.]

772 *S.-M. Zbiss:* La coupole aghlabite de la Grande Mosquée de Sousse [erbaut 851]. Marçais, Georges, Tome 2, 177–193, 13 Abb., 1 Plan.

773 *J. Meunié:* La Zaouiat en-Noussâk, une fondation merinite aux abords de Salé. Marçais, Georges, Tome 2, 129–145, 3 Textabb., 4 Taf. [Erbaut 1356.]

774 *M. van Berchem:* A la recherche of Sadrata. Herzfeld, Ernst, 21–31, 2 Abb., 2 Taf.

775 *F. Gabrieli:* Il palazzo hammadita di Bigaya descritto da Ibn Hamdis. Kühnel 54–58.

776 *G. Deverdun:* Une nouvelle inscription idrisite (265 H = 877 J. C.). Marçais, Georges, Tome 2, 67–73, 2 Abb.

777 *H. Terrasse:* Minbars anciens du Maroc. Marçais, Georges, Tome 2, 159–167, 3 Abb., 1 Diagramm, 1 Tabelle.

778 *H. Terrasse:* Trois bains mérinides du Mara. Marçais. 8 Abb.

779 *G. Marçais:* La mosqué de Sidi Bou Meranàn de Bone. Marçais. 6 Abb.

780 *L. Golvin:* Note sur quelques fragments de plâtre trouvés recemment à la Qal'a des Beni-Hammad. Marçais, Georges, Tome 2, 75–93, 21 Textabb., 14 Zeichnungen, 1 Taf., Bibliogr. S. 94.

Türkei

781 *K. Otto-Dorn:* Seldschukische Holzsäulenmoscheen in Kleinasien. Kühnel 59–88, 29 Abb.

782 *F. Babinger:* Beiträge zur Geschichte des Geschlechtes der Malqoc-oghlu's [mit ihren Türben (Grabmälern)]. Bonelli 117–135, 8 Taf.

783 *Halil Edhem:* Einige islamische Denkmäler Kleinasiens. Strzygowski 1923, 243–247. 1 Abb. im Text, 7 Abb. auf Taf.

784 *Halil Edhem:* Anadolu selçuklari devrinde mimarî ve tezyinî san'atlar. [Anatolien, 13. Jh.] Edhem 279–297.

785 *H. J. Kissling:* Ša'ban Veli und die Ša'banijje. Babinger 86–109, 2 Taf., 2 Pläne.

[Gründer e. Derwischordens, Bautätigkeit in Qastamuni.]

786 *K. Otto-Dorn:* Die Isa Bey Moschee in Ephesus. SCHEDE 1950, 115–131, Taf. 49–58. [Von 1375. Breitraum-Stützenhalle.]

787 *Tahsin Özgüç:* Die Ausgrabung von Topraktepe, der Burg von Sivas. EDHEM 227–233.

788 *N. Brunov:* Die Gül-Djami von Konstantinopel. HEISENBERG 554–560, 3 Textzeichngn u. Taf. 6, 7.

SYRIEN

789 *K. A. C. Creswell:* The Great Mosque of Hama. Kühnel 48–53, 3 Abb.

790 *O. Reuther:* Die Qa'a. SARRE 205–216, 3 Textabb. u. Taf. 109–115. [Teil d. syrischen Hauses.]

791 *M. van Berchem:* La chaire de la Mosquée d'Hébron et le martyrion de la tête de Husain à Ascalon. SACHAU 298–310. [Predigtstuhl.]

792 *M. Sobernheim:* Die Inschriften der Moschee von Hims, nebst Baubeschreibung von E. Herzfeld. LEHMANN-HAUPT 1921, 225–239, 6 Abb., 3 Taf.

793 *O. Grabar:* al-Mushatta, Baghdad, and Wasit. HITTI 99–108, 5 Abb. auf Taf. 2–4. [Omayyadische Palastarchitektur des Ost-Jordanlandes u. Iraks. 8. Jh. A.D.]

794 *H. G. Franz:* Architekturdarstellungen auf den Mosaiken der Omayyadenmoschee in Damaskus und die frühislamische Baukunst. KÜHNEL 41–47, 13 Abb.

795 *H. W. Glidden:* The Mamluk origin of the fortified Khan at al-ʿAqabah, Jordan. HERZFELD, ERNST, 116–118, 2 Taf.

796 *F. Sarre:* Eine frühislamische Wanddekoration aus Nordmesopotamien. OPPENHEIM 93–96, 5 Abb.

797 *E. Littmann:* Arabische Khân-Inschriften aus Syrien. EDHEM 235–241.

798 *S. Bettini:* Il castello di Mschattà in Transgiordania nell' ambito dell',,Arte di Potenza" tardoantica. ANTI, 42 Abb.

799 *M. Sobernheim:* Das Heiligtum Shaikh Muhassin in Aleppo. DERENBOURG 379–390.

PERSIEN

800 *R. Ettinghausen:* The "Beveled Style" in the Post-Samarra Period. HERZFELD, ERNST, 72–83, 8 Taf.

801 *A. Gabriel:* Mosquées et Medressés Ortokides. EDHEM 211–218.

802 *E. Herzfeld:* Die Gumbadh-Iʿ Alawiyyan und die Baukunst der Ilkhane in Iran. BROWNE 156–199, 7 Taf.

803 *E. Diez:* Eine schiitische Moscheeruine auf der Insel Bahrein. SARRE 101–105, 9 Abb. auf Taf. 73–75. [1339–40.]

TURKESTAN

804 *E. Cohn-Wiener:* Die Ruinen der Seldschukenstadt von Merw und das Mausoleum Sultan Sandschars. SARRE 114–122, Taf. 80–84. [12. Jh.]

805 *Ch. D. Dosmuchamedow:* Vom Bau der Medrasa Kogelitasch in Buskara. BARTOLD 193–196.

806 *W. D. Gorodeckii:* Die Reste der alten Siedlung südlich von Almatii. BARTOLD 145–150, 1 Karte. [14. Jh.]

807 *P. P. Swanow:* Untersuchungen zur historischen Topographie des alten Sairam. BARTOLD 151–164, 2 Karten.

808 *I. H. Umniakoff:* Rabat i Malik (Buchara). BARTOLD 179–192, 3 Abb.

809 *L. A. Zimin:* Nachscheb, Nesseph, Karschi, ihre Geschichte und Altertümer. BARTOLD 197–214.

810 *W. A. Schischkin:* Die Masar von Zani Ata. BARTOLD 165–170, 5 Abb.

MALEREI

811 *R. Ettinghausen:* Early Realism in Islamic Art. LEVI DELLA VIDA Bd 1, 251–273, 11 Abb.

812 *A. G. Wenley:* A Parallel between Far Eastern and Persian Painting. KÜHNEL 350–356, 4 Abb.

813 *T. W. Arnold:* The survival of Sasanian motifs in Persian painting. STRZYGOWSKI 1923, 95–97, 3 Abb. auf Taf.

814 *E. Kühnel:* Christliche Motive in der persischen Malerei. KAUFFMANN 120–126, 10 Abb.

815 *R. Ettinghausen:* The Emperor's Choice. PANOFSKY 1960, 98–120, 19 Abb. [Islamische Buchmalerei.]

816 *U. Monneret de Villard:* Una pittura de Deyr el-Abiad. LUMBROSO 100–108. [11. Jh.]

817 *L. Donati:* Due immagini ignote di Solimano I (1494–1566). LEVI DELLA VIDA Bd 1, 219–233, 4 Abb.

818 *E. Kühnel:* Arbeiten des Rizâ 'Abbâsi und seiner Schule. JUSTI 122–131, 14 Abb. [Berlin, Islam. Mus.]

KLEINKUNST

819 *J. Ferrandis:* Marfiles árabes de Cuenca. MÉLIDA Y ALINARI Bd 2, 409–416, 3 Abb. [Elfenbeine.]

820 *J. Strzygowski:* Zwei ältere Schnitztafeln, wiederverwendet im Mihrab der Sitta Rukaia

in Kairo vom J. 1132 n. Chr. SARRE 111–113, 2 Textabb. u. Taf. 79.

821 *W. Eilers:* Lurische Grabsteine als Zeugnisse des Weiterlebens kassitischer Motive in der Gegenwart. KÜHNEL 267–274, 8 Abb.

822 *H. Glück:* Eine seldschukische Sphinx im Museum von Konstantinopel. SARRE 123–127, Taf. 85, 86.

823 *D. G. Shepherd and W. B. Henning:* Zandaniji Identified? KÜHNEL 15–40, 16 Abb.

824 *D. S. Rice:* Arabic Inscriptions on a Brass Basin made for Hugh IV de Lusignan. LEVI DELLA VIDA Bd 2, 390–402, 7 Abb. [Louvre, 14. Jh.]

825 *A. Alföldi:* Eine awarische Gürtelgarnitur aus Keszthely (Ungarn). TSCHUMI 126–132, 6 Taf. [Früh-islamisch.]

826 *E. Kühnel:* Zur Tirâz-Epigraphik der Abbasiden und Fatimiden. OPPENHEIM 59–65, 7 Abb.

827 *E. Kühnel:* Neue Beiträge zur Tiraz-Epigraphik. HARTMANN 173–188. [Inschriften auf islam. Stoffen.]

MÜNZEN

828 *G. C. Miles:* Islamic Coins from the Tarsus Excavations of 1935–1937. GOLDMAN 297–312, 1 Taf.

829 *G. C. Miles:* Mihrab and 'Anazah: A Study in early Islamic Iconography. HERZFELD, ERNST, 156–171, 1 Taf.

III. SÜDOSTASIEN

INDIEN

830 *W. Kirfel:* Vom Steinkult in Indien. KAHLE 163–172.

831 *W. Foy:* Über das indische Yoni-Symbol. KUHN 423–428.

832 *St. Kramrisch:* Tier, Landschaft und Muster in der indischen Kunst. STRZYGOWSKI 1932 I, 95–98, Abb. 58, 59.

833 *R. Hauschild:* Das Selbstlob (Atmastuti) des somaberauschten Gottes Agni (Rigveda X, 119). WELLER 247–288, 11 Abb. [Abb. bes. zu Fahren u. Reiten.]

834 *A. K. Coomaraswamy:* Aesthetic of the Śukranitisara. LINOSSIER, Bd. 1, 165–168.

835 *F. Hommel:* Alte Parallelen zu den beiden Hunden der Sarama. KUHN 420–422.

836 *R. M. Grujič:* Ikonografski motiv sličan induskom Trimurtiu u staroj srpskoj likovnoj umetnosti (Résumé). Un motif iconographique de l'ancien art serbe rappellant la trinité hindoue Trimourti. TKALCIC 99 ff., 12 Abb.

837 *E. H. Mueller:* Devarakumda, der Götterkopf. Ein Beitr. z. Gesch. d. Hausgötter Südindiens. KUHN 332–335, 1 Abb. [Zu e. Reif im Ethnogr. Mus. München.]

838 *W. Geiger:* Huniyam. Ein Beitr. zur Volkskunde von Ceylon. KUHN 185–192. [Bildzauber, Amulette.]

839 *T. N. Ramachandran:* Recent Archaeological Discoveries ... East Bengal. LAW 213–237, 18 Taf.

840 *W. Foy:* Indische Kultbauten als Symbole des Götterberges. WINDISCH 213–216.

841 *M. D. Raghavan:* The Rock-cut Caves at Malaba. KRISHNASWAMI AIYANGAR 384–389, 6 Abb.

842 *V. S. Agrawala:* The Gupta temple at Devagash. COOMARASWAMY 51–54, 5 Abb.

843 *B. V. Narayanaswamy Naidu:* The temple of Siva at Chidambarane. KRISHNASWAMI AIYANGAR 381–383, 2 Abb.

844 *P. K. Acharya:* The Playhouse of the Hindu Period. KRISHNASWAMI AIYANGAR 363–380.

845 *J. Przyluski:* Le symbolisme du pilier de Sarnath. LINOSSIER Bd 2, 481 ff.

846 *B. Rowland jr.:* Studies in the buddhist art of Bamiyan: The Bodhisattwa of group E. COOMARASWAMY 46–50, 1 Abb.

847 *O. Hansen:* Ein nicht identifiziertes Gandhararelief. SCHUBRING, WALTHER, 192 bis 197, 1 Abb. [Sage vom Trojanischen Pferd in indischer Kunst.]

848 *V. Goloubew:* A propos de deux sculptures conservées au musée de Mathura. LINOSSIER Bd 1, 273–275, Taf.

849 *S. Krishnaswami Aiyangar:* The great Siva Image at Elephanta. THOMAS 308–311, 1 Abb.

850 *H. Goetz:* Two Early Hindu Sahi Sculptures. SARUP 7 S., 2 Abb.

851 *J. Ph. Vogel:* A reminiscence of classical art in the sculptures of Mamallapuram (Mavalivaram). LINOSSIER Bd 2, 526 ff.

852 *A. Foucher:* Une représentation du Sutasomajataka sur une frise d'Aurangabad. LINOSSIER Bd 1, 261–271, Taf.

853 *H. D. Sankalia:* Jaina Iconographie. As illustr. by the coll. of Jaina Antiqu. ... Bombay. ROSS 335–358, 3 Taf.

854 *N. Brown:* A Painting of a Jain Pilgrimage. COOMARASWAMY 69–72, 1 Abb.

855 *H. Goetz:* Zur Biographie der indischen Miniaturmaler. SARRE 143–146.

856 *H. Goetz:* Rajput art: its problems. COOMARASWAMY 87–94, 10 Abb.

857 *E. Schroeder:* The troubled Image. An essay upon Mughal painting. COOMARASWAMY 73–86, 10 Abb.

HINTERINDIEN
MALAYISCHE INSELN

858 *R. Grousset:* L'art pala et sena dans l'Inde extérieure. LINOSSIER Bd 1, 277–285, Taf.

859 *P. Stern:* La tradition de l'art préangkoréen à l'art angkoréen et Jayavarman II. LINOSSIER Bd 2, 507 ff.

860 *L. Finot:* Stèles historiées du Cambodge. LINOSSIER Bd 1, 255–259, Taf.

861 *G. Coedès:* Notes sur quelques sculptures provenant de Srideb (Siam). LINOSSIER Bd 1, 159–164, Taf.

862 *K. With:* Javanische Kleinbronzen. STRZYGOWSKI 1923, 84–94, 12 Abb. auf Taf. [Im Folkwangmuseum, damals Hagen.]

863 *J. D. E. Schmeltz:* Bronzepauken im Indischen Archipel. BASTIAN II, 41–54, 1 Taf.

864 *G. H. R. von Königswald:* Über sumatranische Schiffstücher und ihre Beziehungen zur Kunst Ostasiens. SPEISER 27–50, 7 Abb. u. 5 Taf.

865 *W. Joest:* Eine Holzfigur von der Loango-Küste und ein Anito-Bild aus Luzon. BASTIAN I, 119–127, 12 Abb. u. 5 Taf.

IV. OSTASIEN

ALLGEMEIN

866 *Z. Takács:* Sino-Hunnica. PETROVICS 21–31, 6 Abb. im Text u. Abb. 66–81. Zusammenfassg in engl. Spr. S. 151–162.

867 *Ling Shun-sheng:* Cliff burials in China and southeastern Asia. FU SSU-NIEN Part 2.

868 *E. W. Anthony:* Early christian art and the Far East. KINGSLEY PORTER 101 ff.

869 *E. Preetorius:* Zur Malerei Ostasiens. HAUSENSTEIN 1932, 62–65, 1 Taf.

870 *E. Preetorius:* Zum Wesen ostasiatischer Malerei. CURTIUS, LUDWIG 1937, 29–34, Taf. 1.

870a *L. Reidemeister:* Philipp Hainhofer und die ostasiatische Kunst. GOLDSCHMIDT 1935. 109–112.

871 *Robert Pfaff-Giesberg:* Fernöstliche Kleinkunst. KNITTEL 171–175.

CHINA

872 *Theodor Bröring:* China-Abteilung des Museums für Völkerkunde in Wien. FRANKE 174–176, 3 Abb.

873 *E. Preetorius:* Zu einer Ausstellung chinesischer Kunst. HELD 90–95.

874 *Li Chi:* Chronological relations between the cemetery site at Houchiachuang and the dwelling site at Hsiao-t'un as evidenced by the development of hairpin patterns. YUEN REN CHAO Part 2.

875 *Shih Chang-ju:* Burials discovered in section C of the excavated areas of Hsiao-t'un. FU SSU-NIEN Part 2.

876 *Kao Ch'ü-hsün:* Problems of the bronze mirror discovered from a Shang burial. YUEN REN CHAO Part 2.

877 *Tung Tso-pin:* Tortoise shells and shoulder bones — a background study of the materials used for oracular inscriptions. YUEN REN CHAO Part 2.

878 *Kao Ch'ü-hsun:* Fragments of the Hsiao-chen Hsi stone kuei and its inscriptions. HU SHIH Part 2. [Schildkröten-Orakelinschriften.]

879 *Chang Ping-ch'üan:* Numerals recording the order of divinations inscribed on oracular plastrons. HU SHIH Part 1.

880 *Chang Ping-ch'üan:* New data from the oracle bone records for the lunar eclipse on (the day) Kwei-wei. TING Part II.

881 *Chang Ping-ch'üan:* On the unknown expression of oracle bone inscriptions. YUEN REN CHAO Part 2.

882 *F. Waterbury:* The Nedzu Ho: Chinese vitual bronze vessels of the Ho type. COOMARASWAMY 110–115, 7 Abb.

883 *Tung Tso-pin:* A chronology of the Western Chou Dynasty. FU SSU-NIEN Part 2.

884 *Kao Ch'ü-hsün:* A hypothesis on the use of the belt hooks discovered in the excavated tombs of the Chan Kuo period (480–222 B.C.). FU SSU-NIEN Part 2.

885 *Friedrich Hirth:* Chinese Metallic Mirrors. BOAS 208–256, 2 Taf.

886 6 Beiträge „Studien zur Kunst der Hanzeit" von *A. Slawik, K. Blauensteiner, V. Griessmaier* (2), *F. Novotny, H. Spiegel.* STRZYGOWSKI 1932 III.

887 *A. Salmony:* Eine chinesische Prunkaxt. STRZYGOWSKI 1932 I, 145–148, Abb. 82–85. [Köln, Mus. f. ostasiat. Kunst. Han-Zeit.]

888 *T'an Tan-chün:* An investigation of the bow-and-arrow industry in Chengtu, Szechwan. FU SSU-NIEN Part 1.

889 *Arthur Waley:* Some references to Iranian temples in the Tun-huang region. HU SHIH Part 1.

890 *Emma Bormann:* Die Säulenfüße des Himmelstempels in Peking. ABRAMIC 285–288, 3 Taf.

891 *G. Montell:* The Lama Temple Potala of Jehol. Plan of the monastry ground. HEDIN 175–184, 4 Abb.

892 *Shih Chang-ju:* Chronological problems and regional characters of the Buddhist caves in North China. YUEN REN CHAO Part 2.

893 *Zoltán de Takács:* On the monument of the General Ho Ch'ü-Ping. MAHLER 307–318, 5 Abb. [Provinz Shensi; ein Hunne?]

894 *A. Salmony:* Die Bedeutung der Votivstelen für die Geschichte der chinesischen Plastik. STRZYGOWSKI 1923, 66–68.

895 *Käthe Finsterbusch:* Eine chinesische Votivstele aus dem Jahre 585 (aus Leipziger Privatbesitz). JAHN, JOHANNES, 17–22, Abb. 8–10. [Darst. d. Maitreya mit Tiger.]

896 *M. Stiaßny:* Eine chinesische Eisenstatue aus der T'angzeit. STRZYGOWSKI 1932 I, 171–172, Abb. 111, 112. [Wien, Mus. f. Kunst u. Ind.]

897 *O. Siren:* A chinese temple and its plastic decoration of the twelfth century. LINOSSIER Bd 2, 499 ff.

898 *Z. v. Takács:* Early Chinese Writing as a Source of Chinese Landscape Painting. *B. Schindler:* Remarks to the Essay by Z. v. Takács: HIRTH II, 400–408 und 640–641.

899 *E. Sieg:* Das Märchen von dem Mechaniker und Maler in tocharischer Fassung. HIRTH I, 362–369.

900 *Erwin Rousselle:* Ne Ging Tu, „Die Tafel des inneren Gewebes". Ein taoistisches Meditationsbild mit Beschriftung. FRANKE 207–216, 2 Abb.

901 *J. C. Ferguson:* Chinese Landscapists. HIRTH, FRIEDRICH II, 87–100.

902 *O. Fischer:* Achtzehn Stilarten der chinesischen Figurenmalerei. HIRTH I, 85–102, 18 Abb.

903 *Agnes E. Meyer:* A Chinese Primitive. On the oldest known Specimen of Chinese Pictorial Art. HIRTH, FRIEDRICH II, 222–234, Taf. 1, 2. [Wang Hsi-chih.]

904 *L. Binyon:* A vestige of Wu Tao-tzu. STRZYGOWSKI 1923, 98–99, 1 Abb. [London, Brit. Mus. 8. Jh. n. Chr.]

905 *Henri Maspero* (translated by L. C. Goodrich): Documents issuing from the region of Tun-huang. HU SHIH Part 1.

906 *W. Fuchs:* Eine buddhistische Tunhuang-Rolle v. J. 673. WELLER 155–160, 1 Taf.

907 *L. Bachhofer:* Eine Winterlandschaft in der Sammlung Preetorius. PREETORIUS 7–16, 1 Taf. [Chinesisch.]

908 *Herbert Franke:* Zur Biographie des Pa-Ta Shan-Jen. WELLER 119–130, 1 Taf.

909 *Walter Fuchs:* Zum Keng-chih-t'u der Mandju-Zeit und die japanische Ausgabe von 1808. RAMMING 67–80, 23 Abb. [Bilderwerk zum Reisbau und zur Seidenzucht.]

910 *P. W. Meister:* Eine Berglandschaft von Huang Ting im Museum für Kunst und Gewerbe. MEYER, ERICH. [Hamburg.]

911 *Werner Speiser:* Wu Tschang-Schi. FRANKE 220–224, 2 Abb.

912 *E. Krebs:* Die politische Karikatur in China. HIRTH I, 268–274, 18 Abb.

913 *B. Gyllensvärd:* Några T'ang-Dekorer och deras ursprung. GUSTAF VI ADOLF 159–174, 18 Abb.

914 *Ernst Boerschmann:* Die große Gebetmühle im Kloster Ta Yüan Sï auf dem Wu Tai Schan. FORKE 35–43, m. Abb.

915 *Martha Boyer:* Things chinese from the 17th and 18th centuries in the National Museum of Denmark. KARLGREN 147–158, 6 Abb.

916 *Li Lin-ts'un:* On the migratory routes of the Moso tribes. FU SSU-NIEN Part 1.

JAPAN

917 *Kazuhiko Sano:* Zur Stellung der japanischen Kunst in dem System der europäischen Kunstwissenschaft. GOLDSCHMIDT 1935, 164 bis 170. [Auch in: Zs. f. Ästhetik u. allg. Kunstwiss. 28: 1934 (3).]

918 *F. M. Trautz:* Die Höhe des Stupa des Horyuji. FLORENZ 69–75. [Bei Nara/Japan. Fünfstock-Pagode, eins d. ältesten Holzbauwerke d. Welt.]

919 *Müller-Beeck:* Die Holzschnitzereien im Tempel Natsunomori in Nagasaki. BASTIAN I, 113–116, 2 Taf.

920 *E. Preetorius:* Zum Holzschnitt Japans. HAUSENSTEIN 1952, 171–177, 3 Taf.

921 *Kurt Meissner:* Gedichte (tanka und kyoka) auf Surimono. RAMMING 162–164.

922 *Herbert Franke:* Die Kölner „Bronze der Liang-Zeit". RAMMING 57–59. [Japanisch. 800 n. Chr.]

923 *M. Feddersen:* Inuyama — yaki. MEYER, ERICH.

924 *J. Weissenborn:* Japanische Hochzeitsgeschenke. SCHAUINSLAND 45–63, 34 Abb., 1 Farbtaf. [Nach Exponaten d. Städt. Mus. f. Natur-, Völker- u. Handelskde zu Bremen.]

Tibet

925 *Albert Grünwedel:* Ein Kapitel des Ta-se-sun. Bastian I, 441–482, 6 Abb. [Tibet.]

926 *Raymonde Linossier:* Les peintures tibétaines de la collection Loo. Linossier Bd 1, 1–97, 18 Abb., 9 Taf.

V. ALT-AMERIKA

Allgemein

927 *Leonore Deiters de Quesada-Spiez:* Künstlerische Betrachtungsweise und Altamerika-Forschung. Quesada 103–110.

928 *R. v. Schroedel-Baillou:* Entwicklungsgeschichtliche Zusammenhänge der Kunst in Alt-Amerika. Strzygowski 1932 I, 148–152. [Vermutl. Verbindg zwi. Amerika u. China 1200–255 v. Chr. üb. d. Südsee.]

929 *K. Th. Preuß:* Die Darstellung des zweiten Ich unter den Indianern Amerikas. Weule 355–364, 5 Abb.

930 *Robert Heine-Geldern:* Un nouveau Parallèle entre l'Amérique du Sud précolombienne et l'ancienne Asie sudorientale. Rivet 2, 1959, 219–226, 6 Abb.

931 *Luis E. Valcárcel:* Símbolos mágico — religiosos en la cultura andina. Rivet 2, 1959, 563–581, 12 Abb.

932 *F. Weber:* Zur Archäologie Salvadors, Tl 1, 2. Seiler 619–644, 42 Abb.

933 *Ricardo E. Alegría:* La Tradición cultural arcaica antillana. Ortiz, 1. 1955, 43–62, 1 Kt.

Mexiko

934 *G. Bahlsen:* Die weißen Flecken auf der Karte der alten mexikanischen Kunst. Hamann 1954.

935 *Rebecca Carrión Cachot de Girard:* Cultura Maya. Termer 36–39.

936 *Helmut de Terra:* Comments on radiocarbon dates from Mexico. Caso 377–388.

937 *Eduardo Noguera:* Veinticinco Años de arqueología en México. Caso 283–291.

938 *Carlos R. Margain:* "Las 'reconstrucciones' en arqueología". Caso 251–261.

939 *Alberto Ruz Lhuillier:* Chichen — Itza y Palenque, ciudadas fortifieadas. Caso 331–342.

940 *Eduard Seler:* Die Ruinen auf dem Quiengola. Bastian I, 421–433, 8 Abb. u. 4 Taf. [Bei Tehuantepec.]

941 *Marshall H. Saville:* The cruciform structures of Mitla and vicinity. Putnam 151–190, 13 Abb. u. 13 Taf. [Mexico.]

942 *Alberto Ruz Lhuillier:* El Juego de pelota de Uxmal. Rivet, 1. 1958, 635–668, 10 Taf.

943 *George Kubler:* The Design of space in Maya architecture. Rivet, 1. 1958, 515–531.

944 *Enrique A. Cervantes:* Bosquejo del desarrollo de la ciudad de Mérida. Gamoneda 109–129, 8 Abb. [Yucatán.]

945 *Francisco de la Maza:* El Tlalocan pagano de Teotihuacan y el Tlalocan cristiano de Tonanzintla. Caso 277–282, 3 Taf.

946 *M. Maldonado-Koerdell:* Estudios etnobiológicos, IV — Sobre representaciones zoomorfas del Antiguo México. Caso 243–250, 2 Taf.

947 *H. B. Nicholson:* An Aztec Monument dedicated to Tezcatlipoca. Rivet, 1. 1958, 593–607, 5 Taf.

948 *Eduard Seler:* Eine Steinfigur aus der Sierra von Zacatlan. Boas 299–305, 2 Taf.

949 *C. Seler-Sachs:* Altertümer des Kanton Tuxtla im Staate Veracruz. A. Steinbildwerke. B. Tonsachen im Berliner Museum. Seler 543–556, 7 Taf.

950 *J. Alden Mason:* On two Chinese Figurines found in Mesoamerica. Caso 271–276, 1 Abb., 1 Taf.

951 *Walter Krickeberg:* Bemerkungen zu den Skulpturen und Felsbildern von Cozumalhuapa. Rivet, 1. 1958, 495–513, 3 Abb.

952 *E. Davalos Hurtado:* Una Interpretación de los danzantes de Monte Alban. Caso 133–141, 2 Taf.

Kleinkunst, Keramik, Buchmalerei

953 *José Alcina Franch:* El Vaso con mango y vertedero. Rivet, 1. 1958, 9–16, 3 Abb.

Mexiko

954 *Franz Heger:* Verschwundene altmexikanische Kostbarkeiten des 16. Jahrhunderts. Boas 306–315.

955 *George H. Pepper:* Human Effigy Vases from Chaco Canon New Mexico. Boas 320–334, 2 Taf.

956 *Walter Krickeberg:* Altmexicanischer Muschelzierat mit einem Relief aztekischen Stils. Caso 229–242, 4 Abb., 1 Taf.

957 *José García Payón:* La Cerámica de fondo "sellado" de Zempoala, Ver. Caso 181–198, 5 Taf.

958 *Hasso v. Winning:* Eine keramische Dorfgruppe aus dem alten Nayarit im westlichen Mexiko. Termer 138–143, 7 Abb.

959 *Alfonso Caso:* Vida y aventuras de 4 viento "Serpiente de fuego". Ortiz, 1. 1955, 289–298.

960 *José Luis Franco C.:* Trampas en los códices Mayas y discusión de dos glifos relacionados con ellas. ORTIZ, 1. 1955, 617–638, Abb.

961 *Ernst Mengin:* Codex Moguntiacus, eine neu aufgefundene mexikanische Bilderhandschrift in Mainz. RIVET, 1. 1958, 585–591, 2 Taf.

962 *Alfonso Caso:* Comentario al Códice Baranda. RIVET, 1. 1958, 373–394, 9 Abb., 4 Taf., 1 Farbtaf.

963 *Cottie A. Burland:* Ethnographic Notes on Codex Selden in the Bodleian Library of the University of Oxford. RIVET, 1. 1958, 361–372.

SÜD-AMERIKA

964 *Carl Schuster:* Human Figures with spiral limbs in tropical America. RIVET, 2. 1959, 549–561, 5 Abb., 1 Taf.

965 *Barbro Dahlgren:* Un Petroglifo mixteca en la Guayana Británica. CASO 127–132, 5 Abb.

966 *Raoul d'Harcourt:* Pièces archéologiques des "llanos" vénézuéliens. RIVET, 2. 1959, 153–158, 1 Taf.

967 *Eliecer Silva Celis:* Contribución á la arqueología y prehistoria del valle de Tenza. RIVET, HOMENAJE. 243–270, 3 Taf.

968 *G. Reichel-Dolmatoff:* Recientes Investigaciones arqueológicas en el norte de Colombia. RIVET, 2. 1959, 471–486.

969 *Sergio Elías Ortiz:* Estatuas prehistóricas de piedra del valle de Chimayoy. Talleres prehistóricos de escultura. RIVET, 2. 1959, 393–403.

970 *Gerardo Reichel-Dolmatoff:* Notas sobre la metalurgía prehistórica en el litoral Caribe de Colombia. RIVET, HOMENAJE, 69–94, 6 Taf.

971 *Alfred Coester:* Gold Antiquies from the River Pato. ORTIZ, 1. 1955, 351–358, 5 Taf.

972 *Luis Duque Gomez:* Notas históricas sobre la orfebrería indigena en Colombia. RIVET, HOMONAJE, 271–323.

973 *Betty J. Meggers and Clifford Evans:* Present Status and future problems of archeological investigations in Ecuador. RIVET, 2. 1959, 353–361.

974 *Max Uhle:* Die Ruinen von Cochasqui (nördlich von Quito). QUESADA 127–134, 6 Abb.

975 *A. L. Kroeber:* A Local Style of Lifelike Sculptured Stone Heads in Ancient Peru. THURNWALD 195–198, 1 Taf.

976 *G. Kutscher:* Sakrale Wettläufe bei den frühen Chimu (Nord-Peru). THURNWALD 209 bis 226, 3 Abb. [Altperuanische figürliche Vasenmalerei.]

977 *Frederico Diez de Medina:* El Uso de los espejos en la descollante cultura de Tiwanaco. ORTIZ, 1. 1955, 495–509, 4 Taf.

978 *Grete Mostny:* Máscaras, tubos y tabletas para rapé y cabezastrofeos entre los Atacameños. RIVET, 2. 1959, 379–392, 4 Abb.

979 *Therese Prinzessin v. Bayern:* Einige Calchaquíbronzen. SELER 569–584, 1 Taf.

E. BAUKUNST

I. ALLGEMEIN, THEORIE, BAUSTOFFE

980 *A. Bugge:* Arkitektur. FETT 71 ff. [Norwegen. Kunstforschung 20. Jh.]

981 *W. Noack:* Aufgaben und Probleme architekturgeschichtlicher Forschungen. GOLDSCHMIDT 1923, 116–125.

982 *W. Pinder:* Architektur als Moral. WÖLFFLIN 1935, 145–151.

983 *R. Papini:* Essenza dell' Architettura. MARANGONI 72–100.

984 *R. Schwarz:* Aus einem Lehrbuch des Kirchenbaus. GUARDINI 23–40, 6 Abb.

985 *P. Fontana:* Osservazioni intorno ai rapporti di Vitruvio colla teoria dell' Architettura del Rinascimento. SUPINO 305 ff., 1 Abb.

986 *O. Gönnenwein:* Die Anfänge des kommunalen Baurechts. FEHR 71–134.

987 *W. Andrae:* Bauwerk als Geschichtsurkunde. HROZNY Tl 1, 21–26.

988 *R. Auzelle:* Considérations sur l'architecture fonctionnaliste. LAVEDAN 21–29, 15 Zeichngn. [Gesch. u. Gegenwart.]

989 *H. H. Baumann:* Betrachtungen über die Symbolik der Pyramiden. JUNG 1935, 298–313.

990 *H. Junecke:* Architektonische Raumfolgen als Aussage über Gesellschaftsformen. HERZFELD 415–429. [U. a. Schinkel.]

991 *H. Rosenau:* Zum Sozialproblem in der Architekturtheorie des 15.–19. Jahrhunderts. WACKERNAGEL 1958, 185–193, 16 Abb.

992 *I. Löw:* Marmor. Ein Kapitel aus meinem „Mineralien der Juden". GASTER 374–379. [Als Bau- u. Werkstoff.]

993 *J. Zemp:* Die Backsteine von St. Urban. ZÜRICH, 54 Abb. u. 8 Taf.

994 *R. v. Klebelsberg:* Tiroler Werksteine. HAMMER 247–264.

995 *J. Gritsch:* Tiroler Werksteine, wie sie der Kunsthistoriker sieht. KLEBELSBERG 1949, 583–595.

996 *F. V. Arens:* Handwerkerinschriften aus dem Mainzer Dom. LENHART 172–177.

997 *H. Bievelet:* Note sur des marques de briquetiers gallo-romains communes à Bavai et au Namurois. Bd 1, 83–94.

998 *J. G. Wattjes:* De Bouwkunst in Nederland. WILHELMINA, Königin der Niederlande, 750–757, 7 Abb.

II. DENKMALPFLEGE

999 *H. Hörmann:* Bauforschung und Denkmalpflege. DOERPFELD 43–48.

1000 *A. B. Schmidt:* Rechtsfragen des deutschen Denkmalschutzes. SOHM 143–197.

1001 *E. Stoll:* Gesetzgeberische Grundlagen für das Bauen in der freien Landschaft. SCHWENKEL 585–599.

1002 *M. Oberer:* Das Bauen in der freien Landschaft kommunalpolitisch und landesplanerisch gesehen. SCHWENKEL 600–610.

1003 *E. Landsberg:* Der strafrechtliche Schutz von Kunstdenkmälern gemäß dem amtlichen Entwurf eines allgemeinen deutschen Strafgesetzbuches von 1925. CLEMEN 1926, 17–20.

1004 *H. Gummel:* Ein Mahnruf zum kommenden Denkmalschutz- und Ausgrabungsgesetz. JACOB-FRIESEN 9–17.

1005 *G. Kahr:* Die neuerlichen Maßnahmen auf dem Gebiete des Heimatschutzes und der Baupolizei in Bayern. LUITPOLD V. BAYERN 1911 II, Sp. 95–100. [1886–1911.]

1006 *J. M. Ritz:* Zur Restaurierung von Räumen des 18. Jahrhunderts. LOHMEYER 196–200, 8 Abb.

1007 *G. Lill:* Die Alte Kapelle in Regensburg und die Wiederherstellung ihres Innenraumes. BUCHHEIT 175–182, 6 Abb.

1008 *W. Hoffmann:* Bebenhausen. Ein Plan zur Wiederbelebung. BOEHRINGER 1957, 295 bis 315, 11 Abb.

1009 *J. Keller:* Der Wiederaufbau des Ludwigsplatzes zu Saarbrücken. LOHMEYER 167 bis 175, 4 Abb.

1010 *F. Lübbecke:* Die Wiedergeburt der alten Reichs- und Messestadt Frankfurt am Main. CLEMEN 1926, 508–512, 1 Abb. [Altstadtsanierung um 1925.]

1011 *A. Klein:* Anfänge rheinischer Denkmalpflege. KALLEN 351–371.

1012 *W. Bornheim gen. Schilling:* Zur Umgebungsgestaltung der Dome von Köln, Mainz und Worms. ECKERT 149–155.

1013 *E. Kranzbühler:* Der Wormser Dom im 18. Jahrhundert. SCHNEIDER 1906, 295–312, 2 Taf.

1014 *G. M. Bayer:* Der Dom zu Mainz und seine Umgebung im 19. und 20. Jahrhundert. Eine Betrachtg zur Verbessrg d. Dombildes. LENHART 241–243.

1015 *K. Gruber:* Architektonisches Bild von Mainz. Zur Gestaltung der Dom-Umgebung. REATZ 50–67, 8 Abb.

1016 *W. Bader:* Am Beispiel der niederrheinischen Kleinstadt. KALLEN 373–385.

1017 *F. Mühlen:* Die Grundhaltung der westfälischen Denkmalpflege. RAVE, WILHELM, 286 ff., 5 Abb.

1018 *G. Wolf:* Sechs Jahre Baupflegearbeit in Westfalen. WAGENFELD 247–254.

1019 *W. Tack:* Denkmalpflege am Paderborner Dom im 17. u. 18. Jh. FUCHS 201–216.

1020 *D. Wildeman:* Ehemaliges Benediktinerkloster in Willebadessen, Kreis Warburg. RENSING 104–114, Abb. 50–62.

1021 *H. G. Ermisch:* Japanisches Palais und Denkmalpflege. BOLLERT 1936, 16–20. [Dresden.]

1022 *L. Schulze:* Denkmalspflege und Stadtplanung in Elbing. EHRLICH 288–293, 2 Taf.

1023 *R. Bosch:* Aargauische Verordnung über den Schutz von Altertümern und Baudenkmälern und ihre Auswirkung. BOSSET 61–64, 1 Abb.

1024 *J. Wackernagel:* Erhebliche Verunstaltung des Straßenbildes. Aus der Praxis der Baselstädtischen Baupolizei. GOETZINGER 283 bis 298.

1025 *E. Siegris:* Der alte Weinbauort Grinzing und die Bestrebungen, sein Ortsbild zu erhalten. BECKER, ANTON, 294–302.

1026 *E. Romero De Torres:* Restauraciones ... de Cordoba. SANTA-OLALA, Bd 3, 83–88, 1 Taf.

1027 *S. Reli:* Lupta Romănilor ... [Kampf der Rumänen mit der österr. Regierung um Erhaltung der kirchl. u. geschichtl. Denkmäler der Stadt Suceava 1791–1794]. JORGA 1931, 360–371.

III. EINZELNE ZEITEN

ALTCHRISTLICHE BAUKUNST

1028 *M. Schwarz:* Das Stilprinzip der altchristlichen Architektur. Entwicklungsgeschichtl. Studie. DE WAHL I, 340–362.

1029 *J. P. Kirsch:* Die christlichen Kultusgebäude in der vorkonstantinischen Zeit. DE WAAL 1897, 6–20.

1030 *E. Dyggve:* Probleme des altchristlichen Kultbaus. STUHLFAUTH 103–113, 24 Abb.

1031 *L. Hugues Vincent O. P.:* Deux origines de l'architecture Chrétienne. LAKE, 16 S., 6 Grundrisse.

1032 *P. Styger:* Heidnische und christliche Katakomben. DÖLGER, FRANZ JOSEPH, 266–275.

1033 *E. Kirschbaum:* „Petri in catacumbas". MOHLBERG, Bd 1, 221–229. [In dt. Spr.]

1034 *G. Agnello:* Sicilia paleocristiana. Catacombe inedite dell'altopiano ispicese. BELVEDERI 245–257, 8 Abb.

1035 *S. L. Agnello:* Problemi di datazione delle Catacombe di Siracusa. LIBERTINI 65 ff., 3 Taf.

1036 *E. Langlotz:* Der architektonische Ursprung der christlichen Basilika. JANTZEN 30–36, 9 Abb. [Bautypus des kaiserlichen Thronsaales.]

1037 *F. I. Šmit:* K Proischozdeniju baziliki (Zur Entstehung der Basilika). MARR 1933, 617–634.

1038 *A. Grabar:* Basilique et Baptistère. Groupés de part et d'autre de l'atrium. ABRAMIC 224–230, 3 Abb.

1039 *J. Schuster O. S. B.:* L'Altare et la Basilica Cristiana. GALANTE 1–24.

1040 *E. Weigand:* Die Ostung in der frühchristlichen Architektur. MERKLE 370–385.

1041 *H. Glück:* Die Herkunft des Querschiffes in der römischen Basilika und der Trikonchos. CLEMEN 1926, 200–207, 4 Abb.

1042 *J. P. Kirsch:* Das Querschiff in den stadtrömischen christlichen Basiliken des Altertums. DÖLGER, FRANZ JOSEPH, 148–156.

1043 *F. Tolotti:* Tre basiliche paleocristiane dedicate agli Apostoli in Alta Italia. BELVEDERI 369–385, 6 Abb.

1044 *G. P. Kirsch:* Il Transetto nella basilica cristiana antica. NOGARA 205–224.

1045 *O. Marucchi:* L'ipogeo sepolcrale dei martiri greci nel cimitero di Callisto. DE ROSSI 1923/1924, Bd 2, 65–101, 5 Abb., 3 Taf.

1046 *M. Stettler:* Vom römischen zum christlichen Rundbau. SALIS 260–270, 10 Abb.

1047 *O. Doppelfeld:* Ein spätrömisches Oktogon aus Köln. ABRAMIC 211–223, 5 Abb., 3 Taf.

1048 *F. Fremersdorf:* Die Anfänge des Christentums im römischen Köln. ABRAMIC 198–210, 7 Abb.

1049 *J. P. Kirsch:* Die römischen Titelkirchen zur Zeit Konstantins des Großen. DE WAAL I, 315–339.

1050 *J. P. Kirsch:* Römische Martyrlegenden und altchristliche Kirchen Roms. HERTLING 49–64.

1051 *M. Stettler:* Zur Rekonstruktion von S. Costanza. SCHEDE 1943, 76–86, 5 Abb. u. 5 Risse.

1052 *C. Vogel:* La „Descriptio Ecclesiae Lateranensis" du Diacre Jean. Histoire du texte manuscrit. ANDRIEU 457–476.

1053 *G. H. Forsyth jr.:* The Transept of Old St. Peter's at Rome. FRIEND 56–70, 3 Abb. u. 6 Planskizz.

1054 *P. Durrieu:* Une vue intérieure de l'ancien S. Pierre de Rome au milieu du XV. s., peinte par Jean Foucquet. DE ROSSI 1892 I, 221–236, 1 Abb.

1055 *P. Germano:* Di due iscrizioni Damasiane dei SS. Giovanni e Paolo. DE ROSSI 1892 II, 58 ff.

1056 *Stevenson:* Scoperta a S. Maria in Cosmedin. DE ROSSI 1892 II, 304 ff.

1057 *Ch. Huelsen:* Die Basilica des Junius Bassus und die Kirche S. Andrea cata Barbara auf dem Esquilin. SCHLOSSER 1927, 53–67, Abb. 7–14.

1058 *L. K. Mohlberg:* Historisch-kritische Bemerkungen zum Ursprung der sogenannten „Memoria Apostolorum" an der Appischen Straße. DOLD 52–74.

1059 *L. Duchesne:* La "Memoria Apostolorum" de la Via Appia. DE ROSSI 1923/1924, Bd 1, 1–22.

1060 *E. Villa:* Basilica Apostolorum. Valutazione di alcuni organismi architettonici minori del primo millennio. CALDERINI u. PARIBENI Bd 3, 709–730, 9 Abb.

1061 *C. Carletti:* Il "Sancta Sanctorum". BELVEDERI 387–390.

1062 *E. Josi:* Note di topografia cimiteriale romana: Il sepolcro del papa S. Giulio I e il Cimitero di S. Callisto sulla via Aurelia. BELVEDERI 321–333, 3 Abb.

1063 *F. W. Deichmann:* Die Eindeckung von S. Stefano Rotondo. BELVEDERI 437–450.

1064 *J. Leufkens:* Der Triumphbogen Konstantins. DE WAAL I, 191–216, Taf. 3–6.

1065 *P. Glazema:* Excavations carried out in and near the badly damaged mediaval church at Elst (Netherlands). EGGER, RUDOLF, 1952, Bd 1, 383–395, 5 Abb., 2 Pläne. [Röm. Tempel, vorroman. Ki. 8. Jh.]

1066 *A. Frolow:* L'Eglise Rouge de Peruštica. CRUM 449–477, 31 Abb., 3 Taf. [Frühchristl. Zentralbauten.]

1067 *F. W. Deichmann:* Die Entstehungszeit von Salvatorkirche und Clitumnustempel bei Spoleto. SCHEDE 1943, 106–148, 36 Abb.

1068 *G. Rivani:* Architettura bolognese nel periodo preromanico. ZUCCHINI 221–243, 14 Abb.

1069 *M. Salmi:* Nota sul atrio di Pomposa. CALDERINI u. PARIBENI, Bd 3, 819–823, 3 Abb.

1070 *S. Bettini:* Le Basiliche di Aquileia, di S. Vitale a Ravenna e di Santa Sofia a Costantinopoli. BRUSIN 307–341.

1071 *G. Gerola:* Il restauro del battistero Ariano di Ravenna. STRZYGOWSKI 1923, 112 bis 129, 1 Taf.

1072 *G. Fiocco:* Da Ravenna ad Aquileia. Contributo alla storica dei campanili cilindrici. BRUSIN 373–383, 2 Abb.

1073 *M. M. Roberti:* Osservazioni sulla basilica postteodoriana settentrionale di Aquileia. CALDERINI u. PARIBENI, Bd 3, 863–875, 4 Abb.

1074 *P. L. Zovatto:* Monogrammi Gradesi del secolo VI. SAS-ZALOZIECKY 200–204, 8 Abb.

1075 *G. Brusin:* Il posto dell' altare in chiese paleocristiane del Veneto e del Norico. EGGER, RUDOLF, 1952, Bd 1, 212–235, 8 Abb.

1076 *N. Lambroglia:* La questione della cupola nel battistero di Albenga. CALDERINI u. PARIBENI, Bd 3, 731–746, 14 Abb.

1077 *E. Dyggve:* Über die freistehende Klerusbank. Beiträge zur Geschichte des Bema. EGGER, RUDOLF, 1952, Bd 1, 41–52, 9 Abb.

1078 *H. Alcaldo del Río:* Varios objetos de los primeros tiempos del cristianismo en la peninsula. MÉLIDA Y ALINARI, Bd 1, 149–159, 7 Abb.

1079 *P. Orsi:* Siracusa Sotteranea: Catacomba Cassia. DE ROSSI 1923/1924, Bd 1, 113–122.

1080 *St. Gsell:* Note sur la basilique de Sertei (Maurétanie Sitifienne). DE ROSSI 1892 I, 345–360, Abb. u. Pläne.

1081 *P. Monceaux:* Cuicul chrétien (Numidie). DE ROSSI 1923/1924, Bd 1, 90–112, Abb. u. 1 Taf. [Cuicul = Djemila in Algerien.]

1082 *I. Velkov:* Ancienne architecture chrétienne: La basilique de la mer à Mésemvrie et sa dénomination. USPENSKY 75–79.

1083 *S. Reyna Giménez:* El cementerio paleocristiano de Cártama (Málaga). SANTA-OLALA Bd 2, 37–43.

1084 *J. Jeremias:* Das neugefundene Höhlen-Baptisterium bei Jerusalem. SCHULTZE, VICTOR I, 109–122, 6 Abb.

1085 *G. Dalman:* Einige Bemerkungen zur Geburtskirche in Bethlehem. SCHULTZE, VICTOR I, 103–107.

1086 *A. W. Byvanck:* Die Grabeskirche in Jerusalem und die Bauten am Grabe des heiligen Felix bei Nola in Kampanien. HEISENBERG 547–554.

1087 *Comte P. Durrieu:* Le Temple de Jérusalem dans l'art français et flamand du XVe siècle. SCHLUMBERGER, Bd 2, 506–513, Taf. 36–38.

1088 *G. Leroux:* Les églises syriennes à portes latérales et le "Testamentum Domini". HOLLEAUX 115–131, 1 Grundr.

1089 *F. Taeschner:* Das Heiligtum des Elvan Çelebi in Anatolien. (Vil. Çorum, Kaza Mecitözü.) DUDA 227–231.

1090 *R. Netzhammer:* Die altchristliche Kirchenprovinz Skythien (Tomis). BULIC 3 Abb.

BYZANTINISCHE BAUKUNST

1091 *R. Guilland:* L'Hippodrome de Byzance. GALBIATI Bd 3, 205–218.

1092 *G. Millet:* Le forum d'Arcadius. La Dénomination, les statues. PETIT 361–365.

1093 *P. Verzone:* Quartadecima Regio. SAS-ZALOZIECKY 174–177.

1094 *F. Taeschner:* Ein altosmanischer Bericht über das vorosmanische Konstantinopel. BONELLI 181–189.

1095 *A. M. Schneider:* Sophienkirche und Sultansmoschee. DÖLGER, FRANZ, 509–516, 2 Abb.

1096 *Th. Whittemore:* Ayasofya mozayikleri. EDHEM 199–200.

1097 *G. Millet:* Sainte-Sophie avant Justinien. JERPHANION 597–612.

1098 *P. Rasi:* Donazione di Constantino e di Anastasio alla Chiesa di S. Sofia per la spese funeralizie a Constantinopoli. WENGER Bd 2, 269–282.

1099 *K. Kumaniecki:* Eine unbekannte Monodie auf den Einsturz der Hagia Sophia im Jahre 558. HEISENBERG 35–43.

1100 *J. Vogt:* Der Erbauer der Apostelkirche in Konstantinopel. SCHWEITZER 372–377.

1101 *G. Mercati:* Due nuove memorie della Basilica di S. Maria delle Blacheme. DE ROSSI 1923/1924, Bd 1, 23–30. [Konstantinopel.]

1102 *E. Dalleggio d'Alessio:* Les sanctuaires urbains et suburbains de Byzance sous la domination latine (1204–1264). JUGIE 50–61.

1103 *G. A. Soteriu:* Byzantinai basilikai Makedonias kai palaias Ellados. 568-576. HEISENBERG 4 Abb. im Text u. Taf. 9, 10.

1104 *R. Egger:* Die Basilika von Manastirine und ihre Gründer. Bulic, 3 Abb.

1105 *O. Wulff:* Das Raumerlebnis des Naos im Spiegel der Ekphrasis. Heisenberg 531–539.

1106 *W. Felicetti-Liebenfels:* Entstehung und Bilderprogramm des byzantinischen Templons im Mittelalter. Sas-Zaloziecky 40 ff.

1107 *H. Grégoire:* Le véritable nom et la date de l'Église de la Dormition à Nicée. Pirenne.

1108 *D. Bullough:* A Byzantine (?) castle in the Val di Magra: Surianum — Filattiera. Jamison 14 ff., Taf. 5.

1109 *J. Zeiller:* Anciens monuments chrétiens des provinces danubiennes de l'empire romain. Bulic.

1110 *L. P. Semenov:* L'évolution des sanctuaires ingouchiens (Caucase). Gorodcov 454–461, 6 Abb.

1111 *J. P. Kirsch:* La Domus Ecclesiae cristiana del III secolo a Dura-Europos in Mesopotamia. Ubaldi 73–82.

1112 *J. Keil:* Antike und Christentum in Ephesos. Schultze, Victor I, 95–102, 1 Taf. [Bauwerke, Statuen.]

1113 *E. Dinkler:* Das Bema zu Korinth. Archäolog., lexikograph., rechtsgeschichtl. u. ikonograph. Bemerkungen zu Apostelgeschichte 18, 12–17. Hamann 1944, 12, 22, 9 Abb. [Auch zu Darst. in Elfenbein u. Buchmalerei.]

1114 *U. Monneret de Villart:* Una chiesa di tipo Georgiano nella necropoli Tebana. Crum 494–500, 2 Abb.

1115 *K. Michel:* Die altchristliche Kirchenanlage von Gülbaghdsche bei Smyrna. Ficker 180–200, 3 Taf.

1116 *M. Vasić:* La date de l'église Saint-Georges à Mlado-Nagoričino. Diehl, Charles, Vol. 2, 231 ff., 14 Abb.

1117 *N. Brunov:* Une Eglise byzantine à Chersonèse. Uspensky 1932, 25–34, 6 Abb.

1118 *F. Stelé:* Vorromanisches aus Slowenien. Egger, Rudolf, 1952, Bd 1, 367–382, 15 Abb.

1119 *V. N. Drăghiceanu:* O Ctitorie ... [Eine vergessene Gründung des Brâncoveanu: Die Kirche des Hl. Johannes des Griechen in Bukarest.] Jorga 1931, 138–142, 7 Abb.

1120 *K. Miatev:* Die Rundkirche von Preslav. Heisenberg 561–567, 1 Abb. im Text u. Taf. 8. [Bei Šumen, Nordostbulgarien. Um 900.]

1121 *W. Petkowic:* Eine Kirche des Königs Nemanja. Strzygowski 1923, 159–167, 1 Abb. im Text, 6 Abb. auf Taf. [Serbien. Oriental. Einfluß. 12. Jh.]

1122 *M. Tichanov-Klimenko:* Les Chapiteaux de l'église Saint-Jean-le-Précurseur, à Kerč'. Uspensky 1932, 2–24, 14 Abb.

1123 *G. H. Forsyth, Jr.:* An Early Byzantine Church at Kanli Divane in Cilicia, Panofsky 1960, 127–137, 23 Abb.

1124 *G. Bošković:* Deux églises de Milutin: Staro Nagoričino et Gračanica. Uspensky 195–212.

1125 *Ž. Tatić:* La cellule de jeûne de Saint-Sava, à Karyès. Uspensky, 125–129.

1126 *Alexandre Derocco:* Les deux églises des environs de Ras. Uspensky 130–146.

Mittelalter

Allgemein

1127 *G. Webb:* The Office of Devisor. Saxl 297–308.

1128 *H. Eckstein:* Die Rolle Frankreichs in der Geschichte der mittelalterlichen Architektur. Hausenstein 1952, 34–46.

1129 *R. Rey:* Les traditions orientales dans l'architecture monastique d'Occident. Lavedan 331–340.

1130 *J. Csemegi:* A középkori építészet szerkesztési módszerei (Die Baumethoden der mittelalterlichen Architektur). Lyka 13–56, 30 Abb.

1131 *R. Haupt:* Vom Kirchenbau und der Erdachse. Lehmann, Otto II, 1–8, [Ostung.]

1132 *E. Lehmann:* Saalraum und Basilika im frühen Mittelalter. Gantner 129–151, 2 Abb.

1133 *E. Fiechter:* Raumgeometrie und Flächenproportion. Wölfflin 1944, 59–81, 5 Abb.

1134 *St. Battari:* Gli studi sull' Architettura Medievale delle Sicilia. de Stefano 107–122.

1135 *E. Munkacsi:* Ancient and medieval synagogues in representations of the Fine Arts. Heller 241–251, 9 Abb.

Formenlehre

1136 *J. Roosval:* Ad triangulum et ad quadratum. Focillon 149–162, 16 Abb.

1137 *A. K. Orlandos:* Eine unbeachtete Kuppelform. Heisenberg 577–582, 5 Abb. im Text u. Taf. 10. [Rechteckige Kuppel mit Tonnengewölbe.]

1138 *W. Rave:* Trompe und Zwickel. Jantzen 97–103, 32 Abb.

1139 *G. Bandmann:* Über Pastophorien und verwandte Nebenräume im mittelalterlichen Kirchenbau. Kauffmann 19–58, 18 Abb.

1140 *H. Spiegel:* Zur Entstehung der Gang- und der Hallenkrypten. Strzygowski 1932 I, 155–160, Abb. 92–103.

1141 *W. Niemeyer:* Das Triforium. Schmarsow 41–60.

1142 *A. Fuchs:* Die Spiralsäule in der Kunstgeschichte. RAVE 127 ff., 5 Abb.

1143 *N. Okouneff:* L'église en trois coupoles en Serbie. BIDLO 91–99, 6 Abb.

1144 *H. Wille:* Eine mittelalterliche Heizungsanlage in Hildesheim. ROSEMANN 84–91.

1145 *O. v. Gatterer:* Das Nachwirken des Holzbaues auf das Schmücken im Steinbau. STRZYGOWSKI 1932 I, 56–60, Abb. 32.

1146 *A. Nilsson:* Ofvergångsformer mellan blockhus och korsvirke (Übergangsformen zwischen Blockhaus und Fachwerk). MONTELIUS 1903, 165–181.

1147 *N. Sundquist:* Cistercienserna och tegelbyggnadskonsten. GUSTAF VI ADOLF, 250–259, 12 Abb.

Älteste Baukunst der nordischen Völker

1148 *R. Meringer:* Etymologien zum geflochtenen Haus. HEINZEL 173–188.

1149 *A. Karlén:* Något om monumentala fornlämningar i upländska byggder. EKHOLM 20–56, 16 Abb.

1150 *S. Ambrosiani:* Om mur och murning före teglets uppträdande i Norden. OLSSON 76–88, 13 Abb.

1151 *A. Bugge:* Uppsalatemplet i nytt lys og streiflys over den gammelnordiske kultusbyggning. CORNELL 225 ff., 17 Abb.

1152 *H. P. L'Orange:* The illustrious Ancestry of the newly excavated Viking Castles Trelleborg and Aggersborg. ROBINSON Bd 1, 4 Taf.

1153 *S. Lindqvist:* Inglingehögen och Tynwald Hill. FRIBERG 113–121.

1154 *R. Josephson:* Balders tempel. HAHR 63 ff.

1155 *E. Lundberg:* Den äldste stenkatedralen i Skara. OLSSON 25–36, 15 Abb.

1156 *G. Boëthius:* Stavkyrkans ursprung och utveckling. ROOSVAL 18 ff.

1157 *Ejnar Dyggve:* Heidnisch oder Christlich? Stammen die bekannten, in Arkona ausgegrabenen Mauerreste aus einem romanischen Baudenkmal? GANTNER 107–128, 6 Abb.

Romanische Baukunst

Allgemein

1158 *J. Puig i Cadafalch:* Les périodes successives de l'influence byzantine en Occident. Premier art roman. Architecture Mudéjar. Églises de Moldavie. DIEHL, CHARLES, Vol. 2, 161 ff., 6 Abb.

1159 *E. Lundberg:* Den romanska katedralinteriören och vår uppfattning av medeltida arkitektur. ROOSVAL 64 ff.

1160 *P. Francastel:* A propos des églises-porches: du carolingien au roman. HALPHEN.

1161 *B. Taracena:* Notas de Arquitectura románica. Las galerias porticadas. ARTIGAS Bd 2, 411–421, 6 Taf.

1162 *J. Puig i Cadafalch:* Un détail de construction oriental dans le premier art roman. HEISENBERG 540–547, 4 Textzeichngn u. Taf. 3–5.

1163 *D. Grossmann:* Das Palmetten-Ringband-Kapitell. HAMANN 1954.

1164 *J. Puig i Cadafalch:* La transmission de la coupole orientale à la basilique romane du XIe siècle. KONDAKOV 263 ff., 15 Abb.

1165 *J. Hubert:* Cryptae inferiores et cryptae superiores dans l'architecture religieuse de l'époque carolingienne. HALPHEN.

1166 *M. Wundram:* Zur Entwicklung der deutschen Architektur zwischen 950 und 1050. ROSEMANN 16–38.

1167 *R. Kömstedt:* Nationale Charaktere in der romanischen Baukunst nördlich der Alpen. WÖLFFLIN 1935, 111–126, 2 Abb. [St. Michael-Hildesheim, Speyer, Hirsau.]

1168 *E. E. Stengel:* Über Ursprung, Zweck und Bedeutung der karlingischen Westwerke. HOFMEISTER 1955, 283–311, 4 Taf.

1169 *J. A. Schmoll* gen. *Eisenwerth:* Zisterzienser-Romanik. Kritische Gedanken zur jüngsten Literatur. GANTNER 151–180, 7 Abb.

Süddeutschland

1170 *K. Hecht:* Das Werkmaß der Romanik im Bodenseegebiet. MÜLLER, KARL OTTO, 301–305.

1171 *H. Nottarp:* Das Stift Altötting. STUTZ 1–52. [Kirchenrechtl. Abh. m. Blick auf Baugesch. d. Oktogons.]

1172 *H. Wagner:* Studien über die romanische Baukunst in Regensburg. WALDERDORFF 43 bis 154, 41 Abb.

1173 *R. Kautzsch:* Kämpfer und Kapitelle der Krypta zu Unterregenbach. HAMANN 1944, 85–92, 8 Abb. [Bei Gerabronn, Württemberg.]

1174 *M. Ernst:* Zur Geschichte der Reichenau und des Grünen Hofs in Ulm. GOESSLER 1932, 10 Abb.

1175 *W. Lübke:* Die Abteikirche Schwarzach. FRIEDRICH, Großherzog v. Baden 1892, 127 bis 144, m. Abb. u. 6 Taf.

1176 *A. Brackmann:* Die Anfänge von Hirsau. KEHR 215–232.

1177 *P. B. Albers O.S.B.:* Hirsau und seine Gründungen vom Jahre 1073 an. DE WAAL 1897, 115–129, 1 Taf.

1178 *E. Fiechter:* Das Westwerk an der Klosterkirche von St. Peter und Paul in Hirsau. GOESSLER 1932, 23 Abb.

1179 *E. Schmidt:* Zwei Kirchengrundrisse aus vorkarolingischer und karolingischer Zeit in Hirsau. MAINZ Bd 2, 9 Abb.

1180 *K. Booß:* Neuaufgedeckte Fundamente aus der Karolingerzeit in der Einhartbasilika zu Seligenstadt am Main. SCHNEIDER 1906, 91–98.

1181 *R. Dertsch:* Zur Frühgeschichte von Altmünster. SCHROHE 37–52. [Mainz. Gegr. um 770. Bilhildis-Legende.]

1182 *E. Padjera:* Die karolingische Pfalz zu Frankfurt a. M. DONNER-VON RICHTER, 1 Plan.

1183 *F. F. Leitschuh:* Zur Baugeschichte des Bamberger Domes. SCHNEIDER 1906. 371–390.

1184 *H. Schreibmüller:* Herzog Friedrich IV. von Schwaben und Rothenburg (1145–1167). SPINDLER 213–242. [U. a. Bamberg u. Ebrach als Begräbnisstätten.]

SCHWEIZ UND ALT-ÖSTERREICH

1185 *P. Lehmann:* Eine Martinsvita vom karolingischen Bauplan des Klosters St. Gallen. DE GHELLINCK Bd 2, 745–752.

1186 *A. A. Schmid:* Die frühmittelalterliche Kirche von Sursee. EGGER, RUDOLF, 1952, Bd 2, 43–63, 9 Abb. [Kanton Luzern. Grabung 1941.]

1187 *A. Carlen:* Das Ordinarium Sedunense und die Anfänge der geistlichen Spiele im Wallis. IMESCH 347–373, 2 Abb., 2 Taf. [Ki. v. Valeria. Liturg. Szenen u. Kirchengrundriß.]

1188 *A. Bruckner:* Beiträge zu einer Basilea sacra: St. Peter und St. Leonhard. BASEL STAATSARCH.

1189 *L. Blondel:* Architecture civile en Suisse à l'époque romane. GANTNER 181–195.

1190 *H. Bachmann:* Zur Entstehung der Kirche St. Leonhard auf der Wiese bei Kundl. Zum Eigenkirchenwesen im Nordtiroler Unterland. KLEBELSBERG 1956, 21–46, 2 Skizzen. [Grabung 1955. Leonhardskult.]

1191 *H. Bachmann:* Klein-Söll. Zur Gesch. d. Besiedlg u. Entstehg seiner Kirche. MAYER, MATTHIAS, 31–48, 2 Flurkt.

1192 *L. Franz:* Ausgrabung in Klein-Söll (Tirol). MAYER, MATTHIAS, 1–3, 3 Abb.

1193 *O. Pickl:* Zur älteren Geschichte des Klosters Neuberg. (Steierm.) PIRCHEGGER 125 bis 149.

1194 *J. Cibulka:* Zur Frühgeschichte der Architektur in Mähren (800–900). SWOBODA 55–74.

1195 *V. Birnbaum:* Nový názor na počátky české křestanske architektury (neue Anschauungen über die Anfänge der böhmischen christlichen Architektur). NIEDERLE 1–11.

1196 *V. Birnbaum:* Románské emporové kostely v Čechách (romanische Emporenkirchen in Böhmen). MADL 49 ff.

1197 *K. Guth:* Pastoforium v kostele sv. Ducha v Hradci Králové (das Pastoforium in der Heilig-Geist-Kirche in Königgrätz). WIRTH 219 ff.

1198 *D. Libal:* O skupině českých pozdně romanských kostelu. (Groupe des églises tchèques de la fin de l'époque romane.) MATEJCEK 57–66, Abb. 14–19.

RHEINLAND UND WESTFALEN

1199 *J. Hoster:* Chortürme im Rheinland. NEUSS 100–162, 17 Abb.

1200 *F. Gerke:* Die Königshalle in Lorsch und der frühkarolingische Monumentalstil. ECKERT 131–136, 3 Taf.

1201 *K. W. Kaiser:* Das Kloster St. German bei Speyer. WAHLE, ERNST, 222–237, 2 Pläne.

1202 *E. Zahn:* Kirchliche und profane Baudenkmäler Triers, Wiederaufbau 1951–1957. STEINHAUSEN, JOSEF, 205–213, Taf. 34–40.

1203 *K. Usinger:* Zwei Bauplastiken der Stauferzeit aus dem Mainzer Dom. NEEB 47–51, 1 Taf.

1204 *R. Kautzsch:* Die Gothardkapelle am Dom zu Mainz und Kasr ibn Wardan. NEEB 41–46, 2 Taf. [Doppelkapellen.]

1205 *H. Burkard:* Zur Geschichte der Mainzer Domstiftsfreiungen. SCHROHE 136–142.

1206 *W. Jung:* Baubeobachtungen am Mainzer Dom anläßlich der Wiederherstellungsarbeiten 1955–1960. GERKE 50–70.

1207 *K. Koch:* Die Apostelpatrozinien des Kölner Domviertels. Eine kultgeschichtl. u. kultgeograph. Studie. NEUSS 47–72, 1 Plan.

1208 *J. Busley:* Die Dreikonchenanlagen von St. Aposteln und Groß-Sankt-Martin in Köln. CLEMEN 1926, 285–303, 4 Abb.

1209 *A. v. Gerkan:* Der Urbau der Kirche St. Gereon in Köln ROBINSON Bd 1, 4 Abb.

1210 *E. Hegel:* Zur Entstehung der Kultstätte und Pfarre St. Kolumba in Köln. NEUSS 19–46.

1211 *B. Thordeman:* Der Karolingerpalast in Aachen als Trikonchos. STRZYGOWSKI 1923, 241–242.

1212 *W. Weyres:* Zur Datierung des Westbaues von St. Viktor in Xanten. NEUSS 73–99, 8 Taf.

1213 *F. Mühlen:* Die St. Plechelmus-Kirche in Oldenzaal. Ihre Stellung zur spätromanischen Architektur Westfalens. RENSING 134–153, Abb. 84–103.

1214 *H. Thümmler:* Der Gründungsbau der Hohnekirche in Soest. Mit Zeichngn v. Winfried Preis. RENSING 115–133, Abb. 63–83. [1180.]

1215 *A. Fuchs:* Zur Forschung über die Bartholomäuskapelle in Paderborn. (Beiträge und Berichte.) SCHREIBER 1953, 581–585. [Um 1017 erbaut.]

1216 *Ch. Albrecht:* Die Ausgrabungen in der Peterskirche auf der Hohensyburg bei Dortmund. MAINZ Bd 2, 8 Abb.

1217 *D. Großmann:* Der Westbau der Stiftskirche zu Hersfeld. ROSEMANN 39–62.

1218 *J. Bauermann:* Ein westfälischer Hof des Klosters Fulda und seine Kirche. SCHMITZ-KALLENBERG 56–112, 1 Karte, 3 Taf. [11. Jh.]

MITTEL-, NORD- UND OSTDEUTSCHLAND

1219 *H. Giesau:* Die Krypta der karolingischen Michaelskirche zu Rohr. FUCHS 23–38, 5 Abb. [Bei Meiningen.]

1220 *W. Füßlein:* Die Anfänge des Zisterzienserfrauenklosters zu Saalfeld u. Stadtilm. HOPF 1267–1287, 19–54, 2 Taf.

1221 *E. Anemüller:* Goethe und Paulinzelle. REIN, BERTHOLD, 1935, 198–206, 1 Abb.

1222 *E. Anemüller:* Paulinzeller Forschungen in den letzten fünfzig Jahren. DOBENECKER 490–504.

1223 *E. Lehmann:* Bemerkungen zum Staffelchor der Benediktinerklosterkirche Thalbürgel. JAHN, JOHANNES, 111–130, Fig. 25–53 u. Abb. 52, 53. [Verbreitg d. benediktin. u. zisterziens. Staffelchöre.]

1224 *H.-J. Krause:* Ein übersehener Backsteinbau der Romanik in Mitteldeutschland. JAHN, JOHANNES, 89–99. Fig. 15–18 u. Abb. 44. [Altenburg.]

1225 *P. Roland-Krahl:* Bau I der Marienkirche zu Salzwedel. JAHN, JOHANNES, 101–110, Fig. 19–24 u. Abb. 45–51.

1226 *E. Kessel:* Zur Entstehung der verlorenen ältesten Halberstädter Bistumschronik. BRACKMANN 168–183.

1227 *N. Fickermann:* Eine hagiographische Fälschung ottonischer Zeit aus Gernrode. STRECKER 159–198. [Cyriakus als Hauptheiliger d. Stiftes.]

1228 *K. G. Bruchmann:* Zur Geschichte der St. Bartholomäus-Kapelle in Goslar. FRÖLICH, KARL, 83–103.

1229 *H. Goetting:* Die Exemtionsprivilegien Papst Johanns XII. für Gernrode und Bibra. Zur Vorgesch. d. Gründg des Erzbistums Magdeburg. HIRSCH 71–82.

1230 *H. Magirius:* Das Konversenhaus im Kloster Altzella. Bemerkungen zum Typus des zisterziensischen Konversenhauses. JAHN, JOHANNES, 153–164, Fig. 66–70 u. Abb. 67–70.

1231 *V. Pauls:* Das Speculum abbatis in Reynevelde. Ein Beitr. zur Gesch. d. Cisterzienser in Holstein. HAUPT 202–263.

1232 *P. Schlopsnies:* Die romanischen Backsteinportale Nordwestmecklenburgs. HEMPEL 5–26, 33 Abb.

1233 *P. van Nießen:* Die Gründung des Cisterzienser-Frauenklosters Reetz durch Herzog Barnim I. LEMCKE.

1234 *H. Tintelnot:* Die mittelalterliche Baugeschichte des Breslauer Domes und die Wirkung der Zisterzienser in Schlesien. FREY 1943, 248–290, 8 Textabb., 25 Abb. auf Taf.

1235 *E. Walter:* Untersuchungen zur zisterziensischen Anlage des Breslauer Domes. SEPPELT 30–62, 1 Abb.

1236 *V. Wagner:* Kostel ve Vrbčanech (L'église de Vrbčany). MATEJCEK 48–56, Abb. 4–13 u. 4 Textzeichngn. [Bei Kolin/Elbe.]

ENGLAND UND SKANDINAVIEN

1237 *J. Bony:* Le projet premier de Durham. Voûtement partiel ou voûtement total? LAVEDAN 41–49, Taf. 3. [Baubeg. 1093. Neu 1104.]

1238 *E. M. Jope:* Saxon Oxford and its Region. LEEDS 235–258, m. Abb.

1239 *Sir Cyril Fox:* The Sitting of the Monastery of St. Mary and St. Peter in Exeter. LEEDS 202–217, m. Abb.

1240 *T. Mårtensson:* Borg och rundkyrka. OLSSON 207–219, 5 Abb.

1241 *J. Roosval:* Une voûte à nervures du XIe siècle à Sigtuna. KINGSLEY PORTER 689 ff. [Rippengewölbe.]

1242 *C. A. Christensen:* Saxo og Roskilde domkirke. JACOBSEN 151–160.

1243 *Vilhelm Lorenzen:* Roskilde Domkirke og Korpartiet i Kathedralen i Arras. STEENSTRUP 83–98.

FRANKREICH

1244 *R. Lantier:* Art celtique et art roman. MARTROYE 2 Abb.

1245 *H. Paulus:* Zur Liturgie und Anlage des Dreiapsidenchores im vorkarolingischen Frankreich. KÖMSTEDT 237–242, 3 Abb.

1246 *F. Deshonlières:* Les cryptes en France et l'influence du culte des reliques sur l'architecture religieuse. MARTROYE 11 Abb.

1247 *M. Duchein:* Les textes antérieurs à l'an mil relatifs aux églises de Limoges. BRUNEL Bd 1, 387–400.

1248 *M. Roques:* L'église romane de Saint-Dalmas de Valdeblore. HALPHEN.

1249 *E. Bach:* L'ambon de Baulmes et les ambons de Saint-Maurice et de Romainmôtier. GILLIARD 114–132, 3 Abb. [6. Jh.]

1250 *S. McKnight Crosby:* New excavations in the abbey church of Saint Denis. FOCILLON 115–126, 3 Abb.

1251 *E. Panofsky:* Notes on a controversial passage in Suger's De consecratione ecclesiae sancti Dionysii. FOCILLON 95–114, 3 Abb.

1252 *J. Formigé:* Remarques divers sur les baptistères de Provence. MARTROYE, 1 Taf. u. 17 Abb.

1253 *M. Aubert:* Un édifice du premier art roman en Provence: la Cathédrale de Vence. JORGA 65–69.

1254 *L. H. Labande:* L'église de Marseille et l'abbaye de Saint Victor à l'époque carolingienne. LOT 307–329.

1255 *M. Gouron:* Quelques dates de l'histoire de l'Abbaye de Saint-Gilles. HAMANN 1949.

1256 *L. Schürenberg:* Die romanischen Kirchenfassaden Aquitaniens. JANTZEN 1951, Schülerfestschr., Bd 1.

1257 *E. Jeannez-Audra:* L'église carolingienne de Germigny-des-Près. FOUGÈRES 119 ff., 5 Abb.

1258 *G. Jerphanion:* Un curieux chapitau du Baptiste au Musée de Lyon. MERCATI, GIOVANNI, Bd 5, 61–68, 4 Taf.

1259 *J. Puig i Cadafalch:* Un chapiteau du Xe siècle au cloître de Sant Benet de Bages. KINGSLEY PORTER 267 ff.

1260 *J. Vallery-Radot:* Note sur deux chapiteaux romans de l'église d'Anneyron (Drôme). MARTROYE 269 ff., 4 Abb.

1261 *A. Grabar:* Saint-Front de Périgeux et le chevet-martyrium. JERPHANION 501–508, 2 Abb.

1262 *P. Deschamps:* Les rélations de l'église Sainte-Foy de Conques avec la Catalogne et l'Espagne. PUIG I CADAFALCH Bd 1, 15–24, 2 Taf. [Kapitellplastik.]

1263 *P. Lavedan:* Une nouvelle église mozarabe en France, S. Martin des Puits. GRAT Bd 1, 2 Abb.

1264 *G. Leblanc:* La répartition géographique des abbayes cisterciennes du sudouest de la France. FAUCHER Vol. 2, 583–608, 1 Kt., 1 Abb.

1265 *H. Karlinger:* An der Schwelle der Gotik: Fontenay. GUARDINI 221–229, 2 Abb.

1266 *M. Anfray:* L'abbaye de Valmagne. ANDRIEU 33–46, 4 Abb. [Cisterz.-Kloster bei Montpellier gegr. 1158.]

1267 *F. Bachmann:* Die ,,Crypte du Pessebre" in Saint-Michel de Cuxa und der Sepulkralbau. SWOBODA 23–33, 2 Abb.

1268 *J. Vendryes:* Mellifont fille de Clairvaux. SCHOEPPERLE LOOMIS 277–283, 1 Zeichng.

1269 *A. Lanotte:* Le chœur occidental et les tours de l'ancienne collégiale Saint-Aubain à Namur. Notice archéologique. COURTOY Bd 1, 303–326, 3 Taf., 6 Abb.

1270 *H. Demeuldre:* La place Saint-Remy à Namur et ses édifices au moyen âge. Rectifications topographiques. COURTOY Bd 1, 463–472, 2 Taf.

1271 *Y. Bequignon:* Survivances celtiques en Alsace. A propos de deux chapiteaux historiés d'époque romane. ANDRIEU 47–52, 4 Abb.

1272 *C. Julian:* Le palais carolingien de Cassinogilum. MONOD 89–94. [Bei Poitier.]

1273 *R. Hamann:* Ottonische Kapitelle im Chor der Kathedrale von Sens. JANTZEN 92–96, 5 Abb.

1274 *W. Zimmermann:* Die Gruppenbildung der romanischen Baukunst in der Kunstlandschaft Burgunds. BACH 1 Karte.

1275 *K. J. Connant:* Cluny I and Cluny II. GRAHAM 41–50, 4 Abb.

1276 *K. J. Conant:* The third church at Cluny. KINGSLEY PORTER 327 ff.

1277 *M. Allemand:* La Construction du Narthex de St.-Philibert de Tournus. FOUGÈRES 7 ff., 9 Abb.

ITALIEN

1278 *R. Krautheimer:* The Architecture of Sixtus III: A Fifth-Century Renascence? PANOFSKY 1960, 291–302, 11 Abb.

1279 *C. Aru:* La Chiesa romanico-pisana di San Nicola di Silanos. SUPINO 49 ff., 7 Abb.

1280 *S. Reinach:* La plus ancienne image gravée de l'arc de Bénévent. BERTAUX 1 Abb.

1281 *G. Agnello:* La chiesa oritana dei SS. Crisante e Daria, Una basilica "apesta" nel Salentino. LIBERTINI 43 ff., 5 Taf. [Oria zw. Taranto und Brindisi, roman. Krypta.]

1282 *P. Toesca:* L'architettura della porta di Capua. BERTAUX 2 Abb.

1283 *O. Siliprandi:* Avanzi di architettura romanica in Castellavano. CAMPANINI 91–94, 6 Abb.

1284 *F. Strozzullo:* Le vicende dell' abside di Duomo di Napoli. MALLARDO 147–182, 17 Abb.

1285 *Cozza-Luzi:* L'antico Ciborium dell' ipogeo di Bolsena. DE ROSSI 1892 II, 67 ff.

1286 *M. M. Roberti:* Una nota sul nartece di San Lorenzo. CASTIGLIONI 473–476, 2 Grundr.

1287 *P. Verdier:* Les murs diaphragmes de la cathédrale romane de Ferrare. LAVEDAN 363 bis 370, 2 Abb.

1288 *G. Panazza:* La chiesa di Sant' Agata al Monte in Pavia. TOESCA 16–29, Taf. 15–18.

1289 *G. P. Bognetti:* Presunta veduta parziale di S. Tecla di Milano in un affresco del Collegio Borromeo di Pavia. CASTIGLIONI 99–106, 2 Taf.

1290 *A. de Capitani d'Arzago:* Scavo di S. Tecla e S. Giovanni a Milano. GIUSSANI 185 bis 206, 12 Taf.

1291 *U. Cavallari:* S. Vitale di Bormio. GIUSSANI 235–240, 1 Taf. [Bei Tirano, Datierungsfragen der mittelalterl. Kirche.]

1292 *A. Andina:* Il castello di Menaggio. GIUSSANI 229–234, 14 Abb. [Am Comersee, mittelalterlich, 1523 zerstört.]

1293 *G. Gombosi:* A Márkustemplom porticusa. (Il portico della Basilica di S. Marco.) PETROVICS 32–38, 1 Textabb. u. Abb. 82–85. In italien. Spr. S. 163–169.

1294 *P. Paschini:* Le origini della chiesa di Ceneda (Venetien). MERCATI, GIOVANNI, Bd 5, 145–159.

SPANIEN

1295 *M. Dieulafoy:* L'Eglise et la Mosquée. [Introd. à l'Histoire des arts de l'Espagne et du Portugal.] DERENBOURG 23–48.

1296 *J. Puig i Cadafalch:* El tipus de l'iglèsia coberta amb fusta, a Catalunya al nord d'Italia i a la Franca mediterrània en els segles X i XI. Estudi de sos origens. FINKE 52–61.

1297 *H. Schlunk:* Santa Eulalia de Boveda. GOLDSCHMIDT 1935, 1–13, 14 Abb., 7 Textzeichngn. [Prov. Lugo.]

1298 *F. Iñiguez:* La torre de Doña Urraca en Covarrubias. MÉLIDA Y ALINARI Bd 1, 403 bis 407, 6 Taf. [10. Jh.]

1299 *H. Laag:* Die Coemeterialbasilika von Tarragona. SCHULTZE, VICTOR I, 123–166, 13 Abb., 9 Pläne. [Baugesch. u. Sarkophage.]

1300 *E. Lambert:* Un monument hispanomauresque en Béarn. MARÇAIS.

1301 *E. Bachmann:* Die „Crypte du Pessebre" in Saint-Michel de Cuxa [Pyrenäen] und der Sepulkralbau. SWOBODA 23–34, 1 Abb. [Frühroman. Zentralbau.]

1302 *G. G. King:* Little romanesque churches in Portugal. KINGSLEY PORTER 273 ff.

GOTISCHE BAUKUNST

ALLGEMEIN

1303 *H. Sedlmayr:* Die dichterische Wurzel der Kathedrale. HIRSCH 275–287.

1304 *W. Groß:* Zur Mittelalterlichkeit der gotischen Kathedrale. PINDER 165–181, 3 Abb.

1305 *O. Förster:* Von Speyer bis Chartres. WORRINGER 106–142, 3 Textabb. u. Abb. 44–54.

1306 *L. Grodecki:* Sur l'origine du plan d'église à transept double. LAVEDAN 153–160, 2 Abb.

1307 *W. v. Zalozieckyi:* Gotische Baukunst in Osteuropa. SCHREIBER 1932, 470–481.

1308 *W. Mersmann:* Die Vorgeschichte der Rosenfenster. SEDLMAYR.

1309 *K. J. Conant:* Observations on the vaulting problems of the period 1088–1211. FOCILLON 127–134, 7 Abb.

1310 *G. Kubler:* A late gothic computation of rib vault thrusts. FOCILLON 135–148, 6 Abb.

1311 *V. a D. Menclovi:* O účasti Slovenska na vzniku pozdně gotické architektury. (Über den Anteil der Slowakei bei der Entstehung der spätgotischen Baukunst). WIRTH 61 ff.

1312 *K. Rathe:* Ein Architektur-Musterbuch der Spätgotik mit graphischen Einklebungen. WIEN 3 Textabb. u. 2 Taf.

FRANKREICH

1313 *C. Enlart:* De l'influence germanique dans les premiers monuments gothiques du Nord de la France. FABRE 258–264.

1314 *E. Gall:* Der künstlerische Charakter der Kathedrale von Reims. KAUFFMANN 81–84, 3 Abb.

1315 *M. Aubert:* Les dates de la clôture du chœur de Notre Dame de Paris. BERTAUX.

1316 *M. François:* Les rois de France et les traditions de l'abbaye de Saint-Denis à la fin du XV. siècle. GRAT Bd 1, 2 Abb.

1317 *M. Aubert:* Pierre de Montreuil, architecte de Saint-Germain-des-Près et de Notre-Dame de Paris, de Saint-Denis et de la Sainte-Chapelle. SWOBODA 19–21.

1318 *E. Lambert:* Les Ecoinçons de la nef de la Cathédrale de Bayeux. CORNELL 262 ff., 8 Abb.

1319 *P. Lavedan:* Le baptistère de Nocera et la croisée d'ogives. GRAT Bd 1, 2 Abb.

1320 *P. Héliot:* Les demeures seigneuriales dans la région picarde au Moyen Age. Châteaux ou manoirs? BRUNEL Bd 1, 574–583.

1321 *J. de Pange:* Le sacrement de Reims. BRUNEL Bd 2, 349–354.

1322 *P. M. Baumgarten:* Die Papstveste in Avignon. HERTLING 272–282.

1323 *Colombe:* La "Grande Trésorerie" au Palais Apostolique d'Avignon. EHRLE Vol. 2, 504–523, 1 Plan.

SÜDDEUTSCHLAND

1324 *A. Mayer:* Die Gründung von St. Salvator in Passau — Geschichte und Legende. SPINDLER 256–278.

1325 *H. R. Rosemann:* Ausstrahlungen der Regensburger Dombauhütte nach dem deutschen Südosten um 1300. PINDER 182–194, 9 Abb.

1326 *E. R. Fiechter:* Württembergische Kirchen des Mittelalters. NÄGELE 76–85, Abb. 7–11.

1327 *A. Schahl:* Die Herkunft der spätgotischen Staffelhalle in Württemberg. Ein Beitr. z. Gesch. d. Einflusses d. Bettelordensarchitektur auf d. Pfarrkirchenbau d. 14.–15. Jh. BAUM 90–97, Abb. 42.

1328 *H. Koepf:* Die Stuttgarter Parlerpläne. BAUM 58–64, Abb. 27, 28.

1329 *K. Obser:* Quellen zur Bau- und Kunstgeschichte des Überlinger Münsters. FRIEDRICH, Großherzog v. Baden, 1917, 8 Taf.

1330 *O. Kletzl:* Die Kreßberger Fragmente. Zwei Werkrisse deutscher Hüttengotik. HAMANN 1944. 129–170, 26 Abb.

1331 *G. Haupt:* Eine unbekannte Darstellung der Darmstädter Stadtkirche. DIEHL, WILHELM, 230–235, 1 Abb.

1332 *R. Kautzsch:* Die ältesten deutschen Kreuzrippengewölbe. CLEMEN 1926. 304–308, 3 Abb. [Petersberg b. Erfurt; Rosheim im Elsaß.]

ALT-ÖSTERREICH

1333 *H. Voltelini:* Die Ordnungen der Wiener Bauhütte. NEUWIRTH 60–64.

1334 *H. Swoboda:* Ein ikonographisches Problem vom Wiener Stephansdom. WICKHOFF 33 ff.

1335 *H. Göhler:* Eine Beschreibung des Wiener Stephansdomes aus römischen Quellen. DONIN 100–112, 1 Abb.

1336 *A. Macku:* Kräfte der Beharrung in der mittelalterlichen Baukunst Wiens. STRZYGOWSKI 1932 I, 113–116, Abb. 30, 31. [Nachleben d. Romanik in d. Gotik.]

1337 *A. Klaar:* Ein Beitrag zur Kunstgeographie Niederösterreichs. BECKER, ANTON, 1958, 109–236, 6 Taf. m. Grundrissen. [Kirchentypen, Burg- u. Schloßanlagen.]

1338 *R. K. Donin:* Weg und Entwicklung der gotischen Baukunst in Niederösterreich. VANCSA 1936, 197–218, 24 Abb.

1339 *R. Wagner-Rieger:* Gotische Kapellen in Niederösterreich. SWOBODA 273–307.

1340 *H. Egger:* Das päpstliche Kanzleigebäude im 15. Jahrhundert. WIEN, STAATSARCHIV, Bd 2.

1341 *E. Hamböck:* Ein Beitrag zur Baugeschichte der Kirche auf dem Magdalensberg. EGGER, RUDOLF, 1952, Bd 3, 62–75, 4 Abb. [Erweiterungsbau Beg. 1461.]

1342 *W. Hanns:* Die Anfänge des Stiftes Klosterneuburg. VANCSA 1948–1953, Bd 1, 82–117.

1343 *F. Klabinus:* Eine bisher unbekannte Darstellung der Grazer Domkirche. PIRCHEGGER 1935, 70–72, 1 Abb. [V. Joseph Tunner, 1838.]

1344 *F. Hann:* Die gotische Kirchenbaukunst in Kärnten. WIEN, Philol.-Versammlg., Abt. 4.

1345 *J. Graus:* St. Marein bei Sechau. SCHNEIDER 1906, 51–59, 4 Abb. [Steierm. Doppelschiff. Anlage v. Baumeister Niklas Velbacher v. Salzburg 1445.]

1346 *L. Krebs:* Die St.-Wolfgang-Kirche zu Kirchberg am Wechsel. VANCSA 1948–1953, Bd 1, 331–349, 19 Taf. [1400–1450 erb.]

1347 *Abt H. Schuler:* Die alte Basilika des hl. Laurentius in Wilten. HÖRTNAGL 77–83, 3 Abb. [M. Rekonstr. d. roman. Basilika.]

1348 *E. Egg:* Die Sterzinger Bauhütte. WEINGARTNER 1–18, 7 Abb., 3 Taf.

1349 *H. Waschgler:* Die mittelalterliche Gestalt des Brixner Domes. KLEBELSBERG 1949, 261–307, 3 Abb. im Text, 17 Abb. auf Taf.

1350 *A. Maurer:* Vom Presbyterium der Propstei-Pfarrkirche in Bozen. WEINGARTNER 111–117, 3 Abb., 2 Zeichngn.

1351 *K. Moeser:* Zur Baugeschichte der drei Meraner Gotteshäuser aus der Zeit der Gotik. WEINGARTNER 119–130, 3 Abb.

1352 *G. Pirchan:* Karlstein. MAYER, THEODOR, 1953, 56–90.

1353 *O. Stefan:* Nové poznatky o t. zv. Přemyslovském oblouku v prazském klášteře blah. Anezky. (Nouvelles connaissances sur l'Arc des Přemyslides au couvent de la Bienheureuse

Agnès de Prague.) MATEJCEK 90–93, Abb. 28–29.

1354 *K. Vorbach:* Zur Baugeschichte der Minoritenkirche Neuhaus in Südböhmen. WOSTRY 95–106, 5 Abb.

1355 *L. Bágyuj:* Beszámoló a kolozsvári Szent Mihály-templom 1956/57. évi helyreállitási munkálatairól (Bericht über die Instandsetzungsarbeiten 1956/57 am Klausenburger Sankt-Michaels-Dom). KELEMEN 24–32, 34 Abb.

RHEINLAND UND WESTFALEN

1356 *A. v. Schneider:* Das Münster zu Freiburg mit den Augen der Romantik gesehen. JANTZEN 1951, Schülerfestschr., Bd 3.

1357 *H. Kauffmann:* Die Maßwerkhelme des Freiburger Münsters und des Kölner Domes. BAUCH 117–125, 4 Abb.

1358 *H. Derwein:* Zur mittelalterlichen Baugeschichte Heidelbergs. LOHMEYER 10–13, 1 Abb. [Heiliggeistkirche. Marstall.]

1359 *P. Meißner:* Zur Baugeschichte der Katharinenkirche zu Oppenheim. NEEB 64–80, 7 Abb.

1360 *E. Jungkenn:* Neue Forschungen zur Baugeschichte der Oppenheimer Katharinenkirche. ECKERT 157–162, 2 Taf.

1361 *A. Schmidt:* Zur Baugeschichte der Wernerkapelle in Bacharach. WAMPACH 69–89, 4 Abb.

1362 *J. Baum:* Drei Mainzer Hallenkirchen. SCHNEIDER 1906, 353–370, 2 Taf. [St. Stefan, St. Quintin, Liebfrauenki.]

1363 *F. Arens:* Ein gotisches Patrizierhaus in Mainz. ECKERT 137–147, 7 Taf. m. 9 Abb.

1364 *J. Sartorius:* Ist die Johanniskirche der alte Martinsdom (Mainz)? LENHART 25–40, 2 Taf.

1365 *A. Gottron:* Zur Geschichte des gotischen Westhelms des Mainzer Doms. KÖMSTEDT 276–277.

1366 *E. Gall:* Über die Maße der Trierer Liebfrauenkirche. SCHMITT 97–104, 3 Abb.

1367 *H. Vogts:* Die Machabäerkirche in Köln, eine Kunststätte der Spätgotik. HEIMANN 87–112, 2 Abb.

1368 *W. Bader:* Der Anfang der gotischen Viktorkirche zu Xanten. STEEGER 114–117.

1369 *F. Gorissen:* St. Nikolai zu Kalkar. STEEGER 118–120.

1370 *J. H. Schmidt:* Die Gasthauskirche zu Kalkar. STEEGER 137–139. [1418.]

1371 *H. Thümmler:* Die Anfänge der monumentalen Gewölbekunst in Deutschland und der besondere Anteil Westfalens. RAVE 154 ff., 10 Abb.

1372 *F. Mühlen:* Die entwicklungsgeschichtl. Bedeutung der frühen münsterländischen Hallenkirchen. FUCHS 77–111. 15 Abb.

1373 *H. Thümmler:* Westfälische und italienische Hallenkirchen. WACKERNAGEL 1958, 17–36, 13 Abb.

1374 *R. Schulze:* Minoritenkirche zu Münster. GEISBERG 136–152, 1 Abb.

1375 *Th. Rensing:* Observantenkirche in Münster. GEISBERG 131–135, 1 Abb.

1376 *A. Clarenbach:* Die Dorfkirche in Ostönnen, Kr. Soest. WAGENFELD 225–240, 6 Abb.

1377 *F. Mühlberg:* Über die westfälische Kartause Marienburg in Weddern. RAVE 221 ff., 7 Abb.

1378 *H. Mosler:* Die Altenberger Klosterfamilie. SCHNÜTGEN 49–97.

MITTEL- UND OSTDEUTSCHLAND, OSTEUROPA

1379 *E. Gall:* St. Georg in Limburg a. d. Lahn un die nordfranzösische Frühgotik. GOLDSCHMIDT 1923, 7–24, 4 Abb. u. Taf. 2.

1380 *D. Unckenbold:* Die Göttinger Marienkirche. Eine Studie zu ihrer Baugeschichte. ROSEMANN 63–83.

1381 *H. Walbe:* Von den Hallenkirchen Oberhessens und von der Pfarrkirche zu Homberg an der Ohm. DIEHL, WILHELM, 213–226, 7 Textabb., 8 Taf.

1382 *P. Höfer:* Ertfelde, Michaelskirche, Liutbirgsklause. Eine Studie zur Vita Liutbirgae. ZIMMERMANN 1914, 159–175, 1 Abb.

1383 *F. Krüger:* Zum Formenwandel der Backsteingiebel in Lüneburg. LAUFFER 214–226, 1 Abb.

1384 *O. Korn:* Anlage und Bauten des Klosters Neuendorf in der Altmark. MÖLLENBERG 113 bis 135, 3 Taf., 1 Lageplan. [Auch zu den m. a. Glasmalereien.]

1385 *P. Frankl:* Die Stellung der Westtürme des Naumburger Domes. KINGSLEY PORTER 503 ff.

1386 *H.-J. Mrusek:* Zur Baugeschichte des Meissner Domes. JAHN, JOHANNES, 131–137, Fig. 54–58 u. Abb. 54–56.

1387 *R. Oeschey:* Zur Rechtsgeschichte des Domstifts St. Petri zu Bautzen. SIBER 59–96.

1388 *E.-H. Lemper:* St. Georg in Görlitz und die Krypten im Südost-Raum der Gotik. JAHN, JOHANNES, 139–151, Fig. 59–65 u. Abb. 57–66.

1389 *J. Hettwer:* Zur Baugeschichte der St. Jacobskirche in Neiße. SEPPELT 10–18, 1 Abb.

1390 *A. Kickton u. H. Berger-Schaefer:* Die Marienkirche im Spiegel der Frankfurter Stilgeschichte. LIENAU 52–54, 1 Abb. [Frankfurt a. d. Oder.]

1391 *W. Clasen:* Hinrich Brunsberg und die Parler. BAUM 48–57, Abb. 16–26. [Chorbauten in Pommern u. Brandenburg.]

1392 *N. Zaske:* Hinrich Brunsberg, ein ordenspreußischer Baumeister der Spätgotik. HOFMEISTER 1957, 49–72, 11 Abb. im Text, 15 Abb. auf Taf.

1393 *H. Schmauch:* Zur Baugeschichte der St. Nikolaipfarrkirche in Elbing. EHRLICH 170–175.

1394 *St. M. Bals:* O Biserica fortificata in Jasi. JORGA 1931, 28–31, 1 Abb. [Eine Wehrkirche in Jasi.]

1395 *P. Popović:* Le mur occidental de l'église de Ravanica. USPENSKY 213–216.

NIEDERLANDE

1396 *D. H. G. Bolten:* Over de bouwgeschiedenis van de St. Bavokerk te Aardenburg. VOGELSANG 77–82, 3 Abb.

1397 *R. Lemaire:* De O. L. Vrouwkerk van Antwerpen in het kader van de brabantsche gothiek. DE MEYER, ALBERT, 677–695, 5 Abb.

1398 *E. H. Ter Kuile:* Deventer Monumenten. KALF 55–60, 15 Abb.

1399 *J. J. F. W. van Agt:* De oude kerk van Didam. VAN HEEK 122–130, 6 Abb.

1400 *E. H. Ter Kuile:* Aantekeningen betreffende de bouwgeschiedenis der Groote Kerk te Dordrecht. MARTIN 2–18, 14 Abb.

1401 *E. H. Ter Kuile:* De Bouwgeschiedenis van de Groote Kerk te Rotterdam. KALF 93 ff., 3 Abb. [1443–1651.]

1402 *F. W. van Eedon:* Studie over St. Bavo [Gent]. LEEMANS.

1403 *N. Ottema:* Friessche Kloosterterpen [= Warften, Aufschüttungen]. VAN GIFFEN 445 bis 558, 2 Taf.

IRLAND UND SKANDINAVIEN

1404 *W. Douglas Simpson:* Glen Urquhart and its castle. CRAWFORD 316–331, 5 Abb.

1405 *A. W. Clapham:* Some minor Irish Cathedrals. KINGSLEY PORTER 699 ff.

1406 *F. Henry:* La Chapelle de Cormac, à Cashel. FOUGÈRES 109 ff., 7 Abb.

1407 *S. Karling:* Tyska Orden och den svenska kyrkobyggnadskonsten omkring år 1400 (der Deutsche Orden und die schwedische Kirchenbaukunst um 1400). OLSSON 220–232, 9 Abb.

1408 *J. Roosval:* The Metamorphoses of Guldrupe. Observations on proportions and measurements of a group of medieval minor churches. GREENE 148–160, Abb. 120–126 u. 12 Diagramme.

1409 *B. Thordeman:* En återfunnen Visbykyrka. ROOSVAL 117 ff.

1410 *M. David:* Gotland, l'île aux cent églises. JERPHANION 93–118.

1411 *A. L. Romdahl:* Några jakttågelser i Uppsala domkyrka. v. SYDOW 121–134, 9 Abb. [1260–1435.]

1412 *A. L. Romdahl:* Der Chorbau zu Linköping und seine kölnischen Baumeister. FRIEDLÄNDER, MAX J., 1927, 81–88, 5 Abb.

1413 *A. L. Romdahl:* Ett pentimento i Linköpings domkyrka. ROOSVAL 95–100, 1 Abb [zur got. Baugeschichte].

1414 *Juhani Rinne:* Über die Innen- und Außenkanzeln in den mittelalterlichen Kirchen Finnlands. ASPELIN 18 Abb.

ITALIEN

1415 *O. Morisani:* Il San Gennaro di Pozzuoli. MARANGONI 143–145, 5 Abb. [13. Jh.]

1416 *R. Rieger:* Siena und Ruvo. Ein Beitr. zur Baugesch. der beiden Dome. WEISSENHOFER 98–111.

1417 *J. Rodenberg:* Das raumbildende Prinzip in der Architektur des Sieneser Domes. VOLKMANN 109–124, 6 Abb.

1418 *L. Serra:* Le Rocche di Mondavio e di Cagli e le altre fortezze di Francesco di Giorgio Martini nella Marca. SUPINO 435 ff., 7 Abb.

1419 *W. Paatz:* Die gotische Kirche S. Trinità in Florenz. Ihre entwicklungsgeschichtl. Bedeutung und ihr Erbauer. GOLDSCHMIDT 1935, 113–118, 2 Abb.

1420 *W. Schöne:* Studien zur Oberkirche von Assisi. BAUCH 50–116, 27 Abb.

1421 *G. Zucchini:* Documenti inediti per la storia del S. Petronio di Bologna. SUPINO 183 ff., 6 Abb.

1422 *G. Giovannoni:* Considerazioni architettoniche su S. Petronio di Bologna. SUPINO 183 ff., 6 Abb.

1423 *A. Ciceri:* L'archivio della veneranda fabbrica del duomo di Milano. MERCATI, ANGELO, 163–183, 3 Abb.

1424 *I. Petricioli:* Stara nadbiskupska palača u Zadru (Résumé). L'ancien palais de l'archevêché de Zadar. TKALCIC 91 ff., 4 Abb.

SPANIEN UND PORTUGAL

1425 *Lamperez y Romea:* La Arquitectura mudejar de Ladrillo en Aragon. BERTAUX 2 Abb.

1426 *L. Torres Balbas:* Algunos aspectos de la vivienda hispanomusulmana. MARÇAIS, GEORGES, Tome 2, 169–175. [La Alhambra y la sedimentacíon cronólogica de las aportaciones orientales.]

1427 *J. Miracle:* Santa Maria de Vallvidrera, abandonada. PUIG I CADAFALCH Bd 1, 349–353.

1428 *H. Doerr:* Die Klosterkirche San Antolin de Bedon. Ein Beitr. zur Erhellung des spanischen Kirchenbaues an einem Beispiel aus Asturien. HAMANN 1949.

1429 *P. Batlle i Huguet:* Notes sobre la construcció de l'església de Vinaixa. PUIG I CADAFALCH Bd 1, 71–84, 2 Taf., 1 Grundr. [Baubeg. um 1300.]

1430 *E. Serra i Ràfols:* La nau de la Seu de Girona. PUIG I CADAFALCH Bd 1, 185–204. [Archivalisches zur Baugesch. d. Kathedrale v. Girona.]

Baukunst der Renaissance

Allgemein

1431 *H. Kauffmann:* Über „rinascere", „Rinascita" und einige Stilmerkmale der Quattrocento-Baukunst. KÖLN, Univ., 19 Abb.

1432 *P. Francastel:* Imagination et réalité dans l'architecture civile du Quattrocento. FEBVRE Bd 2, 196–206.

1433 *Ch. Saunier:* Sur certains livres d'architecture du XVIe siècle. LEMONNIER 151–174, 4 Abb.

Italien

1434 *M. Salmi:* La chiesa di Villa a Castiglione Olona e le origini de Rinascimento in Lombardia. VERGA 271–284, 8 Abb.

1435 *C. G. Argan:* Il „Libro extraordinario" di Sebastiano Serlio. FRIEDLÄNDER, WALTER, 208 ff.

1436 *F. Schalk:* L. B. Albertis Buch, ‚De Amicitia' (Della Famiglia IV). KROLL 163–171.

1437 *G. Dolci:* Intorno alla „Fede" di Leon Battista Alberti. CIAN 71–81.

1438 *L. H. Heydenreich:* Die Cappella Rucellai von San Pancrazio in Florenz. PANOFSKY 1960, 219–229, 12 Abb.

1439 *D. Frey:* Ein Entwurf Giulianos da Sangallo für das Gestühl in der Kapelle des Palazzo Medici-Riccardi. FRIEDLÄNDER, WALTER, 159 ff.

1440 *F. Kriegbaum:* Der Ponte Trinità in Florenz und Michelangelo. FRIEDLÄNDER, WALTER 181 ff.

1441 *L. H. Heydenreich:* Gedanken über Michelozzo di Bartolomeo. PINDER 264–290, 14 Abb., 1 Grundrißtaf.

1442 *W. Sas-Zaloziecky:* Kuppellösungen Brunelleschis und die römische Architektur. SUIDA 41–46, 7 Abb.

1443 *F. Graf Wolff Metternich:* Der Entwurf Fra Giocondos für Sankt Peter. BAUCH 155–170, 10 Abb.

1444 *J. P. Kirsch:* Zur Baugeschichte der Peterskirche in Rom. SCHLECHT 182–201.

1445 *F. Graf Wolff Metternich:* Gedanken zur Baugeschichte der Peterskirche im 15. und 16. Jahrhundert. HAHN, OTTO, 9 S., 7 Abb., Nr. 84 d. Festschr.

1446 *D. Frey:* Ein unbekannter Entwurf Giuliano da Sangallos für die Peterskirche in Rom. EHRLE, Vol. 2, 5 Abb.

1447 *I. Schreibmüller:* Michelangelos Anteil am Bau der Peterskirche. STOLLREITHER 313–322.

1448 *Ch. de Tolnay:* Un dessin inédit représentant la façade de Michel-Ange de la chapelle Sforza à Sainte-Marie Majeure. LAVEDAN 361–362, Taf. 20. [Paris, Bibl. Nat.]

1449 *P. M. Krieg:* Das alte Quartier der päpstlichen Schweizergarde und die Kapelle San Martino degli Svizzeri beim Vatikan. DURRER 466–488, 3 Abb.

1450 *G. Leyh:* Die Camera della Segnatura — ein Bibliotheksraum? LEIDINGER 171–177. [Vatikan.]

1451 *H. Siebenhüner:* S. Giovanni dei Fiorentini in Rom (1518–1534 und 1582–1614). KAUFFMANN 172–191, 17 Abb.

1452 *L. van der Essen:* Een onuitgegeven dokument betreffende het herstellen van den beldenschat in het Palazzo Farnese te Rom in 1567. VERMEYLEN.

1453 *G. Mollat:* A propos du Palazzetto de la Farnésine à Rome. EHRLE, Vol. 2.

1454 *A. Bertini:* Contributo al Peruzzi. VENTURI, Vol. 1, 341 ff.

1455 *L. Frhr. v. Pastor:* Die Kapelle Sixtus V. bei S. Maria Maggiore zu Rom. JOHANN GEORG V. SACHSEN 395–400.

1456 *Ch. Hülsen:* Bramante und Palestrina. EGGER, HERMANN, 57 ff., 2 Abb.

1457 *O. H. Förster:* Bramantes Pläne für den Dom zu Pavia und S. Maria delle Grazie. WÖLFFLIN 1935, 1–29, 13 Abb.

1458 *R. Wittkower:* Pietro da Cortonas Ergänzungsprojekt des Tempels in Palestrina. GOLDSCHMIDT 1935, 137–143, 3 Abb. [Stiche in Windsor, Kgl. Bibl.]

1459 *R. Filangieri di Candida:* La casa di Marino Marzano, principe di Rossano in Carinola. PUIG I CADAFALCH Bd 1, 37–40, 4 Taf.

1460 *E. Lavagnino:* Osservazioni sulla pianta del San Flaviano di Montefiascone. SUPINO 41 ff., 4 Abb.

1461 *G. Gennari:* La „Domus Jocunditatis" a Bentivoglio. ZUCCHINI 173–178, 2 Abb. [Bologna, Ende 15. Jh.]

1462 *P. Venturino Alce:* La costruzione della capella di S. Domenico di Bologna (1597–1605). ZUCCHINI 137–146, 2 Abb.

1463 *A. Foratti:* L'architetto Giovanni Ambrogio Magenta a Bologna. FALLETTI 151–162.

1464 *J. v. Schmidt:* Pasquale da Caravaggio. SCHMARSOW 115–128. [Lombardischer Architekt in Rom, Ende 15. Jh.].

1465 *G. Chierici:* La Loggia di Brescià. GIUSSANI 269–276, 16 Taf.

1466 *A. Serena:* Fra' Giovanni Giocondo veronese. CRESCINI 533–554. [Etwa 1435–1515.]

1467 *G. Lorenzetti:* Un prototipo Veneto-Bizantino del Palazzo Ducale di Venezia. SUPINO 23 ff., 5 Abb.

1468 *M. Muraro:* La Scala senza Giganti. PANOFSKY 1960, 350–370, 34 Abb.

1469 *W. Hager:* Zur Raumstruktur des Manierismus in der italienischen Architektur. WACKERNAGEL 1958, 112–140, 8 Abb.

1470 *E. Dyggve:* Drei Paläste vom gleichen Fassadentypus aus dem jugoslawischen Küstenland. SWOBODA 83–90.

WEST-EUROPA

1471 *A. Weinbrenner:* Die Geburtsstätte der Renaissance in Deutschland. FRIEDRICH, Großherzog v. Baden, 1892, 73–81, 1 Taf. [Augsburg, Fuggerkapelle.]

1472 *N. Lieb:* Der Erker des Höchstetter-Hauses in Augsburg. BAUM 128–133, Abb. 60–63.

1473 *W. Tunk:* Der Stilwandel um 1600 im Spiegel der Entstehungsgeschichte des Nürnberger Pellerhauses. FREY 1943, 291–314, 21 Abb. [Jacob Wolff d. Ä. u. Jacob Wolff d. J.]

1474 *A. Mitterwieser:* Das Jagdschloß Starnberg und die Tiergärten bei Possenhofen und Berg. LEIDINGER 187–193, Taf. 23, 24.

1475 *G. Schrötter:* Das Deutschordenshaus in Nürnberg. GRAUERT 56–69.

1476 *H. Klaiber:* Das Schloß zu Göppingen. STUTTGART, 5 Abb.

1477 *A. Schlegel:* Der Anteil Maximilian von Welschs am Deutschordenshaus in Frankfurt a. M.-Sachsenhausen. WOLFF, GEORG, 104–110.

1478 *E. Bachmann:* Ein unbekanntes Alterswerk des Bonifaz Wolmut. SEDLMAYR.

1479 *G. Poensgen:* Der Ottheinrichsbau [Heidelberg] als Ausstellungsforum. NOACK 162–170. 7 Abb.

1480 *J. Krudewig:* Der Bau des Löwenhofes im Kölner Rathause, 1541 und 1549. HEIMANN 78–86, 2 Abb.

1481 *F. Frensdorff:* Die Erbauung des Göttinger Rathauses. HANSSEN 301–320.

1482 *A. Ritter:* Über die Gotteshäuser der Stadt Göttingen in der Reformationszeit. FAHLBUSCH 18–24.

1483 *O. Gaul:* Die steinernen Ziergiebel des 16. Jahrhunderts in Ostwestfalen und Lippe. Ein Beitr. zur Stilentwicklg der Spätgotik u. Renaissance. RAVE 208 ff., 9 Abb.

1484 *B. Wirtgen:* Das Rathaus in Stade und seine Baugeschichte. WOHLTMANN 143–170, 8 Abb.

1485 *H. Schadendorff:* Schloß Ahrensburg und Dorf Woldenhorn. Baugeschichte Ahrensburgs in der Rantzauschen und Schimmelmannschen Zeit. HAUPT 1936, 145–176, 23 Abb.

1486 *M. Wackernagel:* Der ideale Landsitz eines christlichen Humanisten der Renaissancezeit. FUCHS 159–172.

1487 *F. Graf Wolff Metternich:* Alexander Pasqualini, ein Baumeister aus Bologna, und die Anfänge der Renaissance am Niederrhein. SCHREIBER 1953, 332–348, 1 Taf.

1488 *E. v. Czihak-Königsberg:* Beiträge zur Geschichte der Renaissance-Baukunst in Schlesien. GREMPLER 217–232, 1 Abb.

1489 *R. K. Donin:* Die Rosenburg als ein Beispiel nördlicher und südlicher Baugestaltung. BECKER, ANTON, 1958, 192–208, 3 Taf.

1490 *H. Erb:* Werner Steiner, Ammann von Zug (1452–1517). NABHOLZ 1944, 170–184, 1 Stammtaf. [U. a. Stifter u. Bauherr.]

1491 *V. Oberhammer:* Die St.-Georgs-Kapelle in der Burg Hasegg zu Hall. HÖRTNAGL, 108–115, 4 Abb.

1492 *G. Gaillard:* Documents sur la construction du château de Vizille. LAVEDAN, 127–133, 1 Taf., 1 Zchng.

1493 *J. Slagter:* Het Gemeenlandshuis van Rijnland te Leiden. KALF 60–66, 2 Abb. [Von Lieven de Key, um 1600.]

1494 *J. Carreras i Artau:* Al lullisme de Juan de Herrera, l'arquitecte de l'Escorial. PUIG I CADAFALCH Bd 1, 41–60.

1495 *G. Rocco:* Pellegrino Pellegrini Tibaldi all'Escoriale. GIUSSANI, 292–304, 12 Taf.

1496 *R. Ricard et Ch. de La Veronne:* Les architectes des places portugaises du Maroc sous

Emmanuel Ier et Jean III (1495–1557). MARÇAIS, GEORGES, Tome 2, 153–158.

OST- UND NORDEUROPA

1497 *Z. Wirth:* Renesancni Plzeň [Pilsen]. LABECK 50–57, 6 Abb.

1498 *G. Bals:* Influence du plan serbe sur le plan des églises roumaines. USPENSKY 277–294.

1499 *P. Henry:* La règne et les constructions d'Étienne-le-Grand, prince de Moldavie (1457 bis 1504). DIEHL, CHARLES, Vol. 2, 43 ff.

1500 *P. Henry:* Les principes de l'architecture serbe et l'école moldave. USPENSKY 295—302.

1501 *V. Vătășianu:* Contributie ... [Beiträge zur Kenntnis der Holzkirchen der Moldau]. JORGA 1931, 402—419, 14 Abb.

1502 *C. Petranu:* Originea ... [Herkunft der hölzernen Kirchtürme Siebenbürgens]. JORGA 1931, 336—342, 10 Abb.

1503 *H. Teodoru:* Contraforti ... [Strebepfeiler bei einer Kirche in Curtea-Veche, Wallachei, 16. Jh.]. JORGA 1931, 398—401, 1 Abb.

1504 *M. H. Takács:* A kékedi Melczerkastély (das Melzerschloß von Kéked). LYKA 73—88, 7 Abb.

1505 *M. B. Nagy:* Adatok a bethlenszentmiklósi kastély építéstörténetéhez (Beiträge zur Baugeschichte des Schlosses von Klosdorf). KELEMEN 486—496, 10 Abb. [Bau d. Kanzlers Bethlen Miklós, 1642—1717.]

1506 *N. J. Brunow:* Sur la première époque de l'architecture moscovite. GORODCOV 93—106.

1507 *F. Wernstedt och E. Lundberg:* Tuna gård i Östergötland under 1500- och 1600-talen. En byggnadshistorisk undersökning. OLSSON 89 bis 118, 7 Abb.

BAROCK BIS KLASSIZISMUS

1508 *R. Wittkower:* Das Problem der Bewegung innerhalb der manieristischen Architektur. FRIEDLÄNDER, WALTER, 192 ff.

1509 *S. Sochor:* K symbolismu barokní architektury (Zum Symbolismus der Barockarchitektur). WIRTH, 249 ff.

SÜDDEUTSCHLAND UND BÖHMEN

1510 *E. Hempel:* Der römische Barock in Weinligs klassizistischer Kritik. SAS-ZALOZIECKY 90—101, 4 Abb.

1511 *H. Kramm:* Barocke Bauprojekte des hessischen Hofes. Beziehungen zwischen der deutschen u. der italienischen Architektur. HAMANN 1939, 46—65, Taf. 12—17.

1512 *E. J. Luin:* Das künstlerische Erbe der Kurfürstin Adelaide in ihren Kindern, Enkeln u. Urenkeln. RUPPRECHT, Kronpr. v. Bayern, 1953, 152—179. [1636—1676. Bauten i. München u. Nymphenbg.]

1513 *G. Hager:* Die künstlerische Bedeutung der Klosterkirche Ettal. FRANK 84—89.

1514 *N. Lieb:* Johann Michael Fischer. Das Leben eines bayerischen Baumeisters im 18. Jh. BUCHHEIT 142—153, 4 Abb.

1515 *G. Neumann:* Die Gestaltung der Zentralbauten Johann Michael Fischers. JANTZEN 1951, Schülerfestschr., Bd 3.

1516 *E. Gradmann:* Einige Baurisse vom Zwiefalter Münster. STUTTGART, 5 Abb.

1517 *G. S. Graf Adelmann v. Adelmannsfelden:* Der Carlsberg bei Weikersheim. BAUM 196—204, Abb. 85—88. [Erb. 1727—43.]

1518 *M. Bach:* Zur Baugeschichte von Hohenheim. STUTTGART, 5 Abb.

1519 *J. L. Wohleb:* Das Fürstenbergische Jagdschloß auf der „Länge". NOACK 153—157, 2 Abb. [1766, Donaueschingen.]

1520 *H. Weizsäcker:* Heinrich Schickhardt als Stadt- und Festungsbaumeister in Freudenstadt. GOESSLER 1932, 6 Abb.

1521 *R. Schneider:* Die Kuppel im Schwarzwald. Aus der Geschichte Sankt Blasiens. HAUSENSTEIN 1952, 57—66. [Michael d'Ixnard, 1771.]

1522 *W. Zimmermann:* Die ehemaligen Schloßbauten der Wild- und Rheingrafen zu Wörrstadt, Gaugschweiler und Kirn. KALLEN 337—350, Abb. 7—13.

1523 *J. Durm:* Zur Baugeschichte des Großh. Residenzschlosses in Karlsruhe. FRIEDRICH, Großherzog v. Baden, 1892, 1—28, m. Abb. u. 7 Taf.

1524 *A. Tschira:* Der sogenannte Tulla-Plan zur Vergrößerung der Stadt Karlsruhe. KNITTEL, S. 31—45, 6 Abb. [Friedr. Weinbrenner.]

1525 *W. W. Hoffmann:* Das ehemalige Mühlau-Schlößchen bei Mannheim. Ein Beitr. z. s. Baugesch. LOHMEYER 138—144, 8 Abb. [Erb. um 1730, abgebr. 1894.]

1526 *H. E. Kubach:* Die Hospitalkapelle in Landau, Pfalz. Ein Zentralbau des 18. Jh. KÖMSTEDT 274—275, 3 Zeichngn.

1527 *K. Lohmeyer:* Der eigenhändige Lebenslauf des Barockarchitekten Friedrich Joachim Stengel (1694 bis 1787). KOETSCHAU 93—104, 1 Abb.

1528 *R. Saam:* Größenverhältnisse und Beziehungen des Stengelschen Barockschlosses zum heutigen Saarbrücker Schloßbau. LOHMEYER 190—195, 7 Abb.

1529 *D. Heinz:* Die Rekonstruktion des Neunkircher Barockschlosses. LOHMEYER 176—186, 6 Abb. [F. J. Stengel, ab 1753.]

1530 *K. Schwingel:* Pavillon und Witwenpalais in Ottweiler. LOHMEYER 125—137, 10 Abb. [Bei Neunkirchen/Saar, um 1760.]

1531 *J. Koenen:* Christian Kretzschmar, Baumeister der Benediktiner-Abtei Mettlach. Eine Studie üb. s. künstlerische Herkunft. LOHMEYER 87—105, 10 Abb. [Pöppelmann.]

1532 *E. Neeb:* Zwei Mainzer Bauten aus der Zeit des Kurfürsten Johann Philipp von Schönborn. WALLAU 63—76, 2 Abb.

1533 *A. Ruppel:* Zum Neubau der Mainzer Jesuitenkirche. NEEB 152—158.

1534 *H. Schrohe:* Das ehemalige Fünfwundenkapellchen oberhalb der Kartause bei Mainz. NEEB 171—179, 1 Taf.

1535 *W. Boll:* Anselm Franz von Ritters Anteil am Deutschordenshaus zu Mainz. LOHMEYER 70—76, 6 Abb. [Baubeginn 1729.]

1536 *H. Biehn:* Pläne zu einer Mainzer Residenz für Napoleon I., im Rahmen rheinischer Schloßprojekte des Barock. ECKERT 163—169, 2 Taf.

1537 *R. Kömstedt:* Lothar Franz v. Schönborn u. seine Pommersfeldischen Baumeister. FUCHS 237—247. [Joh. Dientzenhofer, L. v. Hildebrandt, M. v. Welsch.]

1538 *M. H. von Freeden:* Balthasar Neumanns Gesuche an den fränkischen Kreistag. LOHMEYER 65—69, 1 Abb.

1539 *V. Richter:* Plány jesuitských staveb v Olomouci (Plans des constructions des Jésuites à Olomouc). MATEJCEK 152—160. Textzeichng 5—6, Abb. 66—73. [Olmütz. Chr. Dientzenhofer. Um 1725.]

1540 *Z. Wirth:* František Maxmilián Kaňka. MATEJCEK 161—175, Abb. 74—85. [Baumeister. Prag. 1674—1766.]

1541 *P. Volkelt:* Das Haus „Zur goldenen Brücke" in Teplitz-Schönau. Ein Beitr. z. böhmischen Architektur u. Plastik d. 18. Jh. LOHMEYER 152—158, 10 Abb. [Erbaut 1789.] (Ungedr. in: Beiträge z. e. Festschr. zu Richard Hamanns 70. Geburtst. Marburg 1949.)

1542 *O. Stefan:* Šternberská kaple ve Smiřicích (die Sternberg-Kapelle in Smirschitz Bez. Königinhof a. d. Elbe). MADL 128 ff.

NORDDEUTSCHLAND

1543 *M. Braubach:* Von den Schloßbauten und Sammlungen der kölnischen Kurfürsten des 18. Jh. Lesefrüchte aus politischen Akten. SCHNÜTGEN 98—147.

1544 *H. Auener:* Die „Alte Kirche" zu Langenberg/Rheinland. HAMANN 1949.

1545 *E. Kramer:* Der Kaisersaal im Residenzschloß zu Fulda. LOHMEYER 106—117, 8 Abb.

1546 *G. Willms:* Zur Umgestaltung des Schlosses Neuhof im 18. Jh. RICHTER, GREGOR, 76—82, 2 Abb. [Fulda.]

1547 *L. Kraft:* Johann Konrad Lichtenberg. Ein hessischer Baumeister. DIEHL, WILHELM, 236—251.

1548 *Th. Rensing:* Die Bauherren des frühen Barock in Westfalen. RAVE 234 ff., 2 Abb.

1549 *H. Thümmler:* Die Stilbildung des Barock in der Kirchenbaukunst Westfalens. FUCHS 173—199, 22 Abb.

1550 *W. Tack:* Die Paderborner Domherrenkurien in der Barockzeit. RAVE 240 ff.

1551 *H. Busen:* Die Clemenskirche zu Münster. Planung und Wirklichkeit. RENSING 276 bis 286, Abb. 185—190. [J. C. Schlaun.]

1552 *M. Geisberg:* Der Ingenieur Johann Leonhard Mauritz Gröninger. BÖMER 9—15.

1553 *A. Kamphausen:* Schleswig-Holsteins Beitrag zum Spätbarock. HASELOFF 101—111, 5 Abb.

1554 *G. Bolland:* Joh. Jacob Ramborger, Baumeister des Hospitals zum Hl. Geist in Hamburg. NIRRNHEIM 169—178.

1555 *K. Steinacker:* Zur Baugeschichte Braunschweigs im 18. Jahrhundert. ZIMMERMANN 1924.

1556 *H.-G. Sperlich:* Die Diagonalachse von Schloß Richmond (in Braunschweig). ROSEMANN 144—155.

1557 *H.-H. Möller:* Gottfried Heinrich Krohne und seine Beziehungen zum rheinisch-fränkischen Barock. LOHMEYER 77—86, 13 Abb. [Eisenach. Heidecksburg. Vierzehnheiligen.]

1558 *H. Baier-Schröcke:* Die Saalfelder Schloßkapelle. JAHN, JOHANNES, 247—254, Abb. 120 bis 123. [Baumstr Christian Richter, um 1710.]

1559 *W. Krönert:* Dresdner Barockprofile. HEMPEL 37—54, 26 Abb.

1560 *H.-E. Scholze:* Oberlandbaumeister Christoph Beyer. — Ein Beitrag zur Geschichte des kurfürstlich-sächsischen Oberbauamtes. HEMPEL 55—65, 5 Abb.

1561 *W. Hentschel:* Das Brühlsche Belvedere. HEMPEL 85—102, 15 Abb. [J. Chr. Knöffel.]

1562 *J. Schröder:* Ein Zittauer Bürgerhaus der Barockzeit. JAHN, JOHANNES, 255—259, Abb. 124—129.

1563 *M. Semrau:* Der Fürstensaal im Kloster Leubus. GREMPLER 265—290, 2 Abb.

1564 *G. Eckardt:* Die ersten Entwürfe zur Terrassenanlage und zum Schloß Sanssouci, ein Beitrag zur Frage nach Knobelsdorffs Anteil. KURTH, WILLY, 3 Abb.

ÖSTERREICH, SCHWEIZ

1565 *D. Frey:* Zur Wesensbestimmung des österreichischen Barock. JANTZEN 178—186, 16 Abb.

1566 *K. Lechner:* Der Anteil der niederösterreichischen Stände an kaiserlichen Bauten des 16.—18. Jh. WEISSENHOFER 73—86.

1567 *R. K. Donin:* Barock und Spätgotik im nieder-österreichischen Kirchenbau. BECKER, ANTON, 208—221, 20 Abb.

1568 *H. Reuther:* Die Entwicklung und Bedeutung der Vierungskuppel im steirischen Sakralbau des Barock. SAS-ZALOZIECKY 136 ff.

1569 *H. G. Franz:* Die Fassade der Klosterkirche in Kremsmünster. FREY 1954, 199—204, Abb. 135—139.

1570 *B. Hedergott:* Betrachtungen über die Karl-Borromäus-Kirche zu Wien. ROSEMANN 92—125.

1571 *H. Sedlmayr:* Die Schauseite der Karlskirche in Wien. KAUFFMANN 262—271, 4 Abb.

1572 *E. Hainisch:* Zum Baugedanken des Oberen Belvedere-Schlosses in Wien. FREY 1954, 205—211, Abb. 140—149. [Joh. Lukas v. Hildebrandt.]

1573 *R. Teichl:* Die Rettung des Prunksaales der Wiener Hofbibliothek durch Nicolas von Paccassi (1760—1769). BICK, 9 Abb.

1574 *D. Frey:* Unbekannte Entwürfe Niccolo Paccassis für die Wiener Hofburg. NEUWIRTH 88—98, 7 Abb.

1575 *O. Raschauer:* Zur Geschichte der Ausstattung des Schlosses Schönbrunn zur Zeit Maria Theresias. STRZYGOWSKI 1932 I, 137 bis 141, Abb. 81. [Niclas von Paccassi. Jacob Edler v. Edlersberg gen. Lenoble.]

1576 *J. Fleischer:* Umbau und Innenausstattung des Palais Strattmann-Windischgrätz in Wien. FREY 1943, 45—61, 13 Abb.

1577 *A. Weißenhofer:* Die künstlerische Ausstattung von Wiener Apotheken der Barockzeit. VANCSA 1948—1953, Bd 1, 350—364, 8 Taf.

1578 *J. Weingartner:* Die Fassaden der Innsbrucker Barockkirchen. HÖRTNAGL 97—102, 3 Abb.

1579 *H. Hammer:* Der Fassaden-Entwurf Georg Anton Gumpps für die St.-Johannes-Kirche in Innsbruck. EGGER, HERMANN, 79 ff., 4 Abb.

1580 *V. Oberhammer:* Ein Entwurf zum Innsbrucker Landhaus. KLEBELSBERG 1949, 509—516, 3 Abb.

1581 *Th. Fischer:* Die alten Kongregationssäle von Innsbruck. TILLMANN 1950, 49—63.

1582 *K. Schadelbauer:* Akten zur Baugeschichte der St. Jakobs-Pfarrkirche (1717 bis 1727). WEINGARTNER II, 49—64. [Innsbruck.]

1583 *E. Egg:* Die Barock-Baumeisterfamilie Singer. MAYER, MATTHIAS, 203—218, 1 Kt., 4 Abb.

1584 *J. Ringler:* Die Mariahilfkapelle auf Birkenberg bei Telfs. WOPFNER 1947/48, Bd 2, 277—285, 3 Grundrisse, 4 Abb.

1585 *R. K. Donin:* Prandtauers Plan für den Umbau des Chorherrenstiftes in St. Pölten. STRZYGOWSKI 1932 I, 40—47, Abb. 19—22. [Unausgeführter Entwurf um 1715.]

1586 *L. Pálinkás:* Pietro Nobile tervei az esztergomi székesegyházhoz az Albertinában (die Entwürfe des Pietro Nobile für den Dom von Gran in der Albertina). GEREVICH I, 196 bis 199, Abb. 146—159.

1587 *H. Awecker:* Bernhard Lidl von Mondsee (1729—1773). ZIBERMAYR 7—18, 1 Taf. [Abt, Bautätigkt.]

1588 *E. Andorfer:* Das alte Opernhaus am Tummelplatz in Graz. Bau- u. Besitzgeschichte. SCHÜTZ 470—485, 3 Taf.

1589 *O. Stefan:* O architektonickém útvaru valdštejnské loggie v Praze (über die architektonische Form der Waldstein-Loggia in Prag). WIRTH, 17 ff.

1590 *H. Hammer:* Die mittelalterliche Stiftskirche von Stams und ihr Umbau im 18. Jahrhundert. HÖRTNAGL 90—97, 8 Abb.

1591 *H. Egger:* Erstlingswerke Johann Bernhard Fischers von Erlach in der Steiermark. LUSCHIN-EBENGREUTH 243—253, 4 Abb.

1592 *H. Sedlmayr:* Fischer von Erlach und Bernini. In Rom bei Bernini. KÖMSTEDT 265—273, 4 Abb.

1593 *S. Duparc-Quioc:* Saint Bernard des Alpes. BRUNEL Bd 1, 401—408.

ENGLAND UND FRANKREICH

1594 *J. Coolidge:* Peter Harrison's First Design for King's Chapel, Boston, PANOFSKY 1960, S. 64—75, 9 Abb.

1595 *F. Kimball:* „Classicism", Academicism and Creation in XVII Century French Architecture. VENTURI, Vol. 2; 19 ff.

1596 *E. Polaczek:* Jacques-François Blondel und das Straßburger Münster. WOLFRAM 265 bis 270, 4 Taf.

1597 *F.-G. Pariset:* L'Opéra de Nancy de François Bibiena (1708—1709). LAVEDAN 277 bis 285, Taf. 18.

1598 *A. Tenenti:* Claude Perrault et la pensée scientifique française dans la seconde moitié du XVIIe siècle. FEBVRE, Bd 2, 303—316.

1599 *P. Lavedan:* Le pavillon de chasse de Bouchefort (Boitsfort) dans la forêt de Soignes, par Boffrand. PUYVELDE 301 ff., 1 Abb.

1600 *P. Cornu:* Le château de la Brosse dans le parc de Saint-Cloud. GUIFFREY 220—229, 1 Taf.

1601 *G. Brière:* Le pavillon de l'Aurore au château de Sceaux. GUIFFREY 193—206.

1602 *M. Furcy-Raynaud:* Les Directeurs généraux des Bâtiments du Roi au XVIIIe siècle. SCHNEIDER, FRIEDRICH, 531—539.

1603 *P. Francastel:* L'architecture de Versailles, fonction et décor. LAVEDAN 119—126.

1604 *F. Kimball:* The Chapels of the Château of Versailles. FOCILLON 315—332, 20 Abb.

1605 *J. Ache:* L'hôpital de la Charité de Langres. LAVEDAN 9—15, 1 Taf., 1 Zeichng.

1606 *P. Du Colombier:* Amédée François Frézier, Ingénieur ordinaire en Chef du Roy à Landau. LOHMEYER 159—166, 1 Abb.

1607 *P. Moisy:* Sur une fantaisie architecturale de Thomas Gobert. LAVEDAN 261—268, 1 Abb. u. Taf. 15.

ITALIEN

1608 *E. Re:* Senza la cupola, la Sapienza. DE GREGORI 347—352, 4 Abb.

1609 *A. Muñoz:* Francesco Borromini nei lavori della Fabbrica di San Pietro. (Con documenti inediti). NOGARA 317—324.

1610 *H. Egger:* Francesco Borrominis Umbau von S. Giovanni in Laterano. WICKHOFF 154 ff.

1611 *H. Thelen:* Die Falkenpilaster am Palazzo Falconieri in Rom. Versuch zu Borrominis architektonischen Einzelformen. JANTZEN 1951, Schülerfestschr. Bd 4.

1612 *Ch. Huelsen:* Von Aufrichtung der Obelisken. Eine römisch-byzantinische Frage. SCHULTZE, VICTOR, 1921, 453—460.

1613 *J. Mandl:* Zur Baugeschichte und Ausstattung des Casino Rospigliosi in Rom. EGGER, HERMANN, 63 ff., 2 Abb.

1614 *M. Giuseppina Castellano Lanzara:* La Casa del Salvatore in Napoli. GALLO 239—247, 3 Taf. [Jetzt Univ.-Bibliothek.]

1615 *A. Colasanti:* Una miniatura di Bernardo Buontalenti. SUPINO 553 ff., 4 Abb.

1616 *A. Mambelli:* La sala del Bibiena nel Palazzo Communale di Forlì. SIMEONI, Bd 2, 359—373, 7 Abb.

1617 *A. da Mosto:* La facciata della Chiesa di S. Nicolò da Tolentino. MONTICOLO 149 bis 156, 2 Abb.

1618 *M. Severini:* Il Teatro del Milizia [Traktat, Venezia, 1773]. MARANGONI 277 bis 293, 12 Abb.

1619 *M. Fehr:* Rokoko-Sommerfrische. GAUCHAT 178—186. [Venedig u. Villeggiaturen.]

1620 *E. Kaufmann:* Piranesi, Algarotti and Lodoli. (A controversy in XVIII Century Venice.) TIETZE 309—316, 3 Abb. [Zuerst veröff. in Gazette des Beaux-Arts 1955, Jul./Aug., No. 1038/1039.]

1621 *W. Clasen:* Piranesi und die Architekturphantasie. HAMANN 1949.

1622 *J. López-Rey:* Las Cárceles de Piranesi, los prisioneros de Goya. VENTURI, Vol. 2, 111 ff.

1623 *E. Hubala:* Diverse maniere. Bemerkungen zu G. B. Piranesi's ägyptischen Kaminen. SEDLMAYR, 4 Abb.

1624 *O. A. Danielsson:* Zu den etruskischen Inschriften Piranesi's. ERDMANN 313—337, 6 Abb.

1625 *G. Zorzi:* L'abside della Cattedrale di Vicenza e il contributo di Andrea Palladio al suo compimento. MISTRORIGO 270—310.

1626 *B. Lossky:* Les ruines de Spalato. Palladio et le Néoclassicisme. Essai sur une migration de formes. LAVEDAN 245—252, Taf. 14.

1627 *L. Grassi:* Razionalismo settecentesco e architettura neoclassica milanese. CHIODI 287—305, 15 Abb.

1628 *V. Negri da Oleggio:* S. Paolo in Compito: 1799–1812. CASTIGLIONI 631–650, 1 Abb.

1629 *J. Durm:* Die Superga bei Turin und Meister Filippo Juvara aus Messina. SCHNEIDER 1906, 539—541, 2 Abb., 1 Taf.

NIEDERLANDE

1630 *M. D. Ozinga:* Daniel Marot. MARTIN 19–29, 2 Abb. [C. 1660–1752.]

1631 *M. Thibaut-de Maisières:* Le château de Lavaux-Sainte-Anne et ses constructeurs. COURTOY, Bd 2, 519–530, 4 Abb.

1632 *M. D. Ozinga:* Pieter de Swart, Architekt der Stadhouderlike Familie, en zijn "School". KALF 99–123, 23 Abb.

1633 *R. Feuchtmüller:* Louis Montoyer und sein Palais Rasumofski in Wien. SAS-ZALOZIECKY 49 ff.

OSTEUROPA

1634 *Z. Wirth:* Zámek Koruna v Chlumci nad Cidlinou (Schloß Karlskrone in Chlumetz an der Cidlina). MADL 161 ff.

1635 *T. Mańkowski:* Pochodzenie osiadłych we Lwowie budowniczych włoskich (die Herkunft der in Lemberg angesiedelten italienischen Baumeister). PININSKI.

1636 *Pavel Preiss:* K stavební historii klášterního kostela v Plasích. LABEK 101–105, 3 Abb. [Baugesch. Klosterkirche Plass.]

1637 *St. Lorentz:* Victor Louis à Varsovie. LAVEDAN 233–237, Taf. 12. [1731–1800. Warschau, Schloß.]

1638 *L. Tatarkiewicz:* Notes sur Tilman de Gameren, architecte hollandais en Pologne. PUYVELDE 297 ff., 3 Abb.

1639 *P. Bohdziewicz:* O Trzech kierankach ... (Classification des monuments de style baroque du XVIII siècle à Wilno et dans ses alentours.) TOMKOWICZ 240–241, 6 Taf.

1640 *M. Morelowski:* La chapelle funéraire des Suzin à Wilno. TOMKOWICZ 325–337, 3 Abb.

1641 *J. Bíró:* A zsibói kastély (das Schloß von Zsibo). GEREVICH I, 171–190, Abb. 132–142.

1642 *J. Csabai:* Három marosszéki rokokó templom (drei Rokokokirchen in Marosszék). GEREVICH I, 160–170, Abb. 121–131.

1643 *N. E. Bondarenko:* Zdanija Posol'skago Prikaza (die Gebäude der Botschaftsbehörde) [Peters d. Gr. in Moskau]. UVAROVA 98 ff., 7 Abb.

1644 *L. Réau:* L'architecture française en Russie de Leblond à Ricard de Montferrand. LAVEDAN 319–329.

1645 *A. Loboda:* K istorii klassicizma ... (Zur Geschichte des Klassizismus in Rußland in der ersten Hälfte des 18. Jahrhunderts). KULAKOVSKY.

SKANDINAVIEN

1646 *H. Matthiessen:* Byens Haegte. Bidrag til det kommunale Faengselvaesens Historie i Tiden før 1660. STEENSTRUP 99–119.

1647 *S. Wallin:* Ruttak från Tynnelsö slott. UPMARK S. 3.

1648 *G. M. Silfverstolpe:* Ett 1600-talsprojekt till Mausoleum för Gustaf II Adolf. ALMGREN 8–13, 1 Abb.

1649 *H. Cornell:* 1700-talets landskyrkor i norra Sverige. WALLIN 219 ff.

1650 *E. Gronberg:* Kyrkobygget i Lillhärdal. Några fakta ur gamla brev. MODIN 88–102, 3 Abb.

1651 *M. Olsson:* Tornet Tre Kronor. GUSTAF ADOLF, Kronprinz v. Schweden, 1932, 9 Abb. [Stockholm, Altes Schloß.]

1652 *H. Rose:* Nikodemus Tessin der Jüngere und der Neubau des Schlosses von Stockholm. WÖLFFLIN 1924, 245–272, 15 Abb.

1653 *St. Karling:* Villa Rotonda och Huis ten Bosch vid Mälaren. JOSEPHSON, 59–80, 9 Abb.

1654 *M. Hofrén:* Råbergh – Mannerskantz. Tre generationer fortifikationsofficerare och arkitekter. OLSSON 161–180, 17 Abb.

SPANIEN

1655 *P. Guinard:* A propos du baroque espagnol: unité et diversité. LAVEDAN 161–165, 2 Abb. auf Taf. 9. [Bes. Fassadengestaltg.]

1656 *A. K. Huber:* Spanien und die Prämonstratenserkultur des Barock. SCHREIBER 1953, 349–378.

1657 *E. Moreu-Rey:* Els arquitectes de Llotja. PUIG I CADAFALCH, Bd 1, 355–363. [Barcelona. 18. Jh.]

1658 *Karola Bielohlawek:* Das Gartengebäude des Erzbischofs von Valencia. NEUWIRTH 83–88, 3 Abb.

1659 *O. Schmieder:* Spuren spanischer Kolonisation in U.S.-amerikanischen Landschaften. MEYER, HANS, 272–282, 7 Abb. [Bes. Architektur.]

1660 *Pietro M. Bardi:* As missoes religiosas e o barroco brasileiro. SUIDA 374–381, 5 Abb.

19. UND 20. JAHRHUNDERT

1661 *O. Hederer:* Karl v. Fischer. Der Erbauer des Münchener Nationaltheaters. PREETORIUS 110–116, 1 Taf.

1662 *H. Junecke:* Betrachtungen über eine klassizistische Architekturzeichnung. REDSLOB 141–153, 2 Abb. [Französisch, um 1820.]

1663 *P. O. Rave:* Die Reiseskizzen Schinkels vom Rhein. CLEMEN 1926, 477–484, 3 Abb.

1664 *P. O. Rave:* Zur Aufstellung der Großen Granitschale vor dem Alten Museum in Berlin. WINKLER 346–350, 4 Abb.

1665 *F. Schreiber:* Der Pfingstberg und seine italienischen Vorbilder. WAETZOLDT 327–339, 3 Abb. [Entwürfe Friedrich Wilhelms IV.]

1666 *H. Schwartz:* Carl Lentze, Geheimer Ober Bau Rath. RENSING 50–56, Abb. 1–6. [1811–1883.]

1667 *C. Gurlitt:* Das Ständehaus und Paul Wallot. DRESDEN, Kunstverein, 121–126.

1668 *E. Gasselseder:* Das Appartement des Kaisers Franz im Schweizertrakt der Wiener Hofburg. Disposition. SEDLMAYR.

1669 *W. M. Plöchl:* Die Propsteipfarre der Votivkirche in Wien. BENEDIKT 101–118. [1879 geweiht.]

1670 *W. Schulte:* Ein Unvollendeter. Dem Andenken Max Nohls (1830–1863). RAVE 274 ff., 4 Abb.

1671 *H. Seiler:* Die Pläne Reinkings zum Umbau von Burgsteinfurt aus dem Jahre 1807. RAVE 264 ff., 4 Abb.

1672 *O. Klose:* Die Bautätigkeit Herzog Friedrich Christians II. von Augustenburg und seine Beziehungen zu C. F. Hansen. HASELOFF 141–145.

1673 *M. Olsson:* Några ord om Riddarholmskyrkans järnspira och nygotikens genombrott i Sverige. SAHLIN 138–144.

1674 *V. Denkstein:* Josef Sandner (1803–1861), stavitel v Českých Budějovicích (Josef Sandner, Baumeister in Böhmisch-Budweis). WIRTH 182 ff.

1675 *G. S. Zakariás:* Pesti épitömesterek munkássága 1850–1860-ig (die Tätigkeit der Pester Baumeister von 1850–1860). LYKA 555–605.

1676 *A. Zádor:* Pollack Mihály tolnamegyei épitkezései (Bauten von Michael Pollack im Komitat Tolna). LYKA 185–222, 10 Abb.

1677 *Ph. Hofer:* Montferrand and the Alexandrine Columne at Leningrad. FOCILLON 333 bis 348, 12 Abb.

1678 *A. Henze:* Antonio Gaudis Sühnetempel der heiligen Familie. WACKERNAGEL 1958, 194–201, 4 Abb. [Barcelona.]

1679 *B. Hoetger:* Vom künstlerischen Schaffen. ERNST LUDWIG V. HESSEN 173–175.

1680 *E. Körner:* Zeitgedanken über Individualismus und Organisation in der Baukunst. ERNST LUDWIG V. HESSEN 155–171, 2 Abb.

1681 *P. Schmitthenner:* Baukunst und Stil im Jahrhundert der Technik. KLAGES 1932, 197 bis 200.

1682 *O. Schubert:* Zur Problematik unseres Bauschaffens – Rückblick und Ausblick. HEMPEL 103–112, 10 Abb.

1683 *W. Rave:* Wandel des Raumbegriffs. WACKERNAGEL 1958, 202–207.

1684 *O. Bartning:* Architekturkritik, um die wir bitten. FECHTER 124–126.

1685 *E. Kriechbaum:* Kunstgeschichtliche Bemerkungen zur modernen Architektur. STRZYGOWSKI 1932 I, 98–101. [Verkapptes Historisieren u. neue Sachlichkeit.]

1686 *M. Hartig:* Der Kirchenbau der Erzdiözese München und Freising mit besonderer Berücksichtigung der Zeit nach dem Ausgange des Weltkrieges. FAULHABER 1936, 75–105.

1687 *K. H. Krengel:* Entfaltung der Baukunst: Ein Bericht über die Bamberger Sommerschule 1936. VERSHOFEN 52–62.

1688 *R. K. Donin:* Zu den Bauten in Salzburg-Stadtmitte. WEISSENHOFER 21–41.

1689 *J. Sartorius:* Dombaumeister Prof. Ludwig Becker in Mainz. REATZ 68–82, 1 Abb. (Bildnis). [1855–1940.]

1690 *E. Boehringer:* Die Burse in Göttingen. Ein Brief und ein Gespräch. BOEHRINGER 1957, 53–107, 14 Zeichngn u. Pläne. [Erb. 1948–52. Arch. Diez Brandi.]

1691 *M. Reitstätter-Bolldorf*: Komponenten der Baugestaltung. WEISSENHOFER 1–9, 9 Abb. [Über eigene Kirchenbauten.]

1692 Im Dienste des Wiederaufbaues. Arbeiten des Architekten J. Bauerhansl. WEISSENHOFER 11–12, 3 Abb.

1693 *F. Loidl:* Biographie Weißenhofers. WEISSENHOFER I–VI.

1694 *G. Langmaack:* Die Christuskirche in der Volkswagenstadt Wolfsburg. STÄHELIN, WILHELM, 2 S., 3 Abb.

1695 *L. Hautecoeur:* Immeubles à loyers. LAVEDAN 167–178, 2 Abb. u. Taf. 10.

1696 *S. Steinmann-Brodtbeck:* L'urbanisme civilisateur en Suisse: la nouvelle école primaire de Rapperswil. LAVEDAN 355–360, Taf. 19.

1697 *M. Labò:* "Strada Nuova" (più che una strada, un quartiere). VENTURI, Vol. 1, 403 ff.

1698 *S. Erixon:* Zentralgeleitete und volkstümliche Baukultur. PEUCKERT 79–85. [Schweden.]

IV. BESONDERE BAUWEISEN

STÄDTEBAU

ALLGEMEIN

1699 *H. Lohmeyer:* Grundfragen des Städtebaues. LOHMEYER, ERNST, 294–308.

1700 *F. Schumacher:* Entwicklung des Städtebaus. SCHMIDT-OTT, 469–478.

1701 *J. Greber:* Remarques sur l'enseignement de l'urbanisme. LAVEDAN 145–151.

1702 *P. Collinet:* Une "ville neuve" byzantine en 507: la fondation de Dârâ (Anastasiopolis) en Mésopotamie. SCHLUMBERGER, Bd 1, 55–60, Abb. 2. [Idealstadt.]

1703 *M. Sorre:* Géographie urbaine et écologie. LAVEDAN 341–346.

1704 *R. v. Uslar:* Stadt, Burg, Markt und Temenos in der Urgeschichte. Beispiele zu ihrer Begriffsbestimmung. SCHWANTES 33–44.

1705 *A. Ledent:* Naissance et évolution des villes. LAVEDAN 199–211, 6 Planzeichngn.

1706 *K. Olbricht:* Gedanken zur Entwicklungsgeschichte der Großstadt. PHILIPPSON 166–179, 2 Skizzen, 4 Tabellen. [Einwohnerzahlen seit d. Antike u. a.]

1707 *S. Lang:* Die Platzanlage in Antike, Mittelalter und Barock. STRZYGOWSKI 1932 I, 109–112, Abb. 63–69.

1708 *W. Rave:* Über Kirchplätze. WAGENFELD 241–246, 7 Abb.

1709 *G. Le Bras:* L'invasion de l'église dans la cité. Programme de recherche historique sur les rapports de l'urbanisme et du droit canon. LAVEDAN 187–198.

1710 *R. Buschick:* Wanderungen europäischer Hauptstädte. RATZEL 5–22. [Wechsel der Residenzen u. a.]

1711 *C. Hinrichs:* Die Idee des geistigen Mittelpunktes Europas im 17. u. 18. Jh. MEINECKE 1952, 85–109. [Idealstadt u. a.]

MITTELALTER

1712 *H. Jankuhn:* Der Beitrag der Archäologie zur Erforschung des frühmittelalterlichen Städtewesens im 7.–11. Jahrhundert. UNVERZAGT 213–223.

1713 *W. Noack:* Stadtbaukunst und geistlich-weltliche Repräsentation im 11. Jahrhundert. BAUCH 29–49, 8 Abb.

1714 *K. Frölich:* Zur Verfassungstopographie der deutschen Städte des Mittelalters. STUTZ II, 275–310.

1715 *H. Aubin:* Zum Übergang von der Römerzeit zum Mittelalter auf deutschem Boden. Siedlungsgeschichtl. Erörterungen über das Städteproblem. SCHULTE, ALOYS, 30–43.

1716 *A. Schulte:* Anläufe zu einer festeren Residenz der deutschen Könige im Hochmittelalter. FINKE 1935 II, 131–159.

1717 *F. Beyerle:* Zur Wehrverfassung des Hochmittelalters. MAYER, ERNST, 31–91, 1 Kt. [Landschaftliche Burgwehr in ihrer Bedeutung f. d. Ursprung d. Stadtgemeinde.]

1718 *W. Schlesinger:* Burg und Stadt. MAYER, THEODOR, Bd 1, 97–150.

1719 *W. Gerlach:* Über den Marktflecken- und Stadtbegriff im späteren Mittelalter und in neuerer Zeit. SEELIGER, 141–159.

1720 *A. Schultze:* Stadtgemeinde und Kirche im Mittelalter. SOHM 103–142.

1721 *P. J. Meier:* Marktansiedlung – Jahrmarkt – Bürgerliches Wohnhaus. ZIMMERMANN 1924.

1722 *P. Rehme:* Stadtbücher des Mittelalters. EHRENBERG 171–395.

1723 *E. Ennen:* Neues Schrifttum zur Stadtgeschichte des Mittelalters. FRINGS 1952, Bd 1, 233–242.

SÜDDEUTSCHLAND UND RHEINLAND

1724 *H. Keller:* Oberbayrische Stadtbaukunst des 13. Jahrhunderts. GOETZ 1948, 49–124, 8 Abb.

1725 *F. v. Juraschek:* Grundformen einer Stadt in Oberdonau. Eine städtebaulich-denkmalpflegerische Untersuchung der Stadt Schärding. FREY 1943, 121–132, 4 Abb.

1726 *G. Tumbült:* Geschichte der Stadt Meßkirch nach ihren rechtlichen und kirchlichen Verhältnissen bis zum Jahr 1600. FÜRSTENBERG, Fürst Max Egon 1933, 1–159, 4 Beil., 1 Plan.

1727 *V. Ernst:* Die Entstehung der württembergischen Städte. NÄGELE 121–137.

1728 *R. Schmidt:* Der Schloßplatz in Stuttgart. Eine baugeschichtliche Skizze, Rückblick und Ausblick. BAUM 225–232, Abb. 106–112.

1729 *W. Noack:* Die Stadt Fürstenberg. FÜRSTENBERG 1956, 159–173, 5 Abb.

1730 *W. Glässing:* Großherzog Ernst Ludwig und das Stadtbild seiner Residenz. ERNST LUDWIG V. HESSEN 9–46, m. Abb. [Darmstadt.]

1731 *Ch. L. Thomas:* Erste Stadtmauer von Frankfurt. DONNER – VON RICHTER, 2 Pläne.

1732 *H. Lossen:* Aus der Geschichte des Hospitals zum Heiligen Geist in Frankfurt a. M. STICKER 54–62.

1733 *A. Gümbel:* Auswärtige Baumeister als Gutachter in Nürnberg 1487 u. 1488. HAMPE 76–89.

1734 *G. Höhl:* Stadtgeographische Forschung in Franken. KRAFT 8 S.

1735 *H. Büttner:* Das fränkische Mainz. Ein Beitr. zum Kontinuitätsproblem und zur fränkischen mittelalterl. Stadtgesch. MAYER, THEODOR, 231–243.

1736 *F. Timme:* Andernach am Rhein und die topographischen Anfänge der älteren Flußuferstädte. RÖRIG, 8 Abb.

1737 *K. Zimmermann:* Vom Römerkastell Andernach zur mittelalterlichen Stadt. WAMPACH 317–340, 2 Karten.

1738 *H. Müller-Miny:* Bonn. Eine stadgeographische Skizze. PHILIPPSON 137–156, 2 Kartenskizzen.

1739 *E. Ennen:* Einige Bemerkungen zur frühmittelalterlichen Geschichte Bonns. AUBIN I, 184–191.

1740 *G. Eckerts:* Das Alter der jetzt zum Abbruch kommenden Mauern und Thorbogen der Stadt Köln. CRECELIUS 178–184.

1741 *K. Rembert:* Beiträge zur Baugeschichte Krefelds. STEEGER 131–136.

NORD- UND OSTDEUTSCHLAND

1742 *H. Rothert:* Westfälische Stadtpläne: Soest und Lippstadt. RÖRIG, 6 Abb.

1743 *H. Schwartz:* Die Befestigungen einer Hansestadt (Soest). RÖRIG, 7 Abb.

1744 *H. Holtorf:* Friedrichstadt. Ein Kapitel a. d. „Jugenderinnerungen". HEISE 186–193. [Schlesw.-Holstein.]

1745 *E. v. Lehe:* Stade und Hamburg um 1180. Betrachtung zu zwei Grundrissen. WOHLTMANN 63–76, 2 Abb.

1746 *W. Becker:* Zur Geschichte des Rödingsmarktes in Hamburg. HAGEDORN 115–133.

1747 *R. Schindler:* Das karolingische Hamburg und die Probleme der frühgeschichtlichen Städteforschung Niedersachsens. JAHN, MARTIN, 239–253.

1748 *P. J. Meier:* Aus den Anfängen der Stadt Wolfenbüttel. ZIMMERMANN 1914, 142 bis 147.

1749 *W. Eberhardt:* Zur Geschichte der Stadt Sondershausen im Mittelalter. LAMMERT 9–30.

1750 *G. Behm-Blancke:* Die altthüringische und frühmittelalterliche Siedlung Weimar. Ergebnisse der Stadtkernforschung 1947–49. UNVERZAGT 95–130, 26 Abb.

1751. *A. Tille:* Die Anfänge der Stadt Weimar. DOBENECKER 79–90.

1752 *W. Flach:* Grundzüge einer Verfassungsgeschichte der Stadt Weimar. Die Entwicklg e. dt. Residenzstadt. Mi e. Übersicht üb. d. Kodifikationen d. Stadtrechte in Thüringen. SPROEMBERG 144–239, mit graph. Darst. [Ausführl. zur Baugesch.]

1753 *H. Gröger:* Meißen, ein Beitrag zur Städtegeschichte der ostdeutschen Kolonisationszeit. KÖTZSCHKE 1927, 236–266, 1 Kt.

1754 *E. Neef:* Dresden im Wandel der Zeiten. SÖLCH 95–113, 2 Pläne.

1755 *R. Matthaes:* Die ältesten Hospitäler Dresdens. HEMPEL 27–36, 12 Abb.

1756 *W. Unverzagt:* Überblick über den Stand der archäologischen Stadtkernforschung in Magdeburg. RÖRIG, 8 Taf., 2 Abb.

1757 *G. Mildenberger:* Die mittelalterlichen Bodenfunde im Bereich der Leipziger Altstadt. UNVERZAGT 143–148, 2 Abb.

1758 *E. Müller:* Forschungsergebnisse zur Topographie und Verfassungsgeschichte des ältesten Leipzig auf Grund der Interpretation der Schloßbücher des 16. Jahrhunderts. KRETZSCHMAR, HELLMUT, 235–254.

1759 *E. Redslob:* Die städtebauliche Entwicklung Berlins. MEINECKE 1952, 203–224.

1760 *E. Faden:* Die Spree im märkischen Berlin. HENNING 8–13, 3 Abb. [Gründungsgeschichtl.]

1761 *E. Faden:* Ein Plan der Berliner Ost-West-Achse aus dem Jahre 1873. KÜGLER 26–32. [Denkschrift von Graf W. v. Pourtalès.]

1762 *K. H. Clasen:* Die ordenspreußische Stadt als Kunstwerk. FREY 1943, 9–44, 10 Textabb., 12 Abb. auf Taf.

1763 *E. Keyser:* Untersuchungen zur Siedlungsgeschichte der Städte Thorn, Elbing und Königsberg in der Ordenszeit. KROLLMANN 17–45.

ÖSTERREICH UND SCHWEIZ

1764 *F. Huttenlocher:* Die Städte von Schwäbisch-Österreich. KINZL 101–113, 1 Kt.

1765 *R. Till:* Erich Graf Kielmansegg und die Wiener Stadterweiterung 1890. WEISSENHOFER 87–95.

1766 *Adalbert Klaar:* Die siedlungstechnischen Grundzüge der niederösterreichischen Stadt im Mittelalter. VANCSA 1948–1953, Bd 1, 365–384, 1 Kt.

1767 *E. Soffé:* Die deutsche Stadt im alten Österreich. STRZEMCHA 180–186.

1768 *K. Th. Hoeniger:* Ein Häuserverzeichnis der Bozner Altstadt von 1497. STOLZ 309–356, 1 Planskizze.

1769 *C. Fischnaler:* Sterzing am Ausgang des Mittelalters. OTTENTHAL 104–143, 7 Abb., 1 Stadtplanskizze.

1770 *V. H. Boros:* A Pesti Szépítö Bizottság müködésének kezdete és a Szépitési Terv (die Anfänge des Pester Verschönerungsausschusses und der Verschönerungsplan). LYKA 507–529.

1771 *W. Kamber:* Die Erhaltung und Erneuerung der Oltner Altstadt. DIETSCHI 89–101, 4 Abb.

1772 *B. Amiet:* Anlage und Wachstum der Stadt Solothurn im Früh- und Hochmittelalter. TATARINOFF 70–91, 1 Planskizze.

1773 *H. Strahm:* Der zähringische Gründungsplan der Stadt Bern. FELLER 361–390, 1 Taf.

1774 *K. Meyer:* Über die Gründung der Stadt Luzern. WYMANN 3–26, 3 Abb.

1775 *E. Flückiger:* Die Baugeschichte der Stadt Murten. WELTI 157–182, 8 Taf. [Auch zum Schloß Murten.]

1776 *F. Juenger:* Die mittelalterlichen Befestigungswerke der Stadt Rappoltsweiler. FORRER 141–147, 1 Abb., 2 Taf.

England und Skandinavien

1777 *H. Lemaitre:* Un épisode de l'urbanisme londonien au XIXe siècle. Les projets et imaginations du peintre John Martin (1789–1854). Lavedan 221–232, 1 Abb. u. Taf. 11.

1778 *H. Slanar:* Isländische Stadtlandschaften in ihrer geographischen Bedingtheit. Krebs, N., 1936, 268–274, 7 Abb.

1779 *K. Kumlien:* Königtum, Städte und Hanse in Schweden um die Mitte des 14. Jahrhunderts. Rörig.

1780 *V. Lorenzen:* Deux villes danoises du XVIIIe siècle: 1. Frederiksvaerk, cité industrielle; 2. Christiansfeld, cité religieuse. Lavedan 239–243, 1 Abb. u. Taf. 12.

Frankreich

1781 *J. Adhémar:* Notes sur les plans de villes de France au XVIe siècle. Lavedan 17–19.

1782 *E. Lambert:* L'utilisation des thermes de Lutèce au Moyen Age. Lavedan 185–186.

1783 *J. Hugueney:* L'urbanisme à Versailles au temps du despotisme éclairé. Lavedan 179–184.

1784 *Y. Metman:* Urbanisme à Paris au XVIIIe siècle. Les conventions du 3 juin 1758 entre la ville et les héritiers de Law pour l'aile occidentale de la Place de la Concorde. Lavedan 153–259, 1 Abb.

1785 *G. Schéfer:* La rue de Rennes et les embellissements de Paris au XVIIIe siècle. Guiffrey 215–219.

1786 *J. de La Monneraye:* Un procès "archéologique" a la fin de l'Ancien Régime. L'enceinte de Philippe Auguste comprenait-elle un fossé à la hauteur de la rue Plâtrière (aujourd'hui rue Jean-Jacques Rousseau) à Paris. Brunel, Bd 2, 81–95.

1787 *S. Damiron:* Projet de Chalgrin pour L'Arc de Triomphe de l'Étoile. Documents originaux. Lavedan 103–107, 3 Zeichngn, 4 Abb. auf Taf. 6.

1788 *J. Caput:* L'évolution géographique d'une petite capitale régionale: Pau. Faucher, Vol. 2, 481–499, 6 Kartenskizzen.

1789 *J. J. Hatt:* Essai de synthèse sur l'histoire et la topographie de Strasbourg romain. Galbiati, Bd 2, 19–31, 3 Abb.

Italien, Spanien

1790 *A. Kalsbach:* Die Umwandlung des heidnischen in das christliche römische Stadtbild. Schulte, Karl Joseph, 71–84. [Kultbauten 3.–7. Jh.]

1791 *F. Darsy:* Stratigraphie générale de la zone archéologique de Sainte-Sabine sur l'Aventin. Andrieu 113–126.

1792 *C. Huelsen:* Di due sillogi epigrafiche urbane del secolo XV. de Rossi 1923/1924, Bd 1, 143–157.

1793 *F. Schneider:* Die in Goethes Besitz befindlichen Rompläne. Mentz 289–295.

1794 *E. Coudenhove-Erthal:* Römisches Stadtbaudenken zu Ende des Secento. Egger, Hermann, 95 ff., 1 Abb.

1795 *R. Lanciani:* Notas topographicas de burgo S. Petri saec. XVI. de Rossi 1923/1924, Bd 1, 232–250.

1796 *P. Jessen:* Zeichnungen römischer Ruinen in der Bibliothek des Kgl. Kunstgewerbe-Museums zu Berlin. Robert 114–123. [120 Blätter v. d. Hand e. französ. Arch. um 1550.]

1797 *E. Hempel:* Die spanische Treppe. Ein Beitr. zur Gesch. d. römischen Stadtbaukunst. Wölfflin 1924, 273–290, 7 Abb.

1798 *G. Lugli:* La via trionfale a Monte Cave e il gruppo stradale dei Colli Albani. de Rossi 1923/1924, Bd 1, 251–272, 15 Abb., 1 Kt.

1799 *G. Drinkwater:* The Origin of the Town of Subiaco. Thompson 66–77.

1800 *M. Cagiano de Arzevedo:* Civita di Bagnoregio. Belvederi 465–472, 4 Abb.

1801 *G. N. Canale:* Pianta di Pisa al tempo del Gentilesimo. Marangoni 129–137, 4 Abb.

1802 *G. Colosanti:* La ricerca del perimetro antico di Reate. Beloch 27–57, 1 Plan. [Zum Stadtplan d. antiken u. mittelalterl. Rieti.]

1803 *W. Arslan:* Di alcune architetture toscane a Padova. Supino 497 ff., 9 Abb.

1804 *F. Boyer:* Turin sous Napoléon. Lavedan 51–60, 2 Pläne. [Entfestigung, Wiederaufbau, Brückenbau.]

1805 *S. Bettini:* Saggio di critica "alla Viennese" di una città come opera d'arte (Venezia). Sas-Zaloziecky 10 ff.

1806 *J. Matznotter:* Venedig. Stadt u. Hafen seit dem Ende der Markusrepublik. Sölch 77 bis 94, 2 Karten.

1807 *H. Hopfner:* Salamanca. Carácter y Desarrollo. Krüger 487–518, 1 Stadtgrundriß.

1808 *J. Puig i Cadafalch:* Ilus theòriques sobre urbanisme en el segle XIV: Un fragment d'Eiximenis. Rubio i Lluch, Bd 1, 1–10, 5 Stadtgrundrisse.

1809 *J. Mercader:* Projectes napoleònics per a la urbanització i l'embelliment de Girona. Puig i Cadafalch, Bd 1, 209–211.

Osteuropa, Balkan, aussereuropäische Städte

1810 *E. Dyggve:* Recherches sur le Palais Impérial de Thessalonich, PEDERSEN 59–70, 7 Abb.

1811 *E. Dyggve:* Ausgrabungen im Palastviertel von Thessaloniki. KUZSINSZKY 63–71, m. Abb.

1812 *R. Janin:* Topographie de Constantinople byzantine. Quelques cartiers mal connus. PETIT 218–232.

1813 *A. M. Schneider:* Regionen und Quartiere in Konstantinopel. SCHEDE 1950, 149–158.

1814 *F. Hampl:* Die Gründung von Konstantinopel. STEINACKER 10–21.

1815 *K. M. Setton:* The Archaeology of Medieval Athens. EVANS 227–258, 1 Plan.

1816 *P. Johansen:* Novgorod und die Hanse. RÖRIG, 7 Abb.

1817 *V. G. Ljaskoronskij:* K voprosy o drevnějšem planj gor. Kieva, izdannom v 1638 g. Afanasiem Kalnofojskiem (zum ältesten Plan der Stadt Kiew a. d. J. 1638 von Afanasij Kalnofojskij). UVAROVA 202 ff.

1818 *St. Narebski:* Zarys ... (Un plan de la ville de Wilno de 1817). TOMKOWICZ 339–345, 1 Taf.

1819 *P. George:* Naissance d'un urbanisme socialiste. LAVEDAN 135–143. [Stadtplanung in d. Sowjetunion.]

1820 *A. Codazzi:* Una "descrizione" del Cairo di Guglielmo Postel. MANARESI 167 ff. [1549.]

1821 *C. M. Della Paolera:* Le damier et un vieux plan de Buenos-Aires. LAVEDAN 275, Taf. 17. [Schachbrettanlage.]

1822 *G. Morisset:* Réflexions sur le développement de Québec. LAVEDAN 269–274, Taf. 16.

Stadtansichten

1823 *W. Ueberwasser:* Deutsche Architekturdarstellung um das Jahr 1000. JANTZEN 45–70, 25 Abb. [Türme; Terra undulata; Kaisersaal.]

1824 *J. Baltrusaitis:* Villes sur arcatures. LAVEDAN 31–40, 5 Abb. u. Taf. 2. [Arch.-Darst. in Elfenbein, Hss, Skulpturenbeiwerk.]

1825 *M. Schefold:* Vedute und Kartenbild um 1600. BAUM 180–186, Abb. 76–79.

1826 *H. Hammer:* Eine unveröffentlichte Stadtansicht Innsbrucks von 1552. OTTENTHAL 186–198, 5 Abb.

1827 *E. Stahlschmidt:* Eine Schweinfurter Stadtansicht auf einer Medaille. WICHTERMANN 173–180, Abb. 8. [1717.]

1828 *C. Schellenberg:* Eine Hamburger Stadtansicht von 1648. REINCKE 227–232, 3 Abb. [Von Gabriel Engels.]

1829 *M. Reuther:* Metzker-Scharfenbergs „Abkontrafeitung der Stadt Görlitz im 1565 Jar" im Spiegel stadtgeschichtlicher Betrachtung. LEHMANN, RUDOLF, 1958, 52–90, 8 Abb.

1830 *O. Graf Trapp:* Eine unbekannte Stadtansicht Innsbrucks aus dem Jahre 1744. HAMMER 221–224, 1 Abb. u. Taf. 50.

1831 *H. Hochenegg:* Altinnsbrucker Allerlei. HAMMER 225–238, 4 Abb. [Stadtansichten, u. a. Dürer.]

1832 *H. Pemmer:* Der Prater in Malerei und Graphik bis 1900. BECKER, ANTON, 222–240, 8 Abb.

1833 *S. H. Steinberg:* Ansichten des Londoner Stalhofs. RÖRIG, 8 Abb.

1834 *B. Dorival:* Le paysage urbain dans la peinture française de la première moitié du XVIIe siècle. LAVEDAN 113–118.

1835 *S. Colomb:* Quelques vues de Paris par Janinet vers 1780–90. LAVEDAN 87–92, 4 Abb. auf Taf. 5.

1836 *S. Stucchi:* Un ritratto di Aquileia ed uno di Calcide. Contributo alla ritrattistica privata e ufficiale del IV sec. d. C. BRUSIN 197–208, 9 Abb.

1837 *A. Geffroy:* Une vue inédite de Rome en 1459. DE ROSSI 1892 I, 361–382, 1 Abb.

1838 *Th. Ashby:* Due vedute di Roma attribute a Stefano di Pérac. EHRLE, Vol. 2, mit 2 Taf.

1839 *A. Chastel:* Un épisode de la symbolique urbaine au XVe siècle: Florence et Rome, Cités de Dieu. LAVEDAN 75–79, 4 Abb. auf Taf. 4.

1840 *E. Stevenson:* Topografia e monumenti di Roma nelle pitture a fresco di Sisto V della Biblioteca Vaticana. LEO XIII., Papst, 24 S., 5 Taf.

1841 *T. Ashby:* Lievin Cruyl e le sue vedute di Roma. DE ROSSI 1923/1924, Bd. 1, 221–229, 6 Abb. u. 2 Taf. [1664–1670.]

1842 *G. Graf Vitzthum:* Ein Stadtbild im Baptisterium von Castiglione d'Olona. CLEMEN 1926, 401–411, 5 Abb.

1843 *K. Wulzinger:* Melchior Lorichs Ansicht von Konstantinopel als topographische Quelle. JACOB 355–368, 1 Taf.

1844 *G. Rodenwaldt:* Stackelbergs Panorama von Konstantinopel. SCHEDE 1950, 132–136, Taf. 59 zum Ausklappen. [Von 1811.]

1845 *P. Thomsen:* Der Künstler der Mosaikkarte von Mâdaba. HEISENBERG 597–601. [Ostjordanland. Um 600. Stadtbild.]

1846 *Randolphe G. Adams:* Iconography of Old Detroit. LELAND 246–260.

1846a *E. Souriau:* Contribution à la physiologie des cités. Le végétal ville ou rythme et raison. LAVEDAN 347–354.

GARTENKUNST

1847 *J. Guiffrey:* Traités du XVIIe siècle sur le dessin des jardins et la culture des arbres et des plantes. LEMONNIER 224–247.

1848 *H. Keutner:* Der Giardino Pensile der Loggia dei Lanzi und seine Fontäne. KAUFFMANN 240–251, 16 Abb.

1849 *L.-A. Hustin:* La création du jardin du Luxembourg par Marie de Médicis. GUIFFREY 86–109, 5 Textabb. [Jacques de Brosse. Thomas Francine.]

1850 *M. Calvesi:* Il "Sacro Bosco" di Bomarzo. VENTURI, Vol. 1, 369–402, 8 Abb. [Villa Orsini, 2. H. 16. Jh.]

1851 *H. Günther:* Zur niederländischen Gartenkunst des 17. Jahrh. KURTH, WILLY, 4 Abb.

1852 *R. Klapheck:* Johann Moritz v. Nassaus Gartenstadt Kleve. Ihre künstlerische u. städtebauliche Auswirkung – Berlin, Brandenburg, Münster, Düsseldorf. CLEMEN 1936, 191–268, 99 Abb. [Gabriel Grupello.]

1853 *Paul Ortwin Rave:* Kleve. Ein niederrheinisches Kapitel aus der Geschichte der Gartenbaukunst. WORRINGER 199–211, 1 Textabb. u. Abb. 72–77.

1854 *F. Graf Wolff Metternich:* Kurkölnische Barockgärten. CLEMEN 1936, 157–190, 46 Abb.

1855 *P. Clemen:* Strawberry-Hill und Wörlitz. Von den Anfängen der Neugotik. WORRINGER 37–60, Abb. 33–38.

1856 *F. Facius:* Alte Gartenkunst in Thüringen. Entwicklung, Stand und Aufgaben ihrer Erforschung. SCHNEIDER, FRIEDRICH, 1958, 295–327.

1857 *H. Burkhardt:* Die Entstehung des Weimarischen Parkes (1778–1828). KARL ALEXANDER, Großherzog, 47–74.

1858 *A. Tille:* Die Parkgärtner von 1788. HECKER 7–16, 1 Taf. [Weimar. Justin Bertuch. Mit Bildnis B. v. C. Gutbier, 1795.]

1859 *W. Huschke:* Das Tempelherrenhaus im Weimarer Park. MENTZ 278–288. [Erb. 1811 bis 1814.]

1860 *H. Meyer-Jungclaussen:* Ein lauschiger Landhausgarten in der grünen Stadt. LIENAU 63–64. [Frankfurt/Oder. Entw. Schinkel – Lenné.]

1861 *P. T. Kessler:* Ein Friedenshain. ERNST LUDWIG v. HESSEN 149–154, m. Abb.

1862 *E. Andrén:* Ett lusthus i ängen. [Villa Giacomina in Järneväg, um 1800.] WALLIN 205–209, 4 Abb.

1863 *M. Hofrén:* Cederbaums på Frederiksberg. Civ och miljö på en gustaviansk gård i Småland. WALLIN 163–188, 6 Abb.

1864 *G. Gustafsson:* Södra Bjorstorp. En gustaviansk herrgård med gamla anor [Ahnen]. WALLIN 210–218, 6 Abb. [Garten, Ende 18. Jh.]

1865 *J. Morávek:* Z počátku královské zahrady v Prace (von den Anfängen des Schloßgartens in Prag). WIRTH 228 ff.

1866 *G. Poisson:* Les fontaines de Paris sous le Premier Empire. LAVEDAN 295–303, 7 Abb.

1867 *M. Hirn:* Lovsäng till en Park. ZILLIACUS 101–109, 7 Abb. [Das Landgut Monrepos in Finnland 1804 von Ludw. Heinr. v. Nicolaij.]

1868 *W. v. Matthiessen:* Barocke und romantische Gärten im Süden der Vereinigten Staaten. LOHMEYER 208–212, 6 Abb.

GEBÄUDEGATTUNGEN

KIRCHEN

1869 *K. Elliger:* Die großen Tempelsakristeien im Verfassungsentwurf des Ezechiel (42, 1 ff.). ALT 79–102, 1 Taf.

1870 *A. Zeller:* Typische evangelische Kirchenbauten im ehemaligen Kreis Oppenheim. DIEHL, WILHELM, 227–229.

1871 *E. Hempel:* Evangelisch-katholischer Kirchenbau. HEILER 328–338, 2 Abb. [Wolfenbüttel u. Frauenk. Dresden.]

1872 *A. Kingsley Porter:* Our Lady of the Hundred Gates. CLEMEN 1926, 281–284, 4 Abb. [Griechenland u. Spanien. Kirchen m. umlauf. Porticus.]

1873 *A. K. Orlandos:* Hä phrangika ... (Die Franken-Kirche von Stymphalias). MERLIER.

1874 *H. Lützeler:* Die Idee vom Menschen in der heutigen Kirchenbaukunst. TILLMANN 1934, 200–211.

TURM UND BRÜCKE

1875 *Th. Dombart:* Kunsthistorische Studie zum Babelturm-Problem. HOMMEL, Bd 1, 1–16, 11 Abb.

1876 *L. Speneder:* Gopuram und Westturm. STRZYGOWSKI 1932 I, 152–155, Abb. 86–91.

1877 *L. Blondel:* Château de Rolle: La tour de Virey. BOSSET 181–186.

1878 *A. Blanchet:* Les deux ponts anciens d'Orthez. SCHLUMBERGER, Bd 2, 487–493, Abb. 95, 96. [Überliefrg. v. Bauformen auf Münzen.]

1879 *H. Voltelini:* Die Bozner Eisakbrücke. OTTENTHAL 164–169.

1880 *M. Lagerquist:* Riddarholms brobygget 1784–1789, OLSSON, 89–99, 8 Abb.

Burg

1881 *F. Halmer:* Aufgaben der Burgenforschung. Becker, Anton, 268–277.

1882 *J. Weingartner:* Bd 2, Burgenkunde. Wien, Staatsarchiv.

1883 *J. G. N. Renaud:* Het middeleeuwse kasteel en de archaeologie. van Giffen 427–444, 10 Abb.

1884 *W. Schlesinger:* Burgen und Burgbezirke. Beobachtungen im mitteldeutschen Osten. Kötzschke 77–105.

1885 *F. X. Kohla:* Zu den Grundrissen der erforschten spätantiken „Burgen" in Kärnten. Egger, Rudolf, 1942, 119–127, 8 Abb.

1886 *P. Goessler:* Zu allerlei Problemen unserer alamannischen Frühzeit, besonders den Michelsbergen. Wahle, Ernst, 212–221.

1887 *P. Revellio:* Die Stammburg der Fürsten zu Fürstenberg. Fürstenberg, Fürst Max Egon, 1933, 362–374, 4 Abb.

1888 *R. Schmidt:* Burgen und Schlösser in Württemberg. Nägele 86–98, Abb. 12–15.

1889 *G. Wein:* Burg Dischingen. Ein Beitr. zur Burgenforschung im mittleren Neckarland. Goessler 187–194, 3 Abb.

1890 *K. Hoppstädter:* Burg und Festung Homburg. Wampach 370–401, 2 Abb.

1891 *H. Jacobi:* Die Friedrichsburg zu Homburg vor der Höhe, das alte Stammschloß der Landgrafen von Hessen-Homburg. Hildebrand 15–40, 3 Abb.

1892 *F. Stolberg:* Birkenburg und Treppenstein im Okertal. Frölich, Karl, 39–50, 4 Abb.

1893 *H. Spier:* Zur Geschichte der Burg Schildberg bei Seesen. Frölich, Karl, 22–38, 3 Abb.

1894 *O. Uenze:* Die Grabung auf der Bennigser Burg, Kr. Springe. Das Problem der karolingischen curtes. Jacob-Friesen 358–369, 8 Abb.

1895 *G. Neumann:* Kyffhäuserstudien. I. Die vorgeschichtliche Besiedlung des Baugrundes der Reichsburg Kyffhausen (Unter- und Oberburg). Mit Unterstützg. durch Gottfried Kurth u. Erwin Schirmer. Mentz 318–371, 1 Abb., 6 Taf.

1896 *G. Neumann:* Sieben Gleichbergburgen nach dem Forschungsstande von 1952. Unverzagt 7–16, 5 Abb. im Text u. Taf. 1–4.

1897 *R. Huth:* Die Ruine Brandenburg, eine ehemalige Erfurter Veste. Biereye 83–86.

1898 *K. H. Marschalleck:* Burgenprobleme zwischen Elbe und Oder. Unverzagt 29–43.

1899 *P. Grimm:* Frühe Burgen und Städte im Saale-Mulde-Gebiet. Unverzagt 137–142, 3 Abb. im Text u. Taf. 10.

1900 *W. Radig:* Burgenarchäologie und Landesgeschichte. Ein Beitr. zur Burgenkunde und Städtetopographie Sachsens. Unverzagt 198 bis 212.

1901 *P. Grimm:* Ausgrabungen auf der Burg Wettin. Sommerlad 31–45, 6 Abb. u. Taf. 1, 2.

1902 *C. Plathner:* Die Türme der Burg Wettin. Sommerlad 94–100.

1903 *H. A. Schultz:* Die illyrischen Ringwälle im Gebiet der preußischen Oberlausitz. Ein Beitr. z. Erforschg. des Festungswesens d. Lausitzer Kultur. Jecht 1–15, 2 Bildtaf., 5 Kt.-Skizzen.

1904 *K. Langenheim:* Der frühslawische Burgwall von Gustau Krs. Glogau. Seger 1939, 104–127, 10 Abb. u. Taf. 15–25.

1905 *W. Unverzagt:* Der Burgwall von Kliestow, Kr. Lebus. Schuchhardt 73–87, 8 Abb. im Text, 4 Taf. [Slaw. Befestigung.]

1906 *O. Kletzl:* Wartheländisch wehrhafte Baukunst. Frey 1943, 158–178. [Kirchen, Wehrtürme, Rathäuser.]

1907 *M. Neumann:* Die Burg Alt Ruppin und die Besiedlung des Ruppiner Landes. Teichmüller 76–86, 4 Abb.

1908 *H. Hinz:* Zwei Motten (Turmhügelburgen) im Kreise Regenwalde. Hofmeister 1957, 18–26, 3 Abb., 1 Taf.

1909 *R. K. Donin:* Wildegg. Vancsa 1926, 89–131, 13 Abb. (Nachtr. hierzu: Jb. f. Landeskde u. Heimatschutz ... NF Jg 20: 1926 u. 1927 Tl II, S. 129–133, 6 Abb.) [Nieder-Österr.]

1910 *J. Gritsch:* Der Kolbenturm im Volderwald. Weingartner 45–48, [Mittelalterl. Wehrturm im Inntal.]

1911 *J. Weingartner:* Tiroler Edelsitze. Ottenthal 293–308.

1912 *G. Innerebner:* Von verschollenen Burgen Südtirols. Weingartner 53–74, 12 Planskizzen, 12 Abb.

1913 *A. Güttich:* Was sagen uns Deutschen die Burgen der Lombardei? Köln, Univ., 5 Abb.

1914 *B. Thordeman:* En medeltida ärkebiskopsborg. Hahr 133 ff.

1915 *G. A. Nilsson:* Varbergs fäste. Olsson 9–19, 9 Abb.

1916 *A. A. Kampman:* Kruisridderburchten in het Midden-Oosten. Byvanck II, 129–149, 9 Abb.

Bauernhaus

1917 *L. Meixner:* Deutsche Bauernhausforschung. Behagel 1934, 511–530.

1918 *Th. Heck:* Rudolf Hoferers Nachlaß zur Bauernhofforschung. RITZ 18–21. [† 1943. Hausformen u. -landschaften Bayerns.]

1919 *A. Haberlandt:* Die Bauernhausformen im deutschen Volksgebiet. HABERLANDT 109 bis 116.

1920 *H. Koren:* Vorstufen des „heimatlichen Bauens". GERAMB 43–62, 1 Abb.

1921 *A. Helbok:* Der germanische Ursprung des oberdeutschen Bauernhauses. OTTENTHAL 273–292, 12 Abb.

1922 *J. M. Ritz:* Dorfforschung in Franken. SPINDLER 308–314, 4 Abb.

1923 *H. Wopfner:* Zur Geschichte des süddeutschen Gehöftebaues (mit besonderer Berücksichtigg. Tirols). STOLZ 699–713, 10 Abb. auf Taf. 48–51.

1924 *K. Ilg:* Ein Beitrag zur Geschichte des Ofens und der Stube. GERAMB 85–97, 1 Abb.

1925 *J. Schepers:* Ofen und Kamin. TRIER 339–377.

1926 *M. Lohss:* Ofen und Herd in Württemberg. MERINGER 362–386, 16 Abb.

1927 *K.-H. Schröder:* Zur Entstehung des gestelzten Bauernhauses in Südwestdeutschland. LAUTENSACH 164–180, 2 Abb.

1928 *A. Genrich:* Das altsächsische Haus. Zur Frage der Auswertung von Hausgrundrissen für die Urgeschichte d. sächsischen Stammes. PESSLER 92–97.

1929 *J. U. Folkers:* Die Schichtenfolge im alten Bestand niedersächsischer Bauernhäuser Mecklenburgs. WOSSIDLO 112–128, 5 Grundrisse.

1930 *W. Haarnagel:* Das nordwesteuropäische dreischiffige Hallenhaus und seine Entwicklung im Küstengebiet der Nordsee. PESSLER 79–91, 6 Abb.

1931 *O. Lehmann:* Das Schleswigsche (Cimbrische) Bauernhaus und seine Bedeutung für die Volkskunde. SCHIFFERER 94–105, 13 Abb. im Text, 2 Abb. auf 1 Taf.

1932 *W. Wickop:* Vom alten zum neuen Bauernhaus in Niedersachsen. PESSLER 113 bis 120, 9 Abb.

1933 *J. U. Folkers:* Hallenhaus und Gulfhaus in den oldenburgischen Wesermarschen. TANTZEN 81–94, 4 Abb.

1934 *G. Eitzen:* Alte Bauernhäuser in der Dannenberger Elbmarsch. PESSLER 98–107, 8 Abb.

1935 *H. Lütjohann:* Vom Lehmfachwerk zum Ziegelbau niedersächsischer Bauernhäuser in Mittelholstein. HAUPT 1936, 367–409, 12 Abb.

1936 *W. Haarnagel:* Der Ursprung des Niedersachsenhauses. JACOB-FRIESEN 256–277, 12 Abb.

1937 *W. Petzsch:* Ein spätslawisches Haus am Fuße des Burgwalles von Gützkow in Vorpommern. (Aus d. vorpommerschen Denkmalpflege.) SEGER 1934, 326–331, 2 Abb. u. Taf. 71–73. [12. Jh.]

1938 *A. Haberlandt:* Zur Begriffsbildung für Siedlungs- und Haustypen in Niederösterreich. VANCSA 1936, 226–235.

1939 *J. Schmid:* Siedlungsform und Hoftypen auf dem Südostabfall der Saualpe. WUTTE 252 bis 257, 8 Abb.

1940 *H. Wopfner:* Über Hausformen des Wiptals. FISCHNALER 12–30, 6 Abb., mehr. Pläne. [Südtirol.]

1941 *O. Moser:* Die Pfostenspeicher Kärntens. Ein Beitr. z. Kenntnis des volkstüml. Speicherbaues in d. Ostalpen. Mit Kartenentwürfen, Maßstabaufnahmen u. Lichtbildern d. Verf. EGGER, RUDOLF, 1942, 469–511, 21 Abb., 4 Taf.

1942 *M. Hell:* Neue frühgeschichtliche Siedlungsfunde aus Salzburg. WENINGER 216–226, 2 Abb. [Ständerbauweise, etwa 550–720.]

1943 *I. Mader:* Der Turm und der Salzstadel in Lermoos. VOLTELINI 233–238.

1944 *O. Moser:* Zur Geschichte und älteren Verbreitung der Rauchstuben im Rosental. Ein Beitr. aus Häuserstatistiken des Rosentals in Kärnten. GERAMB 63–84, 3 Abb.

1945 *H. Hochenegg:* Höfe und Fluren dreier bäuerlicher Gemeinden im mittleren Inntal. WOPFNER 1956, 77–90. Tl 1: Mils bei Hall. Tl 2 des Aufsatzes betr. Lans u. Vögelsberg in: Tiroler Heimat 21: 1957.

1946 *A. Klaar:* Der Scheunenbau im Viertel unter dem Manhartsberg. BECKER, ANTON, 241–248, 5 Abb. [Nieder-Österr. Dreisäuliger Ständerbau, Steildach.]

1947 *A. Klaar:* Bäuerliche Dachstuhlformen in Österreich. GERAMB 31–41, 1 Taf.

1948 *B. Schier:* Zur Lösung der Speicherfrage. LAUFFER 133–157, 14 Abb.

1949 *S. Andersson:* Gårdar och heminredning i Kumlinge. NIKANDER 131–146, 10 Abb.

WOHNHAUS

1950 *E. Grohne:* Bürgerhaus und Bauernhaus. PESSLER 108–112.

1951 *O. Stolz:* Über die Bauart der Innsbrucker Bürgerhäuser im Mittelalter. HAMMER 17–26.

1952 *M. Dreger:* Innsbrucker Dächer. WIEN.

1953 *K. Ilg:* Das „Fischerhäusl" in Kössen als Denkmal spätmittelalterlicher Hausbauweise in Tirol. MAYER, MATTHIAS, 137–150, 4 Abb.

1954 *E. Poeschel:* Frühbericht über das Engadiner Haus. KORRODI 89–94. [Einer venez. Gesandtschaft 1492.]

1955 *H. Berger-Schaefer:* Das Frankfurter Bürgerhaus. LIENAU 61–62. [Frankfurt/Oder.]

1956 *J. H. Ingvar:* Tidiga villastilar. HAHR 55 ff.

1957 *M. L. Gothein:* Vom malaiischen „adat"-Haus. CLEMEN 1926, 72–83, 9 Abb.

VERSCHIEDENE ZWECKBAUTEN

1958 *H. H. Hennings:* Die Lübecker Kornhäuser zu Beginn des 14. Jahrhunderts. Mit Übersichtskt. RÖRIG.

1959 *A. Ludewig:* ... Das Rathaus zu Spandau. HENNING 19–26, 3 Abb.

1960 *W. Jung:* Der Rathausbau zu Frankfurt an der Oder, ein Abbild des Werdegangs der städtischen Verwaltung. LIENAU 55–56, 2 Abb.

1961 *P. Pescheck:* Die Entwicklung des neueren Bibliotheksbaues. MILKAU 264–280.

1962 *E. Ackerknecht:* Stadtbüchereibauten. LEYH 1950, 194–204.

1963 *G. Leyh:* Vom Büchersaal zum Magazin. MUNTHE 160–167.

1964 *H. Pick:* Der unvollendet gebliebene Bibliotheksbau des Großen Kurfürsten. SCHWENKE 211–215, Taf. 17. [Entw. v. Mich. Matth. Smidts. 1687. 1747 abgerissen.]

1965 *P. Otto:* Ikonographie der Kgl. Bibliothek zu Berlin. WILMANNS 43–50, 1 Abb. [Bildl. Darstellungen d. Gebäudes.]

1966 *R. Buttmann:* Beiträge zur Baugeschichte der Bayerischen Staatsbibliothek. LEYH 1937, 193–215, Taf. 7, 8. [Entwürfe v. Friedr. Gärtner.]

1967 *I. Redenbacher:* Das Gebäude der Universitätsbibliothek Erlangen. VORSTIUS 232–251, 4 Abb. [Erb. 1913. Entwurf v. Friedrich Schmidt.]

1968 *O. Wutzel:* Die Pläne zur Errichtung einer Landesbibliothek in Linz 1772–1776. ZIBERMAYR 353–358, 1 Taf.

1969 *G. Cecchini:* La quattrocentesca biblioteca del Convento Di S. Domenico di Perugia. GALLO 249–254, 2 Taf.

1970 *E. Apolloni:* Problemi estetici nella ricostruzione di biblioteche sinistrate dalla guerra. GALLO 79–85.

1971 *Th. W. Koch:* Notes on Trends in Library Planning. LEYH 1937, 358–368, Taf. 14, 15.

1972 *A. Snead Macdonald:* A Library of the Future. MUNTHE 168–184, 9 Abb. [Freiluftleseraum.]

1973 *G. Blumentritt:* 25 Jahre Justizbauwesen. LUITPOLD PRZREGT V. BAYERN 1911 II, Sp. 49 bis 58, 4 Abb. [In Bayern 1886–1911.]

1974 *A. Hawranek:* Zur Ästhetik des Ingenieurbauwesens. Mit bes. Berücksicht. der Industriebauten. STRZEMCHA 45–52.

F. BILDNEREI

ALLGEMEIN

1975 *O. Fischer:* Die Stufen der Plastik. KLAGES 1932, 65–71.

1976 *A. Chastel:* "Di mano dell antico Prassitele". FEBVRE, Bd 2, 265–271. [Humanist. Skulpturendeutung.]

1977 *K. Reißmann:* Die Entwicklung der Liegefiguren in der Architekturplastik von Michelangelo bis zum Klassizismus. PINDER 371–404, 15 Abb.

1978 *K. Gerstenberg:* Das Bücherstilleben in der Plastik. WAETZOLDT 135–159, 15 Abb. [Meist auf Grabmälern.]

1979 *E. Unger:* Kinematographische Erzählungsform in der altorientalischen Relief- und Rundplastik. OPPENHEIM 127–133, 4 Abb.

FRÜHCHRISTLICH

1980 *Kraus:* Die altchristliche Terracotta der Barberinischen Bibliothek. DE ROSSI 1 ff., 1 Abb.

RAVENNA UND AQUILEJA

1981 *M. Mazzotti:* Sculture ravennati erratiche. BELVEDERI 355–363, 7 Abb.

1982 *M. Lawrence:* Two Ravennate Monuments in American Collections. GREENE 132 bis 142, Abb. 89–102. [Kindersarkophag u. Altarrelief.]

1983 *G. Bovini:* Frammento inedito d'ambone conservato nel Museo Nazionale di Ravenna. BELVEDERI 365–368, 1 Abb. [6. Jh.]

1984 *J. Shapley:* The stuccoes of San Vitale. STRZYGOWSKI 1923, 19–32, 3 Abb. im Text, 6 Abb. auf Taf.

1985 *G. Gerola:* La ricomposizione della cattedra di Maximiano a Ravenna. ORSI 1921, 1 Abb.

1986 *M. Schapiro:* The Joseph Scenes on the Maximianus throne in Ravenna. TIETZE 13–24, 5 Abb. [Zuerst veröff. in Gazette des Beaux-Arts 1952, Juli, No. 1003.]

1987 *E. Dyggve:* „Basilica Herculis." SAS-ZALOZIECKY 34–39, 3 Abb.

1988 *G. Fogolari:* Medaglioni aquileiesi con busti di divinità. BRUSIN 141–167, 8 Abb. [2. Jh. n. Chr.]

1989 *C. Cecchelli:* Due singolari cimeli del museo di Aquileia. 1. Una figurazione gnostica. 2. Una cancellata barbarica. BRUSIN 245–254, 2 Abb. [Frühchristl. Bronzekreuz m. Darst. d. Christuskindes. Eisernes Gitter.]

SIZILIEN

1990 *P. Orsi:* Scolture bizantine della Sicilia. BULIC, 3 Abb.

1991 *G. Agnello:* Sicilia paleocristiana. Il sepolcro politi a Siracusa. CALDERINI U. PARIBENI, Bd 3, 689–704, 7 Abb.

1992 *A. Omodeo:* Di un sarcofago cristiano messinese e dei simboli in esso effigiati. CIACERI 159–168, 2 Abb.

ELFENBEIN UND ANDERE SKULPTUREN

1993 *W. F. Volbach:* Die Elfenbeinpyxis auf der Reichenau. BAUM 35–39, Abb. 3–6.

1994 *W. F. Volbach:* Spätantike und frühmittelalterliche Elfenbeinarbeiten aus dem Rheinland und ihre Beziehungen zu Ägypten. SCHUMACHER, KARL, 1930 I, 329–331, 2 Abb. u. Taf. 41, 42.

1995 *St. Pelikanidis:* Date et interprétation de la plaque en ivoire de Trèves. GRÉGOIRE, Bd 4, 361–371, 3 Abb. [Um 300.]

1996 *K. Weitzmann:* Eine Fuldaer Elfenbeingruppe. GOLDSCHMIDT 1935, 14–18, 5 Abb.

1997 *E. Molinier:* A propos d'un byzantin ivoire inédit du musée du Louvre. HAVET 237 bis 258, 1 Taf. [Mehrere Triptychen.]

1998 *M.-Th. d'Alverny:* Récréations monastiques. Les couteaux à manche d'ivoire. BRUNEL, Bd. 1, 10–32.

1999 *G. A. Sotiriou:* La sculpture sur bois dans l'art byzantin. DIEHL, CHARLES, Vol. 2, 171 ff., 5 Abb.

2000 Γ. Α. Σωτηπιου: Βυζαντινκὶ ἀνκγλυφοι εἰκόνες (*G. Sotériou:* Les icones sculptées en Byzance.) KONDAKOV 125 ff., 9 Abb.

2001 *H. P. L'Orange:* Zum römischen Porträt frühkonstantinischer Zeit. RUDBERG 1931, 36–42, 4 Abb. [U. a. Christusstatuette im Thermen-Museum.]

2002 *F. Witte:* Die Kolossalstatue Konstantins des Großen in der Vorhalle von S. Giovanni in Laterano. DE WAAL I, 259–268, Taf. 12.

2003 *D. Balboni:* Appunti sulla Cattedra di S. Pietro. BELVEDERI 415–435, 6 Abb.

2004 *M. Wegner:* Spolien-Miscellen aus Italien. WACKERNAGEL 1958, 1–16, 11 Abb. [Antike u. nachantike Skulpturen.]

2005 *E. Becker:* Einzug Jesu in Jerusalem. BULIC, 4 Abb. [Altchristl. Relief.]

2006 *J. Bankó:* Porträtkopf der Heiligen Helena. SCHLOSSER 1926, 11–14, Abb. 6, 7 u. Taf. 2. [Wien, Kunsthist. Mus. 1. Hälfte 4. Jh.]

2007 *E. Sánchez Reyes:* Lenguas de Piedra. Sobre los enigmas del Claustro Universitario Salmantino. ARTIGAS, Bd 1, 261–295, 7 Abb. [Deutung frühchristl. Steinreliefs in Salamanca.]

GRABPLASTIK UND SARKOPHAGE

2008 *Wilpert:* Drei altchristliche Epitaphfragmente. DE ROSSI 281 ff., 3 Abb.

2009 *E. Speier:* Un sarcofago delle Muse nel Cimitero di Priscilla. BELVEDERI 473–493, 7 Abb.

2010 *St. Poglayen-Neuwall:* Ein spätantikes Kopfgefäß aus der ehemaligen Sammlung J. P. Morgan. STRZYGOWSKI 1923, 248–250, 3 Abb. auf Taf.

2011 *S. Guyer:* 2 spätantike Grabmonumente Nordmesopotamiens und der älteste Märtyrergrab-Typus der christlichen Kunst. OPPENHEIM 148–156, 15 Abb.

2012 *P. Grisar:* Die Grabplatte des heiligen Paulus. DE ROSSI 119 ff., 4 Abb.

2013 *Marucchi:* Il sepolcro Apostolico delle Catacombe. DE ROSSI 194 ff.

2014 *P. Toesca:* Dell' urnetta argentea di S. Nazaro a Milano. NOGARA 503–506, Taf. 74, 75. [Reliefdarst. a. d. Leben Christi. 4. Jh. n. Chr.]

2015 *E. Becker:* Protest gegen den Kaiserkult und Verherrlichung des Sieges am Pons Milvius in der christlichen Kunst der konstantinischen Zeit. DE WAAL I, 155–190, Taf. 1, 2. [Sarkophage.]

2016 *A. Rumpf:* Ein Fragment im Museo Chiaramonti. NOGARA 403–408, Taf. 58. [Nereidensarkophag. 4. Jh. n. Chr.]

2017 *H. L. Hempel:* Theusebius Renatus in Christo. Zu e. bish. unbekannten Kindersarkophag des 4. Jh. GERKE 27–49.

2018 *C. M. Kaufmann:* Altchristliche Frauenvotivstatuetten der Menasstadt und ihre paganen Vorbilder. SCHULTZE, VICTOR, 1921, 303–310, 4 Abb. [5./6. Jh.]

2019 *J. Como:* Ein frühchristlicher Bronzebeschlag von der Begräbnisstätte des heiligen Ferrutius bei Kastel. LENHART 11–24, 1 Taf.

2020 *E. Michon:* Les sarcophages de Saint-Drausin de Soissons, de la Valbonne et de Castelnau-de-Guers au Musée du Louvre, et les sarcophages chrétiens dits de l'école d'Aquitaine ou du Sud-Ouest. SCHLUMBERGER, Bd 2, 376 bis 385, Taf. 15, 16.

2021 *A. Balil:* Los sarcofagos paleocristianos de Barcelona. CALDERINI u. PARIBENI Bd 3, 668–687, 8 Abb.

2022 *H.-I. Marrou:* Survivances païennes dans les rites funéraires des donatistes. BIDEZ u. CUMONT 193–203, 5 Abb. [Sarkophag a. d. Ruinen v. Timgad.]

VERSCHIEDENES

2023 *M. Simon:* Symbolisme et traditions d'atelier dans la première sculpture chrétienne. ANDRIEU 445–456.

2024 *De Waal:* Katalog der Sammlung altchristlicher Sculpturen und Inschriften im deutschen National-Hospiz von Campo Santo. DE ROSSI 9 ff.

2025 *M. Borda:* Monumenti paleo-cristiani del territorio tuscolano. BELVEDERI 209–244, 18 Abb.

2026 *K. Gröber:* Ein Taschenreliquiar aus dem 7. Jh. BUCHHEIT 7–11, 4 Abb.

2027 *K. Wessel:* Ein kleinasiatisches Fragment einer Brüstungsplatte. JUSTI 71–81, 3 Abb. [Berliner Museen. Mitte 5. Jh. n. Chr.]

2028 *F. Miltner:* Frühchristliche Kapitelle aus Lavant (Osttirol). BRUSIN 299–305, 5 Abb. [Anf. 5. Jh. Vergleich m. Stücken aus Aquileja.]

2029 *B. Filow:* Altchristliches aus Mazedonien. STRZYGOWSKI 1923, 33–39, 2 Abb. [Zierstücke v. d. Kirche v. Drenovo.]

MITTELALTER UND RENAISSANCE

ALLGEMEIN UND MEHRERE LÄNDER

2030 *J. Bankó:* Ein Porträtkopf aus merovingischer Zeit. SCHLOSSER 1927, 68–69, Abb. 15 bis 18. [Wien, Kunsthist. Mus.]

2031 *H. Keller:* Zur Entstehung der sakralen Vollskulptur in der ottonischen Zeit. JANTZEN 71–91, 1 Abb.

2032 *R. Hamann-MacLean:* Ein ottonischer Kruzifixus. JANTZEN 1951, Schülerfestschr., Bd 1.

2033 *J. Baltrušaitis:* La troisième sculpture romane. GANTNER 47–84, 57 Abb. [Stilgeschichtl. Überschneidungen.]

2034 *U. Monneret de Villard:* Per la storia del portale romanico. KINGSLEY PORTER 113 ff.

2035 *A. Walzer:* Das Bildprogramm an den mittelalterlichen Kirchenportalen Frankreichs und Deutschlands. PINDER 140–164.

2035 a *B. Thordeman:* Dateringen av Sankt Henriks kenotaf i Nousis. NORDMANN 235–247, 16 Abb.

2035 b *M. Hirn:* Vården om S. Henriks kenotaf. NORDMANN 248–266, 6 Abb.

2036 *J. J. Rorimer:* Forgeries of Medieval Stone Sculpture. FOCILLON 195–210, 32 Abb.

2037 *H. Swarzenski:* The Kneeling "Acolyte" in the Morgan Library. GREENE 179–183, Abb. 144–152. [Vergold. Bronze. 13. Jh.]

2038 *E. Meyer:* Romanische Bronzen und ihre islamischen Vorbilder. KÜHNEL 317–322, 7 Abb.

2039 *R. H. Wilenski:* A Mesopotamian Motif in Romanesque Sculpture. POPE 401–403.

2040 *G. Swarzenski:* Just a Dragon. GREENE 172–178, Abb. 140–143. [Boston, Mus. of Fine Arts. Bronze-Statuette. Beziehgn zw. roman. u. chines. Kunst.]

2041 *M. Renard:* Des sculptures celtiques aux sculptures médiévales. Fauves androphages. BIDEZ u. CUMONT 277–293, 6 Abb.

2042 *H. Keller:* Zur Entstehung der Reliquienbüste aus Holz. KAUFFMANN 71–80, 8 Abb.

2043 *I. Kronqvist:* Lehterinkaide vaiko antemensale. HACKMAN 263–274, 9 Abb. [Mittelalterl. Elfenbeinbuchdeckel.]

2044 *A. Andersson:* Ein Kruzifix-Typus der zweiten Hälfte des 13. Jahrhunderts. MEYER, ERICH, 88–92, 4 Abb.

2045 *Jos. M. Ritz:* Schreinfiguren. MEIER, JOHN, 167–168, Taf. 9, 10.

2046 *W. Paatz:* Stammbaum der gotischen Alabasterskulptur 1316–1442. KAUFFMANN 127 bis 135, 5 Abb.

2047 *W. Götz:* Gotische Plastik in barockem Gehäuse. JAHN, JOHANNES, 187–193, 6 Abb.

2048 *M. Lippe:* Die Domherrenepitaphien des 15. Jahrhunderts. GEISBERG 124–130, 5 Abb.

2049 *W. H. Forsyth:* A Princeton Pietà. FRIEND 401–405, 3 Abb.

2050 *A. Meyer:* Zur Geschichte der Renaissance-Herme. OVERBECK 125–135.

DEUTSCHLAND

2051 *W. Graf v. Rothkirch:* Der figürliche Kirchenschmuck des deutschen Sprachgebiets in karolingischer, ottonischer und salischer Zeit. PINDER 117–139, 16 Abb.

2052 *H. Beseler:* Die Frage einer ottonischen Antikenübernahme. JANTZEN 1951, Schülerfestschr., Bd 1.

2053 *O. Homburger:* Zur Stilbestimmung der figürlichen Kunst Deutschlands und des westlichen Europas im Zeitraum zwischen 1190 und 1250. GANTNER 29–45, 10 Abb.

2054 *R. Kautzsch:* Die großen Erzähler in der deutschen Plastik des Mittelalters. SCHMITT 9–42, 6 Abb.

2055 *W. Pinder:* Lehren des frühen Kupferstiches für die Geschichte der deutschen Plastik. VOLKMANN 29–42, 4 Abb.

2056 *Ch. L. Kuhn:* German Late Gothic Sculpture in the Gardner Museum, Boston. KINGSLEY PORTER 559 ff.

2057 *G. Swarzenski:* Italienische Quellen der deutschen Pietà. WÖLFFLIN 1924, 127–134, 5 Abb.

2058 *E.-O. Graf zu Solms-Laubach:* Spekulationen um eine Beweinungsgruppe des beginnenden weichen Stiles. HAMANN 1954.

2059 *F. Wolter:* Bayerische Plastik des 15. und 16. Jahrhunderts. RUPPRECHT, Kronprinz v. Bayern, 1914, 29 ff., 111 Abb.

2060 *J. Hattemer:* Zur gotischen Tonplastik am Mittelrhein. LENHART 101–119, 5 Taf.

2061 *A. Heller:* Warum wurde die spätgotische Bildschnitzkunst des Niederrheins zum Stiefkind der Forschung? STEEGER 121–123.

2062 *R. Nissen:* Beiträge zur Geschichte der westfälischen Plastik. GEISBERG 115, 3 Abb.

2063 *M. Wackernagel:* Ein Profan-Relief des 13. Jahrhunderts. RAVE 189 ff., 2 Abb.

2064 *G. Swarzenski:* Eine Löwen-Madonna in Boston. SCHMITT 171–176, 4 Abb.

2065 *W. Paatz:* Münster, Bremen und Lübeck. Ein Beitr. zur Gesch. d. Bildhauerkunst des frühen 15. Jh. WACKERNAGEL 1958, 75–81, 13 Abb.

2066 *K. Wilhelm-Kästner:* Gnadenstuhl und Madonna als Doppelfigur. Eine Studie zur westfäl. Plastik d. 1. Hälfte d. 15. Jh. WACKERNAGEL 1958, 82–101, 11 Abb.

2067 *G. André:* Beischlagwangen des 16. Jahrhunderts an der Weser. HAMANN 1954 (gedruckt in: Westfalen 33: 1955, 151 ff.).

2068 *W. Schulz:* Beziehungen zwischen Mitteldeutschland und Skandinavien im frühen Mittelalter. SOMMERLAD 125–129, 2 Abb. auf Taf. 4. [Reiterstein v. Hornhausen.]

2069 *U. Schönrock:* Eine unbekannte Heiligenfigur von 1520 in der Skulpturensammlung der Berliner Museen. KURTH, WILLY, 7 Abb.

EINZELNE BILDHAUER

2070 *O. Schmitt:* Prag und Gmünd. Material zur frühen Parlerplastik. FREY 1943, 234–247, 30 Abb.

2071 *O. Schmitt:* Zur älteren Gmünder Plastik. PINDER 291–300, 6 Abb.

2072 *V. Birnbaum:* K datováni portrétní galerie v triforiu chrámu svatovítského (zur Datierung der Bildnis-Galerie im Triforium des St. Veitsdomes). PEKAR, Bd 1, 233–253.

2073 *W. M. Schmid:* Nikolaus Gerhard in Passau. BUCHHEIT 18–35, 7 Abb.

2074 *W. Paatz:* Eine kleine Schnitzfigur aus der Nachfolge des Nicolaus Gerhaert. NOACK 99 ff., 1 Abb.

2075 *Ph. M. Halm:* Das Stiftergrab des Klosters Seeon. SCHNEIDER 1906, 265–272, 3 Taf. nach Zeichngn v. Peter Halm. [Tumba v. 1395 bis 1400. Meister Heider.]

2076 *Th. Müller:* Ein unvollendetes Werk des Meisters JP. SCHMITT 225–232, 4 Abb. [Relieftäfelchen, Birnbaumholz. Sündenfall.]

2077 *R. Verres:* Wo stand Multschers Altar von 1437 ursprünglich? GOLDSCHMIDT 1935, 67–73, 1 Vignette. [Memmingen.]

2078 *Th. Müller:* Ein Beitrag zum Sterzinger Altar. JANTZEN 128–131, 7 Abb. [Engelsfigur in Privatbes.]

2079 *Th. Müller:* Zur schwäbisch-bayrischen Plastik der Zeit Hans Multschers. PINDER 301 bis 324, 11 Abb.

2080 *C. Th. Müller:* Vom Wirkungskreis der Oberschwäbischen Bildhauerwerkstatt der Spätgotik. (Mit Nachträgen zur Kenntnis des Werkes Jörg Lederers.) BUCHHEIT 55–67, 8 Abb.

2081 *L. Luchner:* Die Komposition des Altares zu St. Wolfgang von Michael Pacher. WEINGARTNER 85–93, 3 Taf.

2082 *O. Demus:* Studien zu Michael Pachers Salzburger Hochaltar. FREY 1954, 87–118, Abb. 70–90.

2083 *Th. Hoppe:* Zur Auffindung eines Tafelbildes Michael Pachers. FREY 1954, 82–86, Abb. 64–69. [Wien, Österr. Galerie.]

2084 *E. Bock:* Zeichnungen von Michael Pacher. FRIEDLÄNDER, MAX J., 1927, 14–29, 6 Abb. [Bibliothek Erlangen.]

2085 *H. A. Gräbke:* Bernt Notkes Triumphkreuz. HEISE 169–185, 8 Abb.

2086 *St. Karling:* Bernt Notke och gravstenskonsten. CORNELL 143 ff., 14 Abb.

2087 *C. Neumann:* 1. Ein orientalischer Dolch auf Rembrandts Gemälde der Blendung Simsons in Frankfurt am Main. 2. Die Sankt Georgsgruppe aus der Großen Kirche zu Stockholm. SCHNEIDER 1906, 313–322, 2 Taf. [1. Javanischer „Kris". 2. Nationalmus. Stockh. 1489. Bernt Notke.]

2088 *J. Roosval:* Bernt Notkes oldgesäll 1482–1483. OLSSON 65–75, 13 Abb.

2089 *J. Roosval:* Hvem har skulpterat S. Göran och draken. SCHÜCK, 8 Abb.

2090 *W. Jensen:* Meister Hans Pepers Klagebrief an den Rendsburger Rat. HAUPT 41–47, 4 Abb. [Kanzel zu St. Marien in Rendsburg.]

2091 *A. Stange:* Bemerkungen zur Kunst des Veit Stoß. WÖLFFLIN 1935, 152–159, 7 Abb. [Beziehgn Dürer-Stoß.]

2092 *K. Oettinger:* Die Schüler des Veit Stoß. ERNSTBERGER 181–189, 5 Taf.

2093 *J. Ptaśnik:* Ze studií o Vítu Stoszovi a jeho rodině. (Veit Stoß und seine Familie.) BIDLO 269–275.

2094 *E. Redslob:* Erfurt als künstlerische Heimat Tilmann Riemenschneiders. WINKLER 171–180, 7 Abb.

2095 *J. Bier:* Two stone reliefs from Riemenschneider's workshop in Minneapolis. TIETZE 209–222, 11 Abb. [Zuerst veröff. in Gazette des Beaux-Arts 1954, März, No. 1022.]

2096 *J. Bier:* Hans Gottwalt of Lohr, a Pupil of Tilmann Riemenschneider at Saalfeld. PANOFSKY 1960, 1–12, 13 Abb.

2097 *M. Sauerlandt:* Orpheus und Eyridice. HABICH 14–21. [Plakette v. Peter Vischer. Hamburg, Mus. f. Kunst u. Gewerbe.]

2098 *K. Simon:* Zwei Vischersche Grabplatten in der Provinz Posen. SCHMARSOW 163–169.

2099 *M. Schuette:* An unknown statuette by Peter Vischer the Younger. SWARZENSKI 170 bis 172, 2 Abb.

2100 *L. Baldaß:* Drei deutsche Bildhauerzeichnungen. Ein Beitrag zum Studium der Vischer-Werkstatt. SCHLOSSER 1927, 215–223, Abb. 94–96. [München, Graph. Sammlung.]

2101 *P. von Bomhard:* Zum Werk des Meisters von Rabenden. JANTZEN 1951, Schülerfestschr., Bd 2. [Oberbayer. Bildschnitzer, 1500–1530 tätig.]

2102 *M. Meier:* Zwei Werke des Sixt von Staufen. NOACK 119–124, 4 Abb. [Nach 1524.]

2103 *G. Hager:* Der Meister des Grabdenkmals des Grafen Ladislaus von Haag. SCHLECHT 157–161, 1 Abb.

2104 *W. Fleischhauer:* Zu Hans Syfer. SCHMITT 203–210, 4 Abb. [Syfer u. d. Eßlinger Apostelwerkstatt.]

2105 *J. Baum:* Adolf Dauher in neuer Beleuchtung. VOLLMER, HANS, (hist. art.) 149–157.

2106 *J. Lessing:* Die Grabtafel des Erzbischofs Albrecht II. von Mainz. SCHNEIDER 1906, 259 bis 264, 2 Taf. [Berlin, Kunstgew.-Mus. Conrat Gobel. 1540.]

2107 *O. Großmann:* Ein Frühwerk von Loy Hering. GOLDSCHMIDT 1935, 92–95, 9 Abb. [Kruzifixus.]

2108 *W. Hausenstein:* Tellus bavarica. HELD 66–70, 1 Taf. [Hubert Gerhard, 1590.]

2109 *G. Habich:* Das Bild der Bavaria im 16. Jahrhundert. WOLTERS 42–56, 17 Abb., 2 Taf. [Hub. Gerhard. – Darst. auf Münzen.]

2110 *L. Kaemmerer:* Das Fürstengrabmal Nicolaus Bergners in der Morizkirche zu Coburg. KOETSCHAU 84–92, 8 Abb.

2111 *W. Paatz:* „Mit einem gemalten Bande". BAUCH 126–138, 9 Abb. [Zur gotischen Alabasterskulptur. – Zur Herkunft des Typus der „Schönen Madonnen". – Niklas Eseler d. Ältere als Bildhauer? –]

2112 *W. Stammler:* Atzmann. HEPDING 193 bis 198.

BAYERN UND FRANKEN

2113 *A. Kasper:* Das Weingartener Chorgestühl. MÜLLER, KARL OTTO, 320–322.

2114 *K. Martin:* Ein Augsburger Altar aus dem Anfang d. 15. Jh. BAUM 65–76, Abb. 29–39.

2115 *H. Th. Musper:* Ein „Ulmer" Altar vom Ende des 14. Jahrhunderts? SCHMITT 177–194, 19 Abb. [Einzelne Taf., in Privatbes.]

2116 *W. Vöge:* Der Meister des Grafen von Kirchberg. PINDER 325–347, 19 Abb. [Grabplatten in Ulm-Wiblingen, Babenhausen.]

2117 *H. Maedebach:* Ein schwäbisches Kruzifixus aus dem dritten Viertel des XII. Jahrhunderts. JUSTI 82–89, 8 Abb. [Berliner Museen.]

2118 *H. Kohlhaussen:* Das Paar vom Bussen. WINKLER 29–48, 19 Abb. [Bronzespiegel, schwäbisch um 1150.]

2119 *W. Fleischhauer:* Die Bildnisbüsten des Blaubeurener Hochaltars. BUCHHEIT 50–54, 4 Abb.

2120 *E. Endrich:* Grabdenkmäler in der alten Stiftskirche zu Buchau a. F. BAUM 164–173, Abb. 73. [Oberamt Riedlingen, Württemberg.]

2121 *F. Neumeyer:* Die Jesus-Johannes-Gruppe des Berliner Deutschen Museums. GUARDINI 230–248, 3 Abb.

2122 *E. Eichhorn:* Zur Nürnberger Plastik der Spätgotik. KÖMSTEDT 277–282, 13 Abb.

2123 *E. G. Troche:* Der Koeler-Altar in der St. Peterskapelle am Siechgraben in Nürnberg. STOLLREITHER 355–366, 11 Taf. [1439. Werkstatt d. „Meisters des Bamberger Altares v. 1429".]

2124 *E. W. Braun:* Der Kleopatrabrunnen des Berliner Museums, seine Nürnberger Herkunft und sein Besteller. MEYER, ERICH, 172–175, 3 Abb. [Bronzeguß a. d. 16. Jh.]

2125 *E. T. Schulz:* Das Schlaudersbachische Monument in der Egidienkirche zu Nürnberg, ein Werk von Albrecht Dürer und Loy Hering? BEZOLD, GUSTAV v., 187–196, 1 Textabb., 1 Taf.

2126 *Theodor Rensing:* Die Gnadenpforte des Bamberger Domes. FUCHS 69–76.

2127 *E. E. Huyssen:* Eine fränkische Adam- und Eva-Gruppe des 15. Jahrhunderts. CLEMEN 1926, 381–385, 4 Abb. [Koburg, Portal d. Pfarrki. St. Moritz.]

RHEIN, STRASSBURG, SAAR

2128 *H. Reinhardt:* Ein wiedergefundener romanischer Sandsteinkopf im Historischen Museum Basel. NOACK 24–27, 1 Abb.

2129 *H. Jantzen:* Der Meister der Madonna von St. Ulrich (im Schwarzwald). GOLDSCHMIDT 1923, 52–60, Taf. 11. [Um 1310. Freiburger Hütte.]

2130 *F. Hefele:* Der „Roraffe" im Freiburger Münster. FRANK 90–95.

2131 *L. Noack-Heuck:* Die Immaculata am Haus zur lieben Hand in Freiburg i. Br. JANTZEN 1951, Schülerfestschr., Bd 3.

2132 *I. und R. Oertel:* Die Propheten am Oktogon des Freiburger Münsterturmes. NOACK 33–45, 11 Abb.

2133 *O. Schmitt:* Die Thanner Genesis und ihr Verhältnis zur gotischen Monumentalplastik Südwestdeutschlands. JANTZEN 104–109, 24 Abb.

2134 *W. Hotz:* Spätgotische Grabmalplastik im Odenwald. GEMMINGEN-HORNBERG 40–44, 1 Abb.

2135 *L. Clemm:* Die angeblichen „Canonici regulares s. Albani" in Kirchbrombach. MAYER, THEODOR, 277–279. [Altarstiftung.]

2136 *F. Kutsch:* Spätgotischer Altar der Kirche zu Wiesbaden-Bierstadt. NEEB 96–104, 2 Taf.

2137 *A. Feigel:* Gotische Monumentalfiguren aus Leder. GOLDSCHMIDT 1923, 61–64, Taf. 12. [Vesperbilder über Ledergerüst, 1. Drittel 15. Jh.]

2138 *G. Swarzenski:* Insinnationes divinae pietatis. GOLDSCHMIDT 1923, 65–74, Taf. 13–15. [Museum Detroit. Dt. Alabasterrelief 1425 bis 1450. Dreieinigkeit, Gnadenstuhl, Schmerzensmann.]

2139 *L. Ehret:* Ein Vortragekreuz aus dem 14. Jahrhundert. NOACK 28–32, 3 Abb.

2140 *A. Lhotsky:* Zur Geschichte des Grabmals König Rudolfs I. STENGEL 425–427, 1 Taf. [Speyer, um 1285.]

2141 *E. Meyer:* Frühgotische Bronzen im Erzbistum Trier. KAUFFMANN 106–111, 5 Abb. [Bronzebecken auf Tierklauen, Löwenköpfe als Türzieher.]

2142 *H. W. Embers:* Die Skulpturen des ehemaligen Westlettners im Trierer Dom. (Versuch e. Rekonstruktion des Lettners.) GERKE 71–97, 2 Taf.

2143 *J. E. Gérock:* Fragment de sculpture de la Cathédrale de Strasbourg. FORRER 149–152, 1 Taf. [Frauenkopf, h. 17 cm.]

2144 *R. Schnellbach:* Zwei unbekannte Straßburger Skulpturen der Spätgotik. SCHMITT 211 bis 216, 2 Abb. [Anna u. Joachim.]

2145 *L. Hell:* Unbekannte Meisterwerke Straßburger Plastik aus der zweiten Hälfte des 13. Jahrhunderts. SCHMITT 159–163, 4 Abb.

2146 *H. Haug:* Der Straßburger Lettner im Frauenhaus-Museum. SCHMITT 139–144, 4 Abb.

2147 *J. A. Schmoll gen. Eisenwerth:* Eine unbekannte spätgotische Holzbüste aus Lebach a.d.Saar – ein Werk der Conrad-Sifer-Werkstatt? LOHMEYER 54–64, 12 Abb.

2148 *K. Hoppstädter:* Ein bisher unbekannter Wappenstein des 16. Jahrhunderts im Saarland-Museum. LOHMEYER 242–245, 1 Abb.

2149 *C. Huart:* La Vierge de l'église Saint-Augustin à Mayence. SCHLUMBERGER, Bd. 2, 368–371, Abb. 60. [Oriental. Motiv d. Jesusknaben m. Vogel.]

2150 *A. B. Gottron:* Mainzer Meßfeier auf Elfenbeinskulpturen des 9. Jahrhunderts. STOHR 536–541, 1 Taf. [Frankfurt u. Cambridge.]

2151 *L. Lindenschmitt:* Ein auf dem Schloßplatz in Mainz gefundenes Elfenbeinrelief. SCHNEIDER 1906, 411–415, 1 Abb. [10.–11. Jh.]

2152 *A. Feigel:* Marias Abschied. Eine neuentdeckte Holzgruppe im Priesterseminar Mainz. NEEB 91–95, 1 Taf.

2153 *O. Schmitt:* Das Mainzer Dommuseum und die deutsche Bildhauerkunst des 13. Jh. LENHART 67–100, 12 Taf.

2154 *O. Schmitt:* Zur Deutung der Gewölbefigur am ehemaligen Westlettner des Mainzer Doms. SCHROHE 70–78, 1 Abb., Taf. 1–4. [Zusammenh. m. d. „Kopf mit der Binde".]

2155 *W. F. Volbach:* Der Engel aus Lonnig. Ein Beitrag zur Geschichte des Samsonmeisters und seiner Schule. SCHMITT 67–72, 4 Abb. [Mittelrheinisch, um 1200; Schule vor Arles.]

2156 *R. Hamann:* Die Bonner Pietà. CLEMEN 1926, 365–374, 13 Abb.

2157 *J. Roosval:* Eine kölnische Marmorstatue in Wisby. GOLDSCHMIDT 1923, 49–51, Taf. 10. [Hl. Barbara. 1350–60.]

2158 *E. Doberer:* Studien zu dem Ambo Kaiser Heinrich II. im Dom zu Aachen. SEDLMAYR. (Gedruckt in: Forschungen zur Kunstgeschichte u. christl. Archäologie. Mainz, Bd 3, 1957, 308 ff.)

2159 *O. Schmitt:* Die Muttergottes des Oberwesler Altars. NEEB 81–90, 2 Taf.

HESSEN, WESTFALEN, NIEDERSACHSEN

2160 *A. Wolters:* Die Madonna von Schillingskapellen. SCHMITT 51–66, 5 Abb. [Frankfurt, Liebighaus. Nußbaum. 1190.]

2161 *K. Nothnagel:* Ein Löwenportal aus Sachsenhausen. RICHEL 9–12, 1 Abb.

2162 *K. Diel:* Gemmingen-Epitaph im Dom zu Wetzlar. GEMMINGEN-HORNBERG 33, 1 Abb. [Frühes 16. Jh. zu Backofen.]

2163 *I. Rössler:* Ein Vorläufer der Marburger Gräber des 14. Jahrhunderts. HAMANN 1949.

2164 *O. Schmitt:* Zur Datierung des Externsteinreliefs. SWARZENSKI 26–38, 13 Abb.

2165 *J. Baum:* Zu den Hornhauser Steinen. SCHUMACHER 1930 I.

2166 *H. Eickel:* Die Madonna des Bischofs Imad von Paderborn, ein frühmittelalterliches Kultbild. FUCHS 45–52.

2167 *H. Eickel:* Das Vesperbild von Anröchte. RAVE 192 ff., 1 Abb.

2168 *R. Fritz:* Der Crucifixus von Benninghausen, ein Bildwerk des 11. Jahrhunderts. RAVE 141 ff., 9 Abb.

2169 *Th. Wieschebrink:* Das Johannesportal am Dom zu Münster. RENSING 154–159, Abb. 104–113.

2170 *H. Grundmann:* Der hl. Theodor oder Gottfried von Cappenberg im Domparadies zu Münster. RENSING 160–173, Abb. 114–116.

2171 *P. Pieper:* Die silbernen Apostel im Domschatz zu Münster. WACKERNAGEL 1958, 53–74, 16 Abb. [Etwa 1330–1380.]

2172 *G. Fiensch:* Eine thronende Madonna des 13. Jh. im Diözesan-Museum zu Münster. WACKERNAGEL 1958, 37–52, 8 Abb.

2173 *W. Rave:* Das Grab des jüngeren Adalhard in Corvey. FUCHS 39–44, 1 Abb.

2174 *R. Wesenberg:* Der Bronzekruzifixus des Mindener Domes, ein sächsisches Werk des 11. Jahrhunderts. RENSING 57–69, Abb. 7–24.

2175 *Bathildis Fürstin zu Waldeck und Pyrmont:* Drei Denkmäler in der Stadtkirche zu Mengeringhausen. SCHULTZE, Victor II, 101 bis 106, 2 Taf. [Epitaphien, 16. Jh.]

2176 *H. Deckert:* Einige spätromanische Sitzmadonnen in Niedersachsen. HAMANN 1939, 23–30, Taf. 5–8. [Ebstorf; Alt-Wallmoden; Schmedenstedt; Gronau; Goslar.]

2177 *H. Beenken:* Zwei Triumphkruzifixe des 13. Jahrhunderts in neugotischen Kirchen. 1. Bissendorf b. Osnabrück. 2. Trier-Euren a. d. Mosel. HAMANN 1944, 93–102, 7 Abb.

2178 *R. Hamann:* Die Skulpturen der Kirche von Guntersblum. NEEB 52–63, 10 Abb. [Um 1200.]

2179 *I. Feldhaus:* Zwei Flügelteile des Peter-und-Paul-Altares der Hildesheimer Lambertikirche im Neußer Museum. JANTZEN 1951, Schülerfestschr., Bd 1.

2180 *E. Panofsky:* Das Braunschweiger Domkruzifix und das „Volto Santo“ zu Lucca. GOLDSCHMIDT 1923, 37–44, Taf. 7, 8.

2181 *V. Dirksen:* Ein Kruzifix im Museum in Buxtehude. GOLDSCHMIDT 1923, 34–36, Taf. 5, 6. [Eichenholz, nach 1350.]

MITTEL- UND OSTDEUTSCHLAND

2182 *G. Neumann:* Eine eigentümliche frühromanische Christusdarstellung von Jena-Löbnitz. HEUSSI 8 S., 3 Abb.

2183 *M. Riemschneider-Hoerner:* Die Schnitzaltäre des Saalfelder Museums. HOPF 199–217, 3 Taf.

2184 *H. Maedebach:* Die Grabdenkmäler der Wettiner um 1270 im Kloster Altzella. JAHN, JOHANNES, 165–174, Abb. 71–81.

2185 *G. Stuhlfauth:* Der Einhornaltar aus Kloster Dambeck. HAMANN 1944, 171–186, 10 Abb. [Auch zum Motiv d. Einhornjagd überh.]

2186 *K. Francke:* The Sculptures of the Golden Gate at Freiberg. KITTREDGE 47–50.

2187 *H. Deckert:* Das Abendmahl am Naumburger Westlettner. HEISE 154–157, 1 Abb.

2188 *K. Wessel:* Vides quanta propter te sùstinuerim? Ein Beitr. zum Verständnis des Naumburger Westlettners. HOFMEISTER 1955, 312–324. [Zisterziensische Einflüsse.]

2189 *E. Meyer:* Romanische Bronzen der Magdeburger Gießhütte. WINKLER 22–28, 7 Abb.

2190 *H. Giesau:* Eine Modellfigur des 13. Jahrhunderts im Magdeburger Dom. MÖLLENBERG 104–112, 1 Taf. m. 4 Abb.

2191 *F.-K. Danneel:* Ein unbekanntes Bildnis Kardinal Albrechts von Brandenburg. WAETZOLDT 177–184, 1 Abb. [Halle/S., Dom. Relief. 1525. Backofen-Schule.]

2191a *F. v. Lorentz:* Das Triumphkreuz in der Nikolaikirche zu Spandau. HOFMEISTER 1955. 201–206. 1 Taf. [um 1490.]

2192 *R. Probst:* Der Meister des Löwenberger Doppelgrabmals und die schlesische Grabplastik der 1. Hälfte des 14. Jahrhunderts. FREY 1943, 201–217, 11 Abb.

2193 *W. Kudlich:* Drei Darstellungen des Todes Mariae aus dem Oppaland. (Ein Beitr. zur gotischen Plastik Schlesiens.) WOSTRY 219 bis 245, 4 Abb.

2194 *R. Hamann:* Das Grabmal des Heiligen Adalbert. HOFER 49–52, 1 Abb. [Gnesener Bronzetür.]

2195 *P. Pieper:* Die silbernen St. Georgsfiguren aus Elbing. MEYER, ERICH.

ALT-ÖSTERREICH

2196 *M. Capra:* Das Relief von Weigelsdorf. STRZYGOWSKI 1932 I, 27–30, Abb. 14. [Nied.-Österr. Kalksteintaf. m. Tierrelief, 9. Jh.]

2197 *A. Kutal:* Přispěvek k dějinám české pozdně románské plastiky (Contribution à l'histoire de la sculpture tchèque de la fin de l'époque romane). MATEJCEK 67–72, Abb. 20–22.

2198 *L. Réau:* Les sculptures romanes de l'abside de Schöngrabern en Autriche. MARTROYE 275 ff., 3 Taf. u. 11 Abb.

2199 *K. Ginhart:* Das Modestusgrab in Maria-Saal. STRZYGOWSKI 1932 I, 61–65, Abb. 33–43. [Nördl. Klagenfurt, Pfarrki. Karoling. Marmorsarg m. Säulchen.]

2200 *K. Oettinger:* Das älteste Herzogsgrabmal Österreichs. EGGER, RUDOLF, 1952, Bd. 2, 391 bis 414, 11 Abb. [Heiligenkreuz. 1230.]

2201 *H. R. Weihrauch:* Die St.-Martins-Gruppe aus Neuburg an der Donau. JANTZEN 1951, Schülerfestschr., Bd 2.

2202 *F. Novotny:* Die künstlerische Herkunft der Westtür des Gurker Doms. STRZYGOWSKI 1932 I, 120–123, Abb. 72–75. [Übereinstimmg. m. Gumpertsbibel Erlangen UB Cod. 121, 1175–1195.]

2203 *H. Waschgler:* Der Katharinenaltar in Corvara. WEINGARTNER 193–203, 6 Abb. [Gadertal. Altdorfer-Nachfolge.]

2204 *Th. Müller:* Zur Erforschung der spätgotischen Plastik Tirols. HAMMER, 79–82.

2205 *J. Gritsch:* Die gotische Madonna in der Pfarrkirche zu Ebbs. MAYER, MATTHIAS, 219 bis 222, 2 Abb. [Tirol.]

2206 *Ph. M. Halm:* Zur Inntaler Grabplastik der Spätgotik. RUPPRECHT, Kronprinz v. Bayern, 1914, 9 ff., 18 Abb.

2207 *H. Hörtnagl:* Die Steinmetz-Werkstätte der Türing in Innsbruck. FISCHNALER 31–41, 1 Taf.

2208 *O. R. v. Lutterotti:* Zur Meisterfrage beim Innsbrucker Goldenen Dachl. WEINGARTNER 95–102, 17 Abb. [Niklas Türing d. Ä.]

2209 *G. Schmidt:* Der „Ritter" von St. Florian und der Manierismus in der gotischen Plastik. SWOBODA 249–263, 7 Abb.

2210 *A. Macku:* Zur Symbolik an Pilgrams Kanzel des Wiener Stephansdoms. SWOBODA 167–187, 1 Abb.

2211 *K. Ginhart:* Ein gotisches Statuenpaar in Wiener Neustadt. EGGER, HERMANN, 49 ff., 4 Abb.

2212 *S. Benker:* Zum Werk Jakob Kaschauers. SEDLMAYR, 3 Abb.

2213 *A. Kutal:* Dvě moravské „krásné" Madony (zwei mährische „Schöne Madonnen"). WIRTH 43 ff.

2214 *E. Poche:* Braun či Brandl? (Braun ou Brandl.) MATEJCEK 183–187, Abb. 97–100. [Prag. Gruppe d. Hl. Luitgard a. d. Karlsbrücke.]

2215 *J. Cibulka:* Poprzí sv. Petra a Pavla v arcibiskupském paláci na Hradčanech (Les bustes de Saint Pierre et de Saint Paul, au palais archiépiscopal à Hradčany). MATEJCEK 106–116, Abb. 43–56. [Prag, Hradschin, 1413 bis 1419.]

2216 *J. Opitz:* Nepovšimnutá gotická Pieta v ochozu loretánského kostela v Praze (eine unbeachtete gotische Pietà im Umgang der Loretto-Kirche in Prag). WIRTH 47 ff.

2217 *V. Denkstein:* Madona z Rudolfova (Madonne de Rudolfov). MATEJCEK 98–102, Abb. 33–39. [Prag, Rudolfinum. Um 1340.]

2218 *J. Cibulka:* Ulomek hlavy sv. Václava ze Spytihněvovy basiliky svatovítské a datováni ranĕgotických památek stavebních a sochařských v Čechách (das Bruchstück des Kopfes des Hl. Wenzel aus der St. Veits-Basilika und die Datierung frühgotischer Bau- und Bildwerke in Böhmen). WIRTH 99 ff.

2219 *A. Liška:* Madona prazské Staroměstské radnice (la Madonne de l'Hôtel de Ville de Pragùe). MATEJCEK 94–97, Abb. 30–32. [14. Jh.]

2220 *J. Květ:* Relief na vězi Juditina mostu (Le relief de la tour du Pont de la reine Judith). MATEJCEK 73–89, Abb. 23–27. [Prag. Mitte 13. Jh., Vergl. m. Astrolabium v. Regensburg.]

2221 *J. Homolka:* Několik poznámek ke skupině Ukřizování v kostele sv. Bartoloměje v Plzni. LABEK 30–36, Taf. IV. [Pilsen. Kreuzigungsgruppe 15. Jh.]

2222 *S. Radojčić:* Die „Porta speciosa" in Gran und deren serbische Parallelen. EGGER, RUDOLF, 1952, Bd. 1, 356–366, 3 Abb. [Westportal d. Graner Domes, um 1190.]

2223 *A. Horvat:* Brončani Razapeti ... (Ein in Kroatien gefundenes Bronzekruzifix „Christus regnans"). ABRAMIC 261–269, 6 Abb. [Deutsch, 12. Jh.]

SCHWEIZ

2224 *O. Homburger:* Untersuchungen zum Stil der Baseler Galluspforte. KINGSLEY PORTER 537 ff.

2225 *P. Buxtorf:* Über die ursprünglichen Standorte der Epitaphien im Basler Münster. STÄHELIN 113–129, 1 Lageplan. [Nach e. Inschriftensammlg. v. 1660.]

2226 *E. Major:* Das „Symbolum Pythagoricum" des Conrad Lycosthenes. STÄHELIN 103 bis 112, 3 Abb. [C. L.: Wolfhart, 1518–1561, Philolog. Roman. Periode d. St. Leonhardski. Basel. Deutg. als Symb. Pyth. des Schweigens: Humanistenfabel.]

2227 *H. Reiners:* Das Südportal der Kathedrale zu Freiburg in der Schweiz. Ein Ausläufer oberrheinischer Kunst. CLEMEN 1926, 345 bis 364, 17 Abb.

2228 *M. Besson:* La découverte du tombeau de Saint Amédée, évêque de Lausanne († 1159). SCHNÜRER 9–23.

2229 *J. Baum:* Eine Basler Grablegung Christi. SCHMITT 195–202, 2 Abb. [Hitzkirch, Kanton Luzern. Lindenholz um 1430.]

2230 *L. Blondel:* Le tombeau du Cardinal de Brogny. ROGGEN 25–33, 2 Abb. [† 1426, Makkabäerkap. zu Genf.]

2231 *H. Wölfflin:* Das Grabmal der Königin Anna im Münster zu Basel. BASEL, Hist. Mus. 151–158, 1 Taf. [† 1281, Gem. Rud. v. Habsburg.]

ENGLAND

2232 *R. A. S. Macalister:* The sculptured stones of Wales. KINGSLEY PORTER 577 ff.

2233 *H. Schetelig:* Stil og tidsbestämmelser i de nordiske korsene paa Oen Man. MONTELIUS 1913, 391–403, 14 Abb.

2234 *E. I. Seaver:* The figure sculpture of the Scandinavian Crosses on the Isle of Man. ROOSVAL 109 ff.

2235 *K. Spieß:* Das angelsächsische Runenkästchen (die Seite mit der Hos-Inschrift). STRZYGOWSKI 1932 I, 160–168, Abb. 104–108. [Florenz, Nat. Mus., Walfischknochen.]

FRANKREICH

2236 *H.-U. v. Schoenebeck:* Die Bedeutung der spätantiken Plastik für die Ausbildung des monumentalen Stils in Frankreich. GOLDSCHMIDT 1935, 23–29, 8 Abb.

2237 *Claude Dalbanne:* Bas-relief représentant l'ange de l'annonciation. JERPHANION 86–92, 2 Abb. [9. Jh.]

2238 *P. Deschamps:* Tables d'autel de marbre exécutées dans le Midi de la France au Xe et au XIe siècle. LOT 137–168.

2239 *W. F. Volbach:* Frühmittelalterliche Elfenbeinarbeiten aus Gallien. MAINZ, Bd 1, 3 Taf.

2240 *H. Focillon:* Quelques survivances de la sculpture romane dans l'art français. KINGSLEY PORTER 453 ff.

2241 *R. Koechlin:* Quelques noms d'ivoiriers des XIVe et XVe siècles. LEMONNIER 17–38.

2242 *G. Paulsson:* Die zwei Quellpunkte der romanischen Plastik Frankreichs: Toulouse und Cluny. GANTNER 7–27, 3 Abb.

2243 *J. de Larondès-Lafigère:* Les statues de la Vierge au Musée de Toulouse. COUTURE 323–334.

2244 *M. Schapiro:* The Sculptures of Souillac. KINGSLEY PORTER 359 ff.

2245 *L. Bréhier:* Les traits originaux de l'iconographie dans la sculpture romane de l'Auvergne. KINGSLEY PORTER 389 ff.

2246 *R. Grand:* La sculpture et l'architecture romanes à Saint-Géraud d'Aurillac; nouvelles recherches, nouveaux aperçus. MARTROYE 239 ff., 2 Taf. u. 7 Abb.

2247 *M. Aubert:* Les statues du choeur de Saint-Martin d'Angers, aujourd'hui au Musée d'Art de l'Université Yale. KINGSLEY PORTER 405 ff.

2248 *M. Gosebruch:* Die Portale von S. Lazare in Avallon und S. Bénigne in Dijon und der Anteil Burgunds an der Ausbildung des Figurenportals. JANTZEN 1951, Schülerfestschr., Bd 1.

2249 *D. Roggen:* De Profetenput van Klaas Sluter te Dijon. VERMEYLEN, 3 Abb.

2250 *P. Gras:* Deux „Puits de Moïse" à Chalon-sur-Saône. ROGGEN 101 ff.

2251 *Otto Schmitt:* Das Liebfrauenportal der Kathedrale von Metz. Bericht über eine unfertige Arbeit. WOLFRAM 92–110, 12 Taf.

2252 *A. Marignan:* Quelques ivoires représentant la crucifixion et les miniatures du Sacramentaire de Metz. WILMOTTE.

2253 *Comte J. de Borchgrave d'Altena:* La croix reliquaire de Laon. COURTOY, Bd 1, 355–360, 3 Taf. [Louvre. Um 1200.]

2254 *M. Aubert:* Les chapiteaux du choeur de Cluny. PITTARD 43 ff.

2255 *M. Aubert:* Les débuts de la sculpture gotique en Ile-de France. Le portail de Saint-Loup de Naud. ROOSVAL 9 ff.

2256 *Marcel Aubert:* Le portail du croisillon sud de l'église abbatiale de Saint-Dénis. PICARD, 2 Abb.

2257 *M. Aubert:* Le Portail Royal de Chartres. Essais sur la date de son exécution. PUYVELDE 281 ff.

2258 *R. Kautzsch:* Saint-Gilles, Modena und Chartres. KOETSCHAU 21–34, 5 Abb.

2259 *A. Katzenellenbogen:* The prophets on the west façade of the Cathedral at Amiens. TIETZE 61–80, 11 Abb. [Auch: Gazette des Beaux-Arts 1952, Nov., No. 1006.]

2260 *M. Aubert:* Les prophètes de la façade occidentale de la cathédrale d'Amiens. BRUNEL, Bd 1, 64–73.

2261 *P. Pradel:* L'auteur des statues du „Beau Pilier" de la cathédrale d'Amiens. BRUNEL, Bd 2, 390–396.

2262 *A. Katzenellenbogen:* Tympanum and Archivolts on the Portal of St. Honoré at Amiens. PANOFSKY 1960, 280–290, 6 Abb.

2263 *Charles Seymour jr.:* XIII Century Sculpture at Noyon and the development of the Gothic Caryatid. FOCILLON 163–182, 19 Abb.

2264 *C. Schaefer:* Le relief du jugement de Salomon à la façade de la Cathédrale d'Auxerre. FOCILLON 183–194, 4 Abb.

2265 *J. Claparède:* Un médaillon énigmatique du Zodiaque de Vézelay. FLICHE 23–31.

2266 *M. Aubert:* Un buste de Philippe le Hardi provenant de l'église de Saint-Louis de Poissy. PUIG I CADAFALCH, Bd 1, 91–93, 2 Taf.

2267 *G. Vauthier:* Anne d'Autriche et l'église du Val-de-Grâce. GUIFFREY 146–169. [Allegor. Figuren v. Michel Anguier. Kirchenschatz.]

2268 *M. Thibaut de Maisières:* La tombe de Gobert d'Aspremont au cloître de Villers. PUYVELDE 285 ff., 2 Abb.

2269 *R. Koechlin:* La partie d'échecs de Huon de Bordeaux et les ivoires français du XIVe siècle. BERTAUX.

2270 *W. R. Valentiner:* Rustici in France. SUIDA 205–217, 11 Abb. [Bildhauer, 1474 bis 1554.]

2271 *P. Vitry:* Une réplique du buste de Charles IX, par Germain Pilon, au Metropolitan Museum de New York. GUIFFREY 51–60, 1 Taf.

2272 *J. Braun:* Ein Dokument zur Entstehungsgeschichte der großen Schreine des 12. und 13. Jahrhunderts. CLEMEN 1926, 309–317, 2 Abb. [Nivelles, Gertrudis-Schrein, 1272.]

ITALIEN

ALLGEMEIN

2273 *A. Dorner:* Die Entwicklung der Raumvorstellung in den Reliefs des Trecento und Quattrocento. SCHUBRING, PAUL, 32–59, 6 Abb.

2274 *L. Bokh:* Drei italienische Reiterstandbilder. SCHÜTZ 158–167.

2275 *E. Hütter:* Eine Skulptur des heiligen Thomas von Aquin in der Leipziger Universitätskirche. JAHN, JOHANNES, 179–185, Abb. 84–86. [Um 1400, vermutl. italienisch. Bisher traditionell als Dominikus bezeichnet.]

2276 *C. R. Morey:* Italian Gothic Ivories. KINGSLEY PORTER 181 ff.

2277 *H. Egger:* Beiträge zur Andrea Bregno-Forschung. SCHLOSSER 1927, 122–136, Abb. 53–57.

2278 *É. Bertaux:* Le secret de Scipion. Essai sur les effigies de profil dans la sculpture italienne de la Renaissance. LEMONNIER 71–92, 4 Abb.

2279 *G. Fiocco:* Le tarsie di Pietro Antonio degli Abati. VENTURI, Vol. 1, 239 ff.

2280 *L. D. Ettlinger:* Exemplum Doloris. Reflections on the Laocoön Group. PANOFSKY 1960, 121–126, 5 Abb. [Nachwirkungen der Laokoongruppe.]

SÜDITALIEN

2281 *R. Salvini:* Un Capolavoro inedito di Scultura Romanica. KAUFFMANN 67–70, 2 Taf. [Palermo, Sarkophag Rogers II.]

2282 *F. Bartoloni:* La data del portale di Bonanno nel Duomo di Monreale. DE STEFANO 39–42. [Zw. 25. 3. u. 23. 9. 1185.]

2283 *G. Chierici:* La porta di Capua. SUPINO 65 ff., 5 Abb.

2284 *E. Langlotz:* Das Porträt Friedrichs II. vom Brückentor in Capua. SWARZENSKI 45–50, 11 Abb.

2285 *G. Kaschnitz-Weinberg:* Bildnisse Friedrichs II. von Hohenstaufen. 1. Der Kolossalkopf aus Lanuvium. Tl 1, 1–21, Taf. 1–13. 2. Die vermutete Porträtbüste Friedrichs II. in Barletta. Mit Exkursen v. Augusto Campana u. Walter N. Schumacher. CURTIUS, LUDWIG, 1955–56, Tl 2, 1–52, Taf. 1–23.

2286 *G. Gerola:* La statua di Lucera e l'iconografia di Carlo II d'Angiò. SUPINO 81 ff., 9 Abb.

2287 *S. E. Mariotti:* Il "Sedile" di S. Luigi in Aversa. DE PETRA 99–106, 2 Abb. [I. J. 1195.]

2288 *G. Cultrera:* Due portali di stile normanno in Corneto Tarquinia. ORSI 1921, 4 Abb.

ROM UND UMGEBUNG

2289 *H. Keller:* Die Risse der Orvietaner Domopera und die Anfänge der Bildhauerzeichnung. PINDER 195–222, 10 Abb. [Lorenzo Maitani, Antonio Federighi.]

2290 *A. Watson:* The Imagery of the Tree of Jesse on the West Front of Orvieto Cathedral. SAXL 149–164, 2 Taf., 1 Skizze. [14. Jh. Lorenzo Maitani.]

2291 *H. Egger:* Kardinal Antonio Martinez de Chaves und sein Grabmal in San Giovanni in Laterano. Ehrle, Vol. 2, 5 Abb.

2292 *G. Mariacher:* Contributo su Michele da Firenze. Toesca 69–72, Taf. 58–64. [Bildhauer, 1. 4. 15. Jh.]

2293 *C. Enlart:* Sculptures génoises du XV siècle importées en Corse. Bertaux, 2 Abb.

2294 *W. Gramberg:* Guglielmo della Portas Bildnisbüste des Papstes Paul III. Meyer, Erich.

2295 *E. Luporini:* Formazione cultura e stile di Giovannantonio Dosio. Marangoni 224–237, 10 Abb.

Florenz

2296 *E. Lusini:* Arnolfo e il Duomo di Firenze. Supino 99 ff., 2 Abb.

2297 *R. Berliner:* Arnolfo di Cambio's Praesepe. Swarzenski 51–56.

2298 *M. Salmi:* Lorenzo Ghiberti e la pittura. Venturi, Vol. 1, 223 ff.

2299 *O. H. Giglioli:* Maso Finiguerra. Supino 375 ff., 13 Abb. [Florent. Goldschmied, 1426 bis 1464. Meister der Niellokunst.]

2300 *Wilhelm Vöge:* Donatello greift ein reimsisches Motiv auf. Jantzen 117–127, 8 Abb.

2301 *M. Semrau:* Donatello und der sogenannte Forzori-Altar. Schmarsow 95–102.

2302 *John Pope-Hennessy:* Some Donatello Problems. Suida 47–65, 20 Abb. [Brunnen in Arezzo u. a.]

2303 *Wilhelm R. Valentiner:* Towards a chronology of Donatello's early works. Winkler 71–83, 8 Abb.

2304 *J. Rubió:* Alfons el Magnànim, rei de Nàpols, i Daniel Florentino, Leonardo da Bisuccio i Donatello. Puig i Cadafalch, Bd 1, 25–35.

2305 *G. N. Fasola:* Bassorilievi donatelleschi nel Museo Calvet. Marangoni 176–181, 12 Abb. [Donatello, Desiderio.]

2306 *J. Cardellini:* Un problema desideriesco. Marangoni 182–189.

2307 *F. Studniczka:* Niccolò da Uzzano? Wölfflin 1924, 135–153, 12 Abb.

2308 *F. Schottmüller:* Nanni di Bartolo il Rosso. Supino 295 ff., 3 Abb.

2309 *G. Gombosi:* Eine Kleinbronze Niccolò Lambertis aus dem Jahre 1407. Goldschmidt 1935, 119–120, 4 Abb. [Budapest, Slg Delmár, Hl. Christophorus.]

2310 *W. Bode:* Luca della Robbias Türlünette mit der von Engeln verehrten Madonna im Kaiser-Friedrich-Museum zu Berlin. Schneider 1906, 179–182, 1 Taf.

2311 *J. Du Teil:* Notice sur des œuvres d'Andrea della Robbia en Flandre. Manno 391–402.

2312 *J. Balogh:* Agostino di Duccio egy ismeretlen Madonnája. (Eine unbekannte Madonna Agostino di Duccios.) Petrovics 71–75, Abb. 114–122. In dt. Spr. S. 198–203. [Piazzola. Terrakotta-Relief.]

2313 *J. G. Phillips:* The Virgin with the Laughing Child. Suida 146–153, 10 Abb. [Terracotta, Leonardo?]

2314 *U. Middeldorf:* Ein Jugendwerk des Amadeo. Kauffmann 136–142, 5 Abb.

2315 *S. Meller:* Antonio Pollaiuolo tervrajzai Francesco Sforza lovasszobrához. (I progetti di Antonio Pollaiuolo per la statua equestre di Francesco Sforza.) Petrovics 76–79, Abb. 123, 124. In italien. Spr. S. 204–205.

2316 *P. Clemen:* Bartolomeo Colleoni. Gothein 107–142.

2317 *W. Stechow:* Zum plastischen Werk des Giuliano da San Gallo. Schubring, Paul, 138 bis 143, 7 Abb.

2318 *W. R. Valentiner:* An Early work by Francesco da San Gallo. Venturi, Vol. 1, 359 ff.

2319 *L. Sighinolfi:* Nicolò Tribolo e le sculture delle porte minori di San Petronio. Falletti 351–360.

Pisa, Lucca

2320 *F. Russoli:* Due relievi pisani nel museo di Louvre. Marangoni 152–153, 2 Abb. [1340.]

2321 *H. Keller:* Bildhauerzeichnungen Pisanellos. Bauch 139–152, 5 Abb.

2322 *F. Fried:* Zwei Engelgruppen von Giovannis Domkanzel in Pisa. Strzygowski 1932 I, 54–56, Abb. 25–29. [New York, Metropol. Mus.]

2323 *R. Papini:* Pro-memoria sulla classicità di Giovanni Pisano. Supino 113 ff., 9 Abb.

2324 *W. Rolfs:* La Madonna dell'Annunziata in Trapani. Salinas. [Schule G. Pisano, etwa 1300.]

2325 *E. Berckenhagen:* Die Hütte des Romulus am großen Brunnen in Perugia. Redslob 276–283, 1 Taf. [N. Pisano, Relief der Rea Silvia. Symbolik des Zentralbaus.]

2326 *S. Bottari:* Una scultura di Nino Pisano a Trapani. Marangoni 164–166, 4 Abb.

2327 *G. Swarzenski:* Das Auftreten des Églomisé bei Nicolò Pisano. Clemen 1926, 326–328.

2328 *R. Jullian:* "La Madonna del latte" attribucé à Nino Pisano. Deonna 278–285, 2 Taf.

2329 *U. Procacci:* Ignote sculture lignee nel Pisano. Supino 253 ff., 9 Abb.

2330 *M. Salmi:* Un monumento della scultura pisana a Barcellona. SUPINO 125–139, 8 Abb.

2331 *M. Marangoni:* Opere sconosciute di Andrea Guardi. SUPINO 429 ff., 3 Abb.

2332 *É. Bertaux:* Le mausolée de l'empereur Henri VII à Pise. FABRE 365–379.

2333 *E. Tolaini:* Alcune sculture della facciata del Camposanto di Pisa. MARANGONI 155 bis 163, 13 Abb.

2334 *E. Lucchesi-Palli:* Ein bisher unbeachtetes Relief an der Kirche San Michele in Lucca. SAS-ZALOZIECKY 109 ff.

2335 *P. Campetti:* L'altare della famiglia Trenta in S. Frediano di Lucca. SUPINO 271 ff., 15 Abb. [Von Jacopo della Quercia.]

Bologna

2336 *C. Gnudi:* Il reliquiario di San Luigi Re di Francia in San Domenico a Bologna. MARANGONI 138–142, 6 Abb. [13. Jahrh.]

2337 *M. C. Beretta:* Il significato politico della statua offerta dei Bolognesi a Bonifacio VIII. FALLETTI 421–432.

2338 *R. Buscaroli:* Un antica "Pietà" in legno nella Chiesa di S. Maria delle Grazie a Bologna. SUPINO 73 ff., 1 Abb.

2339 *A. Sorbelli:* Un autografo di Niccolò dall' Arca. SUPINO 457 ff., 1 Abb.

2340 *A. Foratti:* L'attività di Pagno di Lapo Portigiani in Bologna. SUPINO 353 ff., 10 Abb.

2341 *Cesare Gnudi:* La Madonna di Jacopo della Quercia in S. Petronio. SIMEONI, Bd 2, 325–334, 5 Abb.

Lombardei und Oberitalien

2342 *G. di Marzo:* 1. Un documento inedito di Francesco di Laurana. 2. Nuovi documenti di Pietro di Bonate, scultore lombardo in Sicilia nel Quattrocento. SALINAS 352–372, 2 Abb.

2343 *G. A. Dell'Acqua:* Problemi di scultura lombarda: Mantegazza e Amadeo (II). TOESCA 123–140, Taf. 130–153.

2344 *R. Sh. Loomis:* The date, source and subject of the Arthurian sculpture at Modena. SCHOEPPERLE LOOMIS 209–228, 3 Abb. [Um 1100.]

2345 *A. Moschetti:* Per la "caccia di Teodorico" sulla facciata del S. Zeno di Verona. PICOT, Bd 2, 2 Abb.

2346 *E. Arslan:* La statua equestre di Cangrande. MISTRORIGO 83–110, 15 Abb.

2347 *P. Schubring:* Matteo de Pasti. SCHMARSOW 103–114.

2348 *C. Gnudi:* Nuovi appunti sui fratelli dalle Masegne. Un capolavoro di Pier Paolo. Grandezza di Jacobello. TOESCA 48–55, Taf. 28–34.

2349 *N. Rasmo:* Il Crocefisso ligneo di San Giorgio Maggiore a Venezia. SWOBODA 237–244, 5 Abb.

2350 *C. Semenzato:* Appunti su Andriolo de Santi scultore ed architetto. MISTRORIGO 256 bis 269. [Venez. Bildhauer, † 1375.]

2351 *L. Planiscig:* Das Grabdenkmal des Orsato Giustiniani. Ein Beitr. z. Gesch. d. venezianischen Skulptur im Quattrocento. SCHLOSSER 1926, 93–102, Abb. 39–52 u. Taf. 19. [Antonio Rizo.]

2352 *E. Arslan:* Oeuvres de jeunesse d'Antonio Rizzo. TIETZE 161–170, 10 Abb. [Auch: Gazette des Beaux-Arts 1953, Sept., No. 1016.]

2353 *E. W. Arslan:* Un' architettura di Tiziano Minio? TOESCA 178–184, Taf. 198–201.

2354 *G. Marchetti:* Sette statue di legno nella Basilica di Aquileia. BRUSIN 423–431, 6 Abb. [Figuren einer Kreuzabnahme. Um 1500.]

2355 *G. Ravaioli:* Una nuova effigie di Sigismondo nel Tempio Malatestiano. LUCCHESI 183 bis 186, 1 Abb.

2356 *D. Westphal:* Eine gotische Gruppe der Beweinung Christi in der Kathedrale von Triest. GOLDSCHMIDT 1935, 64–66, 2 Abb.

2357 *J. Seznec:* Youth, Innocence and Death. Some Notes on a Medallion on the Certosa of Pavia. SAXL 1937/38, 298–303, Taf. 45.

2358 *Gian Pietro Bognetti:* Gli Antélami e la carpenteria di guerra. GIUSSANI 217–224.

2359 *F. Frigerio:* Sculture ornamentali gotiche ricomposte nel Vescovado di Como. GIUSSANI 255–264, 9 Taf.

Niederlande

2360 *J. Düffel:* Gräfin Adela von Hamaland und ihr Kampf um das Stift Hochelten. VAN HEEK 54–67, 1 Abb. [10. Jh. Elfenbein-Weihwasserkessel.]

2361 *P. R. A. Bouvy:* Beeldhouwwerken uit de Liemers in het aartsbisschoppelijk Museum te Utrecht. VAN HEEK 81–107, 12 Abb.

2362 *R. Maere:* De "Sedes Sapientiae" van Leuven en haar jongste herstelling. DE MEYER, ALBERT, 49–54, 2 Abb. [Roman. Madonna.]

2363 *O. Goetz:* Der Gekreuzigte des Jacques de Baerze. HEISE 158–167, 2 Abb. [Um 1390. Chicago.]

2364 *P. Quarré:* Un dossier de chaire de la chartreuse de Champmol. Oeuvre de Jean de Liège. ROGGEN 219 ff. [Holzschnitzer, um 1390.]

2365 *J. Gudiol:* Oeuvres inédites de Jean de Flandres. Roggen 113 ff. [Bildschnitzer, um 1460.]

2366 *J. J. M. Timmers:* Vier laat-middeleeuwse Apostelbeelden te Didam. van Heek 81–88, 4 Abb.

2367 *J. Lavalleye:* Sculptures anciennes conservées à l'église d'Orbais. Courtoy, Bd 2, 597 bis 603, 5 Taf.

2368 *E. Hensler:* Braine-le-Château in Brabant. Johann Georg v. Sachsen 431–442, 6 Abb. [Gerichtsplatz, Grabdenkm. M. v. Horn, um 1520.]

2369 *L. Reis-Santos:* Olivier de Gand. Roggen 229 ff.

2370 *C. Buchwald:* Zwei Bronzebildwerke des Adriaen de Vries in Schlesien. Grempler 233 bis 244, 3 Abb.

2371 *Th. Müller:* Zur südniederländischen Kleinplastik der Spätrenaissance. Meyer, Erich.

2372 *S. Bergmans:* Identification et attribution d'un soi-disant portrait de Jérôme Duquesnoy. Puyvelde 229 ff., 3 Abb.

Spanien und Portugal

2373 *A. L. Mayer:* Das romanische Kapitell in Spanien. Ein systematischer Versuch. Wölfflin 1924, 83–105, 16 Abb.

2374 *J. Vives:* Un nuevo altar romano-cristiano en la Tarraconense. Peeters, Bd 1, 401–406, 1 Abb.

2375 *W. W. S. Cook:* A Catalan wooden altar frontal from Benavent. Puig i Cadafalch, Bd 1, 61–65, 4 Taf. [Barcelona, romanisch.]

2376 *W. W. S. Cook:* A Catalan Altar Frontal in the Worcester Museum. Herzfeld, Ernst, 32–38, 2 Taf. [13. Jh.]

2377 *W. W. S. Cook:* A catalan wooden altar frontal from Farrera. Kingsley Porter, 293 ff.

2378 *W. W. S. Cook:* Franco-Gothic Stucco Altar Frontals in Catalonia. greene 109–117, Abb. 54–73.

2379 *W. W. S. Cook:* A Catalan Altar Frontal in Paris. Suida 17–20, 9 Abb.

2380 *J. Puig i Cadafalch:* Les iconostases et les retables catalans. Lampros 385–388, 1 Abb.

2381 *W. W. S. Cook:* Saint Perpetua Altar Frontal. Swarzenski 57–65, 10 Abb. [Barcelona, 14. Jh.]

2382 *G. Lindemann:* Die Skulpturen von Estella. Redslob 263–275, 14 Abb. [San Miguel, 1160–1170.]

2383 *D. Roggen:* Les sculptures de la „Puerta del Mar" ou „del Mirador" à Palma. Winkler 64–70, 4 Abb.

2384 *D. Angulo Iniguez:* Bordados de estilo eyckyiano del sepulcro del Cardenal Cervantes de la Catredal de Sevilla. Hulin de Loo 12–15, Taf. 2. [Um 1460.]

2385 *R. Del Arco:* Artistas extranjeros en Aragon. Mélida y Alinari, Bd 1, 233–244, 1 Taf. [Altarschrein v. Hans Piet Danso in Saragoza, 15. Jh.]

2386 *X. de Salas:* Una obra di Bartomeu Coscolla, argenter (La Verónica de la verge à la catedral de València). Rubio i Lluch, Bd 2, 425–440, 2 Abb.

2387 *J. J. Rorimer:* It was just Yesterday. Suida 10–16, 6 Abb. [Bildwerke aus Montiers-Saint-Jean und Chorgitter aus Valladolid im Metropolitan-Mus.]

2388 *J. M. de Azcarate:* La labor de Egas en el hospital real de Santiago de Compostela. Roggen 15 ff.

2389 *F. B. Deknatel:* Sculptured columns from Sahagún and the Amiens style in Spain. Kingsley Porter 301 ff.

2390 *A. M. Albareda:* Pedro Moragues, escultor i orfebre (segle XIV). Rubio i Lluch, Vol. 3, 499–524.

2391 *G. M. Bertini:* Una nota su scultori italiani in Barcellona. Puig i Cadafalch, Bd 1, 205–208, 2 Taf. [Niccolò Vittorio da Firenze; Simone da Mantova.]

2392 *R. dos Santos:* La sculpture flamande au Portugal à l'époque Manuéline. Puyvelde 291 ff., 7 Abb.

2393 *E. Ortiz de la Torre:* Pedro Gonzáles de Aguero y su estatua funeraria en Aguero. Artigas, Bd 1, 70–92, 4 Abb. [Sarkophagfigur, 14. Jh.]

Osteuropa

2394 *J. Strzygowski:* Hellas in der Zeit des Überganges von der Antike zum Mittelalter. Lampros 111–131, 7 Abb. [Skulpturen, Ornamente.]

2395 *A. Wace:* An Epitaphios in London. Lampros 232–235, 1 Abb. [1407, aus Poutna. Vict. u. Alb. Mus.]

2396 *P. B. Jurgenson:* De l'influence franque dans la sculpture byzantine du XIII siècle. Gorodcov 535–540.

2397 *C. Fiscović:* Einige unveröffentlichte romanische Skulpturen in Split. Hoffiller, 1 Taf.

2398 *L. Karaman:* O Datiranju Dvaju Sredovječnih relijefah na Stolnoj Crkoi i zvoniku Sv. Duje w Splitu (über die Datierung zweier mittelalterlicher Reliefs in der Domkirche und am St. Duje-Glockenturm in Split). Bulic, 4 Abb.

2399 *M. Abramić:* Sur quelques Bas-reliefs byzantins en Dalmatie. USPENSKIJ 1932, 317 bis 331, 12 Abb., 2 Taf.

2400 *N. Izmajlov:* Une Stéatite byzantine du Musée de Chersonèse. USPENSKIJ 1932, 35–50, 4 Abb.

2401 *G. Bals:* Pietre Uitate. JORGA 1931, 24 bis 27, 7 Abb. [Vergessene Steine = gotische Pfeilerbasen in Suceava, Bukowina.]

2402 *L. Bréhier:* Les voussures à personnages sculptés du musée d'Athènes. SCHLUMBERGER, Bd 2, 425–431, Taf. 26, 27. [Archivolten-Fragmente. 14. Jh.]

2403 *W.-H. Buckler:* The monument of a Palaiologina. SCHLUMBERGER, Bd 2, 521–526, Abb. 102 u. Taf. 41. [Istanbul. Um 1300.]

2404 *E. Dyggve:* Oltarne pregrada ... [Chancel presbytérial dans l'église de couronnement du roi Zvonimir]. ABRAMIC 238–243, 19 Abb.

2405 *Th. Whittemore:* A Processional Byzantine Cross. GRÉGOIRE, Bd 2, 655–658, 1 Abb. [Byzant. Inst. of America.]

2406 *L. Gal:* Portails romans en Hongrie. FOUGÈRES, 61 ff., 5 Abb.

2407 *L. Gerevich:* A budai szobrászat és a prágai Parler-mühely (die Budaer Bildhauerkunst und die Prager Parler-Werkstatt). LYKA 57–72, 19 Abb.

2408 *D. Dercsényi:* A székesfehérvári bazilika köfaragványai (Die Steinmetzarbeiten des Domes zu Stuhlweißenburg). GEREVICH I, 25–42, Abb. 11–36.

2409 *L. Gerevich:* A garamszentbenedeki Urkoporsó (das Heilige Grab von Garamszentbenedek). GEREVICH I, 43–59, Abb. 37–51.

2410 *M. Aggházy:* A pozsonyi székesegyház egykori stallumszobrai (die einstigen Chorgestühlfiguren in der Kathedrale zu Preßburg). LYKA 89–100, 6 Abb.

2411 *B. Filov:* Chapiteaux de marbre avec décorations de feuilles de vigne en Bulgarie. DIEHL, CHARLES, Vol. 2, 11 ff., 5 Abb.

2412 *O. Stepanova:* Materijali do vivčennja ukraïnśkoj derevjanoï riźbi. Derevjani riźbovani naprestol'ni chresti. Z 2-ma dodatkami: 1. Datovanij materijal i 2. Archivni dani pro majstriv-rizb'jariv (Matériaux pour l'étude de la sculpture ukraïnienne sur bois. Differents genres de croix sculptées pour maître-autel. 2 additions: 1. Les matériaux datés et 2. Données tirées des archives sur les maîtres-ciseleurs). MARR 107–127, Taf. 66–69.

2413 *J. Baltrušaitis:* Quelques aspects du personnage sculpté en Transcaucasie. FOUGÈRES 22 ff., 10 Abb.

2414 *I. Petricioli:* Alešijew Reljef ... [Relief d'Aleši, à Zadar, représentant Saint-Jérome]. ABRAMIC 270–273, 5 Abb. [1480.]

2415 *M. Morelowski:* Perikopiae lubinskie ... (La porte de bronze de la cathédrale de Gnesen. Quelques ms. polonais à peintures et sur l'Influence de l'art mosan (liégeois) en Pologne du XII s.). TOMKOWICZ 346–407, 69 Abb.

2416 *F. Matouš:* Ukřizovaný třeboňského kláštera (Le Crucifié du couvent de Třeboň). MATEJCEK 103–105, Abb. 40–42. [Um 1400.]

2417 *K. K. Romanov:* La Colonnade du pourtour de la cathédrale de Saint-Georges à Jur'ev-Pol'skij (Skulpturen). USPENSKIJ 1932, 54–67, 8 Abb., 4 Taf.

2418 *K. Mijatev:* Une sculpture funéraire du palais de Tarnovo. KAZAROV 339–358, 8 Abb. [14. Jh.]

2419 *K. K. Romanov:* "Svjatoslavov Krest" v g. Jurevě Pol'skom (das „Kreuz des Svjatoslav" in der Stadt Jurjev Polskij). BOBRINSKIJ 199 bis 211. [Sv.: Großfürst v. Kiew † 972. J. P.: im Gebiet Wladimir.]

2420 *A. A. Zakkarov:* The Statue of Zbrucz. MINNS 336–348, 7 Abb. [Kreis Liczkowce. 6./7. Jh.]

SKANDINAVIEN

2421 *E. Lundberg:* Problemet Hegvald. RYDBECK, 27 Abb. [Über frühromanische Steinskulpturen.]

2422 *William Anderson:* Lund, Bari och Compostella. WRANGEL 1–28, 21 Abb. [Romanische Skulpturen.]

2423 *H. Widéen:* Västergötlands romanska Gravmonument. ÅBERG 188–201, 6 Abb.

2424 *S. Curman:* Kristna gravmonument från 1000-talet, funna i Vreta kloster. GUSTAF ADOLF, Kronprinz v. Schweden 1932, 7 Abb.

2425 *A. L. Romdahl:* Relieferna i Forshems kyrka. SYLWAN 1–10.

2426 *M. Mackeprang:* Skannske Fonte Vesternsunds. RYDBECK, 9 Abb. [Schonensche Taufbecken auf Seeland.]

2427 *O. Rydbeck:* Några småländska dopfuntar tillhörande Roosvals Bestiariusgrupp. ROOSVAL 101 ff.

2428 *G. Johansson:* En romansk dopfuntsgrupp i Småland. FRIBERG 206–225.

2429 *T. O. Nordberg:* Säbydopfunten och besläktade funtar. FRIBERG 163–169.

2430 *C. A. Nordman:* Sankt Olov i Ulfsby. CASTRÉN 237–250, 12 Abb. [Bildwerke d. Gotik.]

2431 *O. Rydbeck:* Några synpunkter beträffande altaret i Lunds domkyrka. PFANNENSTILL 577–590.

2432 *C. R. af Ugglas:* Trydekrucifixet och Lund. RYDBECK, 12 Abb.

2433 *L. Larsson:* Runstenen i Växjö domkyrka – och Gunnar Gröpe? CEDERSCHIÖLD 129–136.

2434 *H. Jungner:* Källby hallar. HESSELMAN 215–224, 3 Abb. [Runensteine mit Bildern.]

2435 *S. B. J. Jansson:* En i Uppsala domkyrka nyfunnen runsten. JACOBSEN 7–18, 2 Abb.

2436 *O. v. Friesen:* Tors Fiske på en Uppländsk runsten. MOGK 474–483, 3 Abb.

2437 *E. Moltke:* Til de sønderjyske runestene. KOCK 233–241, 2 Abb.

2438 *M. Olsen:* Der Runenstein von Varnum (Järsberg). STREITBERG I, 285–291.

2439 *Chr. A. Jensen:* Bevarede danske Bislagsten. MATTHIESSEN 70–76, 2 Abb. [Beischlagsteine.]

2440 *J. Roosval:* Mustasch-mästaren i Rekarne [Steinreliefs, 12. Jh.]. CORNELL 189 ff., 26 Abb.

2441 *Carl R. af Ugglas:* Madonnan "Austrät I" och Sverige. ÅBERG 202–211, 2 Abb. [Austrät (Østraat) bei Trondheim, Holzfigur, 13. Jh.]

2442 *R. Pylkkänen:* Isonkyrön "paavilliset'" alttarikaapit. NORDMANN 209–221, 8 Abb. [Altar- und Holzplastik, 15. Jh., Finnland.]

VOM BAROCK ZUM KLASSIZISMUS

DEUTSCHLAND

2443 *P. Metz:* Spätgotische Reminiszenzen in der Plastik des deutschen Barock. WINKLER 330–339, 4 Abb.

2444 *J. Hülsen:* Zwei gerettete Altfrankfurter Portale. DONNER-VON RICHTER, 8 Abb.

2445 *H. Fillitz:* Zu Leonhard Kern. Neuaufgefundene Werke seiner Hand. WEIXLGÄRTNER 203–219, 19 Abb.

2446 *L. Möller:* Schlaf und Tod. Überlegungen zu zwei Liegefiguren des 17. Jahrhunderts. MEYER, ERICH, 237–247, 9 Abb.

2447 *C. R. af Ugglas:* Jacob Zellers Perseus-Pokal. HAHR 147 ff.

2448 *H. R. Weihrauch:* Hans Georg Fux, Elfenbeinschnitzer und Holzbildhauer. MEYER, ERICH, 228–236, 14 Abb. [† 1706 in Straubing.]

2449 *W. Kramm:* Zwischen Volkskunst und Stilkunst. HAMANN 1939, 66–88, Taf. 18–20. [Schnitzer Josias Wolrad Brützel, 1650–1730.]

2450 *F. Prinz zu Sayn-Wittgenstein:* Eine schwäbische Figur des 17. Jahrhunderts. HAMANN 1939, 174–176, Taf. 46–48. [Dillinger, Magdalena n. 1650.]

2451 *O. Homburger:* Eine Kreuzigungsgruppe aus der Werkstatt Jörg Zürns. Als Beitr. zur Entstehungsgesch. d. süddt. Barockskulptur. GOLDSCHMIDT 1923, 91–98, Taf. 21, 22. [Karlsruhe, Bad. Landesmus.]

2452 *A. Klassert:* Miszellen aus der Michelstädter Stadtkirche. 1. Die Relieftafeln des Johann Casimirdenkmals. 2. Über einen Augustindruck der Michelstädter Kirchenbibliothek. SCHNEIDER 1906, 285–294, 2 Taf. [Epitaph um 1627. Frühdruck um 1522.]

2453 *M. Klewitz:* Die Freitreppe der Stiftskirche in Aschaffenburg vom Jahre 1723 und ihre Kreuzigungsgruppe. LOHMEYER 145–151, 9 Abb.

2454 *Ch. Altgraf zu Salm:* Der Hochaltar der Klosterkirche Amtenhausen. Ein Beitr. z. Gesch. d. süddt. Barockplastik. FÜRSTENBERG 1956, 19–40, 6 Abb., 1 Stammtaf. [Johann Pölandt, J. A. Feuchtmayer.]

2455 *H. R. Weihrauch:* Ein unbekanntes Werk von Joseph Anton Feichtmayer. BUCHHEIT 154–159, 4 Abb.

2456 *A. Gessner:* Bemerkungen aus Topographie und Ikonographie zum Schönbornepitaph Matthias Rauchmüllers. REATZ 339–345, 2 Abb. [Geisenheim.]

2457 *W. Fries:* Modelle für Gartenfiguren von Ferdinand Dietz. HAMPE 104–124, 14 Abb.

2458 *P. Metz:* Die Figur eines Engels im Mainzer Dommuseum. Ein Beitr. zu dem Problem der Bildhauer Franz Matthias Hiernle und Burkard Zamels. LENHART 178–195, 5 Taf.

2459 *E. Neeb:* Ein Muttergottesbild aus der Werkstatt des Mainzer Bildhauers Franz Matthias Hiernle. Ein Beitr. z. Gesch. d. kunstgeschichtl. Forschung in Mainz. SCHROHE 120–124, Taf. 10–12. [† 1732.]

2460 *E. Neeb:* Zur Geschichte der Augustinerkirche in Mainz. SCHNEIDER 1906, 187–194. [Joh. Seb. Barnabas Pfaff 1747–1794.]

2461 *A. Schuchert:* Ein Beitrag zum Werk Paul Egells. STOHR 542–544, 1 Taf. [Mainz, Kreuzigungsgruppe.]

2462 *Eva Zimmermann:* Paul Egells Bauplastik am Mannheimer Neckartor. NOACK 146–152, 4 Abb.

2463 *L. Noack-Heuck:* Neues über Leben und Werk des Freiburger Bildhauers Joseph Hör. FRIEDLÄNDER, WALTER, 538 ff. [1732–1785.]

2464 *R. Berliner:* Der Schnitzer Matthias Loth in München. HABICH 104–111, 1 Abb. im Text u. Taf. 15–19. [1675–1738.]

2465 *A. Feulner:* Münchener Plastik des späten Rokoko. RUPPRECHT, Kronprinz v. Bayern, 1914, 169, 6 Abb.

2466 *A. R. Franz:* Raphael Donners Tod und Nachlaß. DONIN 112–126, 1 Abb.

2467 *H. Hildebrandt:* Ein Beitrag zu Franz Anton Zauners Denkmal des Grafen Fries. SCHMITT 291–295, 2 Abb. [1746. –Wachsskizze zum Denkmal in Vöslau.]

2467a *F. X. Eggersdorfer:* Der Hochaltar im Passauer Dom. LANDERSDORFER 229–256. [Plangeschichtlich v. Barock bis Josef Henselmann.]

2468 *A. Stix:* Die Apotheose des Prinzen Eugen von Savoien. BICK, 8 Abb. [Balthasar Permoser.]

2469 *Josef Müller:* Ein unbekanntes Werk Balthasar Permosers im Schloßberg-Museum zu Karl-Marx-Stadt. KURTH, WILLY, 6 Abb.

2470 *S. Asche:* Über Benjamin Thomae. HEMPEL 67–83, 22 Abb.

2471 *M. Sauerlandt:* Einige neue Arbeiten von Joh. Christoph Ludwig Lücke. BRAUN 158–162, 9 Abb. [Dresden, 1703–1780.]

2472 *E. Kramer:* Die Gartenplastiken im Fuldaer Schloßpark und ihre Meister. RICHTER, GREGOR, 83–88.

2473 *E. Hempel:* Der Altar der Marienkirche zu Wolfenbüttel. WINKLER 254–267, 7 Abb.

2474 *W. Tack:* Unbekannte Entwürfe des Paderborner Hofbildhauers Johann Jakob Pütt in einem westfälischen Gutsarchiv. RENSING 252–259, Abb. 178–180.

2475 *A. Fuchs:* Unbekannte Werke von Gertrud Gröninger. RENSING 241–251, Abb. 165 bis 177. [† 1722.]

2476 *W. Fleischhauer:* Philipp Jakob Scheffauer im Bildnis. MEYER, ERICH, 248–251, 3 Abb. [Bildhauer, 1756–1808.]

2477 *J. Biernatzki:* Henni Heidtriders Altarwerk für Oldesloe. HAUPT 197–201, 4 Abb.

2478 *W. Johnsen:* Die Renaissancekirche zu Kampen vor Rendsburg vom Jahre 1593 und der Bildschnitzer Hans van Brunswik. HAUPT 1936, 60–101, 4 Abb.

2479 *A. Haseloff:* Zur Frage des Meisters des Kielmannseck-Epitaphs im Dom zu Schleswig. HAUPT 1936, 102–104.

2480 *J. Lessing:* Der Silberaltar in Rügenwalde. LEMCKE, 1 Taf. [Nach 1600.]

2481 *B. Schmid:* Ein Figuren-Grabstein in Elbing. EHRLICH 165–169, 3 Abb.

2482 *K. Alcsuti:* Michele Ungaro. GEREVICH I, 104–110, Abb. 84–91.

2483 *R. Bülck:* Der Rantzauer Gedenkstein im Rastorfer Park. HASELOFF 137–141, 1 Abb. [† 1777.]

Österreich und Schweiz

2484 *E. v. Lutterotti-Haniel:* Die Kreuzigungsgruppe der Hl.-Kreuz-Kapelle von St. Leonhard im Passeier. HAMMER 99–106, 3 Abb. u. Taf. 16, 17.

2485 *R. Hönigschmid:* Die Einrichtung der Pfarrkirche zu Neusattel bei Saaz. BRAUN 163 bis 166, 3 Abb. [Johann Wenzel Grauer (Krauer).]

2486 *H. Piesch:* Domina Austriae. BICK, 2 Abb. [Wien. Mariensäule am Hof.]

2487 *J. Weingartner:* Unterinntaler Bildsäulen. MAYER, MATTHIAS, 223–225, 4 Abb.

2488 *A. Schachinger:* Die beiden letzten Pestepidemien und die Dreifaltigkeitssäule im Markt Perchtoldsdorf. BECKER, ANTON, 1958, 152–180, 4 Abb.

2489 *O. Lutterotti:* Die Innsbrucker Annasäule. KLEBELSBERG 1949, 503–508, 8 Abb.

2490 *M. Girardi:* Einige Bemerkungen zum plastischen Schmuck des Posthauses in Perschling. BECKER, ANTON, 1958, 237–243, 4 Abb.

2491 *E. V. Strohmer:* Verzeichnis der urkundlich gesicherten Werke Johann Meinrad Guggenbichlers. WEINGARTNER 157–165, 1 Taf. [1649–1723.]

2492 *E. Andorfer:* Zwei Entwürfe des Barockbildhauers Veit Königer. PIRCHEGGER 261–266, 6 Abb.

2493 *E. Andorfer:* Königers erstes Werk in Graz. PIRCHEGGER 1935, 72–75, 2 Abb.

2494 *P. Janák:* Fontána českobudějovického náměstí (der Brunnen auf dem Marktplatz von Böhmisch-Budweis). WIRTH 277 ff.

2495 *M. v. Klebelsberg:* Stuckarbeiten des 16. u. 17. Jh. in Nordtirol. HAMMER 175–214, 20 Abb., Taf. 36–47.

2496 *M. Klebelsberg:* Stuckarbeiten des 16. und 17. Jahrhunderts in Nordtirol. Tl 2 (Schluß). KLEBELSBERG 1949, 451–490, 23 Abb. [Tl 1 Auch im Mus. Ferdinandeum Bd 20/25, Jg 1940/45 (Hammer-Festschr.), S. 175–214, Taf. 36–47.]

2497 *I. C. E. Peelen:* Hans Coenraet Brechtel. BREDIUS 230 ff., 8 Abb. [Goldschmid, 1609 bis 1675.]

Frankreich

2498 *A. Tuetey:* Les visites du Monument de la place des Victoires (1687–1788). LEMONNIER 404–421.

2499 *R. Josephson:* Bouchardon, Bourguignon och Adrien Masreliez. RYDBECK, 13 Abb.

2500 *W. Heil:* A Bust by Bouchardon in San Francisco. SUIDA 361–363, 3 Abb. [Papst Clemens XII.]

2501 *A. Michel:* A propos de quelques œuvres de J.-J. Caffieri, récemment entrées au Musée du Louvre. Guiffrey 251–260, 1 Taf.

2502 *S. Rocheblave:* Le mariage de Jean-Baptiste Pigalle. Guiffrey 243–250.

2503 *P. Fromageot:* Les statues de la cour du château de Versailles. Que faut-il en faire? Lemonnier 496–508.

2504 *P. Clamorgan:* René-Michel, dit Michel-Ange Slodtz, à propos du buste de Nicolas Vleughels, au musée Jaquemart-André. Bertaux.

2505 *L. Réau:* Le monument de Crébillon par J.-B. Lemoyne. Bertaux, 1 Abb.

2506 *D. Goldschmidt:* Un collaborateur de Gabriel. Quelques précisions sur Honoré Guibert. Fougères 95 ff., 5 Abb. [1720–1791. Holzbildh., Rahmen.]

2507 *P. Vitry:* Les bustes des trois Gabriel. Lemonnier 301–308, 3 Abb.

2508 *P. B. Cott:* A Note on Houdon's Bust of Diana. Suida 364–367, 5 Abb.

2509 *G. Brière:* Notes sur quelques bustes de Houdon. Lemonnier 344–364, 6 Abb.

Italien

Michelangelo

2510 *G. Paulsson:* Michelangelo. Hahr 103 ff.

2511 *K. Brandi:* Michelangelos künstlerische und religiöse Entwicklung. Goetz 1927, 183–200, 6 Taf.

2512 *W. Neuß:* Michelangelos Schönheitsideal. Johann Georg v. Sachsen 367–394.

2513 *D. J. Gordon:* Gianotti, Michelangelo and the Cult of Brutus. Saxl 281–296, 2 Taf.

2514 *H. Kauffmann:* Bewegungsformen an Michelangelostatuen. Jantzen 141–151, 2 Abb.

2515 *E. Steinmann:* Kompositionen Michelangelos in seltenen Stichen. Clemen 1926, 420–428, 7 Abb.

2516 *E. Steinmann:* Die Statuen der Päpste auf dem Kapitol. Ehrle, Vol. 2, 4 Abb.

2517 *L. Papspyridi Karusu:* Ein phidiasisches Motiv. Langlotz, 3 Taf. [Christus des Michelangelo.]

2518 *H. v. Einem:* Michelangelos Juliusgrab im Entwurf von 1505 und die Frage seiner ursprünglichen Bestimmung. Jantzen 152–168.

2519 *G. Huard:* Alexandre Lenoir et les "Esclaves" de Michel-Ange. Martroye 373 ff., 1 Taf.

2520 *F. Hartt:* The Meaning of Michelangelo's Medici Chapel. Swarzenski 145–155, 1 Abb.

2521 *G. G. Pavluckij:* Mramornaja poem skorbi (ein marmornes Gedicht des Kummers). Kulakovskij, 6 Abb. [Michelangelos Mediz.-Gräber.]

2522 *A. Marabottini:* Il "Sogno" di Michelangelo in una copia sconosciuta. Venturi, Vol. 1, 349 ff.

2523 *E. Steinmann:* "La mano di Michelangelo". Schneider 1906, 77–81, 2 Abb. [Tonmodell in London. M.'s Flußgötter.]

2524 *A. Michaelis:* Michelangelos Leda und ihr antikes Vorbild. Springer 1885 II, 31–43, 2 Abb.

2525 *J. Wilde:* Notes on the Genesis of Michelangelo's Leda. Saxl 270–280, 7 Taf., 1 Textabb.

2526 *M. Weinberger:* A bronze statuette in the Frick Collection and its connection with Michelangelo. Tietze 1–12, 14 Abb. [Auch: Gazette des Beaux-Arts 1952, Febr., No. 999.]

2527 *Edgar Wind:* Sante Pagnini and Michelangelo, a study of the Succession of Savonarola. Focillon 211–246, 24 Abb.

2528 *D. Frey:* Die Pietà-Rondanini und Rembrandts „Drei Kreuze". Kauffmann 208–232, 7 Abb.

2529 *E. Battisti:* Note su alcuni biografi di Michelangelo (Francisco de Hollanda, Vasari, Condivi e Varchi). Venturi, Vol. 1, 321 ff.

2530 *E. Steinmann:* Michelangelo im Spiegel seiner Zeit. Lewald.

2531 *E. Steinmann:* Rariora und Curiosa der Michelangelo-Literatur. Fock 191–205, 7 Taf.

2532 *E. Steinmann:* Ein ungedruckter Brief von Ludovico Buonarroti an seinen Sohn Michelangelo. Schlosser 1927, 145–149, Abb. 65.

Verschiedene Meister

2533 *W. Kudlich:* Zwei unbekannte Werke Pierino da Vinci's. Braun 90–92, 5 Abb. [London, Vict. u. Alb. Mus.; Florenz, Pal. Pitti.]

2534 *W. Gramberg:* Eine Bachusstatue des Pierino da Vinci im Boboligarten zu Florenz. Friedländer, Walter, 341 ff.

2534a *W. Gramberg:* Die Homburger Bronzebüste Paul III. Farnese von Guglielmo della Porta. Meyer, Erich 160–172. 14 Abb.

2535 *E. Arslan:* Un documento sul Sansovino e Giangiacomo de Grigi. Castiglioni 25–30.

2536 *F. Wickhoff:* Die Wachsbüste in Lille. v. Sickel 821–829. [Italien. Barock.]

2537 *F. Abignente:* Tombe di uomini illustri in Sarno. Ricordi cinquecenteschi. Schipa 379–383.

2538 *R. Mormone:* Cosimo Fanzago e la Madonna di S. Martino. MARANGONI 238–244, 10 Abb. [1591–1678. Bildh. u. Arch.]

2539 *F. Barbieri:* Terrecotte, marmi e disegni dei Marinali presso il Museo Civico di Vicenza. MISTRORIGO 111–197.

2540 *A. Marazza:* La "Madonnina" del Duomo di Milano. CASTIGLIONI 389–398. [Volkstüml. Statue, 1770–74.]

2541 *A. Semenzato:* Per un catalogo degli scultori Marinali. MARANGONI 272–274, 6 Abb.

BERNINI

2542 *J. Meder:* Erster Gedanke zu Lorenzo Berninis „S. Teresa". EGGER, HERMANN, 76 ff., 4 Abb.

2543 *P. Vitry:* Une esquisse de la "Vérité" du Bernin au musée du Louvre. BERTAUX, 2 Abb.

2544 *L. Vossnack:* Ein Vorentwurf zu Berninis Johannespredigt, Bibl. T. H. Hannover. LEUNENSCHLOSS 55–65, 2 Abb. [1664.]

2545 *V. Mariani:* Bernini regista e scenografo. DE GREGORI 254–264, 4 Abb.

2546 *R. Wittkower:* The Vicissitudes of a Dynastic Monument. Bernini's Equestrian Statue of Louis XIV. PANOFSKY 1960, 497–531, 36 Abb.

NIEDERLANDE

2547 *J. E. Jansen:* Bronnen voor het schutterswegen in de Antwerpsche Kempen. VAN DER ESSEN 735–746, 4 Abb. [Figuren d. Hl. Georg u. Sebastian.]

2548 *J. Yernaux:* Les de Hontoir, artistes namurois à Liège au XVIIe siècle. COURTOY, Bd 2, 723–733.

2549 *C. Lambot:* Modèles iconographiques des stalles de l'abbaye de Floreffe. COURTOY, Bd 2, 735–744, 4 Taf. [Peter Enderlin.]

2550 *E. Neurdenburg:* Het Grafmonument voor Charles Morgan te Bergen op Zoom. KALF 95–98, 2 Abb. [Von Fr. Dieussart.]

2551 *H. J. Hermann:* Zwei unbekannte Büsten des Erzherzogs Leopold Wilhelm von Hieronymus Duquesnoy d. J. und François Dusart. SCHLOSSER 1927, 254–266, Abb. 105 bis 110. [Wien, Kunsthist. Mus.]

2552 *L. Halkin:* Notes sur quelques œuvres du sculpteur wallon Jean Del Cour. VAN DER ESSEN 871–880.

2553 *U. Kultermann:* Die Bronzepyramide Grupellos auf dem Mannheimer Paradeplatz. VOLLMER, BERNHARD, 310–316, 1 Taf.

2554 *M. Devigne:* Le Temps enlevant la Jeunesse. VERMEYLEN, 2 Abb. [Tonmodell von Grupello.]

2555 *R. Klapheck:* Unveröffentlichte Arbeiten des Gabriel de Grupello aus den Sammlungen der Staatl. Kunstakademie zu Düsseldorf. CLEMEN 1926, 445–454, 10 Abb. [Reliefs u. Handzeichnungen.]

SPANIEN

2556 *H. Kehrer:* Spanischer Barock. Eine Skizze. WÖLFFLIN 1924, 233–243, 5 Abb.

2557 *E. R. de Torres:* Un obre del escultor Alonso de Mena en la Catedral de Córdoba. MÉLIDA Y ALINARI, Bd 1, 293–298, 1 Taf. [1587–1646.]

2558 *M. Ribas i Bertran:* El retaule major del temple parroquial de Santa Maria de Mataró. PUIG I CADAFALCH, Bd 1, 365–371, 2 Taf. [Salvador Gurri, um 1780.]

2559 *P. Kelemen:* A baroque stone retable in New Mexico. TIETZE 376–388, 7 Abb. [USA. Santa Fé.]

OSTEUROPA

2560 *O. J. Blažiček:* Západočeská barokova plastika. Stručný nástin regionálního vývoje (Westböhmische Barockplastik. Kurzer Abriß d. regionalen Entwicklung). LABEK 106–116, 10 Abb.

2561 *J. Opitz:* Studien zur Barockplastik Nordwestböhmens. BRAUN 151–157, 5 Abb. [Franz Anton Kuen. Edm. Joh. Richter.]

2562 *J. Mathon:* Prazské oltáře v raním baroku (Prager Altäre des Frühbarock). WIRTH 259 ff.

2563 *O. J. Blažiček:* F. M. Brokof, řezbář (F. M. Brokof, sculpteur en bois). MATEJCEK 176–182, Abb. 86–96. [1688 Rothenhaus bei Komotau. – 1731 Prag.]

2564 *V. V. Štech:* Z dílny Matyáše Brauna (aus der Werkstatt des Mathias Braun). MADL 143 ff. [1684–1738, Prag u. Böhmen.]

2565 *V. Richter:* Chorové lavice jesuitského kostela v Brně (das Chorgestühl der Jesuiten-Kirche in Brünn). WIRTH 213 ff.

2566 *E. Révhelyi:* Adatok Gode Lajos müvészetéhez (Daten zur Kunst des Ludwig Gode). LYKA 489–496, 3 Abb.

2567 *F. Bostel:* Kolumna bł. Jana z Dukli we Lwowie (die Säule des Sel. Johannes von Dukla (Krs. Rzeszów) in Lemberg. BALZER.

2568 *O. Poche:* K otázce činnosti sochaře Josefa Pacáka (zur Frage der Tätigkeit des Bildhauers Josef Patzak). WIRTH 137 ff. [1700–1740.]

2569 *A. N. Greč:* Une œuvre nouvelle de Rastrelliaîné. GORODCOV 156–161. [1675–1744.]

SKANDINAVIEN

2570 *A. Lindblom:* Bernini och Precht. En bild och en förebild. OLSSON 20–24, 3 Abb.

2570a *K. E. Steneberg:* Kejsaren och generalissimus. JOSEPHSON 90–106, 6 Abb.

2571 *U. Otterstedt:* Barockens utveckling i Skånes dekorativa konst. WRANGEL 93–108, 4 Abb. [Altäre u. Epitaphien des 17. u. 18. Jh. aus Holz.]

2572 *S. Dahlström:* Filosofen Descartes' sista öden. LAGERBORG 60–75, 2 Abb. [U. a. Grabmal v. Sergel.]

19. UND 20. JAHRHUNDERT

DEUTSCHLAND

2573 *Bertold Pfeiffer:* Klassizistische Bildwerke an Grabmälern in und um Stuttgart. STUTTGART, 4 Abb.

2574 *Paul Weizsäcker:* Dannecker über Laokoon. BLÜMNER. [M. Federskizzen Danneckers.]

2575 *G. Habich:* Johann Baptist Scholl. ERNST LUDWIG V. HESSEN 113–138, 11 Taf., 5 Abb. [Bildhauer 1818–1881.]

2576 *B. Schroeder:* Ernst Rietschel als Zeichner. DRESDEN, Kunstverein, 168 ff.

2577 *A. Zschokke:* Mosaik zu den Bildnissen Stefan Georges. BOEHRINGER 1957, 743–755, 13 Abb.

2578 *U. Gertz:* Der Bildhauer Karl Albiker. KNITTEL 176–179.

2579 *L. Reidemeister:* Das Kölner Totenmal von Gerhard Marcks. HEISE 243–247, 3 Abb.

2580 *H. Th. Flemming:* Der Granitbildhauer Utech. HOFMEISTER 1957, 142–152, 8 Abb. [Joachim Utech, geb. 1889 Belgard/Pomm.]

2581 *H. Hochenegg:* Der Innsbrucker Silberarbeiter Johann Matthias Lang. HÖRTNAGL 126–128, 1 Abb. [† 1833.]

FRANKREICH

2582 *L. Gillet:* Une statuette de Rousseau, par Gois le fils. BERTAUX, 2 Abb.

2583 *P. Fromageot:* Victor Schnetz, directeur de l'École de Rome; l'insubordination de son pensionnaire Carpeaux. GUIFFREY 329–341.

2584 *G. Varenne:* Goethe et David D'Angers. LICHTENBERGER 79–98.

2585 *G. Craig Houston:* Rilke and Rodin. FIEDLER.

2586 *K. J. Partsch:* Antoine Bourdelle. BOEHRINGER 1957, 477–485, 2 Abb.

2587 *H. Blumówna:* O rzeźbie Karola Despiau. (Über die Bildhauerkunst von Charles Despiau.) PININSKI.

ITALIEN

2588 *F. X. Kraus:* Canovas letztes Werk. FRIEDRICH, Großherzog v. Baden, 1902, 1 Taf. [Relief Sokrates u. Alkibiades.]

2589 *B. Müller:* Pompeo Marchesi's Goethe-Statue in der Frankfurter Stadtbibliothek. EBRARD 191–210, 2 Taf.

2590 *N. Tarchiani:* Il modello pel monumento a Niccolò Demidoff di Lorenzo Bartolini. SUPINO 593 ff., 4 Abb.

2591 *G. Micheli:* Operai carraresi trasportano la statua del Petrarca da Parma a Selvapiana. DEL MEDICO STAFFETTI 111–120, 1 Abb. [Von Tomaso Bandini, 1839 ff.]

2592 *D. Ventola:* Arturo Martini, oggi. MARANGONI 297–304, 1 Abb. [1889–1947.]

OSTEUROPA

2593 *A. Friedl:* Jeden z příkladu anachronismu ve vývoji novověké plastiky (ein Beispiel von Anachronismus in der Entwicklung der neuzeitlichen Plastik). WIRTH 270 ff.

2594 *H. a V. Volavkovi:* Myslbekova součinnost s Ant. Wiehlem na Riegrově hrobce (Myslbeks Mitarbeit mit Anton Wiehl an Riegers Grabmahl). WIRTH 158 ff.

2595 *Z. Hornof:* Osudy pamětní desky Josefa Škody v Plzni (Schicksale der Gedenktafeln für Josef Skoda in Pilsen). LABEK 172–176, 2 Abb. [V. J. Strachovský u. J. V. Myslbek.]

2596 *J. Pečírka:* Neuskutečněný pomnik Bedřicha Smetany (Projet d'un monument à Bedřich Smetana). MATEJCEK 208–214, Abb. 120 bis 126. [Entw. e. Denkmals f. Friedrich Smetana. 1926. A. Gutfreund, P. Janák, F. Kysela.]

2597 *G. Soós:* Huszár Adolf 1843–1885. LYKA 223–236, 4 Abb.

2598 *M. Curčin:* Ivan Meštrović in Wien. SCHÜTZ 168–178.

SKANDINAVIEN

2599 *A. J. T. Borelius:* Molins Bältespännare och den eftergötiska riktningen i svensk konst. WRANGEL 199–214, 1 Abb. [Beiträge zur romantischen Bewegung.]

2600 *V. Thorlacius-Ussing:* Portraetbuster af H. V. Bissen fra hans første Ophold i Rom. POULSEN.

2601 *A. Westholm:* Carl Milles och antiken. BOËTHIUS 151–155, Zusammenfassg in italien. Spr.

I. BESONDERE GATTUNGEN DER BILDNEREI

Münzen

2602 *W. Giesecke:* Moneta. HIERSEMANN 89 bis 98. [Etymologisch.]

2603 *J. de Morgan:* Évolutions et révolutions numismatiques. SCHLUMBERGER, Bd 2, 285 bis 295, Taf. 8–11.

2604 *V. Schultze:* Münze und Kirchengeschichte. HAUCK 326–330.

2605 *W. Diepenbach:* Der Rheinische Münzverein. ECKERT 89–120.

2606 *N. Zegga:* Die Münze als Schmuck. HABERLANDT 8–12, 5 Abb.

2607 *P. La Baume:* Germanische Goldnachprägung nach einem Denar des Caracalla aus der Umgebung von Danzig. LA BAUME 69–70, Taf. 14.

2608 *R. Schmidt:* Ein Münzfund in Pasewalk. HOFMEISTER 1957, 109–111.

2609 *C. Cecchelli:* "Exagia" inediti con figure di tre imperatori. NOGARA 69–88, Taf. 8, 9, 27 Textabb. [7. Jh. n. Chr. Ausführl. zu Diademformen.]

2610 *K. Regling:* Byzantinische Münzen, kunstgeschichtlich betrachtet. BODE 1915, 116–120, 1 Taf.

2611 *G. A. Soteriou:* Byzantinon anaglyphon tou patriarcheio Konstantinoupoleos. LAMPROS 523–528, 1 Abb.

2612 *Th. Whittemore:* A Byzantine Bronze Medallion with an Imperial Representation. GREENE 184–192, Abb. 154.

2613 *A. Frolow:* Numismatique byzantine et archéologie des lieux saints. PETIT 78–94, 1 Abb. [5. Jh.]

2614 *Victor Laurent:* Un portrait inédit de Romain Ier Lécapene. SAS-ZALOZIECKY 102 bis 108, 2 Abb. [10. Jh.]

2615 *F. Wielandt:* Keltische Motive auf alemannischen Mittelaltermünzen. NOACK 9–15, 1 Taf. m. 33 Abb.

2616 *A. K. Markov:* Klad něměckich pfennigov XI v., najdennyj v Gdovskom uězdě (der im Kreise Gdov gefundene Schatz von deutschen Pfennigen aus dem 11. Jh.). BOBRINSKIJ 238–243. [Gebiet Pskov (Pleskau).]

2617 *T. Bertelè:* Una Moneta dei Despoti di Epiro. DÖLGER, FRANZ, 25–26, 1 Taf. [13. Jh.]

2618 *F. Dworschak u. Th. Raschl:* Der Münzfund von Hintergumitsch (Verwaltungsbezirk Wolfsberg) und die Münzverträge zwischen Salzburg und Kärnten von 1286 und 1334. WUTTE 202–224, 1 Abb., 1 Taf.

2619 *G. Behrens:* Ein Kreuznacher Münzfund aus dem Mittelalter. ECKERT 85–87, 2 Abb.

2620 *E. Reis:* Münzfund von St. Radegund. Bericht aus dem Münzkabinette des Joanneums. PIRCHEGGER 1935, 82–84. [Münzen v. 1530 bis 1615.]

2621 *H. Gebhart:* Geld und Wirtschaft im mittelalterlichen Bayern. SPINDLER 40–60., 1 Fundkarte.

2622 *E. Nau:* Zur Münzen- und Medaillenprägung Herzog Ulrichs von Württemberg 1498–1550. BAUM 155–163.

2623 *F. Kirchheimer:* Die Bergmünzen aus dem ehemaligen Fürstentum Fürstenberg. FÜRSTENBERG 1956, 72–106, 2 Abb. im Text, 2 Taf.

2624 *A. Noß:* Die Lincke's in Heidelberg als Münzstempelschneider. HABICH 30–35. [1670 bis 1711.]

2625 *Th. Würtenberger:* Karl Wilhelm Becker, ein rheinischer Münzfälscher zu Anfang des 19. Jh. ECKERT 121–127.

2626 *T. Hoffmann:* Über das waldeckische Münzwesen. SCHULTZE, VICTOR II, 20–24.

2627 *M. v. Bahrfeldt:* Über die Münzprägung des Herzogs Heinrich Julius von Braunschweig und Lüneburg. 3. 5. 1589 – 20. 7. 1613. ZIMMERMANN 1914, 71–81.

2628 *W. Jesse:* Goslars Münzgeschichte im Abriß. FRÖLICH, KARL, 51–70, Taf. 2–4.

2629 *H. Heineken:* Die älteste Münzprägung der Bischöfe von Lübeck. SCHÄFER, DIETRICH, 197–210, 1 Taf.

2630 *A. Suhle:* Sind die meißnischen sog. Burgbrakteaten wahrheitsgetreue Darstellungen mittelalterlicher Burgen? UNVERZAGT 195 bis 197, 17 Abb. auf Taf. 26.

2631 *F. Friedensburg:* Schlesische Geschichtsmünzen. GRÜNHAGEN 23–34.

2632 *F. Hufnagel:* Neue oberschlesische Münzfunde. SEGER 1939, 193–198, 1 Abb., Taf. 31–32.

2633 *O. Kunkel:* Ein mittelalterlicher pommerscher Münzschatzfund als landesgeschichtliches Denkmal. SEGER 1934, 336–339, 1 Kt. [Greifenhagen/Oder.]

2634 *M. Gumowski:* Wpływy polskie na pieniężne stosunki Śląska w 1 połowie XVI w. (Polnische Einflüsse auf die Münz-Beziehungen Schlesiens in der ersten Hälfte des 16. Jh.) ORZECHOWICZ 1916.

2635 *S. I. Čižov:* K istorii deneznago proizvodstva na Rusi za carskij period (zur Geschichte der Geldherstellung im Rußland der Zarenzeit). UVAROVA 24 ff., 4 Abb., 1 Taf.

Medaillen

2636 *A. v. Loehr:* Die Medaille, Denkmal und Quelle der Kulturgeschichte. Habich 68–77.

2637 *M. Bernhart:* Zur Technik der Gußmedaille. Habich 36–39.

2638 *F. Dworschak:* Die Einflußsphäre der Medaille. Habich 95–98.

2639 *A. M. Tallgren:* Die „altpermische" Pelzwarenperiode an der Pečora. Hackman 152–181, 37 Abb. [Plaketten, 6.–8. Jh.]

2640 *A. Julius:* Raymond Faltz. En karolinsk medaljör. Hahr 71 ff.

2641 *G. F. Hill:* Frate Antonio da Brescia. Supino 483 ff.

2642 *U. Middeldorf:* Eine Florentiner Plakette. Goldschmidt 1935, 121–122, 3 Abb.

2643 *R. A. Marini:* Medaglisti Sabaudi del Rinascimento. Manno 139–146.

2644 *G. F. Hill:* Some Italian Medals of the Sixteenth Century. Habich 10–13, Taf. 1, 2.

2645 *E. Kris:* Notizen zum Werk des Leone Leoni. Habich 40–42, Taf. 6, 7.

2646 *B. Pick:* Bemerkungen zu deutschen Medaillen. 1. Konrad Meit. 2. Kaiser Maximilian und Franz von Sickingen. 3. Luthers Porträtmedaille von 1521. Koetschau 52–61, 4 Abb.

2647 *F. Dworschak:* Die Renaissancemedaille in Österreich. (Mit e. Exkurs üb. Hubert Gerhard als Medailleur.) Schlosser 1926, 213–244, Abb. 150–167 u. Taf. 24–32.

2648 *M. Bernhart:* Zwei unbekannte Bildnismedaillen der deutschen Renaissance. Buchheit 87–90, 2 Abb.

2649 *J. Cahn:* Das Vorbild zu einer Medaille Hans Reinharts. Habich 121–122, 2 Abb.

2650 *J. Menadier:* Eine Schaumünze des Kurfürsten Joachim II. von Brandenburg. Bode 1915, 209–212, 1 Taf.

2651 *J. Cahn:* Die Medaillenporträts des Kardinals Albrecht von Mainz; Markgrafen von Brandenburg. Schneider 1906, 159–167, 1 Taf. [A. d. Jahren 1518–1537.]

2652 *F. Dworschak:* Eine Christusmedaille von 1571. Braun 93–98, 3 Abb.

2653 *J. Babelon:* "Perdam Babylonis nomen". Brunel, Bd 1, 74–82, 1 Taf. [Schaumünzen-Schrift für Ludwig XII. u. Julius II.]

2654 *W. Schwinkowski:* Eine Prägemedaille mit Patrize 1614. Habich 27–29, 3 Abb. [Dresden, Münzkab.]

2655 *P. Grotemayer:* Würzburger Sedisvacanzmedaillen nach Entwürfen des Bildhauers Johann Wolfgang van der Auvera. Habich 90–92, Taf. 14.

2656 *Th. M. Duyvené de Wit-Klinkhamer:* Diana en Actaeon door Paulus van Vianen. Vogelsang 185–190, 4 Abb.

2657 *M. Hoc:* Un florin d'or de Jean III de Namur, seigneur de Béthune. Courtoy, Bd 1, 477–482, 1 Abb.

2658 *J. Holler:* Schulprämienmedaillen des Fürsten Joseph Wenzislaus zu Fürstenberg. Fürstenberg 1956, 186–197, 2 Abb. [1782.]

2659 *A. Neuhaus:* Der Hochfürstlich Ansbachische Hofmedailleur Johann Christian Reich (1730–1814). Habich 84–89, Taf. 13.

2660 *D. Simonsen:* Dänemark und die Juden in Prag 1745. Schwarz, A., 509–518, 1 Taf. [Zu einer Erinnerungsmedaille.]

2661 *L. Huszár:* Fusz János viaszképmása (das Wachsbildnis des Johann Fuß). Gerevich I, 191–195, Abb. 143–145. [Medailleur Joseph Daniel Böhm.]

2662 *O. Gessert:* Nachträge zur pfälzischen Medaillenkunde. Habich 22–26, 2 Abb.

2663 *J. Cahn:* Sebastian Furcks Silberplakette auf den Stadtbaumeister J. Wilhelm Dilich. Donner-von Richter, 3 Abb.

2664 *W. Diepenbach:* Mainzer Gnadenpfennige Johann Schweickhardts von Kronberg. Neeb 111–133, 5 Taf. [1604–1626. Künstler: Jan de Bommaert.]

2665 *A. O. van Kerkwijk:* Begrafenispenningen van de 17de eeuwsche Nederlandsche kunstschilders. Bredius 130 ff., 7 Abb.

2666 *P. von Bojanowski:* 140 Jahre Weimarischer Geschichte in Medaillen (1756–1896). Karl Alexander, Großherzog, 1–37.

2667 *H. Wahl:* Ein ungedruckter Goethebrief und eine ungeprägte Goethemedaille. Hecker 33–41, 1 Taf. [Prägestempel v. Friedr. Wilh. Facius.]

2668 *F. Dworschak:* Leonhard Posch, ein Tiroler Medailleur. Ottenthal 357–360, 4 Abb. [1803–1831 in Berlin.]

2669 *A. V. Orešnikov:* Vasilij Andreev, rěsčik monetnych štampov (Vasilij Andreev, der Graveur von Münzstempeln). Uvarova 291 ff.

2670 *L. Frede:* Die Medaillen auf die Deutsche National-Versammlung 1919. Buchenau 16–18.

2671 *C. M. Del Rivero:* La Medalla del Cardinal Espinosa (Notos biográficos, ikonogr. y artisticos). Mélida y Alinari, Bd 1, 383–401, 1 Taf. [1498–1572.]

2672 *V. Tourneur:* Charles-Quint collectionneur. Pirenne, 3 Taf. [Medaillen.]

2673 *H. Gaebler:* Die Münzsammlung der Königin Christine von Schweden. Head 368 bis 386.

2674 *H. Stöcklein:* Die Medaillen von Etienne Delaune in der Staatlichen Münzsammlung München. HABICH 53–62, Taf. 10, 11.

2675 *M. Bahrami:* A Gold Medal in the Freer Gallery of Art. HERZFELD, ERNST, 5–20, 9 Abb., 1 Taf.

SIEGEL- UND GRAVIERARBEITEN

2676 *W. Stephan:* Mittelalterliche Siegel als Kunstwerke. HASELOFF 32–39, 7 Abb.

2677 *Scagliosi:* Di alcuni sigilli medioevali. DE ROSSI 77 ff., 3 Abb.

2678 *W. Erben:* Kaiserbullen und Papstbullen. BRACKMANN 148–167, 1 Taf. m. 6 Abb.

2679 *Kirsch:* Altchristliche Bleisiegel des Museo Nazionale zu Neapel. DE ROSSI 225 ff., 27 Abb.

2680 *G. Swarzenski:* Abreibungen romanischer Metallgravierungen im Städel und ein verschollenes Reliquiar der Abtei Iburg. DONNER-VON RICHTER, Abb.

2681 *G. C. Bascapè:* I sigilli delle signorie e dei principati. CASTIGLIONI 47–82, 12 Taf.

2682 *G. C. Bascapè:* Sigilli universitari italiani. MERCATI, ANGELO, 41–72, 15 Taf.

2683 *G. Bascapè:* I sigilli dei comuni italiani nel Medio Evo e nell' età moderna. MANARESI 59 ff., 8 Taf.

2684 *J. Bovesse:* Les sceaux au type équestre de guerre de Jean Ier, Comte de Namur (1276 bis 1330). COURTOY, Bd 1, 411–418, 2 Taf.

2685 *U. Scheil:* Die Siegel der einheimischen wendischen Fürsten von Rügen. HOFMEISTER 1955, 207–222, 6 Taf. [1209–1318.]

2686 *O. Renkhoff:* Stadtwappen und Stadtsiegel. STENGEL 56–80, 2 Taf.

2687 *F. Mütherich:* Das Bergkristallsiegel des Erzbischofs Radpod von Trier. MEYER, ERICH.

2688 *W. Hannig:* Die älteren Siegel der Stadt und der Pfarrei St. Wendel. LOHMEYER 268 bis 273, 6 Abb.

2689 *A. Suhle:* Ein Silberpetschaft Ferdinands III. in einer Silberschale. JUSTI 132–138, 3 Abb. [Augsburger Arb.]

2690 *J. Bischoff:* Die alten Erlanger Gotteshaus-Siegel. Ein Beitr. zur Gesch. d. evang. Kirchensiegel. SCHORNBAUM 120–130, 4 Textabb.

2691 *R. Diezel:* Die Siegel der thüringischen Ämter im Rahmen der Verfassungsgeschichte. SCHNEIDER, FRIEDRICH, 1958, 229–272, 8 Taf. m. 84 Abb.

2692 *W. v. Boetticher:* Oberlausitzisches Siegelwesen. Amtssiegel u. Familiensiegel. JECHT 55–68.

2693 *A. L. Romdahl:* Magnus Ladulas' majestätssigill, ett höggotisk mästerverk. RYDBECK, 9 Abb.

2694 *J. Bolsee:* Le sceau de Blanche de Namur, reine de Suède. COURTOY, Bd 1, 423–424, 1 Taf.

2695 *S. Höglin:* Landskapet Jämtlands Sigill och Vapen. FESTIN 172–211, 25 Abb.

2696 *A. Largiadèr:* Die Entwicklung des Zürcher Siegels. STUTZ II, 365–384, 14 Abb.

2697 *V. Sicynśkyi:* Die Anfänge der ukrainischen Gravierkunst im 15. und 16. Jahrhundert. GUTENBERG 1940, 238–247, 7 Abb.

2698 *Li Shu-hua:* The origin of seal and ink-squeezing, and their influence on the invention of printing. HU SHIH, Part 1.

2699 *N. P. Lichačev:* Basma zolotoordynskich chanov (die Basma [d. i. Bild und Siegel] der Chane der Goldenen Horde). UVAROVA 70 ff., 5 Abb., 1 Taf.

STEINSCHNITT

2700 *H. Wentzel:* Datierte und datierbare byzantinische Kameen. WINKLER 9–21, 11 Abb.

2701 *Th. Whittemore:* An Epiphaneia of Dionysos on a Coptic Carved Stone. CRUM 541–553, 3 Taf.

2702 *H. Wentzel:* Mittelalter und Antike im Spiegel kleiner Kunstwerke des 13. Jahrhunderts. CORNELL 67 ff., 29 Abb.

2703 *H. Wentzel:* Die Kaiser-Kamee am Gemmenkreuz in Brescia. CURTIUS, LUDWIG, 1955 bis 1956, Tl 2, 53–65, Taf. 24–29.

2704 *A. Chastel:* Le jeune homme au camée platonicien du Bargello. TOESCA 73–74.

2705 *H. Wentzel:* Mittelalterliche Gemmen am Oberrhein und verwandte Arbeiten. SCHMITT 145–158, 16 Abb.

2706 *E. A. Stückelberg:* Der Friedenscameo zu Schaffhausen und das älteste Klarissenkloster der Schweiz. SCHLECHT 324–334, 3 Abb.

2707 *H. Wentzel:* Die Kamee mit dem ägyptischen Joseph in Leningrad. (Zur Bildmontage und „Protorenaissance" im Kameenschnitt des 13. Jahrhunderts.) KAUFFMANN 85–105, 11 Abb.

2708 *E. Stenger:* Carl v. Dalbergs Versuche mit Steatit. SUDHOFF 1928, 92–110, 6 Abb. [Steinschnittarbeiten, um 1800.]

2709 *F. Rapp:* Eine Gemme aus dem Besitz Goethes. ARNDT 128–132, 2 Abb.

G. MALEREI UND ZEICHNUNG

Allgemein

2710 *R. Oertel:* Erscheinungsformen der Malerei bis zum Aufkommen des neuzeitlichen Staffeleibildes. Jantzen 1951, Schülerfestschr., Bd 1.

2711 *W. Suida:* Kooperation in alten Gemälden. Sas-Zaloziecky 163 ff.

2712 *E. v. d. Bercken:* Über einige Grundprobleme der Geschichte des Kolorismus in der Malerei. Wolters 101–116.

2713 *J. Bazaine:* La „densité" dans le dessin et dans la peinture. Fougères 31 ff., 3 Abb.

2714 *L.-I. Ringbom:* Kampen om Illusionen i Måleriet. Wrede 240 S., 14 Abb.

2715 *Th. Hetzer:* Vom Plastischen in der Malerei. Pinder 28–64, 2 Abb.

2716 *R. Salvini:* Per una definizione di "Valori Plastici". Venturi, Vol. 2, 215 ff.

2717 *H. Wölfflin:* Über das Rechts und Links im Bilde. Wolters 3–14, 12 Abb.

2718 *H. Fierens-Gevaert:* Le clair-obscur dans la peinture des XVe, XVIe et XVIIe siècles. Kurth, Godefroid 439–447.

2719 *H. Wingler-Prinz:* Begegnung mit vier Frauenbildnissen von Rubens, Rembrandt, Goya, Picasso. Hamann 1954.

2720 *G. Papaianni:* Contributo alla tecnica della miniatura e della pittura. Luzio, Bd 2, 271–282. [Rezepte von Gio. Antonio Guidi 1698.]

2721 *K. Scheffler:* Wiedersehen mit Bildern. Heise 19–24.

2722 *P. Francastel:* Lumière et couleur après l'Impressionnisme. Venturi, Vol. 2, 175 ff.

2723 *P. Vogt:* Zur Begriffsbestimmung des Graphischen. Rosemann 242–262.

2724 *R. Rouček:* Smysl grafického projevu (sens de la production graphique). Matejcek 21–26, Abb. 1.

2725 *F. Wolter:* Handzeichnungen. Rupprecht, Kronprinz v. Bayern, 1914, 152, 4 Taf.

2726 *O. Fischel:* Maestri del Disegno. Schubring, Paul, 60–63. [Sammeln von Handzeichnungen.]

2727 *J. Gregor:* Die Handzeichnungen der Sammlung Perera in der Wiener Nationalbibliothek. Wien, 3 Taf.

Altchristliche und Byzantinische Malerei

2728 *Fr. W. v. Bissing:* Altchristliche Wandmalereien aus Ägypten. Clemen 1926, 181–188, 5 Abb. [Luksor.]

2729 *J. Martin:* Ein frühchristliches Kreuzigungsbild? Bulle 151–168. [Zu e. fälschl. dem Lactantius zugeschrb. Gedicht d. 5./6. Jh. a. d. südl. Gallien.]

2730 *L. De Bruyne:* La Décoration des baptistères paléochrétiens. Mohlberg, Bd 1, 189 bis 220.

2731 *M. Salmi:* I dipinti paleocristiani di Antinoe. Rosellini 157–169, 8 Taf.

2732 *G. Ostrogorskij:* Les décisions du „Stoglav" au sujet de la peinture d'images et les principes de l'Iconographie byzantine. Uspenskij 393–411.

2733 *V. Grecu:* Contributii ... [Beiträge zum Studium der Quellen des Handbuchs der byzantinischen Malerei, 1. H., 18. Jh.]. Jorga 1931, 188–195.

2734 *A. Muñoz:* Le ΕΚΦΡΑΣΕΙΣ nella letteratura bizantina e i loro rapporti con l'arte figurata. Kondakov 139 ff., Taf. 19. [Zeitgenöss. Beschreibung einer alten Ikone.]

2735 *J. Strzygowski:* Die Maria-Orans in der byzantinischen Kunst. de Rossi 1892 II, 397 bis 403, 2 Abb.

2736 *K. Weitzmann:* Ein kaiserliches Lektionar einer byzantinischen Hofschule. Swoboda 309 bis 320. [Neapel, Bibl. Mag. Suppl. grec. 12.]

2737 *M. J. Binder:* Ein byzantinisch-venezianisches Hausaltärchen. Schneider 1906, 501 bis 505, 3 Taf.

2738 *G. de Jerphanion:* Un coffret italo-byzantin du XIIIe siècle. Schlumberger, Bd 2, 416–424, Taf. 23–25. [Reliquienkästchen Zypressenholz, farbig bemalt.]

2739 *J. Kollwitz:* Ein Altar im Museum von Kayseri. Ein Beitr. zur frühmittelalterl. byzantin. Kunst. Fuchs 15–22, 2 Abb.

2740 *L. Bréhier:* La rénovation artistique sous les Paléologues et le mouvement des idées. Diehl, Charles, Vol. 2, 1 ff.

2741 *A. Xyngopoulos:* Une Icone du temps des Comnènes. Grégoire, Bd 2, 659–665, 1 Abb. [Slg D. Loverdos, Athen.]

2742 *C. Osieczkowska:* O Szkole Polskiej ... (L'école polonaise de la peinture byzantine; influences de Robert de Liège). Tomkowicz 35–130, 6 Taf.

2743 *E. Kitzinger:* On Some Icons of the Seventh Century. Friend 132–150, 10 Abb.

2744 *W. Elliger:* Zur bilderfeindlichen Bewegung des achten Jahrhunderts. Ficker 40–60.

2745 *K. Holl:* Der Anteil der Styliten am Aufkommen der Bilderverehrung. KLEINERT 51 bis 66.

2746 *E. Dyggve:* Visione del re dei Goti. CALDERINI u. PARIBENI, Bd 3, 765–773, 4 Abb.

2747 *G. Wilpert:* Le pitture della "Confessio" sotto la Basilica dei Ss. Giovanni e Paolo. NOGARA 517–522, Taf. 76. [Fresken. 4. Jh. n. Chr.]

2748 *G. Wilpert:* Le pitture dell' ipogeo die Aurelio Felicissimo presso il Viale Manzoni in Roma. DE ROSSI 1923/1924, Bd 2, 1–43, 9 Abb., 24 Farbtaf.

2749 *U. M. Fasola:* Osservazioni su una pits tura del Cimitero Maggiore. BELVEDERI 187 bi-302, 1 Abb. [Rom, 4. Jh. 4 Märtyrer.]

2750 *H. Achelis:* Die Madonna in Priscilla. SCHULTZE, VICTOR, 1921, 311–318, 1 Abb. [Katakombenmalerei.]

2751 *C. R. Morey:* The Madonna of Sta. Francesca Romana. GREENE 118–121, Abb. 74–77. [Rom, Sa. Maria Nova. Ikone 7. Jh.]

2752 *P. Cellini:* Una Madonna molto antica. TOESCA 1–6, Taf. 1–9. [Palimpsest-Ikone, Rom, Sa. Maria Nova.]

2753 *C. R. Morey:* The painted panel from the Sancta Sanctorum. CLEMEN 1926, 151–167, 15 Abb.

2754 *G. de Jerphanion:* Icône du Musée Chrétien d'Athènes. HEISENBERG 608–612, Taf. 12, 13.

2755 *N. Okunev:* Fragments de peintures de l'église Sainte-Sophie d'Ochrida. DIEHL, CHARLES, Vol. 2, 117 ff., 7 Abb.

2756 *J. Wilpert:* Eucharistische Malereien der Katakombe Karmûz in Alexandrien. JOHANN GEORG V. SACHSEN 273–281, 1 Abb.

2757 *G. A. Sotariou:* Egkaustike eikon tou apostolou Petrou tes mones Sina. GRÉGOIRE, Bd 2, 607–610, 1 Abb.

VOM MITTELALTER BIS ZUM 18. JAHRHUNDERT

ALLGEMEIN

2759 *R. Crozet:* Les survivances de la pensée et de l'art antique dans la peinture carolingienne. HALPHEN.

2760 *A. Goldschmidt:* Der angelsächsische Stil in der mittelalterlichen Malerei. LIEBERMANN, FELIX, 271–276, 2 Taf.

2761 *P. Clemen:* Sprachen und Überlieferung der malerischen Gestaltung im späten Mittelalter. KOETSCHAU 9–20.

2762 *E. Hempel:* Der Realitätscharakter des kirchlichen Wandbildes im Mittelalter. FREY 1943, 106–120, 6 Abb.

2763 *G. J. v. Allesch:* Das Raumerlebnis in der deutschen und italienischen Malerei am Ende des 15. Jahrhunderts. WAETZOLDT 3–64.

2764 *H. Lossow:* Zum Stilproblem des Manierismus in der italienischen und deutschen Malerei. Ein methodisch-systematischer Versuch. WAETZOLDT 192–208.

2765 *J. Rosenberg:* Ein erfolgreicher Fälscher spätgotischer Zeichnungen. Mehr über den sogen. Wiener Meister mit den Bandrollen um 1881. WINKLER 149–156, 7 Abb.

2766 *O. Benesch:* The Orient as a Source of Inspiration of the Graphic Arts of the Renaissance. WINKLER 242–253, 10 Abb.

2767 *G. W. Lundberg:* La Charmante Rose. JOSEPHSON 150–174, 13 Abb.

DEUTSCHLAND

2768 *H. Janitschek:* Zwei Studien zur Geschichte der karolingischen Malerei. 1–30. 1. Das orientalische Element in der Miniaturmalerei. 5 Abb. 2. Bilderstreit und Bilderproduktion. SPRINGER 1885 II.

2769 *R. Kautzsch:* Ein Beitrag zur Geschichte der deutschen Malerei in der ersten Hälfte des 14. Jahrhunderts. SCHMARSOW 73–94.

2770 *H. Wentzel:* Unbekannte altdeutsche Zeichnungen aus Württembergischen Archiven und Bibliotheken. SCHMITT 333–344, 7 Abb. [15. u. frühes 16. Jh.]

2771 *B. Degenhart:* Deutsche mittelalterliche Zeichnungen in der Biblioteca Comunale von Siena. VENTURI, Vol. 1, 175 ff.

2772 *O. Weigmann:* Über einige spätgotische Zeichnungen. BUCHHEIT 46–49, 3 Abb.

2773 *G. Fiensch:* Die Anfänge des deutschen Landschaftsbildes. Formgeschichtl. Voraussetzungen. WACKERNAGEL 1955, 71–121, Abb. 7–22. [Dürer – Huber – Pacher – Altdorfer.]

2774 *P. Halm:* Vier Zeichnungen des frühen 15. Jahrhunderts aus dem Besitz von Hartmann Schedel. WINKLER 84–94, 4 Abb.

2775 *A. Stange:* Zwei Beispiele niederländischen Einflusses in Deutschland. ROGGEN 257 ff.

2776 *A. Feulner:* Deutsche Rokokomalerei. HAUSENSTEIN 1932, 88–93, 1 Taf.

2777 *F. Walliser:* Österreichs Bedeutung in der Entwicklung der europäischen Malerei des 14. Jh. WEISSENHOFER 65–72.

2778 *O. Benesch:* Two unknown works of old German and Austrian art in italian museums. VENTURI, Vol. 1, 191 ff.

2779 *B. Slánský:* Optické předpoklady české tabulové malby proní poloviny XIV. století (optische Voraussetzungen der böhmischen Tafelmalerei in der ersten Hälfte des 14. Jh.). WIRTH 193 ff.

2780 *W. Frodl:* Zur Malerei der 2. Hälfte des 13. Jahrhunderts in Österreich. FREY 1954, 47–81, Abb. 37–63.

2781 *L. Birchler:* Vom ältesten Einsiedler Gnadenbild. GANTNER 85–106, 10 Abb.

2782 *F. Grossmann:* Zwei spätgotische Tafelbilder im Stift Klosterneuburg. STRZYGOWSKI 1932 I, 75–79, Abb. 48–50.

2783 *K. Garzarolli-Thurnlackh:* Der Maler des Flügelaltars von 1524 in der Pfarrkirche in St. Marein ob Knittelfeld und seine Verkündigungsflügel in der Samuel H. Kress Collection in New York. SUIDA 171–179, 5 Abb.

2784 *H. Decker:* Der Flügelaltar von Pera im Fassatal. GAMPER 285–288, 1 Abb.

2785 *W. Frodl:* Ein gemaltes Portatile. EGGER, RUDOLF, 1952, Bd 2, 415–425, 3 Abb. [Graz, Joanneum, um 1300.]

2786 *K. M. Swoboda:* Der romanische Epiphaniezyklus in Lambach und das lateinische Magierspiel. SCHLOSSER 1927, 82–87, Abb. 23 u. 24.

2787 *D. Burckhardt:* Studien zur Geschichte der Baslerischen Malerei des späteren Mittelalters. BASEL, Hist. Mus., 127–150, 4 Taf.

2788 *J. Futterer:* Ein Beitrag zur Beweinung Christi im St. Andreaskloster zu Sarnen. DURRER 264–270, 4 Taf. [Vor 1508.]

2789 *W. Hugelshofer:* Einige Luzerner Maler im 1. Viertel des 16. Jh. Ein Beitr. z. Gesch. d. spätgotischen Malerei in der Innerschweiz. DURRER 298–325, 2 Abb., 13 Taf.

2790 *A. Daig:* Der Katharinen-Altar von Kleinschwarzenlohe. Nürnberg u. Böhmen in der Malerei um 1400. KÖMSTEDT 256–264, 9 Abb.

2791 *S. u. Th. Müller:* Ein frühes gotisches Reliquiar im Regensburger Domschatz. KAUFFMANN 112–119, 6 Abb.

2792 *K. Feuchtmayr:* Zwei Studien zur bairischen und schwäbischen Malerei des frühen 16. Jahrhunderts. 1. Ritter Christoph, ein Bildnis von Hans Wertinger. 115–130, 6 Taf. 2. Martin Schaffner und Hans Holbein d. Ä. 131–147, 8 Taf. VOLLMER, HANS, (hist. art.)

2793 *J. Ringler:* Vier unveröffentlichte gotische Tafelbilder der schwäbischen Schule. HAMMER 107–116, 10 Abb. u. Taf. 18–21.

2794 *Chr. Altgraf zu Salm:* Die Kreuzigungstafel aus Schloß Heiligenberg. BAUM 77–82, Abb. 40. [Bodensee, ca. 1420.]

2795 *H. Buchheit:* Ulmer Bildnisse um 1500. BAUM 124–127, Abb. 55–59.

2796 *H. Decker-Hauff:* Zur Herkunft des Oberstenfelder Altars. BAUM 134–137, Abb. 64, 65.

2797 *K. Lange:* Das Altarwerk von Mühlhausen am Neckar. SCHNEIDER 1906, 417–452, 3 Taf. [Stuttgart, Gemäldegal. Flügelaltar v. 1385.]

2798 *H. Gombert:* Zwei Neuerwerbungen des Augustinermuseums. NOACK 65–71, 5 Abb. [Freiburg i. B. Altartafeln. Umkreis Hausbuchmeister.]

2799 *I. Schroth:* Einige manieristische Gemälde in Freiburg. NOACK 137–145, 5 Abb.

2800 *G. Schönberger:* Das Porträt Heinrichs zum Jungen. RICHEL 13–16, 1 Taf., 1 Abb. [1477. Im Frankf. Histor. Mus.]

2801 *B. Kurth:* Von einigen Inkunabeln der Kölnischen Malerei. SCHLOSSER 1927, 94–98, Abb. 27–39.

2802 *R. Fritz:* Vier unbekannte westfälische Tafelbilder vom Anfang des 15. Jahrhunderts. RENSING 200–213, Abb. 137–143.

2803 *P. Weber:* Eine Jenaer Altarwerkstatt am Ausgang des Mittelalters. DOBENECKER 205 bis 224, 4 Taf.

2804 *E. Jacobs:* Ars scripturarum. MILKAU 177–186. [Hartmann Schedels Beschrbg d. Gemäldezyklus im Praemonstratenserstift bei Brandenburg.]

2805 *K. H. Clasen:* Der Graudenzer Altar der Marienburg. HAMANN 1944, 111–128, 11 Abb.

2806 *E. Dostál:* Nový slezský epitaf (ein neues schlesisches Epitaph). BRAUN 34–38. [Thronende Madonna, 1434–1450.]

2807 *J. Pešina:* Der Anteil Böhmens an der Entwicklung des Stillebens in der Malerei des Spätmittelalters. SWOBODA 223–236, 4 Abb.

EINZELNE KÜNSTLER

MITTELALTER

2808 *L. Fischel:* Über die künstlerische Herkunft des Frankfurter „Paradiesgärtleins". SWARZENSKI 85–95, 6 Abb.

2809 *W. Krönig:* Das Weihnachtsbild Stephan Lochners. STÄHELIN, WILHELM, 73–76, 1 Abb.

2810 *A. Lichtwark:* Meister Franckes Einfluß. SCHNEIDER, FRIEDRICH, 125–128. [Wismar, Rostock, Doberan.]

2811 *J. H. Schmidt:* Die Seidenstoffe auf den Gemälden des Meisters Francke. HASELOFF 40–52, 14 Abb.

2812 *R. Nissen:* Ein Muttergottesbild vom Meister des Fröndenberger Altares. GOLDSCHMIDT 1935, 55–56, 4 Abb. [Um 1420.]

2813 *W. Suida:* Der Meister der Passionsfolgen. BRAUN 39–46, 14 Abb. [Tafelbilder im Landesmus. Troppau. 1420–1440.]

2814 *W. Frodl:* Ein neues Tafelbild des Malers Simon von Taisten. HAMMER 93–98.

2815 *J. Roosval:* Bertil Målare aus Lübeck und seine Stockholmer Werkstatt. HAUPT 1936, 105–116, 8 Abb.

2816 *C. Gebhardt:* Hans von Metz, ein oberrheinischer Maler des 15. Jahrhunderts. DONNER-VON RICHTER, 1 Taf. u. 3 Abb.

2817 *H. Fegers:* Zur Frage der Bildkomposition bei einem Werke der altdeutschen Malerei. BAUM 83–89, Abb. 41. [Meister d. Sterzinger Altars.]

2818 *K. Garzarolli-Thurnlackh:* Zur Identität des Votivtafelmeisters von St. Lambrecht mit Hans von Judenburg. Anh.: F. Popelka: Archivalische Nachrichten über Hans von Judenburg. BRAUN 47–55, 8 Abb. [1384–1411 in Neumarkt u. Judenbg tätig.]

2819 *Th. Tappen u. H.-G. Uhl:* Hans Witten von Cöln? FRÖLICH, KARL, 104–116. [Maler Hans von Cöln der Meister des Goslarer Huldigungssaales. Nicht identisch mit Hans Witten.]

2820 *L. Moser:* Der niederländische Lehrer Martin Schongauers. JANTZEN 1951, Schülerfestschr., Bd 2.

2821 *K. Bauch:* Bildnisse von Martin Schongauer. NOACK 73–81, 8 Abb., 1 Farbtaf.

2822 *L. Fischel:* Zu Schongauers ,,Heiligem Antonius''. NOACK 92–98, 3 Abb.

2823 *K. Martin:* Zur ,,Madonna im Rosenhag'' im Isabella Steward Gardner Museum in Boston. NOACK 83–91, 7 Abb. [Kopie nach Schongauer.]

2824 *L. Baer:* Eine Zeichnung des ,,Meisters der Spielkarten''. SCHNEIDER 1906, 61–76, 3 Taf. [Budapest, Nat.-Gal. Konrad Witz.]

2825 *J. Prinz:* Beiträge zur Geschichte der Malerei in Münster. RENSING 206–213, 1 Verwandtschaftstafel. [Malerfamilie tom Ring.]

2826 *H. Böllhoff:* Eine Madonna aus einem Altar des Valentin Lendenstreich. JANTZEN 1951, Schülerfestschr. Bd 2.,

2827 *O. Demus:* Observations on the Frueauf workshop. TIETZE 277–284, 5 Abb. [Auch in Gazette des Beaux-Arts 1954, Nov., No. 1030.]

2828 *E. Buchner:* Der wirkliche Gabriel Mälesskircher. BUCHHEIT 36–45, 8 Abb. [† 1495, München.]

2829 *A. M. Hind:* An undescribed sheet of drawings by Nicolaus Alexander Mair of Landshut with some notes on the master's engravings. FRIEDLÄNDER, MAX J., 1927, 30–33, 2 Abb. [Oxford, Bodleiana. 1495/96.]

2830 *F. X. Weizinger:* Die Maler-Familie der ,,Strigel'' in der ehemaligen freien Reichsstadt Memmingen. RUPPRECHT, Kronprinz v. Bayern, 1914, 99 ff., 29 Abb.

2831 *E. Dostál:* Obraz "Ukřizování" z Kaufmannovy sbírky (das Bild ,,Die Kreuzigung'' aus der Sammlung Kaufmann). WIRTH 51 ff. [Böhm. Meister um 1360.]

15. UND 16. JAHRHUNDERT

2832 *O. R. von Lutterotti:* Ein unbekanntes Diptychon vom Meister der Habsburger in Bozen. SWOBODA 159–165, 4 Abb.

2833 *H. A. Schmid:* Mathias Grünewald. BASEL, Hist. Mus., 37–96, 1 Taf.

2834 *A. Neumeyer:* Grünewalds Gewandstil und die deutsche Plastik. GOLDSCHMIDT 1935, 96–99.

2835 *H. v. Einem:* Grünewalds Auferstehung Christi aus Isenheim. ARNOLD 23–34, 7 Taf.

2836 *H. v. Einem:* Die ,,Menschwerdung Christi'' des Isenheimer Altares. KAUFFMANN 152–171, 13 Abb.

2837 *H. Kehrer:* Zur Deutung einer Grünewald-Zeichnung im Kupferstich-Kabinett zu Berlin. FICKER 211–220, 4 Abb.

2838 *W. Timm:* Die Einklebungen der Lutherbibel mit den Grünewaldzeichnungen. JUSTI 105–121, 11 Abb. [Berlin, Kupferstichkab.]

2839 *E. Holzinger:* Zur Datierung der Grünewald-Zeichnungen. SWARZENSKI 129–144, 5 Abb. [4 Frauenbildnisse.]

2840 *R. Oertel:* Ein Bildnis von Hans Burgkmair aus dem Jahre 1506. WINKLER 191–196, 1 Abb.

2841 *F. M. Haberditzl:* Das Reiterdenkmal Kaiser Maximilians I. WIEN, Nationalbibl., 443 f. [Zeichnung von Burgkmair.]

2842 *E. Schilling:* Burgkmair und der ,,Petrarcameister als Maler''. SCHMITT 233–237, 2 Abb.

2843 *F. Dörnhöffer* Über Burgkmair und Dürer. WICKHOFF 111 ff.

2844 *M. Steif:* Jörg Breu's Fresken im Olmützer Dom. BRAUN 62–69, 3 Abb.

2845 *R. Muther:* Hans Schäufelein. SPRINGER 1885 I, 160–175.

2846 *E. Buchner:* Der junge Schäufelein als Maler und Zeichner. FRIEDLÄNDER, MAX J., 1927, 46–76, 19 Abb.

2847 *H. v. Mackowitz:* Bildnisse der Maria von Burgund vom Maler Hans zu Schwaz. WEINGARTNER 103–110, 7 Abb.

2848 *K. Garzarolli-Thurnlackh:* Ludwig, Maler und Bürger zu Judenburg, der Flügelmaler des Fohnsdorfer Altares. BICK, 3 Abb.

2849 *F. Rieffel:* Einige Bemerkungen über Hans Baldung. SCHNEIDER 1906, 83–89. [Werkstatthilfe. Urs Graf.]

2850 *C. Koch:* Über ein verschollenes Gemälde Hans Baldungs (Bildnis des Jacob Sturm). BUCHHEIT 107–113, 3 Abb.

2851 *J. Oeri:* Das Kellerische Todesbild von Hans Baldung. SPRINGER 1885 I, 157–159, 1 Taf.

2852 *C. Koch:* Kopf eines Narren, gezeichnet von Hans Baldung-Grien. WINKLER 197–200, 2 Abb.

2853 *W. Tröge:* Lucas Cranach d. Ä. als genealogisches Phänomen. TILLE, A., 118–133.

2854 *J. Ficker:* Die Erstgestalt von Cranachs erstem Lutherbildnis. KATTENBUSCH 285–291, 2 Abb.

2855 *N. Grass:* Der Thurnfelder Altar und seine Cranach-Bilder. Ein verborgenes Kunstwerk zu Hall in Tirol. WEINGARTNER 25–44, 13 Abb., 5 Zeichngn.

2856 *E. H. Zimmermann:* Ein herzförmiges Altarwerk Lucas Cranach des Jüngeren. HAMPE 171–176, 3 Abb.

2857 *M. Weinberger:* Über die Herkunft des Meisters LCz. WÖLFFLIN 1924, 169–182, 9 Abb.

2858 *E. Buchner:* Zum Malwerk des Meisters L Cz. RUPPRECHT, Kronprinz v. Bayern, 1953, 85–89, 8 Abb.

2859 *L. Bier:* Zur Frage der Beziehungen zwischen Albrecht Altdorfer und Jörg Kölderer. STRZYGOWSKI 1932 I, 14–17, Abb. 3, 4.

2860 *W. Wegner:* Wie sah Albrecht Altdorfer aus? JANTZEN 1951, Schülerfestschr., Bd 2.

2861 *W. Boll:* Albrecht Altdorfers Nachlaß. BUCHHEIT 91–102, 1 Abb.

2862 *K. Oettinger:* Ein Altdorfer-Schüler: Der Zeichner der Pariser Landsknechte. WINKLER 201–212, 8 Abb.

2863 *J. Garber:* Jörg Kölderers Zeichnungen des Innsbrucker Zeughauses. FISCHNALER 121 bis 126, 4 Abb.

2864 *K. Moeser:* Die Meraner Malerfamilie Raber. FISCHNALER 186–214, 2 Taf.

2865 *K. Oettinger:* Zu Wolf Hubers Frühzeit. WEIXLGÄRTNER 71–100, Abb. 115–139.

2866 *E. Heinzle:* Zum Feldkircher Annenaltar des Wolf Huber. FREY 1954, 119–128, Abb. 91–99.

2867 *A. Walzer:* Wolf Hubers Annenaltar in Feldkirch. BUCHHEIT 69–77, 10 Abb.

2868 *E. Buchner:* Der Münchner Maler Niclas Horverk, genannt Schlesitzer, ein unbekannter Zunftgenosse Jan Polacks. KÖMSTEDT 242–256, 16 Abb.

2869 *K. Feuchtmayr:* Christoph Amberger und Jörg Hermann. BUCHHEIT 79–86, 8 Abb.

2870 *W. Hentschel:* Ein Frühwerk von Hans Dürer. WINKLER 213–220, 4 Abb.

2871 *K. Oettinger:* Ein Hirtenstab des älteren Holbein. HIRSCH 423–427, 3 Taf.

2872 *A. Wolters:* Bemerkungen über einige Eigentümlichkeiten spätgotischer Bildgestaltung. Zwei Bildanalysen. GOLDSCHMIDT 1923, 75–82, Taf. 16, 17 mit Deckblättern. [Holbein d. Ä.]

2873 *E. Schilling:* Ein Gemäldeausschnitt Holbeins des Älteren und Gedanken zu seiner Werkstatt. WINKLER 157–166, 3 Abb.

2874 *W. Ueberwasser:* Holbeins „Christus in der Grabnische". NOACK 125–130, 3 Abb.

2875 *H. W. Grohn:* Vorbild und Kopie, zu Holbeins Bildnis eines jungen Mannes von 1541. KURTH, WILLY, 2 Abb.

2876 *R. Dölling:* Lais Corinthiaca. JAHN, JOHANNES, 211–213. [Holbein.]

2877 *P. Jessen:* Ein Pokalentwurf von Hans Holbein. BODE 1915, 103–104, 1 Taf.

2878 *P. Ganz:* Zwei Werke Hans Holbeins d. J. aus der Frühzeit des ersten englischen Aufenthalts. BASEL, Kunstmus. 141 ff.

2879 *F. Eichler:* Eine Bucheinbandverzierung aus dem Formenschatz Hans Holbeins d. J. LEIDINGER 63–66, Taf. 13.

2880 *A. Stange:* Jörg Ratgeb. Zugl. e. Beitr. zur Verarbeitung italienischer Formmittel in Deutschland. WÖLFFLIN 1924, 195–208, 7 Abb.

2881 *H. Röttinger:* Der Meister J B ist Jörg Pencz. WIEN, Nationalbibl.

2882 *M. Olsson:* Norset på Gustav Vasas Kista. GUSTAF VI ADOLF 229–237, 6 Abb. [B. Bruyn.]

2883 *J. Ringler:* Zwei unbekannte Altarflügel aus der Werkstätte des Sebastian Schel. HÖRTNAGL 103–107, 2 Abb.

2884 *W. Karlson:* Tobias Gemperlin och några skånska 1500-talsporträtt. WRANGEL 65–90, 4 Abb. [Geb. 1550 Augsburg, um 1577 für Tycho Brahe tätig.]

2885 *J. J. de Gelder:* Teekeningen togeschreven aan Jacob Binck. MARTIN 44 ff., 3 Abb.

2886 *E. v. Watzdorf:* Bildnisse von Andreas Riehl d. J. HAMANN 1939, 169–173, Taf. 45.

2887 *V. C. Habicht:* Ein Porträt von Melchior Lorichs. SCHUBRING, PAUL, 74–80, 3 Abb. [Hannover, Prov.-Mus.]

2888 *K. Martin:* Der Maler Wendel Dietterlin. LOHMEYER 14–29, 15 Abb.

2889 *W. Fleischhauer:* Die Malereien im Stuttgarter Lusthaus. GOESSLER 1932, 8 Abb.

2890 *F. Fuglsang:* Konstantinopolitanische Miscellen zu Melchior Lorck. HASELOFF 52–6,2 9 Abb. [Dän. Hofmaler, † 1583.]

2891 *F. Fuglsang:* Melchior Lorck als Maler. PAULS 62–74, 6 Abb.

DÜRER

2892 *Th. Würtenberger:* Recht und Gerechtigkeit in der Kunst Albrecht Dürers. FEHR 221–235.

2893 *Th. Würtenberger:* Recht und Sittlichkeit in der Weltanschauung Albrecht Dürers. STOHR 251–264. [Aufgr. v. Dürers literar. Werkschaffen, besonders seiner Reimdichtg.]

2894 *H. Preuß:* Lutherisches in Dürers Kunst. HAUCK 331–338.

2895 *O. R. v. Lutterotti:* Dürers Reise durch Tirol. KLEBELSBERG 1956, 153–158, 15 Abb. auf Taf. 10–17.

2896 *E. Waldmann:* Zweimal „Trint". WAETZOLT 160–161, 2 Abb. [Ansicht v. Trient bei Dürer u. C. Ph. Fohr.]

2897 *A. Stange:* Ein Gemälde aus Dürers Wanderzeit? NOACK 113–117, 1 Farbtaf. [„Rettung eines ertrunkenen Kindes."]

2898 *G. Arnolds:* „Opus quinque dierum". WINKLER 187–190, 2 Abb. [Dürer.]

2899 *H. Weizsäcker:* Der sogenannte Jabachsche Altar und die Dichtung des Buches Hiob. Ein Beitrag zur Geschichte von Albrecht Dürers Kunst. SCHMARSOW 153–162, 2 Abb.

2900 *W. Neuß:* Die ikonographischen Wurzeln von Dürers Apokalypse. SCHREIBER 1932, 185–197.

2901 *E. Marx:* Die Herkunft von einigen Bildmotiven in Dürers Apokalypse. REDSLOB 301–310, 10 Abb.

2902 *M. Rade:* Zur Apokalypse Dürers und Cranachs. SPRINGER 1885 I, 111–120.

2903 *W. Neuß:* Die katalanische Bibel aus Sant Pere de Roda und Dürers Apokalypse. PUIG I CADAFALCH, Bd 1, 261–267.

2904 *A. Reichel:* Zur Geschichte der Dürer-Zeichnungen in der Albertina. STRZYGOWSKI 1932 I, 141–144.

2905 *M. J. Friedländer:* Eine übersehene Dürer-Zeichnung im Berliner Kupferstichkabinett. BODE 1915, 99–102, 1 Taf.

2906 *H. Kauffmann:* Dürers „Nemesis". AHLMANN 135–159, 3 Abb.

2907 *G. Egger:* Zur Analyse der sechs Knoten von Albrecht Dürer. STUMMVOLL / KISSER / TRENKLER 28–30, 1 Abb.

2908 *W. Fraenger:* Dürers Gedächtnis-Säule für den Bauernkrieg. SPAMER 126–140.

2909 *F. Kriegbaum:* Zu den graphischen Prinzipien in Dürers frühem Holzschnittwerk. GOLDSCHMIDT 1935, 100–108, 8 Abb.

2910 *A. Bechtold:* Zu Dürers Radierung „Die große Kanone". HABICH 112–120. 3 Abb. im Text u. Taf. 20.

2911 *J. Springer:* Dürers Probedrucke. SCHNEIDER 1906, 479–486, 2 Abb.

2912 *G. Pauli:* Dürers Monogramm. FRIEDLÄNDER, MAX J., 1927, 34–40, 2 Taf.

2913 *A. Weixlgärtner:* Dürer und die Gliederpuppe. WICKHOFF 80 ff.

2914 *K. Lange:* Dürer-Studien. OVERBECK 136–143, Taf. 6 (Schriftproben). [Zu D.'s schriftl. Nachlaß.]

2915 *A. Freimann:* Der Rechtsschutz für Dürers Schriften. RICHEL 17–19.

2916 *W. Niemeyer:* Das Auge Dürers. PINDER 348–370.

2917 *H. Beenken:* Dürers Kunsturteil und die Struktur des Renaissance-Individualismus. WÖLFFLIN 1924, 183–193.

2918 *K. Schottenloher:* Konrad Heinfogel. Ein Nürnberger Mathematiker aus dem Freundeskreise Albrecht Dürers. SCHLECHT 300–310, 1 Abb.

2919 *H. Tietze:* Aus der Werkstatt Dürers. FRIEDLÄNDER, MAX J., 1927, 41–45, 3 Abb.

2920 *G. Leidinger:* Albrecht Dürer und der Hausbuchmeister. VOLKMANN 63–69, 2 Abb.

2921 *J. Qu. van Regteren Altena:* Niederländisches im jungen Dürer. WINKLER 181–186, 3 Abb.

2922 *E. Holzinger:* Von Körper und Raum bei Dürer und Grünewald. PANOFSKY 1960, 238 bis 253, 13 Abb.

2923 *F. Anzelewsky:* Albrecht Dürer und Mathis Gothardt Nithardt. REDSLOB 292–300.

2924 *F. J. Cole:* The History of Albrecht Dürers Rhinoceros in Zoological Literature. SINGER, CHARLES, Bd 1, 337–356, 24 Abb.

2925 *A. Weixlgärtner:* Alberto Duro. SCHLOSSER 1927, 162–186. [Wirkungen Dürers in Italien.]

2926 *F. Baumgart:* Biagio Betti und Dürer. FRIEDLÄNDER, WALTER, 329 ff.

2927 *J. Neuwirth:* Rudolf II. als Dürer-Sammler. WIEN, Philol.-Versammlg, Abt. 4.

2928 *H. Rupprich:* Das literarische Bild Dürers im Schrifttum des 16. Jahrhunderts. Kralik 218–238.

Barock und Folgezeit

2929 *H. Focillon:* Adam Elsheimer. Bertaux.

2930 *E. Kieser:* Elsheimer und der Dornauszieher. Bulle 93–113, 5 Abb.

2931 *W. Heil:* A newly discovered work by Adam Elsheimer. Puyvelde 221 ff., 3 Abb.

2932 *E. Schilling:* Betrachtungen zu Zeichnungen von Johan Liss. Lohmeyer 30–38, 6 Abb.

2933 *V. Bloch:* Lissiana. Friedländer, Max J., 1942, 40 ff., 3 Abb.

2934 *K. Moeser:* Des Meraner Malers Christoph Helfenrieder Leben und Schaffen (1590 bis 1635). Hammer 117–148, 12 Abb. u. Taf. 22, 23.

2935 *H. Möhle:* Neue Beiträge zu Matthaeus Gundelach. Winkler 268–279, 10 Abb.

2936 *N. Grass:* Hanns Fuchs, Maler und Konvers zu Stams. Nach Stamser Stiftsarchivalien dargestellt. Gamper, Hans, Bd 2, 339–341, Taf. 1.

2937 *H. Mayer:* Eine Zeichnung von Joseph Heintz. Friedländer, Walter, 367 ff.

2938 *W. Stechow:* Nicolas Knüpfers „Venus" in Richmond. Zum Nachleben einer italienisch-manieristischen Komposition. Friedländer, Walter, 506 ff.

2939 *Th. Riewerts:* Der Maler Johan von Enum. Haupt 1936, 39–59, 10 Abb.

2940 *H. Schmidt:* Jürgen Ovens' Gemälde und Zeichnungen mit Vorwürfen aus der schleswig-holsteinischen und nordischen Geschichte. Haupt 62–94, 13 Abb.

2941 *H. Schmidt:* Neues zu Jürgen Ovens. Ein Gemälde von Friedrich Adolf Ovens. Haseloff 90–101, 7 Abb.

2942 *J. Fleischer:* Der Barockmaler Johann von Spillenberger. Frey 1954, 129–172, Abb. 100 bis 122. (Mit Werkverzeichnis u. genealog. Anh.) [1628–1679.]

2943 *Z. Batowski:* Bartkomiej Strobel – malarz śląski XVII wieku (Bartholomäus Strobel – ein schlesischer Maler des 17. Jh.). Orzechowicz 1916.

2944 *W. Drost:* Der Danziger Maler Salomon Adler (1630 bis nach 1691) in Italien. Worringer 101–105, 5 Abb.

2945 *H. Haug:* Ein Kleinmeister der barocken Landschaft: Johann Nikolaus Gasner. Lohmeyer 39–53, 10 Abb. [Mit vorläuf. Oeuvre-Katalog.]

2946 *W. Nisser:* En skissbok av Johan Philip Lemke i Rydboholmssamlingen. Hahr 91 ff. [1631 Nürnberg – 1711 Stockholm.]

2947 *W. Noack:* Johann Jacob Arhardts Breisacher Zeichnungen. Friedländer, Walter, 521 ff. [1613–1674, Baden-Durlachischer Hofarchitekt. Landschaftszeichnungen.]

2948 *E. L. Noack-Heuck:* Johann Acherts Werke in den Fürstlich Fürstenbergischen Sammlungen. Fürstenberg 1956, 154–158, 10 Abb. [Donaueschingen.]

2950 *H. Egger:* Caspar Johann Fibich. Pirchegger 1935, 54–57, 3 Abb.

2951 *A. Weißenhofer:* Das Deckengemälde im Bibliotheksaal der alten Universität und sein Meister Anton Hertzog. Vancsa 1936, 219–225, 3 Taf. [Wien, ehem. Jesuitenkolleg. Allegorien d. Wissenschaften.]

2952 *H. C. von der Gabelentz:* Ein Schlachtenbild von August Querfurt im Staatl. Lindenau-Museum zu Altenburg. Jahn, Johannes, 261 bis 265, Abb. 130–133 u. Farbtaf. 6.

2953 *G. Schuhmann:* Kupezkys Bildnisse der Markgräfin Christiane Charlotte von Brandenburg-Ansbach. Stollreither 323–332, 4 Taf. [UB Erlangen.]

2954 *N. Čečulin:* Petr Velikij i chudožnik Jogann Kupeckij (Peter d. Gr. u. d. Maler Johann Kupetzky). Platonov 341–346.

2955 *J. Ringler:* Paul Trogers Herkunft und bürgerliche Existenz. Stolz 567–581. Taf. 32. (Selbstbildnis in Privatbes.) [1698 Zell (Welsberg) – 1762 Wien.]

2956 *F. Walter:* Das Porträt des Königs. Lohmeyer 219–222, 1 Abb. [Friedrich II. v. Preußen, Gemälde v. J. G. Ziesenis.]

2957 *W. Raeber:* Selbstbildnisse des Malers Caspar Wolf. Günther 199–207, 4 Abb. [1735–1798.]

2958 *K. Steinacker:* Die Bilderwand des Hochaltares der Benediktikirche in Quedlinburg. Zimmermann 1914, 281–297, 2 Abb.

2959 *M. Oppenheim:* Der Blumenmaler Johann Philipp Zisler in Höchst. Meyer, Erich, 215–219, 7 Abb.

2960 *H. Leitermann:* Die Deckengemälde der Kirche St. Peter und Paul in Hochheim am Main. Reatz 303–313, 1 Abb. [Joh. Bapt. Enderle 1775.]

2961 *A. Herrmann:* Franz Martin Kuen in Ulm. Baum 210–216, Abb. 90–93. [Freskenzyklus in St. Michael.]

2962 *B. Bushart:* Ein unbekanntes Frühwerk Matthias Günthers in Ellwangen. Jantzen 1951, Schülerfestschr., Bd 3.

2963 *G. Woeckel:* Vier unbekannte Handzeichnungen Matthias Günthers. JANTZEN 1951, Schülerfestschr., Bd 3.

2964 *E. Hanfstaengl:* Ein Entwurf Asams zu den Fresken in der St. Jakobs-Pfarrkirche in Innsbruck. HAMMER 215–220, 2 Abb. u. Taf. 48, 49.

2965 *G. Aurenhammer:* Das Melker Skizzenbuch des Martin Altomonte. BECKER, ANTON, 1958, 244–268, 14 Abb.

2966 *H. Hildebrandt:* Carlo Carlone: „Alexander der Große übergibt Pankaste an Apelles." BAUM 205–209, Abb. 89. [Deckenmalerei im Ludwigsburger Schloß.]

2967 *O. Benesch:* Der Maler und Radierer Franz Sigrist. BRAUN 185–197, 14 Abb. [1720 bis 1807.]

2968 *H. Hesse-Frielinghaus:* Johann Christoph Rincklakes Ausbildungsweg. RAVE 257 ff., 3 Abb. [Bildnismaler, 1764–1813.]

2969 *E. Schlee:* Johann Carl Christian Michaelsen. Ein schleswig-holsteinischer Künstler in Norwegen. (Ein Bericht.) SCHEEL 49–61. [Maler, Stukkateur 1770–1805.]

2970 *H.-C. v. d. Gabelentz:* Zu zwei Bildnissen von Johann Ernst Heinsius im Staatlichen Lindenau-Museum zu Altenburg. VOLLMER, HANS, (hist. art.) 97–103, 4 Taf.

2971 *H. Donner:* Josef Grassi. HACKMAN 282 bis 294, 6 Abb. [Bildnis Hofrat Böttiger, Dresden.]

2972 *R. Oehler:* Friedrich Adam Oeser, Goethes Lehrer, als Buchillustrator. GUTENBERG 1925, 214–223, Taf. 20–23.

2973 *E. Beutler:* Oeserbriefe. SWARZENSKI 205–215.

2974 *P. Raabe:* Goethes Umschlag zu „Kunst und Altertum". Mit e. ungedr. Brief u. e. Skizze Goethes. PYRITZ 37–41, 2 Taf.

2975 *R. Ameseder:* Eine schlesische Goethe-Illustration. BRAUN 170–176, 2 Abb. [Handzeichng v. Joh. Greipel, 1720–1798. Darst. d. Frankfurter Kaiserfestes.]

2976 *W. Pinder:* Ein Gruppenbildnis Friedrich Tischbeins in Leipzig. SCHMARSOW 170–178.

2977 *G. Schwanbeck:* Caroline Maximiliane Doebbelin. Zu einer Porträtzeichng v. J. H. Tischbein. REDSLOB 376–380, 1 Abb.

2978 *O. Andrup:* Herzog Friedrich Carl von Plön und seine Familie. Ein Gemälde v. Johann Heinrich Tischbein. HASELOFF 111–114, 1 Abb.

2979 *L. Martius:* Der „Eutiner Tischbein". HASELOFF 114–137, 8 Abb.

2980 *H. Wille:* Dürer-Erinnerungen in Josef Führichs Illustrationen zu „Der wilde Jäger" von Gottfried August Bürger. VAN DER BRIELE 60–74, 9 Abb.

2981 *K. Eckert:* Altenberg in der Romantik von Caspar Scheuren. VAN DER BRIELE 99–132, 28 Abb.

2982 *W. Stechow:* Johann Sebastian Bach the Younger. PANOFSKY 1960, 427–436, 15 Abb.

NIEDERLANDE

2983 *R. Jullian:* L'esprit civique dans l'art des Primitifs Flamands. ROGGEN 153 ff.

2984 *P. Pradel:* Sur trois priants royaux du XIVe siècle. ROGGEN 213 ff.

2985 *J. C. Overvoorde:* De portretten der Hollandsche graven in het Stadhuis te Leiden. BREDIUS 221 ff.

2986 *P. Coremans:* La Notation des couleurs. Essai d'application aux Primitifs flamands. PANOFSKY 1960, 76–81, 3 Abb.

2987 *A. Hahr:* Gammalflansk konst i Uppsala Universitets tafvelsamling. SCHÜCK.

2988 *C. G. Picavet:* Note sur trois retables franco-flamands de la Flamengrie (Aisne). LEMONNIER 105–126.

2989 *J. Agapito y Revilla:* El arte flamenco en Valladolid. HULIN DE LOO 1–11, Taf. 1.

2990 *W. Cohn:* Ein Gemälde aus dem Umkreise der niederländischen Blockbuch-Apokalypse. FRIEDLÄNDER, WALTER, 150 ff.

2991 *Pl. O. P. Lefèvre:* Le triptyque Michault aux Musées Royaux des Beaux-Arts de Belgique. PUYVELDE 89 ff., 1 Abb.

2992 *A. Grunzweig:* Quelques figures néerlandaises dans la Florence du Quattrocento. BERLIÈRE 117–130.

2993 *G. J. Hoogewerff:* De Stichting der Nederlandsche Schildersbent te Rome. BREDIUS 109 ff., 3 Abb.

2994 *F. Baumgart:* Zusammenhänge der niederländischen mit der italienischen Malerei in der zweiten Hälfte des 16. Jahrhunderts. HAMANN 1944, 187–250, 46 Abb.

2995 *L. Réau:* Deux peintures inédites de Romanistes des Pays-Bas dans les collections françaises. PUYVELDE 111 ff., 2 Abb.

2996 *E. H. Korevaar-Hesseling:* Renaissance en Barock in de hollandse schilderkunst. MARTIN 30–34.

2997 *E. Plietzsch:* Randbemerkungen zur holländischen Malerei vom Ende des 17. Jahrhunderts. WINKLER 313–325, 11 Abb.

2998 *H. Rudolph:* „Vanitas." Die Bedeutung mittelalterlicher und humanistischer Bildinhalte in der niederländischen Malerei des 17. Jahrhunderts. PINDER 405–433, 10 Abb.

2999 *C. G. 't Hooft:* Onze vloot in de Schilderkunst. BREDIUS 97 ff., 3 Abb.

3000 *W. Martin:* Zeven onbekende schilderijen. BREDIUS 178 ff., 7 Abb.

3001 *H. Gerson:* Die systematische Ordnung niederländischer Zeichnungen. FRIEDLÄNDER, MAX J., 1942, 70 ff.

3002 *G. Cohen:* Scènes de théatre dans les peintures et gravures de l'Ecole Hollandaise. PUYVELDE 217 ff., 4 Abb.

EINZELNE NIEDERLÄNDISCHE KÜNSTLER

15. UND 16. JAHRHUNDERT

3003 *F. v. Duhn:* Paul von Limburgs Paradies. SPRINGER 1885 I, 1–7, 1 Abb., 1 Taf.

3004 *K. Bauch:* Beiträge zur Kunst der Brüder van Eyck. JANTZEN 1951, Schülerfestschr., Bd 1.

3005 *F. Winkler:* Neues von Hubert und Jan van Eyck. FRIEDLÄNDER, MAX J., 1927, 91–102, 8 Abb.

3006 *E. de Bruyn:* La collaboration des frères van Eyck dans le retable de l' "Adoration de l'Agneau". HULIN DE LOO 89–104.

3007 *P. Coremans:* Un colloque international sur "l'Agneau Mystique". PANOFSKY 171–172. Zusammenfassg in niederländ. Spr. [Brüssel 1954.]

3008 *J. Lavalleye:* Notules sur deux détails dans l' "Adoration de l'Agneau Mystique". PANOFSKY 145–150, 3 Abb. Zusammenfassg in niederländ. Spr.

3009 *A. Sjöblom:* Quelques réflexions sur le choeur des anges et les citronniers du retable de Saint-Bavon à Gand des frères Van Eyck. PUYVELDE 55 ff.

3010 *F. Lyna:* Les Van Eyck et les "Heures de Turin et de Milan". PANOFSKY 7–20, 8 Abb. Zusammenfassg in niederländ. Spr.

3011 *E. Herzog:* Zur Kirchenmadonna van Eycks. JANTZEN 1951, Schülerfestschr., Bd 4.

3012 *A. Burroughs:* Jan van Eyck's portrait of his wife. HULIN DE LOO 66–70.

3013 *J. Desneux:* Jean van Eyck et le portrait de ses amis Arnolfini. PANOFSKY 129–144, 7 Abb. Zusammenfassg in niederld. Spr.

3014 *F. Winkler:* Ein unbeachtetes Eyckisches Werk. REDSLOB 90–95, 5 Abb. [Haag, Mauritshuis. Turmbau zu Babel.]

3015 *J. Duverger:* Brugse schilders ten tijde van Jan van Eyck. PANOFSKY 83–120, 6 Abb. Zusammenfassg in französ. Spr.

3016 *W. Hager:* Ein Spiegelmotiv bei Jan van Eyck und das gotische Raumsymbol. WACKERNAGEL 1955, 41–70, Abb. 1–6.

3017 *N. Beets:* De Kristal-kijkers. FRIEDLÄNDER, MAX J., 1942, 20 ff. [Symbolische Spiegelungen bei v. Eyck, Bosch u. a.]

3018 *P. Rolland:* La double école de Tournai, peinture et sculpture. HULIN DE LOO 296–305, Taf. 39, 40.

3019 *E. Panofsky:* "Facies illa Rogeri maximi pictoris." FRIEND 392–400, 5 Abb. [Selbstbildnisse.]

3020 *J. Destrée:* Le retable de Cambrai de Roger de la Pasture. HULIN DE LOO 136–139, Taf. 18.

3021 *A. Goffin:* A propos du voyage de Roger de la Pasture (van der Weyden) en Italie. HULIN DE LOO 197–203.

3022 *P. Lefèvre:* A propos de Roger von der Weyden et d'un tableau peint par lui pour l'église Sainte-Gudule à Bruxelles. HULIN DE LOO 237–244.

3023 *F. J. Sanchez Canton:* Un gran cuadro de van der Weyden, resucitado. PUYVELDE 59 ff., 4 Abb.

3024 *M. Davies:* Rogier van der Weyden's Magdalen Reading. ROGGEN 77 ff.

3025 *R. Lemaire:* L'église des "Sept sacrements" de Roger van der Weyden. MOELLER 640–653, 7 Abb.

3026 *E. Panofsky:* A Letter to St. Jerome: A Note on the Relationship between Petrus Christus and Jan Van Eyck. GREENE 102–108, Abb. 49–53.

3027 *J. Lejeune:* Le premier des Petrus Christus et "La Vierge au Chartreux." PANOFSKY 151–170, 7 Abb. Zusammenfassg in niederländ. Spr.

3028 *G. Hulin de Loo:* Sur la biographie de Dieric Bouts avant 1457. PIRENNE 257–262.

3029 *F. Winkler:* Eine verschollene Kreuzigung des Dirk Bouts. HULIN DE LOO 341–345, Taf. 46, 47.

3030 *L. Curtius:* Wirkung in die Ferne. SCHWEITZER 378–380, Taf. 85, 86. [Dierick Bouts.]

3031 *G. Glück:* Ein Gemälde des Meisters der Tiburtinischen Sibylle. HULIN DE LOO 193–196, Taf. 23. [Wien, Slg van der Elst. Umkreis Dirck Bouts.]

3032 *B. Burroughs:* Un portrait inédit attribué à Hugo van der Goes. HULIN DE LOO 71–73, Taf. 10. [New-York: Metrop.-Mus.]

3033 *G. Hulin de Loo:* Le portrait du médailleur par Hans Memlinc: Jean de Candida et non

Niccolo Spinelli. FRIEDLÄNDER, MAX J., 1927, 103–108, 1 Taf. [Antwerpen, Coll. Ertborn.]

3034 *E. Tormo:* Las tablas memlingians de Najera, del museo de Amberes. Su primitivo destino, fecha y autor. BERTAUX.

3035 *P. Wescher:* Beiträge zu Sanders und Simon Bening und Gerard Horenbout. WINKLER 126–135, 14 Abb.

3036 *C. Aru:* Il trittico di Clemente VII nel Tesoro del Duomo di Cagliari. HULIN DE LOO 16–23, Taf. 3. [Gérard David.]

3037 *M. Davies:* A reminiscence of Van Eyck by Gerard David? PANOFSKY 173–175, 2 Abb. Zusammenfassg in niederländ. Spr. [London, Nat.-Gall., Kreuzigung.]

3038 *S. Sulzberger:* Autoportraits de Gérard David. PANOFSKY 176–178, 2 Abb. Zusammenfassg in niederländ. Spr.

3039 *P. Bautier:* La Descente du Saint-Esprit. Tableau de l'école brugeoise (fin XVe siècle) dans la collection de M. Laurent Meeus, à Bruxelles. HULIN DE LOO 33–35, Taf. 6.

3040 *E. Haverkamp Begemann:* De Meester van de Godelieve-Legende, een Brugs schilder uit het einde van de XVe eeuw. PANOFSKY 185–198, 9 Abb. Zusammenfassg in französ. Spr.

3041 *A. J. J. Delen:* Wie was de "Meester van Franckfort"? PUYVELDE 74 ff., 7 Abb.

3042 *S. Reinach:* Un triptyche inédit de l'école d'Anvers. HULIN DE LOO 278–282, Taf. 36 m. 3 Abb. [Paris, Coll. Chabannes.]

3043 *S. de Ricci:* Le Maître de l'Exhumation de Saint-Hubert. HULIN DE LOO 283–291, Taf. 37.

3044 *F. Winkler:* Buchmalereien von Jan Provost. ROGGEN 285 ff.

3045 *F. J. Sanchez Canton:* La reconstrucción de un poliptico de Jan Provost. ROGGEN 249 ff.

3046 *A. Welcker:* Cornelis de Bie en zijn conterfeitsel door Gonzales Coques. FRIEDLÄNDER, MAX J., 1942, 65 ff., 3 Abb.

17. UND 18. JAHRHUNDERT

3047 *J. G. van Gelder:* Two Aspects of the Dutch Baroque. Reason and Emotion. PANOFSKY 1960, 445–453, 12 Abb.

3048 *S. Speth-Holterhoff:* La Boutique d'un marchand de tableaux anversois au XVIIe siècle. PUYVELDE 183 ff., 2 Abb.

3049 *J. Six:* Een vroutgen met een pappotgen bij haer hebbende. BREDIUS 255 ff., 1 Abb.

3050 *C. Hofstede de Groot:* Het huwelijk van den Grooten Keurvorst met Louise Henriette van Oranje. Schilderij van J. Mijtens in het Museum te Rennes. ROGGEN 247–265.

3051 *J. K. v. d. Haagen:* Een zelfportret van Joris van der Haagen. MARTIN 38–41, 2 Abb.

3052 *R. van Luttervelt:* Bij een meisjesportret op Huis Bergh. VAN HEEK 131–134, 1 Abb. [Um 1625.]

3053 *V. Novotný:* F. Ch. Bentum a jeho činnost na zámku v Manětíně (F. Ch. Bentum und seine Tätigkeit auf dem Schloß Manětin). WIRTH 25 ff.

3054 *Ch. de Tolnay:* An Early Dutch Panel: a contribution to the Panel Painting before Bosch. PUYVELDE 49 ff., 7 Abb.

3055 *L. Baldass:* Betrachtungen zum Werke des Hieronymus Bosch. SCHLOSSER 1926, 103 bis 122, Abb. 53–69, u Taf. 20.

3056 *C. Veth:* Max J. Friedländer over Jeroen Bosch. FRIEDLÄNDER, MAX J., 1942, 29 ff.

3057 *J. Rosenberg:* On the Meaning of a Bosch Drawing. PANOFSKY 1960, 422–426, 7 Abb.

3058 *G. van Camp:* Condidérations sur le paysage chez Jérôme Bosch. PUYVELDE 65 ff., 10 Abb.

3059 *O. Benesch:* Ein Spätwerk von Hieronymus Bosch. HULIN DE LOO 36–44, Taf. 7. [Ecce homo. Slg Rudinoff, Vösendorf.]

3060 *H. Schumann:* Hieronymus Boschs „Paradies der Liebe". Ein Beitrag zur Frage nach dem echten Heidentum. STÄHELIN, WILHELM, 77–83.

3061 *Th. MacGreevey:* Deux tableaux boschesques à Dublin. ROGGEN 105 ff.

3062 *F. v. Schubert-Soldern:* Hieronymus Bosch und Pieter Brueghel. WICKHOFF 73 ff.

3063 *G. Glück:* Die Darstellungen des Karnevals und der Fasten von Bosch und Bruegel. VERMEYLEN 2 Abb.

3064 *W. Vogelsang:* Een vroeger navolger van Hieronymus Bosch. HULIN DE LOO 333–337, Taf. 44.

3065 *G. Glück:* Über einige Bildnisse von Jan Mostaert. WICKHOFF 64 ff.

3066 *J. de Figueiredo:* Metsys e Portugal. HULIN DE LOO 161–181, Taf. 21.

3067 *L. Baldass:* Ein Madonnentüchlein aus der Nähe des Quinten Metsys. HULIN DE LOO 24–32, Taf. 4, 5.

3068 *F. de Mály:* Le Banquier et sa femme de Quinten Matsys. PICOT, Bd 2, 10 Abb.

3069 *A. Stange:* Einige Nachträge zu Jan Joest als Bildnismaler. RENSING 236–240, Abb. 161–164.

3070 *L. Baldaß:* Die Anfänge des Joos van Cleve. GOLDSCHMIDT 1923, 83–90, Taf. 18–20.

3071 *W. R. Valentiner:* Simon van Herlam, the Master of the Morrison Triptych. TIETZE 285–290, 2 Abb. [Auch in Gazette des Beaux-Arts 1955, Jan., No. 1032.]

3072 *J. Leeuwenberg:* De altarkast te Zeddam. VAN HEEK 108–121, 7 Abb. [Schule von Calcar.]

3073 *G. v. d. Osten:* Studien zu Jan Gossaert. PANOFSKY 1960, 454–475, 19 Abb.

3074 *M. J. Friedländer:* Über die Frühzeit Jan Gossarts. HULIN DE LOO 182–186, Taf. 22.

3075 *N. Verhaegen:* Note à propos de Jean Gossart et d'une "Tentation de S. Antoine". PANOFSKY 179–184, 1 Abb. Zusammenfassg in niederländ. Spr. [Kansas City/Miss., Nelson Gall.]

3076 *J. Duverger:* Jacopo de Barbari en Jan Gossart by Filips van Burgondie te Souburg (1515). HULIN DE LOO 142–153.

3077 *H. Schwarz:* Jan Gossaert's Adam and Eve drawings. TIETZE 171–194, 16 Abb. [Auch in Gazette des Beaux-Arts 1953, Okt., No. 1017.]

3078 *A. Mayer-Meintschel:* Die Dresdener Schmerzensmanntafel. JAHN, JOHANNES, 207 bis 210, Abb. 102–107. [Nachfolge des Jan Gossaert.]

3079 *H. van de Waal:* De zoons van Cornelis Engelbrechtszoon of Jan de Cock, alias „Jan van Leyen"? FRIEDLÄNDER, MAX J., 1942, 37 ff., 1 Abb.

3080 *M. J. Friedländer:* Jan de Cock oder Lucas Kock. PUYVELDE 84 ff., 3 Abb.

3081 *W. Cohen:* Altniederländische Gemälde auf Schloß Hugenpoet. CLEMEN 1926, 412–419, 5 Abb. [Jan de Cock; Scorel; M. van Heemskerck.]

3082 *P. T. A. Swillens:* Carel van Manders kritiek op de schilderijen van Jan van Scorel. ROGGEN 267 ff.

3083 *O. H. Förster:* Scorels Grablegung Christi im Wallraf-Richartz-Museum. HULIN DE LOO 154–160, Taf. 20.

3084 *W. Cohen:* Jan van Scorels Bildnis in Besançon. KOETSCHAU 105–108, 2 Abb.

3085 *D. Roggen:* Drie schilderijen van Marten van Heemskerk, te Gent. HULIN DE LOO 292 bis 295, Taf. 38.

3086 *J. Springer:* Zwei Zeichnungen des Marten van Heemskerck. SPRINGER 1885 I, 226 bis 230, 2 Abb.

3087 *A. L. Romdahl:* A Michelangelo drawing used by Maerten Heemskerck. TIETZE 427–430, 2 Abb. [Auch in Gazette des Beaux-Arts 1953, Apr. No. 1011.]

3088 *E. Schlee:* Eine unbekannte Anbetung der Hirten von Pieter Aertsen. HAUPT 1936, 124–128, 2 Abb.

3089 *A. L. Romdahl:* Le style figuré de Pierre Brueghel. PUYVELDE 107 ff., 1 Abb.

3090 *R. van Bastelaer:* Le paysage de la Parabole des Aveugles de Pierre Bruegel. HULIN DE LOO 321–325.

3091 *F. Lugt:* Pieter Bruegel und Italien. FRIEDLÄNDER, MAX J., 1927, 111–129, 16 Abb.

3092 *W. Fraenger:* Aus Bruegels Küche. KRIEG 81–84, 5 Abb.

3093 *A. Haberlandt:* Das „Herbstbild" oder „Die Heimkehr der Herde" Peter Bruegels d.Ä. WOPFNER 1947/48, Bd 2, 89–100, 1 Abb.

3094 *W. Fischer:* Peter Bruegels „Winterlandschaft" – ein Blick auf die Amraser Gefilde im Jahre 1553. STOLZ 115–123, Taf. 4, 5. [Wien, Kunsthist. Hofmus.]

3095 *A. J. Barnouw:* Bruegels Verzoeking van de heilige Antonius. PUYVELDE 104 ff., 1 Abb.

3096 *Ch. de Tolnay:* An unknown early Panel by Pieter Bruegel the Elder. VENTURI, Vol. 1, 411 ff.

3097 *L. Lebeer:* Le Pays de Cocagne. (Het Luilekkerland.) PANOFSKY 192–214, 4 Abb. Zusammenfassg in niederländ. Spr.

3098 *C. Dodgson:* Deux estampes d'après P. Bruegel. HULIN DE LOO 81–82, Taf. 12.

3099 *E. Michel:* Pierre Bruegel le Vieux et Pieter Coecke d'Alost. (1) HULIN DE LOO 266 bis 271, Taf. 34.

3100 *W. Krönig:* Zur Bildarchitektur bei Lambert Lombard. GOLDSCHMIDT 1935, 153 bis 154, 2 Abb.

3101 *J. Q. van Regteren-Altena:* Hugo Jacobs. VOGELSANG 101–117, 7 Abb. [Anf. 16. Jh.]

3102 *G. J. Hoogewerff:* Vincent Sellaer. ROGGEN 137 ff.

3103 *G. J. Hoogewerff:* Jacob Claessoon et Jacob Nobel, peintres portraitistes d'Utrecht de la première moitié du XVIe siècle. HULIN DE LOO 208–218, Taf. 27, 28.

3104 *J. Mantuani:* Zu den Gemälden vom Meister der weiblichen Halbfiguren. WIEN, Nationalbibl., 1 Taf., Musiknoten im Text.

3105 *A. Dasnoy:* Henri Blès, peintre de la réalité et de la fantaisie. COURTOY, Bd 2, 619 bis 626, 4 Taf.

3106 *A. Dupont:* Note sur le "Saint Jérôme" de Henri Blès. COURTOY, Bd. 2, 627–629, 1 Taf. [Namur, Société archéol.]

3107 *J. Vuyk:* Un portrait de femme par Anthonie Blocklandt de Montfort (1534–1583). HULIN DE LOO 338–340, Taf. 45.

3108 *L. Burchard:* "Sotte Cleef" était-il portraitiste? Hulin de Loo 53–65, Taf. 9. [Cornelis van Cleve.]

3109 *L. van Puyvelde:* Bernardo Passeri, Marten de Vos and Hieronymus Wierix. Venturi, Vol. 2, 59 ff.

3110 *M. Vaes:* "Prospettiva di mare" de Paul Bril au musée de l'Ambrosienne à Milan. Hulin de Loo 309–320, Taf. 42.

3111 *L. Dimier:* Un tableau méconnu de Guillaume Key. Hulin de Loo 140–141, Taf. 19. [Aachen, Bildn. d. Margret Halseber.]

3112 *J. Gessler:* Le peintre liégois Dominique Lampsonius et son Calvaire à Hasselt. Notes d'archives. Hulin de Loo 187–192.

3113 *A. J. J. Delen:* Illustration de livres par Pierre Coeck d'Alost. Hulin de Loo 105–115, Taf. 14.

3114 *W. Krönig:* Das Abendmahlsbild des Pieter Coecke. Roggen 161 ff.

3115 *K. G. Boon:* De tekenaar van het Errera-Schetsboek. Panofsky 215–229, 12 Abb. Zusammenfassg in französ. Spr. [Brüssel. Matthys de Cock.]

3116 *P. Jamot:* Un tableau inconnu de Lodewyk Toeput dit Lodovico Pozzoserrato. Hulin de Loo 219–224. [1550–1610.]

3117 *A. Laes:* Un paysagiste flamand de la fin du XVIe siècle: Kerstiaen de Keuninck. Hulin de Loo 225–230, Taf. 29.

3118 *E. Schilling:* Zwei Landschaftszeichnungen des Georg Hoefnagel. Kauffmann 233–239, 4 Abb.

3119 *E. Kris:* Georg Hoefnagel und der wissenschaftliche Naturalismus. Schlosser 1927, 243 bis 253, Abb. 99–104.

3120 *F. Lugt:* Italië en het Noorden. Hulin de Loo 245–248, Taf. 31. [Nicolaes Hogenberg.]

3121 *A. E. Popham:* A dutch designer for Glass. Hulin de Loo 272–277, Taf. 35. [Um 1500.]

3122 *O. Benesch:* Die großen flämischen Maler als Zeichner. Weixlgärtner 9–32, 25 Abb.

Rubens und Schule

3123 *J. S. Held:* Comments on Rubens' beginnings. Roggen 125 ff.

3124 *Ch.-J. Sterling:* Les Paysages de Rubens (esquisse d'une étude). Fougères 177 ff., 9 Abb.

3125 *L. Burchard:* Die Altarbilder von Rubens für Il Gesù in Rom. Friedländer, Walter, 444 ff.

3126 *H. Posse:* Hero und Leander von Peter Paul Rubens. Koetschau 109–117, 3 Abb.

3127 *L. Curtius:* Beschreibung eines Bildes. P. P. Rubens, Odysseus auf der Insel der Phäaken. Florenz, Palazzo Pitti. Carossa 78 bis 84, 1 Taf.

3128 *E. Hensler:* Der trunkene Herkules von Rubens. Clemen 1926, 435–444, 6 Abb.

3129 *H. Kauffmann:* Rubens und Isabella Brant in der Geißblattlaube. Schmitt 257–274, 7 Abb.

3130 *L. van Puyvelde:* Un Tableau symbolique de Rubens. Swarzenski 185–188, 2 Abb.

3131 *H. Voss:* Eine unbekannte Rubens-Zeichnung nach Tizian. Roggen 279 ff.

3132 *L. van Puyvelde:* La décoration d'une ville par Rubens. Lavedan 305–310. [Antwerpen 1635.]

3133 *Th. Wiegand:* Torso eines Fischers aus Aphrodisias. Bode 1915, 1–13, 6 Abb., 1 Taf. [Berlin, Altes Mus. Fälschl. Umgestaltg d. Angler-Motivs zum „Tod des Seneca", u. a. v. Rubens.]

3134 *H. W. Hupp:* Das Argusbild des Peter Paul Rubens in der Kölner Galerie. Koetschau 118–129, 5 Abb. [Ausführl. zur Restauration v. 1926.]

3135 *E.-G. Heinemann:* Eine unbekannte Zeichnung des jungen Rubens im Kupferstichkabinett zu Bremen. Rosemann 173–190.

3136 *E. P. Richardson:* A rediscovered sketch by Rubens of the Cardinal Infante Ferdinand. Puyvelde 135 ff., 3 Abb.

3137 *Y. Thiery:* La chasse d'Atalante de Pierre-Paul Rubens aux Musées Royaux de Belgique. Puyvelde 139 ff., 2 Abb.

3138 *A. Matějček:* La tête d'apôtre de Rubens à la Galerie Nationale de Prague. Puyvelde 124 ff., 1 Abb.

3139 *M. Lorente:* Sobre algunos retratos de Rubens en España. Roggen 183 ff.

3140 *W. G. Constable:* Rubens in the Museum of Fine Arts, Boston. Puyvelde 127 ff., 6 Abb.

3141 *L. Ninane:* Rubens et Snyders. Puyvelde 143 ff., 2 Abb.

3142 *H. Funk:* Frans Snyders oder Paul de Vos? Redslob 316–320, 2 Abb. [Hirschjagd-Darstellungen.]

3143 *M. Manneback:* Paul de Vos et François Snyders. Puyvelde 147 ff., 3 Abb.

3144 *J. Muls:* Cornelis de Vos, Schilder van Hulst. Vermeylen.

3145 *R. Wittkower:* Death and Resurrection in a picture by Marten de Vos. Puyvelde 117 ff., 2 Abb.

3146 *D. Angulo:* Martin de Vos en España y Mejico. ROGGEN 9 ff.

3147 *E. Greindl:* Jan Fyt, peintre de fleurs. PUYVELDE 163 ff., 1 Abb.

3148 *H. Kauffmann:* Die Wandlung des Jacob Jordaens. FRIEDLÄNDER, MAX J., 1927, 191 bis 206, 5 Abb.

3149 *K. Zoege von Manteuffel:* Jacob Jordaens' ,,Meleager und Atalante" im Pradomuseum und eine Zeichnung im Dresdner Kupferstichkabinett. GOLDSCHMIDT 1923, 111 bis 115, Taf. 26.

3150 *J. S. Held:* Jordaens and the Equestrian Astrology. PUYVELDE 153 ff., 4 Abb.

3151 *S. J. Gudlaugsson:* Lancelot Volders als portret- en genreschilder. ROGGEN 121 ff.

3152 *H. Hochenegg:* Das Vierzehn-Nothelfer-Bild in der Vigiliuskirche zu Thaur. GAMPER, HANS, Bd 2, 337–338, Taf. 16. [Dominique van Beselaer. Antwerpen 1637–1693.]

3153 *O. Benesch:* Zum zeichnerischen Oeuvre des jungen Van Dyck. SWOBODA 35–37, 4 Abb.

3154 *G. Glück:* Van Dycks Apostelfolge. FRIEDLÄNDER, MAX J., 1927, 130–147, 8 Abb.

3155 *P. Fierens:* Le sentiment religieux chez Van Dyck. VENTURI, Vol. 2, 43 ff.

3156 *G. J. Hoogewerff:* Een ,,Nood Gods" door Van Dyck geschilderd. PUYVELDE 157 ff., 3 Abb.

3157 *H. Schneider:* Een prinselijke opdracht aan David Teniers d.J. MARTIN 37 ff., 3 Abb.

3158 *A. Laes:* Jan Siberechts. VERMEYLEN, 1 Abb.

REMBRANDT

3159 *F. Lugt:* Wandelingen met Rembrandt in Amsterdam. BREDIUS 138 ff., 1 Kt., 45 Abb.

3160 *H. Schmidt:* Rembrandt, der islamische Orient und die Antike. KÜHNEL 336–349.

3161 *F. Schmidt Degener:* Rembrandt en Homerus. BREDIUS 15 ff., 13 Abb.

3162 *L.-I. Ringbom:* Fyva Rembrandt – Teckningar till en Biblish Historie JOSEPHSON. 81–89, 4 Abb.

3163 *O. Benesch:* Rembrandt and the Gothic Tradition. FOCILLON 285–304, 18 Abb.

3164 *M. Eisler:* Anmerkungen zur Kunst Rembrandts. STRZYGOWSKI 1932 I, 49–53, Abb. 23, 24.

3165 *A. Burroughs:* A problem in the Rembrandtesque. PUYVELDE 353 ff., 6 Abb.

3166 *H. Roosen-Runge:* Beobachtungen zum ,,Links und Rechts im Bilde" in Rembrandts Graphik. JANTZEN 1951, Schülerfestschr., Bd 2.

3167 *J. Veth:* De Ontwikkeling van een motief bij Rembrandt. BREDIUS 270 ff., 13 Abb.

3168 *W. Sumowski:* Über das verkleidete Porträt bei Rembrandt. KURTH, WILLY.

3169 *L. Münz:* Rembrandts Vorstellung vom Antlitz Christi. BAUCH 205–226, 19 Abb.

3170 *E. Panofsky:* Der gefesselte Eros. (Zur Genealogie von Rembrandts Danae.) FRIEDLÄNDER, WALTER, 463 ff. [Gedr. in: Oud Holland 50: 1933 (5). Mit Abb.]

3171 *W. Martin:* Een sleutel voor Rembrandt's ,,Nachtwacht". PUYVELDE 225 ff.

3172 *G. Knuttel Wzn:* De Nachtwacht en de Gysbrecht. VOGELSANG 151–156.

3173 *W. R. Valentiner:* Noch einmal ,,Die Judenbraut". BAUCH 227–237, 6 Abb.

3174 *J. Goekoop-De Jongh:* De Man met het Vergrootglas door Rembrandt. BREDIUS 53 ff., 4 Abb.

3175 *J. F. M. Sterck:* Een Vondel-portret door Rembrandt? BREDIUS 260 ff., 2 Abb.

3176 *J. Gantner:* Rembrandts ,,Falkenier" in Göteborg – ein letztes Echo aus dem ,,Abendmahl" des Leonardo. SWOBODA 97–102, 2 Abb.

3177 *H. Wichmann:* Ein verschollener Rembrandt. GOLDSCHMIDT 1923, 102–105, Taf. 24, 25. [Emmausszene.]

3178 *C. Hofstede de Groot:* Rembrandts onderwijs aan zijne leerlingen. BREDIUS 79 ff., 39 Abb.

3179 *A. Bredius:* Rembrandt, Bol oder Backer? FRIEDLÄNDER, MAX J., 1927, 156–160, 2 Abb. [Bildnis d. Elisabeth Bas, Amsterdam, Rijksmuseum.]

3180 *G. Falck:* Einige Bemerkungen über Ph. Konincks Tätigkeit als Zeichner. Ein Beitr. zur Echtheitskritik der Handzeichnungen Rembrandts. FRIEDLÄNDER, MAX J., 1927, 168–180, 13 Abb.

3181 *Z. Batowski:* Rembrandtowskie otoczenie i Polacy. (Der Rembrandt-Kreis und die Polen.) PININSKI.

3182 *C. Neumann:* Rembrandt-Legende. FRIEDLÄNDER, MAX J., 1927, 161–167. [Gedicht v. Achim v. Arnim: Rembrandts Versteigerung.]

3183 *M. Borup:* Vilhelm Andersen og ,,Rembrandt-tyskeren". ANDERSEN 251–263. [Langbehns ,,Rembrandt als Erzieher".]

3184 *R. van Marle:* Twee Schilderijen van Dirck van Cats. MARTIN 34–35, 2 Abb. [1622.]

3185 *W. Vogelsang:* Een portret van D. R. Camphuysen door Abraham Bloemart. VERMEYLEN, 2 Abb.

3186 *M. E. Houtzager:* Opmerkingen over het werk van Hendrick Terbrugghen. VOGELSANG 143–150, 4 Abb.

3187 *B. Nicolson:* Terbrugghen repeating himself. ROGGEN 193 ff.

3188 *G. J. Hoogewerff:* Een schilderij en een teekening van Jan Both. MARTIN 35–37, 3 Abb.

3189 *A. W. Weissmann:* Jacob van Campen in 1654. BREDIUS 283 ff.

3190 *B. W. F. van Riemsdijk:* Een schilderstuk van Johannes Torrentius. BREDIUS 243 ff., 1 Abb.

3191 *G. Poensgen:* Die Gegenwärtigkeit des Frans Hals. Eindrücke einer Holland-Reise. JANTZEN 1951, Schülerfestschr., Bd. 2.

3192 *H. Marcel:* Adrien Brouwer. GUIFFREY 70–85.

3193 *H. Schneider:* Bildnisse des Adriaen Brouwer. FRIEDLÄNDER, MAX J., 1927, 148–155, 6 Abb.

3194 *L. Lebeer:* La Kermesse d'Hoboken. PUYVELDE 99 ff., 2 Abb.

3195 *A. Heppner:* De vreemde loopbaan van den Pseudo-Van de Venne. FRIEDLÄNDER, MAX J., 1942, 51 ff., 3 Abb.

3196 *G. Briganti:* Pieter van Laer e Michelangelo Cerquozzi. TOESCA 185–198, Taf. 202 bis 233.

3197 *H. Kauffmann:* Die Farbenkunst des Aert van der Neer. GOLDSCHMIDT 1923, 106 bis 110.

3198 *G. v. Dadelsen:* Bildnis eines unbekannten Herrn von Jan van Livensz 1607–1674. RUPPRECHT, Kronprinz v. Bayern, 1914, 151, 1 Taf.

3199 *E. Trautscholdt:* Über Adriaen van Ostade als Zeichner. WINKLER 280–305, 21 Abb.

3200 *S. J. Gudlaugsson:* Einige Ausnahmefälle in der Bildnisgestaltung Ter Borchs. WINKLER 306–312, 10 Abb.

3201 *Ch. Sterling:* Cornelis van Dalem et Jan van Wechelen. SUIDA 277–288, 9 Abb.

3202 *J. G. van Gelder:* Carolus Fabritius exit aut redivivus? FRIEDLÄNDER, MAX J., 1942, 59 ff., 2 Abb.

3203 *A. Heppner:* Cornelis Deckers Innenraum-Darstellungen. GOLDSCHMIDT 1935, 155 bis 157, 4 Abb.

3204 *E. Plietzsch:* Paulus Bor. BODE 1915, 105–115, 6 Abb.

3205 *J. O. Kronig:* Wie was de Leermeester van Gabriël Metsu? BREDIUS 135 ff., 2 Abb.

3206 *H. Beenken:* Die Landschaftsschau Jacob van Ruisdaels. WORRINGER, 1–12, Abb. 1–13.

3207 *K. Simon:* Wann hat Ruisdael die Bilder des Judenfriedhofs gemalt? GOLDSCHMIDT 1935, 158–163.

3208 *H. Sedlmayr:* Der Ruhm der Malkunst. Jan Vermeer „De schilderconst". JANTZEN 169–177, 2 Abb.

3209 *O. Jørgensen:* En Landvinding. [Über Jan Vermeer van Delft.] POULSEN.

3210 *R. Juynboll:* Eenige teekeningen en het Prentenkabinett te Leiden. MARTIN 41–43, 4 Abb. [Schalcken u. a.]

3211 *G. de Tervarent:* La pensée de Gérard Hoet. PUYVELDE 187 ff., 2 Abb.

SKANDINAVIEN

3212 *G. Ekholm:* Broddetorpsaltaret. RYDBECK, 9 Abb. [Eine Altartafel um 1150.]

3213 *A. Borelius:* Finjamästaren och Lyngsjö. JOSEPHSON 48–53, 6 Abb. [Romanische Fresken.]

3214 *C. R. af Ugglas:* Till Vadstena klosters konsthistoria. En episod från vårt gotiska måleris utveckling. ROOSVAL 124 ff.

3215 *K. K. Meinander:* Finska porträtt från 1600 – talet. (Finnische Bildnisse des 17. Jh.) SCHYBERGSON 140–160.

3216 *K. K. Meinander:* Vanhin maisemamaalaustaiteemme (unsere ältere Landschaftsmalerei). HIRN II, 172–175, 3 Abb. [15.–18. Jh.]

3217 *K. K. Meinander:* Vårt äldsta landskapsmåleri. (Unsere älteste Landschaftsmalerei.) HIRN I, 309–312, 3 Abb.

3218 *N. E. Hammarstedt:* Svenska folklivsmålningar från 1600- och 1700-talen. FRIBERG 128–134.

3219 *D. S. van Zuiden:* De schilders Ottomar Elliger, vader en zoon. BREDIUS 292 ff., 2 Abb.

3220 *N. G. Sandblad:* En kluven Pannå. JOSEPHSON. 216–227, 2 Abb.

3221 *H. Gullberg:* Med blicken stirrande i tidens flod. JOSEPHSON 209–215, 2 Abb.

3222 *M. Liljegren:* Ehrenstrahls ung domsmåleri. JOSEPHSON 107–127, 14 Abb.

3223 *Chr. Elling:* Jens Juels Gennembrud. MATTHIESSEN 191–207, 6 Abb. [Durchbruch als Künstler, Selbstbildnis 1767.]

3224 *M. Hofrén:* Konterfejaren Edvard Orm. HAHR 39 ff. [1670–1734.]

3225 *H. Alsvik:* Über das Problem Christian und Niels Thaanning. VOLLMER, HANS, (hist. art.) 105–114, 5 Taf. [Niels Th. norweg. Rokokomaler, Chr. Th. durch Namensverwechselung entstandene Fiktion.]

England

3226 *Th. Bodkin:* Two English Drawings. Puyvelde 250 ff., 2 Abb.

3227 *M. Conway:* The Wilton Diptych. Hulin de Loo 83–88, Taf. 13. [14. Jh. London, Nat. Gall.]

3228 *S. Colvin:* On a Drawing of Garrick by Hogarth. Clark 406–422, 1 Abb.

3229 *W. R. Juynboll:* De Reis van Sir Joshua Reynolds in de Nederlanden. Byvanck II, 177 bis 185, 2 Abb.

3230 *G. L. Keynes:* Blake's Vision of the Circle of the Life of Man. Greene 202–208, Abb. 160 bis 164.

3231 *A. Neumeyer:* John Singleton Copley: Knabe mit Eichhörnchen. Redslob 136–140, 1 Taf. [Boston, Mus. of Fine Arts.]

Frankreich

3232 *P. Deschamps:* Les peintures carolingiennes de Thernand (Rhône). Halphen.

3233 *H. Focillon:* Origines monumentales du portrait français. Jorga 259–285.

3234 *M. Schapiro:* Two Romanesque Drawings in Auxerre and Some Iconographic Problems. Greene 331–349, Abb. 253–264.

3235 *L. Dimier:* Les écritures des crayons de Chantilly. Martroye 365 ff.

3236 *M. de Marchi:* Quelques toiles peintes au Trésor de l'Hotel-Dieu de Reims. Puyvelde 314 ff., 2 Abb.

3237 *R. Schneider:* Note sur les livres à gravures et la décoration de la Renaissance en Normandie. Lemonnier 127–141.

3238 *J. Guiffrey:* Tableaux français conservés au Musée de Boston et dans quelques collections de cette ville. Lemonnier 533–552.

3239 *B. Prost:* Recherches sur les "Peintres du Roi" antérieurs au règne de Charles VI. Monod 389–404. [14. Jh.]

3240 *J. Guiffrey:* Note sur deux tableaux avignonnais. Hulin de Loo 204–207, Taf. 24, 25. [Provençalische Schule, Mitte 15. Jh.]

3241 *H. Martin:* Les d'Ypres, peintres des XVe et XVIe siècles. Guiffrey 1–16, 1 Taf. [Malerfamilie: Amiens, Paris, Avignon.]

3242 *H. Clouzot:* Une famille de peintres poitevins (XVIe-XVIIe siècles). Guiffrey 40 bis 50, 1 Taf. [Pierre Mervache, André Mervache, Nicolas Pinson.]

3243 *M. Furcy-Raynaud:* Les premiers peintres du Roi. Guiffrey 207–214. [1664–1789.]

3244 *J. Cain:* Les premières illustrations françaises de Don Quichotte. Bertaux.

3245 *A. Blum:* Louis XIV et l'imagerie satirique pendant les dernières années du XVIIe siècle. Lemonnier 272–286.

3246 *T. Krogh:* Franske Harlekinadebilleder fra Ludvig XIV's Tid. Rubow 82–98, 8 Abb.

3247 *P. Marcel:* Les peintres et le public en France au XVIIIe siècle. Bertaux.

3248 *L. Bruhns:* Zwei Meisterwerke französischer Porträtmalerei des frühen 18. Jahrhunderts in römischem Privatbesitz. Hahn, Otto, 4 S., 2 Taf., Nr. 8 d. Festschr. [Jean Marc Nattier: Katharina I. v. Rußland u. A. Watteau: Junger Kavalier.]

Einzelne französische Künstler

3249 *O. Pächt:* The "Avignon Diptych" and Its Eastern Ancestry. Panofsky 1960, 402–421, 31 Abb.

3250 *Ch. Sterling:* Oeuvres retrouvées de Jean de Beaumetz, peintre de Philippe le Hardi. Panofsky 57–82, 8 Abb. Zusammenfassg in niederländ. Spr.

3251 *L. Demonts:* Le Maître de l'Annonciation d'Aix et Colantonio. Hulin de Loo 123–127, Taf. 16.

3252 *J. Dupont:* Le portrait de Zaccaria Contarini, Ambassadeur de Venise à la cour de Charles VIII. Panofsky 121–127, 3 Abb. Zusammenfassg in niederländ. Spr. [Um 1492, Umkreis Schule d. Jean Fouquet.]

3253 *L.-M. Michon:* Un dessin inédit du XIVe siècle. Martroye 319 ff., 1 Taf.

3254 *G. Hulin de Loo:* Tableaux perdus de Simon Marmion, ses portraits princiers et l'énigme de sa chandelle. Friedländer, Max. J., 1942, 11 ff., 4 Abb.

3255 *E. Harris:* Mary in the burning bush. Nicolas Froment's Triptych at Aix-en-Provence. Saxl 1937/38, 281–286, Taf. 41, 42.

3256 *M. Aubert:* La bannière des lépreux du Cabinet des Estampes. Guiffrey 17–24, 1 Taf. [Paris, Bibl. Nat. 1502.

3257 *E. Moreau-Nélaton:* Étienne Du Monstier, peintre et diplomate (1540–1603). Guiffrey 61–69, 4 Taf.

3258 *Fr.-G. Pariset:* Georges Lallemant, émule de Jacques de Bellange. Tietze 233–242, 12 Abb. [Auch in Gazette des Beaux-Arts 1954, Mai/Juni, No. 1024/1025.]

3259 *P. Bouffard:* Toile peinte du XVIme s. provenant du Canton de Fribourg. Bosset 29 bis 34, 2 Abb.

3260 *P. Jamot:* Un tableau inédit de Louis Le Nain autérieur à 1640. FRIEDLÄNDER, WALTER, 452 ff.

3261 *R. L. Manning:* Some important paintings by Simon Vouet in America. SUIDA 294 bis 303, 17 Abb. [Paris 1590–1649.]

3262 *P. Marot:* L'apprentissage de Jacques Callot à Nancy et son départ pour Rome. GRAT, Bd 2.

3263 *P. Marot:* Une gravure emblématique de Jacques Callot: le portrait de Charles Delorme, médecin de Louis XIII. BONNEROT, 2 Abb.

3264 *L. Hourticq:* Claude Lorrain et Jacques Callot. BERTAUX.

3265 *W. G. Constable:* The early Work of Claude Lorrain. FOCILLON 305–314, 11 Abb.

3266 *F. J. Mather:* A Claude Problem. PUYVELDE 233 ff., 2 Abb.

3267 *R. Jullian:* Le "Coucher à l'italienne" de Jacob van Loo. TOESCA 199–203, Taf. 234.

POUSSIN

3268 *R. Schneider:* Les sources ignorées ou peu connues de l'art de Poussin. La conception de l'originalité. BERTAUX, 2 Abb.

3269 *E. Rosenthal:* Poussin-Studie. HAUSENSTEIN 1932, 79–87, 1 Taf.

3270 *R. Longhi:* Marginalia Poussiniana duo. 1. La Sta. Marghuerita della Pinacoteca di Torino. FRIEDLÄNDER, WALTER, 637 ff. 2. L'autore della "Piaga d'Atene" nella Galleria Cook a Richmond. 644 ff.

3271 *W. Friedländer:* Hymenaea. PANOFSKY 1960, 153–156, 5 Abb. [Poussin.]

3272 *W. v. Löhneysen:* Entstehung und Ausbildung der Landschaft bei Poussin. ROSEMANN 191–224.

3273 *H. Lemonnier:* Sur deux volumes de dessins attribués à Poussin ou à Errard. GUIFFREY 110–123, 1 Taf. [Architekturzeichnungen.]

3274 *E. Panofsky:* Et in Arcadia Ego. On the Conception of the Transience in Poussin and Watteau. CASSIRER 223–254, 16 Abb.

3275 *Ch. Mitchell:* Poussin's "Flight into Egypt". SAXL 1937/38, 340–343, Taf. 60, 61.

3276 *A. Fontaine:* Les derniers jours de Nicolas Poussin et les origines de l'Académie de France à Rome. LEMONNIER 201–209.

3277 *A. Blunt:* Poussins Notes on Painting. SAXL 1937/38, 344–351.

3278 *P. Marcel:* La correspondance de Charles Le Brun avec Cosme III de Médicis et Charles-Antoine de Gondi (1682–1689). GUIFFREY 170 bis 192.

3279 *J. Laran:* Une vie inédite de François Perrier par le comte de Caylus et Mariette. LEMONNIER 186–200. [1590–1680.]

3280 *E. Dacier:* Sur deux scènes de la Comédie-Italienne, dessinées par Claude Gillot. BERTAUX, 1 Abb.

18. JAHRHUNDERT

3281 *T. Kamenskaya:* Un dessin inédit de Watteau d'après Rubens au Musée de l'Ermitage. PUYVELDE 236 ff., 1 Abb.

3282 *L. Deshairs:* Les arabesques de Watteau. LEMONNIER 187–300.

3283 *K. Martin:* Bemerkungen zu zwei Kopien nach Stilleben von Jean Baptiste Siméon Chardin. BAUCH 238–244, 4 Abb.

3284 *H. Bauer:* Die späten Dinge des Chardin. Eine beschreibende Bildanalyse. SEDLMAYR.

3285 *É. Dacier:* Natoire paysagiste. GUIFFREY 230–242. [Charles-Joseph Natoire 1700 Nîmes – 1777 Castel Gandolfo.]

3286 *H. Voss:* Repliken im Oeuvre von François Boucher. SUIDA 353–360, 6 Abb.

3287 *R. Hoppe:* Bouchers teckningar i Nationalmuseum. Ett utkast. HAHR 49 ff. [Stockholm.]

3288 *C. v. Lorck:* Genius der Kunstlehre. SCHWEITZER 381–390, 3 Abb. u. Taf. 87/88. [Handzeichng auf Papier. 1730/40. Vermutl. Boucher.]

3289 *F. Stampfle:* A Group of Drawings and a Letter of Charles-Nicolas Cochin the Younger. GREENE 209–215, Abb. 165–169. [1715–1790.]

3290 *Th. Reinach:* Un catalogue inédit de Gabriel de Saint-Aubin. BERTAUX. [1724–1780.]

3291 *O. Clemen:* Zwei Briefe von John Francis Rigaud von 1786 und 1791. CLEMEN 1926, 455–459.

3292 *O. Benesch:* Hommage à Madame Pompadour. BICK, 4 Abb. [Bild v. Fr. Guerin.]

3293 *L. Hautecoeur:* Pierre-Alexandre Wille le fils (1748–1821). LEMONNIER 440–466.

3294 *R. Riggenbach:* Das Porträt der Madame Royale von Antoine Sergent (1796). BASEL, Staatsarch.

3295 *W. Serrant:* Étude sur "Zéphir et Psyché" de Girodet-Trioson. FOUGÈRES 174 ff., 1 Abb.

3296 *J. J. Seznec:* Racine et Prud'hon. FOCILLON 349–364, 13 Abb.

3297 *P. Frankl:* Boucher's Girl on the Couch. PANOFSKY 1960, 138–152, 13 Abb.

3298 *H. Reber:* Ein Bild Jean Marc Nattiers und eine Kopie aus dem 19. Jh. in der Gemäldegalerie in Mainz. GERKE 98–104.

ITALIEN

ALLGEMEINES

3299 *H. Cornell:* Antikt och gotiskt i det begynnande quattrocento. HAHR 31 ff.

3300 *T. Borenius:* Some Italian Cassone Pictures. SCHUBRING, Paul, 1–9, 10 Abb.

3301 *W. de Grüneisen:* 1. Tête archaique de Pallas Athéna. 2. Madone du triptique inédit de Bonaventura Berlinghieri (Études sur la stylisation archaique grèque et mediévale). STRZYGOWSKI 1923, 197–212, 4 Abb. auf Taf.

3302 *O. Wulff:* Zwei Tafelbilder des Ducento im Kaiser-Friedrich-Museum. BODE 1915, 68 bis 98, 7 Abb., 1 Taf.

3303 *R. Offner:* The Barberini Panels and their peinter. KINGSLEY PORTER 205–253, 39 Abb. [Florenz, 15. Jh.]

3304 *V. Mariani:* Due disegni inediti nell'Accademia Perugina di Belle Arti. TOESCA 141 bis 142, Taf. 154–155.

3305 *M. Schapiro:* On an italian painting of the Flagellation of Christ in the Frick Collection. VENTURI, Vol. 1, 29 ff.

3306 *K. Bauch:* Christus am Kreuz und der heilige Franziskus. HEISE 103–112, 3 Taf., 1 Zeichng. [Fra Angelico; Sassetta.]

3307 *L. Frohlich-Bume:* Three unknown drawings for famous pictures. TIETZE 431–436, 4 Abb. [Moretto. Greco. Orazio Gentileschi.] [Auch in Gazette des Beaux-Arts 1954, Dez., No. 1031.]

3308 *P. Bucarelli:* La pittura di Scipione. VENTURI, Vol. 2, 223 ff.

ITALIENISCHE SCHULEN

3309 *F. Mazzini:* Contributi alla pittura lombarda tardo-gotica. SUIDA 86–99, 7 Abb.

3310 *B. Degenhart:* Eine lombardische Kreuzigung. TOESCA, 65–68, Taf. 47–57. [Berliner Museen. 1440–1460.]

3311 *E. S. Barelli:* Disegni secenteschi lombarde della Biblioteca Ambrosiana. CASTIGLIONI 827–840, 5 Abb. [Morazzone, Cerano.]

3312 *G. A. Dell'Acqua:* Due inediti del Seicento Lombardo. MARANGONI 267–270, 5 Abb.

3313 *C. Gilbert:* Alvise e compagni. VENTURI, Vol. 1, 277 ff. [Maler und Steinmetzen Venedig, 15. Jh.]

3314 *G. Mariacher:* Croci dipinte veneziane del' 300. VENTURI, Vol. 1, 101 ff.

3315 *M. Davies:* "The Immaculate Conception", an early Venetian Picture. PUYVELDE 205 ff., 5 Abb.

3316 *J. Wilde:* Néhány velencei nöi képmás a renaissance korából. (Über einige venezianische Frauenbildnisse der Renaissance.) PETROVICS 80–86, Abb. 125–128. In dt. Spr. S. 206 bis 212.

3317 *G. R. Müller:* Friauls Stellung in der Kunstgeschichte. STRZYGOWSKI 1932 I, 116–119, Abb. 70, 71. [Gian Francesco da Tolmezzo. Pordenone.]

3318 *J. Scholz:* Notes on Brescian Renaissance drawings. TIETZE 411–418, 6 Abb.

3319 *A. Griseri:* Appunti Genovesi. SUIDA 312–324, 15 Abb. [Maler d. 16. Jh.]

3320 *L. Mallè:* Elementi di cultura francese nella pittura gotica tarda in Piemonte. VENTURI, Vol. 1; 139 ff.

3321 *V. Moschini:* Una tavola bolognese del tardo trecento. SUPINO 229 ff., 1 Abb.

3322 *H. D. Gronau:* A dispersed florentine altarpiece and its possible origin. TOESCA 41–47, Taf. 23–27. [Vermutl. um 1390.]

3323 *C. Brandi:* I cinque anni cruciali per la pittura fiorentina del' 400. MARANGONI 167 bis 175, 5 Abb. [Masolino. 1427–1431.]

3324 *J. Alazard:* A propos d'un tableau florentin de la National Gallery. BERTAUX, 1 Abb.

3325 *F. Filippini:* Notizie di pittori fiorentini a Bologna nel Quattrocento. SUPINO 417 ff., 3 Abb.

3326 *A. Romdahl:* Nederländska landskapsmotiv i det senare 1400-talets toskanska och umbriska måleri. SCHÜCK, 2 Abb. [Spätes 15. Jh.]

3327 *H. Marcel:* La peinture dans la Haute-Toscane et les Marches. Piero della Francesca, Melozzo de Forli. LEMONNIER 39–51.

3328 *A. Wolfe:* The Thebaid fragments of the Yale Art Gallery and the Zürich Kunsthaus. TIETZE 393–406, 12 Abb. [Um 1450.]

3329 *A. Péter:* Két sienai trecento-rajz (due disegni senesi del trecento). PETROVICS 52–58, Abb. 100–105. In italien. Spr. S. 184–190. [Ambrogio u. Pietro Lorenzetti.]

3330 *S. F. Bridges a. J. Ward Perkins:* Some fourteenth-century Neapolitan military effigies, with notes on the families represented. JAMISON 158 ff., Taf. 21–25.

3331 *W. G. Constable:* Carlo Bonavia and some painters of vedute in Naples. SWARZENSKI 198 bis 204, 6 Abb.

3332 *R. Cevese:* La dimora vicentina di Angelo Caldogno. MISTRORIGO 206–243.

Einzelne italienische Künstler

Mittelalter

3333 *E. T. De Wald:* Observations on Duccio's Maestà. Friend 362–386, 8 Abb., 4 Skizzen.

3334 *P. Schubring:* Ein Sieneser Totenbild. Clemen 1926, 339–344, 3 Abb.

3335 *G. Rowley:* The S. Niccolò Narratives by Ambrogio Lorenzetti. Friend 387–391, 2 Abb.

3336 *L. Neagle Tampieri:* Madonna di Vico l'Abate di Ambrogio Lorenzetti. Marangoni 146–151, 1 Abb.

3337 *G. Anichini:* Di un antico quadro dei SS. Pietro e Paolo nella Basilica Vaticana. Kirsch 141–149, 1 Abb.

3338 *Jelic:* Nuove osservazioni sull' icone vaticana dei SS. Pietro e Paolo. de Rossi 1892 II, 83 ff.

3339 *W. F. Volbach:* „Tabula cum imaginibus apostolorum Petri et Pauli." Jerphanion 369 bis 375, 1 Abb. [Um 1300.]

3340 *W. Suida:* Giottos Stil. Clemen 1926, 335–337.

3341 *W. Paatz:* Die Gestalt Giottos im Spiegel einer zeitgenössischen Urkunde. Heise 85–102.

3342 *W. Körte:* Die „Navicella" des Giotto. Pinder 223–263, 24 Abb.

3343 *G. Graf Vitzthum:* Zu Giottos Navicelal· Schubring, Paul, 144–155, 4 Abb.

3344 *W. Schöne:* Giottos Kruzifixustafeln und ihre Vorgänger. Winkler 49–63, 9 Abb.

3345 *W. Sass-Zalosiecky:* Giotto zwischen 2 Epochen. (Gedanken zur Ausschmückung der Scrovegni-Kapelle in Padua.) Weissenhofer 43–55.

3346 *C. Brandi:* Giotto recuperato a San Giovanni Laterano. Venturi, Vol. 1; 55 ff.

3347 *J. v. Schlosser:* Vom Problem der „Giotteske". Hirsch 385–390.

3348 *C. Gnudi:* Il passo di Riccobaldo Ferrarese relativo a Giotto e il problema della sua autenticità. Suida 26–30.

3349 *E. H. Buschbeck:* Über eine unbeachtete Wurzel der maniera moderna. Schlosser 1927, 88–93, Abb. 25, 26. [Vorstufen zu Giottos Raumwirklichkeit.]

3350 *O. Wulff:* Nachlese zur Starnina-Frage. Schubring, Paul, 156–190, 12 Abb. [Gherardo Starnina. Agnolo Gaddi.]

3351 *R. Palluchini:* Nota per Paolo Veneziano. Venturi, Vol. 1, 121 ff.

3352 *M. Labò:* Suida 1906. Suida 31–34, 4 Abb. [Über eine Madonna von Barnaba da Modena.]

3353 *L. Coletti:* Il "Maestro dei Padigliono". Supino 211 ff., 8 Abb.

3354 *P. Toesca:* Schedula per Giovanni Baronzio da Rimini. Swarzenski 67–69, 3 Abb.

3355 *R. Causa:* Angiolillo Arcuccio. Toesca 99–110, Taf. 104–123.

Frührenaissance

Florenz

3356 *C. Gnudi:* Grandezza di Simone. Venturi, Vol. 1, 87 ff.

3357 *B. Berenson:* A Monsù Desiderio of the Quattrocento. Venturi, Vol. 1, 271 ff.

3358 *E. Hahn:* Zur Masaccio-Masolino-Forschung. Strzygowski 1932 I, 81–85.

3359 *Q. Offner:* Light on Masaccio's Classicism. Suida 66–72, 9 Abb.

3360 *R. Hamann:* Masaccio und Filippino Lippi. Waetzoldt 81–89, 1 Abb.

3361 *A. Briganti:* Un' opera inedita di Filippino Lippi. Supino 481 ff., 1 Abb.

3362 *U. Middeldorf:* Korrekturen Filippino Lippis in einem Bild aus der Werkstatt seines Vaters. Bauch 171–176, 4 Abb.

3363 *F. Gamba:* Di una predella falsamente attribuita a Filippino Lippi. Marangoni 197 bis 201, 6 Abb.

3364 *C. Gamba:* Filippino Lippi e l'amico di Sandro. Supino 461 ff., 10 Abb.

3365 *G. Poggi:* Paolo Uccello e l'orologio di Santa Maria del Fiore. Supino 323 ff., 4 Abb.

3366 *G. Pudelko:* Der Meister der Anbetung in Karlsruhe, ein Schüler Paolo Uccellos. Goldschmidt 1935, 123–130, 5 Abb.

3367 *B. Degenhart:* Domenico Veneziano als Zeichner. Winkler 100–113, 18 Abb.

3368 *R. Wischnitzer-Bernstein:* Jüdische Legendenstoffe bei Benozzo Gozzoli. Schaeffer 271–273.

3369 *H. Friedmann:* Two Paintings by Botticelli in the Kress Collection. Suida 116–123, 9 Abb. [Bildnis Giul. Medici u. Madonna.]

3370 *P. O. Rave:* Botticellis Berliner Madonna der Sammlung Raczynski. Kauffmann 143–151. 5 Abb.

3371 *R. Oertel:* Botticellis Frauenbildnis in Altenburg. Ergebnisse einer Röntgenuntersuchung. Jahn, Johannes, 195–199, Abb. 93–95 u. Farbtaf. 2.

3372 *H. Ulmann:* Eine verschollene Pallas Athena des Sandro Botticelli. Kekulé 203–213, 1 Abb.

3373 *L. Benoist:* The birth of Venus: An essay on colours. COOMARASWAMY 14–16.

3374 *D. Rosen:* The Restoration of a Botticellesque Tondo in the Morgan Library. GREENE 129–131, Abb. 82–88.

3375 *B. Berenson:* Miniatures probably by the Master of the San Miniato Altarpiece. SWARZENSKI 96–102, 9 Abb.

3376 *H.-W. Grohn:* Zwei Cassoni mit Darstellungen aus der Erzählung von Amor und Psyche. Frühwerke des „Meisters der Argonauten-Tafeln". JUSTI 90–100, 5 Abb.

3377 *A. Warburg:* Francesco Sassettis letztwillige Verfügung. SCHMARSOW 129–152. [Grabkapelle in SS. Trinità m. Fresken Ghirlandajos.]

3378 *H. Thode:* Andrea Castagno in Venedig. BENNDORF 307–317, 2 Abb.

OBERITALIEN

3379 *C. Marcenaro:* Un ritratto del Pisanello ritrovato a Genova. SUIDA 73–80, 7 Abb.

3380 *N. Gabrielli:* Aimone Duce pittore a Villafranca Sabauda. SUIDA 81–85, 5 Abb.

3381 *C. de Mandach:* L'importance de Jacopo Bellini dans le développement de la peinture italienne, à propos de deux tableaux conservés à la galerie Barberini à Rome. LEMONNIER 52–70, 2 Abb.

3382 *F. Wittgens:* Per Antonello da Messina. MARANGONI 194–196, 7 Abb.

3383 *M. Meiss:* Ovum Struthionis, Symbol and Allusion in Piero della Francesca's Montefeltro Altarpiece. GREENE 92–101, Abb. 37–48.

3384 *F. Wittgens:* Una noterella sul trattato "De prospectiva pingendi" di Piero della Francesca. CASTIGLIONI 865–874.

3385 *H. Jantzen:* Mantegnas Cristo in Scurto. FABRICIUS, ERNST, 11–15, 1 Abb.

3386 *E. Bouvier, E. Dupuy:* Mantegna et la colère de Samson. VIANEY 395–398.

3387 *F. Eichler:* Mantegnas Seekentauren und die Antike. Ein römischer Fries mit Meerthiasos. SWOBODA 91–96, 4 Abb.

3388 *F. Hartt:* Mantegna's Madonna of the Rocks. TIETZE 81–94, 4 Abb. [Auch in Gazette des Beaux-Arts 1952, Dez., No. 1007.]

3389 *R. Milesi:* Mantegna und die Reliefs der Braut-Truhen Paolo Gonzagas. EGGER, RUDOLF, 1952, Bd 3, 382–398, 10 Abb.

3390 *F. R. Shapley:* Baldassare d'Este and a Portrait of Francesco II Gonzaga. SUIDA 124 bis 128, 6 Abb.

3391 *G. Gronau:* Ein Bildnispaar im Kestner-Museum zu Hannover. SCHUBRING, PAUL, 64 bis 73, 4 Abb. [Baldassare d'Este: Bildnisse des Galeotto I. Pico und der Bianca Maria d'Este.]

3392 *G. Fiocco:* Notes sur les dessins de Marco Zoppo. TIETZE 223–232, 5 Abb. [Auch in Gazette des Beaux-Arts 1954, Apr., No. 1023.]

3393 *G. Fiocco:* Un libro di disegni di Marco Zoppo. SUPINO 337 ff., 10 Abb.

3394 *G. Lipparini:* Sulla cronologia delle prime opere di Francesco Francia. FALLETTI 307–322.

3395 *A. H. Mayor:* A Metal Cut attributed to Francesco Francia. GREENE 197–198, Abb. 155. [New York, Metrop. Mus.]

3396 *C. Savonuzzi:* Una scultura di Ercole de Roberti. MARANGONI 190–193, 1 Abb.

3397 *U. Middeldorf:* Eine Zeichnung von Giulio Campagnola? WACKERNAGEL 1958, 141 bis 152, 10 Abb.

3398 *G. Fiocco:* Disegni di Stefano da Verona. TOESCA 56–64, Taf. 35–46.

3399 *A. Corbara:* La « Madonna delle frecce [Pfeile] » a Brisighella. TOESCA 75–80, Taf. 65 bis 75. [Bei Faenza, Altargemälde 1. H. 15. Jh.].

3400 *Ph. Pouncey:* Drawings by Francesco Marmitta. TOESCA 111–113, Taf. 124–129.

3401 *F. Zeri:* Il Maestro di Santa Verdiana. SUIDA 35–40, 4 Abb. [Um 1400.]

3402 *G. Gerola:* Dario pittore. HORTIS 871 bis 887.

3403 *F. Bologna:* Il Maestro di San Giovanni da Capestrano. TOESCA 86–98, Taf. 81–103.

UMBRIEN

3404 *A. Venturi:* Luca Signorelli interprete di Dante. REYNOLDS 51–58.

3405 *A. Venturi:* Luca Signorelli interprete di Dante. RENIER 51–57, 4 Taf.

3406 *P. Rotondi:* Un' ipotesi sui rapporti tra Luca Signorelli ed Ercole Roberti. SUIDA 110 bis 115, 7 Abb.

3407 *A. Chastel:* L'Apocalypse en 1500: la fresque de l'antéchrist à la chapelle St. Brice d'Orvieto. RENAUDET 124–140.

3408 *K. Lange:* Zu Peruginos Jugendentwickelung. SPRINGER 1885 I, 85–102, 5 Abb.

3409 *S. Meller:* Eine unveröffentlichte Zeichnung Peruginos. FRIEDLÄNDER, MAX J., 1927, 213–215, 3 Abb. [Haarlem. Privatbesitz.]

HOCHRENAISSANCE UND MANIERISMUS

LEONARDO

3410 *N. Jönsson:* Leonardo da Vinci. 1452 bis 1519. Ett biografiskt utkast. BOLINDER 53–66.

3411 *C. Brun:* Die Quellen zur Biographie Leonardos und sein Verhältnis zu Gott und den Menschen. BLÜMNER.

3412 *A. M. Brizio:* Il trattato della pittura di Leonardo. VENTURI, Vol. 1, 309 ff.

3413 *G. Castelfranco:* Il concetto di forza in Leonardo da Vinci. TOESCA 117–122.

3414 *A. Farinelli:* Sentimento e concetto della natura in Leonardo da Vinci. GRAF 285–367.

3415 *S. de Ricci:* Les feuillets perdus d'un manuscrit de Leonard de Vinci. PICOT, Bd 2.

3416 *G. Chierici:* Il refettorio delle Gracie. TOESCA 114–116, 1 Abb. [Mailand, Sa. Maria d. Gr.]

3417 *E. Möller:* Lionardos Johannes B. in der Wüste. Cesare da Sesto bei Lionardo. GALBIATI, Bd 2, 351–368, 6 Abb.

3418 *A. W. M. Mensing:* De Leonardo's van Constantijn Huygens den zoon. BREDIUS 186 ff., 2 Abb.

3419 *R. S. Stites:* New light on the Madonna representations of Leonardo da Vinci. STRZYGOWSKI 1932 I, 173–175, Abb. 51.

3420 *H. Beenken:* Zur Entstehungsgeschichte der Felsgrottenmadonna in der Londoner National Gallery. JANTZEN 132–140, 4 Abb.

3421 *W. Suida:* Leonardos Madonna mit dem Kreuzstab (oder dem Garnwinder). VERGA 331 bis 340, 8 Abb.

3422 *L. Balás-Piry:* Leonardo da Vinci festménye a Szépmüvészeti Múzeumban (das Gemälde Leonardos da Vinci im Museum der Schönen Künste). GEREVICH I, 260–274, Abb. 212–224.

3423 *W. Kozicki:* Mona Lisa. PININSKI. [In poln. Spr.]

3424 *L. Planiscig:* Leonardos Porträte und Aristoteles. SCHLOSSER 1927, 137–144, Abb. 58–64.

3425 *E. Solmi:* Per gli studi anatomici di Leonardo da Vinci. MAZZONI, Bd 1, 343–360.

3426 *B. Dibner:* Leonardo da Vinci: Military Engineer. SARTON 85–112, 18 Abb.

3427 *O. Kraemer:* Leonardos Maschinen. KNITTEL 116–121, 15 Abb.

3428 *L. A. Birkenmajer:* Leonardo da Vinci i Kopernik. (De ingeniis universalibus.) Poln. Teil. MORAWSKI 110–122.

3429 *G. Bilancioni:* Leonardo da Vinci e la dottrina del macro- e del microcosmo. VERGA 1–18.

3430 *B. Nogara:* Gli ultimi restauri del S Girolamo di Leonardo da Vinci. VERGA 241–246, 4 Abb.

3431 *E. Solmi:* La politica di Lodovico il Moro nei simboli di Leonardo da Vinci (1489–1499). RENIER 491 ff.

3432 *Y. Renouard:* Leonard de Vinci et la France. FEBVRE, Bd 2, 251–263.

3433 *C. Brun:* Die Orientreise Leonardos. MEYER VON KNONAU 305–320.

3434 *G. Suida:* Bramante pittore ed il Bramantino. TOESCA 164–169, Taf. 182–185.

3435 *V. Gilardoni:* Le sinopie del Bramantino in Santa Maria della Grazie di Bellinzona e le compagnie vaganti di pittori lombardi. SUIDA 218–225, 9 Abb.

3436 *E. Berti Toesca:* Un San Giovannino discusso e dimenticato. SUIDA 144–145, 1 Abb. [Ambrogio de Predis.]

3437 *L. Hautecoeur:* La Cléopâtre de Giampietrino au Musée du Louvre. BERTAUX, 1 Abb.

RAPHAEL

3438 *W. Bombe:* Raffael und Perugino. OLSCHKI 35–48, Taf. 1–3.

3439 *C. Gamba:* Raffaello e i suoi veri maestri. BERTAUX.

3440 *R. Grosche:* Raffael und die christliche Kunst. GUARDINI 249–257.

3441 *W. R. Valentiner:* Zwei Predellen zu Raffaels frühestem Altarwerk. FRIEDLÄNDER, MAX J., 1927, 244–258, 9 Abb. [Detroit. Legende d. Hl. Nicolaus v. Tolentino.]

3442 *F. Bologna:* Un' altra «Resurrezione» giovanile di Raffaello. SUIDA 180–185, 5 Abb.

3443 *W. Schöne:* Raphaels Krönung des heiligen Nikolaus von Tolentino. HEISE 113–136, 6 Abb.

3444 *J. Sauer:* Wie Raffaels ,,Grablegung" in den Besitz der Borghese kam. EHRLE, Vol. 2.

3445 *A. E. Popham:* An unknown drawing by Raphael. WINKLER 239–241, 1 Abb.

3446 *H. Hertz:* Auffindung der Bücher des Numa Pompilius. Affresco des Giulio Romano aus Villa Lante. HELBIG 129–131, 2 Abb., 1 Taf.

3447 *C. E. v. Liphart-Rathshoff:* Über ein unbekanntes Exemplar der ,,La petite Sainte Famille" genannten Raffael-Komposition. WAETZOLDT 185–191, 2 Abb. [Madonna Krasinski v. Giulio Romano.]

3448 *P. Torriti:* Dipinti inediti o poco conosciuti di Perino del Vaga a Genova. SUIDA 196 bis 204, 10 Abb.

MICHELANGELO

3449 *H. Weizsäcker:* Das architektonische Problem in den Deckengemälden der Sixtinischen Kapelle. SCHNEIDER, FRIEDRICH, 225–235.

3450 *M. Spahn:* Zur Deutung der Lünettenbilder in der Sixtinischen Kapelle. SCHNEIDER, FRIEDRICH, 195–199.

3451 *A. Farinelli:* Il «Giudizio» di Michelangelo e l'ispirazione dantesca. RENIER 511 ff.

3452 *J. Wilde:* Der ursprüngliche Plan Michelangelos zum jüngsten Gericht. FRIEDLÄNDER, WALTER, 170 ff.

3453 *W. Kallab:* Die Deutung von Michelangelos jüngstem Gerichte. WICKHOFF 138 ff.

3454 *A. L. Romdahl:* Das Zeitdokument im Jüngsten Gericht Michelangelos. HAMANN 1949.

3455 *H. Tietze:* Michelangelos jüngstes Gericht und die Nachwelt. CLEMEN 1926, 429 bis 434.

3456 *H. v. Einem:* Michelangelos Fresken in der Cappella Paolina. BAUCH 193–204, 5 Abb.

3457 *F. Baumgart:* Eine Entwurfzeichnung Michelangelos zur Cappella Paolina. GOLDSCHMIDT 1935, 131–136, 2 Abb.

FLORENZ

3458 *E. Panofsky:* Die Pietà von Ubeda. Ein kleiner Beitrag zur Lösung der Sebastianofrage. SCHLOSSER 1927, 150–161, Abb. 66–76.

3459 *S. Bettini:* Disegni di Michelangelo. MISTRORIGO 199–205.

3460 *S. H. Levie:* De portretten van Michelangelo door Daniele da Volterra. VOGELSANG 119–131, 3 Abb.

3461 *M.-L. Mez:* Una decorazione di Daniele da Volterra nel Palazzo Farnese a Roma. FRIEDLÄNDER, WALTER, 310 ff.

3462 *E. Lovarini:* Un ex vote di Jacopo Mazzoni [Gelehrter, † 1598]. SUPINO 563–573, 2 Abb.

3463 *A. Scharf:* Neues zu Bacchiacca. FRIEDLÄNDER, WALTER, 291 ff.

3464 *J. Fraenckel:* Jugendwerke Pontormos. FRIEDLÄNDER, WALTER, 229 ff.

3465 *D. Wild:* Ein Selbstbildnis Pontormos. STRZYGOWSKI 1932 I, 182–185, Abb. 114–117. [Florenz, S. Felicità, Altarbild 1527.]

3466 *L. Becherucci:* Per un ritratto del Bronzino. MARANGONI 202–209, 1 Abb.

3467 *Ch.-A. Isermeyer:* Die Capella Vasari und der Hochaltar in der Pieve von Arezzo. Zu dem letzten Blatt aus Vasaris Libro de' disegni in d. Hamburger Kunsthalle. HEISE 137–153, 4 Abb.

3468 *L. Mortari:* Alcuni inediti di Francesco Salviati. SUIDA 247–252, 6 Abb.

3469 *J. Pope-Hennessy:* Matteo di Giovanni's Assumption Altarpiece. TOESCA 81–85, Taf. 76–80.

3470 *E. Buchner:* Ein Jünglingsbildnis von Girolamo di Benvenuto. WINKLER 167–170, 3 Abb.

3471 *G. v. Preuschen:* Eine Tafel des Giovanni di Paolo. BAUCH 153–154. [St. Christophorus.]

OBERITALIEN

3472 *C. Horst:* Hl. Familie im Schloßmuseum zu Coblenz. VERGA 169–176, 3 Abb. [Kreis der Luini.]

3473 *W. v. Seidlitz:* Bernardo Zenale. SPRINGER 1885 I, 64–84.

3474 *H. Brockhaus:* Leonardo da Bissucio. SPRINGER 1885 I, 42–63, 1 Abb., 1 Taf.

3475 *S. Weber:* Bernardino Lanino. BLÜMNER, 3 Taf. [† 1583.]

3476 *C. Baroni:* Un S. Peterzano inedito (in Como) e alcuni disegni (Milano). GIUSSANI 305 bis 309, 10 Taf.

3477 *A. Quintavalle Ghidiglia:* Nuove ascrizioni a Giulio e ad Antonio Campi. TOESCA 170 bis 171, Taf. 186–187.

3478 *P. Zampetti:* Un' antico dipinto recuperato. SUIDA 236–239, 5 Abb. [Giov. di Martino da Udine?]

3479 *A. Morassi:* Alcuni disegni inediti del Romanino. SWOBODA 189–192, 7 Abb.

3479a *L. Grassi:* Ingegno di Altobello Meloni. TOESCA 143–163, Taf. 156–181.

3480 *U. Bicchi:* Un Moretto sconosciuto. MARANGONI 210–212, 1 Abb. [Bildnis, Aless. Moretto, Pinac., Pavia.]

3481 *A. O. Quintavalle:* Revisione del Bertoja. TOESCA 172–177, Taf. 188–197. [Jacopo B.]

3482 *A. E. Popham:* On a drawing attributed to Jacopo d' Barbari here restored to Timoteo Viti. TIETZE 419–423, 4 Abb. [Auch in Gazette des Beaux-Arts 1953, Febr. no 1009.]

3483 *A. Venturi:* Note sul Correggio. CAMPANINI 13–16.

3484 *O. Hagen:* Die Camera di San Paolo zu Parma. Betrachtungen über das Verhältnis von Malerei und Architektur bei Correggio. WÖLFFLIN 1924, 155–168, 4 Abb.

3485 *A. M. Brizio:* Tre dipinti di Gaudenzio Ferrari. SUIDA 226–230, 5 Abb.

3486 *A. Ghidiglia Quintavalle:* Due dipinti ritrovati di Carlo Bonone. SUIDA 289–293, 5 Abb.

3487 *V. Viale:* Schedule su Defendente Ferrari. SUIDA 231–235, 6 Abb.

3488 *C. Gilbert:* Savoldo's drawings put to use. A study in Renaissance workshop practices. TIETZE 95–116, 16 Abb. [Auch in Gazette des Beaux-Arts 1953, Jan., No. 1008.]

3489 *G. Fubini:* Disegni inediti di Luca Cambiaso e Alessandro Magnasco all'Ambrosiana. CASTIGLIONI 329–336, 12 Abb.

3490 *G. Frabetti:* Aggiunte a Luca Cambiaso. SUIDA 267–275, 10 Abb.

3491 *G. Fiocco:* Luca Cambiaso, Gerolamo da Treviso e Pordenone. MARANGONI 213–219, 13 Abb.

3492 *J. Seznec:* Vincenzo Cartari et les cortèges mythologiques à la fin de la Renaissance. FRIEDLÄNDER, WALTER, 352 ff.

3493 *A. Spitzmüller:* Eine Handzeichnung von Giuseppe Arcimboldo. STRZYGOWSKI 1932 I, 168–170, Abb. 109, 110. [Paris, Ecole des Beaux Arts.]

VENEDIG

3494 *J. Rosenberg:* A Sheet of Studies by Andrea Schiavone. SWARZENSKI 165–169, 3 Abb.

3495 *E. Winternitz:* The Curse of Pallas Athena: Notes on a "Contest between Apollo and Marsyas" in the Kress Collection. SUIDA 186–195, 10 Abb. [Venezian., 16. Jh.]

3496 *G. Gronau:* Lauro Padovano, ein Gehilfe des Giovanni Bellini. OLSCHKI 101–112, Taf. 5–7.

3497 *L. Planiscig:* Jacopello dal Fiore. SCHLOSSER 1926, 85–91, Abb. 31–38 u. Taf. 17, 18.

3498 *A. Ferriguto:* Fonti della critica giorgionesca. MANFRONI 285–294.

3499 *W. Bode:* Giorgione nahestehende Gemälde im Herzogl. Museum zu Braunschweig. ZIMMERMANN 1914, 253–255, 1 Taf.

3500 *E. Schilling:* Eine Zeichnung Giorgiones. FRIEDLÄNDER, MAX J., 1927, 216–223, 5 Abb. [Frankfurt.]

TIZIAN

3501 *L. Baldass:* Tizian im Banne Giorgiones. WEIXLGÄRTNER 101–156, Abb. 140–191.

3502 *A. Morassi:* Ritratti del periodo giovanile di Tiziano. SAS-ZALOZIECKY 125 ff.

3503 *G. Fiocco:* La Crocifissione di Tiziano all' Escuriale e Orazio Vecelli. SUIDA 244–246, 1 Abb.

3504 *E. Tietze-Conrat:* The Pesaro Madonna, a footnote on Titian. TIETZE 195–200, 3 Abb. [1519–26; auch in Gazette des Beaux-Arts 1953, Okt., No. 1017.]

3505 *O. Bock v. Wülfingen:* Tizians „Danae". RUPPRECHT, Kronpr. v. Bayern, 1953, 68–84, 8 Abb.

3506 *K. Reinhardt:* Rätsel um ein Fragment. SWARZENSKI 156–164. [Engelskopf, Tizian?]

3507 *C. Nordenfalk:* Titian's allegories on the Fondaco de' Tedeschi. TIETZE 41–48, 6 Abb. [Auch in Gazette des Beaux-Arts 1952, Sept., No. 1004.]

3508 *W. Braunfels:* Tizians Augsburger Kaiserbildnisse. KAUFFMANN 192–207, 10 Abb.

3509 *G. Glück:* Original und Kopie. Ein Gespräch. SCHLOSSER 1927, 224–242, Abb. 97, 98. [Seisenegger: Tizian, Karl V.]

3510 *G. Gronau:* Un ritratto del Duca Guido Baldo di Urbino, dipinto da Tiziano. SUPINO 487 ff., 2 Abb.

3511 *G. Gronau:* Tizians Bildnisse türkischer Sultaninnen. WICKHOFF 132 ff.

3512 *H. Zimmermann:* Zur richtigen Datierung eines Porträts von Tizian in der Wiener K.-Gemälde-Gallerie. v. SICKEL 830–857, 1 Abb.

3513 *E. Schilling:* A signed drawing by Lorenzo Lotto. TIETZE 424–426, 2 Abb. [Auch in Gazette des Beaux-Arts 1953, Apr., No. 1011.]

3514 *O. Benesch:* A Late Work by Lorenzo Lotto. SUIDA 240–243, 3 Abb.

3515 *G. Oprescu:* Une adoration des Mages de Bonifazio Veronese au Musée Toma Stelian. PARVAN, 2 Abb.

3516 *R. Pallucchini:* Jacopo Bassano ed il Manierismo. SUIDA 258–266, 6 Abb.

3517 *L. Baldass:* Les tableaux champêtres des Bassano et la peinture réaliste des Pays-Bas au XVIe siècle. TIETZE 291–308, 12 Abb. [Auch in Gazette des Beaux-Arts 1955, März, No. 1034.]

3518 *L. Magagnato:* Per la conoscenza del Bassano intorno al 1560. Un disegno del Codice Resta all' Ambrosiana. MARANGONI 220–223, 9 Abb.

3519 *B. Suida Manning:* Two "Seasons" by Jacopo Tintoretto. SUIDA 253–257, 7 Abb.

3520 *U. A. Middeldorf:* A note on two pictures by Tintoretto. FOCILLON 247–260, 1 Abb.

3521 *B. Berenson:* While on Tintoretto. FRIEDLÄNDER, MAX J., 1927, 224–243, 12 Abb.

3522 *G. Fiocco:* Paolo Veronese und Farinati. SCHLOSSER 1926, 123–136, Abb. 70–82 u. Taf. 21.

3523 *L. Oehler:* Vier Zeichnungen von Veronese im Kasseler Kupferstichkabinett. JANTZEN 1951, Schülerfestschr., Bd 2.

Sei- und Settecento

3524 *G. Nicodemi:* Le note di Sebastiano Resta ad un esemplare dell'Abecedario pittorico di Pellegrino Orlandi. Mercati, Angelo, 263 bis 326. [Bildnis Restas, † 1714.]

3525 *S. Bettini:* Bassanismi del Seicento. Marangoni 245–252.

3526 *O. Benesch:* Seicentostudien. Schlosser 1926, 245–268, Abb. 168–193. 1. Zu Bernardo Cavallinos Werdegang. 2. Ein Bildnis von Domenico Feti. 3. Eine Altarbildskizze von Valdés Leal.

3527 *G. V. Castelnovi:* Settecento minore: Contributi per Giuseppe Petrini, Pietro Francesco Guala, Michele Rocca. Suida 325–337, 10 Abb.

3528 *L. Servolini:* Una postilla sul pittore settecentista Carlo Magini. Vollmer, Hans (hist. art.), 179–182, 2 Taf.

Caravaggio

3529 *G. C. Argan:* Il «Realismo» nella poetica del Caravaggio. Venturi, Vol. 2, 25 ff.

3530 *K. Bauch:* Zur Ikonographie von Caravaggios Frühwerken. Kauffmann 252–261, 11 Abb. [Vanitas.]

3531 *N. Pevsner:* Ein unbekanntes Frühwerk des Michelangelo da Caravaggio. Friedländer, Walter, 375 ff.

3532 *F. Saxl:* Aniello Falcone «oracolo delle battaglie». Ein Wiederbelebungsversuch. Friedländer, Walter, 380 ff.

3533 *G. Paccagnini:* Dipinti di Domenico Feti a Mantova. Marangoni 253–259, 16 Abb.

Bologna, Rom

3534 *M. Bonzi:* La Madonna del mappamondo di Lodovico Carraci. Suida 276–276, 1 Abb.

3535 *L. Vitali:* Un disegno del Reni. Marangoni 271, 1 Abb.

3536 *O. Kurz:* Van Dyck and Reni. Roggen 179 ff.

3537 *G. Martinotti:* Una Danza Macabra de Guercino. Neuburger 1928, 249–256, 1 Abb.

3538 *C. Maltese:* Monsù Desiderio architetto di rovine. Venturi, Vol. 2, 65 ff.

3539 *G. Castelfranco:* La « Natività di Maria » di Corrado Giaquinto nel Duomo di Pisa. Supino 585 ff., 4 Abb.

3540 *F. Hermanin:* Due quadri pressochè inediti di Salvator Rosa. Supino 575 ff., 3 Abb.

3541 *H. Brauer:* Giovan Angelo Canini als Landschaftszeichner. Friedländer, Walter, 429 ff.

Oberitalien, Venedig

3542 *O. Graf Trapp:* Das Grabdenkmal der Eltern des Paris Lodron. Stolz 665–670, 3 Abb. auf Taf. 36 u. 37. [Villa Lagarina/Trentino. Epitaph v. 1629 m. Gemälde.]

3543 *M. Monteverdi:* Un inedito di G. M. Crespi. Marangoni 275–276, 1 Abb.

3544 *L. Coletti:* Di Marc'Antonio Miozzi pittor vicentino. Mistrorigo 245–255.

3545 *G. Raimondi:* Il pittore Flaminio Torri detto Flaminio degli Ancinelli. Marangoni 260–266, 8 Abb.

3546 *K. Lanckorońska:* Nieznany obraz Piazetty na Wawelu (ein unbekanntes Gemälde von Piazetta auf dem Wawel). Pininski. [Königsburg in Warschau.]

3547 *K. Heincz:* Sebastiano Ricci ismeretlen festménye (ein unbekanntes Gemälde des Sebastiano Ricci). Gerevich I, 275–278, Abb. 225, 226.

3548 *N. Gabrielli:* Aggiunte a Sebastiano Ricci. Toesca 204–211, Taf. 235–239.

3549 *R. Pallucchini:* Giunte a Sebastiano Ricci. Toesca 212–215, Taf. 240–245.

3550 *E. Arslan:* Contributo a Sebastiano Ricci e ad Antonio Francesco Peruzzini. Suida 304 bis 311, 8 Abb.

3551 *A. Baudi di Verme:* Paralipomeni Tiepoleschi. Renier 309–329, 3 Taf.

3552 *J. B. Shaw:* Two drawings by Domenico Tiepolo. Winkler 340–345, 4 Abb.

3553 *H. Focillon:* Jean Dominique Tiépolo, graveur. Lemonnier 327–343.

3554 *A. Morassi:* Circa gli esordi del vedutismo di Francesco Guardi. Suida 338–352, 20 Abb.

3555 *W. G. Constable:* Four paintings by Antonio Canale in the Gymnasium zum Grauen Kloster, Berlin. Venturi, Vol. 2, 81 ff.

3556 *P. Stöcklein:* Architektonik eines Architekturbildes: Canalettos Venezianische Vedute. Kraft 10 S., 3 Abb. [Alte Pinak.]

3557 *H. Cordier:* Giuseppe Panzi, peintre italien à Peking. Picot, Bd 1.

3558 *N. G. Guastella:* Il pittore Bossi segretario dell' Academia di Belle Arti in Milano. Luzio, Bd 2, 45–64.

3559 *C. Ravaioli:* Gian Battista Costa pittore Riminese del secolo XVIII. Lucchesi 173 bis 181, 3 Abb.

SPANIEN

3560 *J. Puig i Cadafalch:* De la pintura romana a la romànica catalana. JERPHANION 636 bis 647, 5 Abb.

3561 *J. M. Lacarra:* El combate de Roldán y Ferragut y su representación gráfica en el siglo XII. MÉLIDA Y ALINARI, Bd 2, 321–338, 3 Abb.

3562 *W. W. S. Cook:* Spanish Franco – Gothic Stucco Altar Frontals. PANOFSKY 1960, 55–63, 10 Abb.

3563 *W. W. S. Cook:* An early Aragonese panel at Frankfurt am Main. CLEMEN 1926, 375–380, 4 Abb. [Vor 1350.]

3564 *P. Batlle i Huguet:* Ramon de Mur, pintor de Tarragona, mestre de Sant Jordi. RUBIO I LLUCH, Bd 2, 113–148, 35 Abb.

3565 *Ch. R. Post:* The Pedralbes Master. KINGSLEY PORTER, 311 ff. [Katalanischer Maler, 2. H. 15. Jh.]

3566 *J. Gudiol:* Una obra inedita del Maestro de Geria. SUIDA 106–109, 4 Abb. [Altar in Toledo, Ohio, E. 15. Jh.]

3567 *Ch. R. Post:* The paintings of Damià For-hment. PUIG I CADAFALCH, Bd 1, 213–223, 6 Taf. [Span. Bildhauer, Ende 15. Jh.]

3568 *P. Pujol i Tibau:* Notes i documents sobre la construcció de retaules en l'alt pais d'Urgell. RUBIO I LLUCH, Bd 2, 463–489. [15. u. 16. Jh.]

3569 *A. Pessoa:* O quadro dos SS. Cosme e Damiao do Museu Machado de Castro. MICHAËLIS DE VASCONCELLOS 271–280, 1 Abb. [Anf. 16. Jh.]

3570 *Ph. Schweinfurth:* Greco und die italokretische Schule. HEISENBERG 612–619, Taf. 14.

3571 *R. Palucchini:* New light upon El Greco's early career. TIETZE 25–34, 6 Abb. [Auch in Gazette des Beaux-Arts 1952, Jul./Aug., No. 1003.]

3572 *G. Jedlicka:* Grecos "El caballero de la mano al pecho". ERNST, 1 Abb.

3573 *J. Q. van Regteren Altena:* Ein frühes Skizzenblatt von El Greco. SWOBODA 245–247, 1 Abb.

3574 *G. Jedlicka:* Grecos „Begräbnis des Grafen Orgaz" in Santo Tomé in Toledo. HOWALD 192–207, 1 Abb.

3575 *W. W. S. Cook:* El Greco's Laocoon in the National-Gallery. FOCILLON 261–272, 12 Abb.

3576 *L. Gillet:* Les Immaculées Conceptions de Murillo. VIANEY 199–207.

3577 *H. Soehner:* Der Stand der Velazquez-Forschung. JANTZEN 1951, Schülerfestschr., Bd 2.

3578 *G. Paulsson:* Zur Deutung von Velazquez' Künstlertum. CORNELL 26 ff., 6 Abb.

3579 *W. Messerer:* Figur und Bildinhalt im Werk von Velasquez. SEDLMAYR.

3580 *H. Kehrer:* Köpfe des Velázquez. BONILLA 369–374.

3581 *G. Glück:* Velazquez' Bildnis der Infantin Margareta Theresia aus dem Jahre 1659. SCHLOSSER 1926, 209–212, Abb. 149 u. Taf. 23.

3582 *F. J. Sánchez Cantón:* La libreria de Velázquez. MENÉNDEZ PIDAL 1925, Bd 3, 379 bis 406.

3583 *G. Künstler:* Gedanken über „Las Meninas" und Velazquez. SWOBODA 141–158, 4 Abb.

3584 *P. Guinard:* Zurbaran et la « decouverte » de la peinture espagnole en France sous Louis-Philippe. MARTINENCHE 23–33.

3585 *J. de Entrambasaguas y Peña:* Algunos datos nuevos acerca de pintoros de cámera de los reyes de España. MÉLIDA Y ALINARI, Bd 2, 287–302. [16. u. 17. Jh.]

3586 *A. L. Mayer:* Ein Madonnenbild aus dem Kreis des Perre Serra. RUPPRECHT, Kronprinz v. Bayern, 1914, 28, 1 Abb. [Katalanischer Maler, 1363–99.]

3586a *G. Díaz Plaja:* Martí, admirador de Goya. ORTIZ – 1. 1955, 489–493.

3587 *M. Batllori:* L'abreujament italià del viatge artistic i arqueològic d'Antoni Ponç. PUIG I CADAFALCH, Bd 1, 269–290. [Um 1795.]

3588 *F. Nordström:* Goya's Portraits of the Four Temperaments. PANOFSKY 1960, 394–401, 6 Abb.

OSTEUROPA

3589 *L. Bréhier:* Les Icones dans l'histoire de l'art, Byzance et la Russie. USPENSKY 1932, 150–173, 7 Abb., Taf. XVII–XXII.

3590 *V. Lasareff:* La Methode de collaboration des maitres byzantins et russes. HOEG 75–90, 8 Abb.

3591 *O. Wulff:* Ein byzantinischer Ikonentypus in nordrussischer Nachbildung. USPENSKY 1932, 218–234, 3 Abb., Taf. XXX, XXXI.

3592 *M. Alpatov:* Eine abendländische Komposition in altrussischer Umbildung. HEISENBERG 623–626, Taf. 15. [Sitzende Hodegetria.]

3593 *J. Myslivec:* Počátky didaktických námetu v starém ruském malířstvi (Les origines des sujets didactiques dans l'ancienne peinture russe). MATEJCEK 117–127. [Ikonen um 1400.]

3594 *H. Židkov:* L'Icone du « Saveur à l'oeil courroucé », de la cathédrale de la Dormition, à Moscou. USPENSKY 1932, 174–194, 6 Abb., Taf. XXIII.

3595 *M. Alpatov:* L'Icone byzantine du Crucifiement, de la cathédrale de la Dormition à Moscou, et les emprunts faits à Byzance dans les icones russes. USPENSKY 1932, 195–212, 7 Abb., Taf. XXIV, XXV.

3596 *Th. Whittemore:* The Place of four ikons in the history of Russian art. USPENSKY 1932, 213–217, Taf. XXVI–XXIX.

3597 *N. Malickij:* Le Psautier byzantin à illustrations marginales du type Chludov est-il de provenance monastique. USPENSKY 1932, 235 bis 243, 3 Abb., Taf. XXXII–XXXV.

3598 *D. Ajnalov:* Trois Manuscrits du XIVe siècle à l'Exposition de l'ancienne Laure de la Trinité, à Sergiev, USPENSKY 1932, 244–252, 1 Abb., Taf. XXXVI, XXXVII.

3599 *A. I. Nekrasov:* Les Frontispices architecturaux dans les manuscrits russes avant l'époque de l'imprimerie. USPENSKY 1932, 253 bis 281, 15 Abb., Taf. XXXVIII, XXXIX.

3600 *H. V. Židkov:* Sur l'histoire de la peinture russe en XV siècle. GORODCOV 220–223.

3601 *O. Koseleff-Gordon:* Le Kashidyari de la Cathédrale de Sainte Sophie à Kiev. HAMANN 1954. [Ikone des 15./16. Jhdts m. Teufelsdarstellung.]

3602 *T. W. Arnold:* The pictorial art of the Jacobite and Nestorian Churches. HEISENBERG 595–597.

3603 *O. Demus:* Eine Anastasis-Ikone vom Balkan. STRZYGOWSKI 1932 I, 31–34, Abb. 16. [Anf. 15. Jh.]

3604 *V. R. Petković:* Un peintre serbe du XIVe siècle. DIEHL, CHARLES, Vol. 2, 133 ff., 3 Abb.

3605 *A. Grabar:* "Do-istorija" bolgarskoj ... (Die „Vorgeschichte" der bulgarischen Malerei. Archäologische Hypothese.) ZLARTARSKI, Abb.

3606 *A. Protič:* Les origines sassanides et byzantines de l'art bulgare. DIEHL, CHARLES, Vol. 2, 137 ff., 34 Abb.

3607 *A. Protitch:* Un modèle des maîtres bulgares du XVe et du XVIe siècle. KONDAKOV 101 ff., 9 Abb., Taf. 16–18.

3608 *I. D. Stefanescu:* Contribution à l'étude des icones de Roumanie. Jesus sur la croix. LAMPROS 328–336, 4 Abb.

3609 *M. Csánky:* Régi magyar szobrászrajzok (alte ungarische Bildhauerzeichnungen). GEREVICH I, 60–63, Abb. 52–65.

3610 *I. D. Stefanescu:* Les peintures du monastère de Dobravat. DIEHL, CHARLES, Vol. 2., 181 ff., 2 Abb.

3611 *V. K. Šilejko:* Is Lichačevskago sobranija (aus der Sammlung von Lichačev). UVAROVA 284 ff.

3612 *W. Molé:* Ein Problem der byzantinischen Kunstgeschichte in Polen. HEISENBERG 529–530. [Sogen. „ruthenische" Wandgemäldezyklen.]

3613 *M. Walicki:* Poliptyk olkuski i problem jego autorstwa. (Das Polyptychon in Olkusz und das Problem seiner Urheberschaft.) PININSKI.

3614 *J. Pešina:* Slohový vyvoj mistra litoměřického oltáře (Évolution du style du Maître de Litoměřice). MATEJCEK 138–145, Abb. 57. [Meister v. Leitmeritz, um 1500.]

3615 *J. Pavelka:* Karlšteinské malby (les peintures de Karlštejn). MATEJCEK 128–137. [1357 u. 1365.]

3616 *A. Bochnak:* „Opkakiwanie Chrystusa" – obraz w gkównym oktarzu kóscioka parafialnego w Bieczu (die Beweinung Christi, ein Gemälde auf dem Hauptaltar der Pfarrkirche zu Bentschen). PININSKI.

3617 *A. Matějček:* Das Votivbild des Ritters von Všechlapy. PEKAR. (In tschech. Spr.)

3618 *L. Lábek:* Výzdoba plzeňského kalendáře z r. 1604 od J. Willenbergra (die Illustrierung des Pilsener Kalenders von 1604 durch J. Willenberger). WIRTH, 95 ff.

3619 *J. Loriš:* Datováni kreseb Karla Škréty (Dates des dessins de Karel Škréta). MATEJCEK 188–191, Abb. 101–104. [Prag 1610–1674.]

3620 *M. Gebarowicz:* Młodość i pierwsze prace Jerzego Eleutera Szymonowicza-Siemiginowskiego (Jugend und erste Werke von Jerzy Eleutér Szymonowicz-Siemiginowski). BALZER.

3621 *V. Novotný:* Přispěvek k počátkum malířského dila Norberta Grunda (Contribution aux débuts du peintre Norbert Grund). MATEJCEK 192–199, Abb. 105–112. [Mitte 18. Jh.]

3622 *E. Sz. Lajta:* Schallhas Károly müvészetéröl (von der Kunst des Karl Schallhas). LYKA 497–506, 5 Abb.

3623 *J. Iwaszkiewicz:* Zagadkowe ... (Les vicissitudes d'un tableau de Bacciarelli). TOMKOWICZ 222–227.

19. UND 20. JAHRHUNDERT

ALLGEMEINES

3624 *H. Pleßner:* Zur Genesis moderner Malerei. ROTHACKER 411–419.

3625 *H. Cornell:* Naturalismens möjligheter. ROOSVAL 34 ff.

3626 *E. Höllinger:* A la recherche du paradis perdu ... JAHN, JOHANNES, 325–330, Abb. 182 bis 185. [Paradiesvorstellgn bei modernen Malern.]

3627 *R. Wankmüller-Freyh:* Das Denkbild. Grundsätzliche Überlegungen zur Kunst der letzten fünfzig Jahre. HAMANN 1954.

3628 *A. Wenzel:* Miszellen zum Problem der Qualität in der gegenstandsfreien Malerei. HAMANN 1954.

3629 *H. Ernst:* Malerei ohne Gegenstand. Einige Gedanken zur ungegenständlichen Malerei. JANTZEN 1951, Schülerfestschr., Bd 3.

3630 *W. Hoffmann:* Zur Interpretation eines abstrakten Gemäldes. JANTZEN 1951, Schülerfestschr., Bd 3.

DEUTSCHLAND

KLASSIZISMUS UND ROMANTIK

3631 *P. Ganz:* Heinrich Füßlis künstlerische Entwicklung. HUBER 280–306.

3632 *L. Pollak:* Aus den römischen Jahren Karl Ludwig Fernows. HELBIG 236–244.

3633 *H. Möbius:* Hyakinthos und Polyboia. SALIS 290–298, 2 Abb. [Gemälde v. J. Martin Wagner, 1804.]

3634 *H. Th. Musper:* Neues zu Schick. BAUM 233–239, Abb. 113–130.

3635 *F. Haack:* Die Deutschromantiker in der bildenden Kunst des 19. Jahrhunderts. LUITPOLD, Prinzregent v. Bayern, 1901, Bd 4, 271 bis 288.

3636 *P. F. Schmidt:* Carl Gustav Carus. DRESDEN, Kunstverein, 65 ff.

3637 *M. Prause:* Carl Gustav Carus und Caspar David Friedrich. JAHN, JOHANNES, 311–315, Abb. 173–176 u. Farbtaf. 9, 10.

3638 *H. Jedding:* Kompositionsprinzipien bei Caspar David Friedrich. ROSEMANN 225–241.

3639 *W. F. Sumowski:* Ein Beitrag zur Kenntnis der Rügenperiode Caspar David Friedrichs. HAMANN 1954.

3640 *K. Haberler:* Die Landschaft des Sehnens. STRZYGOWSKI 1932 I, 79–81, Abb. 52. [C. D. Friedrich: Zwei Männer in Betrachtg d. Mondes.]

3641 *O. Schmitt:* Caspar David Friedrich und die Klosterruine Eldena. SCHULTZE, VICTOR I, 167–192, 18 Abb., 1 Plan.

3642 *K. K. Eberlein:* Hartmann und Runge. CLEMENS 1926, 485–491, 2 Abb.

3643 *H. v. Maltzahn:* Ph. O. Runges erster Brief an Goethe. LEITZMANN 98–103.

3644 *K. D. Möller:* Joh. Daniel Runge, der Bruder des Malers Ph. O. Runge. NIRRNHEIM 179–237.

3645 *L. Grote:* Nürnberg! Du vormals weltberühmte Stadt! Xeller u. Kirchner – ihre romantischen Entdecker. HEISE 194–201, 4 Abb.

3646 *W. Deetjen:* Kügelgens Herder-Bildnis. Nach ungedruckten Briefen. HECKER 26–32, 1 Abb.

3647 *M. Braubach:* Briefe der Malerbrüder Kügelgen an den Bonner Kurator v. Spiegel (1792–1795). WAMPACH 178–190.

3648 *L. Fränkel:* Maler Müllers Auferstehung. GEIGER, LUDWIG, 75–100.

3649 *W. Frodl:* Eine Dienstreise des Erzherzogs Johann im Jahre 1804 und die dazugehörige Aquarellfolge. WEINGARTNER 19–24, 2 Taf. [Maler Johann Kniep.]

3650 *E. Redlefson:* Niclaes Peters, Hermanns Sohn. Ein Maler und Poetenschicksal des Klassizismus in Schleswig-Holstein. HASELOFF 145 bis 157, 8 Abb.

3651 *N. Gobom:* Gustaf Odencrant's E. T. A. Hoffmann-Samling i Linköpings Stifts- och landsbibliotek. GRAPE 262–279, 4 Abb. [Auch Zeichngn E. T. A. Hoffmanns.]

3652 *R. A. Zichner:* Karl August Freiherr von Klein, der Romantiker-Maler. NEEB 204–211. [1794–1870.]

3653 *F. A. Pietzsch:* Christian Philipp Koester, der Nestor der Heidelberger Maler der Romantik. LOHMEYER 223–228, 10 Abb. [1784–1851.]

3654 *K. K. Eberlein:* Johann Friedrich Böhmer und die Kunstwissenschaft der Nazarener. GOLDSCHMIDT 1923, 126–138.

3655 *A. F. Heine:* Die Fresken der Villa Massimo in Rom. Ihre geschichtliche Stellung. SCHUBRING, PAUL, 97–114, 7 Abb.

3656 *G. Bergsträßer:* Illustrationen von C. Ph. Fohr zu Fouqués Zauberring. JANTZEN 1951, Schülerfestschr., Bd 3.

3657 *F. Novotný:* Klassizismus und Klassizität im Werk Adalbert Stifters. Bei Betrachtung seiner späten Landschaftsbilder. SWOBODA.

3658 *Pr. Johann Georg zu Sachsen:* Gustav Heinrich Naecke [1785–1835]. Ein Beitr. zur Kenntnis d. frühen Nazarenerkunst. CLEMEN 1926, 466–470, 4 Abb.

3659 *L. Justi:* Overbecks Meisterwerk „Eins ist not". CLEMENS 1926, 471–476, 1 Taf.

3660 *H. v. Einem:* Ein unveröffentlichter Brief des Peter Cornelius aus Rom. WAETZOLDT 308–314, 1 Abb. [An Verleger Reimer.]

3661 *P. Kaufmann:* Maler Johann Martin Niederée aus Linz am Rhein 1830 bis 1853. SCHNEIDER 1906, 219–223, 3 Taf. [Beziehung zu Cornelius.]

3662 *E. Sudeck:* Zur Frage des Raumproblems in der „Bibel in Bildern" von Julius Schnorr von Carolsfeld, erörtert an der Sündflut-Darstellung. FRIEDLÄNDER, WALTER, 612 ff.

3663 *H. Eichler:* Reiseskizzen aus Münster von Johann Anton Ramboux. RENSING 287–294, Abb. 191–198. [1790–1866.]

3664 *V. A. Dirksen:* Zwei Landschaften Friedrich Nerlys. Aus dem Besitz Rumohrs im Museum Wuppertal. HEISE 214–222, 3 Abb.

3665 *K. K. Eberlein:* Adolf Senff und sein Thorvaldsen-Bildnis. KOETSCHAU 138–146, 2 Abb. [Karl Adolf S., 1785–1863.]

3666 *J. Meder:* Emanuel Peters akademische Jahre in Wien (1818–1821). BRAUN 198–201, 1 Abb. [Miniaturmaler, geb. 1799.]

3667 *E. H. Zimmermann:* Ein Bildnis der Herzogin Marie. ZIMMERMANN 1914, 298–300, 1 Abb. [F. H. Füger. Braunschweig.]

3668 *B. Grimschitz:* Ein unbekanntes Bildnis von Franz Gasser. EGGER, RUDOLF, 1952, Bd 3, 540–542, 1 Abb.

3669 *R. Hönigschmid:* Malíř Josef Führich v Moderní galerii. WIRTH 83 ff. [Prag.]

3670 *A. Dürr:* Ein halbvergessenes Werk von Schwind. SPRINGER 1885 I, 231–239, 2 Abb. [Entwürfe Hohenschwangau.]

3671 *A. Trost:* Ein unbekanntes Bild Moritz von Schwinds. WICKHOFF 171 ff.

3672 *A. Trost:* Briefe Moritz v. Schwinds. (Eine Nachlese.) GOMPERZ 485–499, 1 Abb. [An E. v. Bauernfeld u. E. v. Steinle.]

3673 *W. Vetter:* Die musikalischen Wesensbestandteile in der Kunst Moritz v. Schwinds. Zugl. e. Beitr. zur Deutung v. Schwinds Verhältnis zu Schubert. SEIFFERT 113–124, 2 Abb.

3674 *B. Lasch:* Schlachtkompositionen des jungen Alfred Rethel. KOETSCHAU 147–154, 4 Abb.

3675 *J. Ponten:* Unveröffentlichte Briefe Alfred Rethels an seine Braut Maria Grahl. CLEMEN 1926, 492–497, 3 Abb.

3675a *E. Neeb:* Zur Geschichte des Mainzer Gutenberg-Denkmals. GUTENBERG 1925, 331 bis 334. Doppeltaf. 33. [Trachtenzeichngn v. Ludwig Lindenschmit für Thorvaldsen. 1832.]

3676 *E. Holm:* Heinrich Theodor Wehle, ein vergessenes „treffliches" Genie. Zeichnungen von einer Kunstreise nach der kaukasischen Statthalterschaft im Jahre 1802. GERKE 105 bis 118.

3677 *H. B. Jessen:* Nordelbische Philhellenen [u. a. Landschaftsmaler Charles Ross]. GANDERT 68–77, Taf. 6.

VOM REALISMUS BIS ZUR GEGENWART

3678 *V.-M. Ruthenberg:* Carl Begas d. Ä. – Zeichnungen seiner Frau und Kinder. JUSTI 139–149, 15 Abb.

3679 *R. Sedlmaier:* J. Heinrich Hintzes Ansicht von Kiel und der Förde. HASELOFF 157–163, 1 Abb. [Um 1840.]

3680 *W. Kruse:* Ein Gruppenbild der Biedermeierzeit. KOETSCHAU 155–159, 3 Abb. [Joseph Winkelierer.]

3681 *Th. A. Schröter:* Friesenmaler Christian Carl Magnussen (1821–1896) aus Bredstedt. WIEBALCK 78–80.

3682 *E. Rein:* Beiträge zur Geschichte der deutschen Kunst des 19. Jahrhunderts (Privatbesitz in u. bei Eisleben). MEHLISS 1–17, 2 Abb. [Rayski u. Buchholz.]

3683 *J. Schmidt:* Verborgene Meister. Drei Maler aus Oberösterreich. VON HANDEL-MAZZETTI 95–102. [Alois Greil, Klemens Brosch, Matthias May.]

3684 *H. Jacobi:* Wilhelm Thiery als Homburger Hofzeichenmeister und Revolutionär. REIN, BERTHOLD, 1935, 142–164, 1 Abb. (Bildnis Thiery.)

3685 *L. Martius:* Charles Roß, Carl Rahl und die Kunsthalle in Kiel. HAUPT 1936, 129–144, 9 Abb.

3686 *P. O. Rave:* Blechens italienische Skizzenbücher. WAETZOLDT 315–326, 11 Abb.

3687 *K. Oettinger:* Zum Anfang des Realismus: Franz Götz. REDSLOB 154–160, 6 Abb.

3688 *W. v. Zur Westen:* Der junge Menzel als Gebrauchsgraphiker. ZOBELTITZ 220–243.

3689 *G. Kirstein:* Ein Bildnis Paul Heyses von Adolph Menzel. ZOBELTITZ 103–107, 3 Abb.

3690 *W. Schmidt:* Menzel und Watteau. JAHN, JOHANNES, 317–324, Abb. 177–181.

3691 *W. Schmidt:* Gedanken an Menzel in China. KURTH, WILLY.

3692 *K. Woermann:* Andreas und Oswald Achenbach. KOETSCHAU 160–170.

3693 *K. Lohmeyer:* Ein unbekanntes Bildnis Anselm Feuerbachs des Heidelberger Malers Jakob Goetzenberger. NEEB 217–222, 1 Taf.

3694 *H. Kramer:* Anselm Feuerbach und Joseph Victor von Scheffel. LOEHR.

3695 *C. Höfer:* Joseph Viktor Scheffels Feuerbachbriefe an den Großherzog Carl Alexander von Weimar. ZOBELTITZ 342–368.

3696 *W. Ueberwasser:* Böcklin – Feuerbach – Marées. BASEL, Kunstmus., 253 ff.

3697 *H. Wölfflin:* Der klassische Böcklin (Odysseus und Kalypso). BASEL, Kunstmus., 248 ff.

3698 *B. Croce:* La teoria dell'arte come pura visibilità. RENIER 259 ff. [Marées, Fiedler, Hildebrand.]

3699 *M. Lehrs:* Hans Thoma und Dresden. DRESDEN, Kunstverein, 113 ff.

3700 *F. Fries:* Ein unveröffentlichter Brief von Hans Thoma. KOETSCHAU 171–175, davon 4 S.

Faksim. [Über W. Schirmer u. d. Karlsruher Kunstschule.]

3701 *W. Steinhausen:* Flora Schöneckiensis. Mit e. Vorbemerkg v. Alfons Paquet. CLEMEN 1926, 498–502. [Tagebuchartige Aufzeichnungen von Steinhausen.]

3702 *F. Fichtner:* Robert Sterl. DRESDEN, Kunstverein, 127 ff.

3703 *K. Francke:* Ignaz Marcel Gaugengigl. Ein Münchener Maler in Neu-England. CLEMEN 1926, 503–507, 3 Abb. [Geb. 1855.]

3704 *P. Niemeyer:* Aus dem Leben Adelbert Niemeyers. RIEMERSCHMID 76–81. [1867–1932.]

3705 *E. Haenel:* Otto Gussmann und Sascha Schneider. DRESDEN, Kunstverein, 154 ff.

3706 *H. Seiler:* Drei Fischer. Zu einem Bilde von Carl v. Pidoll u. Hans v. Marées. WACKERNAGEL 1958, 208–211, 1 Abb. [Mus. Wuppertal.]

3707 *A. Wolters:* Ein Bildnis Victor Müllers von Wilhelm Leibl. SWARZENSKI 216–227, 5 Abb.

3708 *E. Ruhmer:* Karl Schuch in Olevano. WAETZOLDT 340–352, 5 Abb.

3709 *R. Dölling:* Lovis Corinths Salome im Museum der bildenden Künste zu Leipzig. GERKE 146–153.

3710 *H.-J. Imiela:* Max Slevogt: Das Bildnis des Sängers Francisco d'Andrade als Don Giovanni, 1902. GERKE 119–145.

3711 *H. Hesse-Frielinghaus:* Christian Rohlfs Soester Zeichnungen. RENSING 295–300, Abb. 199–204.

3712 *H. Schröter:* Einflüsse der alten Kunst in Emil Noldes frühen Werken. REDSLOB 321 bis 331, 13 Abb.

3713 *W. Ueberwasser:* Klees „Engel" und „Inseln". BAUCH 256–263, 4 Abb.

3714 *V. Künstler-Zednik:* Der Aufbau von Oskar Kokoschkas Bild „Wien vom Wilhelminenberg". STRZYGOWSKI 1932 I, 105–108, Abb. 60–62.

3715 *R. Belling:* Novembergruppe und Kunstpflege zur Zeit der Weimarer Republik. REDSLOB 169–171.

3716 *E. Roters:* Ernst Ludwig Kirchners Begriff der „Hieroglyphe" und die Bedeutung des graphischen Details. REDSLOB 332–346, 9 Abb.

3717 *H. Menz:* Briefe und Zeichnungen von Lyonel Feininger. JAHN, JOHANNES, 331–336, Fig. 76 (Faksim.), Abb. 186–189 u. Farbtaf. 11.

3718 *S. Taubert:* Der Buchillustrator Josef Hegenbarth. KLIEMANN 302–331, 15 Abb.

3719 *G. Schmidt:* Eine Vision des Rheingrabens im Jahre 1934 von Walter Kurt Wiemken (Basel 1907 – Castel San Pietro 1940). NOACK 159–161, 1 Taf.

3720 *F. Mahling:* Beethovens Missa Solemnis im Erlebnis eines deutschen Malers der Gegenwart. STEIN 33–47, 17 Kohlezeichngn. [Ewald Vetter.]

3721 *A. Im Hof:* Über die Rathausmalereien von Heinrich Altherr. OERI 280–292, 2 Abb. [In Basel.]

3722 *H. H. Kühnelt:* E. A. Poe und Alfred Kubin – zwei künstlerische Gestalter des Grauens. BRUNNER, KARL, 121–141, 4 Abb.

3723 *U. Apollonio:* Wols – Forma – Natura. VENTURI, Vol. 2, 247 ff.

3724 *H. Scherf:* Religiöse Bildkunst der Gegenwart. Zu den Emporengemälden von Conrad Felixmüller in der Kirche zu Tautenhain. VOLLMER, HANS (hist. art.), 263–277, 6 Abb.

3725 *M. Wenzel-Albrecht:* Versuch einer Wertung der letzten kirchlichen Werke Gustav Guldes (1906–1953). HAMANN 1954. [Malereien in der Kirche zu Bebra u. a.]

3726 *H. A. Halbey:* Der Zeichner Gunter Böhmer. GERKE 154–180. [Geb. 1911.] [Auch in: Imprimatur NF 2: 1960/61.]

3727 *Th. Delachaux:* Un artiste paysan du Pays d'Enhaut: J.-J. Hauswirth, 1808–1871. HOFFMANN-KRAYER 524–532, 2 Taf. [Berner Oberland. Scherenschnitte.]

NIEDERLANDE, BELGIEN

3728 *P. Fierens:* La Meuse dans la peinture belge du XIXe siècle. COURTOY, Bd 2, 991–1001. [Th. Fourmois, H. Boulenger, F. Rops.]

3729 *H. L. Prenen:* Karel de Nerée tot Babberich 1880–1909. VAN HEEK 135–140, 1 Abb. (Selbstbildnis).

3730 *C. Hofstede de Groot:* Isack Koedijck († 1868). FRIEDLÄNDER, MAX J., 1927, 181–190, 3 Abb.

3731 *P. Fierens:* Un carnet de dessins d'Henri Evenepoel. PUYVELDE 190 ff., 7 Abb. [1872 bis 1899.]

3732 *K. Binswanger:* Psychologische und psychiatrische Fragen zum Problem Van Gogh. JUNG 364–378.

3733 *H. Wilm:* Vincent van Goghs Ende. HAUSENSTEIN 1932, 94–100, 1 Taf.

3734 *H. L. C. Jaffé:* L'apport de Van Gogh à la critique d'art. VENTURI, Vol. 2, 131 ff.

3735 *K. T. Parker:* Van Gogh and Fénéon: A Conversation Piece. WINKLER 351–356, 3 Abb.

3736 *H. W. Bähr:* Zur Geistesart Vincent van Goghs. SPRANGER 1957 I, 359–369.

3737 *G. Knuttel:* De Beldende Kunsten in Nederland. WILHELMINA, Königin der Niederlande, 738–750, 9 Abb. [20. Jh.]

SKANDINAVIEN

3738 *A. Boeckström:* Gustav Silfverstråhle och hans teckningar. OLSSON 258–267, 11 Abb. [1748–1816.]

3739 *G. Selling:* Schablon och realitet i Pehr Hilleströms måleri. WALLIN 126 ff. [Maler und Teppichwirker, 1732–1816.]

3740 *S. Erixon:* Övergångsstilen i Dalamåleriet. UPMARK 54–55.

3741 *B. Cnattingius:* Pehr Hörbergs försök i gravyrkonsten. WALLIN 113 ff.

3742 *B. A. Mattisson:* Kring några porträtt i Skåne av Roslin och Wertmüller. WRANGEL 145–160, 7 Abb. [Briefe 1797–1802]

3743 *R. Bergström:* Fritz von Dardels folklivsbilder. UPMARK 64–65.

3744 *T. Hedberg:* Carl Larsson och Richard Bergh. SÖDERBERG 65–80.

3745 *H. Andersson:* Dekoreringen av absiden i Lunds domkyrka. WRANGEL 217–232, 6 Abb. [Mosaiken des dänischen Malers Joakim Skovgaard.]

3746 *Ch. Elling:* Møde [Begegnung] med Bødtcher. RUBOW 154–163, 6 Abb. [In Rom.]

3747 *M. Rydbeck:* Försvarslösa offer på sanavbetets altare. JOSEPHSON 234–327.

3748 *M. Bodelsen:* J. F. Willumsen i Paris. JOSEPHSON 242–295, 12 Abb.

ENGLAND UND USA

3749 *F. Balke:* Ein Kinderbildnis von Thomas Lawrence in der Österreichischen Galerie zu Wien. SCHMITT 275–290, 4 Abb.

3750 *P. Toynbee:* Chronological List, with notes, of Paintings and Drawings from Dante by Dante Gabriel Rossetti. REYNOLDS 135–166.

3751 *R. Neuhaus:* Der Idealismus von Frank Duveneck. HAMANN 1939, 89–93, Taf. 21, 22.

FRANKREICH

3752 *F. Courboin:* A propos du « Serment du Jeu de Paume ». GUIFFREY 281–285. [Jacques-Louis David.]

3753 *E. E. Uggla:* François Baudiot och hans kortvariga verksamhet i Sverige. HAHR 143 ff.

3754 *M. N. Benisovich:* Une autobiographie du peintre Louis Boilly. TIETZE 365–372, 2 Abb. [1761–1845.]

3755 *G. Pudelko:* Georges Michel. FRIEDLÄNDER, WALTER, 587 ff. [1763–1843.]

3756 *J. Alazard:* Ingres et la peinture murale. PUYVELDE 245 ff., 4 Abb.

3757 *A. Mongan:* Drawings by Ingres in the Winthrop Collection. FOCILLON 387–412, 23 Abb.

3758 *S. Sandström:* Två Delacroixstudier. JOSEPHSON 188–208, 11 Abb.

3759 *H. Fegers:* Delacroix und die Antike. SCHMITT 297–309.

3760 *H. Gillot:* Eugène Delacroix et l'Allemagne. LICHTENBERGER 319–344.

3761 *G. H. Hamilton:* Hamlet or Child Harold? Delacroix and Byron. FOCILLON 365 bis 386, 19 Abb.

3762 *G. H. Hamilton:* The iconographical origins of Delacroix's "Liberty leading the people". GREENE 55–66, Abb. 17–28.

3763 *A. Pauli:* Quellen zu einem Bilde von Delacroix. FRIEDLÄNDER, WALTER, 627 ff.

3764 *J. Laran:* Un portrait inédit par Chassériau. GUIFFREY 320–328, 1 Taf.

3765 *P. Jamot:* La suivante de Cléopâtre, fragment d'un tableau perdu de Théodore Chassériau. BERTAUX, 1 Abb.

3766 *Ch. C. Cunningham:* Some Still-lifes by Eugène Boudin. SUIDA 382–392, 9 Abb.

3767 *M. C. Ross:* A drawing by Célestin Nanteuil at the Walters Art Gallery, Baltimore, M. D. TIETZE 437–438. [Auch in Gazette des Beaux-Arts 1956, Bez., No. 1055.]

3768 *P. Fierens:* Le voyage de Corot en Belgique et aux Pays-Bas. TIETZE 35–40, 4 Abb. [Auch in Gazette des Beaux-Arts 1952, Sept., No. 1004.]

3769 *G. Haines:* Some relationships between British inductive logic and French impressionist painting. READ 1–29.

3770 *E. Starkie:* Coin de Table by H. Fantin-Latour. RUDLER 318–326, 1 Abb. [Dichterkreis 1872.]

3771 *H. Jantzen:* Edouard Manets « Bar aux Folies-Bergère ». SWARZENSKI 228–232, 1 Abb.

3772 *E. Tietze-Conrat:* What Degas learned from Mantegna. FOCILLON 413–420, 7 Abb.

3773 *D. Octobre:* Un aspect de Claude Monet. FOUGÈRES 135 ff.

3774 *G. Marchiori:* L'opera grafica di Toulouse Lautrec. VENTURI, Vol. 2, 125 ff.

3775 *L. Venturi:* The Art of Seurat. FOCILLON 421–430, 5 Abb.

3776 *G. Lilja:* Cézannes soenska genombrott. JOSEPHSON 296–312.

3777 *O. Melot:* A propos de deux portraits gravés par Louis Marcoussis. PUYVELDE 254 ff., 2 Abb.

3778 *M. Huggler:* Bemerkungen zum Werk von Juan Gris. BAUCH 245–255, 3 Abb.

ITALIEN

3779 *R. Paribeni:* Il pittore Giuseppe Angelelli. ROSELLINI 47–53, 5 Taf. [1803–1849.]

3780 *L. Servolini:* Un accademico antesignano della Pittura Nuova: Benedetto Servolini. VOLLMER, HANS (hist. art.), 183–215, 13 Taf. [1805–1879.]

3781 *C. Fano:* Il quadro di S. Francesco d'Assisi ... di Alfonso Chierici. CAMPANINI 29–40. [1816–1873.]

3782 *G. Nicodemi:* Quaranta lettere inedite di Cherubino Cornienti e Carlo Testori. VERGA 213–240, 14 Abb.

3783 *G. Perocco:* Guglielmo Ciardi. VENTURI, Vol. 2, 153 ff. [Geb. 1843.]

3784 *M. Pittaluga:* Opere di De Nittis. MA RANGONI 294–296, 6 Abb. [1846–1884.]

3785 *M. Pittaluga:* Cecioni e De Nittis. VENTURI, Vol. 2, 135 ff.

3786 *A. Nocentini:* Carlo Servolini, acquafortiste e litografo 1876–1948. GUTENBERG 1950, 351–354, 2 Abb.

3787 *V. Martinelli:* Modigliani e Laurens. VENTURI, Vol. 2, 205 ff.

3788 *G. Marchiori:* Vicenda di Birolli. MARANGONI 305–308, 4 Abb.

3789 *S. Branzi:* Emilio Vedova. VENTURI, Vol. 2, 239 ff.

SPANIEN, LATEINAMERIKA

3790 *F. Nemitz:* Francisco de Goya. HAUSENSTEIN 1952, 96–102.

3791 *J. L. Broeckx:* Beschouwingen rond Goya's "Koninklijke Familie van Karel IV" in het Prado. PUYVELDE 240 ff., 1 Abb.

3792 *G. Jedlicka:* Goyas "El Garrotillo". HAUSENSTEIN 1952, 209–214, 1 Taf.

3793 *E. Du Gué Trapier:* Goya's Portrait of Pedro Mocarte, Choir Singer in Toledo Cathedral. SUIDA 368–373, 5 Abb.

3794 *E. Cafuente Ferrari:* Las pruebas de estado de «Los Desastres de la guerra» en la Biblioteca Nacional. MÉLIDA Y ALINARI, Bd 2, 787–407, 4 Abb.

3795 *F. G. Camino y Aguirra:* Nuevos datos para la biografia del pintor Don José de Madrago. ARTIGAS, Bd 2, 538–550. [1780–1853.]

3796 *A. Neumeyer:* Clemente Orozco. 1883 bis 1949. HEISE 223–241, 4 Abb.

3797 *J. W. v. Moltke:* Problematik der modernen Malerei in Süd-Afrika. JANTZEN 1951, Schülerfestschr., Bd 3.

UNGARN

3798 *B. Biró:* Magyar müvészek Olaszországban a 19. század elsö felében (ungarische Künstler in Italien in der 1. Hälfte des 19. Jahrhunderts). LYKA 531–554, 6 Abb.

3799 *J. Kopp:* Markó Károly ismeretlen levelei (unbekannte Briefe des Karl Markó). GEREVICH I, 210–225, Abb. 179–183. [1791–1860.]

3800 *M. B. Bakay:* Györgyi Alajos ismeretlen festményei (unbekannte Gemälde des Alois Györgyi). GEREVICH I, 226–228, Abb. 184–185. [1821–1863.]

3801 *D. Rózsaffy:* Az igazi Munkácsy (le vrai Munkácsy). PETROVICS 123–132, Abb. 142–147. Zusammenfassg in französ. Spr. 221–227.

3802 *L. Végvári:* Munkácsy Tépéscsinálókja (die Charpiezupferinnen von Munkácty). LYKA 291–320, 14 Abb.

3803 *Z. Farkas:* Munkácsy és Sedelmeyer (Munkácsy und Charles Sedelmeyer). LYKA 607–612.

3804 *D. Radocsay:* Adatok Kelety Gusztáv müvészetéhez (Belege zur Kunst des Gustav Kelety). GEREVICH I, 229–240, Abb. 186–192. [1834–1902.]

3805 *I. Berkovits:* Zichy Mihály és az orosz müvészet (Michael Zichy und die russische Kunst). LYKA 237–290, 34 Abb. [1827–1906.]

3806 *E. Ybl:* Szinyei Merse Pál rajzai (die Zeichnungen des Paul von Szinyei Merse). LYKA 321–374, 32 Abb. [1845–1920.]

3807 *Z. Soltész:* Hollósy Simon leveleiböl (aus den Briefen des Simon Hollósy). LYKA 613–631. [1857–1918.]

3808 *D. Radocsay:* Thorma János 1870–1937. LYKA 391–422, 8 Abb.

3809 *L. Bényi:* Rudnay Gyula (geb. 1878). LYKA 457–486, 12 Abb.

3810 *N. Aradi:* Nagybánya értékeléséröl (zur Bewertung von Nagybánya). LYKA 423–434. [Künstlerkolonie.]

3811 *L. Boreczky:* Derkovits Gyula festésmódja (die Malweise des Gyula Derkovitsch). LYKA 435–456, 8 Abb. [1894–1934.]

3812 *V. Lányi:* Festöink az 1896. évi millenáris kiállitáson (unsere Maler auf der Jahrtausendausstellung 1896). LYKA 375–389.

Osteuropa

3813 *M. Brensztejn:* Dwa Nieznane ... (deux portraits inconnus dûs au pinceau de Joseph Peszka). Tomkowicz 220–221, 2 Taf. [Krakau, 1767–1831.]

3814 *J. Čadík:* Maxmiliána Pirnera ilustrace k německým klasikum (Maximilian Pirners Illustrationen zu deutschen Klassikern). Wirth 199 ff.

3815 *V. Volavka:* Josef Navrátil – kreslíř (Josef Navrátil – dessinateur). Matejcek 205–207, Abb. 113–119.

3816 *L. Réau:* Un peintre romantique russe: Alexandre Ivanov. Mazon 227–236. [1806 bis 1858.]

3817 *V. Vătăşianu:* Ein Bild von Stephan Belindeanu. Strzygowski 1932 I, 175–178, Abb. 15. [Rumän. Dorfmaler, † 1875.]

3818 *F. Táborský:* Několik let s Hanušem Schwaigrem (einige Jahre mit Hans Schwaiger). Madl 249 ff. [1854–1912, Prag.]

3819 *F. Žákavec:* K věrnému přátelstoí Hynaise s Myslbekem (zur treuen Freundschaft Hynais' mit Myslbek). Madl 209 ff. [Vojtěch Hynais, tschech. Maler, geb. 1854, Wien.]

3820 *J. Dani:* Adatok Szathmári Pap Károly gyermekkoráról és diákéveiröl (Kindheit und Studienzeit des Szathmári Pap Károly). Kelemen 198–206.

3821 *M. Stahuljak:* Zagrebacka risarska škola i njezini prvi učitelji. (Zusammenfassung.) Die Zagreber Zeichenschule und ihre Lehrer (1781 bis 1821). Tkalcic 147 ff.

3822 *V. Šleev:* Idei druzb'i narodov v obščestvenno-chudozestvennoj dejatel'nosti G. Z. Bašindzagjana. Vollmer, Hans, (hist. art.) 159 bis 177, 2 Taf. [1857–1925.]

3823 *J. Polák:* Činnost umělecké druziny Josefa Navrátila v Zákupeck a Ploskovicích (die künstlerische Tätigkeit der Schüler von Josef Navrátil in Zákupi und Ploskovic). Wirth 112 ff.

3824 *K. Novotný:* Praha v díle Ant. Slavíčka (Prag im Werk des Ant. Slaviček). Wirth 87 ff.

3825 *A. Matějček:* Chitussi jako malír zátiší (Chittussi als Stillebenmaler). Wirth 195 ff.

3826 *A. Matějček:* Josef a Guido Mánesové v knize umělecké společnosti v kavárně Lorencově (Josef und Guido Mánes in dem Buch der Künstlergesellschaft des Kaffeehauses Lorenz). Madl 179 ff.

3827 *L. v. Wilckens:* Kandinsky und die Inkunabeln der abstrakten Malerei. Jantzen 1951, Schülerfestschr., Bd 3.

3828 *G. Henninger:* Die Auflösung des Gegenständlichen und der Funktionswandel der malerischen Elemente im Werke Kandinskys 1908 bis 1914. Redslob 347–356, 7 Abb.

I. BESONDERE GATTUNGEN DER MALEREI UND GRAPHIK

Buchmalerei

3829 *C. Nordenfalk:* The Beginning of Book Decoration. Swarzenski 9–20, 11 Abb.

3830 *L. Santifaller:* Über illuminierte Urkunden. Frey 1943, 218–233, 11 Abb.

3831 *A. Dold:* Beachtenswerte Fragmente alter Sakramentare und Missalien. Mohlberg, Bd 2, 267–293, 2 Taf.

3832 *F. Redenbacher:* Einzelbild und Zyklus in der Bibelillustration des frühen Mittelalters. Tiemann 110–118, 4 Abb.

In Bibliotheken, Museen und Sammlungen

3833 *E. Hoffmann:* A régi osztrák müveszet egy ismeretlen fontos emlékéröl (ein unbekanntes wichtiges Denkmal der altösterreichischen Kunst). Petrovics 39–51, Abb. 86–99, In dt. Spr., S. 170–183. [Biblia pauperum im Mus. d. Bild. Künste, Budapest.]

3834 *E. Trenkler:* Ein unbekanntes „livre d'heures" der Österreichischen Nationalbibliothek. Bick, 2 Abb.

3835 *H. Menhardt:* Die altdeutschen Ambrosiani der Österr. Nationalbibliothek. Stummvoll/Kisser/Trenkler, 56 ff.

3836 *G.-B. Siragusa:* Di un' importante miniatura del codice 120 della biblioteca civica di Berna. Salinas.

3837 *Ch. Vischer:* Die Stammbücher der Universitätsbibliothek Basel. Ein beschreibendes Verzeichnis. Schwarber 247–264.

3838 *L. Altermatt:* Die von Staalsche Historienbibel der Zentralbibliothek Solothurn. Schwarber 35–71, 2 Taf.

3839 *A. Roulin:* La Bible Porta. Gilliard 180–186, 2 Taf. [Lausanne, 337 enluminures. 13. Jh.]

3840 *G. Graf Vitzthum:* Eine Miniaturhandschrift aus Weigelschem Besitz. Schmarsow 61–72.

3841 *E. Huber:* Die Donaueschinger Handschrift 335. Ein Beitr. zum Werk des Jean Colombe. Fürstenberg 1956, 174–185, 6 Abb. [Livre d'heures, 1480–90.]

3842 *J. Eschweiler:* Illustrationen zu altlateinischen Texten im Stuttgarter Bilderpsalter. DOLD 49–51, 1 Farbtaf.

3843 *A. Bömer:* Ein gotisches Prachtmissale Utrechtscher Herkunft in der Universitäts-Bibliothek Münster. DEGERING 29–41, Taf. 3, 4.

3844 *H. Degering:* Das Prümer Evangeliar (Ms. lat. theol. Fol. 733) in Berlin. HARNACK III, 132–148, Taf. 6–9. [Kreis d. Schule v. Tours.]

3845 *J. Kirchner:* Das Staveloter Evangeliar der Preußischen Staatsbibliothek. DEGERING 160–171, Taf. 10.

3846 *S. Larsen:* To danske Palaeotyper trykte i Paris. COLLIJN 182–197, 15 Abb.

3847 *A. W. Byvanck:* Le problème du Psautier de Paris. VOGELSANG 31–56, 9 Abb. [Bibl. Nat. ms. gr. 139.]

3848 *P. Toesca:* Le miniature dell « Entrée de Spagne » della Biblioteca Marciana (cod. fr. XXI). RENIER 747–753, 3 Taf. [14. Jh.]

3849 *E. F. Bange:* Eine unvollendete bayerische Bilderhandschrift des 12. Jahrhunderts im Berliner Kupferstichkabinett. GOLDSCHMIDT 1923, 25–33, Taf. 3, 4.

3850 *J. Sauer:* Der illustrierte griechische Physiologus der Ambrosiana. SCHULTZE, VICTOR, 1921, 428–441.

3851 *R. Bianchi Bandinelli:* Virgilio Vaticanus 3225 e Iliade Ambrosiana. BYVANCK I, 225–240, 3 Abb. [2 ill. Hss.]

3852 *G. Galbiati:* Di due manoscritti miniati della Biblioteca Ambrosiana. PUYVELDE 259 ff., 3 Abb.

3853 *A. de Marchi:* Vesti, armi, riti, costumi nel codice omerico illustrato dell'Ambrosiana. CERIANI, 53 Abb.

3854 *K. Weitzmann:* Observations on the Milan Iliad. BYVANCK I, 241–264, 12 Abb.

3855 *M. Avery:* A Manuscript from Troia: Naples VI B 2. KINGSLEY PORTER, 153 ff.

3856 *Ch. Niver:* The Psalter in the British Museum, Harley 2904. KINGSLEY PORTER, 667 ff.

3857 *F. Wormald:* The Sherborne "Chartulary". SAXL 101–119. [Brit. Mus. Ms 12. Jh.]

3858 *E. H. Minns:* J. L. M. MYRES 192 ff., 1 Taf. [Bury Saint Edmunds Gospels XIIth Century, Cambridge, Pembroke College, Ms 120.]

3859 *A. Boutemy:* Les Évangiles de Dinant. (Manchester, John Rylands Library, Ms Latin n. II.) COURTOY, Bd 1, 335–353, 3 Taf.

3860 *O. Kurz:* A Coptic Miniature at Leiden. BYVANCK I, 265–270, 1 Abb.

3861 *W. Söderhjelm:* Un manuscrit du Roman de la Rose à la Bibliothèque royale de Stockholm. COLLIJN 75–90, 1 Taf.

3862 *K. Wilhelm:* En illuminerad hebreisk Maimonides – handskrift i, Stockholm. JOSEPHSON 54–58, 1 Abb.

3863 *Wl. Podlacha:* Miniatury tynieckich ksiąg liturgicznych w Bibliotece Uniwersyteckiej we Lwowie (die Miniaturen der noch vorhandenen liturgischen Bücher in der Lemberger Universitäts-Bibliothek). ORZECHOWICZ 1916.

3864 *A. Priest:* An Illuminated Buddhist Scroll in the Metropolitan Museum of Art. GREENE 122–128, Abb. 78–81. [Vimalakirti Sutra. 12. Jh.]

3865 *D. E. Miner:* The "Monastic" Psalter of the Walters Art Gallery. FRIEND 232–253, 23 Abb.

BYZANZ, ARMENIEN

3866 *J. Weitzmann-Fiedler:* Ein Evangelientyp mit Aposteln als Begleitfiguren. GOLDSCHMIDT 1935, 30–34, 8 Abb.

3867 *J. J. Tikkanen:* Die byzantinische Buchmalerei der ersten nachikonoklastischen Zeit mit besonderer Rücksicht auf die Farbengebung. SCHLOSSER 1927, 70–81, Abb. 10–22.

3868 *O. Pächt:* Ephraimillustration, Haggadah und Wiener Genesis. SWOBODA 213–221, 7 Abb.

3869 *O. Smital:* Zur Provenienzgeschichte der Wiener Genesis. OTTENTHAL 335–341.

3870 *R. Bianchi-Bandinelli:* La Composizione del diluvio nella Genesi di Vienna. CURTIUS, LUDWIG, 1955–56, Tl 2, 66–77, Taf. 30–33.

3871 *A. Baumstark:* Bild und Liturgie in antiochenischem Evangelienbuchschmuck des 6. Jahrhunderts. (Die Heimat des Codex purpureus Rossanensis im Lichte der Literaturgeschichte.) JOHANN GEORG V. SACHSEN 233–252, 1 Abb.

3872 *A. Baumstark:* Konstantiniana aus syrischer Kunst und Liturgie. DE WAAL I, 217–254, Taf. 7–9.

3873 *K. Weitzmann:* Islamische und koptische Einflüsse in einer Sinai-Handschrift des Johannes Klimakus. KÜHNEL 297–316, 19 Abb.

3874 *H. Lietzmann:* Zur Datierung der Josuarolle. DEGERING 181–185, Taf. 13.

3875 *B. Bischoff u. W. Koehler:* Eine illustrierte Ausgabe der spätantiken Ravennater Annalen. KINGSLEY PORTER 125 ff.

3876 *K. Weitzmann:* The Constantinopolitan Lectionary, Morgan 639. GREENE 358–373, Abb. 290–330.

3877 *S. Der Nersessian:* The Illustrations of the Metaphrastian Menologium. FRIEND 222 bis 231, 9 Abb.

3878 *E. T. De Wald:* A fragment of a tenth-century byzantine psalter in the Vatican Library. KINGSLEY PORTER 139 ff.

3879 *A. Heisenberg:* Über den Ursprung der illustrierten Chronik des Konstantinos Manasses. WOLTERS 81–100, 11 Abb. [Ausführl. zu Kronen-Darstellgn.]

3880 *A. Muñoz:* Miniature Bizantine nella Biblioteca Queriniana di Brescia. CERIANI, 2 Abb.

3881 *K. Weitzmann:* Observations on the Cotton Genesis Fragments. FRIEND 112–131, 25 Abb.

3882 *J. W. Basore:* The Scenic Value of the Miniatures in the Manuscripts of Terence. GILDERSLEEVE 273–285.

3883 *N. Beljaev:* Miniatures d'un manuscrit grec daté du XIIIe siècle. BIDLO 100–106, 3 Abb.

3884 *P. W. Skehan:* An Illuminated Gospel Book in Ethiopic. GREENE 350–357, Abb. 265 bis 289. [Um 1400.]

3885 *Comte A. de Laborde:* Un manuscrit de Marianus Taccola, revenue de Constantinople. SCHLUMBERGER, Bd 2, 494–505, Abb. 97–100. [15. Jh. Darst. militär. Anlagen.]

3886 *S. Der Nersessian:* Western Iconographic Themes in Armenian Manuscripts. FOCILLON 71–94, 7 Abb.

3887 *F. Macler:* Arménie et Crimée, notice de manuscrits. USPENSKIJ 347–376.

3888 *J. Květ:* Iluminátoři královny Rejčky (die Illustratoren der Königin Rejčka). MADL 61 ff.

3889 *S. Der Nersessian:* An Armenian Lectionary of the Fourteenth Century. GREENE 231 bis 237, Abb. 179–185.

KAROLINGISCH

3890 *W. Köhler:* Turonische Handschriften aus der Zeit Alkuins. DEGERING 172–180, Taf. 11, 12.

3891 *E. H. Kantorowicz:* The Carolingian King in the Bible of San Paolo fuori le Mura. FRIEND 287–300, 3 Abb.

3892 *A. Boeckler:* Zwei St. Galler Fragmente. JANTZEN 37–44, 11 Abb. [Schule v. Reims u. Corbie.]

3893 *E. T. De Wald:* A St.Gall manuscript at Einsiedeln. CLEMEN 1926, 273–276, 8 Abb.

3894 *O. Homburger:* Die Widmungsseite von Bernos „Tonarius", ein unbekanntes Einzelblatt der „Liuthargruppe". SCHMITT 43–50, 3 Abb. [Reichenau.]

3895 *M. Imdahl:* Die Miniaturen des karolingischen Malers Liuthard. Farbgebung, Malweise, Komposition. WACKERNAGEL 1955, 1–40, 9 Abb. im Text.

3896 *H. Degering:* Handschriften aus Echternach und Orval in Paris. MILKAU 48–85. [Mit Übersichtstaf. alter u. neuer Signaturen.]

3897 *G. J. Hoogewerff:* Boekverluchting in Lotharingen gedurende de 9. en 10. Eeuw. BYVANCK I, 281–297, 4 Abb.

3898 *A. Boeckler:* Das Erhardbild im Utacodex. GREENE 219–230, Abb. 170–178. [Staatsbibl. München.]

3899 *W. Köhler:* Die Tradition der Adagruppe und die Anfänge des ottonischen Stiles in der Buchmalerei. CLEMEN 1926, 255–272, 7 Abb.

3900 *A. Boeckler:* Beiträge zur romanischen Kölner Buchmalerei. DEGERING 15–28, Taf. 2.

DEUTSCHLAND

3901 *L. H. Heydenreich:* Eine illustrierte Martianus Capella-Handschrift des Mittelalters und ihre Kopien im Zeitalter des Frühhumanismus. KAUFFMANN 59–66, 12 Abb. [Thema d. Freien Künste.]

3902 *O. Homburger:* Über zwei deutsche Bilderhandschriften des 13. Jahrhunderts. MEYER, ERICH.

3903 *H. Fillitz:* Ein Gebetbuch Kaiser Ferdinands II. LOEHR.

3904 *K. Oettinger:* Der Illuminator Erzherzog Ernsts des Eisernen. GOLDSCHMIDT 1935, 57 bis 63, 13 Abb.

3905 *H. M. Gollob:* Der Künstler des Titelblattes aus dem Wiener Heiligtumbuche vom Jahre 1514. NEUWIRTH 71–79, 3 Abb.

3906 *H. Menhardt:* Die Bilder der Millstätter Genesis und ihre Verwandten. EGGER, RUDOLF, 1952, Bd 3, 248–371, 12 Abb.

3907 *F. Leonhard:* Eine Biblia memorativa in Innsbruck. HAMMER 149–158, 5 Abb. und Taf. 34, 35.

3908 *L. Santifaller:* Das Kalendarium der Pfarrkirche von Sillian aus dem Ende des 15. Jh. WOPFNER 1947/48, Bd 1, 199–219. [Tirol.]

3909 *F. Unterkircher:* Namen, die noch nicht im Thieme-Becker stehen. WEINGARTNER 181 bis 192, 6 Abb. [Buchmaler 15.–18. Jh., u. a. Ambraser Heldenbuch.]

3910 *O. Demus:* Salzburg, Venedig und Aquileja. SWOBODA 75–82, 12 Abb.

3911 *E. Steingräber:* Wiedergefundene Blätter aus illuminierten Liturgischen Handschriften für das Münchener Angerkloster. JANTZEN 1951, Schülerfestschr., Bd 1.

3912 *H. Buchheit:* Beiträge zur Miniaturmalerei in München. RUPPRECHT, Kronprinz v. Bayern 1914, 165 ff., 2 Taf.

3913 *E. Rosenthal:* Eine neuaufgefundene Arbeit Berthold Furtmeyrs. LEIDINGER 213 bis 217, Taf. 26.

3914 *E. Lutze:* Eine Augsburger Bilderhandschrift aus dem Besitz des Sebastian Schertlin von Burtenach. (Ms 1620 d. UB Erlangen.) STOLLREITHER 147–156, 6 Abb. [Um 1570. Festwiese.]

3915 *A. Boeckler:* Unerkannte Weingartner Bildhandschriften. GOLDSCHMIDT 1935, 35–39, 4 Abb.

3916 *G. Lill:* Das Willkommbuch des Grafen Markus Fugger d. J. zu Kirchheim. GRAUERT 260–283.

3917 *L. Grote:* Anton Kress als Mäzen. SUIDA 154–170, 18 Abb. [Kress-Missale von 1507–13.]

3918 *L. Rothenfelder:* Das Stammbuch des Ulrich Reutter (Hs. d. Germ. Mus.). HAMPE 131–170, 13 Abb. [1582–1617, reich ill.]

3919 *J. A. Endres und A. Ebner:* Ein Königsgebetbuch des 11. Jahrhunderts (Pommersfelden Nr. 2940). DE WAAL 1897, 296–307, 2 Abb.

3920 *A. Stange:* Beiträge zur Kaisheimer Buchmalerei. LEIDINGER 277–281, Taf. 31–33.

3921 *A. A. Schmid:* Das Gebetbuch des Abtes Jost Necker von Salem. BAUM 138–146, Abb. 66–72. [Niklaus Glockendon.]

3922 *O. Homburger:* Das Freiburger Einzelblatt – der Rest eines Musterbuches der Stauferzeit? NOACK 17–23, 4 Abb.

3923 *B. Grießer:* Schreibstube und Bibliothek des Klosters Heilsbronn unter Abt Heinrich von Hirschlach (1282–1317). MÜLLER, GREGOR, 37–49.

3924 *W. Cohn:* Eine unbekannte oberrheinische Miniatur des „Weichen Stils". WINKLER 95–99, 1 Abb.

3925 *H. Koegler:* Wechselbeziehungen zwischen dem Basler und Pariser Buchschmuck in der ersten Hälfte des 16. Jahrhunderts. BASEL, Kunstmus., 159 ff.

3926 *W. Kisky:* Bemalte rheinische Urkunden. CLEMEN 1936, 146–156, 16 Abb.

3927 *R. Kautzsch:* Notiz über einige elsässische bilderhandschriften aus dem ersten viertel des 15. jahrhunderts. SIEVERS 1896.

3928 *H. Wegener:* Das Gebetbuch der Johanna von Bocholt. BÖMER 228–232, 1 Taf.

3929 *R. B. Green:* The Adam and Eve Cycle in the Hortus Deliciarum. FRIEND 340–347, 16 Abb.

3930 *J. Ficker:* Hortulus animae. LOUBIER 59–68, 2 Abb. [Wittenberger Hortulus d. Georg Rhaw v. 1548.]

3931 *M. Grabmann:* Der „Liber de divina sapientia" des Jakob von Lilienstein O. Pr. Eine ungedruckte theolog. Summe a. d. Beginn d. 16. Jh. SCHLECHT 124–140. [Mit Anweisgn f. nicht ausgeführte Illumin.]

3932 *R. Wischnitzer-Bernstein:* Der Streiter des Herrn (eine Miniatur des Leipziger Machsor). GASTER 539–541. [2. H. 15. Jh.]

3933 *A. Boeckler:* Corveyer Buchmalerei unter Einwirkung Wibalds von Stablo. BÖMER 133 bis 147, 7 Abb.

NIEDERLANDE UND FRANKREICH

3934 *A. W. Byvanck:* Miniaturen in Noord- en Zuid-Nederlandsche Handschriften. VERMEYLEN, 4 Abb.

3935 *A. W. Byvanck:* La miniature dans les anciens Pays-Bas pendant la première moitié du XVe siècle. HULIN DE LOO 74–80, Taf. 11.

3936 *O. Wieselgren:* Två i Kungl. biblioteket befintliga miniatyrhandskrifter ur den Gent-Brüggeska skolan. COLLIJN 91–101, 6 Taf.

3937 *J.-M. de Smet:* Aantekeningen over Lambert van Sint-Bertijns, Lambert van Sint Omaars en Petrus Pictor in verband met Liber floridus. VAN DER ESSEN 229–243. [11. Jh.]

3938 *A. Péter:* A "Très riches heures" tájképei (die Landschaften der „Très riches heures"). GEREVICH I, 248–259, Abb. 197–211.

3939 *E. Panofsky:* Reintegration of a Book of Hours executed in the workshop of the "Maître des Grandes Heures de Rohan". KINGSLEY PORTER 479 ff.

3940 *A. Heimann:* Jean de Bruges und die beiden ersten Widmungsblätter im Brüsseler Stundenbuch des Duc de Berry. FRIEDLÄNDER, WALTER, 132 ff.

3941 *F. Lyna:* Un livre de prières inconnu de Philippe le Hardi (Bruxelles, ms. 11035–37). HULIN DE LOO 249–259, Taf. 32.

3942 *H. Bober:* The Cleveland "Crucifixion". ROGGEN 35–45, 5 Abb. [Miniatur, Flandern, Ende 14. Jh.]

3943 *M. Meertens:* Een merkwardig Latijnsch-Middelnederlandsch Getijdenbook. DE MEYER, ALBERT, 722–736, 2 Abb. [1. Viertel 15. Jh.; Löwen Bibl. Nr. G 6.]

3944 *F. Lyna:* Een weinig bekend 15de-Eeuws verlucht handschrift uit Rookloster. BYVANCK I, 299–303, 1 Abb.

3945 *F. Desonay:* Une oeuvre fort peu connue de "Maître de Wavrin". VERMEYLEN, 3 Abb.

3946 *A. Goldschmidt:* Der Zeichner des Jean de Waurin. ROOSVAL 51 ff.

3947 *L. M. J. Delaissé:* Les « Chroniques de Hainaut » et l'atelier de Jean Wauquelin à Mons, dans l'histoire de la miniature flamande. PANOFSKY 21–56, 13 Abb. Zusammenfassg in niederländ. Spr.

3948 *Comte P. Durrieu:* Quelques manuscrits à peintures de style ganto-brugeois ayant des attaches avec l'Espagne. BERTAUX.

3949 *P. Durrieu:* L'origine du manuscrit célèbre dit le Psautier d'Utrecht. HAVET 639–657, 2 Taf.

3950 *E. Monaci:* Un rotolo miniato d'arte francese a Velletri. CHATELAIN 440–441.

3951 *V. Leroquais:* Les evangiles de Jouarre (un manuscrit inconnu de l'école franco-saxonne). MERCATI, GIOVANNI, Bd 5, 234–257, 4 Taf.

3952 *H. Swarzenski:* Zwei Zeichnungen der Martinslegende aus Tournai. GOLDSCHMIDT 1935, 40–42, 2 Abb.

3953 *F. Lyna:* Trois fragments d'une bible du XIIIe siècle. PUYVELDE 45 ff., 2 Abb.

3954 *R. Ehwald:* Über eine französische Missalhandschrift des 14. Jahrhunderts. SCHWENKE 65–75, Taf. 5, 6. [Gotha.]

3955 *L. Mirot:* Deux livres de raison parisiens du XVIe siècle. MARTROYE 355 ff.

3956 *Comte P. Durrieu:* Une suite de dessins de Geoffroy le Batave (circa 1516). GUIFFREY 25–39, 2 Taf.

3957 *H. J. Hermann:* Ein unbekanntes Gebetbuch von Jean Bourdichon. WICKHOFF 46 ff.

3958 *M. Holban:* Autour du Livre d'Heures de Marguerite de Valois. PARVAN, 1 Abb.

3959 *Ph. A. Becker:* Adenet le roi und seine Gönner. APPEL 28–29. [Miniatur zu Chlomadès.]

3960 *F. Lehoux:* Un manuscript de l'école de Rouen, décoré par Jean Serpin et Robert Boyvin pour le cardinal Georges Ier d'Amboise. GRAT, Bd 2, 3 Abb.

3961 *A. Nelson:* Richard de Bury och Thomas a Kempis. COLLIJN.

3962 *J. Cibulka:* Iluminatoři rukopisu Velkých Kronik Francie (les enluminateurs des Grandes Chroniques de France). KONDAKOV 237 ff., 7 Abb., Taf. 21. [Paris, Bibliothèque Nationale, Ms. Fr. 2813. Résumé français.]

ENGLAND UND IRLAND

3963 *A. M. Friend jr.:* The Canon Tables of the Book of Kells. KINGSLEY PORTER 611 ff.

3964 *C. Nordenfalk:* Eastern Style Elements in the Book of Lindisfarne. BLINKENBERG 157 bis 169, 15 Abb.

3965 *H. Swarzenski:* Der Stil der Bibel Carilefs von Durham. Ein Beitr. zu den Beziehungen zw. England u. dem Kontinent. SCHMITT 89 bis 95, 10 Abb.

3966 *A. Heimann:* The Six Days of Creation in a twelfth century manuscript. SAXL 1937/38. 269–275, Taf. 37–39.

3967 *E. Trenkler:* A newly discoverd Book of Hours by the Master of the Duke of Bedford. TIETZE 201–208, 3 Abb. [Ambraser Sammlung.] [Auch in Gazette des Beaux-Arts 1954, Jan., No. 1020.]

3968 *E. G. Millar:* Fresh Materials for the Study of English Illumination. GREENE 286 bis 294, Abb. 231–252.

ITALIEN

3969 *M. Dvořák:* Byzantinischer Einfluß auf die italienische Miniaturmalerei im Trecento. v. SICKEL 792–820, 3 Abb.

3970 *M. Reeves:* The 'Arbores' of Joachim of Fiore. JAMISON 124–136, Taf. 15–20. [Illustr. Manuskr., Vatikan u. Oxford, 12. Jh.]

3971 *T. de Marinis:* Note bibliografiche. MERCATI, GIOVANNI, Bd 6, 344–349, 2 Taf. [Illustr. ital. Handschriften d. 15. Jh.]

3972 *H. Buchthal:* The beginnings of manuscript illumination in Norman Sicily. JAMISON 78 ff., Taf. 10–14.

3973 *H. Buchthal:* A School of Miniature Painting in Norman Sicily. FRIEND 312–339, 22 Abb.

3974 *A. Paradi:* Le miniature del Sacramentario di Ariberto (11. Jh.). CASTIGLIONI 697 bis 718, 28 Abb.

3975 *J. Rest:* Illuminierte Ablaßurkunden aus Rom und Avignon aus der Zeit von 1282–1364, FINKE 147–168.

3976 *P. S. Leicht:* Scrittori e miniatori di codici nei loro rapporti cogli scolari bolognesi. DE GREGORI 227–233. [2. H. 13. Jh.]

3977 *D. Fava:* La miniatura ferrarese e i suoi capolavori. LUCCHESI 53–89, 3 Abb.

3978 *M. Salmi:* Contributo a Belbello da Pavia. GALBIATI, Bd 2, 321–328, 15 Abb.

Orient und Spanien

3979 *H. Stocks:* Die Magierminiaturen des Cod. Med. Pal. 387, die literarische Überlieferung und der „Orientalische Typus". Schultze, Victor, 1921, 329–343. [Florenz, Laurentiana. Um 1300.]

3980 *E. J. Grube:* Materialien zum Dioskurides Arabicus. Kühnel 163–194, 18 Abb.

3981 *B. Farès:* Figures Magiques. Kühnel 154–162, 4 Abb.

3982 *M. Mostafa:* Ein illustriertes Manuskript von Mirxond's Rawdat al-Safa. Zeki 339–347.

3983 *F. Taeschner:* Zur Ikonographie der persischen Bilderhandschriften. Sarre 128–135, Taf. 87–89.

3984 *A. Sakisian:* L'École mongole de miniature en Perse aux XIVe et XVe siècles. Sarre 136–142, Taf. 90–92.

3985 *F. Holmér:* En persisk handskrift med miniatyrer i Lunds universitetsbibliotek. Wrangel 49–62, 8 Abb. [16. Jh.]

3986 *S. Walzer:* The Mamluk Illuminated Manuscripts of Kalila wa-Dimna. Kühnel 195–206, 20 Abb.

3987 *B. W. Robinson:* The Dunimarle Shahnama: A Timurid Manuscript from Mazandaran. Kühnel 207–218, 10 Abb.

3988 *M. R. Majmudar:* Newly discovered Durga-Patha Miniatures of the Gujarati School of Painting. Ross 209–214, 4 Abb.

3989 *E. Wellesz:* Ein indisches Blatt islamischer Miniaturmalerei. Strzygowski 1932 I, 178–182, Abb. 113. [V. J. 1236.]

3990 *W. Neuß:* Elementos mozárabes en la miniatura catalana. Rubio i Lluch, Vol. 1, 507–523.

3991 *A. Paz y Melia:* La Biblia puerta en Romance por Rabi Mosé Arragel de Guadalfajara (1422–1433). (Biblia de la Casa de Alba.) Menéndez y Pelayo, Bd 2, 5–93, 1 Abb.

3992 *P. Bohigas i Balaguer:* Nota sobre un nou manuscrit de la « Satyra de felice e infelice vida » del Condestable de Portugal. Michaëlis de Vasconcellos 443–456, 5 Abb. [15. Jh., m. Randzeichnungen.]

Osteuropa

3993 *A. Grabar:* Influences musulmanes sur la décoration des manuscrits slaves balkaniques. Mazon 124–135, 3 Abb.

3994 *A. Grabar:* Deux images de la Vierge dans un manuscrit serbe. Uspenskij 264–276.

3995 *E. Nikolskaja:* K isučennju armjanskoj miniatjurnoj zivopisi. 2. Illjustracij rukopisej mastera Ovanesa is Gisana (sur l'étude des miniatures arméniennes. 2. Les miniatures des manuscrits du maître Ovanesse de Hizane). Marr 37–52, Taf. 47–51.

3996 *S. M. Sawicka:* Čzeski rekopis iluminowany w Ksiaźnicy Miejskiej im. Kopernika w Toruniu (eine illuminierte tschechische Handschrift in der Städtischen Kopernikus-Bibliothek in Thorn). Emler 28–34.

3997 *I. Berkovits:* A Kassai-Graduale és a XVI. századi kassai festészet. (Das Graduale von Kaschau und die Kaschauer Malerei des 16. Jahrhunderts). Gerevich I, 64–86, Abb. 66–78.

3998 *A. V. Arcichovskij:* Miniatjury sinodal'nogo spiska nikonovskoj letopisi (die Miniaturen der Synodalfassung der Nikon-Chronik). Orlov 117–125.

3999 *W. Molé:* Les Miniatures de l'évangéliaire de Lawryszew. Uspenskij 1932, 421–438, 15 Abb.

4000 *W. Born:* Östliche Einflüsse in der nordrussischen Buchmalerei. Strzygowski 1932 I, 20–23, Abb. 5–12. [Chazarische, wolgabulgarische, armenische Vorbilder.]

Wandmalerei

Anfänge und Italien

4001 *F. W. v. Bissing:* Raumillusion und Prospekte in der Wandmalerei. Ihr vermutlicher ägyptischer Ursprung. Galbiati, Bd 2, 33–45.

4002 *G. Agnello:* I nuovi affreschi bizantini della catacomba di S. Lucia in Siracusa. Mercati, Silvio Giuseppe, 1–8, 7 Abb.

4003 *G. A. Sotiriu:* Teichographiai täs skänäs toy martyrion eis parekläsia ton teichous täs monäs Sina. Mercati, Silvio Giuseppe, 389 bis 391, 5 Abb.

4004 *J. Wilpert:* Die Malereien der Grabkammer des Trebius Justus aus dem Ende der konstantinischen Zeit. de Waal I, 276–296, Taf. 14–19.

4005 *O. Marucchi:* Il singolare cubicolo di Trebio Giuato spiegato nelle sue pitture e nelle sue isonizioni come appartenente ad una setta cristiana eretica di derivazione egiziana. de Waal I, 297–314.

4006 *A. Alföldi:* Zur Erklärung der konstantinischen Deckengemälde in Trier. Ensslin 131–150, 3 Taf.

4007 *G. Gosztonyi:* Die bemalte altchristliche Grabkammer und Grabkapelle Nr. 11 in Pécs (in ungar. Spr. m. dt. Übertragg). Gerevich II, 196–206, 8 Zeichngn, 1 Taf. m. 12 Abb.

4008 *E. Berčenko:* Jak zbirati materijal do nastinnich rozpisio (Methode de collectionner les peintures musales campagnardes). MARR 29–35, Taf. 43–46 und 1 Textabb.

4009 *A. Grabar:* Image d'une église chrétienne parmi les peintures musulmanes de la Chapelle Palatine à Palerme. KÜHNEL 226–233, 2 Abb.

4010 *A. Savioli:* La cappella dei Ponziani e gli affreschi attributi al Pastura nella basilica di S. Cecilia in Trastevere. BATTAGLIA 271–296, 5 Abb.

4011 *P. Toesca:* Una postilla alla « Vita di San Francesco » nella chiesa superiore di Assisi. SUIDA 21–25, 5 Abb. [Wandmalerei, Fresco.]

4012 *T. S. R. Boase:* The frescoes of Cremona Cathedral. JAMISON 206 ff., Taf. 26–30.

4013 *E. Arslan:* Affreschi romanici pavesi; e una scultura lignea. CALDERINI UND PARIBENI, Bd 3, 834–849, 12 Abb.

4014 *P. Deschamps:* Combat de cavalerie et épisodes des croisades dans les peintures murales du XIIe et du XIIIe siècle. JERPHANION 454 bis 474, 3 Abb.

4015 *Ch. Holmes:* Three early italian frescoes. FRIEDLÄNDER, MAX J., 1927, 209–212, 3 Abb. [London. Aus Assisi.]

4016 *A. Moschetti:* L'età della sala padovana della Ragione. MANFRONI 273–284.

4017 *A. Morassi:* Una « Camera d'amore » nel Castello di Avio. SCHLOSSER 1927, 99–103, Abb. 40–44. [Um 1400.]

4018 *F. Zeri:* Un affresco del Maestro dell'Incoronazione di Urbino. TOESCA 36–40, Taf. 20–22.

4019 *P. A. Underwood:* Palaeologan Narrative Style and an Italianate Fresco of the Fifteenth Century in the Kariye Djami. SUIDA 1–9, 6 Abb.

4020 *G. Lorenzetti:* Gli affreschi della facciata di palazzo Trevisan a Murano. MANFRONI 429 bis 442, 1 Taf. [17. Jh.]

4021 *G. Zucchini:* Le tempere della Sampiera. SIMEONI, Bd 2, 335–358, 16 Abb. [Wandmalereien d. 18. Jh. in der Villa S. bei Bologna.]

DEUTSCHLAND, SCHWEIZ, ÖSTERREICH

4022 *S. Beyschlag:* Die Wandgemälde von St. Prokulus in Naturns. STOLZ 21–36. [Um 800.]

4023 *J. Baum:* Bemerkungen zu Galliano, Basel, Civate. KINGSLEY PORTER 165–178, 8 Abb. [Wandbilder um 1000.]

4024 *H. Christ:* Romanische Deckenmalereien in Balingen. STUTTGART, 11 Abb.

4025 *E. v. Lutterotti-Haniel:* Die Chorfresken von St. Jakob in Strassen (Osttirol). JANTZEN 1951, Schülerfestschr., Bd 1.

4026 *E. Andorfer:* Die Wandmalereien des 13. Jahrhunderts in Göß. EGGER, HERMANN, 34 ff., 12 Abb.

4027 *O. Graf Trapp:* Die Restaurierung von fünf Nordtiroler Burgkapellen. (Aufenstein, Friedberg, Hasegg, Lichtenwert, Weiherburg.) WEINGARTNER 167–180, 13 Abb., 2 Zeichngn.

4028 *J. Weingartner:* Die frühgotische Wanddekoration auf Sprechenstein. FISCHNALER 73–78. [Tirol.]

4029 *O. E. Deutsch:* Die Vorlagen der Retzer Sgraffiti. STRZYGOWSKI 1932 I, 34–37, Abb. 17. [Um 1570. Lebensalter. Nach Virgil Solis.]

4030 *J. Baum:* Zur Chronologie der mittelalterlichen Wandmalerei in Schwaben. GOESSLER 1932, 11 Abb.

4031 *H. Hammer:* Ein unbekanntes Wandgemälde Jörg Kölderers. FISCHNALER 42–52, 4 Abb.

4032 *F. Kollreider:* Zwei wenig bekannte gotische Fresken an der Kirche zu „Unserer lieben Frau" in Oberlienz. WEINGARTNER 75–83, 7 Abb.

4033 *O. Graf Trapp:* Tiroler Erinnerungsstücke an die Schlacht bei Sempach. KLEBELSBERG 1956, 215–228, 10 Abb. auf Taf. 25–34. [Königsfelden. Wandgemälde.]

4034 *K. Garzarolli-Thurnlackh:* Der Maler des Königszuges in Zweinitz und seine Werke in der heutigen Obersteiermark. SAS-ZALOZIECKY 68–78, 6 Abb.

4035 *W. Thurnwald:* Die Fresken der Osseker Stiftskirche. WOSTRY 369–382, 4 Abb. [Wenzel Laurenz Reiner.]

4036 *A. Hadelt:* Die mittelalterlichen Wandmalereien Oberschlesiens als frühe Kulturdokumente des deutschen Ostens. FUCHS 141–158.

4037 *Ch. Altgraf zu Salm:* Die Wandgemälde der Augustinerkirche in Konstanz. NOACK 46 bis 64, 10 Abb., 1 Farbtaf.

4038 *R. Kautzsch:* Die Heraiklusbilder zu Frau-Rombach in Oberhessen. SCHNEIDER 1906, 507–530, 1 Taf.

4039 *E. Neeb:* Die Symbolik des Deckengemäldes im Hauptsaal des Deutschhauses zu Mainz. LENHART 209–215, 1 Taf.

4040 *H. Claussen:* Die ehemalige Prämonstratenserkirche in Clarholz und ihre neuentdeckten Gewölbemalereien. RENSING 174–199, Abb. 117–136.

4041 *K. Schmidt-Thomsen:* Fluoreszenzbilder an westfälischen Wandmalereien. RENSING 301–308, Abb. 205–210.

4042 *R.-G. Baier:* Weltgericht und Schmerzensmann. JAHN, JOHANNES, 201–205, Abb. 96–101. [Görmin b. Greifswald. Wandmalerei.]

4043 *B. Grimschitz:* Zur Entstehungszeit der Freskenfolge in der Westempore des Gurker Domes. Wutte 175–179.

4044 *Fuldner:* Die neuentdeckte und aufgefrischte Wand- und Deckenmalerei in der Stadtkirche zu Mengeringhausen. Schultze, Victor II, 107–110. [1572. Friedrich Thorwartt.]

4045 *H. Tintelnot:* Barocke Freskomaler in Schlesien. Frey 1954, 173–198, Abb. 123–134. [M. Willmann. J. M. Rottmayr. C. D. Asam. Gebr. Scheffler.]

Frankreich, Niederlande und Skandinavien

4046 *J. Zvěřina:* Les peintures de la crypte de Tavant. Jerphanion 675–693. [1. H. 12. Jh.]

4047 *R. Michel:* Les fresques de la chapelle Saint-Jean au palais des papes d'Avignon. Lemonnier 1–16, 2 Abb.

4048 *O. Schmidt:* Les peintures ... sur les murs du château de Chillons. Bosset 187–190.

4049 *M. Roy:* Le plafond de la chambre d'apparat de Henri II au Louvre (1556). Schlumberger, Bd 2, 514–520, Taf. 39/40. [Francesco Sibecco de Carpi.]

4050 *L. van Puyvelde:* Peintures murales du XIVe siècle à Gand. Hulin de Loo 326–332, Taf. 43. [Dominikanerkonvent.]

4051 *V. de Stuers:* Een murschildering in de kerk te Zalt-Bommel. Leemans, 1 Taf.

4052 *R. Blomqvist:* Nyupptäckta medeltidsmålningar i Småland. Wrangel 31–46, 4 Abb. [Romanische Wandmalereien.]

4053 *G. H. Edgell:* Three newly acquired Frescoes in the Museum of Fine Arts in Boston. Puyvelde 209 ff., 8 Abb.

Osteuropa

4054 *L. Darko:* A kolozsvári Szent-Mihály templom 1956/1957. évi helyreállitása során feltárt falfestményekröl (über die Wandgemälde des Klausenburger Sankt-Michaels-Doms, die anläßlich der Renovierg 1956/57 zum Vorschein kamen). Kelemen 207–218, 6 Abb. [14.–16. Jh.]

4055 *F. Stelé:* Die friulanische Gruppe in der gotischen Wandmalerei Sloweniens. Swoboda 265–272, 3 Abb.

4056 *G. Gsodam:* Die Fresken von Nerezi. Ein Beitrag zum Problem ihrer Datierung. Sas-Zaloziecky 86 ff. [Mazedonisch. 12. Jh.]

4057 *F. Stelé:* Denkmäler der mittelalterlichen Wandmalerei in Slowenien. Hoffiller, 10 Taf.

4058 *J. K. Sebestyén:* A gelencei mennyezet – és karzat-festmények (die Decken- u. Chorgemälde von Ghelinta). Kelemen 542–554, 2 Abb. [Ungarn. 1628 u. 1766. Ungarisch-sächsische künstlerische Beziehungen.]

4059 *V. Petrovič:* Fresken des 13. Jh. im Kloster zu Morača. Brunsmid (m. 1 Taf.).

4060 *A. Protič:* Jugozapadnata ... (Abendländische Schule in der bulgarischen Wandmalerei des 13. und 14. Jahrhunderts). Zlatarski, 53 Abb.

4061 *N. A. Bees:* Aus Boyana, der Grabstätte der Bulgarenkönigin Eleonore. Strzygowski 1923, 104–111, 3 Abb. auf Taf.

4062 *F. Stelé:* Fresken in der Kirche zu Vrzdence. Brunsmid, m. Abb.

4063 *K. Mijatev:* Les «Quarante Martyrs», fragment de fresque à Vodoča (Macédoine). Uspenskij 102–109.

4064 *V. R. Petković:* Neki anticki ... (Antike Motive in mittelalterlichen Fresken Serbiens). Bulic, 2 Abb.

4065 *A. L. Okuney:* Lesnovo. Uspenskij 222 ff. [Serbien.]

4066 *V. R. Petković:* La mort de la reine Anne à Sopoćani. Uspenskij 217–221.

4067 *A. Protič:* Le style de l'école de peinture murale de Tirnovo au XIIIe et au XIVe siècle. Uspenskij 92–101.

4068 *F. Stelé:* Gorko Stansko Slikarstvo na kranjskem (eine Wandmalerei strengen Stiles im Krainischen). Bulic, 16 Abb.

4068 a *A. K. Orlandos:* Prosthekai eis ta peri tou byzantinou naou tes thrakikes Beras. Tsountas 500–503, 4 Abb., 1 Taf. [Kirche in Bira.]

4069 *O. Tafrali:* Le siège de Constantinople dans les fresques des églises de Bucovine. Schlumberger, Bd 2, 456–461, Taf. 31, 32, Abb. 87, 88.

4070 *M. K. Karger:* Les Portraits des fondateurs dans les peintures murales de Svjazsk. Uspenskij 1932, 135–149, 4 Abb.

4071 *E. Georgievskij-Družinin:* Les Fresques du monastère de Thérapon: étude de deux thèmes iconographiques. Uspenskij 1932, 121 bis 134, 1 Abb., Taf. XV, XVI.

4072 *J. Hoppen:* Malowidla ... (Peintures murales du château de Troki, prös Wilno). Tomkowicz 228–239.

4073 *L. Réau:* Les Fresques de la cathédrale Saint-Dmitrij, à Vladimir. Uspenskij 1932, 68–76, 2 Abb., Taf. V–VIII.

4074 *N. P. Syčev:* Sur l'Histoire de l'église du Sauveur à Neredicy, près Novgorod. Uspenskij 1932, 77–108, 6 Abb., Taf. IX, X.

4075 *Ch. Amiranachvili:* Quelques Remarques sur l'origine des procédés, dans les fresques de Neredicy. USPENSKIJ 1932, 109–120, 4 Abb., Taf. XI–XIV.

4076 *Ph. Schweinfurth:* Die Fresken der Erlöserkirche von Neredica bei Novgorod. Ihre Stellg in d. Kunstgesch. u. in d. Kulturgesch. Rußlands. DIELS 72–80, 4 Abb. [V. 1199.]

MOSAIK

ITALIEN

4077 *H. P. L'Orange:* The 'Adventus' Ceremony and the slaying of Pentheus, as represented in two mosaics of about a. d. 300. FRIEND 7–14, 5 Abb.

4078 *A. Carletti:* La madonna «Maria Regina» nella basilica sotteranea di S. Ermete in Roma. PIUS XII., 138–140, 1 Taf.

4079 *H. Belting:* Das Fassadenmosaik des Atriums von Alt St. Peter in Rom. GERKE 1–26.

4080 *F. J. Mather jr.:* An unidentified mosaic head from the old St. Peter's. STRZYGOWSKI 1923, 17–18, 1 Abb. auf Taf.

4081 *B. Pesci:* Il problema cronologico della Madonna di Aracoeli alle luce delle fonti. KIRSCH 51–64.

4082 *L. Grassi:* La Madonna di Aracoeli e le traduzioni romane del suo tema iconografico. KIRSCH 65–96, 16 Abb.

4083 *G. Matthiae:* Tradizione e reazione nei mosaici romani dei sec. VI e VII. TOESCA 10 bis 15, Taf. 11–14.

4084 *W. Köhler:* Das Apsismosaik von Sta. Pudenziana in Rom als Stildokument. FICKER 167–179, 3 Abb.

4085 *A. de Waal:* Das Apsis-Mosaik in der Basilica Constantiniana des Lateran. HERTLING 381–389.

4086 *E. Mâle:* La mosaïque de l'église de S. Stefano Rotondo, à Rome. NOGARA 257–262.

4087 *W. Cohn:* Das Apsismosaik von Santa Maria in Trastevere in Rom. JANTZEN 1951, Schülerfestschr., Bd 4.

4088 *G. Stuhlfauth:* Das Baptisterium S. Giovanni in Fonte zu Neapel und seine Mosaiken. SEEBERG 181–212, 4 Abb.

4089 *E. Kitzinger:* On the portrait of Roger II in the Martorana in Palermo. TOESCA 30–35, Taf. 19.

4090 *P. Orsi:* Quadretto bizantino a mosaico della Sicilia. STRZYGOWSKI 1923, 130–135, 1 Abb. auf Taf.

4091 *F. Reggiori:* Il mosaico della grande abside di Sant'Ambrogio alle luce di recentissime osservazioni. CALDERINI UND PARIBENI, Bd 3, 799–817, 16 Abb. [Mailand.]

4092 *G. Bovini:* Note sull' antica decorazione musiva di S. Agata Maggiore a Ravenna. CALDERINI UND PARIBENI, Bd 3, 753–763, 4 Abb.

4093 *J. Ficker:* Der Bildschmuck des Baptisterium Ursianum in Ravenna. SCHULTZE, VICTOR, 1921, 319–328.

4094 *O. Demus:* A Renascence of Early Christian Art in Thirteenth Century Venice. FRIEND 348–361, 8 Abb. [San Marco.]

4095 *F. Kieslinger:* Unbekanntes am bekanntesten Orte: Deutung des einzig erhaltenen Lunetten-Mosaikes an der Front des Markusdomes über der Porta Alipio. WEISSENHOFER 57–64, 3 Abb.

4096 *H. P. L'Orange:* Aquileia e Piazza Armerina. Un tema eroico ed un tema pastorale nell' arte religiosa della tetrarchia. BRUSIN 185 bis 195, 6 Abb.

4097 *R. Egger:* Zu zwei altchristlichen Grabinschriften Aquileias. BRUSIN 343–347, 1 Abb. [Mosaikfußboden im Dom zu Grado.]

BYZANTINISCHER OSTEN

4098 *J.-St. Pelikanidis:* Die Symbolik der frühbyzantinischen Fußbodenmosaiken Griechenlands. STUHLFAUTH 114–124, 6 Abb.

4099 *G. de Francovich:* I mosaici del Bema della Chiesa della Dormizione di Necea. VENTURI, Vol. 1, 3 ff.

4100 *D. V. Milěev:* Drevnie poly v Kievskom soborě sv. Sofii (alte Fußböden in der St. Sophienkathedrale zu Kiew). BOBRINSKIJ 212–221.

4101 *H. Židkov:* Ein Wandmosaikfragment aus Konstantinopel. HEISENBERG 601–607, Taf. 11. [Weibl. Kopf. 7. Jh.]

4102 *C. Osieczkowska:* Mozaika ... (La mosaique de la porte royale à Ste Sophie de Constantinople). TOMKOWICZ 1–30, 10 Taf.

4103 *P. A. Underwood:* The Deisis Mosaic in the Kahrie Cami at Istanbul. FRIEND 254–260, 9 Abb. u. 2 Zeichngn.

4104 *M. J. Euting:* Notulae epigraphicae: Mosaique syrienne d'Ourfah [u. a.]. VOGUÉ 232–239, 2 Abb.

4105 *M. E. Masson:* Ischat-Chana und ein Fragment seines Mosaikschmucks. BARTOLD 171–178, 3 Abb. u. 2 Taf.

4106 *M. Lejter:* Is materialov po isučennju mosaičnych polov Chersonesa Tavričeskogo. 1. Mosaičnye poly basiliki, raskopannoj v 1889 g. (Quelques matériaux pour l'étude des planchers en mosaïque de la Chersonése Taurique. 1. Les planchers en mosaïque de la basilique de Chersonése découverte en 1889). MARR 54–65, Taf. 52–55 u. 1. Textzeichng.

4107 *R. de Serga-Pinto:* Inventario dos mosaicos romanos de Portugal. MÉLIDA Y ALINARI, Bd 1, 161–179, Karte u. 6 Taf.

GLASMALEREI

4108 *H. M. v. Erffa:* Die Verwendung des Glasfensters im frühen deutschen Kirchenbau. JANTZEN 1951, Schülerfestschr., Bd 4.

4109 *K. Bauch:* Ein oberrheinischer Glasmaler. SCHMITT 217–224. [Valentin Busch?]

4110 *J. Ernst-Weis:* Valentin Busch. Ein biograph. Versuch. WOLFRAM 122–133, 1 Abb.

4111 *L. Behling:* Eine Hausbuchmeisterscheibe im Kölner Schnütgen-Museum. WINKLER 141 bis 148, 5 Abb.

4112 *H. Weizsäcker:* Über einige gemalte Scheiben aus dem Besitz des ehemaligen Dominikanerklosters. EBRARD 75–88, 2 Taf. [Frankf. a. M.]

4113 *F. Geiges:* Ein Begleitwort zu meiner Fensterskizze. SCHNEIDER 1906, 469–477, 1 Taf. [Kirche in Biebrich. Auch zu mittelalterl. Glasmalerei.]

4114 *E. Schulze-Battmann:* Ein wiedergefundenes Fragment zu einem Glasgemälde in Oberehnheim. NOACK 101–112, 6 Abb.

4115 *H. G. Lempertz:* Glasgemälde in St. Georg zu Köln. HEIMANN 26–32, 1 Abb.

4116 *A. Kippenberger:* Grauteppichfenster der Elisabethkirche zu Marburg und des Zisterzienserklosters Haina. HAMANN 1939, 40–45, Taf. 9–11.

4117 *P. Pieper:* Das Fenster von Legden. RAVE 172 ff., 6 Abb.

4118 *H. Wentzel:* Zur Bestandsaufnahme der romanischen Chorfenster von St. Patroklus in Soest. RENSING 92–103, Abb. 39–49.

4119 *A. Haseloff:* Die Glasmalereien in der Kirche zu Breitenfelde und die deutsch-nordischen künstlerischen Beziehungen im 13. Jahrhundert. SCHIFFERER 1–20, 13 Abb. auf Taf. [Schlesw.-Holst.]

4120 *J. R. Rahn:* Die Glasgemälde im Gotischen Hause zu Wörlitz. SPRINGER 1885 I, 176–225. [Schweizer Scheiben v. 1497–1681.]

4121 *E. Frodl-Kraft:* Das Margaretenfenster in Ardagger. Studien zur österreichischen Malerei in der 1. Hälfte des 13. Jahrhunderts. FREY 1954, 9–46, Abb. 1–36 u. 4 Textabb.

4122 *E. Egg:* Die Haller Glasgemälde und ihre Meister. STOLZ 85–94, Taf. 2, 3. [Meister Thoman, 1470. Gumpolt Giltinger, 1490.]

4123 *J. Garber:* Das gotische Glasfenster in Weitau bei St. Johann in Tirol. REDLICH 47–55, 1 Abb.

4124 *P. Ganz:* Das Porträt eines Pannerherrn von Unterwalden. DURRER 489–497, 2 Taf. [Standesscheiben. Joh. Waser 1574.]

4125 *K. F. Bauer:* Carl Sigmund Feyerabends Wappenscheibe. RICHEL 37–39, 1 Taf.

4126 *A. J. C. Allen:* The Windows of Little S. Mary's. CLARK 307–320. [Cambridge.]

4127 *E. v. Erhardt-Siebold:* Mediaeval Windows in Romantic Light. BROWN 35–45.

4128 *L. Grodecki:* Les Vitraux de Saint-Denis. L'Enfance du Christ. PANOFSKY 1960, 170–186, 19 Abb.

4129 *E. Lambert:* Vitraux de couleur dans l'art musulman du Moyen âge. MARÇAIS, GEORGES, Tome 2, 107–109.

4130 *E. Mâle:* Quelques imitations de la gravure italienne par les peintres verriers français du XVIe siècle. LEMONNIER 142–150.

4131 *J.-J. Gruber:* Quelques aspects de l'Art et de la Technique du vitrail en France. FOUGÈRES 71 ff., 5 Abb.

4132 *N. Gabrielli:* Affreschi di Nicolò da Varallo in Val Sesia? VENTURI, Vol. 1, 255 ff. [Glasmaler, geb. 1420.]

4133 *A. Bertini Calosso:* La vetrata di Hendrick van den Broeck nella Cattedrale di Perugia. HULIN DE LOO 45–52, Taf. 8. [Um 1565.]

4134 *P. Wember:* Johann Thorn-Prikker. STEEGER 140–142.

4135 *O. Rydbeck:* Emanuel Vigelands glasmålningar i Lunds domkyrka. OLSSON 200–206, 6 Abb.

GRAPHISCHE KÜNSTE

HOLZSCHNITT

4136 *L. Schmidt:* Volkslied und Holzschnitt. GUTENBERG 1940, 434–441, 5 Abb. [Flugblattlieder 16.-Anf. 19. Jh.]

4137 *E. Tóth:* Die heutige Lage der europäischen Holzschneidekunst. GUTENBERG 1940, 507–513, 7 Abb.

4138 *Th. Musper:* Dialekte und Idiome im frühen Buchholzschnitt. GUTENBERG 1940, 101–119, 26 Abb.

4139 *K. A. Ziegler:* Ein unbekannter Einblattholzschnitt mit der Geißelung Christi aus einer Passionsfolge. KRIEG S. 8, 1 Abb.

4140 *W. Molsdorf:* Zwei unbekannte Holzschnitte des Formschneiders Casper in der Breslauer Staats- und Universitäts-Bibliothek. MILKAU 249–254, 2 Taf. [1475.]

4141 *J. v. Pukanszky-Kádár:* Deutsche Einblattdrucke in der Kupferstichsammlung des Grafen A. Apponyi. PETZ 120–131. [Auswahl z. ungar. Geschichte.]

4142 *R. Schmidbauer:* Ein unbekanntes Augsburger Pestblatt des 15. Jahrhunderts. LEIDINGER 229–231, Taf. 27.

4143 *K. Giehlow:* Urkundenexegese zur Ehrenpforte Maximilians I. WICKHOFF 91 ff.

4144 *E. Schilling:* An Indulgence Printed at Nuremberg in 1512. SWARZENSKI 125–128, 1 Abb.

4145 *C. Dodgson:* Eine unbekannte Soldatengruppe. GEISBERG 108, 1 Taf. [In Oxford, oberdt., 16. Jh.]

4146 *O. Leuze:* Mit Holzschnitten verzierte Buchumschläge des 15. Jahrhunderts in der Württ. Landesbibliothek in Stuttgart. LEIDINGER 165–169, Taf. 21.

4147 *A. Hagelstange:* Ein Schriftchen über Zeichensprache von 1532, mit Holzschnitten von Michael Ostendorfer. SCHNEIDER 1906, 273–284, 6 Abb. [Nürnberg, Germ. Mus. Nach Urschrift Bedas v. Joh. Aventinus neu hrsg.]

4148 *E. Voulliéme:* Zur Bibliographie Heinrich Knoblochtzers in Heidelberg. Der Totentanz. COLLIJN 137–151, 11 Abb.

4149 *L. Baer:* Der Heidelberger Totentanz und die mittelrheinische Buchillustration des 15. Jahrhunderts. GUTENBERG 1925, 269–275, Taf. 25–28.

4150 *E. Flechsig:* Beiträge zur Geschichte des Wolfenbütteler Holzschnittes im 16. Jahrhundert. ZIMMERMANN 1914, 263–268, 3 Abb.

4151 *H. R. Hahnloser:* Die Armenbibel in den Händen Bernischer Auftraggeber. CORNELL 172 ff., 7 Abb.

4152 *G. Clutton:* Two early Representations of Lutheranism in France. SAXL 1937/38, 287–291, Taf. 43. [Gabriel Salmon.]

4153 *W. Deonna:* Un bois gravé de J. Perrissin (XVIme s.) au Musée de Genève. BOSSET 19–28, 1 Abb.

4154 *P. Kristeller:* Holzschnitte des Meisters des Abendmahls in Ravenna. FRIEDLÄNDER, MAX J., 1927, 3–13, 4 Abb.

4155 *L. Donati:* Studi sul passagio dal manoscritto allo stampato: la decorazione degli incunabuli italiani. MANARESI 331 ff., 11 Taf.

4156 *A. Servolini:* L'illustrazione e l'ornamentazione silografica negli incunabili fiorentini. GUTENBERG 1940, 198–205, 6 Abb.

4157 *L. Servolini:* Ugo da Carpi illustratore del libro. GUTENBERG 1950, 196–202, 3 Abb.

4158 *C. Malranga:* Xilografie siciliane ... del secolo XVI. SALINAS, 3 Abb.

4159 *F. Unterkircher:* Ein unbekannter flämischer Holzschnitt. SEDLMAYR, 1 Abb.

4160 *C. Dodgson:* Zwei unbeschriebene Holzschnitte des Lucas van Leyden. FRIEDLÄNDER, MAX J., 1927, 109–110, 2 Abb. [London, Brit. Mus.]

4161 *D. S. Garcia:* Fray Diego Valades. GAMONEDA 169–175, 6 Abb. [Prediger, Holzstecher, geb. 1523.]

4162 *J. Troxler:* Über einen Teigdruck in der Stiftsbibliothek Beromünster. DURRER 240 bis 243, 2 Taf.

4163 *E. Kistner:* Studien an Teigdrucken aus dem Besitz des Germanischen Nationalmuseums in Nürnberg. STOLLREITHER 65–97, 2 Abb.

4164 *P. Vorms:* Apparition et évolution de la gravure sur bois chez Frans Masereel. HORODISCH 1958, 167 ff., 20 Abb.

KUPFERSTICH

4165 *W. M. Ivins jr.:* A Note on Engraved Reproductions of Works of Art. GREENE 193–196.

4166 *H. Huth:* Ein verlorener Stich des Meisters E. S. GOLDSCHMIDT 1935, 74–76, 9 Abb., 2 Zeichngn.

4167 *H. Th. Musper:* Die „Ars moriendi" und der Meister E. S. GUTENBERG 1950, 57–61, 8 Abb.

4168 *O. Weigmann:* Über einige neuaufgefundene Kupferstichinkunabeln. WOLTERS 36 bis 41, 1 Abb., 2 Taf. [Issahel van Meckenem. Kopien nach d. Meister E. S.]

4169 *J. Kruse:* Amsterdamermästaren („Meister des Hausbuchs") en Gravör från 1400-talets slut. SCHÜCK, 9 Abb.

4170 *E. Graf zu Solms-Laubach:* Nachtrag zur Hausbuchmeisterfrage. SWARZENSKI 111–113, 5 Abb. [Erhard Reuwich.]

4171 *F. Anzelewsky:* Die drei Bocaccio-Stiche von 1476 und ihre Meister. WINKLER 114–125, 5 Abb.

4172 *M. Geisberg:* Der Bileamsmeister, ein Deutscher. PHILIPPI 81–85, 1 Taf.

4173 *K. Simon:* Der Meister von 1515 = Hermann Vischer? SCHUBRING, PAUL, 123–137, 3 Abb.

4174 *H. Röttinger:* Wechtlin und die Anfänge des Hans Weiditz. GEISBERG 109–114, 3 Abb.

4175 *E. Buchner:* Der Petrarkameister als Maler, Miniator und Zeichner. WÖLFFLIN 1924, 209–231, 15 Abb.

4176 *M. Geisberg:* Burgkmairs St. Georg. FRIEDLÄNDER, MAX J., 1927, 77–80.

4177 *L. Lebeer:* Une suite de gravures du «Maître du Martyre des Dix mille». HULIN DE LOO 231–236, Taf. 30 m. 4 Abb.

4178 *P. Krasnopolski:* Des Hubert Goltz „Lebendige Bilder gar nach aller Keysern". GUTENBERG 1925, 118–121, Taf. 11.

4179 *G. Glück:* Eine Vermutung über den Meister S. WIEN, Nationalbibl., 2 Textabb.

4180 *G. Isarlo:* Sur deux gravures négligées par la critique. ROGGEN 149–152, 2 Abb. [J. Rottenhammer und A. van Noort.]

4181 *K. Beckey:* Merian d. Ä. als Bibel-Illustrator (1625–1630). Eine bibliogr. Übersicht. VOLLMER, HANS, (theol.) 1941, 58–137, 22 Abb.

4182 *P. Horn:* Johann Gerhard Huck. Ein alter Düsseldorfer Kupferstecher. KOETSCHAU 130–137, 3 Abb. [1758–1811.]

4183 *C. Wehmer:* Zur Echtheitskritik der Metallschnittplatten Schreiber 2746a und Schreiber 2865. BOCKWITZ 143–157, 7 Abb. [Kupferplatten im Louvre, vermutl. moderne Fälschgn nach Vorlag. im Dresdn. Kupferstichkab.]

4184 *R. Graf:* Zwei druckgraphische Arbeiten Fritz Silberbauers. STRZYGOWSKI 1932 I, 70–72, Abb. 44, 45. [Radierg., Kaltnadel.]

4185 *H. Hochenegg:* Die Roschmannsche Kupferstichsammlung. BICK, 2 Abb. [Wien.]

4186 *M. Csaki:* Die Kupferstiche des Baron Brukenthalischen Museums (16.–18. Jh.). Beschreibendes Verzeichnis. ALBRICH 83–120.

4187 *H. Volavková:* Hollarovy ilustrace k Ezopovým bajkám (les illustrations de Hollar des fables d'Esope). MATEJCEK 146–151, Abb. 58–65.

4188 *H. Martin:* Le cabinet d'estampes de Claude Boucot. LEMONNIER 255–271.

4189 *A. M. Hind:* Early Italian Engravings from the Liechtenstein Collection at Feldsberg and Vienna. GREENE 199–201, Abb. 156–159.

4190 *M. Hadzidakis:* Marcantonio Raimondi und die post-byzantino-kretischeMalerei. STUHLFAUTH 147–161, 10 Abb.

4191 *L. Moricca:* Le stampe del Goltzius nella biblioteca Casanatense di Roma. DE GREGORI 286–303, 3 Abb.

4192 *J. G. van Gelder:* Verloren werken van Lucas van Leyden. ROGGEN 91 ff.

4193 *C. Müller Hofstede:* Das Selbstbildnis des Lucas van Leyden im Herzog Anton Ulrich-Museum zu Braunschweig. WINKLER 221–238, 11 Abb.

4194 *M. Pfister-Burkhalter:* Niederländische Manieristen im Basler Kupferstichkabinett. BASEL, Kunstmus. 231 ff.

4195 *E. Páez:* Unos grabados españoles de 1520 y 1521. MÉLIDA Y ALINARI, Bd 2, 349 bis 355, 4 Abb.

4196 *E. Naményi:* Ein ungarisch-jüdischer Kupferstecher der Biedermeierzeit (Markus Donath). HELLER 252–257, 9 Abb.

BUCHILLUSTRATION

4197 *J. Rodenberg:* Kunst und Persönlichkeit. Grundsätzliche Erörterungen zur Buchkunst. HIERSEMANN 306–321.

4198 *G. Fritz:* Die Entwicklung der Buchillustration. GUTENBERG 1925, 167–178, 2 Textabb. u. 10 Sonderbeilagen.

4199 *E. Preetorius:* Von der Zeichnung als Illustration. GUTENBERG 1925, 160–163.

4200 *E. Bethe:* Antike Buchillustrationen in Frühdrucken. GUTENBERG 1940, 228–237, 11 Abb.

4201 *W. Wegner:* Buchillustration als Quelle der Malerei: Das Bild „Artemisia erobert Rhodos" der Bayerischen Staatsgemäldesammlungen. HORODISCH 1958, 89 ff., 1 Taf.

4202 *Ph. Schmidt:* Die Bibelillustration als Laienexegese. BINZ 228–239, 5 Abb.

4203 *Cl. Jenkins:* Dr. Hartmann Schedel and his Book. GRAHAM 98–137.

4204 *H. Busch:* Die Illustrationen der Coethener Historienbibel. VOLLMER, HANS, (theol.) 1941, 37–56, 16 Abb.

4205 *D. F. Rittmeyer:* P. Ambros Epp von Rudenz als Illustrator. WYMANN 49–60, 7 Abb. [1752–1817.]

4206 *A. Hadelt:* Die Dante-Zeichnungen der Prinzlichen Sekundogeniturbibliothek zu Dresden im Rahmen der neueren deutschen Kunst. JOHANN GEORG V. SACHSEN 455–476.

4207 *J. Kraft:* Der Bilderschmuck in M. Burglehners „Tiroler Adler". REDLICH 361–405.

4208 *H. Leitmeier:* Die Dramenillustration im deutschen Buch der ersten drei Jahrzehnte unseres Jahrhunderts. CASTLE.

4209 *A. Luther:* Russische Dichter in deutschen künstlerischen Drucken. BOCKWITZ 75 bis 79, 8 Abb.

4210 *E. Kästner:* Scherenschnitt-Illustration. BOLLERT 1936, 196–219, Mit zahlr. Abb.

4211 *C. H. Collins Baker:* The book illustration in England. PUYVELDE 277 ff.

4212 *M. Sander:* Book Illustration in the 19th Century. KRIEG 46–50.

4213 *S. E. Lee:* Los Urthona and Blake's illustrations to Dante. COOMARASWAMY 151 bis 157, 10 Abb. [Auch Botticelli.]

4214 *L. Donati:* Note empiriche sul libro illustrato. ACCURTI 61–92, 11 Abb. [2. Hälfte 15. Jh.]

4215 *Chr. Hülsen:* Der „Liber instrumentorum" des Giovanni Fontana. Blümner, 1 Taf. [Cod. Monac. iconogr. 242.]

4216 *L. Donati:* Note inedite di Alfred Cartier su Giorgio Reverdino illustratore di libri. Gallo 379–401, 12 Taf. [1. H. 16. Jh.]

4217 *L. Servolini:* Il centenario di un' edizione famosa: I Promessi Sposi, illustrati dal Gonin. Gutenberg 1940, 463–471, 9 Abb.

4218 *H. Arbman:* Stil III och karolingisk renaissance på Holland. Hackman 143–151, 8 Abb.

4219 *J. Květ:* L'Antiphonaire de Sedlec de la bibliothèque de l'Université de Prague. Uspenskij 1932, 413–420, 5 Abb., Taf. LIX–LXII.

4220 *P. D. Szemzö:* A magyar folyóirat-illusztráció kezdetei (die Anfänge der ungarischen Zeitschriften-Illustration). Lyka 101 bis 184, 50 Abb.

4221 *K. Weitzmann:* The Greec Sources of Islamic Scientific Illustrations. Herzfeld, Ernst, 244–266, 4 Taf.

4222 *C. Nordenfalk:* Saint Bridget of Sweden. As Represented in Illuminated Manuscripts. Panofsky 1960, 371–393, 38 Abb.

4223 *S. Lindqvist:* Muinaisruotsalaisia Kalevalakuvia. Okkonen 153–163, 5 Abb. [Kalevala-Bilder.]

4224 *S. Skov:* Nogle Blicher-Illustrationer. Hansen 139–148, 3 Abb.

H. SCHRIFT UND DRUCK

Schrift, Handschriftenkunde

Theorie, Allgemeines

4225 *W. Andrae:* Schrift und Bild. Deimel 1–5.

4226 *R. Müller-Freienfels:* Zur Psychologie und Soziologie der Schrift. Thurnwald 297–312.

4227 *A. de Boüard:* Des principes de l'histoire morphologique de l'écriture. Brunel, Bd 1, 174–177.

4228 *F. H. Ehmcke:* Vom Zeitausdruck ornamentaler Schrift. Gutenberg 1940, 75–84, mit Beispielen.

4229 *K. Löffler:* Zur Geschichte der abendländischen Schreibformen. Eine Würdigung des gleichbetitelten Buches von Hermann Delitsch. Schramm 61–66.

4230 *M. Audin:* Reflexions au sujet de la naissance et des transformations du signe graphique. Gutenberg 1950, 11–15, 6 Abb.

4231 *G. Aliprandi:* Aspetti particolari della grafia. Gallo 39–46.

4232 *H. Lehmann-Haupt u. N. Petteway:* Human Alphabets. Horodisch 1958, 97 ff., 76 Abb., 2 Taf.

Frühzeit

4233 *K. Schirmeisen:* Runen als Göttersymbole. Strzemcha 149–179.

4234 *H. Lindroth:* Zur urnordischen Runeninschrift des sog. Rösteines in Bohuslän. Sievers 212–222.

4235 *G. Raschke:* Ein Runentopf in dem wandalischen Männergrabe von Sedschütz Kr. Neustadt O/S. Seger 1934, 376–381, 2 Abb. u. Taf. 82, 83.

4236 *W. Krause:* Die Runeninschrift von Sedschütz. Seger 1934, 382–386, 1 Abb.

Mittelalter

4237 *C. Wehmer:* Die Schreibmeisterblätter des späten Mittelalters. Mercati, Giovanni, Bd 6, 147–161, 2 Taf.

4238 *G. Gräfin Schwerin:* Aus einem Schreiberbilderbuch. Boehringer 1957, 573–590, 10 Abb.

4239 *A. Dold:* Ein Fragment eines Collectars, d. i. eines Horen-Orationenbuches. Stollreither 31–36, 2 Abb. [Um 1100, mit roman. Initialen.]

4240 *E. Lauch:* Wie der Kodex Sinaiticus ans Licht kam. Schumann 42–43.

4241 *P. Radó:* Mittelalterliche liturgische Handschriften deutscher, italienischer und französischer Herkunft in den Bibliotheken Südosteuropas. Mohlberg, Bd 2, 349–392.

4242 *B. Katterbach:* Ein westgotischer Kodex der Vatikanischen Bibliothek. Finke 62–66.

4243 *E. Jammers:* Zur Entwicklung der Neumenschrift im Karolingerreich. Glauning, Bd 1, 89–98.

4244 *E. Jammers:* Neumen im Lateinunterricht. Randbemerkungen zu einer St. Galler Handschrift. Bollert 1956, 64–68.

4245 *Comte P. Durrieux:* Ingobert, un grand calligraphe du IXe siècle. CHATELAIN, 1 Taf.

DEUTSCHLAND

4246 *O. Hupp:* Die Prüfeninger Weihinschrift vom Jahre 1119. SCHNEIDER 1906, 183–186, 1 Taf.

4247 *A. Dold:* Beachtliche Handschriftenfragmente aus dem Erzbischöflichen Archiv zu Freiburg i. Br. (Als Anregg zu systemat. Konservierg bisher unbeachteter handschriftl. Bruchstücke bekannt gegeben). STAMMLER, WOLFGANG, 29–44.

4248 *H. Hommel:* Die Handschriften der Stadtbibliothek Hof. SCHRAMM 47–60.

4249 *M. Nentwich:* Verzeichnis der Handschriften in der Bibliothek des Stiftes Tepl. HELMER, Tl 2, 203–258.

4250 *G. Swarzenski:* Die Litanei Ludwigs des Deutschen in der Stadtbibliothek zu Frankfurt am Main. SCHNEIDER 1906, 169–177, 1 Taf.

4251 *F. Eichler:* Eine Salzburger Missalienwerkstätte des späten 15. Jahrhunderts. GUTENBERG 1940, 163–168, 1 Abb. [Jacob Gerold.]

4252 *J. Rodenberg:* Albrecht Dürers „Textur" und die islamischen Kalligraphensysteme des Mittelalters. GUTENBERG 1925, 412–426, 8 Textabb.

4253 *H. Herbst:* Johannes von Brakel. Ein Beitr. z. Bibliotheksgesch. des Benediktinerklosters Klus bei Gandersheim. SCHRAMM 31 bis 46, 1 Taf. [† 1525. Handschriftenhersteller u. Buchbinder.]

4254 *J. Zeitler:* Moderne Frakturschriften. LOUBIER 69–76.

4255 *P. Zinsli:* Volkstümliche Schreibkunst in Safien vom 17. bis ins 19. Jahrhundert. MEULI, 12 Abb.

4256 *A. A. Schmid:* Auf den Spuren Leonhard Wagners. MOHLBERG, Bd 2, 175–187.

4257 *R. Kautzsch:* Diebolt Lauber und seine Werkstatt. Eine Nachlese. VOLKMANN 42–45.

WEST- UND SÜDEUROPA

4258 *E. Ginot:* Le livre de Saint-Pierre-Le-Puellier de Poitiers et sa légende de Sainte Loubète. ARNOULD 229–238, 2 Abb. [Ms. Poitiers Nr. 425.]

4259 *F. Wormald:* The So-called Coronation Oath-Books of the Kings of England. SWARZENSKI 233–237.

4260 *A. R. Natale:* Influenze merovingiche e studi calligrafici nello scriptorium di Bobbio. (sec. VII–IX). GALBIATI, Bd 2, 209–262, 19 Taf.

4261 *J. Mazzoleni:* Per lo studio della scrittura minuscola nell' Italia meridionale. JAMISON 60 ff., Taf. 6–9.

4262 *H. Schöne:* Palimpsestblätter des Protevangelium Jacobi in Cesena. BÖMER 263–276.

AUSSEREUROPA

4263 *F. Babinger:* Die großherrliche Tughra. Ein Beitr. z. Gesch. d. osmanischen Urkundenwesens. SARRE 188–196, 1 Textabb. u. Taf. 105–108. [Handzeichen. Ursprüngl. Abdruck der in Farbe getauchten Hand.]

4264 *L. A. Mayer:* Der Schriftwappen der Mamlukensultane. SARRE 183–187, Taf. 104.

4265 *J. Schubert:* Na-khi-Piktographie. Notizen über eine wenig beachtete Bilderschrift. BOCKWITZ 114–142, 1 Taf.

4266 *P. Desderi:* Die Fiktionen in der chinesischen Schrift. VAIHINGER 216–226, 1 Taf.

4267 *J. Schubert:* Etwas über die Versuche zur Vereinfachung der chinesischen Schrift. SCHRAMM 93–104, 5 Abb.

4268 *W. v. Hoerschelmann:* Flächendarstellungen in altmexikanischen Bilderschriften. SELER 187–204.

BUCHDRUCK, BUCHSCHMUCK

ÄSTHETIK UND TECHNIK

4269 *L. Thorndike:* Manuscript versus incunabulum. HALPHEN.

4270 *H. Rössler:* Buch und Kulturstil. KLIEMANN 254–270. [15.–19. Jh.]

4271 *J. Rodenberg:* Zur Architektonik des Buches. MINDE-POUET 91–102, 6 Taf., 7 Skizzen.

4272 *G. K. Schauer:* Architektur und Typographie. KLIEMANN 332–343.

4273 *J. Zeitler:* Historizismus und Konstruktivismus im Buchgewerbe. VOLKMANN 100–108.

4274 *Ch. Samaran:* Manuscrits « imposés » à la manière typographique. MARTROYE 325 ff., 3 Taf. u. 6 Abb.

4275 *H. Wallau:* Ästhetik der Druckschrift. SPRINGER 1885 I, 151–156, 8 Taf.

4276 *V. Goldschmidt:* Farben im Buchschmuck. OLSCHKI 71–100, Taf. 4.

4277 *K. Haebler:* Zwei Nürnberger Tonformen. COLLIJN 103–110, 2 Taf.

4278 *A. E. Raubitschek:* The Mechanical Engraving of Circular Letters. RUMPF 125–126.

4279 *H. L. Gumbert:* Buch und Druckpresse in der emblematischen Literatur. KRIEG 26–28, 3 Abb.

4280 *A. Renker:* Die Forschungsstelle Papiergeschichte im Gutenberg-Museum zu Mainz. BOCKWITZ 80–89, 1 Abb.

4281 *E. J. Labarre:* The Sizes of Paper, their names, origin and history. BOCKWITZ 35–54. [Auch Wasserzeichen.]

4282 *E. Sabbe:* Papyrus et parchemin au haut moyen-âge. VAN DER ESSEN 95–103.

BUCHDRUCK IM 15. UND 16. JAHRHUNDERT

4283 *H. Wegener:* Die deutschen Volkshandschriften des späten Mittelalters. DEGERING 316–324.

4284 *M. Müller:* Der älteste bisher bekannte Buchumschlag. LEIDINGER 195–197, Taf. 25. [Holzschnittverzierung.]

4285 *F. Eichler:* Die Renaissance des Buches im 15. Jahrhundert und ihre Nachwirkung. Eine programmatische Erörterung. LEYH 1937, 1–10.

4286 *M. J. Husung:* Aus der Zeit des Übergangs von der Handschrift zum Druck. Nach e. Bde d. Pr. Staatsbibliothek. DEGERING 155 bis 159, Taf. 8, 9. 1. Matteo Battiferri als Miniaturist und als Bibliophile. 2. Die Alexander-Bucheinband-Kamee.

4287 *E. Crous:* Die Anfänge des Antiquadrucks in Deutschland und seinen Nachbarländern. Eine vorläufige Übersicht. LOUBIER 33–42, 3 Taf.

4288 *J. Luther:* Die Anfänge des Klischee. WILMANNS 181–192, 6 Abb. [Buchzierleisten d. 16. Jh.]

4289 *O. Pächt:* Notes and Observations on the Origin of Humanistic Book-Decoration. SAXL 184–194, 4 Taf.

4290 *A. Vincent:* Les premières éditions de l'Institutio principis christiani d'Érasme. GODET 91–96.

4291 *E. N. Adler:* Talmud Printing before Bomberg. SIMONSEN 81–84.

GUTENBERG UND DEUTSCHLAND IM 15. JAHRHUNDERT

4292 *W. Menn:* Unsichere Kriterien in der Gutenbergforschung. STOLLREITHER 181–184.

4293 *W. Schmidt:* Das Berliner Exemplar der Gutenberg-Bibel. REDSLOB 96–123, 16 Abb.

4294 *W. Menn:* Ein neues Dogma um Gutenberg? LEYH 1950, 65–69.

4295 *A. Ruppel:* Früheste Planung eines Gutenbergdenkmals. STOLLREITHER 241–246, 1 Taf. [Plan z. e. Brunnenmonument im Gutenberg-Mus. Mainz v. 1804.]

4296 *A. Börckel:* Mainz als Gutenbergstadt vor 70 Jahren. SCHNEIDER 1906, 19–27. [1837. Schöffer- u. Gutenberg-Denkmäler. Thorwaldsen.]

4297 *K. d'Ester:* Die Kunst Gutenbergs im Hohlspiegel der Satire. GUTENBERG 1950, 410–419, 7 Abb.

4298 *E. Freys:* Bruchstücke der 36zeiligen Bibel in der K. Hof- und Staatsbibliothek zu München. SCHLECHT 96–114, 1 Abb.

4299 *E. v. Rath:* Vorläufer des Gesamtkatalogs der Wiegendrucke. HIERSEMANN 288–305, 2 Taf.

4300 *R. Juchhoff:* Aus der Werkstatt der Frühdruckforschung. TIEMANN 119–129.

4301 *F. Geldner:* Der Verkaufspreis des Günther Zainer'schen „Catholicon" von 1469 (GW 3183). STOLLREITHER 37–42.

4302 *W. Schmidt:* Johann Sensenschmidts erste Bamberger Drucke. WINKLER 136–140.

4303 *A. Schramm:* Günther Zainer, Augsburgs erster Drucker. HIERSEMANN 363–391, 20 Abb.

4304 *J. Schwarz:* Die Memorabilien des Augsburger Buchdruckers Erhard Ratdolt (1462 bis 1523). HIERSEMANN 399–406.

4305 *P. Geissler:* Ein seltener Augsburger Wiegendruck. Das älteste gedruckte Buch über Altötting. VORSTIUS 316–322. [1491–1494.]

4306 *F. Husner:* Die Editio princeps des „Corpus historiae Byzantinae". Johannes Oporin, Hieronymus Wolf und die Fugger. SCHWARBER 143–162, 1 Taf., 1 Signet.

4307 *K. Holter:* Zum Welser Buchwesen (Spätmittelalter und Reformationszeit). ZIBERMAYR 85–103, 2 Taf.

4308 *A. Pfister:* Über Anfänge und erste Entwicklung des Druckes medizinischer Werke in Basel. BRODBECK-SANDREUTER 335–364, 18 Abb.

4309 *E. Voulliéme:* Peter Attendorn, ein Buchhändler und Drucker in Straßburg um 1490. MILKAU 344–353. Mit Schriftproben.

4310 *H. Gollob:* Die Verbindung Wien—Straßburg über Hagenau in der Kunst der Frühdrucke. GUTENBERG 1950, 177–181, 25 Abb.

4311 *R. Juchhoff:* Johann und Konrad von Paderborn. Die Anfänge ihrer Druckertätigkeit in Venedig und Straßburg. BÖMER 211–227.

4312 *A. Ruppel:* Das Mariale des Albertus Magnus im Kölner Erstdruck. Mit dem ältesten Bilde Alberts des Großen. STOHR 343–348, 1 Taf. [Um 1473, Drucker Ulrich Zell.]

4313 *M. v. Hase:* Zwei Drucke des Temporals des Johannes Regiomontanus von Wolfgang Stürmer in Erfurt. GLAUNING, Bd 1, 61–66, 6 Abb.

4314 *C. Meltz:* Die Drucke der Michaelisbrüder zu Rostock 1476–1530. SCHLESINGER 229–262, 28 Abb.

4315 *W. M. Luther:* Die nichtliturgischen Musikinkunabeln der Göttinger Bibliothek. TIEMANN 130–148, 9 Abb.

4316 *E. Crous:* Zu den Bibelübersetzungen von Haetzer und Denk. NEFF 72–82. [Inkunabelkunde.]

4317 *J. Meyer (Göttingen):* Älteste niederdeutsche Drucke des Kleinen Katechismus. BONWETSCH 72–79.

4318 *W. J. Meyer:* Die ersten für das Wallis gedruckten Bücher im 15. Jahrhundert. GODET 83–90.

4319 *H. Schreiber:* Cavilla – ein spätmittelalterliches Lesezeichen? GLAUNING, Bd 2, 97 bis 103, 1 Abb.

DEUTSCHLAND SEIT DEM 16. JAHRHUNDERT

4320 *E. Sarnow:* Ein Buchtitel Christian Egenolffs mit bildlichen Darstellungen nach Dürer und anderen. DONNER-VON-RICHTER, 1 Taf. u. 1 Abb.

4321 *K. Schottenloher:* Hans Sachs und Hieronymus Höltzel. Ein Beitr. z. Gesch. d. Nürnberger Flugschriften vom Jahre 1524. SCHWENKE 235–255, Taf. 23–27.

4322 *A. Klassert:* Miszellen aus der Michelstädter Stadtkirche. 1. Die Relieftafeln des Johann Casimirdenkmals. 2. Über einen Augustindruck der Michelstädter Kirchenbibliothek. SCHNEIDER 1906, 285–294, 2 Taf. [Epitaph um 1627. Frühdruck um 1522.]

4323 *G. Wirth:* Die Druckerei der Bamberger Fürstbischöfe – die erste „Staatsdruckerei". STOLLREITHER 383–389. [1543–1700.]

4324 *H. Zimmermann:* Luther-Bibeln des 16. Jahrhunderts in der Universitätsbibliothek zu Münster i. W. BÖMER 153–159.

4325 *J. Collijn:* Der Buchdrucker Georg Richolff d. Ä. in Lübeck und Münster 1499–1518. HIERSEMANN 19–53, 19 Abb. [Auch zur schwedischen Druckergesch.]

4326 *K. Ohly:* Das Inkunabelverzeichnis Bernhards von Mallinckrodt (Hs d. Staatsarchivs Münster I, 261). BÖMER 37–62.

4327 *J. Luther:* Drucker- und Verlegernöte in Wittenberg zur Zeit des Schmalkaldischen Krieges. MILKAU 229–243.

4328 *M. J. Husung:* Der Zeichner und Formschneider Jakob Lucius, Erstdrucker von Helmstedt. Zugl. e. Beitr. zum Klischeewesen d. ausgeh. 16. Jh. u. zur Frage um den Aviso v. 1609. GUTENBERG 1940, 335–355, 9 Abb.

4329 *H. Hochenegg:* Die streitenden Zunftgenossen. Ein Beitr. z. Gesch. d. Buchdrucks in Tirol. WEINGARTNER 49–52, 1 Taf. [Kupferstecher Hans Sadeler, † 1665.]

4330 *M. Lanckorońska:* Typographischer Buchschmuck des 18. Jahrhunderts: Ein deutscher Nachfolger von Pierre Simon Fournier. GUTENBERG 1950, 235–244, 4 Taf. [Christian Friedr. Voss 1722–1797.]

4331 *K. E. Newole:* Die Offizin Kleinmayr in Klagenfurt bis zur Gründung der Zeitschrift „Carinthia". Ein Beitr. z. Kulturgesch. Kärntens. EGGER, RUDOLF, 1952, Bd 3, 417–539, mit Abb. [Druckgesch., bes. 18./19. Jh.]

4332 *R. Koch:* Johannes Ficker und das evangelische Gesangbuch. FICKER 243–248, 4 Abb. [Buchschmuck, bes. Vignette.]

4333 *H. Schreiber:* Von der Goldschnittlyrik zum Schmetterlingsbuch. Orientalische Literatur in deutscher Ausstattung. SCHRAMM 82–92. [19./20. Jh.]

4334 *A. Meiner:* Otto Hupp. 1859–1949. GUTENBERG 1950, 318–326, 4 Abb.

4335 *A. Windisch:* Friedrich Wilhelm Kleukens, der Buch- und Schriftkünstler. GUTENBERG 1950, 327–335, 8 Abb.

4336 *J. M. Prange:* Miniatuurboeken. HORODISCH 1958, 187 ff., 7 Abb., 2 Taf.

WEST- UND SÜDEUROPA

4337 *R. Gandilhon:* Impressions inconnues de Jean Trumeau de Provins (début du XVIe siècle). BRUNEL, Bd 1, 504–509, 2 Taf. [Drucker in Troyes um 1500.]

4338 *R. W. Huber:* Ein französischer Froschauer-Druck. GAUCHAT 482–486, 2 Abb. [1584.]

4339 *K. G. Boon:* Was Colard Mansion de illustrator van « Le Livre de la Ruyne des Nobles Hommes et Femmes »? HORODISCH 1958, 85 ff., 4 Taf.

4340 *H. P. Rossiter:* Colard Mansion's Boccaccio of 1476. SWARZENSKI 103–110, 3 Abb.

4341 *E. R. Curtius:* Das Buch als Symbol in der Divina Commedia. CLEMEN 1926, 44–54.

4342 *L. Servolini:* Gli antichi tipografi Forlivesi. GUTENBERG 1940, 255–268, 11 Abb.

4343 *L. Donati:* Di una figura non interpretata di Stefano Pellegrini da Cesena. LUCCHESI 45–51, 3 Abb. [Ikonogr. Buchholzschnitt, Vendig 15. Jh.]

4344 *L. Donati:* Della prima biblia italiana illustrata (Venezia 1489). FERRARI 252–259, mit Abb.

4345 *D. Medaković:* Die venezianische Graphik des späten 15. Jahrhunderts und deren Nachhall im serbischen Buchdruck. KOSCHMIEDER 101–109, 4 Taf.

4346 *E. Fioroni Santoro:* Dell' origine e degli autori di alcune stampe attribuite ad « Ignoto ». GALLO 427–439, 8 Taf. [um 1600. Cod. Vatic. greco 2137 R.]

4347 *G. Bing:* Nugae circa veritatem. Notes on Anton Francesco Doni. SAXL 1937/38, 304–312, Taf. 46, 47.

4348 *P. Schubring:* Die Bücher des Francesco di Angelo Gaddi in Florenz. HIERSEMANN 392 bis 398, 5 Taf.

4349 *Ph. Hofer:* Some Little – Known Italian Illustrations of Comparative Anatomy, 1600 bis 1626. PANOFSKY 1960, 230–237, 9 Abb.

4350 *A. Schulte:* Die deutschen Kaufleute und die Anfänge des Buchdrucks in Spanien. BEZOLD, FRIEDRICH V., 165–180.

NORD- UND OSTEUROPA

4351 *A. Dieudonné:* Les origines de la livre anglaise. MARTROYE 309 ff.

4352 *H. Röttinger:* Die englischen Drucke des Johann Schott in Straßburg. KRIEG 6–7, 2 Abb.

4353 *H. O. Lange:* Et boghistorisk Problem, Nicolaus Gotz' Bogtrykkermærke. SIMONSEN 35–38, 1 Abb.

4354 *J. Badalić:* Die deutschen Offizinen in den Wiegendrucksammlungen Jugoslawiens. SCHÜTZ 31–37.

4355 *A. I. Nekrasov:* Motifs orientaux dans l'ornementation des premiers livres imprimé à Moscou. GORODCOV 329–338, 8 Abb.

GEBRAUCHSGRAPHIK, KALENDER, BILDERBÜCHER

SPIELKARTEN, TAPETEN

4356 *E. Jeanselme:* Les calendriers de régime à l'usage des Byzantins et la tradition hippocratique. SCHLUMBERGER, Bd 1, 217–233, Taf. 5. [Monatsdarstellungen.]

4357 *M. J. Husung:* Über die Entwicklung der Monatsbilder in Kalendern. LOUBIER 13–32, 2 Taf.

4358 *L. Donati:* Di una nuova « Rota paschalis » calcografica del XV secolo. MERCATI, GIOVANNI, Bd 6, 350–397, 6 Taf.

4359 *H. Brockhaus:* Ein edles Geduldspiel: „Die Leitung der Welt oder die Himmelsleiter", die sogenannten Tarochi Mantegnas vom Jahre 1459–60. SUPINO 397 ff., 51 Abb.

4360 *K. Schottenloher:* Tagebuchaufzeichnungen in immerwährenden Buchkalendern der Frühdruckszeit. GLAUNING, Bd 2, 88–96.

4361 *H. H. Schmid:* Ein Nürnberger Kalender von 1430 und Johann Blaubirer's Kalender von 1483. STOLLREITHER 247–253, 2 Abb.

4362 *G. Graber:* Holzstabkalender in Kärnten. EGGER, RUDOLF, 1952, 372–381, 2 Abb.

4363 *C. G. Marchesini:* Almanacchi italiani. GUTENBERG 1940, 177–188, 12 Abb. [15. bis 18. Jh.]

4364 *I. Collijn:* Kalendarium Munkalivense, ein schwedisch-norwegisches Birgittinerkalendarium. DEGERING 82–92, Taf. 6. [15. Jh.]

4365 *J. G. van Gelder:* Een 13de eeuws Psalterium met een Utrechtse kalender. VOGELSANG 57–76, 9 Abb.

4366 *F. Rumpf:* Beiträge zur Geschichte der frühen Spielkarten. GOLDSCHMIDT 1935, 77–91, 15 Abb.

4367 *K. Bachmann:* Zur Entwicklung der Spielkarten und der Kartenspiele und deren Beziehungen zur Skatstadt Altenburg (Thür.). Eine kulturgeschichtl.-volkskundl. Studie. OCHS 308–373, 4 Taf.

4368 *F. Schlager:* Das badische Nationalspiel „Zego" und die andern in Baden und an Badens Grenzen volksüblichen Kartenspiele. OCHS 293 bis 307, 2 Kt.

4369 *B. A. Turaev:* Abissinskie magičeskie svitki (magische Papierrollen aus Abessinien). UVAROVA 176 ff., 12 Abb., 6 Taf.

4370 *P. Hartmann:* Der liber amicorum des Chorherrn Johann Ratzenhofer in Beromünster. DURRER 498–513, 3 Abb., 2 Taf. [1612. Art Stammbüchlein.]

4371 *G. Leidinger:* Ein Stammbuch aus den Tagen der Paulskirche. HIERSEMANN 146–177, 5 Taf. [Dem Abgeordneten Josef Schneider aus Wien.]

4372 *K. Taut:* Aus einem Musikerstammbuch des 19. Jh. SEIFFERT 125–135, 3 Abb.

4373 *K. Brockerhoff:* Die Bilderfolge „Berliner Redensarten" (1828–1830) von Franz Burchard Dörbeck. Mit Abb. u. Erl. zweier Raucherblätter. KÜGLER 9–25, 2 Taf.

4374 *A. Spamer:* Arbeitsstand und Problemstellungen der deutschen Bilderbogenforschung. LAUFFER 109–132.

4375 *A. Spamer:* Weißenburg im Elsaß als Bilderbogenstadt. SCHULTZ 199–238, 4 Taf.

4376 *S. Drakenberg:* Bernshammars gustavianska tapeter. WALLIN 195 ff.

4377 *A. Beijew:* Den Königsmarckska maskeradtapeten i Linköpings museum. JOSEPHSON 128–149, 9 Abb.

Monogramme, Marken, Exlibris

4378 *R. Meldau:* Werbemarken als Sinnzeichen. Gutenberg 1950, 420–423, 8 Abb.

4379 *A. Sjögren:* Vandrande tryckare- och förläggaremärken. Rudbeck, Johannes, 68–75.

4380 *H. E. Pipping:* Två bokägarmärken anbragta som rygg- och pärmstämpel. Dahlberg 1947, 1–11, 2 Abb.

4381 *I. Collijn:* Die Wanderung eines Druckerzeichens. Zu GfT 785–786. Haebler 74–79. [Bartholomaeus Gothan.]

4382 *R. Bohlmann:* Die Zeichen oder Monogramme des Herzogs Julius von Braunschweig. Zimmermann 1914, 256–262, 12 Abb.

4383 *I. Schunke:* Signet-Einbände. Glauning, Bd 2, 104–112. [16. Jh.]

4384 *E. Preetorius:* Über das Exlibris. Gutenberg 1925, 335–337, 9 Textabb.

4385 *F. Funke:* Die Wandlung der Rahmenform in der alten Exlibris-Kunst. Jahn, Johannes, 281–286, Abb. 152–159.

4386 *D. G. Veth:* Op zoek naar het ideale exlibris. Horodisch 1958, 191 ff., 19 Abb.

4387 *E. Crous:* Die Bücherzeichen (Exlibris) in den Wiegendrucken der Staatsbibliothek. Harnack III, 240–253, 6 Abb. [Berlin].

4388 *A. Kolb:* Lothringische Exlibriskunst von heute. Gutenberg 1950, 355–361, 8 Abb.

4389 *R. Dahlberg:* Ätten Reuterholms Exlibris. Hultin, 108–114, 4 Abb. [17./18. Jh.]

4390 *L. Raimondo:* Ex-libris e marchi editoriali di Luige Servolini. Gutenberg 1950, 362–368, 13 Abb.

4391 *H. Hochenegg:* Tirolische Visitenkarten von Anno dazumal. Klebelsberg 1956, 121 bis 124, 7 Abb. auf Taf. 6, 7. [18.–Anf. 19. Jh.]

Foto und Film

4392 *A. Grisebach:* Über Photographie und Kunstverständnis. Radbruch 251–264.

4393 *H. Ladendorf:* Die Stellung der Photographie zwischen Kunst und Wissenschaft. Ein Diskussionsbeitr. Hildebrand 53–66.

4394 *B. v. Tieschowitz:* Die Photographie im Dienste der kunstgeschichtlichen Forschung. Hamann 1939, 151–162, Taf. 38–40.

4395 *J. L. H. Muller:* La photographie à faible grossissement au service de l'histoire de l'art. Puig i Cadafalch, Bd 1, 309–318, 5 Taf.

4396 *J. Widmann:* Die Colorfotografie im Dienste der Kunstpflege und Forschung. Jahn, Johannes, 223–224, Farbtaf. 3, 4.

4397 *H. Marceau:* Infra-red photography of Paintings. Puyvelde, 357 ff., 3 Abb.

4398 *A. Schlegel:* Zum Problem der Ansicht von Kirchenräumen. Hamann 1944, 263–270.

4399 *A. Schlegel:* Die richtige Ansicht beim Aufnehmen von Skulpturen. Hamann 1954.

4400 *J. K. St. Joseph:* A Survey of pioneering in air-photography. Crawford 303–315, 6 Abb. [Bei Ausgrabungen usw.]

4401 *G. Andersson:* Bildreproduktionen och den moderna människan. Lagrelius 162–169.

4402 *S. Ambrosiani:* Översikt över den svenska bildreproduktionen under 1800-talet. Lagrelius 1–82.

4403 *H. Cürlis:* Das Problem der Wiedergabe von Kunstwerken durch den Film. Redslob 172–187.

J. KUNSTHANDWERK

Allgemeines und Geschichte

4404 *H. Schaafhausen:* Über die Entwicklung des menschlichen Handwerks und den Einfluß des Stoffes auf die Kunstform. Leemans.

4405 *Th. Kielland u. E. S. Engelstad:* Kunstindustrie. Fett 205 ff. [Norwegen. Kunstforschung 20. Jh.]

4406 *H. Reusch:* Industrie und Kunst. Telschow.

4407 *R. Riemerschmid:* Freie Schönheit und langweilige Regeln. Riemerschmid 102–103.

4408 *E. Preetorius:* Eine Festrede. Riemerschmid 12–15. [Zum 80. Geburtst. Riemerschmids 1948.]

4409 *K. Hager:* Rede zum 50jährigen Bestehen der Deutschen Werkstätten Hellerau. Riemerschmid 2. 10. 1948, 71–75.

4410 *A. Rolfsen:* Arkiv för Dekorativ Konst. Josephson 350–354, 1 Abb.

4411 *A. Hentzen:* Kunsthandwerkliche Arbeiten deutscher Expressionisten und ihrer Nachfolger. Meyer, Erich, 311–330, 38 Abb.

Möbel und Holzarbeiten

4412 *J. Meintzschel:* Betrachtung zu den Wohnräumen des 15. und 16. Jahrhunderts. Kurth, Willy.

4413 *S. T. Kjellberg:* Vår tidigast daterade renässansstol. Upmark 50–51.

4414 *D. W. H. Schwarz:* Zwei gotische Archivschränke aus Zürich. Wien, Staatsarchiv, Bd 2, 3 Taf.

4415 *J. W. Frederiks:* Eenige meubelen en huisraad uit Nederlandsch gotisch interieur. Friedländer, Max J., 1942, 23 ff., 6 Abb.

4416 *P. Sanahuja:* El mobiliari de la infante Joana, filla de Pere III (14. Jh.). Rubio i Lluch, Bd 2, 165–172.

4417 *C. Bassi:* Tarsie rinascimentali in Valtellina. Giussani 277–291, 25 Abb.

4418 *E. Neumann:* Florentiner Mosaik aus Prag. Weixlgärtner 157–198, Abb. 192–223. [Werkstatt der Castrucci.]

4419 *O. v. Falke:* Peter Flötner und die süddeutsche Tischlerei. Bode 1915, 121–145, 18 Abb., 1 Taf.

4420 *G. Cohen:* Un Inventaire de meubles inédit du XVIe siècle en dialecte romanche de la Haute-Engadine. Haust 77–82.

4421 *Z. Jakó:* Az otthon és müvészete a XVI–XVII. századi Kolozsváron (renaissancezeitliche Wohnungseinrichtungen in Klausenburg). Kelemen 361–393.

4422 *J. Balogh:* Kolozsvári reneszánsz láda 1776-ból. (eine Klausenburger Renaissance-Truhe a. d. J. 1776). Kelemen 9–23, 6 Abb. u. zahlr. Zeichngn im Text. Kelemen. [Mit mehrsprach. Verz. d. verwendeten Ortsnamen.]

4423 *A. Baeckström:* Gustavianska möbler för svenska herremanshem. Wallin 336 ff.

4424 *S. Wallin:* Nils Dahlins gustavianska möbler. Upmark 12–13.

4425 *G. Boesen:* Kongelige Slotsinteriører omkring 1700. Fabricius, Knud, 186–211, 4 Abb.

4426 *K. Antell:* Från Carl Fredrik Scheffers Tyresö. Wallin 145–161, 6 Abb. [Ausstattung von Schloß Tyresö, 18. Jh.]

4427 *K. Dingelstedt:* Eine französische Kommode des 18. Jahrhunderts. Meyer, Erich, 211–214, 2 Abb.

4428 *S. Ambrosiani:* Borgmästaren C. H. Ewerts skrivbord. Wallin 329 ff.

4429 *L. Petterson:* Karelska bord. Nordmann.

4430 *A. Feulner:* Eine Kommode nach Entwurf von Cuvilliés. Braun 167–169, 5 Abb.

4431 *H. Bethe:* Das Hainhofer Spielbrett in Hamburg und seine Verwandten. Meyer, Erich, 183–190, 9 Abb.

4432 *W. Fleischhauer:* Das indianische Lack- und das türkische Boiserienkabinett in Ludwigsburg. Baum 187–195, Abb. 80–84.

4433 *H. Kreisel:* Die Kunstschreiner der Schloßeinrichtungen des Kurfürsten Max III. Joseph von Bayern im späten Rokoko. Buchheit 167–174, 4 Abb.

4434 *F. Arens:* Entwürfe zum Mainzer Bischofsthron. Stohr, 545–551, 2 Taf.

4435 *J. M. Greber:* Der Trierer Kurfürstenstuhl und die anderen Sitzmöbel Abraham Roentgens. Steinhausen, Josef, 219–230, Taf. 41–47.

4436 *G. Grundmann:* Die drei Zimmer von Erwin Speckter und Julius Milde im Museum für Kunst und Gewerbe, Hamburg. Meyer, Erich, 295–310, 17 Abb.

4437 *E. Nickel:* Ein mittelalterlicher Brunnen in Magdeburg. Unverzagt 158–166, 2 Abb. im Text u. Taf. 15–19. [U. a. mittelalterl. Holzgefäße.]

4438 *W. Neugebauer:* Typen mittelalterlichen Holzgeschirrs aus Lübeck. Unverzagt 174 bis 190, 7 Abb. im Text u. Taf. 21–25.

4439 *H. Bethe:* Eine geschnitzte barocke Kokosnuß in Leipziger Silberfassung. Jahn, Johannes, 271–274, Abb. 143–149.

4440 *S. Ambrosiani:* Stockholms byggmästareämbetes låda. Upmark 10–11.

4441 *M. Aga-Oglu:* Eine Holz-Maksura aus der Seldschukenzeit. Strzygowski 1932 I, 7–9, Abb. 1.

4442 *L. Katić:* Prilog Poznavanju ... [Une contribution à la connaissance du mobilier sacré en Dalmatie]. Abramic 244–251.

4443 *D. Seckel:* Der Bambus in Ostasien. Boehringer 1948, 45–58, 1 Abb.

Edelmetalle und Bronze

Frühgeschichte und Mittelalter

4444 *B. Salin:* Niellotekniken i Sverige under förhistorisk tid. Bogh 180–185.

4445 *J. Seligmann:* L'Orfèvrerie Carolingienne: Son évolution. Fougères 137 ff., 22 Abb.

4446 *J. Subias i Galter:* Els pallis (or i argenteria a l'orfebreria romànica catalana). Puig i Cadafalch, Bd 1, 373–382.

4447 *R. Schilling:* Studien zur deutschen Goldschmiedekunst des 12. und 13. Jahrhunderts. Schmitt 73–88, 5 Abb.

4448 *O. v. Falke:* Eilbertus Coloniensis. WICKHOFF 25 ff.

4449 *Å. Stavenow:* Göriskt silver. HAHR 123 ff.

4450 *A. W. Brøgger:* Hålø y genes Bjarmelandsferder. QVIGSTAD 28–36, mit Abb. [Mittelalterl. Silberschmuck.]

4451 *E. Klein:* Silvret på lappdräkterna. UPMARK 42–44.

4452 *M. Trens:* Els argenters de Vilafranca del Penedès. RUBIO I LLUCH, Vol. 3, 115–124.

4453 *P. d'Ancona:* I begli arredi della Sagrestia di San Lorenzo di Firenze sullo scorcio del secolo XIV. SUPINO 247 ff.

4454 *E. Panofsky:* A Parisian Goldsmith's Model of the Early Fifteenth Century? SWARZENSKI 70–84, 16 Abb.

4455 *H. Zeller-Werdmüller:* Zur Geschichte des Zürcher Goldschmiede-Handwerks. ZÜRICH. 6 Taf.

4456 *J. Ringler:* Brixner Goldschmiede. KLEBELSBERG 1949, 381–407, 10 Abb.

4457 *H. Kux:* Die Olmützer Goldschmiede vom Mittelalter bis zum Jahre 1700. BRAUN 19–33.

4458 *A. Fuchs:* Werke Münsterischer Goldschmiede in Paderborner Kirchen. WACKERNAGEL 1958, 102–111, 9 Abb.

4459 *B. Claussen:* Brauchtum und Wortschatz aus dem Rechnungsbuch des Wismarer Goldschmiedes Gotke Warendorp (etwa 1470–1491). WOSSIDLO 52–57.

4460 *L. Maculevič:* Argenterie byzantine en Russie. USPENSKIJ 1932, 292–302, Taf. XLIV, XLV.

4461 *M. S. Dimand:* A Group of Sasanian Silver Bowls. KÜHNEL 11–14, 4 Abb.

Bodenfunde

4462 *A. Voß:* Der große Silberkessel von Gundestrup in Jütland, ein mithräisches Denkmal im Norden. BASTIAN I, 367–414, 18 Abb.

4463 *F. E. Peiser:* Der Goldfund von Hammersdorf. KOSSINNA 1918, 92–96. [Ostpreußen. Um 500 n. Chr.]

4464 *C. A. Nordman:* Smyckefyndet från Sipilänmäki i Sakkola. TALLGREN 220–237, 12 Abb. [Um 1100.]

4465 *J. Klemenc:* Ein gotisches Frauengrab aus der Umgebung von Subotica. EGGER, RUDOLF, 1952, Bd 1, 337–342. 7 Abb. [Theresianopel.]

4466 *A. Alföldi:* Zur historischen Bestimmung der Avarenfunde. MINNS 285–307, 3 Abb. u. 3 Taf.

4467 *K. Dinklage:* Oberkrains Deutschtum im Spiegel der karolingischen Bodenfunde. EGGER, RUDOLF, 1942, 236–267, 6 Taf. [Ausführl. zu germanischem Schmuck.]

4468 *H. Zeiss:* Die Chronologie der westgotischen Grabfunde in Spanien. MÉLIDA Y ALINARI, Bd 1, 299–307, 1 Taf. [5.–7. Jh.]

4469 *E. Festin:* Brunflofyndet. Ett av Norrlands förnämligaste praktgravsfynd från äldre folkvandringstid. MODIN 80–87, viele Abb.

4470 *W. Schmid:* Zur Chronologie des Schatzes von Nagy St. Miklós. KOSSINNA 1928, 221–231, 8 Abb.

4471 *L. Jelić:* Die Inschrift auf der Buila-Schale von Nagy Szent Miklos. (Die Wiege der Metallkunst der Völkerwanderung.) STRZYGOWSKI 1923, 147–158.

4472 *G. Supka:* Zur Herkunft der Tierschale im Schatze von Nagyszentmiklós. STRZYGOWSKI 1923, 251–255, 4 Abb. auf Taf.

Fibeln

4473 *N. Åberg:* Ett bidrag till merovingertidens kronologi. ALMGREN 97–103, 13 Abb. (Fibeln).

4474 *H. Bott:* Eine frühlangobardische Bügelfibel aus Bayerisch-Schwaben. REINECKE 1950, 26–32, Taf. 1–3.

4475 *F. Wolter:* Eine Fibula aus der Karolingerzeit. RUPPRECHT, Kronprinz v. Bayern, 1914, 27, 1 Abb.

4476 *F. Rademacher:* Zwei ottonische Goldfibeln. OXÉ 273–280, 1 Abb., 2 Taf.

4477 *P. Th. Kessler:* Technische Beobachtungen an der Mainzer Adlerfibel. SCHUMACHER, KARL, 1930 I, 366–370, 6 Abb. u. Taf. 48.

4478 *O.-F. Gandert:* Bronzezeitliche Fibelgußformen. KOSSINNA 1928, 109–116, 6 Abb.

4479 *J. Werner:* Die Nauheimer Fibel. SPROCKHOFF, Tl 1, 170–195, 7 Abb., 2 Kt. [50 bis 1 v. Chr. M. Verbreitgsliste u. -ktn zu dieser Fibelform.]

4480 *H. Kühn:* Die Fibeln mit ausgezackter Kopfplatte (thüringischer Typ). SCHUMACHER, KARL, 1930 I, 343–350, 5 Abb. u. Taf. 44, 45.

4481 *M. Orend:* Das Fortleben der germanischen Rundfibel bei den Siebenbürger Sachsen. LAUFFER 176–180, 10 Abb.

4482 *H. Kühn:* Das Problem der masurgermanischen Fibeln in Ostpreußen. LA BAUME 79–108, Taf. 20–27.

4483 *I. Atterman:* Fågelformade spännen och beslag från folkvandringstid. EKHOLM 169–186, 20 Abb.

4484 *A. Hackman:* De kräftformiga Spännena. ALMGREN 205–216, 34 Abb. [Finnische Fibeln.]

4485 *N. Cleve:* Finnländische runde Fibeln der Wikingerzeit aus Osteuropa. MINNS 405–409, 4 Abb.

4486 *A. Kalitinskij:* La question des fibules byzantines en Russie. USPENSKIJ 377–386.

4487 *J. Werner:* Slawische Bügelfibeln des 7. Jahrhunderts. REINECKE 1950, 150–172, 5 Abb. u. Taf. 27–43.

4488 *A. P. Kalitinskij:* Iz istorij fibuly na Kavkazě (contributions à l'histoire de la fibule au Caucase. Résumé français). KONDAKOV 62ff., 13 Abb. u. Taf. 4–8.

4489 *T. J. Arne:* Några ryska fibulor och deras utveckling. ALMGREN 257–268, 39 Abb.

RINGE, BECHER UND TRINKHÖRNER U. A.

4490 *C. Cecchelli:* L'anello byzantino del Museo di Palermo. JERPHANION 40–57, 10 Abb.

4491 *M. C. Ross:* Two Byzantine Nielloed Rings. GREENE 169–171, Abb. 136–139.

4492 *M. Schmiedehelm:* Ein Ringanhänger mit Vogelfiguren aus Masuren. EHRLICH 57–60, 1 Taf.

4493 *O. Kleemann:* Zwei ostgermanische Kapselanhänger aus Glogau und die Verbreitung der Kapselanhänger. SEGER 1939, 76–85, 10 Abb.

4494 *M. C. Ross and B. Laourdas:* The Pendant Jewel of the Metropolitan Arsenius. SWARZENSKI 181–184, 2 Abb.

4495 *J. Werner:* Ein germanischer Halsring aus Gellep. OXÉ 260–265, 4 Abb.

4496 *W. A. v. Jenny:* Zum Goldreif von Strobjehnen. SCHUCHHARDT 88–109, 5 Taf. [Reiter- u. Tierdarstellgn. 11. Jh.]

4497 *A. Götze:* Ein goldenes Diadem der Völkerwanderungszeit. BEZZENBERGER 52–59, 1 Taf.

4498 *A. Feigel:* Das Geheimnis um den Schenkenbecher von Erbach. LENHART 120–125, 1 Textabb., 1 Taf. [Ursprgl. jüd. Hochzeitsbecher (Metall) i. Bes. d. Erzb. D. v. Erbach in Mainz (1434–53).]

4499 *H. Wichmann:* Zwei seltsame Fundstücke aus Leipzig im Stadtgeschichtlichen Museum. JAHN, JOHANNES, 221–222, Abb. 113–115. [Glockenförm. Silberbecher, um 1150. Morgenstern, Ende 14. Jh.]

4500 *R. L. S. Bruce-Milford:* Late Saxon Disc-Brosches. LEEDS 171–201 m. vielen Taf. u. Abb.

4501 *P. Nørlund:* Det saakaldte „Erik af Pommerns Baelte". RYDBECK, 5 Abb. [Gürtel.]

4502 *J. Werner:* Die ältesten Gürtelhaken. SCHWANTES 151–156, 8 Abb.

4503 *F. E. Peiser:* Die Trinkhornränder des Prussiamuseums. BEZZENBERGER 114–120, 6 Abb.

4504 *G. Arwidsson:* Två baltiska dryckeshorn från 600-talet. TALLGREN 161–169, 5 Abb.

4505 *L.-I. Ringbom:* Gallehushornens Bilder. PIPPING 258–304, 28 Abb. [Goldhorn aus Gallehus in Schleswig, ikonographisch erklärt.]

4506 *K. Vilkuna:* Kirchliche Trinkhörner. NORDMANN 199–208, 4 Abb.

4507 *A. Tulse:* Dryckeshorn som symbol i Estlands medeltida konst. NORDMANN 188–197, 5 Abb.

KELCHE KREUZE RELIQUARE

4508 *J. J. Rorimer:* The Authenticity of the Chalice of Antioch. GREENE 161–168, Abb. 127–135.

4509 *M. Rosenberg:* Ein wiedergefundener Kelch. CLEMENS 1926, 209–217, 9 Abb. [A. d. Schatz v. St. Denis. 1145. Godefroid de Claire.]

4510 *B. de Montesquiou-Fezensac:* Une épave du Trésor de Saint-Denis, fragment retrouvé de la Croix de saint Éloi. MARTROYE 289 ff., 1 Taf. u. 1 Abb.

4511 *L. Schürenberg:* Vier Abendmahlskelche des 13. Jahrhunderts in Stendal. FRIEDLÄNDER, WALTER, 115 ff.

4512 *Wł. Stroner:* Kielichy romanskie w Trzemesznie i w Wilten (die romanischen Kelche von Trzemesznia und Wilten). BALZER. [Wilten bei Innsbruck.]

4513 *J. Květ:* Dva kalichy z Táborska (zwei Kelche aus Tabor). WIRTH 235 ff.

4514 *O. Graf Trapp:* Der Blasiusminnen-Kelch in Braunsberg. WOPFNER, Bd 2, 297 bis 298, 1 Abb. [14. Jh.]

4515 *H. Zeiss:* Das Goldblechkreuz von Stabio (Kanton Tessin) und verwandte Denkmäler. TATARINOFF 61–69, 2 Abb. [Münzfibeln.]

4516 *G. Haseloff:* Die langobardischen Goldblattkreuze. Ein Beitr. zur Frage nach dem Ursprung von Stil II. SPROCKHOFF, Tl 2, 143 bis 163, 14 Abb., 6 Kt., Taf. 9–12.

4517 *O. M. Dalton:* A gold pectoral cross and an amuletic bracelet of the sixth century. SCHLUMBERGER, Bd 2, 386–390, Taf. 7. [Fundort Kertsch.]

4518 *H. Schnitzler:* Ein Kruzifixus aus Walroßzahn. MEYER, ERICH, 84–87, 3 Abb.

4519 *R. Böhme:* Ein gotisches Vortragekreuz. JAHN, JOHANNES, 175–178, Abb. 82, 83. [Italienisch, 15. Jh.]

4520 *H. Swarzenski:* The "Dowry Cross" of Henry II. FRIEND 301–304, 5 Abb.

4521 *K. H. Usener:* Zur Datierung des Kreuzfußes von St. Omer. HAMANN 1939, 163–168, Taf. 41–44. [Maasschule um 1180.]

4522 *M. Morelowski:* Plaskorzezby ... (Les bas reliefs des couvertures de l'Evangéliaire d'Anastasie à la Bibl. Nationale de Varsovie et l'art mosan du XII siècle.) TOMKOWICZ 265–296, 19 Abb.

4523 *S. G. Mercati:* La stauroteca di Maestricht ora nella Basilica Vaticana. DE ROSSI 1923/1924, Bd 2, 45–63, 3 Abb. u. 2 Taf.

4524 *K. Wessel:* Ikonographische Bemerkungen zur Agilulf-Platte. JAHN, JOHANNES, 61–67, Abb. 38. [Florenz, Museo Nazionale. Herrschaftszeichen.]

4525 *H. Zink:* Der Reginenschrein zu Rhynern. RAVE 196 ff., 8 Abb.

4526 *Th. Müller:* Ein Reliquienkasten im Brixner Domschatz. WEINGARTNER 131–138, 10 Abb., Nachtr. S. 204.

4527 *H.-A. v. Stockhausen:* Das romanische Scheibenreliquiar in Fritzlar. HAMANN 1939, 136–150, Taf. 33–37.

4528 *R. Otto:* Zur stilgeschichtlichen Stellung des Arnulfciboriums und des Codex aureus aus St. Emmeram in Regensburg. JANTZEN 1951, Schülerfestschr., Bd 1.

4529 *C. Gerra:* „Arca ... Gemmis quae compta coruscat" (Altare d'oro di S. Ambrogio in Milano). CALDERINI UND PARIBENI, Bd 3, 775–798, 19 Abb.

4530 *P. Pieper:* Die silbernen St. Georgsfiguren aus Elbing. MEYER, ERICH, 93–105, 9 Abb.

4531 *F. Kieslinger:* Die Reliquienbüste des Hl. Ladislaus im Domschatz von Raab (Györ) – eine Wiener Goldschmiedearbeit von 1440 bis 1450? NEUWIRTH, 68–71, 2 Abb.

KIRCHENSCHÄTZE

4532 *F. Haeberlein:* Ein Augsburger Silberaltar in der Reichen Kapelle der Münchner Residenz. BUCHHEIT 121–127, 6 Abb.

4533 *W. Tunk:* Der Bamberger Domschatz in den Darstellungen eines Prachtkodex der Dürerzeit. KRAFT, 8 S.

4534 *H. Burkard:* Das Ende des Mainzer Domschatzes. NEEB 190–203.

4535 *P. A. Kirsch:* Zur Geschichte des Kirchenschatzes von St. Viktor in Mainz. SCHNEIDER, FRIEDRICH, 1906, 487–494.

4536 *F. Kaufmann:* Vom Talisman Karls des Großen und der Vergabung anderer Stücke des Aachener Münsterschatzes im Jahre 1804. JOHANN GEORG V. SACHSEN, 639–670.

4537 *E. Klein:* Zur Geschichte der Krone und Reliquiare aus der Schenkung des hl. Ludwig IX. in Dresden. JOHANN GEORG V. SACHSEN 671–692.

4538 *J. Lessing:* Der Silberschatz des Königlichen Schlosses zu Berlin. SPRINGER 1885 I, 121–142, 1 Taf.

4539 *A. Weixlgärtner:* Die weltliche Schatzkammer in Wien. (Neue Funde und Forschungen.) SCHLOSSER 1926, 15–84, Abb. 8–30 u. Taf. 3–16.

4540 *J. Ringler:* Vom Silberschatz der St. Jakobs-Pfarrkirche in Innsbruck. WEINGARTNER 139–156, 6 Abb.

4541 *G. Wyß:* Aus dem alten Oltner Kirchenschatz. DIETSCHI 65–73, 5 Abb.

4542 *O. Tafrali:* Le monastère de Sucevita et son trésor. DIEHL, CHARLES, Vol. 2, 207 ff., 9 Abb.

4543 *G. de Jerphanion:* Le trésor de Putna et les peintures de Cappadoce. USPENSKIJ 310–314.

4544 *I. J. Stelleckij:* Lětopisnyja varjazskija peščery i klad (die warägische Höhle und der Schatz in der Chronik). UVAROVA 261 ff., 3 Abb. [Ein Höhlenschatz bei Kiew.]

4545 *G. Munthe:* Silverritningarna för Stockholms slott. WALLIN 282 ff.

RENAISSANCE UND FOLGEZEIT

4546 *F. Stelé:* Ciborij ... [Ciboire dans le village de S. Lenart en Slovenie]. ABRAMIC 274–278, 4 Abb. [Silber, Kreis Dürers.]

4547 *H. Kohlhaussen:* Der Veit Holzschuher-Pokal von Elias Lencker im German. National-Museum. BUCHHEIT 114–120, 6 Abb.

4548 *H. R. Weihrauch:* Hans Georg Fux, Elfenbeinschnitzer und Holzbildhauer. MEYER, ERICH, 228–236, 14 Abb.

4549 *Th. Hampe:* Splitter zur Jamnitzerforschung. HABICH, 99–103.

4550 *E. Kris:* Der Stil „Rustique". Die Verwendung des Naturabgusses bei Wenzel Jamnitzer u. Bernard Palissy. SCHLOSSER 1926, 137–208, Abb. 83–148 u. Taf. 22.

4551 *L. Pulvermacher:* Seefabeltiere von Giovanni Andrea Maglioli und Christoph Jamnitzer. FRIEDLÄNDER, WALTER, 514 ff. [Gedr. in: Tidskrift för Bok- och Biblioteksväsen 20: 1933 (2). Mit Abb.]

4552 *G. Habich:* Paul Nitsch. BRAUN 85–89, 6 Abb. [Goldschmied, Breslau 1548–1609. Medaille m. mögl. Selbstbildnis.]

4553 *R. Schmidt:* Der Musikbecher von Reutlingen. BUCHHEIT 138–141, 3 Abb.

4554 *K. Schumm:* Der Hermersberger Hirsch. Ein Kunstwerk als landesgeschichtl. Dokument. BAUM 174–179, Abb. 74, 75. [Willkomm-Becher aus vergold. Silber d. Hauses Hohenlohe, 1580.]

4555 *A. Langhaus:* Renaissancebecher eines Weseler Goldschmiedes. STEEGER 124–127.

4556 *C. J. Hudig:* Een zilveren Schaal gedreven door Johannes Lutma de oude. PUYVELDE 332 ff., 3 Abb.

4557 *E. Andorfer:* Das Zunfttypar der Grazer Goldschmiede aus dem Jahre 1633. SAS-ZALOZIECKY 1–9, 2 Abb.

4558 *A. I. Anissimov:* Dar Filareta Nikotiča chramu Groba Gospodnja (das Geschenk des Filaret Nikitič an die Grabeskirche). UVAROVA 565 ff., 4 Taf. [Silberkanne m. figürl. Relief, wohl französ., 17. Jh.]

4559 *A. J. M. Van Nispen tot Pannerden:* De koningen van de oude zevenaarse Schutterij (1662–1818). VAN HEEK 200–214, 12 Abb. [Schützengilde, Silberabzeichen.]

4560 *G. Schoenberger* A Silver Sabbath Lamp from Frankfort-on-the-Main. SWARZENSKI 189 bis 197, 3 Abb. [1680–1700.]

4561 *W. Boll:* Ein Mainzer Goldbecher vom Jahre 1698. Ein unbekanntes Werk des Goldschmieds Peter Boy. NEEB 143–151, 2 Taf.

4562 *H. Schwartz:* Von Soester Silberschmiederei, insbesondere im 17. und 18. Jahrhundert. RAVE 246 ff., 8 Abb.

4563 *D. F. Rittmeyer:* Glarner Silberarbeiten des 17. und beginnenden 18. Jahrhunderts. GALLATI 170–181, 5 Taf.

4564 *Å. Stavenow:* Stockholms guldsmedsämbetes mästerstyckeritningar. WALLIN 273 ff.

4565 *G. W. Fleetwood:* Svärdfejarnas bönhaseri inom guldsmedsyrket. UPMARK 24–25.

4566 *L. Birchler:* Robert Durrer und seine Kunst. DURRER 582–594, 10 Taf. (Abh. Nr. 32, s. Festschriftentitel). [Goldschmiedearbeiten, Kirchenrestaurationen, Wandgemälde u. a.]

4567 *G. Mendelssohn:* Experimentelles Hervorbringen von Kunstformen. Eine Studie über kontinuierliche Deformationen von Silberdrähten. RIEMERSCHMID 115–119, 5 Abb.

4568 *J. Lassus:* Un anneau épiscopal africain. ANDRIEU 287–290, 2 Abb.

SCHMUCK UND UHREN

4569 *O. Tschumi:* Schmuckketten in der Ur- und Frühzeit. WAHLE, ERNST, 200–205, 6 Abb.

4570 *D. Bohnsack:* Vor- und frühgeschichtlicher Bernsteinschmuck. LA BAUME 9–12, Taf. 1–3.

4571 *E. Šturms:* Der Bernsteinschmuck der östlichen Amphorenkultur. LA BAUME 13–20, Taf. 4–6.

4572 *S. Gunjača:* Postojavje ... [Un centre de fabrication de bijoux paleocroate]. ABRAMIC 231–237, 5 Abb. [Bei Krin. 7. Jh.]

4573 *P. Orsi:* Gioielli bizantini della Sicilia. SCHLUMBERGER, Bd 2, 391–398, Abb. 61–70. [6.–10. Jh.]

4574 *E. A. Meyer:* Zur Geschichte des hochmittelalterlichen Schmuckes. GOLDSCHMIDT 1935, 19–22, 15 Abb.

4575 *G. Michailidès:* Collection de peignes et autres objets de toilette coptes. CRUM 485–494, 5 Abb., 8 Taf.

4576 *G. Mazzini:* L'«astrolabium» di Leonard Thurneißen zum Thurn. MERCATI, GIOVANNI, Bd 6, 414–431, 3 Taf.

4577 *H. Karlinger:* Das Astrolabium aus St. Emeram in Regensburg. BUCHHEIT 12–17, 6 Abb.

4578 *A. Thomson:* The secret of the Verge Watch. A study in symbolism and design. TYLOR 355–359, 2 Taf. [Abb. v. 60 Spindeluhren d. 18. Jh.]

4579 *H. Schwindrazheim:* Der Jakobsstab. Ein Bericht aus der Arbeit des Altonaer Museums. LEHMANN, OTTO II, 107–111, 3 Abb. [Winkelmeßgerät.]

4580 *G. Nikander:* Urmakare i Åbo under den svenska tiden. WALLIN 265 ff.

BRONZE - SACHEN

4581 *W. Stengel:* Die Merkzeichen der Nürnberger Rotschmiede. BEZOLD, GUSTAV v., 107 bis 155, 1 Taf.

4582 *G. Ekholm:* Die Einfuhr von Bronzeschüsseln der römischen und frühmerowingischen Zeit nach Skandinavien. Ein Beitr. z. Gesch. d. röm.-german. Handels. SEGER 1934, 247–254, 3 Abb. u. Taf. 47–49.

4583 *A. Roes:* La croix gardienne de la fermeture. DEONNA 428–434, 2 Taf. [Merov. u. m. a. Schließen u. Schlüssel.]

4584 *G. Schlumberger:* Monuments byzantins inédits: 1. Croix professionell de bronze [u. a.]. VOGUÉ 555–568, 18 Abb.

4585 *S. Runciman:* The popular bronze reliquary crosses of Byzantium. SAS-ZALOZIECKY 154 ff.

4586 *H. R. Hahnloser:* Urkunden zur Bedeutung des Türrings. MEYER, ERICH, 125–145, 9 Abb.

4587 *V. Griessmaier:* Zu den Gravierungen des Aachener Kronleuchters. STRZYGOWSKI 1932 I, 72–75, Abb. 46, 47. [Einzelh. d. Darstellgn a. d. Bibel v. Floreffe v. 1160, London, Brit. Mus.]

4588 *S. Wallin:* Ljuskronan från Östra Ruds kyrka. SALIN 160–176.

4589 *F. Balodis:* Ein Denkmal der Wikingerzeit aus Semgallen, Lettland. MINNS 399–404, 3 Abb. [Bronzefigürchen eines Wikingers, vermutl. 11. Jh.]

4590 *T. Ivanovskaja:* Materialy k izyčennju iskusstva drevnego Kavkaza. II. Kavkazski bronzovye „pojasnye" prjazki (matériaux pour servir à l'étude de l'art de l'ancien Caucase. 2. Les boucles de ceintures en bronse du Caucase). MARR 11–27, Taf. 37–40.

4591 *E. W. Braun:* Der Kleopatrabrunnen des Berliner Museums, seine Nürnberger Herkunft und sein Besteller. MEYER, ERICH, 172–175, 3 Abb.

4592 *H. Schmidt:* Ein Bronzezierat unbekannter Herkunft. BEZZENBERGER 127–131, 3 Taf.

4593 *A. Grohmann:* Die Bronzeschale M. 388 bis 1911 im Victoria and Albert Museum. KÜHNEL 125–138, 15 Abb.

4594 *D. Opitz:* Altorientalische Gußformen. OPPENHEIM 179–215, 26 Abb. auf 5 Taf.

4595 *E. Herzfeld:* Khattische und khaldische Bronzen. LEHMANN-HAUPT 1921, 145–157, 1 Taf.

4596 *E. Kühnel:* Ein persischer Bronzemörser. MEYER, ERICH, 32–33, 4 Abb.

MESSING, KUPFER, ZINN

4597 *A. Goldschmidt:* Ein sächsischer Buchdeckel aus ottonischer Zeit. CLEMEN 1926, 277–280, 2 Abb. [Wolfenbüttel Nr. 461, Cod. Helmst. 426.]

4598 *B. Meier:* Ein katalanisches Kästchen des 14. Jahrhunderts in der Sammlung Apffellstädt-Münster. GOLDSCHMIDT 1923, 45–48, Taf. 9. [Holz, m. gestanzten Kupferblechplatten ummantelt.]

4599 *L. Scherman:* Die Herstellung der Metallgüsse für den birmanischen Buddha-Kult. GARBE 122–128, 4 Abb.

4600 *I. Löw:* Das Zinn. FREIMANN 159–166. [U. a. rituelle Kleinkunst.]

4601 *B. Italiener:* Eine Sederschüssel aus dem 16. Jahrhundert. DIENEMANN 49–55. 1 Abb. [Zinn, Bielefeld 1551.]

4602 *S. Asche:* Ein Apothekergefäß des Görlitzer Zinngießers Hans Sachse. JECHT 82–85, 1 Taf.

4603 *A. Löfgren:* Om det äldre tenngjuteriet i Jönköping. FRIBERG 177–192.

4604 *J. Strieder:* Deutscher Metallwarenexport nach Westafrika im 16. Jahrhundert. SCHULTE, ALOYS, 179–189.

4605 *D. Mallardo:* Capsella di piombo nella Basilica di S. Restituta in Napoli. GALANTE 115 bis 147, 4 Abb. [2. H. 16. Jh.]

4606 *K. Vilkuna:* Ullbågen. NIKANDER 73–78, 5 Abb. [Hausgerät auf mittelalterlichen Darstellgn.]

4607 *S. Erixon:* Mässingsdosor. WALLIN 309 ff.

4608 *N. Lithberg:* Gotländska svampdosor. WALLIN 301–308, 42 (kleine) Abb. [Schwammbüchsen, Metall, 18. Jh.]

4609 *F. Fries:* Über den Ursprung der Dröppel-Mina. SCHELL 54–59, 2 Taf. [Birnenförmige, dreibeinige Kanne aus Metall oder Fayence.]

GLOCKEN

4610 *C. Thiel:* Über Kirchenglocken. KRETZSCHMAR, HERMANN, 158–160.

4611 *J. Gritsch:* Die Glocken Peter Löfflers. HAMMER 55–78, 2 Abb. u. Taf. 8–15.

4612 *R. Dethlefsen:* Glockeninschriften. BOZZENBERGER 14–23.

4613 *O. Kolsrud:* Les inscriptions des cloches de l'église de Sauherad. EITREM 43–50, 6 Abb. [Grönland, 15. Jh.]

4614 *J. Schaeben:* Glockenrettung im Kreise Euskirchen. CLEMEN 1946, 25–28.

4615 *E. Sauermann:* Glockenwandlung in Schleswig-Holstein. PAULS 18–37.

4616 *P. Mies:* Der Glockenklang als Problem des Impressionismus. BIEHLE 66–70.

EISEN UND STAHL
SCHMIEDEN UND HÜTTEN

4617 *D. Bohnsack:* Zur burgundischen Eisenschmiedekunst des 1. Jahrhunderts v. d. Ztr. EHRLICH 85–91, 1 Taf.

4618 *K. Horedt:* Eine sächsische Schmiede des 13. Jahrhunderts. Ein archäolog. Beitr. zur Herkunftsforschung der Siebenbürger Sachsen. KELEMEN 334–348, 6 Taf., 3 Abb.

4619 *P. X. Weber:* Rüstungs- und Waffenschmiede im alten Luzern. DURRER 271–297.

4620 *F. Wickhoff:* Ein Musterbuch eines italienischen Waffenschmiedes aus dem Beginne des 16. Jh. GOMPERZ 443–450, 2 Abb. [Schloß Wolfegg/Württ. Zu geätzten Waffen.]

4621 *B. Hellner:* Några gravvärder av smidesjärn i Nordiska museet. WALLIN 247 ff.

4622 *N. T. Beljaev:* O Bulatě i Charalugě. («Bulat» et «Karalugh». Essai sur l'histoire de l'acier en Russie.) KONDAKOV 155 ff., 14 Abb.

4623 *H. Hoppenbrouwers O. S. B.:* Uit de jengdjaren van een eeuwenhoud bedrijf. De oorsprong van Dru 1754–1774. VAN HEEK 219 bis 227, 4 Abb. [Eisenhüttenwerk d. 18. Jh.]

4624 *A. Götze:* Die „Schwurschwerter" der Wartburg – Taleae ferreae. KOSSINNA 1928, 138–144, 2 Abb. [Keltische Geldbarren der späten Latènezeit.]

GERÄTE

4625 *J. C. Notebaart:* Der Pflug als Kultgerät. PLISCHKE 65–78.

4626 *L. Schmidt:* Das bäuerliche Arbeitsgerät in Niederösterreich. Der Stand seiner Erforschg, dargetan am Beisp. d. randbeschlagenen Spatens. BECKER, ANTON, 1958, 269–283, 4 Abb. [Bildzeugnisse in der Kunst.]

4627 *L. Schmidt:* Antike und mittelalterliche Pflugscharen in Österreich. WENINGER 227 bis 238, 5 Abb.

4628 *H. Quitta:* Mittelalterliche Sicheln aus Leipzig. BEHN 148–153, Abb. 163 u. 1 Textabb.

4629 *W. Nowothning:* Germanische Ackergeräte in Schlesien. SEGER 1939, 93–103, 4 Abb.

4630 *H. Keuth:* Herdstellen und Wärmeeinrichtungen im alten Bauernhause der Saar. CLEMEN 1936, 75–90, 28 Abb. [Abb. v. Ofenplatten, Feuerböcken usw.]

4631 *C. Enlart:* Ferronneries catalanes dans le Levant. SCHLUMBERGER, Bd 2, 451–455, Taf. 29, 30, Abb. 85, 86. [Dreibeinige schmiedeeiserne Kandelaber. 14. Jh.]

4632 *P. Krause:* Die Schmiedegitter der St. Cosmaekirche in Stade. WOHLTMANN 171–175, 5 Abb.

4633 *J. M. Ritz:* Mittelalterliche Eisenvotive in Franken. GUGITZ 381–385, 3 Taf.

4634 *J. M. Ritz:* Eisenvotive als Volkskunst. ANDREE-EYSN 44–48, 6 Abb.

4635 *E. Schmidt:* Ein Beitrag zur Geschichte des Eisenkunstgusses. KURTH, WILLY, 5 Abb.

4636 *E. Hintze:* Zur Geschichte des Eisenkunstgusses im Bereiche der Tschechoslowakei. BRAUN 202–221, 25 Abb.

4637 *L. Dobronič:* Kovano zeljezo Cvjetka Pećara (Zusammenfassung) Cvjetko Pećar's Schmiedeeisenarbeiten. TKALCIC 169 ff., 18 Abb.

WAFFEN UND HARNISCHE

4638 *T. D. Kendrich:* Some Types of ornamentation on Late Saxon and Viking Period Weapons in England. MINNS 392–398, 7 Abb.

4639 *W. Giese:* Waffengeschichtliche und terminologische Aufschlüsse aus katalanischen literarischen Denkmälern des 14. u. 15. Jh. RUBIO I LLUCH, Bd 1, 33–68.

4640 *G. W. Fleetwood:* Livrustkammarens metod för avbildning av vapenstämplar. SALIN 84–87.

4641 *E. A. Gessler:* Das Aufkommen der Halbarte von ihrer Frühzeit bis zum Ende des 14. Jh. DURRER 127–146, 2 Abb.

4642 *P. Müller:* Zierbarten in Privatbesitz. HERRMANN, WALTHER, 147–167, 7 Abb. [Paradebeile der Bergleute.]

4643 *H. Stoecklein:* Ein Gelieger aus dem Besitz des Pfalzgrafen Ott Heinrich. WOLTERS 59–63, 4 Abb. [Turin, Armeria Reale.]

4644 *E. A. Geßler:* Der Turniersattel aus Schaffhausen und ähnliche des 15. Jahrhunderts. LEHMANN, HANS, 1–46, Abb. u. Taf.

4645 *O. Gamber:* Der Turnierharnisch Kaiser Maximilians I. und das Thunsche Skizzenbuch. WEIXLGÄRTNER 33–70, Abb. 26–114.

4646 *B. Thomas:* Der Wiener Prunkharnisch des Wilhelm von Rogendorf. STUMMVOLL / KISSER / TRENKLER 84–86.

4647 *A. v. Reitzenstein:* Der Landshuter Plattner Sigismund Wolf. BUCHHEIT 103–106, 2 Abb.

4648 *E. Haenel:* Johann Heinrich Merck, die Lukrezia und die deutsche Renaissance. KOETSCHAU 62–66, 2 Abb. [Italien. Halbharnisch.]

4649 *E. Haenel:* Mailänder Prunkharnische der Hochrenaissance und ihre Meister. SCHUBRING, PAUL, 81–96, 5 Abb. [Lucio Piccinino.]

4650 *F. v. Heydebrand und der Lasa:* Die bildlichen Darstellungen auf Prunkwaffen germanisch-slawischer Berührungsgebiete und ihre Bedeutung für die genealogische Geschichtsforschung. SEGER 1939, 139–165, 7 Abb., Taf. 28.

SCHWERTER, DEGEN, SÄBEL

4651 *K. Böhner:* Das Langschwert des Frankenkönigs Childerich. BICKEL 218–248, 8 Abb. im Text u. Taf. 37–42.

4652 *H. Jankuhn:* Ein Ulfberht-Schwert aus der Elbe bei Hamburg. SCHWANTES 212–229, 2 Abb., 1 Taf.

4653 *T. J. Arne:* Einige Schwert-Ortbänder aus der Wikingerzeit. MONTELIUS 1913, 375 bis 390, 39 Abb.

4654 *E. Heinsius:* Stechschlüssel der Winkinger. LAMMERT 68–73, 9 Abb.

4655 *O. Graf Trapp:* Die mittelalterlichen Schwerter des Ferdinandeums aus der Freundsberger-Gruft in der Klosterkirche zu Mariatal. HÖRTNAGL 115–117, 1 Abb.

4656 *J. Schranil:* Einige Bemerkungen über Ursprung und Alter der Schwerter des Hl. Wenzel und des Hl. Stephan. (In tschech. Spr.) PEKAR.

4657 *V. I. Ravdonikas:* Nadpisi i znaki ... (Die Inschriften und Zeichen der Schwerter vom Dneprostroj). MARR 1933, 598–616, 1 Taf.

4658 *P. Paulsen:* Einige Säbelschwerter im Ostseeraum. LA BAUME 123–136, 5 Abb. u. Taf. 33.

4659 *J. Kalmár:* Dobzse László pápai díszkardja (der päpstliche Ehrensäbel des Ladislaus Dobsche). GEREVICH I, 87–103, Abb. 79–83.

4660 *M. Rostovcev:* Le porte-épée des Iraniens et des Chinois. USPENSKIJ 337–346.

4661 *R. Cederström:* Japanska värjfästen i europeiska 1700-talsformer. UPMARK 22–23.

Helme und Schilde

4662 *A. Lonke:* Zur Chronologie des Bremer Bandspangenhelmes. SCHAUINSLAND 68–69, 2 Abb. [Um 400; westgotisch.]

4663 *B. Nerman:* Ein Spangenhelm, gefunden auf Gotland. HACKMAN 118–127, 5 Abb.

4664 *J. Werner:* Zur Herkunft der frühmittelalterlichen Spangenhelme. MERHARD VON BERNEGG, Bd 1, 178–193, 9 Abb.

4665 *A. Neuhaus:* Der Topfhelm der Rieter von Kornburg. HAMPE 89–96, 4 Abb.

4666 *J. Schwietering:* Die Bedeutung des Zimiers [Helmzierats] bei Wolfram. SIEVERS 1925, 18 Abb.

4667 *H. Stöcklein:* Ein türkischer Helm. SARRE 163–169, 2 Textabb. u. Taf. 98. [Kupfer, feuervergold., 16. Jh.]

4668 *H. Nickel:* Die Grabplatte des Großkomturs Kuno von Liebenstein zu Neumark in Westpreußen. REDSLOB 281–291, 7 Abb. [Messing, nach 1391. Ausführl. zu Schildformen.]

4669 *H. Zeiß:* Spätmerowingisch-frühkarolingische Schildbuckel von Zuckerhutformen. REINECKE 1950, 173–180, 5 Abb.

4670 *O. Graf Trapp:* Die Deutschordensritter-Schilde aus der Burg Reifenstein. HAMMER 27–54, 4 Abb. u. Taf. 1–7.

4671 *P. Post:* Über ein gotisches Roßstirnschild im Berliner Zeughaus. GOLDSCHMIDT 1923, 99–101, Taf. 22, 23. [Um 1490. Narrenfigur als Wappenhalter. Hausbuchmeister.]

4672 *J. Leppäaho:* Nousiaisten kultaiset kilven osat (vergoldete Schildteile aus Nousiainen). ÄYRÄPÄÄ 51–66, 11 Abb. [U. a. Min. in m. a. Hs.]

Feuerwaffen

4673 *W. Lippert:* Über das Geschützwesen der Wettiner im 14. Jahrhundert. FÖRSTEMANN 80–93.

4674 *B. Thomas:* Modell eines Geschützrohres von Oswald Baldner. MEYER, ERICH, 175–180, 6 Abb.

4675 *R. Forrer:* Meine gotischen Handfeuerrohre. THIERBACH.

4676 *E. Haenel:* Die Hessen-Casseler Müllerbüchsen und ihre Meister. THIERBACH.

4677 *O. Baarmann:* Die Entwicklung der Geschützlafette bis zum 16. Jahrhundert. THIERBACH.

4678 *K. Koetschau:* Die Büchse des Michael Grell von 1658. THIERBACH.

Schmelzarbeiten

4679 *F. Rademacher:* Ein byzantinisches Goldemail-Medaillon aus dem Grab des Kölner Erzbischofs Sifrid von Westerburg in der Bonner Münsterkirche. MEYER, ERICH, 39–49, 11 Abb.

4680 *Ch. Chytil et A. Friedl:* Les Emaux byzantins de la croix dite de Záviš, dans le couvent de Vyšši Brod en Bohême. USPENSKIJ 1932, 394–412, 2 Abb., Taf. LVII, LVIII.

4681 *Johann Georg, Herzog zu Sachsen:* Ein syrisches Email des 9. Jahrhunderts. BAUMSTARK 75–76, 1 Abb.

4682 *M. Ch. Ross:* An enameled reliquary from Champagnat. KINGSLEY PORTER 467 ff.

4683 *R. B. Green:* Ex Ungue Leonem. PANOFSKY 1960, 157–169, 14 Abb.

4684 *C. Stornaiolo:* Il trittico a smalto dipinto da Nardone Penicaud Limoges XVI sec. LEO XIII., Papst, 9 S., 1 Taf.

4685 *J.-J. Marquet de Vasselot:* Un portrait de sultan par un émailleur limousin du XVIe siècle. LEMONNIER 93–104, 3 Abb.

4686 *O. M. Dalton:* An enameled gold reliquary. KONDAKOV 275 ff., 1 Abb., Taf. 30.

4687 *F. Henry:* Irish Enamels (Cloisonné Techniques). LEEDS 71–88, m. Abb.

4688 *H. Moora:* Zur Frage nach der Herkunft des ostbaltischen emailverzierten Schmuckes. HACKMAN 75–90, 17 Abb.

4689 *D. Gordeev:* K voprosu o pozgruppirovanij emalej Chachul'skogo skladnja. S 2-nija prilozenijami: 1. Ispravlenija i 2. Ikonografičeskij ukasatel (quelques donnés sur le groupements des émaux du triptique de Khakhou [Gelati, près de Koutaïs]. 2 suppléments: 1. Corrections et 2. Index iconographique). MARR 147 bis 165, Taf. 41, 42 u. 2 Textabb.

Irdenware

Frühzeit, Islam, Mittelalter

4690 *B. v. Richthofen:* Die Irdenware des nordeurasischen Kulturkreises der jüngeren Steinzeit in Schlesien. Seger 1934, 67–93, 12 Abb. u. Taf. 17.

4691 *Chr. Pescheck:* Ein Töpferofen der Völkerwanderungszeit aus Schlesien. Seger 1939, 90–93, 2 Abb., Taf. 13–14.

4692 *F. Pfützenreiter:* Ein Meisterwerk wandalischer Töpferkunst. Seger 1939, 73–76, 8 Abb., Taf. 10.

4693 *E. Kühnel:* Daten zur Geschichte der spanisch-maurischen Keramik. Sarre 170–180, 1 Textabb. u. Taf. 99–102.

4694 *F. Sarre:* Ein Fund spanisch-maurischer Keramik aus dem Eiderstedter Wattenmeer. Haupt 1936, 117–123, 5 Abb.

4695 *J. David-Weill:* Note sur un épigraphe nasride. Marçais, Georges, Tome 2, 61–66, 3 Abb.

4696 *E. Neubert:* Mudejar-Fliesen aus Sevilla. Jahn, Johannes, 41–47, Fig. 6–11, Farbtaf. 1.

4697 *H. C. Gallois:* Grün glasierte Keramik der Safavidenzeit. Sarre 181–182, Taf. 103.

4698 *R. Pinder-Wilson:* An Early Fatimid Bowl Decorated in Lustre. Kühnel 139–143, 8 Abb.

4699 *A. Sakisian:* Les faïences du bain de Sélim II au Harem du Vieux Sérail. Dussaud 960–963. 6 Abb.

4700 *K. Erdmann:* Die Fliesen am Sünnet odasi des Top Kapi Saray in Istanbul. Kühnel 144–153, 16 Abb.

4701 *W. C. Braat:* Middeleeuwsch aardewerk. Van Giffen 459–474 m. Abb., 4 Taf.

4702 *J. Richter:* Neue Funde mittelalterlicher Keramik (Isoliergefäße und Schalltöpfe). Weule 45–66, 8 Abb.

4703 *M. Näbe:* Die Bodenstempel auf wendischen und frühdeutschen Gefäßen des 9.–14. nachchristlichen Jahrhunderts. Kossinna 1918, 71–88, 10 Abb.

4704 *H. Rempel:* Zur frühdeutschen Keramik des Landes Thüringen. Unverzagt 131 bis 136, 6 Abb.

4705 *K. Strauß:* Über mittelalterliche Keramik. Lienau 39–40.

4706 *E. Reinbacher:* Ein mittelalterlicher Brunnen in Berlin-Spandau. Unverzagt 149–157, 3 Abb. im Text u. Taf. 11–14.

4707 *K. Frei:* Zur Geschichte der aargauischen Keramik des 15.–19. Jahrhunderts. Lehmann, Hans, 73–202, 82 Abb.

4708 *Ch. Gündel:* Einige Typen spätmittelalterlicher Gebrauchsgefäße in Schlesien. Braun 56–61, 9 Abb.

4709 *F. Wolter:* Ein gotischer Tonkrug aus dem Jahre 1470. Rupprecht, Kronprinz v. Bayern 1914, 25 ff., 4 Abb.

4710 *J. Helbig:* La céramique et le vitrail dans l'ancien Namurois. Courtoy, Bd 2, 585–595, 4 Taf.

4711 *O. Lauffer:* Zur Geschichte der Irdenware in Frankfurt a. M. Donner – von Richter, 7 Abb.

4712 *M. Sauerlandt:* Über rheinische Steinzeugkrüge mit englischer Goldschmiedefassung. Koetschau 67–83, 10 Abb.

4713 *H. Neugebauer:* Rheinisches Steinzeug in Elbinger Bodenfunden. Ehrlich 186–207, 2 Abb., 2 Taf.

4714 *M. Klar:* Wiederaufgefundenes Steinzeug aus der Sammlung „Fritz Schulte, Siegburg". Justi 101–104, 4 Abb.

4715 *H. Küas:* Rekonstruktion einer spätgotischen Ofenkachel mit dem Leipziger Stadtwappen. Behn 154–158, Abb. 164–166.

4716 *K. Frei-Kundert:* Ein gotischer Kachelfund in der Ruine Schenkon bei Sursee. Durrer 194–200, 1 Taf.

4717 *E. Cevc:* Srednjeveške pečnice z motivom leva na Slovenskem (Zusammenfassung). Mittelalterliche Ofenkacheln mit dem Löwenmotiv, aufgefunden in Slovenien. Tkalcic 111 ff., 5 Abb.

4718 *M. E. Voronec u. V. Voronov:* Izrazcovyja Raspjatija Uspenskago sobora v Dmitrově (die Kachelkruzifixe der Himmelfahrtskathedrale in Dmitrov). Uvarova 87 ff., 1 Taf. [Kachelreliefs, Moskauer Kunstkreis, 15. Jh.]

4719 *J. Herepei:* A bokályos ház (das sogenannte „bokályos" [gekachelte] Haus). Kelemen 236–333. [Raum m. farb. Majolika-Wandverschalung am Hofe der Fürsten v. Siebenbürgen, 17. Jh., Herkunft Konstantinopel.]

Renaissance und Folgezeit

4720 *G. Ballardini:* Intorno a un aspetto dello «stile compendiario» della maiolica faentina. Swarzenski 173–180, 5 Abb.

4721 *G. Ballardini:* Francesco Mezzarisa alias Risino maiolicaro faentino del Cinquecento. (Con appendice di documenti a cura di Carlo Grigioni.) Supino 519 ff., 3 Abb.

4722 *R. Schmidt:* Italienische Majoliken, ihre deutschen Vorbilder und deutschen Besteller. Waetzoldt 162–176, 13 Abb.

4723 *B. Rackham:* The "Master of the Resurrection Panel" an Italian Maiolica-Painter. BRAUN 70–84, 23 Abb.

4724 *J. Ringler:* Zur Thematik der Südtiroler Fayenceöfen des 16. und 17. Jahrhunderts. KLEBELSBERG 1956, 165–172, 6 Abb. auf Taf. 18–23.

4725 *W. Stengel:* Verschollene Fayence-Eulen? MEYER, ERICH, 181–182, 3 Abb.

4726 *Ch. Scherer:* Die Chelysche Fayencefabrik zu Braunschweig. ZIMMERMANN 1914, 269–280, 8 Abb.

4727 *F. Hähnsen:* Eine Pinneberger Fayence-Fabrik. HAUPT 19–23.

4728 *R. J. Charleston:* Johann Leihamer and J. Lohmann, Painters at the Schleswig Faience Factory. MEYER, ERICH, 222–227, 10 Abb.

4729 *E. Zahle:* Stockelsdorffer Netzvasen. MEYER, ERICH, 220–221, 3 Abb.

4730 *W. Bremen:* Ein Walzenhumpen mit Karl Theodors Wappen. STEEGER 149.

4731 *R. Schmidt:* Eine Handzeichnung Johann Schapers. BRAUN 144–146, 1 Abb. [Maler v. Fayencekrügen u. Glasbechern. Stammbuchbl. v. 1660.]

4732 *A. Mais:* Die Krügelmacher der Fischauer Gruppe, Nied.-Österr. WENINGER 250–263, 1 Abb., 1 graph. Darst. [1720–1860.]

4733 *J. Mal:* Ljubljanske fajančne delavnice (Zusammenfassung). Laibacher Fayence-Werkstätten. TKALCIC 157 ff., 3 Abb.

4734 *K. Černohorský:* Nejstarší československá faience (die ältesten tschechoslowakischen Fayencen). WIRTH 281 ff.

4735 *K. Černohorský:* Počátky habánských fajansí (die Anfänge der Habaner-Fayenceproduktion). BRAUN 103–143, 35 Abb. [1594–1625. Vegetativer Dekor.]

4736 *A. Novotný:* Prazské noviny o české keramice (les journaux de Prague au sujet de la céramique tchèque). MATEJCEK 200–204. [Seit Ende 18. Jh.]

4737 *G. v. Dadelsen:* Delfter Platten. RUPPRECHT, Kronprinz v. Bayern, 1914, S. 176, 3 Abb.

4738 *E. Neurdenburg:* De plateelbakkersfamilie Hoppesteyn. BREDIUS 191 ff.

4739 *B. Jansen:* Chinese invloeden ob polychroom Delfts aardewerk de Hoppesteyns. VOGELSANG 191–201, 6 Abb.

4740 *H. E. van Gelder:* Een Haagsche Fabriek van "Delftsch" Aardewerk. BREDIUS 37 ff., 1 Abb.

4741 *J. N. L. Myres:* Some english parallels to the anglo-saxon Pottery of Holland and Belgium in the migration period. VAN DE WEERD 453–472, 6 Taf.

4742 *T. Mårtensson:* Pålsjö fajansfabrik – en industriell tragedi. WALLIN 252 ff.

4743 *A. Baeckström:* Odekorerade Mariebergsfajanser med lilatonad glasyr. UPMARK 17–19.

4744 *N. Lithberg:* Hunden Fo i svenskt krukmakeri. UPMARK 20–21.

4745 *F. Sarre:* Wechselbeziehungen zwischen ostasiatischer und vorderasiatischer Keramik. HIRTH 337–344, 1 Taf., 3 Abb.

4746 *K. Röder:* Über glasierte Irdenware und chinesisches Porzellan in islamischen Ländern. KAHLE 133–144.

4747 *J. W. Fewkes:* Ancient Zuni Pottery. PUTNAM 43–82, 5 Farbtaf. [Pueblo-Indianer.]

PORZELLAN

4748 *E. Zimmermann:* Friedrich Hirths Verdienste um die Erforschung der Geschichte des chinesischen Porzellans. HIRTH 388–394, 2 Taf.

4749 *J. J. Marquet de Vasselot:* Quelques exemples des relations artistiques entre l'Orient et l'Extrème-Orient. SCHLUMBERGER, Bd 2, 363–367, Abb. 59. [Chines. Porzellan.]

4750 *Li Chi:* Evolution of the white pottery of the Yin Dynasty. HU SHIH, Part 2.

4751 *J. A. Pope:* An Early Ming Porcelain in Muslim Style. KÜHNEL 357–375, 23 Abb.

4752 *L. Schnorr von Carolsfeld:* Ludwig Darmstaedter als Porzellansammler. DARMSTAEDTER 1926, 62–67.

4753 *K. Koetschau:* Eine Fürstenberger Büste. BRAUN 177–179, 1 Abb.

4754 *E. Coudenhove-Erthal:* Zwei Kleinplastiken mit allegorischer Darstellung zu Ehren des Mainzer Kurfürsten Friedrich Carl Joseph v. Erthal. NEEB 180–189, 2 Taf. [Höchst, J. S. B. Pfaff, um 1785.]

4755 *G. Lill:* Ludwigsburger Figurenplastik in Amberger Ausformungen. RUPPRECHT, Kronprinz v. Bayern, 1914, 153 ff., 12 Abb.

4756 *H. Rupé:* Künersberger Porzellanversuche. BUCHHEIT 160–166, 6 Abb.

4757 *M. A. Pfeiffer:* Ein Beitrag zur Quellengeschichte des europäischen Porzellans. HIERSEMANN 267–287. [Liste Kaendlers 1748.]

4758 *O. Pelka:* Eine Plakette in Böttgersteinzeug nach Permoser. HIERSEMANN 262–266, 1 Taf.

4759 *H. Gröger:* Die Arbeits- und Sozialverhältnisse der Staatlichen Porzellanmanufaktur Meißen im 18. Jahrhundert. KRETZSCHMAR, HELLMUT, 166–189.

4760 *F. H. Hofmann:* Notizen zu „Anreiter". BRAUN 222–233, 11 Abb. [Anreiter von Ziernfeld, Wiener Porzellanmalerfamilie, 18.–19. Jh.]

4761 *H. Keuth:* Das Dejeuner des Fürsten Wilhelm Heinrich von Nassau-Saarbrücken. LOHMEYER 201–207, 7 Abb. [Ottweiler Manufaktur.]

4762 *R. Jean:* Un chapitre de l'histoire de la manufacture de Sèvres. Madame Victoire Jaquotot, peintre sur porcelaines. LEMONNIER 509–517.

4762 a *S. Mihalik:* A regéczi porcellán (das Porzellan von Regécz). GEREVICH I 200–209, Abb. 160–178.

GLAS

4763 *J. A. Hedvall:* Kulturminnesvård och materialkunskap. BOËTHIUS 53–59, 4 Abb., Zusammenfassg in italien. Spr. [Silikatchemie, Erhaltg von Glas u. Keramik.]

4764 *A. Rieth:* Glasperlen aus bronzezeitlichen Gräbern der Schwäbischen Alb. BAUM 22–26, Abb. 1, 2.

4765 *F. Fremersdorf:* Die Herstellung der Diatreta. SCHUMACHER, KARL, 1930 I, 295–300, 1 Abb.

4766 *F. Rossi:* Vetri dorati cristiani nel Museo Nazionale di Firenze. SUPINO 1 ff., 15 Abb.

4767 *Armellini:* I vetri cristiani della collezione di Campo Santo. DE ROSSI 52 ff.

4768 *F. Fremersdorf:* Christliche Leibwächter auf einem geschliffenen Kölner Glasbecher des 4. Jh. EGGER, RUDOLF, 1952, Bd 1, 66–83, 16 Abb.

4769 *F. Fremersdorf:* Zur Zeitstellung und zur Herkunft der Millefiori-Gläser aus den wandalischen Fürstengräbern von Sacrau bei Breslau. SEGER 1939, 85–90, 3 Abb., Taf. 11–12.

4770 *H. Wentzel:* Das Medaillon mit dem Hl. Theodor und die venezianischen Glaspasten im byzantinischen Stil. MEYER, ERICH, 50–67, 19 Abb.

4771 *H. R. Hahnloser:* Ein arabischer Kristall in venezianischer Fassung aus der Wiener geistlichen Schatzkammer. SWOBODA 133–140, 5 Abb.

4772 *J. Sauer:* Ein unbekannter Kristallschnitt des 9. Jahrhunderts. CLEMEN 1926, 241–254, 3 Abb. [Ostensorium.]

4773 *F. Mütherich:* Der Bergkristallsiegel des Erzbischofs Radpod von Trier. MEYER, ERICH, 68–74, 8 Abb.

4774 *H. Jankuhn:* Probleme des rheinischen Handels nach Skandinavien im frühen Mittelalter. AUBIN I, 495–499, 2 Kt. [Gläser u. Töpferwaren.]

4775 *M. Klante:* Deutsche Glashüttenkolonisation in der Grafschaft Glatz während des späten Mittelalters. HOLTZMANN 210–220.

4776 *C. J. Gonnęt:* Haarlemsche glasschrijvers. BREDIUS, 61 ff.

4777 *A. Legner:* Ein Freiburger Kristallpokal in Graz. NOACK 131–136, 2 Abb.

4778 *R. Chambon:* Les origines de la fabrication du cristal anglais en Belgique. COURTOY, Bd 2, 793–804. [1677–1740.]

4779 *E. Schlee:* Der Glasschneider Paul Schindler und einige nordische Gläser des 17. Jahrhunderts. MEYER, ERICH, 199–205, 3 Abb.

4780 *A. Baeckström:* Kungsholmsglas. UPMARK 14–16.

4781 *S. Baumann:* Sächsische Gläser in Wörlitz. JAHN, JOHANNES, 267–270, Abb. 134–142. [Um 1725.]

4782 *G. E. Pazaurek:* Der Glasschneider H. Hackel in Cilli (1784–1844). BRAUN 180–184, 10 Abb.

LEDER, PERGAMENT, BUCHEINBAND

MITTELALTER

4783 *J. Loubier:* Methodische Erforschung des Bucheinbands. SCHWENKE 175–184.

4784 *P. Adam:* Der Einfluß der Klosterarbeit auf die Einbandkunst. LOUBIER 148–169, 20 Abb. [Ausführl. zur Technik früher Heft- u. Einbandweisen.]

4785 *A. Schmidt:* Der Einband der Goldenen Bulle von 1356 in der Landesbibliothek zu Darmstadt. LOUBIER 105–117, 2 Taf.

4786 *H. Loubier:* Hülleneinbände des ausgehendenMittelalters. RUDBECK, JOHANNES, 39–51.

4787 *H. Loubier:* Ein Original-Hülleneinband in Göteborg. HIERSEMANN 178–183, 3 Taf.

4788 *H. Degering:* Ein Calendarium pugillare mit Computus aus dem Jahre 1294. LOUBIER 79–88, 3 Taf. [Berlin, Staatsbibl.]

4789 *O. Glauning:* Der Buchbeutel in der bildenden Kunst. VOLKMANN 124–152, 1 Abb. [Liste v. 160 Darstellgn m. Standorten.]

4790 *K. Christ:* Karolingische Bibliothekseinbände. LEYH 1937, 82–104, Taf. 1, 2.

4791 *P. Schwenke:* Die Buchbinder mit dem Lautenspieler und dem Knoten. HAEBLER 122 bis 144, 8 Taf. [15. Jh.]

4792 *F. Unterkircher:* Unbekannte Einbände aus der Handschriftensammlung der Österreichischen National-Bibliothek. KRIEG 13–15, 5 Abb.

4793 *E. Kyriss:* Johannes Zoll, ein Tübinger Buchbinder des 15. Jahrhunderts. LEYH 1950, 84–93, 7 Taf.

4794 *R. Meyer:* Ein Buchdeckel aus Corvey im Landesmuseum zu Münster. RENSING 70–91, Abb. 25–38.

4795 *H. Endres:* Meister Ulrich Frenckel aus Hirschau. Ein Versuch zur Gesch. d. Erfurter Bucheinbandes im 15. Jh. LOUBIER 176–182, 1 Taf.

4796 *A. Schmidt:* Kölnische Einbände des 14. Jahrhunderts in der Amploniana zu Erfurt. COLLIJN 401–409, 5 Abb.

4797 *K. Haebler:* Die Bucheinbände des Petrus Leßl. SCHWENKE 103–110, Taf. 13 u. 14/15. [Görlitz, Ratsbibl., um 1490.]

4798 *F. Eichler:* Lederschnitt und Hornverzierung beim Bucheinband. LOUBIER 89–94, 2 Taf.

4799 *M. J. Husung:* Dreimal das gleiche mittelalterliche Lederschnittmotiv. LEIDINGER 123 bis 126, Taf. 20.

4800 *I. Schunke:* Der Lederschnitt im mittleren deutschen Gebiet. BOLLERT 1956, 57–63. [Bucheinbd 14.–15. Jh.]

4801 *F. Eichler:* Lederschnittbände in Österreich. MILKAU 86–94, 4 Taf.

4802 *E. Kyriss:* 2 Lederschnittbände der Universitätsbibliothek Graz. KRIEG 16, 2 Abb.

4803 *F. Eichler:* Lederschnittbände des 15. Jahrhunderts in der Steiermark. SCHWENKE 77 bis 102, Taf. 7–12.

4804 *A. Haseloff:* Der Einband der Hs. des Markusevangeliums des Harderadus. EHRLE, Vol. 5, 7 Abb.

4805 *F. Geldner:* Bamberger und Nürnberger Lederschnittbände. SCHOTTENLOHER.

4806 *F. Bock:* Ein Nürnberger Lederschnittband mit Accipies-Bild. LEIDINGER 15–17, Taf. 5.

4807 *M. Bollert:* Ein Kastenband mit Lederschnitt in der sächsischen Landesbibliothek zu Dresden. LOUBIER 95–104, 3 Taf. [Um 1330.]

4808 *O. Glauning:* 3 Lederschnittbände von der Wende des 14. Jahrhunderts aus Altzelle. BOLLERT 1936, 188–195.

4809 *G. Rudbeck:* Två gamla bokband. RUDBECK, JOHANNES, 55–58.

4810 *M. Rydbeck:* „Birger Jarls Kronfodral" i ny belysning. GUSTAF VI ADOLF, 269–282, 12 Abb.

4811 *A. Hulshof:* Uitgaven voor de boekerij van het Karthuizerklooster te Utrecht in de jaren 1466–1470. LOUBIER 170–175.

RENAISSANCE UND FOLGEZEIT

4812 *G. A. E. Bogeng:* Einbandkunst und Einbandliebhaberei. LOUBIER 206–212.

4813 *H. Loubier:* Ein altes Musterbuch für Buchbinder. ZOBELTITZ 369–375, 2 Abb. auf Faltbl. [Von Matthäus Vogt, Ulm 1644.]

4814 *O. Glauning:* Die Einbandsammlung der Bayerischen Staatsbibliothek zu München. MILKAU 111–122.

4815 *M. J. Husung:* Graf Méjan und seine Sammlung in der Preußischen Staatsbibliothek zu Berlin. HIERSEMANN 123–138, 4 Taf.

4816 *L. M. Tocci:* Una nuova copertina incisa del Quattrocento. LUCCHESI 141–151, 3 Abb. [Von Arnoldus de Villanova. 1482.]

4817 *T. de Marinis:* Di alcune legature fatte per Paolo III, Alessandro e Ranuccio Farnese. ARMANNI 37–48, 22 Abb.

4818 *J. Rudbeck:* Några italienska bokband från 1500-talet. COLLIJN 411–420, 5 Abb.

4819 *H. Thomas:* Diego Hurtado de Mendoza and his Plaquette Bindings. GREENE 474–480, Abb. 363–366. [Escorial.]

4820 *A. Schmidt:* Kölnische Einbände in der Landesbibliothek zu Darmstadt und ihre Stempel. HIERSEMANN 322–334, 4 Taf. m. 65 Abb. [15. u. Anf. 16. Jh.]

4821 *M. J. Husung:* Der Löwener Renaissance-Buchbinder mit der gesprungenen Einbandplatte. GLAUNING, Bd 2, 29–35, 1 Abb.

4822 *A. W. Byvanck:* Amsterdamsche Prachtbanden om Armenische Bijbels. MARTIN 46–50, 5 Abb.

4823 *E. Kyriss:* Amsterdamer Verlagseinbände des 17. Jahrhunderts. HORODISCH 1958, 133 ff., 4 Taf.

4824 *G. Laurin:* Blindgedruckte Einzelstempelbände des 15. und 16. Jahrhunderts im Zisterzienserstift Rein bei Graz. SCHÜTZ 10–30, 8 Taf.

4825 *G. Alexander:* Ein Prachtband aus gräflich oldenburgischem Besitz in der Staats- und Universitätsbibliothek Hamburg. TIEMANN 167 bis 176, 2 Abb. [Tobias Stimmer. 1576.]

4826 *R. Sillib:* Ein Prachteinband des Kurfürsten Ottheinrich von der Pfalz und sein angeblicher Meister. OLSCHKI 223–226, Taf. 8. [Heidelberg, UB. v. 1558.]

4827 *I. Collijn:* Zwei Widmungsexemplare eines Werkes des Valentinus Erythraeus 1574. LEYH 1937, 111–116, 2 Taf.

4828 *K. Haebler:* Ein Beitrag zur Geschichte des Bucheinbands im 16. Jahrhundert. Die Buchbinder von Zwickau. HIERSEMANN 99–122, 5 Taf. [Stephan Roth.]

4829 *V. Madsen:* Nogle Oplysninger om et Bind af Johannes Richenbach. RUDBECK, JOHANNES, 52–54.

4829a *E. v. Frisch:* Wieder ein Richenbach. GUTENBERG 1940, 516–519, 1 Abb. [Salzburg.]

4830 *E. Kyriss:* Nördlinger Bucheinbände eines Zeit- und Kunstgenossen Johann Reichenbachs. Aufgr. e. hinterlassenen Manuskriptes v. Otto Leuze. GLAUNING, Bd 1, 119–139, 3 Abb., 3 Taf.

4831 *A. B Carlsson:* Rester av Michael Agricolas boksamling i svenska bibliotek. COLLIJN 335–353, 3 Abb.

4832 *I. Schunke:* Begegnungen mit Grolier. GUTENBERG 1950, 381–388, 3 Abb.

4833 *J. Rudbeck:* Über die Herkunft der Grolier-Einbände. LOUBIER 183–190, 3 Taf.

4834 *H. Loubier:* Versuch einer Klassifizierung der Einbände für Jean Grolier. COLLIJN 421–434.

4834a *E. Schmidt-Herrling:* Einbände von Thomas Krüger in der Universitätsbibliothek Erlangen. STOLLREITHER 285–293, 2 Abb. [Wittenberg, † 1591.]

4835 *Ch. Schmidt:* Aus der Sammlung Olga Hirsch, Frankfurt a. M. Ein kreisrunder Einband von Caspar Meuser. LOUBIER 194–198, 2 Taf. [Um 1585. Auch zu anderen Kuriositäten der Einbandkunst.]

4836 *R. Schmidbauer:* „Nachlese". Ein unbekannter Maioliband. Eine Spielkarte und ein Kartenspiel. STOLLREITHER 255–259, 4 Abb.

4837 *P. Hierta:* Än ett Kristinaband. RUDBECK, JOHANNES, 37–38.

4838 *V. Lewin:* Svenskt bokband fårn år 1635. UPMARK 28–29.

4839 *M. J. Husung:* Ein neuer signierter und datierter Badier, gefunden in der Preußischen Staatsbibliothek zu Berlin. COLLIJN 435–442, 1 Taf.

4840 *R. Sillib:* Ein Nachkömmling der Heidelberger Hofbuchbinderei des Kurfürsten Karl Ludwig von der Pfalz. LEIDINGER 249–251, Taf. 30. [Pergamenteinband v. 1790.]

4841 *F. Bock:* Vier unbekannte Ebelebeneinbände in Nürnberg und Gotha. HAMPE 66–70, 3 Abb.

4842 *Ch. Schmidt:* Jakob-Krause-Forschung. Ein Beitr. zur Methodik d. Bucheinbandkunde. LOUBIER 191–193.

4843 *I. Schunke:* Beiträge zur Dresdner Bibliotheksgeschichte auf Grund von Einbandstudien. VORSTIUS 397–414. [Jacob Krause u. Buchbinder vor ihm.]

4844 *J. Bischoff:* Erlangens Buchbinder als Handwerk und Universitätszunft. STOLLREITHER 11–26. [Ab etwa 1700.]

4845 *O. Meyer:* Ein Bucheinband plaudert über Ehewirren. Neues zu den Lebensschicksalen des Schweinfurter Buchbinders Jakob Heinrich Brandt. WICHTERMANN 211–222.

4846 *J. v. Végh:* Ungarische Barockeinbände. GUTENBERG 1925, 125–129, Taf. 12–15.

4847 *E. Hannover:* Roger Payne. RUDBECK, JOHANNES, 33–36.

4848 *E. Hannover:* Von Bozérian bis Trautz. LOUBIER 199–205, 16 Abb. [Französische Einbandkunst v. 1800–1870.]

4849 *E. Gratzl:* Islamische Handschriftenbände der Bayerischen Staatsbibliothek. LOUBIER 118–147, 1 Taf.

4850 *R. Ettinghausen:* The Covers of the Morgan Manâfi' Manuscript and other early Persian Bookbindungs. GREENE 459–473, Abb. 344–362.

4851 *G. Tucci:* Tibetan Book-Covers. COOMARASWAMY 63–68, 7 Abb.

4852 *L. Bravi:* Le materie plastiche nella rilegatura dei libri (Nota preventiva). GALLO 235 bis 238.

4853 *A. Fischer:* Ersatzmöglichkeiten für verlorene und nicht mehr restaurable Einbände. GALLO 441–453.

4854 *H. Balfour:* The Tandu Industry in Northern Nigeria and its affinities elsewhere. SELIGMAN 5–18, 5 Taf. [Geräte aus Tierhaut.]

TEXTILKUNST

FRÜHZEIT, BYZANZ, KOPTISCHES, ISLAM

4855 *P. Andersen:* Vœv og Vœvild. HANSEN 309–327, 7 Abb. [Wortuntersuchung über Weben und Webstuhl.]

4856 *W. Matthes:* Ein Versuch zur Wiederherstellung jungsteinzeitlicher Wandbehänge. SEGER 1934, 43–45, Taf. 9. [Mus. f. Völkerkde Hamburg, Steinkiste v. Göhlitzsch.]

4857 *G. J. Karlin:* Några undersökningar om den förhistoriska textilkonsten i Norden (Untersuchungen über die vorgeschichtl. Textilkunst in Skandinavien). MONTELIUS 189–211.

4858 *K. Schlabow:* Der Thorsberger Prachtmantel, der Schlüssel zum altgermanischen Webstuhl. SCHWANTES 176–201, 46 Abb.

4859 *G. Sage:* Die Gewebereste aus den Fürstengräbern von Sacrau unter besonderer Berücksichtigung der Brettchenweberei. SEGER 1934, 272–284, 4 Abb. u. Taf. 52–55. [Wandalen, 4. Jh.]

4860 *S. Donadoni:* Stoffe decorate da Antinoe. ROSELLINI 109–155, 26 Taf.

4861 *U. Monneret de Villard:* La tessitura palermitana sotto i Normanni e i suoi rapporti con l'arte bizantina. MERCATI, GIOVANNI, Bd 3, 464–489.

4862 *Ch. Diehl:* L'étoffe byzantine du reliquaire de Charlemagne. BULIC, Abb.

4863 *W. Mannowsky:* Ein byzantinischer Stoff in Seligenstadt. SWARZENSKI 21–25, 2 Abb. [Seidenfragment v. e. Reliquienbeutel m. Tierdarst. Mitte 10. Jh.]

4864 *E. Weigand:* Die helladisch-byzantinische Seidenweberei. LAMPROS 503–514, 3 Abb.

4865 *S. Eitrem:* La Sainte Ablution sur une broderie en argent byzantine. LAMPROS 158 bis 161, 1 Abb.

4866 *Rice, D. Talbot:* Post-Byzantine Figured Silks. WACE 177–181, 3 Taf.

4867 *R. Peister:* Les débuts du vêtement copte. LINOSSIER, Bd 2, 433 ff.

4868 *C. M. Kaufmann:* Altkoptische Bildwirkereien in Purpur und verwandte Funde aus den Nekropolen bei Schêch' Abâde in Oberägypten. MERKLE 152–169, 22 Abb.

4869 *R. Ettinghausen:* New Light on Early Animal Carpets. KÜHNEL 93–116, 17 Abb.

4870 *E. Kitzinger:* The story of Joseph on a Coptic Tapestry. SAXL 1937/38, 266–268, Taf. 36.

4871 *M. Vilimková:* The survivals of Egyptian Ornamentation in Coptic Stuffs. LEXA 170–184.

4872 *A. F. Kendrick:* Coptic Tapissery and the Story of Daniel. CRUM 479–484, 2 Abb.

4873 *G. Brett:* The Brooklyn Textiles and the Great Palace Mosaic. CRUM 433–441, 5 Taf.

4874 *Th. Whittemore:* The Winged Victory. CRUM 555–557, 1 Farbtaf.

4875 *Swoboda:* Ein altchristlicher Vorhang aus Ägypten. DE ROSSI 95 ff., 1 Abb.

4876 *M. S. Dimand:* Eine koptische Goldstikkerei aus der Fatimidenzeit. STRZYGOWSKI 1932 I, 38–49, Abb. 18.

4877 *A. F. Kendrick:* Stuffs from Egypt with Christian Symbols. STRZYGOWSKI 1923, 100 bis 103, 3 Abb. auf Taf.

4878 *R. M. Riefstahl:* Das Palmenmotiv auf einem ägyptischen Teppich der Ballardsammlung. SARRE 159–162, 5 Abb. im Text u. Taf. 96, 97.

4879 *R. Pfister:* Les tissus orientaux de la Bible de Théodulf. CRUM 501–530, 8 Taf.

4880 *E. Kühnel:* Four remarkable Tiraz Textiles. HERZFELD, ERNST, 144–149, 2 Taf.

4881 *L. Bellinger:* Textile Fibers and Near East Design. KÜHNEL 117–124, 4 Abb.

4882 *R. Peister:* Les premières soies sassanides. LINOSSIER, Bd 2, 462 ff.

4883 *B. Gray:* An Album of Designs for Persian Textiles. KÜHNEL 219–226, 8 Abb.

4884 *K. Erdmann:* Orientteppiche im Besitz des Museums für Kunst und Gewerbe. MEYER, ERICH, 28–31, 6 Abb. [Hamburg.]

MITTELALTER (AUCH ALT-AMERIKA)

4885 *F. Bellmann:* Ein romanischer Knüpfteppich mit Tugenden und Philosophen. JANTZEN 1951, Schülerfestschr., Bd 1.

4886 *L. u. H. Krizek:* Paramente. WEISSENHOFER 13–15, 1 Abb.

4887 *H. Grisar S. J.:* Das römische Pallium und die ältesten liturgischen Schärpen. DE WAAL 1897, 83–114, 7 Abb. u. 1. Taf.

4888 *M. W. Schmid:* Eine Kasel des späten 11. Jahrhunderts. RUPPRECHT, Kronprinz v. Bayern, 1914, 147 ff., 4 Abb.

4889 *K. Honselmann:* Das Paderborner Rationale des 12. Jahrhunderts. FUCHS 53–68, 1 Taf.

4890 *D. Kluge:* Westfälische Kaselstäbe des 15. Jahrhunderts. Ein Beitr. zur Gesch. d. Stickerei u. des Stickergewerbes. RENSING 214–235, Abb. 144–160.

4891 *M. Csernyánszky:* Magyar urihímzésü miseruháink (unsere ungarischen, vom Adel gestickten Meßgewänder). GEREVICH I, 139–151, Abb. 104–115.

4892 *J. Müller:* Das Zehdenicker Fastentuch. HAMANN 1944, 103–110, 13 Abb. [Um 1300.]

4893 *A. Hanisch:* Von sieben mittelalterlichen Stoffen. JAHN, JOHANNES, 215–220, Abb. 108 bis 112.

4894 *C. Schellenberg:* Über Hamburger Wirkereien. JANTZEN 1951, Schülerfestschr., Bd 2.

4895 *E. v. Walterstorff:* Flamskvävda bänkekläden. UPMARK 38–39.

4896 *S. Seligmann:* Note sur une «Annonciation». Broderie espagnole de la fin du XIVe siècle. FOUGÈRES 170 ff., 3 Abb.

4897 *F. Schottmüller:* Der Europateppich im Kaiser-Friedrich-Museum. BODE 1915, 146 bis 154, 2 Abb.

4898 *M. Prou:* Toile brodée du XIe ou XIIe siècle au Trésor de la cathédrale de Sens. SCHLUMBERGER, Bd 2, 465–476, Taf. 34, 35. [Darst. a. d. AT.]

4899 *B. Lossky:* Francuske tapiserije u Zagrebu (Résumé) Tapisseries françaises à Zagreb. TKALCIC 129 ff., 2 Abb.

4900 *J. Cibulka:* Un tapis oriental représenté en Bohême au XIVe siècle. PUYVELDE 313 ff., 1 Abb.

4901 *M. Schuette:* Eine wiedergefundene Tristanstickerei. KOETSCHAU 35–38, 2 Abb. [Niedersächs.; 14. Jh.]

4902 *M. Crick-Kuntziger:* Une curieuse tapisserie de la Suite Bruxelloise de Tristan et Iseult. PUYVELDE 320 ff., 1 Abb.

4903 *G. Stephani:* Die textile Innendekoration des frühmittelalterlichen Hauses und die ältesten Stickereien Pommerns. LEMCKE, 1 Taf.

4904 *F. W. Halle:* Altrussische Nadelmalerei. STRZYGOWSKI 1923, 213–216, 3 Abb. auf Taf.

4905 *N. Toll:* La broderie populaire russe et les tissus du moyen âge. USPENSKIJ 387–392.

4906 *A. U. Pope:* The Myth of the Armenian Dragon Carpets. SARRE 147–158, Taf. 93–95.

4907 *K. Berladina:* Materijali s istorii ukraïnśkogo obrasotvorčogo gaptuvannja. Kompozicijni schemi ta ikonografični formi ukraïnśkich felonej vid seredini XVII do XX st. (Matériaux pour l'histoire des broderies figurées de l'Ukraïne. Les schémes de compositions et les formes iconographiques des chasubles ukraïniennes 17 bis 20 s.) MARR 67–106, Taf. 56–65 u. 4 Textabb.

4908 *G. Millet:* Dédicace grecque d'une broderie moldave. MARTROYE 337 ff., 2 Taf.

4909 *Ch. W. Mead:* The Six-Unit Design in ancient Peruvian Cloth. BOAS 193–195, 2 Taf.

4910 *L. M. O'Neale:* Wide-boom Fabrics of the early Nazca Period. KROEBER 215–228, 8 Abb. [Peruanische Stoffmuster.]

4911 *E. Seler:* Ein altperuanisches besticktes Gewebe. BODE 1915, 181–201, 20 Abb., 1 Taf., 1 Doppeltaf. Anh.: Bemerkungen üb. d. Technik des Gewebes. Von Max Schmidt.

RENAISSANCE UND FOLGEZEIT

4912 *W. Fleischhauer:* Die Stuttgarter Wandteppich-Manufaktur (1698–1737). MÜLLER, KARL OTTO, 249–261.

4913 *W. M. Milliken:* Savonnerie in the Cleveland Museum of Art. PUYVELDE 329 ff., 2 Abb.

4914 *A. Geijer:* Oriental Textiles in Scandinavian Versions. KÜHNEL 323–335, 14 Abb.

4915 *K. K. Meinander:* Orientaliska drag i Finlands medeltida textilier. ROOSVAL 76 ff.

4916 *A. Loehr:* Rechenweisen im 16. Jahrhundert. OTTENTHAL 8–10, 2 Abb. [Gestickte Rechentücher.]

4917 *J. Destrée:* Episodes de la jeunesse de David. Tapisseries bruxelloises de la première moitié du XVIe siècle. HULIN DE LOO 128–135, Taf. 17.

4918 *G. Brière:* Notes sur des tapisseries des Pays-Bas au château de Brissac en Anjou. PUYVELDE 325 ff.

4919 *L. Keil:* Tapisseries de Flandre au Portugal pendant les XVe et XVIe siècles. PUYVELDE 309 ff.

4920 *L. Serra:* Intorno ad una serie di Arazzi Fiamminghi. HULIN DE LOO 306–308, Taf. 41.

4921 *H. Stein:* Les tapisseries du château de Comblat (Cantal). GUIFFREY 138–145, 2 Taf. [Jacques Corneille, Gesch. d. Jeanne d'Arc, um 1656.]

4922 *J. Maquet-Tombu:* Inspiration et originalité des tapisseries de l'Apocalypse d'Angers. HULIN DE LOO 260–265, Taf. 33 m. 3 Abb.

4923 *G. Macon:* Les tapisseries de Colbert. LEMONNIER 248–254.

4924 *G. Macon:* Les tapisseries des princes de Condé. GUIFFREY 124–137.

4925 *A. N. Svirin:* Une Broderie du XVe siècle, de style pittoresque, représentant le «Cin», au Musée de Sergiev (ancienne Laure de la Trinité). USPENSKIJ 1932, 282–291, 1 Abb., Taf. XL bis XLIII.

4926 *M. Morelowski:* Tapiserja ... (Sept cartons pour tapisseries à scènes de chasses de l'école de P. P. Rubens dans les collections de la ci-devant Académie des B. Arts à Leningrad et la tapisserie de la cathédrale de Wilno). TOMKOWICZ 323–325.

4927 *G. Cederblom:* 1600-talets duk och disk. UPMARK 30–33.

4928 *M. Mund:* Nuncia Pacis. JAHN, JOHANNES, 275–279, Abb. 150, 151. [Friedensdecken d. 18. Jh., Damast.]

4929 *E. Widén:* Jämtlands och Härjedalens gamla textila allmogekonst. FESTIN 344–390, 27 Abb.

4930 *S. Wallin:* Siden-Droguet. En notis till 1700-talet Svenska sidenfabrikation. ALMGREN 53–62, 9 Abb.

4931 *A. Geijer:* Tidig import av mönsterfärgade indiska Bomullstyger. GUSTAF VI ADOLF 175–189, 15 Abb.

4932 *I. D. Stefănescu:* Le voile de calice brodé du monastère de Vatra Moldovitei. USPENSKIJ 303–309.

4933 *A. Messinesi:* A craft as a fountain of grace and a means of realization. COOMARASWAMY 31–40, 5 Abb. [Textilmuster.]

4934 *A. Geijer:* Über die „bizarren" Stoffe. MEYER, ERICH, 206–210, 6 Abb.

4935 *G. Selling:* Hur gammal är stofttapeten? OLSSON 249–257, 4 Abb.

4936 *L. Lipparini:* L'Aemilia Ars e la sua storia. ZUCCHINI 179–190, 6 Abb. [Bologneser Spitzen.]

4937 *T. A. Szabó:* A szlovák kézimunkák erdélyi divatjának és hatásának történetéhez (Beitr. zur Gesch. d. Mode u. zur Auswirkung der slowakischen Stickerei in Siebenbürgen). KELEMEN 555–565.

TRACHTENKUNDE

4938 *M. Pallis:* Do clothes make the man? COOMARASWAMY 227–237.

4939 *C. H. de Jonge:* Van costumstudie tot costummuseum. VOGELSANG 169–184, 2 Abb.

4940 *O. Lauffer:* Ausstattung nach Stand und Rang. DOPSCH 512–534. [In Waffen, Schmuck, Tracht, Spielen. 11.–19. Jh.]

4941 *Th. Whittemore:* Two Coptic Cloths. GRIFFITH 384–387, 2 Taf.

4942 *N. M. Běljaev:* Ukrašenija pozdne-antičnoj i ranne-bizantijskoy odezdy (les ornements du costume au Bas-Empire et en Byzance). KONDAKOV 201 ff., 25 Abb., Taf. 20.

4943 *E. Molinier:* La coiffure des femmes dans quelques monuments byzantins. MONOD 61–70, 5 Abb.

4944 *B. Schier:* Von den mittelalterlichen Anfängen der weiblichen Kopftracht. KRÜGER 319–338. [Schapel, Gebende, Hüte.]

4945 *B. Schier:* Die mittelalterlichen Anfänge der weiblichen Kopftrachten im Spiegel des mittelhochdeutschen Schrifttums. SPAMER 141 bis 155.

4946 *Fr. van Thienen:* „Heden en Verleden" in het laat-gothische Costum. VOGELSANG 83 bis 100, 16 Abb.

4947 *F. Boucher:* Les conditions de l'apparition du costume court en France vers le milieu du XIVe siècle. BRUNEL, Bd 1, 183–192.

4948 *R. Helm:* Volkstracht. BEHAGEL 1934, 503–510. [Gesch. der Volkstrachtenforschg. Deutschland, Schweiz.]

4949 *H. Doege:* Die Trachtenbücher des 16. Jahrhunderts. WILMANNS 429–444.

4950 *F. Koschier:* Die Rosentaler Tracht, alt und neu. GRABER 7–23, 7 Abb. [KÄRNTEN.]

4951 *O. Graf Trapp:* Das Tiroler Heroldsgewand im Schloß Ambras. KLEBELSBERG 1949, 441–449, 4 Abb.

4952 *S. Sterner-Rainer:* Zur Tiroler Trachtengeschichte d. 17. u. 18. Jh. Ein kl. Beitr. nach e. Prozeßakt u. alten Votivbildern. WOPFNER 1947/48, Bd 2, 287–295.

4953 *K. Ilg:* Die rote Farbe in der Tiroler Tracht. GAMPER 211–220, 10 Abb.

4954 *P. Notker Curti:* Urner Trachten. WYMANN 113–127, 16 Abb.

4955 *E. Andersen:* Folkedragten i Ringkøbing Amt. HANSEN 3–11, 2 Abb.

4956 *K.-E. Fritzsch:* Die bergmännische Tracht in Agricolas „De re metallica". HERRMANN, WALTHER, 107–118, 4 Abb.

4957 *M. Riffel:* Brauch und Sinnbild in den Stickereien der Schwarzwälder Frauentracht. FEHRLE 210–213, 5 Abb.

4958 *G. Neumann:* Bemerkungen zu einer spanischen Kostümstudie des 16. Jahrhunderts in der Sammlung Lipperheide. REDSLOB 311 bis 315, 2 Abb.

4959 *G. W. Fleetwood:* Gustaf IV Adolfs Provinsuniform. WALLIN 346 ff.

4960 *L. Moser:* Die Standarte der berittenen Bürgerwehr von Baden-Baden aus dem Jahre 1648. KNITTEL 66–70.

4961 *W. Schnellenkamp:* Kurmainzische Uniformen in Erfurt. NEEB 159–170, 2 Taf.

4962 *G. Vernadskij:* Note sur les vêtements sacerdotaux du patriarche Nikon. USPENSKIJ 412–416.

4963 *W. Fries:* Die Kostümsammlung des Germanischen Nationalmuseums zu Nürnberg. Besprochen aus Anlaß ihrer Neuaufstellung im Jahre 1924. HAMPE 3–65, 33 Abb.

4964 *F. Hadamowsky:* Das Hoftheater Leopold I. und das Kostümwerk des L. O. Burnacini. BICK, 3 Abb.

4965 *Graf I. Zichy:* A Képes Krónika miniatürjei viselettörténeti szempontból (die Miniaturen der ungarischen Bilderchronik und die Kostümkunde). PETROVICS 59–70, Abb. 106 bis 113. Zusammenfassg in dt. Spr.: S. 191 ff. [Um 1375.]

4966 *J. Ivanov:* Le costume des anciens Bulgares. USPENSKIJ 325 ff.

4967 *M. Schmidl:* Beiträge zur Kenntnis der Trachten von Südwest-Bulgarien. HABERLANDT 14–28, 3 Abb., 1 Taf.

4968 *J. Nagy:* Adatok a székely posztóharisnya fejlödéstörténetéhez (Beitrag zur Entwicklungsgeschichte des Szekler-„Strumpfes".) KELEMEN 479–485, 8 Abb. [Enge Tuchhosen.]

4969 *A. Rudbeck:* Stickad manströja från Delsbo. UPMARK 40–41.

4970 *R. Cederström:* Det vita armklädet. WALLIN 17 ff.

4971 *A. Lewin:* Kostymbild från år 1833. UPMARK 36–37.

4972 *S. Svensson:* Svenska dräkten som bondeplagg. WALLIN 361 ff.

4973 *T. Lenk:* De kungliga dräkterna vid Gustaf III: s kröning. WALLIN 25 ff.

4974 *A. Lewin:* Några gustavianska barndräkter. WALLIN 357 ff.

4975 *A.-M. Link:* Sinnzeichen und Formen auf den alpenländischen Trachtengürteln. FEHRLE 179–188, 30 Abb.

4976 *A. Freimann:* Gürtel jüdischer Bräute in Frankfurt a.M. DONNER-VON RICHTER, 1 Taf.

4977 *C. Prüfer:* Bemerkungen zur jemenitischen Frauentracht. OPPENHEIM 87–88.

4978 *E. J. Lindgreen:* The Shaman Dress of the Dagurs ... in the NW Manchuria. HEDIN 365–378, 8 z. T. farbige Taf.

4979 *L. und Ch. Scherman:* Webmuster der birmanischen Kachin, ihre Namen und ihre Stilgrundlagen. KUHN 505–523, 7 Abb., 1 Taf.

4980 *Shih Chang-ju:* Examples of the head dress of the Yin period. HU SHIH, Part. 2.

K. IKONOGRAPHIE UND SACHKUNDE

ALLGEMEINES, SYMBOLIK

4981 *F. Pfister:* Bild und Sinnbild. FEHRLE 34–49.

4982 *H. Schauerte:* Das Symbol. FUCHS 319 bis 335.

4983 *R. Thurnwald:* Symbol im Lichte der Völkerkunde. DESSOIR 218–233. (Mitbericht 233–239.)

4984 *F. Herrmann:* Brauch und Sinnbild im Bereich volkskundlich-ethnologischer Fragestellung. FEHRLE 50–63.

4985 *M. Th. d'Alverny:* La sagesse et ses sept filles (allegories de la philosophie et des arts liberaux du IX–XII siècle). GRAT, Bd 1, 3 Abb.

4986 *E. Jung:* Erlebnisse in deutscher Volkskunde. Zum Fortleben altgermanischer Symbolik. NEEB 34–40, 1 Taf.

4987 *E. R. Curtius:* Schrift- und Buchmetaphorik in der Weltliteratur. WORRINGER 61 bis 100.

4988 *G. André:* Architektur und Kunstgewerbe als Gegenstand der Ikonographie. HAMANN 1939, 3–11, Taf. 1–4.

4989 *F. Saxl:* Veritas filia temporis. CASSIRER 197–222, 13 Abb.

4990 *G. Gentile:* „Veritas filia temporis" (postilla bruniana). RENIER 235 ff.

4991 *N. Beets:* Herscheppingen. BREDIUS 1 ff., 9 Abb.

4992 *K. H. Usener:* Christliche und heidnische Ritter. HAMANN 1949.

4993 *P. D. Kreichgauer:* Neue Beziehungen zwischen Amerika und der Alten Welt. SCHMIDT, P. W., 366–377, 11 Abb. [Gezeichnete Symbole.]

4994 *L. Volkmann:* Hieroglyphik und Emblematik bei Giorgio Vasari. HIERSEMANN 407 bis 419, 9 Abb.

4995 *F. Novati:* Bigorne a Chicheface, ricerche d'iconografia populare. PICOT, Vol. 2, 67–87.

4996 *R. Corso:* Emblemi mitici, simbolici e realistici nell' arte popolare italiana. FEHRLE 76–91, 6 Abb.

4997 *M. M. Vasić:* L'hésychasme dans l'Église et l'Art des Serbes du moyen âge. USPENSKIJ 110–124.

4998 *N. I. Veselovskij:* Kitajskie simboly v predmetach ukrašenija (chinesische Symbole auf Schmuckstücken). BOBRINSKIJ 1–12.

FORMEN DER NATUR

WELTALL

4999 *H. Bober:* In Principio. Creation Before Time. PANOFSKY 1960, 13–28, 9 Abb.

5000 *O. Lauffer:* Allegorie der Begriffe der Zeit, des Jahres und der Jahreszeiten, der Monate und Tageszeiten. SPAMER 250–259.

5001 *Z. Ameisenowa:* Some neglected representations of the Harmony of the Universe. TIETZE 349–363, 4 Abb.

5002 *P. Heusgen:* Die komputistische Handschrift der Kölner Dombibliothek. NEUSS 11 bis 18. [Astronom. Schulhandbuch m. Illustrat.]

5003 *W. Hartner:* Zur astrologischen Symbolik des „Wade Cup". KÜHNEL 234–243, 23 Abb.

5004 *Th. Dombart:* Eine bedeutsame mittelalterliche Darstellung des Tierkreisbildes der Zwillinge. LEIDINGER 47–49, Taf. 12.

5005 *L. Thorndike:* Traditional Medieval Tracts concerning engraved astrological Images. PELZER 217–274.

5006 *W. Deonna:* Éternité. BIDEZ und CUMONT 71–76, 4 Abb. [Sonne u. Mond als Symbole d. Ewigkeit in Darstellgn d. Altertums u. Mittelalters.]

5007 *E. Schlee:* Die Herkunft des Kugelhauses und der Gottorfer Globus. HASELOFF 72–89, 12 Abb. [Bosch, Breughel bis Ledoux.]

5008 *Th. Dombart:* Die Darstellung oder Andeutung der Himmelswölbung durch ein halbes Sechs-Eck. GEIGER, WILHELM, 319–323, 5 Abb.

5009 *R. Bernoulli:* Das Weltallbild in Hartmann Schedels Weltchronik. LOUBIER 48–58, 2 Taf., 1 Abb. im Text.

5010 *W. Hartner:* The Mercury Horoscope of Marcantonio Michiel of Venice. A Study in the History of Renaissance Astrology and Astronomy. STRATTON 85–138, 27 Abb.

5011 *H. Baumann:* Die Sonne in Mythus und Religion der Afrikaner. WESTERMANN 252–294.

5012 *S. Cammann:* Cosmic symbolism of the dragon robes of the Ch'ing dynasty. COOMARASWAMY 126–129, 3 Abb.

5013 *A. Nyman:* Komik und Fiktion. Versuch einer generalisierten Theorie über die Natur und die Bedingungen des Komischen. VAIHINGER 165–189.

Landschaft

5014 *W. Waetzoldt:* Okeanos. Bemerkungen zur Gesch. d. Meeresmalerei. WORRINGER 224 bis 235, Abb. 83–90. [Antike–19. Jh.]

5015 *H. Cornell:* Förgångelsens Landskap. ZILLIACUS 53–64, 4 Abb.

5016 *R. Oehme:* Die Palästinakarte aus Bernhard von Breitenbachs Reise in das Heilige Land 1486. LEYH 1950.

5017 *O. Schürer:* Über Landschaftsdarstellung in der deutschen Kunst um 1500. HAMANN 1939, 117–135, Taf. 28–32.

5018 *E. H. Gombrich:* Renaissance artistic theory and the development of landscape painting. TIETZE 117–142, 11 Abb. [Auch in Gazette des Beaux-Arts 1953, Mai/Jun., No. 1012–1013.]

5019 *R. Zürcher:* Das Gebirge in Landschaftszeichnungen der Renaissance. BÄCHLER 165 bis 175, 5 Taf.

5020 *M. Imdahl:* Baumstellung und Raumwirkung. Zu verwandten Landschaftsbildern von Domenichino, Claude Lorrain und Jan Frans van Bloemen. WACKERNAGEL 1958, 153 bis 184, 5 Abb., 3 Skizzen.

5021 *H. Möbius:* Die griechischen Landschaften in Goethes Faust. HAMANN 1949.

5022 *H. Uhde-Bernays:* Die Maler des Starnberger Sees. HAUSENSTEIN 1932, 55–61.

5023 *L. Martius:* Die landschaftliche Darstellung der schleswig-holsteinischen Westküste. PAULS 326–342, 13 Abb.

5024 *E. Schlee:* Das Bild der Heimat im Buch. PAULS 343–362. [Schleswig-Holstein.]

5025 *E. Coudenhove:* Die additive Landschaftsphysiognomie des florentinischen Quattrocento. SAS-ZALOZIECKY 21 ff.

5026 *I. Bergström:* Några Vesuvius-Bilder från 1700-talet. Apropos ett okänt verk av Jacques Volaire. BOËTHIUS 15–29, 6 Abb. Zusammenfassg in italien. Spr. [Auch zu and. Darst. v. Vesuv-Ausbrüchen.]

5027 *A. Laes:* Le Paysage flamand. Notes, remarques, réflexions. PUYVELDE 166 ff., 17 Abb.

Pflanzen

5028 *L. v. Schroeder:* Lebensbaum und Lebenstraum. KUHN 59–68.

5029 *O. Lauffer:* Wunderbäume und Wunschbäume im Schrifttum und in der bildenden Kunst. FEHRLE 161–178, 4 Abb.

5030 *G. Klameth:* Von der Sykomore der Hathor bis zur Wunderpalme des Pseudo-Matthäus und von der ï-w-Pflanze bis zu den Blumenwundern der äthiopischen Marienhymnen. SCHMIDT, P. W., 336–348.

5031 *R. M. Dawkins:* The red apple. TSOUNTAS 401–406. [Allegor. Bedeutung.]

5032 *A. Salmony:* The magic ball and the golden fruit in ancient chinese art. COOMARASWAMY 105–109, 5 Abb.

5033 *J. Hanika:* Kegel- und Pyramidenform als brauchtümliche Symbole des Wachstums. RITZ 113–120, 11 Zeichng.

5034 *A. Arber:* From Medieval Herbalism to the Birth of Modern Botany. SINGER, CHARLES, Bd 1, 317–336, 3 Abb.

5035 *G. B. Ladner:* Vegetation Symbolism and the Concept of Renaissance. PANOFSKY 1960, 303–322, 19 Abb.

5036 *J. Schuster:* Secreta Salernitana und Gart der Gesundheit. Eine Studie zur Geschichte der Naturwissenschaften und Medizin des Mittelalters. DEGERING 203–237, 6 Abb. u. Taf. 14, 15. [Bes. zu den farb. Pflanzendarstellgn.]

5037 *F. Hommel:* Zu den Quellen der ältesten Kräuterbücher. TSCHIRCH 72–79.

5038 *A. Schmid:* Zwei seltene Kräuterbücher aus dem vierten Dezennium des 16. Jh. LÜTHI 160–179.

5039 *J. A. Häfliger:* Felix Platter, ein Arzneidrogen- und Naturaliensammler des 16. Jahrhunderts. NEUBURGER 1948, 226–234, 2 Abb. [Wunderkammer.]

5040 *L. Kroeber:* „Kräuterbücher" in alter und neuer Zeit. TSCHIRCH 108–120.

5041 *J. A. Häfliger:* Die Fachbücherei der mittelalterlichen Apotheken Basels. DURRER 339–360.

5042 *S. Jávorka:* Vorgänger der „Flora der Juden". Löw 232–236. [Pflanzenbücher.]

5043 *B. Farès:* Un herbier arabe illustré du XIVe siècle. HERZFELD, ERNST, 84–88, 4 Taf.

TIER

5044 *L. Hoffmann:* Das Tier in der Malerei. WEISSENHOFER, 113–119.

5045 *W. Hering:* Über den Zapfhahn und seine Namen in Frankreich. JABERG 259–420, 7 Abb., 1 Kt. [Aquamanilien u. a. zoomorphe Gefäße.]

5046 *A. Ungnad:* Tierkapellen. OPPENHEIM 134–137.

5047 *O. Thielemann:* Urzeitliche Kunstbegegnung am Nordharz. FRÖLICH, KARL, 1–5, Taf. 1. [Tönerne Tier-Plastik. Tier-Ornamentik auf Bronze.]

5048 *F. Fettich:* Die Tierkampfscene in der Nomadenkunst. KONDAKOV 81 ff., 10 Abb., Taf. 9–14.

5049 *W. Stammler:* Die Freisinger Bestiensäule und Bischof Otto II. PANZER 38–44, 1 Taf.

5050 *A. Elsen:* Die Bestiensäule in der Freisinger Domkirche. Eine geschichtliche und genetische Deutung. FAULHABER 1949 II, 249 bis 274, 2 Abb.

5051 *R. Hamann:* Das Tier in der romanischen Plastik Frankreichs. KINGSLEY PORTER 413 ff.

5052 *R. Schätzler:* Tiersymbolik auf italienischen Renaissancemedaillen. LEHMANN-HAUPT 1921, 94–104.

5053 *F. Bork:* Tierkreise auf westafrikanischen Kalebassen. HOMMEL, Bd 1, 266–269, 2 Abb.

5054 *W. La Baume:* Der Ur in der Darstellung der steinzeitlichen Kunst. GANDERT 78 ff., 1 Taf.

5055 *G. Raschke:* Ein frühgeschichtliches Gefäß mit Pferderitzung von Weißdorf, Krs. Falkenberg. SEGER 1939, 128–132, 4 Abb., Taf. 26.

5056 *G. Ritz:* Ein mittelalterliches Votivpferd aus Niederbayern. GUGITZ 373–377, 2 Taf.

5057 *H. Lützeler:* Zur Ikonologie des Pferdes in der barocken Kunst. LOHMEYER 118–124.

5058 *O. Höfler:* Siegfried, Arminius und die Symbolik. SCHRÖDER, FRANZ ROLF, 11–121, 7 Abb.

5059 *H. Appelgren-Kivalo:* Vogelkopf und Hirsch als Ornamentsmotive in der Vorzeit Sibiriens. THOMSEN, Bd 1, 290–291.

5060 *R. Ettinghausen:* The "Snake-eating Stag" in the East. FRIEND 272–286, 14 Abb.

5061 *J. M. Ritz:* Hirschdarstellungen in der Volkskunst. FRANK 164–167.

5062 *A. Graf:* Der Sonnenlöwe. MAHLER 159 bis 177. [Symbol.]

5063 *W. Deonna:* Les lions attachés à la colonne. PICARD, 5 Abb.

5064 *P. Hirschfeld:* Ikonographische Bemerkungen zur Angler Löwen-Plastik des 12. Jahrhunderts. HASELOFF 20–31, 10 Abb.

5065 *K. v. Spiess:* Die Fahrt mit dem Vogel. KRIEG 44–46, 4 Abb. [Motiv des vom Adler entführten Menschen.]

5066 *W. Wolf:* Der Vogel Phönix und der Gral. PANZER 73–95.

5067 *K. Schottenloher:* Die Eule im Buchschmuck des 16. Jahrhunderts. GUTENBERG 1925, 97–102, 5 Textabb.

5068 *F. Kieslinger:* Draco oder das Palmettentier. BRAUN, 16–18, 2 Abb. [Mittelalterliche Drachenvorstellung.]

5069 *I. Del Pan:* Observaciones sobre la mitologia del dragon en España. SANTA-OLALA, Bd 3, 44–69, Abb.

5070 *J. Hehn:* Zur Paradiesesschlange. MERKLE 137–151.

5071 *A. Castillo de Lucas:* Notás de Teratología fabulosa. BARDON 364–368, 4 Abb. [Folklore-Darstellungn v. Basilisk, Harpye, Einhorn.]

5072 *K. Weule:* Die Eidechse als Ornament in Afrika. BASTIAN I, 169–194 m. Abb.

5073 *F. Holter:* Ein Krötengefäß aus einem früheisenzeitlichen Gräberfeld von Halle-Trotha. KOSSINNA 1928, 121–126, 5 Abb. [Kröte im Volksglauben.]

5074 *W. Deonna:* La Femme et la Grenouille. TIETZE 49–60, 9 Abb. [Auch in Gazette des Beaux-Arts 1952, Nov., No. 1006.]

5075 *F. Hommel:* Oannes am Sternenhimmel. OPPENHEIM 41–44, 3 Abb. [Fisch-Mensch-Darstellungen.]

5076 *C. Schuster:* A perennial puzzle: The motive of three fish with a common head. COOMARASWAMY 116–125, 17 Abb.

5077 *Ch. W. Mead:* The Fish in ancient Peruvian art. PUTNAM 126–136, 2 Taf.

5078 *E. Strong:* Sulle tracce della lupa romana (Progetto di studio). NOGARA 475–501, Taf. 67 bis 73, 5 Textabb. [Vom Original bis zur Renaissance.]

5079 *J. Daridan:* La Chine, les singes et les peintres français. FOUGÈRES 55 ff., 4 Abb.

5080 *W. Jesse:* Beiträge zur Volkskunde und Ikonographie des Hasen. LAUFFER 158–175, 4 Abb.

5081 *O. Weinreich:* Mäusesegen in Volkstum und kirchlicher Benediktion. BOHNENBERGER 263–281. [U. a. Votivtafeln.]

MENSCH

5082 *Ch. Singer:* The Confluence of Humanism, Anatomy and Art. SAXL 261–269, 1 Abb.

5083 *F. Heiler:* Die Körperhaltung beim Gebet. Eine religionsgeschichtl. Skizze. HOMMEL, Bd 2, 168–177.

5084 *V. Mortet:* La mesure de la figure humaine et la canon des proportions d'après les dessins de Villard de Honnecourt, d'Albert Durer et de Léonard de Vinci. CHATELAIN 367–382.

5085 *C. Eisler:* The Athlete of Virtue. The Iconography of Ascetism. PANOFSKY 1960, 82 bis 97, 10 Abb.

5086 *R. Meldau:* Zur Bedeutung der Hand als Wasserzeichen. GUTENBERG 1940, 41–50, 13 Abb. [U. a. Hand in der Rechtsgeschichte.]

5087 *H. Kauffmann:* Die Fünfsinne in der niederländischen Malerei des 17. Jahrhunderts. FREY 1943, 133–157, 31 Abb.

5088 *H. Ladendorf:* Der Duft und die Kunstgeschichte. MEYER, ERICH, 251–272, 12 Abb.

5089 *W. Ames:* Some Physical types favored by western artists. TIETZE 251–276, 17 Abb. [Zuerst veröff. in Gazette des Beaux-Arts 1954, Sept., No. 1028.]

5090 *E. E. Areen:* Olof Rudbecks anatomiska teater och dess förebilder. HAHR 15 ff.

5091 *W. Artelt:* Das Buch im Anatomiebild und das Anatomiebuch im Bild. JANTZEN 1951, Schülerfestschr., Bd 2.

5092 *E. C. Streeter and Ch. Singer:* Fifteenth Century Miniatures of Extramural Dissections. SUDHOFF 1924, 205–210, 5 Abb.

5093 *K. Sudhoff:* Biologie und Medizin im Wandel der Zeiten ... Samt ihrem Niederschlag in Bild und Schrift. FOCK 105–150, 11 Taf.

5094 *W. G. Spencer:* The "Epitome" of Vesalius on Vellum in the British Museum Library. SUDHOFF 1924, 237–244, 9 Abb.

5095 *E. Holländer:* Bemerkungen zu einem alten persischen Anatomiebild. SUDHOFF 1913, 189–194, 1 Abb. [Anat. Lehrplakat auf Leinwand, um 1700.]

5096 *A. Castiglioni:* Il salasso [Aderlaß] nell arme gentilizia dei Manfredi, Signori di Faenza. SUDHOFF 1924, 159–182, 19 Abb.

5097 *J. W. S. Johnsson:* Sagnene om den sorte Død i Nutids Strejflys. KRISTENSEN 37–51, 2 Abb.

5098 *L. Möller:* Schlaf und Tod. Überlegungen zu zwei Liegefiguren des 17. Jahrhunderts. MEYER, ERICH, 237–248, 9 Abb.

5099 *J. M. Plumer:* The philosophy of nakedness. COOMARASWAMY 224–226, 2 Abb.

5100 *K. v. Spieß:* Der Brunnen der ewigen Jugend. HOMMEL, Bd 2, 328–341, 8 Abb.

5101 *H. T. Damsté:* De man in de put, door alle eeuwen heen en in vele landen, ook op Atjeh. VAN RONKEL, 95–103, 1 Abb.

SONSTIGES

5102 *J. A. Häfliger:* Heilgefäße. BRODBECK-SANDREUTER 123–136, 16 Abb.

5103 *E. Wind:* Charity. The Case History of a Pattern. SAXL 1937/38, 322–330, Taf. 54–59.

5104 *A. L. Romdahl:* Italienskt vardagsliv i det monumentala måleriet. BOËTHIUS 129–139, 3 Abb., Zusammenfassg in italien. Spr.

5105 *W. Pinder:* Antike Kampfmotive in neuerer Kunst. WOLTERS 143–165, 14 Abb. [Meister des Utrecht-Psalters. Leonardo. Rubens.]

5106 *G. Schreiber:* Deutscher Bergbau in Geschichte und Ethos. ARNOLD 177–201, 1 Taf. [Freiberg, Tulpenkanzel. Bergbücher.]

5107 *G. Schreiber:* Mysterium, Prophetie, Volksheilige im Bergbau. Zum Daniel-Motiv im tirolischen und deutschen Bergbau. MAYER, MATTHIAS 179–202.

5108 *F. Brendel:* Über das alte bergmännische Geleucht. Eine kulturgeschichtlich-volkskundliche Untersuchung. HERRMANN, WALTHER, 119–146, 21 Abb. [Paradeblenden, Froschlampen.]

5109 *H. Freydank:* Die Eisleber Begräbnissozietäten. FICKER 124–135, 5 Abb. [U. a. silberne Totenschilde von 1760 mit Darst. a. d. Leben der Bergleute.]

5110 *A. Lehmann:* Zeitgenössische Bilder der ersten Völkerschauen. PLISCHKE 27–38, 12 Abb.

5111 *H. Schwarz:* The Mirror of the Artist and the Mirror of the Devout. SUIDA 90–105, 14 Abb.

5112 *H. Weißgärber:* Der Sport in der Plastik. JAHN, JOHANNES, 299–302, Abb. 165, 166.

5113 *I. Hiller:* Schiffszieher. JAHN, JOHANNES, 303–309, Abb. 167–172 u. Farbtaf. 7, 8.

EINZELNE WELTLICHE SINNBILDER

WAPPEN

5114 *H. Reise:* Vom Wappenwesen. Entstehung, Entwicklung, Annahme, Führung, Merkmale, Symbolik, Runen, Deutung, Fälscher. GRUN 2–10.

5115 *W. R. Staehelin:* Das Wappenbuch des Christian Wurtiser. BASEL, Staatsarch.

5116 *E. Kornemann:* Adler und Doppeladler im Wappen des Deutschen Reiches. Zur Vorgesch. d. Doppeladlers. HALLER 45–69, 3 Abb.

5117 *E. Gritzner:* Die deutschen Reichsfarben. SEELIGER, 1–8.

5118 1. *O. Renkhoff:* Die Wiesbadener Konferenz der Wappenreferenten der deutschen Bundesländer. 2. *K. E. Demandt:* Grundsätze der kommunalen Heraldik. Fragen des kommunalen Wappenwesens. SANTE 297–302.

5119 *L. H. Loomis:* The Oriflamme of France and the War-Cry "Monjoie" in the Twelfth Century. GREENE 67–82, Abb. 29–33. [U. a. zu Glorie, Mandorla.]

5120 *D. Kausche:* Siegel, Wappen und Farben der Stadt Harburg. HOFMEISTER 1955, 127–148, 4 Taf.

5121 *Koch:* Hausmarke, Wappen und Inschriften am Philipp Nicolai-Hause zu Mengeringhausen. SCHULTZE, VICTOR II, 111–120, 2 Taf. [V. 1568.]

5122 *K. Moeser:* 2 Kapitel aus der Entwicklungsgeschichte des Tiroler Adlers. REDLICH 459–498, 8 Taf.

5123 *H. P. Henriquez:* Eine hochmittelalterliche heraldische Adlerdarstellung in Viktring. WUTTE 200–201, 1 Abb.

5124 *H. v. Wieser:* Das Wappen der Hofer zu Moos im Passeier. WOPFNER 1947/48, Bd 1, 337–340.

5125 *J. Hollnsteiner:* Das Stiftswappen von St. Florian. Eine heraldisch-historische Studie. ZIBERMAYR 74–86.

5126 *H. Appelt:* Zur Frage der Entstehung des Kärntner Landeswappens. PIRCHEGGER 50–56.

5127 *F.-Th. Dubois:* Les armoiries du Canton de Vaud. GILLIARD 503–512, 9 Abb.

5128 *J. Mazard:* Les insignes des magistrats et des auxiliaires de justice sous la Révolution. KISCH 311–322, 3 Taf. [Medaillen, Orden.]

5129 *K. Hoppstädter:* Der Saarbrücker Statthalter Johann v. Wolfstein und seine Familie. LOHMEYER 246–251, 1 Taf. [Heraldik.]

5130 *A. P. Van Schilfgaarde en W. Zondervan:* De zegels en het wapen van Zevenaar. VAN HEEK 194–195, 5 Abb.

5131 *H. v. Wieser:* Die Bienen der Napoleonischen Heraldik. HAMMER 239–246, 7 Abb.

5132 *S. Orell:* Ett Runebergfalsifikat? DAHLBERG 1947 134–143. [Um Finnlands Nationalflagge.]

WAGEN

5133 *H. Mötefindt:* Der Wagen im nordischen Kulturkreise zur vor- u. frühgeschichtlichen Zeit. HAHN, EDUARD, 209–240, 9 Abb.

5134 *H. Mötefindt:* Die Entstehung des Wagens und des Wagenrades. KOSSINNA 1918, 31–63, 46 Abb.

5135 *O. Kleemann:* Samländische Funde und die Frage der ältesten Steigbügel. LA BAUME 109–122, Taf. 28–32.

5136 *J. Gierl:* Altbayerische Wagen. RITZ 164–166, 7 Abb. [Leonhardifahrt.]

5137 *N. Kondakov:* Un détail des harnachements byzantins. SCHLUMBERGER, Bd 2, 399 bis 407, Taf. 18 u. Abb. 71.

5138 *P. v. Bienkowski:* Über skythische Wagen. BORMANN 162–165, 1 Taf. [Petersburg, Ermitage. Wagenmodelle aus Terrakotta.]

5139 *E. Li Gotti:* Le pitture dei Cartelloni e dei Carretti siciliani e la tradizione cavalleresca in Sicilia. FRANK, ISTVAN, 296–308, 3 Taf.

5140 *W. Giese:* Reitzeug der Camargue. WECHSSLER 306–314.

5141 *B. Laufer:* The Bird-Chariot in China and Europe. BOAS 410–424, 12 Abb. u. 1 Taf.

SCHIFF

5142 *P.-M. Duval:* Monnaies au navire de l'Europe occidentale. BIDEZ u. CUMONT 91–96, Taf. 5.

5143 *H. Nowe:* Le navire des Francs-Bateliers du Musée de la Byloke. PUYVELDE 340 ff., 5 Abb.

5144 *K. Brunner:* Die volkstümlichen deutschen Schiffsfahrzeuge. HAHN, EDUARD, 292 bis 307.

5145 *D. J. Wölfel:* Eine Felsgravierung eines neolithisch-bronzezeitlichen Schiffstypus und anderes aus der Archäologie der Kanarischen Inseln. WESTERMANN 181–197, 19 Abb.

MUSIKGERÄTE

5146 *D. F. Scheurleer:* Eene Iconographie der Muziekinstrumenten. BREDIUS 250 ff.

5147 *E. Behn:* Wagen oder Musikinstrument? JAHN, JOHANNES, 13–15, Fig. 2–5 u. Abb. 6, 7. [Rippenziste Hallstattzeit. Zur Darst. v. Saiteninstrumenten.]

5148 *J. Werner:* Leier und Harfe im germanischen Frühmittelalter. MAYER, THEODOR, Bd 1, 9–15, 2 Taf.

5149 *O. Andersson:* Stråkharpan. 115–125. HAMMARSTEDT, 14 Abb. [Streichharfen.]

5150 *G. Cesari:* Tre tavoli di strumenti in un «Boezio» del X secolo. ADLER 26–28, 3 Taf. [Ambrosiana Cod. 128. Inf.]

5151 *E. Buhle:* Das Glockenspiel in den Miniaturen des frühen Mittelalters. LILIENCRON 51–71, 2 Taf.

5152 *B. A. Wallner:* Ein Instrumentenverzeichnis aus dem 16. Jahrhundert. SANDBERGER 273–286. [Slg Fugger. Vergleiche m. Darst. v. Niklas Solis u. Hans Muelich.]

5153 *W. Ehmann:* Das Musizierbild der deutschen Kantorei im 16. Jahrhundert. SEIFFERT 69–79, 3 Abb.

5154 *G. Frotscher:* Die Volksinstrumente auf Bildwerken des 16. und 17. Jahrhunderts. SEIFFERT 61–68, 7 Abb.

5155 *E. Bernoulli:* Volksinstrumente in Zeichnungen und Holzschnitten von H. Holbein und Urs Graf. KRETZSCHMAR, HERMANN, 18–21.

5156 *H. J. Moser:* Die Symbolbeigaben des Musikerbildes. SEIFFERT 35–52, 4 Abb.

5157 *J. Müller-Blattau:* Die musikalische Karikatur. SEIFFERT 136–142, 1 Abb.

5158 *G. Schünemann:* Volksfeste und Volksmusik im alten Nürnberg. SEIFFERT 53–60, 16 Abb.

5159 *W. Engelhardt:* Die musizierenden Engel des Münsterschatzes in Essen. SCHIEDERMAIR 1956, 14–16, 1 Taf. [An einem Ostensorium v. 1385.]

5160 *R. Reuter:* Johann Patroklus Müller, Westfalens bedeutendster Orgelbauer im 18. Jahrhundert. Lebenslauf u. Werkverzeichnis. RENSING 260–275, Abb. 181–184.

5161 *E. Klusen:* Denkmalwerte Orgeln am Niederrhein. SCHNÜTGEN 271–277.

5162 *W. Reindell:* Eine Orgelbauakte vom Niederrhein A.D. 1777. SCHIEDERMAIR 1956, 97–108. [Orgelbauer Schrey. Für Mörs.]

5163 *W. Gurlitt:* Der kursächsische Hoforgelmacher Gottfried Fritzsche. SCHERING 106–124. [Geb. um 1580.]

5164 *M. Seiffert:* Die Orgel der Stadtkirche in Delitzsch. KRETZSCHMAR, HERMANN, 149–151.

5165 *K. G. Fellerer:* Musikalische Bilddarstellungen des 15./16. Jahrhunderts zu Freiburg im Üchtland. SEIFFERT 80–82, 2 Abb.

5166 *E. H. Müller:* Die alte Orgel in der evangelischen Pfarrkirche zu Hermannstadt. BIEHLE 31–35, 1 Abb.

5167 *J. W. Enschedé:* Het oude groote orgel in de Sint Bavokerk te Haarlem. BREDIUS 25 ff.

5168 *A. B. de Vries:* Twee beschilderde orgelvleugels uit Scheemda. FRIEDLÄNDER, MAX J., 1942, 31 ff., 2 Abb.

5169 *B. Wester:* Gustavianskt orgelbyggeri. WALLIN 235 ff.

5170 *L. Schermann:* Musizierende Genien in der religiösen Kunst des birmanischen Buddhismus. HIRTH 345–353, 2 Taf.

5171 *G. Kappe:* Tanz und Trommel der Neger. Grundsätzliches zur Erforschung der afrikanischen Tänze u. ihrer Begleitinstrumente. SCHAUINSLAND 64–67, 3 Abb.

BILDERKREISE DER RELIGIONEN

MYTHOLOGIE

5172 *R. Wittkower:* Chance, Fame and Virtue. SAXL 1937/38, 313–321, Taf. 48–53.

5173 *E. Wind:* Platonic Tyranny and the Renaissance Fortuna. On Ficino's Reading of Laws IV, 709 A–712 A. PANOFSKY 1960, 491 bis 496, 1 Abb.

5174 *O. Brendel:* Die Friedensgöttin. Numen und Allegorie. CURTIUS, LUDWIG, 212–216, Taf. 68–71. [Gemälde v. Paolo Veronese.]

5175 *H. Ladendorf:* Kairos. JAHN, JOHANNES, 225–235, Fig. 71–74, Abb. 116–119 u. Farbtaf. 5.

5176 *G. Lippold:* Sarapis und Bryaxis. ARNDT 115–127, 10 Abb. [Zum Typus des thronenden Gottes. Zeus.]

5177 *W. Amelung:* Satyrs Ritt durch die Wellen. HELBIG, 7 Abb. [Einwirkung auf Renaiss.-Plastik.]

5178 *J. S. Held:* Flora, Goddess and Courtesan. PANOFSKY 1960, 201–218, 27 Abb.

5179 *J. Amorós:* Cortesanas y sirenas. MÉLIDA Y ALINARI, Bd 1, 245–253, 5 Abb.

5180 *A. Xyggopoulos:* Byzantinoi kai Islamikoi kentauroi. OIKONOMOS 105–114, 10 Abb.

5181 *William S. Heckscher:* "Recorded from Dark Recollection." PANOFSKY 1960, 187–200, 10 Abb.

5182 *K. Ziegler:* Orpheus in Renaissance und Neuzeit. SCHMITT 239–256, 5 Abb.

5183 *M. Lawrence:* Three Pagan Themes in Christian Art. PANOFSKY 1960, 323–334, 26 Abb. [Endymion – Jonas (lagernd) — Ariadne – Maria (Geburt d. Kindes) — Helios – Elias (Wagen).]

5184 *E. Löwy:* Zum Repertorium der späteren Kunst. NICOLE 653–657, 8 Abb. [Darstellg d. Parisurteils.]

5185 *H. Buchthal:* Hector's Tomb. PANOFSKY 1960, 29–36, 8 Abb.

5186 *O. Waser:* Vom Flußgott Jordan und anderen Personifikationen. KAEGI 191–217.

5187 *Salomone Morpurgo:* Bruto «il buon giudice», nell' Udienza dell' Arte della Lana di Firenze. SUPINO 141–163, 6 Abb.

5188 *W. Stechow:* «Lucretiae Statua». Swarzenski 114–124, 4 Abb. [Bis Rembrandt.]

5189 *H. P. L'Orange:* Domus aurea – der Sonnenpalast. Eitrem 68–100, 6 Abb.

5190 *M. Schuster:* Volkskundliche Bemerkungen zu Tibulls Ambarvaliengedichten (II, 1). Radermacher 118–130. [Vom traubenbekränzten Bacchus zum Hl. Urban in N.-Österr., Bekränzg d. Tiere, Spinnrad – Wagenrad.]

5191 *H. Bardon:* Souvenirs latins. Deonna 87–102, 1 Taf. [Ovidthemen in d. Kunst d. ital. Ren.]

5192 *H. Kjellin:* Vergilius i korgen och som trollkarl. Roosval 142 ff.

5193 *G. F. Koch:* Virgil im Korbe. Meyer, Erich, 105–121, 14 Abb.

5194 *P. Lambrechts:* L'importance de l'enfant dans les religions à mystères. Deonna 322–333.

5195 *F. Vercauteren:* Notes sur une châsse du XIe siècle. Puyvelde 304 ff. [Jagddarstellg a. e. Kassette.]

5196 *K. Ortner:* Neue Quellen zu Bedeutungsfragen. Strzygowski 1932 I, 123–125. [Üb. das Fehlen v. philol.-histor. Belegen f. d. heidnisch-nordische Kunst.]

5197 *F. Cramer:* Sind die keltisch-germanischen Matronen Ortsgottheiten? Philippi 7–17.

5198 *E. Mogk:* Nordgermanische Götterverehrung nach den Kultquellen. Sievers 258–272.

5199 *G. Schwantes:* Schalensteine als Kultsymbole des Donnergottes. Versuch zur Lösung eines sehr alten Rätsels. Seger 1934, 351–355, Taf. 76–79.

5200 *G. Neckel:* Irmin. Siebs 1932, 1–9.

5201 *W. H. Vogt:* Thors Fischzug. Eine Betrachtung über ein Bild auf Bragis Schild. Kock, Axel, 200–216.

5202 *A. Kollantz:* Der Shamanismus der Awaren. Kostrzewski 285–295.

5203 *C. Clemen:* Einige religionsgeschichtlich wichtige skytische Denkmäler. Clemen 1926, 64–71, 7 Abb. [Parallelen zu persischen Götterdarstellgn.]

5204 *O. Tschumi:* Weihegaben aus helvetisch-römischen Heiligtümern und Gräberfeldern. Ein Beitr. zum Götter- u. Totenkult bei Kelten u. Römern. Stähelin 32–35, 1 Abb., 3 Taf. [Metalläxtchen; Statuetten v. Muttergottheiten.]

5205 *J. Kroll:* Der Gott vor dem Höllentor. Arnold 81–99. [Ischtar.]

5206 *F. v. Luschan:* Zusammenhang oder Konvergenz. Bode 1915, 202–208, 5 Abb. [Motivwanderungen.]

5207 *A. Grünwedel:* Athene – Vajrapani. Bode 1915, 174–180, 5 Abb. [Antiker Einfluß in der buddhistischen Kunstmythologie.]

5208 *A. A. Macdonell:* The Development of early Hindu Iconography. Windisch 158–172.

5209 *L. Scherman:* Die ältesten Buddhadarstellungen des Münchener Museums für Völkerkunde. Wolters 64–80, 17 Abb.

5210 *L. Scherman:* Der Schnitter und die Erleuchtung Buddhas. Thomas 236–249, 8 Abb.

5211 *O. Aleksandrowicz-Schwanenfeld:* Eine Elfenbeinstatuette des Yima in Krakauer Privatbesitz. Strzygowski 1932 I, 9–14, Abb. 2. [Yima als Guter Hirt.]

5212 *P. Poucha:* Das tibetanische Totenbuch im Rahmen der eschatologischen Literatur. Lexa 136–162, 4 Taf. [In Prag, 18. Jh.]

5213 *A. A. Sidorov:* Les images des divinités des eaux de l'Amérique ancienne. Gorodcov 462–471.

5214 *E. P. Dieseldorff:* Welchen Gott stellen die Steinidole der Mayavölker dar? Seler 47 bis 58, 11 Abb., 1 Taf.

5215 *S. C. Chew:* The Allegorical Chariot in English Literature of the Renaissance. Panofsky 1960, 37–54, 5 Abb.

5216 *R. W. Lee:* Armida's Abandonment. A Study in Tasso Iconography Before 1700. Panofsky 1960, 335–349, 26 Abb.

Altes Testament und Judentum

5217 *E. N. Adler:* Jewish Art. Gaster 37–49, 6 Abb. [In mittelalterlichen Handschriften.]

5218 *C. Steuernagel:* Jahwe, der Gott Israels. Eine stil- u. religionsgeschichtl. Studie. Wellhausen 329–349.

5219 *E. Sellin:* Das Zelt Jahwes. Kittel 168–192.

5220 *J. Meinhold:* Zur Frage der Kultuszentralisation. Wellhausen 299–315. [B. d. Alten Juden. Berg Sinai, Bundeslade usw.]

5221 *H. Schmidt:* Kerubenthron und Lade. Gunkel, Bd 1, 120–144, 4 Abb.

5222 *W. Lotz:* Die Bundeslade. Luitpold, Prinzregt v. Bayern, 1901, Bd 1, 143–186.

5223 *N. Bêljaev:* La figuration de «l'Arche d'Alliance» dans la peinture balkanique du XIVe siècle. Uspenskij 315–324.

5224 *J. Cohn:* Die Schaubrote nach Mischna und Talmud. Hoffmann 71–86, 6 Abb.

5225 *K. Galling:* Der Gott Karmel und die Ächtung der fremden Götter. Alt 105–125, 1 Taf.

5226 *O. Eißfeldt:* Gott und Götzen im Alten Testament. Kattenbusch 151–160.

5227 *H. Kroner:* Zur Eschatologie und Dämonologie des Judentums. Kroner 67–118.

5228 *H. Greßmann:* Die Paradiessage. HARNACK II, 24–42.

5229 *F. de Mély:* Nos premiers parents dans l'art: Adam, Eve, Lilith. HULIN DE LOO 116 bis 122, Taf. 15.

5230 *F. Kern:* Der Rex et Sacerdos in bildlicher Darstellung. SCHÄFER, DIETRICH, 1–5. [Melchisedek in d. frühchristl. Kunst.]

5231 *E. von Dobschütz:* Prophetenbilder und Prophetensprüche. BAUDISSIN 151–162.

5232 *E. Peterson:* Henoch im jüdischen Gebet und in jüdischer Kunst. MOHLBERG, Bd 1, 413–417.

5233 *P. Rost:* Miszellen. 1. Der Altar Ezechiels. Kap. 43, 13–17. MEISSNER 170–174, 2 Abb.

5234 *K. Strecker:* Die zweite Beichte des Erzpoeten. DEGERING 244–252, 1 Taf. [Jonas-Darstellungen.]

5235 *G. Stuhlfauth:* Der algerische Danielkamm und der Berliner Danielstoff. SCHULTZE, VICTOR, 1921, 413–427.

5236 *P. B. Bagatti:* Una lucerna inedita di Sidone (Libano) con David adolescente. BELVEDERI 303–307, 3 Abb.

5237 *M. Grunwald:* Der Davidstern. GASTER 195–198. *M. Grunwald:* Wo fanden die jüdischen Künstler ihre Vorlagen? GASTER 198–202.

5238 *H. Swarzenski:* A Chalice and the Book of Kings. PANOFSKY 1960, 437–444, 12 Abb.

5239 *H. Greßmann:* Der Festbecher. SELLIN 55–62. [Segensbecher, Schaubecher usw. im A. T. U. a. Darst. auf Goldgläsern.]

5240 *M. Sobernheim u. E. Mittwoch:* Hebräische Inschriften in der Synagoge von Aleppo. GUTTMANN 273–285, 6 Abb., 1 Plan.

5241 *K. Galling:* Die jüdischen Katakomben in Rom als ein Beitrag zur jüdischen Konfessionskunde. KATTENBUSCH 352–360. [U. a. Bildmotive.]

5242 *Samuel Krauss:* Zur Katakombenforschung. BERLINER 204–214. [Jüdische Symbole usw.]

5243 *M. Brann:* Jüdische Grabsteine in Ulm. KRONER 162–188.

CHRISTENTUM

CHRISTLICHE KUNST UND LITURGIE

5244 *W. Neuß:* Kirchengeschichte im Lichte der christlichen Kunst. FUCHS 1–14.

5245 *H. Lützeler:* Größe und Grenze christlicher Kunst. TILLMANN 1950, 327–350.

5246 *G. Weise:* Das Transzendente als Darstellungsvorwurf der Kunst des Abendlandes. WAETZOLDT 65–80, 14 Abb. [In Pl. u. Mal.; Spätantike – Hochrenaiss.]

5247 *O. A. Erich:* Zur Darstellung der Seele und des Geistes in der christlichen Kunst. GOLDSCHMIDT 1935, 51–54.

5248 *W. Rothes:* Heidnisches in altchristlicher Kunst und Symbolik. EHRHARD 381–406.

5249 *H. Busch:* Die Bedeutung der Bibel für die deutsche Kunst. VOLLMER, HANS, (theol.) 1941, 19–34, 28 Abb.

5250 *K. Hüseler:* Bibel und Hausrat. VOLLMER, HANS, (theol.) 1941, 35–36, 1 Abb.

5251 *A. L. Mayer:* Das Kirchenbild des späten Mittelalters und seine Beziehungen zur Liturgiegeschichte. CASEL.

5252 *E. Frhr. von der Goltz:* Die Bedeutung der Bildsprache für das kirchliche Handeln im Altertum. SCHULTZE, VICTOR I, 55–66.

5253 *J. D. Stefănescu:* L'illustration des liturgies dans l'art de Byzance et de l'Orient. CAPART, Tl 2, 403–508, 138 Abb.

5254 *A. Jülicher:* Zur Geschichte der Abendmahlsfeier in der ältesten Kirche. WEIZSÄCKER 215–250.

5255 *L. Voelkl:* Apophorentum, Eulogie und Fermentum als Ausdrucksformen der frühchristlichen Communio. BELVEDERI 391–414, 6 Abb.

5256 *T. Bogler:* Das Bild im Dienst der Meßkatechese. JUNGMANN 249–268.

5257 *D. W. H. Schwarz:* Liturgiegeschichtliches und Ikonographisches aus dem alten Zürich. MOHLBERG, Bd 1, 429–442.

5258 *K. Meisen:* Volkskunde und christliche Kultgeschichte. Ein Beitr. zur Problematik und Methode d. Volkskunde. SCHREIBER 1932, 358 bis 378.

5259 *J. Vincke:* Volkskundliche Voraussetzungen der Patrozinienforschung. SCHREIBER 1953, 56–76.

5260 *H. Schauerte:* Entwicklung und gegenwärtiger Stand der religiösen Volkskundeforschung. SCHREIBER 1953, 516–534. [Hagiographie, Wallfahrtskde.]

5261 *E. Strasser:* Das Wesen der lutherischen Kirchenkunst. IHMELS 428–448.

5262 *A. Baumstark:* Bild und Lied des christlichen Ostens. CLEMEN 1926, 168–180.

5263 *J. Leroy:* L'iconographie des Eglises de langue syriaque. GALBIATI, Bd 3, 175–184.

5264 *J. Gay:* Quelques remarques sur les papes grecs et syriens avant la querelle des Iconoclastes. SCHLUMBERGER (678–715), Bd 1, 40–54, Taf. 1.

5265 *A. Mais:* Die Gruftbestattungen zu St. Michael in Wien. Bruderschaften, Bestattungen, Sargmalerei, Totenbeigaben. GUGITZ 245–273.

GOTT – CHRISTUS

5267 *W. Vischer:* Du sollst dir kein Bildnis machen. BARTH 764–772. [Zeugnisse a. d. A.T. u. N.T. zum Gottesbild.]

5268 *O. Reicher:* Der Schauder vor dem Göttlichen (pavor venerabilis). SAS-ZALOZIECKY 132 ff.

5269 *E. v. Dobschütz:* Vom Verstehen in der Kunst. (Zur Darstellung des Unsichtbaren.) FICKER 139–154, 2 Abb.

5270 *P. Hendrix:* Die Ikon als Mysterium. CASEL.

5271 *G. Egger:* Der Theos epiphanes in der spätantiken Kunst. SEDLMAYR.

5272 *H. Gerstinger:* Über Herkunft und Entwicklung der anthropomorphen byzantinisch-slawischen Trinitätsdarstellungen des sogenannten Synthronoi- und Paternitas (Otéchestow)-Typus. SAS-ZALOZIECKY 79 ff.

5273 *B. J. Engelbrecht:* De Afbeeldbaarheid van Jesus Christus in de Kunst. LEEUW 177–192.

5274 *V. Schultze:* Christus in der frühchristlichen Kunst. BULIC.

5275 *E. Ingers:* Om Kristusbilder under kyrkans äldre tider. HOLMSTRÖM 133–160.

5276 *J. Sauer:* Das Aufkommen des bärtigen Christustypus in der frühchristlichen Kunst. BULIC.

5277 *R. Berliner:* "God is Love". TIETZE 143–160, 7 Abb. [Zuerst veröff. in Gazette des Beaux-Arts 1953, Jul./Aug., No. 1014–1015.]

5278 *A. Ehrhardt:* Myth and Ritual from Alexander to Constantine. FRANCISCI 421–444. [Christus Imperator.]

5279 *G. de Jerphanion:* Le «Thorakion», caractéristique iconographique du XIe siècle. DIEHL, CHARLES, Vol. 2, 71 ff., 2 Abb.

5280 *M. G. Carli:* Il «Buon Pastore» nelle Catacombe di Priscilla. BELVEDERI 335–354, 7 Abb.

5281 *J. Quasten:* Das Bild des Guten Hirten in den altchristlichen Baptisterien und in den Taufliturgien des Ostens und Westens. Das Siegel der Gottesherde. DÖLGER, FRANZ JOSEPH, 220–244, 2 Taf.

5282 *E. Becker:* Die altchristliche Hirtenstatuette in Catania. Mit e. Anh.: Zum Katalog der Hirtenstatuetten. SCHULTZE, VICTOR, 1921, 379–388.

5283 *Endres:* Eine altchristliche Darstellung des Guten Hirten im Museum zu Augsburg. DE ROSSI 114 ff.

5284 *F. Sarre:* Eine palmyrenische Reliefigur und der Typus des Guten Hirten. STRZYGOWSKI 1923, 69–71, 2 Abb. auf Taf.

5285 *H. Wentzel:* Die Kornfeldlegende in Parchim, Lübeck, den Niederlanden, England, Frankreich und Skandinavien. BAUCH 177–192, 11 Abb.

5286 *A. Kuemmel:* Geschichtliches vom täglichen Brote. SCHELL 47–53. [U. a. Abendmahlsdarstellg.]

5287 *D. Frey:* Ikonographische Bemerkungen zur Passionsmystik des späten Mittelalters. BAUM 107–123, Abb. 47–54.

5288 *Th. Michels:* Die Dornenkrönung als Triumph Christi. SAS-ZALOZIECKY 119 ff.

5289 *H. Schrade:* Beiträge zur Erklärung des Schmerzensmannbildes. PANZER 1930, 4 Abb.

5290 *E. Panofsky:* „Imago Pietatis". Ein Beitr. zur Typengesch. des „Schmerzensmanns" und der „Maria Mediatrix". FRIEDLÄNDER, MAX J., 1927, 251–308, 42 Abb.

5291 *K. Wilhelm-Kästner:* Zur Typologie des Gnadenstuhles. HAMANN 1954.

5292 *R. Berliner:* Die Cedronbrücke als Station des Passionsweges Christi. ANDREE-EYSN 73–82, 4 Abb.

5293 *T. Gebhard:* Christus sucht seine Kleider. Ein Beitr. zur Ikonographie der Passion Christi. RITZ 56–61, 4 Abb.

5294 *M. Thibout:* Variation sur le thème du Portement de croix dans la peinture murale française. BRUNEL, Bd 2, 581–585.

5295 *J. Sauer:* Die spätmittelalterlichen Kreuzigungsdarstellungen. Ein Beitr. zur Ikonographie des Kreuzigungsmotivs. JOHANN GEORG V. SACHSEN 337–366.

5296 *H. Wentzel:* Miscellanea. BAUM 40–47, Abb. 7–15. 1. Das Turiner Leichentuch Christi und das Kreuzigungs-Bild des Landgrafenpsalters in Stuttgart. 2. Die Passionsreliefs in Maulbronn. [Parler.]

5297 *J. R. Martin:* The Dead Christ on the Cross in Byzantine Art. FRIEND 189–196, 4 Abb.

5298 *H. v. d. Gabelentz:* Italienische Kruzifixe des Mittelalters. CLEMEN 1926, 319–325, 1 Taf., 1 Tabelle. [Ikonogr. Überblick über gemalte Kruzifixe mit Nebenbildern.]

5299 *F. Wormald:* The Crucifix and the Balance. SAXL 1937/38, 276–280, Taf. 40.

5300 *H. Klettke:* Die Entwicklung vom Henkelkreuz zum Kruzifix im Spiegel koptisch-nordwesteuropäischer Beziehungen. ROSEMANN 1–15.

5301 *M. Durliat:* Les Christ vêtus des Pyrénées-Orientales. Étude de leur décoration peinte. FLICHE 55–65, 9 Taf.

5302 *J. Reil:* Symbole im Kreuzigungsbilde niederrheinischer Elfenbeine des elften Jahrhunderts. FICKER 202–210, 4 Abb. [Siegeskranz-Krone. Kelch. Gewand Christi.]

5303 *H. Swarzenski:* Die „Tugenden" kreuzigen Christus. FRIEDLÄNDER, WALTER, 108 ff.

5304 *C. Gurlitt:* Das Grab Christi in der Grabeskirche in Jerusalem. CLEMEN 1926, 189–199, 18 Abb.

5305 *P. Durrieu:* Une vue de l'église du Saint-Sépulcre vers 1436, provenant du bon roi René. VOGÜÉ 197–208, 1 Abb. [Brit. Mus. Ms. Egerton 1070, fo 5.]

5306 *H. Omont:* Un Guide du pèlerin en Terre sainte au XIVe siècle. SCHLUMBERGER, Bd 2, 436–450, Taf. 28. [Abb. v. Hl. Grabe im heutigen Zustand.]

5307 *E. Dyggve:* Aquileia e la Pasqua. BRUSIN 385–397, 11 Abb. [Rotonda d. Domes. Hl. Grab u. christl. Kult.]

5308 *P. Borella:* Corpi Santi in Milano e Diacesi. CASTIGLIONI 131–188, 8 Abb.

5309 *A. Mitterwieser:* Die Heiligen Gräber der Karwoche in Bayern. FRANK 129–136, 1 Abb.

5310 *P. Strieder:* Entwürfe zu „Heiligen Gräbern" in Münchner Kirchen. JANTZEN 1951, Schülerfestschr., Bd 3.

5311 *N. Grass:* Barock-Heiliggräber in Tirol. KLEBELSBERG 1956, 59–103, Taf. 2–5.

5312 *Th. Michels:* Christus mit der Buchrolle. Ein Beitrag zur Ikonographie der Himmelfahrt Christi. BAUMSTARK 138–146.

5313 *S. A. Žebelev:* Ikonografičeskija schemy Voznesenija Christova i istočniki ich vozniknovenija (les types iconographiques de l'Ascension de Jésus-Christ et les sources de leurs origines). KONDAKOV 1 ff., 2 Abb.

5314 *G. Millet:* La vision de Pierre d'Alexandrie [Erscheinungen Christi]. DIEHL, CHARLES, Vol. 2, 99 ff., 2 Abb.

5315 *P. Ortmayr:* Papst Gregor der Große und das Schmerzensmannbild in S. Croce zu Rom. KIRSCH 97–111, 3 Abb.

MADONNA – ENGEL

5316 *C. Cechelli:* Nota sopra il più antico culto della madonna nella zona vaticana. PIUS XII., Papst, 129–131.

5317 *G. La Piana:* The Byzantine Iconography of the Presentation of the Virgin Mary to the Temple and a Latin Religious Pageant. FRIEND 261–271, 8 Abb.

5318 *K. Weitzmann:* The Origin of the Threnos. PANOFSKY 1960, 476–490, 17 Abb. [Beweinung Byzanz.]

5319 *A. Schneider:* Über den Typus der Muttergottes „Threnodusa". HOFFILLER, 5 Taf.

5320 *K. Wessel:* Regina Coeli. KURTH, WILLY.

5321 *N. Jorga:* Les variations du type de la Dormition de la Vierge dans le vieil art roumain. KONDAKOV 29 ff., 2 Abb. u. Taf. 1–3.

5322 *G. A. Soteriou:* Theotokos e Arakiotissa tes Kyprou (Prodromos tes „Panagias tou pathons"). OIKONOMOS 87–91, 3 Abb.

5323 *R. P. D. Lathoud:* Le Thème iconographique du Pokrov de la Vierge. USPENSKIJ 1932, 303–316, 4 Abb., Taf. XLVI, XLVII.

5324 *A. Grabar:* The Virgin in a Mandorla of Light. FRIEND 305–311, 4 Abb. u. 1 Zeichng.

5325 *J. Cibulka:* Korunovaná Assumpta na pulměsíci (die gekrönte Assumpta auf dem Halbmond). MADL 80 ff.

5326 *J. Courcelle-Ladmirant:* Une page d'iconographie virgilienne au XVe siècle. PUYVELDE 263 ff., 3 Abb.

5327 *V. Jensh-Sussmann:* Vorläufer und Varianten des mittelalterlichen Schutzmantelbildes. HAMANN 1954.

5328 *O. Källström:* Axmadonnan. RYDBECK, 5 Abb. [Madonna im Ährenkleid.]

5329 *A. Walzer:* Zur Darstellung der Verkündigung im Gebetbuch Herzog Eberhards im Bart von Württemberg. BAUM 98–106, Abb. 43–46.

5330 *R. Cusacq:* De l'évolution du thème de la Vierge dans l'art bayonnais du moyen âge. DUFOURCQ 281–314.

5331 *I. Grabar:* Sur les origines et l'évolution du type iconographique de la Vierge Éléousa. DIEHL, CHARLES, Vol. 2, 29 ff., 11 Abb.

5332 *R. Kriß:* Die Muttergottes von Bogenberg und ihre Nachbildungen. RITZ 59–61, 8 Abb. [Maria in der Hoffnung. Um 1400.]

5333 *A. Feigel:* Unsere Liebe Frau vom heiligen Blute. SCHROHE 79–82, Taf. 5–9. [Weinschröter-Muttergottes v. Hallgarten. Sakramentsmadonnen.]

5334 *T. Gebhard:* Die marianischen Gnadenbilder in Bayern. Beobachtungen zur Chronologie und Typologie. GUGITZ 93–116, 2 Taf.

5335 *H. Jursch:* Ich sah den Engel mir erscheinen ... Die Gestalt des Engels in Bibel und Kunst. Berlin: Evangel. Verl. Anst. (1952). 40 S., 22 Abb., So.-Dr. aus HEUSSI.

5336 *M. Trens:* Els àngels plumífers. PUIG I CADAFALCH, Bd 1, 383–387, 4 Abb. [Bes. St. Michael.]

HEILIGE

5337 *J. B. Villiger:* Die Hagiographie als Ausgangspunkt für historische Arbeiten. MOHLBERG, Bd 2, 199–207.

5338 *A. Nikanor:* K voprosu o datirovkě anonimiych agiografij (zum Problem der Datierung anonymer Hagiographien). UVAROVA 128 ff.

5339 *J. Klapper:* Zwei italienische Legenden im deutschen Osten. Ein Beitr. zur Gesch. d. deutschen Volksfrömmigkeit. SIEBS 1922, 5–15. (1. Das Erlöserbild v. Lucca und die Spielmannslegende. 2. Maria im Ährenkleide.)

5340 *L. Rettenbeck:* Heilige Gestalten im Votivbild. GUGITZ 333–359, 5 Taf.

5341 *E. Kałužniacki:* Über Wesen und Bedeutung der volksetymologischen Attribute christlicher Heiliger. JAGIC 504–526.

5342 *E. Tormo:* El resumen del santoral del culto mozárabe. MENÉNDEZ PIDAL 1925, Bd 3, 531–543. [Die westgotischen und mozarabischen Heiligen, diesbezügl. Handschriften.]

5343 *B. Graßl:* Die Heiligen des Prämonstratenserordens. HELMER 83–134.

5344 *A. Bruckner:* Einige Bemerkungen zur Erforschung des frühmittelalterlichen Heiligenkultes in der Schweiz. MANARESI 29 ff., 1 Taf.

5345 *O. H. v. Bockelberg:* Das Morgenländische in der Anbetung der Könige, ein Beitrag zu ihrer Ikonographie. WAETZOLDT 91–134, 23 Abb.

5346 *M. V. Scheil:* Melchior, Gaspar, Balthasar. VOGUÉ 551–554.

5347 *A. Apostolake:* Phyge eis Aigypton kai Anachoresis ton Magon. OIKONOMOS 157–162, 2 Abb.

5348 *A. Pératé:* La résurrection de Lazare dans l'art chrétien primitif. DE ROSSI 1892 I, 271 bis 280.

5349 *E. H. Kantorowicz:* The Baptism of the Apostles. VASILIEV 203–252, 45 Abb. [In d. altchristl. Kunst.]

5350 *O. Goetz:* „Hie hencktt Judas." SCHMITT 105–137, 18 Abb.

5351 *C. Clemen:* Die Bildlichkeit der Offenbarung Johannis. KAFTAN 25–43.

5352 *I. Schuster:* La più antica rappresentazione di Sant' Ambrogio. MERCATI, GIOVANNI, Bd 5, 48–60, 4 Taf.

5353 *J. Gessler:* A propos d'un acteur dans le Jeu de sainte Apolline. PUYVELDE 169 ff., 7 Abb.

5354 *O. Holder-Egger:* Zu den Heiligengeschichten des Genter St. Bavoklosters. WAITZ 623–665.

5355 *I. Waldapfel:* Christophorus. (In ungar. Spr. m. dt. Zusammenfassg.) MAHLER 319–364.

5356 *W. Loeschcke:* Sanctus Christophorus Canineus. REDSLOB 33–82, 16 Abb.

5357 *A. Chatzenikolaon:* Eikónes ... (Bilder des Hl. Christophoros des Hundegesichtigen). MERLIER.

5358 *A. Loehr OSB:* Der hl. Christophorus und die Wandlungen im christlichen Heiligenkult. CASEL.

5359 *B. Wiese:* Zur Christophoruslegende (eine Handschrift in Mailand, eine mit Miniaturen in Wien). SUCHIER 285–308.

5360 *J. Gotzen:* Das Offizium der hl. Chrysanthus und Daria. MEYER, PETER, 55–63, 2 Abb.

5361 *L. Schmidt:* Zur Verehrung der hl. Corona in Bayern und Österreich. RITZ 69–79, 5 Karten, 4 Abb.

5362 *R. J. Loenertz:* Saint David de Thessalonique, sa vie, son culte, ses reliques, ses images. JUGIE 205–223.

5363 *P. Clemen:* Die Geschichte der heiligen Fina von San Gimignano. SCHUBRING, PAUL, 10–31, 12 Abb.

5364 *F. Reggiori:* S. Imerio di Bosto e S. Gemolo di Ganna. GIUSSANI 241–244, 8 Taf. [Titelheilige des 11. Jh. zweier kleiner Kirchen in Oberitalien.]

5365 *R. Günther:* Der älteste Zyklus des Drachentöters St. Georg. Eine ikonographische Studie über das Rätsel von Groß-Linden. SCHULTZE, VICTOR, 1921. 389–412, 1 Abb. [Roman. Kirchenportal.]

5366 *St. L. Kostov:* Izobrazenieto na sv. Georgi v balgarskija naroden nakit (die Darstellung des hl. Georg im Bereich der bulgarischen Volkstracht). MILETIC 187–201, 5 Abb.

5367 *C. Cecchelli:* Revisioni iconografiche: Una scultura di Costantinopoli ed un pannello della porta di S. Sabina in Roma – Il mosaico del S. Giorgio di Salonicco e quello del Battistero degli ortodossi a Ravenna. BELVEDERI 259–272, 9 Abb.

5368 *J. Gottschalk:* Hedwigsdarstellungen außerhalb Schlesiens. SEPPELT 19–29.

5369 *Johann Georg, Herzog zu Sachsen:* Konstantin der Große und die hl. Helena in der Kunst des christlichen Orients. DE WAAL I, 255–258, Taf. 10, 11.

5370 *H. Schnitzler:* Hieronymus und Gregor in der ottonischen Kölner Buchmalerei. KAUFFMANN 11–18, 10 Abb.

5371 *E. A. Stückelberg:* Stationen des sog. Hieronymianums. SCHNEIDER 1906, 45–50. [Gesch. d. Martyrologium H. Auxerre, Ende 6. Jh. Ortsverz. über Weihungsvermerke.]

5372 *E. Schramm:* Quevedo und das Patrozinium des heiligen Jakob. STOHR 349–356.

5373 *H. J. Hüffer:* Die spanische Jacobusverehrung in ihren Ausstrahlungen auf Deutschland. SCHNABEL 124–138.

5374 *E. Weigand:* Zu den ältesten abendländischen Darstellungen der Jungfrau und Märtyrin Katharina von Alexandria. DÖLGER, FRANZ JOSEPH, 279–290.

5375 *J. Sauer:* Das Sposalizio der hl. Katharina von Alexandrien. Ein Beitr. zur Ikonographie der Heiligen und zur Geistesgeschichte des späteren Mittelalters. SCHNEIDER 1906, 337 bis 351.

5376 *G. Schnürer:* Die ältesten Legenden der hl. Kümmernis (Ontkommer, Wilgefortis). HERTLING 96–107.

5377 *F. Stelè:* Izreden primer sv. Kümmernis v Sloveniji (Zusammenfassung). Ein außerordentliches Beispiel einer Darstellung der hl. Kümmernis. TKALCIC 119 ff., 8 Abb.

5378 *J. Leisching:* Die große Leonhardi-Gestalt im Salzburger Museum. ANDREE-EYSN 41–43.

5379 *L. Kretzenbacher:* Die Ketten um die Leonhardskirchen im Ostalpenraume. Kulturhist. Beiträge zur Frage d. Gürtung v. Kultobjekten in d. religiös. Volkskultur Europas. GUGITZ 165–202, 2 Taf.

5380 *E. Mâle:* La vie de Saint Louis dans l'art français au commencement du XIVe siècle. BERTAUX.

5381 *G. Schreiber:* St. Magdalena als Volksheilige und Bergwerksinhaberin. EDER 259 bis 275, 6 Abb.

5382 *G. Lanczkowski:* Thot und Michael. KEES 117–127. [Motivübernahme aus Hermopolis durch Christentum.]

5383 *A. Ph. Brück:* Nikolaus-Patrozinien in Rheinhessen und im Rheingau. Ein Beitr. zur Kulturgeographie. LENHART 41–65, 2 Textabb., 1 Taf.

5384 *J. Dünninger:* St. Oswald und Regensburg. Zur Datierung des Münchener Oswald. HÄMEL 17–27. [Eine Handschrift und über Oswaldkult überhaupt.]

5385 *Batiffol:* Étude d'Hagiographie Arienne: Parthénius de Lampsaque. DE ROSSI 35 ff.

5386 *H. Reincke:* Die Schutzpatrone der Stadt Hamburg. NIRRNHEIM 1–19. [Petrus; Maria.]

5387 *L. Schmidt:* Der hl. Prokop als Bergbaupatron Böhmens. PREUSCHEN 143–155.

5388 *J. Torsy:* Der heilige Marschall Quirinus. Beiträge zur Geschichte seiner Verehrung. SCHNÜTGEN 7–48.

5389 *F. Baix:* Le Souvenir de saint Remacle dans le Namurois. COURTOY, Bd 1, 173–184, 5 Taf.

5390 *G. de Tervarent:* Contribution à l'iconographie de Ste Sophie et de ses trois filles. PEETERS, Bd 2, 419–423, 1 Taf.

5391 *W. Semkowicz:* Sprawa św. Stanisława w świetle nowego źródła ikonograficznego (das Problem des Hl. Stanislaus im Lichte einer neuen ikonographischen Quelle). BALZER, Bd 2, 389–439.

5392 *H. Nirrnheim:* Über die Verehrung des heiligen Theobald (Lewald) in Hamburg. HAGEDORN 1–24.

5393 *G. Schreiber:* Symbole und Gruppierung der Heilbringer. Die Vierzehn Nothelfer in der deutschen Volksfrömmigkeit. GAMPER, HANS, Bd 2, 261–310, Taf. 13, 14.

5394 *J. Dünninger:* Die Wallfahrtslegende von Vierzehnheiligen. STAMMLER, WOLFGANG, 192 bis 205.

5395 *H. Lahrkamp:* Die Vierzehn Nothelfer im deutschen Sakralraum. GAMPER, HANS, Bd 2, 249–259.

5396 *B. Gritsch, OFM:* Vierzehnheiligen in Tirol. Anh.: Allgemeines über die Nothelfer-Verehrung. GAMPER, HANS, Bd 2, 311–336, Taf. 15.

TOTENTANZ, TEUFEL

5397 *A. Dürrwächter:* Die Totentanzforschung. HERTLING 390–402.

5398 *W. Mulertt:* Die französischen Totentänze. WECHSSLER 132–152.

5399 *H. Wieser:* Die dankbaren Toten. Ein Beitr. zur Ikonographie der Armenseelen. KLEBELSBERG 1949, 491–501, 3 Abb.

5400 *J. Amades:* El Diable. BARDON 375–389, 7 Abb. [M. Buchillustr. d. 18. u. 19. Jh.]

5401 *H. F. Haefele:* Teufel und Dämon in den Gesta Karoli. WACKERNAGEL, HANS GEORG, 5–20.

5402 *L.-I. Ringbom:* Diktens "Fru Värld" och "Världens Furste" i kyrkoportalen. CORNELL 44 ff., 4 Abb.

5403 *S. C. Chew:* Spenser's Pageant of the Seven Deadly Sins. GREENE 37–54, Abb. 1–16.

5404 *F. Saxl:* „Aller Tugenden und Laster Abbildung". Eine spätmittelalterl. Allegoriensammlung, ihre Quellen u. ihre Beziehungen zu Werken des frühen Bilddrucks. SCHLOSSER 1927, 104–121, Abb. 45–52. [Rom, Bibl. Casanatense, Cod. 1404.]

5405 *E. v. Frisch:* Über die Salzburger Handschrift von Hugo von St. Victors Opusculum de Fructu Carnis et Spiritus. LEIDINGER 67–71, 4 Abb. [Darst. v. Tugenden u. Lastern.]

5406 *A. Bugge:* Omkring „Syndebukken" i Stavanger domkirke. NORDMANN 175–187, 11 Abb.

Pilgerwesen

5407 *F. Behrend:* Deutsche Pilgerreisen ins Heilige Land 1300–1600. Leidinger 1–13, 5 Abb.

5408 *R. Schuller:* Pilgerfahrten im MA aus Ungarn und dem Siebenbürger Sachsenlande nach berühmten Gnadenorten. Teutsch 1931, 306–323.

5409 *L. Th. Maes:* Mittelalterliche Strafwallfahrten nach Santiago de Compostella und Unsere Liebe Frau von Finisterra. Kisch 99–118. [Mit Exkurs üb. d. heutige Santiago; Gebäude usw.]

5410 *M. Rydbeck:* Ein Detail im Pilgerwesenpuzzle. Meyer, Erich, 122–125, 1 Abb.

5411 *O. F. Gandert:* Ein romanisches Pilgerzeichen aus dem mittelalterlichen Magdeburg. Ein Beitr. zur Pilgerzeichenforschung. Unverzagt 167–173, 4 Abb. auf Taf. 20. [Silberguß.]

5412 *J. De Beer:* Bedevaart- en pelgrimplaatjes. Claes 53–69.

5413 *F. Leskoschek:* Sebastianspfeil und Sebastiansminne. Vergessene Wallfahrtskultformen aus der Pestzeit. Gugitz 229–236.

5414 *K. Köster:* Gutenbergs Aachener Heiltumsspiegel. Kliemann 284–301, 2 Abb. [Pilgerzeichen, Wallfahrtsandenken, Model.]

5415 *J. Dünninger:* Maria in arena (in vineis). Studie zur Gesch. d. fränkischen Wallfahrtswesens, bes. bes. üb. d. Wallfahrt zum Vesperbild von Dettelbach. Ritz 62–68.

5416 *W. Dersch:* Hessische Wallfahrten im Mittelalter. Brackmann 457–491.

5417 *J. Kessels:* Der mittelalterl. Wallfahrtsort Stiepel u. s. Marienheiligtum. Fuchs 113–140, 1 Abb., 1 Taf.

5418 *R. Kriß:* Wallfahrtswanderungen in Steiermark mit bes. Berücksichtigung der Opfergaben. Andree-Eysn 21–40, 11 Abb.

5419 *O. Moser:* Ein barockes Prozessionsfest in Kärnten. Gugitz 301–306, 1 Taf.

5420 *A. Karasek-Langer:* Neue Formelemente im bayerischen Wallfahrtswesen durch den Zustrom von Heimatvertriebenen. Ritz 103–107.

5421 *L. Schmidt:* Votivbild-Notizen in den Wallfahrten rings um das Kaisergebirge. Mayer, Matthias, 163–178.

5422 *E. Baumann:* Die Bestandsaufnahmen der Votivbilder und Votivgaben der Schweiz. Meuli, 4 Taf.

Reliquienwesen und Kirchengerät

5423 *B. Töpfer:* Reliquienkult und Pilgerbewegung zur Zeit der Klosterreform im burgundisch-aquitanischen Gebiet. Sproemberg 420 bis 439.

5424 *H. Fichtenau:* Zum Reliquienwesen im frühen Mittelalter. Loehr.

5425 *M. Andrieu:* Aux origines du culte du Saint-Sacrement. Reliquiaires et monstrances eucharistiques. Peeters, Bd 2, 397–418, 3 Taf.

5426 *E. Meyer:* Reliquie und Reliquiar im Mittelalter. Heise 55–66.

5427 *R. Fage:* Les voiles de crosses. Schlumberger, Bd 2, 477–486, Abb. 89–94. [12. bis 13. Jh. Bischofsstab mit Schleier. Sudarium.]

5428 *J. B. Kißling:* Kardinal Albrecht von Brandenburg und die Reliquiensammlung der Barfüßer zu Fritzlar. Schneider 1906, 117–123.

5429 *W. Stüwer:* Die Liesborner Simeonsreliquie in nachreformatorischer Zeit. Eitel 70–86.

5430 *A. Lindblom:* Ett apostolicum i nederländsk bildtolkning. Roosval 57–63, 6 Abb. [Altargewänder, Brüssel, E. 15. Jh.]

5431 *M. Dvořák:* Les Aliscans. Wickhoff 12 bis 24, 3 Abb. [Campus Elisii von Arles u. a. christl. Nekropolen.]

5432 *A. Grabar:* Trônes d'éveques en Espagne du Moyen Age. Kauffmann 1–10, 15 Abb. [Profane Machtsymbole im kirchlichen Bereich.]

5433 *H. O. Münsterer:* Das Caravacakreuz und seine deutschen Nachbildungen. Ritz 32–46, 21 Abb., 2 Zeichngn. [Reliquien- (Doppel-) Kreuz, Messe in Caravaca in Murcia, 17. Jh.]

5434 *G. de Jerphanion:* L'attribut des diacres dans l'art chrétien du moyen-age en Orient. Lampros 403–416, 5 Abb.

Einzelne christliche Sinnbilder

5435 *G. Stuhlfauth:* Neuschöpfungen christlicher Sinnbilder. Fehrle 230–246. [Triumphkreuz, Evangelistensymbole, Flechtbandknoten, Jessebaum, Auge Gottes u. a.]

5436 *A. Kingsley Porter:* Notes on Irish Crosses. Roosval 85 ff.

5437 *B. Ginet-Pilsudzki:* Les croix Lithuaniennes. Hoffmann-Krayer 246–258, 5 Abb.

5438 *A. Ferrua:* Tre note di iconografia paleocristiana. Belvederi 273–285, 5 Abb. [Phönix. Lamm.]

5439 *A. Alföldi:* Hoc signo victor eris. Beiträge zur Gesch. d. Bekehrung Konstantins des Großen. Dölger, Franz Joseph, 1–18, 2 Taf. [Monogramm Christi.]

5440 *A. Alföldi:* The initials of Christ on the helmet of Constantine. Johnson, 10 S., 2 Abb.

5441 *E. Weigand:* Der Monogrammnimbus auf der Tür von S. Sabina in Rom. HEISENBERG 587–595.

5442 *H. Swoboda:* Bronzemonogramm Christi aus Aquileia. DE WAAL I, 269–275, Taf. 13 u. 1 Textabb.

5443 *W. Neuß:* Die Oranten in der altchristlichen Kunst. CLEMEN 1926, 130–149.

5444 *E. A. Stückelberg:* Die Palmsonntagsfeier im Mittelalter. BASEL, Hist. Mus., 17–36, 1 Taf. [Palmesel u. a.]

5445 *H. Tüchle:* Zur Verehrung des heiligen Kreuzes im barocken Schwaben. SCHREIBER 1953, 379–385.

5446 *H. Grünn:* Rosenkränze in Oberösterreich. Die Bestände des Oberösterreichischen Landesmuseums u. ihre Zusammenhänge. GUGITZ 117–128, 2 Taf.

5447 *A. Duran i Sanpere:* La llegenda de l'Arbre de la Creu a la catedral de Barcelona. PUIG I CADAFALCH, Bd 1, 1–13, 2 Abb., 4 Taf.

TALISMANE, AMULETTE, WEIHEGESCHENKE

5448 *R. Indreko:* Die Idolanhänger-Amulette. ÄYRÄPÄÄ 1957, 61–79, 7 Abb.

5449 *H. Menzel:* Ein christliches Amulett mit Reiterdarstellung. SPROCKHOFF, Tl 1, 253–261, Taf. 4 mit 6 Abb. [Bronzescheibe 6./7. Jh. n. Chr.]

5450 *M. Kramer:* Lebenszeichen-Kreuze in Alt-Bulgarien. JUNKER 1957 II, Bd 1, 41–46, 8 Abb.

5451 *S. Eitrem:* Sonnenkäfer und Falke in der synkretistischen Magie. DÖLGER, FRANZ JOSEPH, 94–101, 1 Abb. [Amulett aus Bergkristall.]

5452 *F. Fuhse:* Kabbalistische Amulette aus dem 16. Jahrhundert. Braunschweiger Fund. LAUFFER 97–108, 12 Abb. [Pergament, Birkenrinde, Zinn.]

5453 *G. Ritz:* Hochschichtliches Amulett. Natternzungen-Bäume. RITZ 47–55, 2 Abb.

5454 *R. Kriß:* Gemse und Steinbock im Amulettglauben der Alpenländer. GERAMB 251–255, 1 Taf.

5455 *M. M. Lienau:* Die bronzezeitliche Quellfassung von St. Moritz. KOSSINNA 1918, 25–30, 2 Abb. im Text u. Taf. 2, 3. [Bronzen als Weihegaben für den Quellgott v. etwa 1400 v. Chr.]

5456 *A. Gnirs:* Quellenverehrung und Quellenopfer. Ein Beitr. zur Vorgesch. d. böhmischen Mineralquellen. BRAUN 10–15, 2 Abb.

5457 *A. Haberlandt:* Gürtel als Heiltum. LAUFFER 83–96, 8 Abb.

5458 *L. Weiser-Aall:* Der Männerohrring in Norwegen. PEUCKERT 100–115.

L. KÜNSTLERISCHE GESTALTUNG

ORNAMENT

5459 *H. v. d. Gabelentz:* Vom Wesen menschlicher Schmuckformen. Randbemerkungen zur Ornamentgeschichte. HIERSEMANN 54–63, 13 Abb. auf 8 Taf.

5460 *N. Åberg:* Ornamentik und darstellende Kunst. KOSSINNA 1928, 357–367, 8 Abb.

5461 *A. Schmarsow:* Die reine Form in der Ornamentik aller Künste. SPITZER 83–107.

5462 *F. Adama van Scheltema:* Rhythmus in ethnologischer Beleuchtung: Reihung um eine Mitte. DESSOIR 111–121. (Mitberichte dazu S. 121–129, 2 Abb.)

5463 *F. Tischler:* Zum Aussagewert keramischer Kopien. WAHLE, ERNST, 76–88, 3 Abb. [Wanderung v. Ornamenten.]

5464 *J. Strzygowski:* Das griechisch-kleinasiatische Ornament um 967 n. Chr. BORMANN 211–215, Taf. 5, 6.

5465 *A. Riegl:* Oströmische Beiträge. WICKHOFF 1 ff.

5466 *Th. Petersen:* The Paragraph Mark in Coptic Illuminated Ornament. GREENE 295 bis 330, 74 Zeichngn im Text.

5467 *H. Weigert:* Die Bedeutung des germanischen Ornaments. PINDER 81–116, 27 Abb.

5468 *G. Wilke:* Die Zahl dreizehn im Glauben der Indogermanen. KOSSINNA 1918, 121–155, 39 Abb. im Text, 1 Taf. [Ausführl. zu Ornamentik.]

5469 *K. Hucke:* Das Ringkettenmuster auf Holz- und Knochengeräten der frühgeschichtlichen Zeit in Ostdeutschland. SEGER 1939, 133–138, 3 Abb. u. Taf. 27.

5470 *E. I. Seaver:* Some examples of viking figure representation in Scandinavia and the British Isles. KINGSLEY PORTER 589 ff.

5471 *B. Nerman:* Zur Entstehung der wikingerzeitlichen Wellenverzierung. SEGER 1934, 318–320, Taf. 68/69.

5472 *S. Lindqvist:* Vendelstilens silverålder. OLSSON 268–275, 5 Abb. [Frühgerman. Ornamentik.]

5473 *G. Haseloff:* Zum Ursprung des nordischen Greiftierstils. SCHWANTES 202–211, 6 Abb., 1 Taf.

5474 *P. T. Keßler:* Vom Tierornament zum geometrischen Ornament. Eine Beobachtung an durchbrochen gearbeiteten Zierscheiben der Völkerwanderungszeit. OXÉ 255–259, 2 Abb.

5475 *F. Nordin:* Till frågan om de gotländska bildstenarnas utvecklingsformer. (Zur Frage der Entwicklungsformen der gotländischen ornamentierten Steine.) MONTELIUS 142–155.

5476 *A. Deroko:* Starohrvatski pleter ... [L'entrelacs en Serbie et en Croatie en Moyenage.] ABRAMIC 252–260, 7 Abb. [Bandwerk-Ornamente i. Vergl. m. Italien.]

5477 *H. Kühn:* Die Entstehung der germanischen Flechtbandornamentik. KOSSINNA 1928, 368–375, 20 Abb.

5478 *K. Ginhart:* Die karolingischen Flechtwerksteine in Kärnten. EGGER, RUDOLF, 1942, 180–235, 31 Abb.

5479 *K. Ginhart:* Karolingische und frühromanische Werkstücke in Kärnten. EGGER, RUDOLF, 1952, Bd 3, 205–243, 32 Abb. [Flechtbandornamente.]

5480 *K.-H. Clasen:* Die Überwindung des Bösen. Ein Beitr. zur Ikonographie des frühen Mittelalters. WORRINGER 13–36, Abb. 14–32. [Deutg früher Schmuckformen, bes. Knoten.]

5481 *M. S. Dimand:* Studies in Islamic Ornament. HERZFELD, ERNST, 62–68, 2 Taf. [Samarra.]

5482 *S. Larsen:* Alte Sassanidenmuster in nordischer Nachbildung. ANDREAS, FRIEDRICH CARL, 117–128, 2 Taf.

5483 *E. Kühnel:* Das Rautenmotiv an romanischen Fassaden in Italien. REDSLOB 83–89, 7 Abb.

5484 *A. Lichtwark:* Das Modelbuch des Peter Quentel. SPRINGER 1885 I, 143–150, 3 Abb. [Italien u. französ. Kopien.]

5485 *M. Wegner:* Blattmasken. GOLDSCHMIDT 1935, 43–50, 10 Abb., 1 Textzeichn.

5486 *H. W. Janson:* The "Image Made by Chance" in Renaissance Thought. PANOFSKY 1960, 254–266, 5 Abb.

5487 *J. Graf Waldburg:* Über das Ornamentale und dessen Möglichkeiten im Barock. JANTZEN 1951, Schülerfestschr., Bd 2.

5488 *K. Ginhart:* Die gesetzmäßige Entwicklung des österreichischen Barockornaments. FREY 1943, 62–77, 24 Abb., 1 graph. Darst.

5489 *K. Ginhart:* Über den Rhythmus in der Entwicklung des nordischen Barockornaments. WUTTE 191–199.

5490 *G. Weise:* Das Problem der Herkunft des Rokoko-Muschelwerks unter besonderer Berücksichtigung des barocken Kunstschaffens in Schwaben. BAUM 217–224, Abb. 94–105.

5491 *W. Drost:* Ornamente aus Danziger Kirchen. CORNELL 123 ff., 14 Abb.

5492 *G. M. Silfverstolpe:* Ett bidrag till kineseriets historia i Sverige. HAHR 113 ff.

5493 *P. Germann:* Zur Ornamentik im Kunsthandwerk des Mittelsudans. PLISCHKE 153 bis 160, 12 Abb. (z. T. Federzeichngn d. Verf.)

5494 *A. Salmony:* Eine chinesische Schmuckform und ihre Verbreitung in Eurasien. MINNS 323–335, 17 Abb.

5495 *H. Marchal:* The flying (quivering) Flame in the Decorations of the Far East. THOMAS 148–151, 1 Abb.

PERSPEKTIVE, FARBE, LICHT

5496 *A. Speiser:* Die mathematische Betrachtung der Kunst. WÖLFFLIN 1944, 213–231.

5497 *A. v. Salis:* Klassische Komposition. WÖLFFLIN 1944, 175–212, 7 Abb., 1 Schemazeichng.

5498 *G. M. A. Richter:* Perspective; Ancient, Mediaeval and Renaissance. NOGARA 381–388, Taf. 50–53.

5499 *W. Prinz:* Die umgekehrte Perspektive in der Architekturdarstellung des Mittelalters. REDSLOB 253–262, 14 Abb.

5500 *O. Wulff:* Die umgekehrte Perspektive und die Niedersicht. SCHMARSOW 1–40.

5501 *A. Weixlgärtner:* Perspektivische Spielereien bei Renaissancekünstlern. WIEN, 4 Textabb.

5502 *P. H. Michel:* L'esthétique arithmétique du Quattrocento: Une application des médiétés pythagoriciennes à l'esthétique architecturale. HAUVETTE 181–189.

5503 *E. M. v. Hornbostel:* Die Maßnorm als kulturgeschichtliches Forschungsmittel. SCHMIDT, P. W., 303–323.

5504 *H. Conrad-Martius:* Farben. Ein Kapitel aus der Realontologie. HUSSERL 339–370.

5505 *H. Sedlmayr:* Farben. Zur Realontologie von Hedwig Conrad-Martius. CONRAD-MARTIUS 323–330.

5506 *N. G. van Huffel:* Analyse. BREDIUS 126ff. [Helmholtz, Newton.]

5507 *R. Vacková:* Světlo jako samostatný výtvarný zivel (la lumière en tant qu'élément indépendant dans l'art). MATEJCEK 17–20.

M. ANDERE WISSENSCHAFTSZWEIGE IN BEZIEHUNG ZUR KUNSTGESCHICHTE

Geschichte und Kulturgeschichte

Allgemeines

5508 *W. Weber:* Kunst und Geschichte. Dessoir 60–66.

5509 *A. Riegl:* Kunstgeschichte und Universalgeschichte. Büdinger.

5510 *E. Kahler:* Das Kunstwerk und die Geschichte. Preetorius 159–168.

5511 *W. Riezler:* Bildende Kunst als Zeitausdruck. Bäumer 187–197.

5512 *H. Riehl:* Der Bedeutungswandel der Kunst im Ablauf der Geschichte. Sas-Zaloziecky 146 ff.

5513 *F. Wickhoff:* Über die historische Einheitlichkeit der gesamten Kunstentwicklung. Büdinger.

5514 *F. Kaphahn:* Der Begriff und die Formen der historischen Schwelle. Seeliger 219–240.

5515 *U. Kahrstedt:* Grundsätzliches zu historischen und archäologischen Grenzen. Wahle, Ernst, 60–62.

5516 *H. Kirchner:* Frühgeschichtsforschung und historische Kombination. Wahle, Ernst, 26–42.

5517 *J. V. Gotje:* Uto dala archeologičeskaja nauka dlja ponimanija drevnějsago perioda russkoj istorii (was die archäologische Wissenschaft zum Verständnis der ältesten Periode der russischen Geschichte beitrug). Uvarova 132ff.

5518 *A. Tille:* Was ist Kulturgeschichte? Cartellieri 159–167.

5519 *O. v. Halecki:* Kulturgeschichte und Geschichtsphilosophie. Dopsch 684–696.

5520 *E. Spieß:* Der früheste Versuch einer allgemeinen Kulturgeschichte auf evolutionistischer Grundlage. Schnürer 208–265. [Antoine-Yves Goguet, 1716–1758.]

5521 *H. Beltz:* Der heutige Stand der Kulturkreislehre. Reincke-Bloch 7–36. [Spranger, Breysig, Spengler, Strzygowski, Frobenius.]

5522 *A. Vierkandt:* Volksgemeinschaftliche Kultur. Dunkmann 57–71.

5523 *R. W. Ehrich:* Culture Area and Culture History in the Mediterranean and the Middle East. Goldman 1–21.

5524 *E. R. Curtius:* Zur Geschichte der Zivilisationsidee in Frankreich. Wechssler 20–26.

5525 *H. Schwarz:* Unterschiedliche Kulturauffassungen. Wechssler 237–243.

5526 *J. Seemüller:* Studie zu den Ursprüngen der altdeutschen Historiographie. Heinzel 279 bis 352.

5527 *H. H. Schaeder:* Zum Entwurf einer orientalischen Kulturgeschichte. Becker, C. H., 101–114.

5528 *J. Irmscher:* Über die Sowjetbyzantinistik. Dornseiff 111–123.

5529 *H. Herbst:* Herzog Julius von Braunschweig-Wolfenbüttel und seine wissenschaftlichen Gründungen. Goetz 1927, 229–241.

5530 *K. Buchheim:* Glaubensverwandte Wissenschaft. Ein humanistisches Problem. Schroeder 36–44.

5531 *V. Kuhr:* Die Welten des Künstlers und des Wissenschaftlers. Liljeqvist, Bd 2, 77–121.

5532 *A. Haseloff:* Barthold Georg Niebuhrs Stellung zu Kunst und Künstlern. Pauls 133 ff.

5533 *K. G. Brandis:* Neun Briefe Niebuhrs aus Iralien. Wilmanns 527–551. [An Christian August Brandis, 1817–23.]

Frühzeit und Mittelalter

5534 *A. Harnack:* Die innere Lage der Kirche beim Beginn des 4. Jahrhunderts und die Bedeutung des Athanasius. Harnack, Theodosius, 1–16.

5535 *P. Bouffard:* Problèmes d'iconographie burgonde. Bosch 165–172, 2 Abb. u. 2 Taf. [4./5. Jh.]

5536 *A. W. Brøgger:* The Vikings of the Mediterranean and the Vikings of the Nord. Myres 13–20, 2 Abb.

5537 *J. Ahlhaus:* Civitas und Diözese. Below 1–16.

5538 *A. Maculevic:* Entwicklungsstadien der Ideologie bei den Goten. (In russ. Spr.) Marr 1933, 577–597, 2 Taf.

5539 *G. László:* Die Reiternomaden der Völkerwanderungszeit und das Christentum in Ungarn. Stuhlfauth 125–146, 3 Taf.

5540 *N. Fettich:* Hunnen, Altungarn und Urbevölkerung. Tallgren 170–189, 15 Abb.

5541 *A. W. Ziegler:* Das Verhalten der kirchlichen Oberhirten in der slawischen Völkerwanderung des 6. und 7. Jahrhunderts. Faulhaber 1949 I, 110–135.

5542 *F. Flaskamp:* Das Hessen-Bistum Buraberg. Schmitz-Kallenberg 1–55, 13 Karten. [8. Jh.]

5543 *H. Krüger:* Wo lag Hethis, der Ort der ersten Corveyer Klostergründung? Kossinna 1932, 320–332.

5544 *J. B. Aufhauser:* Bayerische Missionsarbeit im Osten während des 9. Jahrhunderts. Knöpfler 1917, 1–17.

5545 *Ph. Funk:* Die Prägung der abendländischen Kultur durch das Mönchtum. Guardini 189–197.

5546 *J. Spörl:* Bemerkungen zum Geistesleben im mittelalterlichen Bayern. Eine Forschungsaufgabe. Spindler 197–212.

5547 *J. Sauer:* Die geschichtlichen Beziehungen der Reichenau zu Italien und zum Osten. Strzygowski 1923, 72–83.

5548 *G. Castella:* Les assises de la civilisation occidentale: le romanisme et l'Eglise. Schnürer 266–277.

5549 *S. Reicke:* Zum Rechtsvorgang der Klosterverlegung im Mittelalter. Stutz I, 53–119.

5550 *P. Romuald Bauerreiß, OSB:* Altbaierische „ecclesiae parrochiales" der Karolingerzeit und der „Phapho" [Pfaffe]. Schmauss 899–908.

5551 *D. Stöckerl:* Das alte Franziskanerkloster in München und seine Beziehungen zum bayerischen Fürstenhause bis 1480. Knöpfler 1917, 340–357.

5552 *H. Kelleter:* Zur Geschichte des Kölner Stadtpfarrsystems im Mittelalter. Mevissen 222–241.

5553 *F. W. Oediger:* Die bischöflichen Pfarrkirchen des Erzbistums Köln. Vollmer, Bernhard, 1–37.

5554 *J. Dorn:* Stationsgottesdienst in frühmittelalterlichen Bischofsstädten. Knöpfler 1917, 43–52.

5555 *W. Hubatsch:* Die Staatsbildung des Deutschen Ordens. Forstreuter 127–152.

5556 *E. M. Jamison:* The Abbess Bethlem of S. Maria di Porta Somma and the Barons of the Terra Beneventana. Salter 33–67. [12. Jh.]

5557 *A. Auer OSB:* Bilderstammbäume zur Literaturgeschichte des Dominikanerordens. Lehmann, Paul, 2 Taf.

5558 *S. Roisin, I.E.J.:* Réflexions sur la culture intellectuelle en nos abbayes cisterciennes médiévales. Van der Essen 245–256.

5559 *W. Sangers:* De oudste constituties der Kruisherenorde. Van der Essen 315–327, 1 Abb. [M. 13. Jh.]

5560 *J. N. L. Myres:* Notes on the History of Butley Priory, Suffolk. Salter 190–206.

Renaissance und Folgezeit

5561 *W. von Sas-Zaloziesky:* Die Folgen des Falles von Konstantinopel. Cyzevskyj 257–270.

5562 *E. Hahn:* Geistige Einwirkungen der Entdeckung Amerikas auf Europa. Seler 147 bis 155.

5563 *F. Schneider:* Zur sozialen Genesis der Renaissance. Oppenheimer 399–416. [Verdienst d. Langobarden um die Weltkultur.]

5564 *A. Zazo:* Il «Regestum privilegiorum» Favagrossa della Biblioteca Capitolare di Benevento. Federici 315–324, Taf. 33. [1489.]

5565 *G. Stenius:* Johanniterridaren Giulio Medici. Zilliacus 173–182.

5566 *B. Sepp:* Maria Stuart und die deutschen Schottenklöster. Eine Sammlung von Aktenstücken. Schlecht 311–323.

5567 *W. Johnsen:* Zur Geschichte der Reformation in Dithmarschen nach dem Zeugnis einiger Kunstdenkmäler jener Zeit. Pauls 46–61, 2 Abb.

5568 *J. Verbesselt:* Het ontstaan van het Parochiewezen te Leuven. Van der Essen 167–175.

5569 *F. Sauermann:* Geschichte der Malteserkommende Glatz (1420–1629). Volkmer 58 bis 92.

5570 *N. Creutzburg:* Die Entwicklung des nordwestlichen Thüringer Waldes zur Kulturlandschaft. Drygalski 46–69.

5571 *F. Metz:* Wesenszüge der sudetendeutschen Kulturlandschaft. Aubin 1956, 173–189.

5572 *F. Rörig:* Das Einkaufsbüchlein der Nürnberg-Lübecker Mulich's auf der Frankfurter Fastenmesse des Jahres 1495. Pappenheim 515–569. [Ankauf v. Luxuswaren durch die nordischen Höfe in Frankfurt.]

5573 *J. Vogel:* Ein Besuch im Reusaer Schloß in seiner Glanzzeit 1736. Neupert 61–70, 5 Abb. [Vogtland.]

5574 *G. Aubin:* Lübeck und München. Ein Vortrag. Eheberg 1–26.

5575 *C. Hernmarck:* Hamburg und der schwedische Hof während des 17. Jahrhunderts. Meyer, Erich, 273–285, 11 Abb.

5576 *H. Petriconi:* Fêtes galantes. Tiemann 294–302. [U. a. Watteau. Beardsley.]

5577 *K. Zimmermann:* Das Haus Laroche in Ehrenbreitstein. Lohmeyer 213–218, 1 Abb. [Erb. 1725. Das Gebäude, seine Bewohner u. s. Gäste.]

5578 *R. Kötzschke:* Die geschichtlichen Studien an der Universität Leipzig im 18. Jahrhundert. Goetz 1927, 260–286.

5579 *A. Wolf:* Das jüdische Berlin gegen Ende des 18. Jahrhunderts in Abbildungen und Medaillen. KAUFMANN 629–653.

ERDBESCHREIBUNG

5580 *H. Schlenger:* Die geschichtliche Landeskunde im System der Wissenschaften. AUBIN 1950.

5581 *W. Mannsfeld:* Landeskundliche Forschung als Erbe und Aufgabe. KLUMBERG 125 bis 133.

5582 *H. Ziegler:* Geschichtliche und landeskundliche Literatur Pommerns 1929–1930. Mit Nachträgen für frühere Jahre. WEHRMANN 191 bis 280.

5583 *A. Ernst:* Neuere Literatur zur geschichtlichen Landeskunde des Burgenlandes (1945 bis 1951). LOEHR.

5584 *O. Maull:* Zur Geographie der Kulturlandschaft. DRYGALSKI 11–20.

5585 *W. Merk:* Wege und Ziele der geschichtlichen Rechtsgeographie. TRAEGER 80–132. [Kulturgeschichtl. Kartenforschg.]

5586 *O. Lenz:* Über zwei Denkmäler der Kartographie im Bayerischen National-Museum. BUCHHEIT 128–137, 3 Abb.

5587 *E. Keyser:* Aus der Geschichte der Kartensammlung des Danziger Stadtarchivs. FORSTREUTER 153–172.

5588 *A. Cortesão:* Nautical Science and the Renaissance. SINGER, CHARLES, Bd 1, 303–316, 6 Abb.

5589 *E. Rědin:* Istoričeskie pamjatniki goroda Aduli v Afrike v licevych rukopisjach sočinenija Kozmy Indikoplova (die historischen Denkmäler der Stadt Adule in Afrika in den bebilderten Handschriften des Werkes von Kosmas dem Indienfahrer). DRINOV 101–110, 3 Taf.

5590 *H. Wopfner:* Die Reise des Venantius Fortunatus durch die Ostalpen. Ein Beitr. zur frühmittelalterl. Verkehrs- u. Siedlungsgesch. OTTENTHAL 362–417. Zusammenfassg S. 417.

5591 *R. Weil:* Oiniadae. Ein Beitrag zur nordgriechischen Reise des Cyriacus von Ancona (1436). WILMANNS 341–354.

5592 *F. v. Wieser:* Das Welserland auf den Karten des 16. Jahrhunderts. SELER 645–654, 2 Abb., 2 Taf.

5593 *K. Kretschmer:* Der Globus Johannes Schöners vom Jahre 1520. KIEPERT 111–122.

5594 *F. Huttenlocher:* Die Anfänge der Geographie in Württemberg. UHLIG 181–191, 2 Taf.

5595 *R. Oehme:* Die kartographische Bedeutung der Landtafeln des Johannes Stumpf. GLAUNING, Bd 2, 53–59, 2 Abb.

5596 *B. Schulze:* Friedrich Wilhelm Karl Graf von Schmettau und sein Kartenwerk. SCHULTZE, JOHANNES.

5597 *F. Bonasera:* Un' antica pianta della città di Rimini conservata nella Biblioteca Federiciana di Fano. GALLO 199–203, 1 Taf.

5598 *F. Sprater:* Römerstraßen und Meilensteine. REINECKE 1950, 131–132.

5599 *Ch. Hülsen:* Das Speculum Romanae Magnificentiae des Antonio Lafreri. OLSCHKI 121–170. (Mit Katalog der Blätter u. Verz. d. Künstler- u. Verlegernamen.) [Um 1570.]

5600 *L. Schudt:* Das „Itinerarium Italiae" des Franciscus Schottus. GOLDSCHMIDT 1935, 144 bis 152. [1. Aufl. 1600. Verf.: Stephan Wynandt Pighius.]

5601 *K. Ausserer:* Der „Atlas Blaeu" der Wiener National-Bibliothek. OBERHUMMER 1 bis 40, 5 Taf. [17. Jh.]

5602 *F. Eheim:* Die älteste Topographie von Österreich. LECHNER 7–25. [Wien Nat. Bibl., Hs 15. 283, Suppl. 3141.]

5603 *G. Cahannes:* Die Pilgerreise [des Mailänder Kardinals] Carlo Borromeo's nach Disentis im August 1581. BÜCHI 56–85, 5 Abb.

5604 *L. Weiß:* Zürichsee-Beschreibungen aus dem 17. und 18. Jahrhundert. BALSIGER 86 bis 103, 7 Abb.

5605 *J. Ziehen:* Das Reisegedicht des Fürsten Ludwig zu Anhalt-Koethen. EBRARD 51–74. [1716.]

5606 *R. Herbig:* Johann Martin von Wagners Beschreibung seiner Reise nach Griechenland (1812–1813). Nach der Hs hrsg. BULLE 1–46.

5607 *W. Lange:* Zu P. D. A. Atterboms „Minnen från Tyskland och Italien". PYRITZ 48–54. [Reisebericht 1817–1819.]

5608 *C. Eckert:* Volkswirtschaft und Kunst. Reisebetrachtungen aus Portugal und den Niederlanden. SCHNEIDER 1906, 453–468.

5609 *G. Wegener:* Das Künstlerische in Sven Hedin. HEDIN 463–469.

5610 *W. Sasse:* Wege und Meilensteine weisen nach Berlin. REDSLOB 357–370, 11 Abb. [Chausseehäuser. Formen u. Liste noch erhaltener Meilensteine.]

GESCHICHTLICHE BILDKUNDE

FRÜHZEIT UND MITTELALTER

5611 *P. E. Schramm:* Sphaira – Globus – Reichsapfel. Wanderung u. Wandlung eines Herrschaftszeichens. ANDRIEU 425–443.

5612 *E. Eichmann:* Die rechtliche und kirchenpolitische Bedeutung der Kaisersalbung im Mittelalter. HERTLING 263–271.

5613 *M. Buchner:* Die Hut der Krönungsinsignien in Frankreich und in Deutschland im Mittelalter. EICHMANN 21–67.

5614 *P. E. Schramm:* Von der Trabea des römischen Kaisers über das Lorum des byzantinischen Basileus zur Stola der abendländischen Herrscher. HOFMEISTER 1955, 255–274. (Auch abgedr. in: *Schramm,* Herrschaftszeichen u. Staatssymbolik I. Stuttgart 1954 = Schriften d. Monum. German. hist. XIII, 1. S. 23–50. Dort auch einige Zusätze im Text u. in d. Anmerkungen.)

5615 *Th. Schieffer:* Herrschaftszeichen und Staatssymbolik. Bericht über ein neues Buch. ALTANER 501–516. [P. E. Schramm.]

5616 *P. E. Schramm:* Vom Kronenbrauch des Mittelalters. PEUCKERT 68–78.

5617 *P. E. Schramm:* Die Krönung im katalanisch-aragonesischen Königreich. RUBIO I LLUCH, Bd 3, 577–598.

5618 *P. E. Schramm:* Die Bügelkrone, ein karolingisches Herrschaftszeichen. Mit e. Anh.: Die Lobwörter decus imperii und spes imperii. HUGELMANN, Bd 2, 561–578, 14 Abb.

5619 *B. Thordeman:* Kungakröning och kungakrona i medeltidens Sverige. GUSTAF VI ADOLF 305–319, 9 Abb.

5620 *E. Eichmann:* Die Mitra des abendländischen Kaisers. MERKLE 83–93.

5621 *F. Focke:* Szepter und Krummstab, eine symbolgeschichtliche Untersuchung. FUCHS 337 bis 387, 1 Taf. [Szepter d. Univ. Tübingen.]

5622 *L. Rizzoli:* Degli antichi scettri universitari ... MANFRONI 167–182, 1 Taf.

5623 *J. J. Marquet de Vasselot:* La crosse du président Bon de Saint-Hilaire. MARTROYE 303 ff., 1 Taf.

5624 *O. Källström:* Ett nyfunnet majestätsdiadem från omkring år 1000. GUSTAF VI ADOLF 190–203, 15 Abb.

5625 *K. Guth:* Koruna sv. Václava (Die Krone des Hl. Wenzel). FRIEDRICH 104–136, 3 Abb.

5626 *K. Hauck:* Herrschaftszeichen eines Wodanistischen Königtums. ERNSTBERGER 9–66, 7 Abb., 4 Taf.

5627 *E. Mayer:* Die Einkleidung im germanischen Recht. WACH, Bd 2, 43–151, 1 Abb. [Zeichen u. Symbole. Stab, Waffen, Botenzeichen.]

5628 *J. Mantuani:* Paulinische Studien. BULIC, 2 Abb. [Etymologie, u. a. „Purpura".]

5629 *A. Alföldi:* Gewaltherrscher und Theaterkönig. Die Auseinandersetzg einer attischen Ideenprägg m. persischen Repräsentationsformen im polit. Denken u. in d. Kunst bis zur Schwelle des MA. FRIEND 15–55, 22 Abb. u. 2 Zeichng.

5630 *A. Alföldi:* Die Geburt der kaiserlichen Bildsymbolik. Kl. Beiträge zu ihrer Entstehungsgeschichte. SALIS 190–215, 3 Abb., 4 Taf.

5631 *W. Schultze:* Forderungen an eine Bildkunde zur sächsischen Geschichte. KÖTZSCHKE 245–254.

5632 *R. Sh. Loomis:* The Pas Saladin in Art and Heraldry. GREENE 83–91, Abb. 34–36. [Ritterdarst. auf Holz- u. Elfenbeinkästchen.]

5633 *F. Möbius:* Über und unter dem Bogen. Zur Ausdrucksbedeutung zweier Formzonen. JAHN, JOHANNES, 73–82, Abb. 39.

5634 *E. H. Kantorowicz:* Kaiser Friedrich II. und das Königsbild des Hellenismus. (Marginalia miscellanea.) REINHARDT 169–193.

5635 *A. Grabar:* Les croisades de l'Europe orientale dans l'art. DIEHL, CHARLES, Vol. 2, 19 ff., 3 Abb.

5636 *A. Schulte:* Die Große Ravensburger Handelsgesellschaft und die Pflege der kirchlichen Kunst in ihrer Gesellschaftskapelle. FINKE 1935 I, 73–88. [15. Jh.]

5637 *I. S. Allouche:* La vie économique et sociale à Granade au XIVe siècle. MARÇAIS, GEORGES, Tome 2, 7–12.

RENAISSANCE UND FOLGEZEIT

5638 *A. Bossuat:* Jacques de Comborn, évèque de Clermont, et son secrétaire. Notes sur l'Humanisme en Auvergne au XVe siècle. BRUNEL, Bd 1, 152–162.

5639 *F. Gil Ayuso:* El equipo de boda de Doña Isabel de Aragón año 1515. MÉLIDA Y ALINARI, Bd 2, 225–248.

5640 *L. Pfandl:* Spanische Prinzenhochzeit anno 1543. Ein Sittenbild a. d. Zeit u. Umwelt Kaiser Karls d. V. VOSSLER 1932, 1–25.

5641 *H. Wiesflecker:* Maximilian I. und die Heilige Liga von Venedig (1495). SAS-ZALOZIECKY 178 ff.

5642 *H. Möbius:* Die Italienpolitik Heinrichs IV. von Frankreich auf einem Gemälde aus dem Jahre 1600. HAMANN 1944, 251–262, 8 Abb.

5642 a *E. Rath:* La Confrèrie de S. Sebastien à Malines. Zur Gesch. einer Schützenbruderschaft am Hofe der Erzherzogin Margarete v. Österreich. GUGITZ 307–332, 1 Taf. [Nach e. illum. Hs d. Nationalbib. Wien.]

5643 *E. Johne:* Aus dem heimatlichen Leben des 16. Jahrhunderts. Auf Grund der Zimmerischen Chronik dargestellt. FÜRSTENBERG, FÜRST MAX EGON, 1933, 301–371, 1 Abb.

5644 *P. Roth:* Eine Elegie zum Bildersturm in Basel. STÄHELIN 131–138, 1 Vignette. [Gegenreformator. Flugschr. v. ca. 1595 üb. Ereignisse v. 1529.]

5645 *J. Wilpert:* Die Kapelle des hl. Nikolaus im Lateranpalast, ein Denkmal des Wormser Konkordats. HERTLING 225–233.

5646 *I. Wadén:* Samtida bilder över belägringen av Kalmar stad och slott år 1611. OLSSON 37–58, 4 Abb.

5647 *O. Meyer:* Kurfürst Lothar Franz von Schönborn inmitten der Geschichte seiner Zeit und seines Hauses. EHARD 203–224.

5648 *G. Loesche:* Volkskundliches in der zeitgenössischen Kunst zur Salzburger Emigration 1731/32. ANDREE-EYSN 83–85.

5649 *G.-H. Dumont:* Contribution à l'iconographie de la Compagnie d'Ostende. VAN DER ESSEN 843–853, 4 Abb.

5650 *J. Bielz:* Die Revolution 1848/49 in Hermannstadt im Spiegel bildlicher Darstellungen. (Ein ikonograph. Umriß.) KELEMEN 58–63, 5 Abb.

BILDNISSE

5651 *A. E. Brinckmann:* Porträtdarstellungen als Symbola des Europäischen. CORNELL 165 ff.

5652 *W. Boeck:* Das Bildnis und sein Titel. LEYH 1950, 217–222.

5653 *F. Schulze:* Das lyrische Selbstbildnis. ZOGELTITZ 108–112.

5654 *P. Schubring:* Bild und Ruhm. DRESDEN, Kunstverein, 105–112, 6 Abb.

5655 *A. Steinmann:* Rasse und Porträt in Maskenbild und Plastik der Naturvölker. SCHLAGINHAUFEN 593–609, 9 Abb.

5656 *O. Thulin:* Probleme altchristlicher Bildniskunst. FICKER 155–166, 8 Abb.

5657 *M. Kemmerich:* Die erste Entwicklungsstufe des deutschen Porträts. LAMPRECHT 374 bis 386.

5658 *S. H. Steinberg:* Grundlagen und Entwicklung des Porträts im deutschen Mittelalter. GOETZ 1927, 21–34.

5659 *L. Cust:* On Portraits at the Universities. CLARK, 423–437.

5660 *W. Beetz:* Zur Geschichte der Porträtsammlung der Nationalbibliothek in Wien. WIEN.

5661 *H. Pauer:* Ein neues Ordnungssystem der Porträtsammlung der Österr. Nat.-Bibliothek. STUMMVOLL / KISSER / TRENKLER 62–64.

5662 *Ph. Lauer:* Iconographie carolingienne. Vivien et Charlemagne. MARTROYE, 2 Taf.

5663 *J. Prochno:* Das Bild des Hrabanus Maurus. Ein Beitr. zur Geschichte des Porträts. GOETZ 1927, 15–20, 6 Abb. auf Doppel-Taf. [50 Darstellgn 9.–15. Jh.]

5664 *C. A. Nordman:* Otto II och Theophano i Finlands Nationalmuseum. ZILLIACUS 133–139, 3 Abb. [Bleimedaillon.]

5665 *A. Friedl:* Přemyslovci a Lucemburkové (Přemysliden und Luxemburger). NOVAK 119 bis 148. [Die ikonograph. Reihe der böhmischen Könige nach dem Exemplar der Königsaaler Chronik der Stadt Iglau.]

5666 *M. Gębarowicz:* Nieznany portret króla Zygmunta III (Ein unbekanntes Porträt des Königs Sigismund III.). PININSKI.

5667 *H. David:* Jeunesse de Jean, second duc Valois de Bourgogne. ROGGEN 57 ff.

5668 *S. C. Kaines Smith:* Note on some portraits of Knights of the Order of the Golden Fleece. PUYVELDE 92 ff., 6 Abb.

5669 *M. Vögelen:* Ein unbekanntes Seusebildnis. GOESSLER 1932, 3 Abb.

5670 *E. Gerber:* Zwinglis Bildnis in der schweizerischen Medaillenkunst. LEHMANN, HANS, 60–72, 2 Taf.

5671 *Th. Knolle:* Der Prototyp des Lutherbildes mit dem Schwan. FICKER 222–242, 1 Abb. [v. Jacob Jacobsen, 1603.]

5672 *V. Karger:* Ein unbekanntes Bildnis des Georg Tranoscius (Trzanowski), des „slawischen Luther". BRAUN 147–150, 2 Abb. [Holzschnitt-Exlibris um 1612.]

5673 *A. Reimann:* Die älteren Pirckheimer. Ein Beitr. zur Gesch. d. Humanismus in Nürnberg. HERRMANN, MAX, 1–7.

5674 *O. v. Lutterotti:* Angebliche Porträts der Margarete Maultasch. STOLZ 529–535, 7 Abb. auf Taf. 28–31.

5675 *V. Cian:* Per l'iconografia di Leone X. RENIER 559 ff., 5 Taf.

5676 *O. Benesch:* A new contribution to the problem of the Portrait of Fra Luca Pacioli. TIETZE 407–410, 2 Abb. [Auch in Gazette des Beaux-Arts 1954, Okt., Nr. 1029.]

5677 *J. Lanyi:* Das Bildnis der Maria Salviati de' Medici. FRIEDLÄNDER, WALTER, 264 ff.

5678 *H. Peters:* Zwei Bildnisse Heinrichs VIII. auf Schenkungsurkunden für Anna von Kleve. Mit e. einführ. histor. Skizze zur englisch-klevischen Heirat. VOLLMER, BERNHARD, 293 bis 309, 5 Abb., 1 Farbtaf. [Düsseldorf, Staatsarchiv.]

5679 *C. Björkbom:* „Schwedisches Heldenbuch". Ett planerat svenskt porträttverk från 1600-talet. OLSSON 59–64, 2 Abb.

5680 *K. E. Steneberg:* Porträtt av drottning Kristina. WRANGEL 111–142, 26 Abb. [Bildnisse der Königin Christine von Schweden.]

5681 *A. Schuchert:* Die Ikonographie des ehrwürdigen Dieners Gottes Bartholomäus Holzhauser [† 1658]. LENHART, 149–171, 2 Taf.

5682 *R. Grosse:* Unbekannte Bildnisse brandenburgisch-preußischer Fürsten. WINKLER 326 bis 329, 3 Abb.

5683 *C. List:* Eine Büste des Ottavio Piccolomini. WICKHOFF 163 ff.

5684 *Ch. de Clercq:* L'évêque Nelis et son portrait au Musée de Croix à Namur. COURTOY, Bd 2, 885–893, 1 Taf.

5685 *D. Heinz:* Aus der Grabkammer Wilhelm Heinrichs. Ein Bild a. d. J. 1948, als ein Zufall die kl. Gruft unt. dem Altar der Saarbrücker Schloßkirche geöffnet hatte. LOHMEYER 187 bis 189, 1 Abb.

5686 *O. Neubecker:* Die Porträts im Festsaal des Schlosses zu Eisenach. REDSLOB 124–135, 11 Abb. [Um 1750. Ausführl. zu den Orden.]

5687 *H. Uhde-Bernays:* Ein unbekanntes Bildnis Carl Augusts von Sachsen-Weimar im Großherzogl. Alten Residenzschloß in Darmstadt. ERNST LUDWIG V. HESSEN 139–146, 2 Abb.

5688 *C. Ruland:* Medaillons mit Bildnissen des Weimarischen Kreises (1800–1830). KARL ALEXANDER, Großherzog, 39–45.

5689 *H. Miesner:* Porträts aus dem Kreise Philipp Emanuel u. Wilhelm Friedemann Bachs. SEIFFERT 101–112, 27 Abb.

5690 *W. Fleischhauer:* Philipp Jacob Scheffauer im Bildnis. MEYER, ERICH, 248–251, 3 Abb.

5691 *O. E. Deutsch:* Das Mozartbildnis von Barbara Krafft. FISCHER, WILHELM, 9–13, Taf. 1. [1819 nach Vorlagen.]

5692 *R. Haas:* Ein unbekanntes Mozartbildnis. FISCHER, WILHELM, 15–20, Taf. 2, 3. [Studie v. Della Croce zu e. Porträt.]

5693 *F. Rapp:* Ein unbekanntes Bildnis Carl Maria von Webers. CURTIUS, LUDWIG, 1937 Erg., 10 S., 6 Abb.

5694 *J. Bauer:* Schleiermacherbildnisse. KUHNERT (ohne Abb.).

5695 *B. Filov:* Portretat ... (Das Bildnis des Ivan Alexander). ZLARTARSKI.

5696 *J. I. Smirnov:* Mnimyj portret plemjanničy Groznago. (Ein angebliches Bildnis einer Verwandten Ivans des Schrecklichen.) UVAROVA 357 ff., 3 Taf.

5697 *S. Elissev:* Notes sur le portrait en Extrême-Orient. LINOSSIER, Bd 1, 169–202.

5698 *F. Babinger:* Dschem-Sultân im Bilde des Abendlands. KÜHNEL 255–266, 5 Abb.

THEOLOGIE

5699 *J. Kreitmaier:* Theologische Grundbegriffe der kirchlichen Kunst. JOHANN GEORG V. SACHSEN 263–271.

5700 *P. Graff:* Kultus und Ehrfurcht. SMEND 18–38.

5701 *F. Wormald:* The Throne of Solomon and St. Edward's Chair. PANOFSKY 1960, 532 bis 539, 8 Abb.

5702 *W. Stählin:* Die Bedeutung der Trinität für die bildende Kunst. KÖBERLE 449–462.

5703 *E. Fuchs:* Das „Als Ob" – der immer notwendige Schutz der Frömmigkeit gegen ihre Vernichtung durch den Begriff. VAIHINGER 190–201. [Mythos Vorbedingung f. Kultur.]

5704 *R. Hupfeld:* Zur Psychologie des Gottesdienstes. SMEND 39–76.

5705 *H. Schade:* Die Libri Carolini und ihre Stellung zum Bild. SEDLMAYR.

5706 *P. Fedele:* Teodora nella liturgia. RENIER 1057–1069, 2 Taf.

5707 *K. Esser, O.F.M.:* Die religiösen Bewegungen des Hochmittelalters und Franziskus von Assisi. LORTZ, Bd 2, 287–316.

5708 *H. Goldblat:* Zur Frage der Erneuerung der Kirchenkuppeln. Material zur Kenntnis der religiösen Epidemien (m. Resümee in dt. Spr.). BECHTEREW 681–690.

5709 *R. Grosche:* Über die Möglichkeiten einer Renaissance der christlichen Kunst. MUTH 241–254.

VOLKSKUNDE

5710 *W. Pessler:* Aufgaben der vergleichenden Volkskunde. ANDREE-EYSN 8–20, 10 Abb.

5711 *J. Strzygowski:* Zur Rolle der Volkskunde in der Forschung über Bildende Kunst. HABERLANDT 101–106.

5712 *H. Schlenger:* Die Volkskunde als Grundwissenschaft der Kulturgeographie. LEHMANN, OTTO I., 118–129.

5713 *K. Helm:* Religionsgeschichte und Volkskunde. OTTO, H. 2, 1–9.

5714 *D. Narr:* Fragen der religiösen Volkskunde. PEUCKERT 116–127.

5715 *V. Grüner:* Volkstumsarbeit im Lichte des Glaubens. KLUMBERG 5–26.

5716 *A. Haberlandt:* Lebenskreise als ein Forschungsziel der Volkskunde. Ein Beitr. zur Methodenlehre. SIEBS 1932, 377–408.

5716a *W. Brepohl:* Der Standort der industriellen Volkskunde. Von der kulturwissenschaftlichen zur soziologischen Methode. WIESE 312–319.

5717 *G. Koch:* Vom Ursprung deutscher Volkskunde. GERAMB 13–21.

5718 *K. Frölich:* Ziele und Wege der rechtlich-volkskundlichen Forschung in Hessen und den Nachbargebieten. DIEHL, WILHELM, 345–370.

5719 *K. Frölich:* Begriff und Aufgabenkreis der rechtlichen Volkskunde. HEPDING 49–59.

5720 *F. Pfister:* Die Anfänge der Volkskunde im alten Griechenland. LAUFFER 37–48.

5721 *K. Vaessen:* Mittelalterliche Kunstwerke publizistisch gesehen. D'ESTER 198–203, 3 Abb.

5722 *G. Steinhausen:* Technik und Kultur. GOETZ 1927, 460–484.

5723 *O. Lehmann:* Museen für deutsche Volkskunde. MEIER, JOHN, 121–129.

RECHT

5724 *C. W. Westrup:* Komplementäre Kulturwissenschaften. ARANGIO-RUIZ, Bd 2, 187–206. [Vom Standpunkt der Rechtswissenschaft.]

5725 *F. Beyerle:* Sinnbild und Bildgewalt im älteren deutschen Recht. STUTZ II., 788–807.

5726 *K. S. Bader:* Gesunkenes Rechtsgut. Zur Begriffsbildung und Terminologie in der Rechtlichen Volkskunde. FEHR 7–25.

5727 *E. Jung:* Altgeweihte Stätten. Archäologische Beiträge zur deutschen Rechtsgeschichte und Glaubensgeschichte. KOSSINNA 1928, 333 bis 349, 14 Abb.

5728 *F. Oelmann:* Über alte Bonner Rechtsdenkmäler. AUBIN I., 158–183, 6 Abb. [Prangersäule. Löwenmonument.]

5729 *R. Schröder:* Weichbild. WAITZ 306–323. [Marktkreuze u. a.]

5730 *R. Schröder:* Marktkreuz und Rolandsbild. WEINHOLD.

5731 *O. Almgren:* Ture lång i Skåninge, de tyska Rolandsstoderna och andre jättebilder. GUSTAF ADOLF, Kronprinz v. Schweden, 1932, 13 Abb.

5732 *C. v. Schwerin:* Zur Herkunft des Schwertsymbols. KOSCHAKER 324–349.

5733 *H. Fischer:* Die offene Kreuzhaltung im Rechtsritual. Beiträge zur Gesch. einer archetypischen Armgebärde. STEINWENTER 9–57, 5 Abb.

5734 *H. Fehr:* Gottesurteil und Folter. Eine Studie zur Dämonologie des Mittelalters und der neueren Zeit. STAMMLER, RUDOLF, 231–254.

5735 *K. Rathe:* Der Richter auf dem Fabeltier. SCHLOSSER 1927, 187–208, Abb. 77–81.

5736 *Th. Schwisow:* Zwei Brandmarken aus dem jüngeren Strafenbuch. RICHEL 26–27.

5737 *G. Holmgren:* Ett par upländska brudstenar. EKHOLM 264–270, 1 Abb.

5738 *E. Wohlhaupter:* Beziehungen von Recht und spanischem Volkstum in Geschichte und Gegenwart. SCHREIBER 1932, 492–514. [Tl 2: Recht in der Kunst.]

5739 *J. Žontar:* Zur Problematik der Rechtsarchäologie bei den Völkern Jugoslawiens. SCHMID, HEINRICH FELIX, 169–202, 4 Abb. [Gerichtslauben. Rechnungshölzer. Rolande.]

5740 *R. Mettetal:* Revue de jurisprudence française en matière de propriété artistique et littéraire. ISAY 161–171.

5741 *E. Beling:* Kunstfreiheit und Rechtsbann. WÖLFFLIN 1924, 19–26.

5742 *K. Bußmann:* Der Persönlichkeitsschutz des Künstlers als Ausfluß seines Persönlichkeitsrechts. HAFF. [Z. B. der Barlach-Fall.]

5743 *H. Kraus:* Das Haager Abkommen zum Schutze von Kulturgütern im Falle bewaffneter Zusammenstöße vom 14. 5. 1954. WEHBERG 211–225.

5744 *A. Elster:* Schwierige Fragen bei der Entlehnung von Abbildungen. HEILFRON 162 bis 174.

PHILOLOGIE

5745 *J. M. Ritz:* Bildquellen zur Volkskunde als Ergänzung sprachlicher Quellen, besonders im späten Mittelalter. SPAMER 121–125.

5746 *K. Honselmann:* Münster und Dom. Sprachgeschichtliches in westfälischen Urkunden. RENSING 2–16.

5747 *Robert Wildhaber:* „Die Gänse beschlagen." KRÜGER 339–354, 4 Abb. [= Etwas Unnützes tun.]

5748 *H. F. Schmid:* Zur Geschichte der Bedeutungsentwicklung westslavischer Lehnwörter für Institutionen der lateinisch-germanischen Kultur. STREITBERG I., 326–335.

5749 *A. Meillet:* De quelques adjectifs signifiant «beau». TILLE, V., 138–139.

5750 *H. Rheinfelder:* Gloria. VOSSLER 1932, 46–58. [Etymologie. U. a. Strahlenkranz.]

ARCHIV- UND BIBLIOTHEKENKUNDE

5751 *H. Lötzke:* Erschließung von Archivbeständen. MEISNER 220–235.

5752 *A. v. Brand:* Vorbemerkungen zu einer mittelalterl. Aktenlehre. MEISNER 429–440.

5753 *K. A. Fink:* Neue Wege zur Erschließung des Vatikanischen Archivs. ADAM 187–203.

5754 *A. Renaudet:* Un inventaire: Les archives Medicis. RENAUDET 343–347.

5755 *J. Bick:* Der unveröffentlichte zweite Teil der Dilucida Repraesentatio Bibliothecae Caesareae des S. Kleiner und J. J. Sedelmayr. WIEN, 16 Taf.

5756 *F. Ehrle:* Die Frangipani und der Untergang des Archivs und der Bibliothek der Päpste am Anfang des 13. Jh. CHATELAIN, 1 Taf.

5757 *C. Garinei-Canori:* La collezione Busuttil della biblioteca Romana Santi. DE GREGORI 177–182, 8 Abb. [Salvatore Busuttil, Freund v. Pinelli, † 1857.]

5758 *S. Freiberg:* Die Bibliothek der Akademie der bildenden Künste in Wien. STUMMVOLL / KISSER / TRENKLER 32 ff.

5759 *F. Schneider:* Aus San Giorgio in Braida zu Verona. KEHR 185–206. [Klosterarchiv.]

5760 *Ehrhard:* Die Bibliothek zu Jerusalem (Bibl. des Hl. Grabes). DE ROSSI 254 ff.

5761 *J. Sandström:* Ett "Landsarkiv" från Medeltiden. ALMGREN 23–32. [Archiv-geschichtlich.]

5762 *J. Matzura:* Zu einer Geschichte der Nikolsburger Schloßbibliothek. STRZEMCHA 13 bis 28.

5763 *A. van Hove:* La bibliothèque de la faculté des arts de l'Université de Louvain au milieu du XVe siècle. MOELLER 602–625.

5764 *A. Diestelkamp:* Das Archiv des Domstifts Halberstadt. MÖLLENBERG 152–165.

5765 *K. Löffler:* Die Corveyer Schloßbibliothek. BÖMER 287–296.

5766 *H. Schlosser:* Die „Alte Bibliothek" des Evangelisch-Theologischen Landesseminars zu Herborn. DIEHL, WILHELM, 58–72, 3 Abb.

5767 *W. v. d. Briele:* Die Bibliothek des Bergischen Geschichtsvereins. SCHELL 69–76.

5768 *H. Menhardt:* Die Kärntner Bibliotheksreise des Wolfgang Lazius 1549. WUTTE 100 bis 112.

5769 *H. Striedl:* Die Bücherei des Orientalisten Johann Albrecht Widmanstetter. BABINGER 200 bis 244, 5 Taf. [1506–1557.]

5770 *G. B. Fowler:* Some autographs of Engelbert of Admont. SAS-ZALOZIECKY 59–67, Taf. 11–19.

5771 *W. Schmieder:* Johann Gottlob Immanuel Breitkopfs Privatbibliothek. Werden und Vergehen. GLAUNING, Bd 2, 73–87, 1 Abb.

5772 *G. Arnolds:* Eine vergessene Büchersammlung. HORODISCH 1958, 143 ff., 2 Taf. [Slg. Grisebach der Kunstbibliothek Berlin.]

BIBLIOGRAPHIE

5773 *H. W. Eppelsheimer:* Von der Würde bibliographischer Arbeit. KLIEMANN 86–89.

5774 *J. Schuster:* Die Dokumentensammlung Darmstaedter zur Geschichte der Wissenschaften und Technik. DARMSTAEDTER 1926, 22–41.

5775 *C. Glaser:* Deutsche Meister. KIPPENBERG I., 65–68. [Zur gleichnamigen Buchserie des Insel-Verlages.]

5776 *C. G. Brandis:* Ein altes Bücherverzeichnis aus Mildenfurt. DOBENECKER 183–189.

5777 *F. Husner:* Basler medizinische Universitätsschriften von 1575–1829. BRODBECK-SANDREUTER 137–270, 5 Abb. u. 14 Taf.

5778 *H. Ankwicz-Kleehoven:* Österreichs Kunstzeitschriften. KRIEG 28–25.

5779 *R. Wischnitzer-Bernstein:* Jüdische Kunstgeschichtsschreibung. Bibliographische Skizze. DUBNOW 76–81.

5780 *F. W. Reichenbach-Illing:* Über bibliographische Verweisungen von Illustratoren. KRIEG 40–41.

5781 *B. Stein:* Kunstgeschichte in Festschriften. JAHN, JOHANNES, 337–341.

5782 *G. Millet et N. A. Il'in:* Bibliographie de l'art byzantin chez les Russes. USPENSKY 1932, 439–490.

N. WECHSELWIRKUNG DER KÜNSTE

ALLGEMEIN

5783 *K. Vossler:* Über Vergleichung und Unvergleichlichkeit der Künste. SCHLOSSER 1927, 25–30.

5784 *K. Vossler:* Über gegenseitige Erhellung der Künste. WÖLFFLIN 1935, 160–167.

5785 *A. Dyroff:* Die Anregung. Skizzenhafte Bemerkungen. CLEMEN 1926, 21–23.

5786 *K. Muth:* Religion, Kunst und Poesie. HERTLING 403–414.

5787 *R. Benz:* Die Begegnung der Künste im geschichtlichen Raum. ANDREAS, WILLY, 6 S.

5788 *O. R. Lutterotti:* Bildende Kunst und Dichtung. Von der Umschöpfung des Kunstwerkes ins Wort. SAS-ZALOZIECKY 114 ff.

5789 *G. Barthel:* Das Werk des Dichters in der bildenden Kunst. HAUPTMANN 1942, 73–106, 47 Abb.

5790 *J. Körner:* Erlebnis – Motiv – Stoff. WALZEL 80–90. [Dichtkunst.]

5791 *U. Hoff:* Meditation in Solitude. SAXL 1937/38, 292–294, Taf. 44. [U. a. Aeschylos, Walther v. d. Vogelweide.]

5792 *A. W. Van Buren:* Saggi critici su testi letterari a contenuto archeologico. NOGARA 507–515.

5793 *F. Milkau:* Zu Cassiodor. KUHNERT, 6 Taf.

5794 *A. Pigler:* Valerius Maximus és az újkori képzömüvészetek (Valère Maxime et l'iconographie des temps modernes). PETROVICS 87 bis 108. Abb. 129–141. Zusammenfassg in französ. Spr., S. 213–216.

Dichtung

5795 *Chr. Krumbhermer:* Die Erscheinung des Dichters als Vorwurf der bildenden Künste. HAUPTMANN 1942, 38–57, 31 Abb.

5796 *J. Ficker:* Die Bedeutung der altchristlichen Dichtungen für die Bildwerke. SPRINGER 1885 I, 8–41. [Sarkophag-Szenen u. Hymnen-Dichtung.]

5797 *E. Wind:* „Cymon und Iphigenie" in England. FRIEDLÄNDER, WALTER, 566 ff. [Novelle Boccaccios i. Kunst u. Dichtung.]

5798 *M. Hauttmann:* Der Wandel der Bildvorstellungen in der deutschen Dichtung und Kunst des romanischen Zeitalters. WÖLFFLIN 1924, 63–81, 9 Abb.

5799 *F. v. d. Leyen:* Deutsche Dichtung und bildende Kunst im Mittelalter. MUNCKER 1916, 1–20.

5800 *R. Sh. Loomis:* Chivalric and dramatic imitations of Arthurian Romance. KINGSLEY PORTER, 79 ff.

5801 *H. Hatzfeld:* Der Geist der Spätgotik in mittelfranzösischen Literaturdenkmälern. VOSSLER 1922, 194–206. [M. Parallelen z. gleichzeit. bild. Kst.]

5802 *R. Guardini:* Landschaft der Ewigkeit. Der menschliche Existenzraum in der Göttlichen Komödie. HEISE 67–83.

5803 *A. Della Torre:* Per una nuova interpretazione dei „Trionfi". RENIER 865 ff.

5804 *K. A. Laux:* Shakespeare und die bildende Kunst. WAETZOLDT 209–243, 4 Abb.

5805 *H. Zaloscer:* Malende Dichter und dichtende Maler. STRZYGOWSKI 1932 I, 189–192. [Aus Anl. d. gleichnam. Ausst. Wien 1932. Goethe. Ph. O. Runge. Der Zyklus.]

5806 *H. Koch:* Zu Wilhelm Heinses Antikenbeschreibungen. WAETZOLDT 244–285, 9 Abb.

5807 *E. Castle:* Winckelmannsche Anregungen bei Schiller. v. KELLE, Tl. 2, 113–124.

5808 *E. Scheidemantel:* Antikes bei Goethe. HECKER 66–74.

5809 *J. Bernhart:* Kugel und Würfel in Goethes Garten. GUARDINI 258–266.

5810 *E. Buschor:* Die Natürlichkeit der Griechenplastik. WEICKERT 75–79. [Zu Äußerungen Goethes über antike Kunst.]

5811 *L. Wickert:* Goethe und der Historismus in der Altertumswissenschaft. ZIEGLER 154 bis 187.

5812 *R. Herbig:* Goethes Verhältnis zu frühgriechischer Kunst. WAHLE, ERNST, 331–339.

5813 *G. v. Lücken:* Goethe und der Laokoon. GEFFCKEN 85–99.

5814 *H. Börger:* Goethe als Liebhaber antiker Kleinkunst. WAETZOLDT 286–292, 1 Taf.

5815 *V. Jensh-Sussmann:* Ein ikonographischer Zyklus nach Ideen von Goethe. HAMANN 1954.

5816 *F. Baumgart:* E. T. A. Hoffmanns Künstlernovellen. Gedanken um Kunst und Künstler der Romantik. WAETZOLDT 293—307.

5817 *H. E. Rollins:* Keat's Elgin Marbles Sonnets. FAIRCHILD 163—166.

5818 *F. Hohmeyer:* Wilhelm Issels Begegnung mit August Graf von Platen. Nach Issels eigenhänd. Aufzeichnungen mitgeteilt. ZOBELTITZ 128—144.

5819 *E. Sulger-Gebing:* Conrad Ferdinand Meyers Gedichte aus dem Stoffgebiet der Antike in ihren Beziehungen zu Werken der bildenden Kunst. LITZMANN 362—412.

5820 *E. Sulger-Gebing:* Conrad Ferdinand Meyers Michelangelo-Gedichte. MUNCKER 1916, 208—234.

5821 *H. Henel:* Conrad Ferdinand Meyers „Nach einem Niederländer". WEIGAND 108 bis 120.

5822 *F. Lion:* Der Geist des Kapitalismus in aestheticis. WEBER 1948, 237–250. [Bes. bezogen auf Balzac.]

5823 *A. Roux:* Les idées artistiques de Sainte-Beuve. LEMONNIER 518–532.

5824 *R. Lebègue:* La genèse d'«Ecrit sur la vitre d'une fenêtre flammande». VIANEY 359 bis 368. [Gedicht v. Victor Hugo.]

5825 *Ch. Terrin:* Un mythe barresien «Le musée du roi René». VIANEY 489–193. [Roman v. M. Barrès.]

5826 *O. Friis:* J. P. Jacobsens Michelangelo-Arabesk. RUBOW 269–279.

5827 *M. Osborn:* Hauptmanns Künstler. HAUPTMANN 1922.

5828 *W. Wolf:* Rainer Maria Rilke und die Liebenden. PIPPING 333–358, 2 Abb. [Zu den Wandteppichen in „Malte Laurids Brigge".]

5829 *G. Jedlicka:* Paul Valéry und die bildenden Künste. SPOERRI 163–186.

5830 *H. Usener:* Die Perle. Aus der Geschichte eines Bildes [= Gleichnisses]. WEIZSÄCKER 201–214.

5831 *F. Martini:* Thomas Manns Kunst der Prosa. Versuch einer Interpretation. SCHMITT 311–331.

5832 *B. Croce:* Per una Poetica moderna. VOSSLER 1922, 1–9.

MUSIK

5833 *F. Mahling:* Das Farbe-Ton-Problem und die selbständige Farbe-Ton-Forschung als Exponenten gegenwärtigen Geistesstrebens. WOLF 107–111, 1 graph. Darst. [Anteile d. versch. Länder a. d. Forschg.]

5834 *C. Sachs:* Musik und bildende Kunst im Rahmen der allgemeinen Kunstgeschichte. SCHLOSSER 1927, 31–34.

5835 *R. Steglich:* Über die Wesensgemeinschaft von Musik und Bildkunst. SEIFFERT 23–34, 6 Abb.

5836 *H. Mersmann:* Zur Stilgeschichte der Musik. FRIEDLÄNDER, MAX, 67–78. [Mit vergleichenden Hinweisen z. d. bild. Künsten.]

5837 *J. Hartog:* De Toonkunst die verbindt. BREDIUS 95 ff.

5838 *H. Besseler:* Musik und Raum. SEIFFERT 151–160.

5839 *F. Blume:* Musik, Anschauung und Sinnbild. SEIFFERT 143–150.

5840 *R. Lach:* Das mittelalterliche Musikdrama im Spiegel der Kunstgeschichte. KOCZIRZ 17–20.

5841 *J. Wolf:* Ein Brief Pietro Arons an Giovanni dal Lago. KUHNERT 65–70.

5842 *E. Schenk:* Johann Theiles „Harmonischer Baum". SEIFFERT 95–100, 1 Zeichng.

5843 *G. F. Schmidt:* Die älteste deutsche Oper in Leipzig am Ende des 17. und Anfang des 18. Jahrhunderts. SANDBERGER 209–257.

5844 *F. W. K. Müller:* Ikkaku sennin, eine mittelalterliche japanische Oper. BASTIAN I, 516–537, 5 Abb.

TANZ, THEATER

5845 *J. Petersen:* Die Stellung der Theaterwissenschaft. HERRMANN, MAX, 33–39.

5846 *H. Knudsen:* Theaterwissenschaft und Kunstwissenschaft. REDSLOB 238–248.

5847 *C. E. Tanfani:* Biblioteche e collezioni delle arti dello spettacolo in Italia. HORODISCH 1958, 149 ff., 2 Taf.

5848 *H. H. Borcherdt:* Der Renaissancestil des Theaters. Ein prinzipieller Versuch. MUNCKER 1926, 339–348.

5849 *A. Kutscher:* Das Naturtheater. Seine Geschichte und sein Stil. MUNCKER 1926, 325–337.

5850 *H. Lehmann:* Kirchliche und weltliche Festlichkeiten in der Urschweiz am Ende des Mittelalters. WYMANN 128–150, 5 Abb.

5851 *F. Böhme:* Maßstäbe zu einer Geschichte der Tanzkunst. BREYSIG 91–108.

5852 *G. P. Zacharias:* Die Symbolik des klassischen Tanzes. Die Beziehungen des Balletts zum Kultus und zur Psychologie. JUNG 45–77.

5853 *E. Hartl:* Untersuchungen zum St. Galler Passionsspiel. STAMMLER, WOLFGANG, 109–129.

5854 *H. Börsting:* Münsterländische Kreuztrachten. EITEL 87–91. [Passionsspiele.]

5855 *J. Petersen:* Die Ensisheimer Rasserbühne. SCHULTZ 112–139, 3 Abb., 2 Taf. [1574; Holzschnitte m. Bühnendarstell.]

5856 *M. Schneider:* Ein Braunschweiger Freudenspiel a. d. Jahre 1648. SEIFFERT 87–94, 4 Abb.

5857 *G. Pietzsch:* Dresdner Hoffeste vom 16.–18. Jahrhundert. SEIFFERT 83–86, 7 Abb.

5858 *F. Pauly:* Vom Schleswiger Hoftheater. PAULS 101–112.

5859 *L. Krafft:* Puppenspiel in der Vitrine – Sammler und Museen. JACOB, MAX, 160–167. [Liste d. Puppentheatersammlgn d. Welt.]

5860 *W. Gunzert:* Der Theatermaler Primavesi. Eine archivalistische Skizze. LOHMEYER 229–241, 12 Abb. [1774–1855.]

5861 *F. Ulbrich:* Radziwills Privataufführungen von Goethes „Faust" in Berlin. KÖSTER, 5 Taf. [Abb. z.T. nach Schinkel.]

5862 *M. Dietrich:* Der Surrealismus und das Bühnenbild. WEISSENHOFER 17–26.

5863 *St. Mörner:* Konstnären och Scendekoren. JOSEPHSON 341–349, 4 Abb.

5864 *O. Spies:* Tunesisches Schattentheater. SCHMIDT, P. W., 693–702.

5865 *K. Levy:* Lá'bät elhôtä. Ein tunesisches Schattenspiel. KAHLE 119–124, mit Abb.

REGISTER

FESTSCHRIFTEN-SACHTITEL

VERFASSER DER BEITRÄGE

KÜNSTLER- UND ANDERE PERSONENNAMEN

LÄNDER UND ORTE